KB248391

하나님의 구속사적 경륜으로 본 횃불 언약과 그 성취

잊어버렸던 만남

The Covenant of the Flaming Torch and
Its Fulfillment Viewed Through
God's Work of Salvation

THE FORGOTTEN ENCOUNTER

Huisun
Seoul, Korea

「창세기의 족보」와 「잊어버렸던 만남」

Andrew J. Tesia, Ph.D.
The Research Institute of Reformed Theology, President

구원 받은 모든 백성, 평신도를 포함하여 소명 받은 목회자나 신학자가 평생 붙잡고 연구하며 실천해야 할 것은 영감된 계시, 하나님의 말씀이다. 이는 마치 우리의 삶에 양식처럼 영적 생존을 위해 반드시 요구되는 것이다. 말씀의 바른 이해와 적용에는 다양한 방법이 요구되는데, 무엇보다도 말씀에 대한 전적인 신뢰와 확신, 꾸준한 노력과 탐구가 요청된다. 이는 주님의 은혜와 사랑에 대한, 성도가 마땅히 성취해야 할 절대적인 소명이다. 그러므로 모든 성도들은(목회자와 신학자 포함) 은혜에 빚진 자 되어, 사슴이 시냇물을 찾기에 갈급함같이(시 42:1) 초지일관 말씀과 함께해야 한다. 하지만 계시된 말씀을 일관된 주제를 따라 통시적으로 이해하는 것은 그렇게 간단하지 않다. 그것은 영감된 말씀이 기록될 당시, 장구한 시대와 역사적 환경, 저자들의 다양한 경험과 학문적 배경 때문이다. 말씀을 꾸준히 읽고 묵상하며 연구해도 우리의 한계로 그 심오한 뜻을 다 헤아릴 수 없다. 주님의 재림, 마지막 날, 온전한 것이 올 때에는 부분적으로 하던 것이 폐할 것(고전 13:10)이다. "마라나타", 주 오실 날을 간절히 사모할 뿐이다.

최근(2007년 10월과 2008년 5월), 한국의 서울 평강제일교회 박윤식 목사는 지금까지 누구도 시도하지 않은, 세상을 경악케 할 두 권의 책, 「창세기의 족보」와 「잊어버렸던 만남」을 출간하였다.

　10여 년 전 LA에서 오랜 친구 Andrew Phipps 목사를 통해 세계선교 연합집회에 참석하여 박윤식 목사를 처음 만나게 되었다. 예수 그리스도께서 십자가를 지시는 과정을 강한 성령의 역사를 통해 생생하게 증거하는 박 목사의 설교를 들으며 많은 은혜를 받았었다. 그러나 박윤식 목사에 대해 모략하는 일부의 좋지 못한 이야기를 듣고, 과연 박 목사가 어떤 사람인가를 정확히 알기 위해 그를 주시하면서 지켜보아 온 것이 사실이다. 그런데 지난 10년 동안 박 목사의 설교를 네 번 정도 더 들을 기회가 있었는데 그때마다 참으로 큰 감명과 은혜를 받아, 형식적이고 사변적인 신앙으로 메말랐던 내 영혼은 오랜만에 물 만난 물고기처럼 다시 소생하곤 하였음을 고백하지 않을 수 없다. 박 목사를 지켜보면 볼수록 오직 성경 중심으로 살아가는 경건하고 신실한 참목회자임에도 불구하고 오해를 받아 온 것에 대해 많이 안타까웠던 차에, Andrew Phipps 목사를 통해 최근 두 권의 책을 저술했다는 소식을 듣고 그 영문판을 읽게 되었다.

　두 권의 책은 참으로 경이로운 저술로, 한 번 손에 잡은 책을 도저히 중간에 놓을 수가 없었다. 단숨에 책을 읽은 후에, 지금까지 마음 한구석에서 박윤식 목사를 예수 그리스도의 종으로 온전히 신뢰하지 못한 것에 대하여 한없는 부끄러움을 감출 수가 없어 사죄하는 심정으로 서평을 쓰게 되었다.

　그는 두 권의 책에서 밝힌 대로 구속사적 관점에서, 섣불리 누구도 근접할 수 없는 거대 담론을 언약적 체인으로 엮어 역동적으로 전개하였다. 그는 이 주제가 기독교 신학의 정수(精髓)요 또한 자신이 믿는 신앙/신학적 주제임을 완벽하게 논리적으로 서술하였다. 이것은 그가 주님의 은혜에 감사하며, 평생을 기도와 말씀 연구에 헌신한 결과였다. 소명 이후 2008년 8월 현재까지 성경을 수백독 하였는데, 그 과정에서 자신이 깨달은 말씀, 영적 비밀들을 정리하여 출판한 것이다. 여기 박 목사의 두 작품을 통해 우리는, 목회자와 신학자로서, 그동안 맡은 사명을 다했는지 깊이 성찰해야 할 것이다. 때로 그의 논제에 귀를 기울이며 도전에 직면해야 할 것이다. 크게 다섯 가지로 정리하였다.

첫째, 예수 그리스도가 성육신 하신 이후 시작된 2,000년 교회사에서, 어느 목회자나 신학자가 시도하지 않은 신학적 주제, 구속사적-언약적 관점에서 성경을 명쾌하게 정리했다는 것이다. 사실 시중에는 수많은 성경 주석과 해설서들이 있고, 현존하는 목회자와 신학자들이 기존의 다양한 신학적 틀, 대표적으로 칼빈과 정통 신학, 혹은 보수 신학을 기초로 성경을 연구하여 가르치며 강단에서 선포하고 있다. 그러나 박 목사의 저서가 기독교 신학의 원전인 성경을 거대 담론, 언약적 관점에서 통시적으로 풀어 낸 것은 초유의 사건으로, 놀라지 않을 수 없다. 두 책은 실로 그의 거대한 신학 사상의 핵심이요 그의 능력의 완벽한 논리적 전개이다. 무엇보다도 저자의 고백대로 학문에 일천하지만, 그 어려운 말씀을 쉽고 명쾌하게 서술했다는 것은 충격적인 것이다. "족보"는 "족보"대로, "만남"은 "만남"대로, 그렇게 완벽한 조화와 일치를 이룰 수 없기 때문이다. 동시에 아담 이후 역사의 진행 과정에서 제시한 성경의 수학적 연대 계산은, 최근의 고고학적 발견과 비교할 때 일부 논의가 요구되지만, 그 자신의 노력과 연구 업적으로 볼 때, 가히 경탄을 금하지 않을 수 없다. 실로 그의 업적은 지금까지, 소위 보수를 표방한 채, 목사나 교수로서 사명을 방임하며 교권 다툼으로 세월을 보낸 혹은 보내고 있는 목회자나 신학자들에게 엄중한 경고가 아닐지! 가슴을 치며 통회하는 마음이 요구된다 할 것이다.

둘째, 주지하는 바와 같이 박 목사는 현재 82(2008년)세의 고령이다. 그런데 그는 "족보"와 "만남"에서 보듯이, 매우 평이한, 그러나 매우 섬세하면서도 힘찬 문체로 자신이 깨달은 영적 비밀을 논리적으로 줄기차게 쏟아 내고 있다. 그의 글을 접하는 순간 누구라도 숨소리를 내거나 혹은 용신할 틈을 얻을 수 없을 정도로, 계속되는 긴장과 기대 속에 오금이 조여 오는 느낌 속에 마법(?)에 빠져들 것이다. 무엇보다도 그의 서술은 어떤 힘에 끌리는 듯, 강력한 영적 주도권으로 우리의 시선을 사로잡는다. 그것은 바로 박 목사 자신이 평생을 말씀에 사로잡힌 바 된 삶을 살아왔기 때문이다. 따라서 박 목사의 설교는 19세기 중엽 영국과 세계를 뒤흔들었던 강단의 황태자 찰스 해돈 스펄전을 상기시킨다. 당시 스펄전은 급속히 좌경화해 가는 현실에 직면하여, 외롭게 강단에서 혹은 저술한 설교문을 통해, 마치 그림을 보는 듯이 독자들의 머리에 하나님의 말씀을 쏟아 부었다. 런던 중앙침례교회에 운집했던 당시 약 7,000-8,000명의 청중들은 숨죽인 채, 환호와 탄성 속에 그의 설교에 매료되었다. 그는 영혼의 사자로 포효하듯이 열정적으로 자신이 받은 바, 은혜의 말씀을 힘 있게 선포하였다. 그러나 안타깝게도 많은 갈등과 오해, 논쟁과 논박으로 오랫동안 고통을 당하였다. 하지만 그는 말씀에 대한 확신 속에, 칼빈주의 전통에 굳게 서서 목회 사역에 매진하였다. 언어는 곧 그 사람의 사상인데, 어쩌면 박윤식 목사는 말씀이 희귀하며, 선악을 분별할 수 없는 혼탁한 이 시대에, 주님께서 우리에게 보내신 언어의 마술사인지도 모른다. 박 목사가 말씀을 자유롭게 자신의 언어로 인용하는 기술과 능력은 노령(老齡)에도 불구하고 타의 추종을 불허한다. 그는 온전히 말씀에 사로잡혀 구원에 감격하는 하나님의 종임을 부인할 수 없다.

셋째, 그의 신앙/신학적 기반은 말할 수 없는 고난과 시련을 통해 형성되었다는 것이다. 그는 지금까지 시련의 때에, 외부와의 오랜 단절 속에서 하나님만 믿고 바라며, 자신에게 맡겨진 성도들을 위해 오직 목양일념으로 충성하였다. 한순간도 그분의 손길에서 벗어날 수 없는 강렬한 소명감에 붙잡힌 것이다. 그는 자신과 연루된 근거 없는 오해와 질시 속에서 고독한 여정을 보냈다. 그럼에도 불구하고 온전히 주님께 헌신된, 성경의 영감과 하나님의 주권을 양손에 붙잡은 정통 칼빈주의의 수호자이다. 잘 아는 대로 초대교회의 성자 성 어거스틴은 젊은 날, 방탕 생활에 이방 철학, 한때는 마니교에 헌신하였다. 그러나 그는 주님을 만난 후 옛 생활을 청산하고 온전히 주님께 헌신하였다. 그는 창조주의 은총 안에 회심과 구원에 감사하며 마침내 평안을 얻고 생애를 헌신하였다. 오늘날 우리 중에 누가 그를 가리켜 방탕아 혹은 이단이라 비난하며 배척하고 정죄하는가? 지난 교회사 1,500년 동안 교회가 그를 통해 받은 은혜와 축복을 헤아릴 수 없다. 그의 고백록은 모든 성도들, 특별히 역경 중에 있는 독자들에게 얼마나 많은 위로를 주었는가? 지금까지 그는 2,000년 교회사에 몇 안 되는 거성(巨星)으로 추앙받고 있다. 세상에 완벽한 사람은 존재하지 않는다. 박 목사의 "족보"와 "만남"은 마치 어거스틴의 참회록을 보는 듯한 감동을 제공하며, 우리는 그 속에서 하나님을 향한 활화산 같은 열망을 발견하게 된다.

넷째, 기독교 신학의 핵심은 성경을 성경으로, 예언에서 성취로, 즉 완성으로 전개하는 것이다. 그 전개는 그 중심에 구약의 다양한 모형들이 있고 그리스도의 고난과 십자가의 죽음, 그리고 마지막 재림으로 완성될 것이다. 박 목사는 많은 고난과 시련을 통해 장차 도래할 주님의 재림과 영광을 강렬히 사모하고 있다. 이것은 족장, 아브라함에서 이삭과 야곱, 요셉, 출애굽 이후 모세와 여호수아에서 서술되었고, 이 후 전개될 저작에서 구체적으로 묘사될 것이다. 따라서 그의 성경의 구속사적 이해 즉 언약 사상은 철저히 성경에 기초하였다. 이것은 젊은 시절, 그가 보수적인 신학교와 교단에서 배우고 경험한 배경 때문이다. 따라서 그는 고령(高齡)의 연치(年齒)에도 불구하고, 부르시는 그날까지 마지막 소명을 위해 감히 누구도 도전할 수 없는 이 대(大)작업에 착수한 것이다. 사실, 우리 주변에서 어느 목회자나 신학자가 이렇게 거대 담론을 일관되게 풀어 낼 수 있겠는가?

하나님의 말씀, 성경에 능통한 박윤식 목사의 모습은, 신학의 한 분야에 갇혀 있는 신학자들에게 성경을 전체적이고 통시적으로 깨달아야 한다는 큰 도전을 준다. 일반적으로 신학자들은 자기가 전문적으로 연구한 한 분야에서 능통한 것이 사실이지만, 박윤식 목사는 성경을 자유자재로 활용하면서 신학의 모든 분야에 능통한 영적 능력을 보여 주고 있다. 이것은 평생 동안 성경을 읽고 묵상해 온 박 목사만의, 그 자신이 주님과의 다짐, 받은 은혜와 사랑에 대한 보답으로 엮어 내는 필생의 작업인 것이다. 그의 머리와 가슴은 온통 성경으로, 말씀과 함께 생각하며 실천하려는 열망으로 가득하다. 지금까지 나그네와 같은 세상에서, 사도 바울처럼 주의 제단에 관제로 드려지기 위해 몸부림치는 한 노종의 모습을 발견하는 것이다.

다섯째, 정돈된 논리와 실제적 도전, 적용이 탁월하며 매우 자연스럽다는 점이다. 이것은 오랜 경륜과 평생의 목회 사역을 통해 체득된 것으로, 매우 구체적이며 도전적이다. 그의 적용은 간결하면서도 철저히 성경에 기초하였다. 매우 간결하고 평범한 언어지만, 문장에 집약된 그의 언어는 농축된, 어느 목회자나 신학자가 감히 근접할 수 없는 신학적 깊이를 포함하고 있다. 특별히 신학적 논쟁점들, 예를 들면 아브라함과 야곱, 유다와 요셉과의 관계, 모세의 생애를 통해 전개되는 주제들은 전문 신학자도 쉽게 해결할 수 없는 것들이다.

더구나 노아가 방주를 지은 기간이 120년이 아니라는 것을 밝혀 낸 것이나, 이스라엘 백성의 광야 노정 42회 진친 장소를 다 수록한 것 등은 노아 시대나 모세 시대 이후 유구한 역사 가운데 최초로 이룬 연구로서, 성경과 신학을 평생 동안 연구해 온 학자라도 감히 상상할 수 없었던 경이롭고 위대한 업적이다.

간결한 설교, 이야기체를 통해서 거대 담론을 풀어 간다는 것은 학문적 논리와 근거를 중시하는 신학에서 단연 돋보이는 부분이다. 박 목사는 이 모든 것을 마치 할아버지가 손자에게 이야기를 하듯이 유려(流麗)하고 진솔하게 담론을 전개하였다. 이것은 신구약 성경을 컴퓨터로 영상화한, 자유자재로 활용할 수 있는 통시적 이해가 아니면 가히 상상할 수 없는 그만의 노하우라 할 것이다. 지금까지 그렇게 해결하기 어려웠던 신학적 난제들을 명쾌하게 해석한 묘미는 가히 압권이라 할 것이다.

　마지막 결론으로, 현재 기독교에 긴급히 요청되는 것은 무엇인가? 그것은 오랜 침체를 극복하기 위해 먼저 성경을 올바로 이해하고 실천하는 일이다. 이것은 잃어버린 옛 영광을 회복하고 급변하는 21세기에 교회가 추구해야 할 대명제이다. 그러기 위해서는 말씀의 생활화와 더불어 신학적 사고, 구속사적 운동이 활발히 전개되어야 할 것이다. 사실 영감된 계시의 말씀, 성경의 이해와 효과적인 적용은 모든 목회자들의 한결같은 소망이다. 특별히 목회자가 강단에서 어떻게 말씀을 효과적으로 전달할 것인가는 평생의 과제이다. 이를 위해서는 목회자가 무엇보다도 성경에 정통(精通)해야 할 것이다. 이는 단순히 문자적 해석만이 아니라 전체의 흐름 속에 각각의 의미를 정확하게 드러내는 것이다. 동시에 역사 속에 성경의 계시가 어떻게 성취되었는가를 조명하는 매우 중요한 문제이다.

　말씀의 홍수 시대, 그러나 역설적으로 말씀이 희귀한 시대를 살아가는 우리는 계시된 말씀을 통해 구속사적-언약적 접근으로 하나님 뜻을 깊이 헤아려야 할 것이다. 따라서 이번에 출간된 박윤식 목사의 「창세기의 족보」와 「잊어버렸던 만남」은 말씀에 갈급한 성도들의 영적 욕구와, 보다 성숙한 삶을 갈망하는 이들에게 절대적으로 필요한 저작으로 간주되어 전 세계 교회 앞에 기쁨으로 천거한다. 일독을 권하면서 갑절의 은혜를 기원하는 바이다.

Andrew J. Tesia, Ph.D.

주재용 박사
前 한신대학교 교수 및 총장
現 한신대 명예교수, 경건과 신학 연구소 소장
전국교수공제회 회장

박윤식 목사님의 「잊어버렸던 만남」의 서평을 부탁받았을 때, 서평자는 이 책에 대한 서평을 쓰기에 적임자가 아니라고 생각되어 매우 주저하였고 정중하게 거절하였다. 그것은 첫째, 서평자는 저자를 모르며, 그의 다른 책을 읽은 기억이 별로 없기 때문이었다. 저자와 서평자는 교파가 다를 뿐만 아니라 성서관을 비롯하여 신학 사상과 신앙 양태에 있어서 큰 차이가 있을 것이다. 저자는 평생을 보수적 신앙과 신학 사상적 경향의 교회를 섬겼던 목회자고, 서평자는 평생을 진보적 신학 사상의 학교 강의실에서 학생들을 가르친 교수다. 그러므로 저자는 목회 현장에서 성서를 하나님의 말씀, 하나님의 경륜의 역사 기록으로 체험하였을 것이지만, 서평자는 교회 현장적 체험보다는 신학적 논리로 성서를 읽고 그 내용을 하나님의 경륜의 역사 기록으로 이해해 온 사람이다. 둘째는 박윤식 목사님의 책은 구약성서에 관한 것이다. 그러므로 교회사를 전공한 사람이 이 책의 서평을 쓴다는 것은 학문적 한계를 넘는 것으로 생각되었기 때문이었다. 이 책의 서평은 구약성서를 전공한 사람이 써야 한다고 생각했다.

그럼에도 불구하고 왜 서평을 쓰기로 했는가? 무엇보다도 신학 사상적으로나 신앙 양태로나 학문적 분야로나 전혀 다른 책에 대한 호기심과 지적 욕구, 이 책을 통한 서평자 자신의 신학적 신앙적 성숙에의 기대가 있었기 때문이었다.

　　결과적으로 서평자는 이 책의 서평을 쓰게 된 것을 매우 영광으로 생각하게 되었고, 비록 활자화된 책을 통해서지만 저자와의 만남과 통교를 갖게 된 것을 더없이 감사하게 생각한다. 그것은 무엇보다도 먼저 저자가 「하나님의 구속사적 경륜으로 본 창세기의 족보」(구속사 시리즈 1, 2007 초판)의 저자 서문에서 족장들이 걸어간 믿음의 발자취에서 그들의 신앙이 살아 꿈틀거림을 체험하면서 그 은혜에 감격하여 밤을 지새웠다는 고백과, 구속사 시리즈 2로 출판되는 「하나님의 구속사적 경륜으로 본 횃불 언약과 그 성취: 잊어버렸던 만남」의 서문에서 47년 전 하나님 앞에서 하루에 두 시간의 기도, 세 시간의 성경 읽기를 서원하고 오늘에 이르기까지 하루도 빠짐없이 그 결심을 실행해 오면서 오직 성경 중심의 외길을 걷기에 여념이 없이 살아왔다는 신앙 고백에서, 서평자는 신학자로서 한없는 부끄러움을 금할 길 없었으며 다른 한편으로 저자에 대한 신앙적 존경심을 갖게 되었기 때문이다.

　　그리고 다음으로는, 한국에서 목회를 한다는 것은 매우 바쁘고 피곤하여 책 쓸 여유가 없을 것인데, 구속사 시리즈로 2007년에 첫 책을 출판한 후에 다시 두 번째 책을 2008년에 80을 넘긴 생애임에도 불구하고 출판하시는 저자의 학문적 정열에 감동하지 않을 수 없었다. 저자는 하나님의 은혜의 체험으로 자기 생명까지도 하나님을 위해서 내놓을 만큼 감격적인 신앙 생활을 해 오셨다. 저자는 구속사 시리즈 1권에서 이 책들이 신학적인 연구물이 아니라 기도와 수백 번 성경을 읽으면서 성령의 조명을 통하여 받은 은혜를 강단에서 선포하고 정리한 것이라고 말하지만, 그 내용을 보면 성경에 대한 깊은 명상과 기도, 그것을 통해서 얻은 계시 신학적 연구물임을 알게 되었다.

　　이미 출판된 「창세기의 족보」와 이번에 출판되는 「잊어버렸던 만남」

을 통해서 분명한 것은 저자가 구약성서를 하나님의 구속사적 경륜에서 보고 있다는 점이다. 사실 구약성서만이 아니라 창세기로부터 신약성서 요한계시록까지 성서 66권은 시대적 역사와 인간의 사회적 정치적 경제적 삶의 상황이 다르고 편집자 또는 저자가 동일하지 않음에도 불구하고, 하나님의 계시에 의하여 그의 구속사적 경륜을 체험한 사람들의 신앙 고백이며, 하나님의 구속적 경륜은 성서의 주제 중의 주제이다. 하나님은 족장들, 예언자들, 당신이 택한 종들, 그리고 예수 그리스도를 통하여 당신의 구속사적 경륜을 인간에게 나타내려고 하였다. 하나님을 창조주라고 부르는 것, 그를 사랑이라고 하는 것도 모두 그의 구속사적 경륜의 표현이요 기초다. 이 경륜의 중심에 예수 그리스도가 있다. 이 점에서 저자가 본 서를 "구속사적 경륜의 중심, 예수 그리스도"로부터 시작한 것은 매우 의미가 크다.

저자는 하나님의 구속사적 경륜을 다루는 그의 시리즈에서 이번에는 '언약', 특히 하나님이 아브라함과 맺은 '횃불 언약'에 관심을 두고 있다. 야훼 하나님은 이스라엘 백성과 여러 가지 언약을 맺으셨다. 그 중심 내용은 "나는 너희의 하나님이 되고 너희는 내 백성이 된다"라는 것이다. 하나님과 이스라엘 백성과의 관계는 이 계약 관계다. 이스라엘 백성의 역사는 이 계약에서 시작된다. 그 구체적인 사건이 출애굽의 사건이다. 계약은 지켜지는 것을 원칙으로 한다. 파괴하려고 계약을 맺는 법이 없다. 그러므로 하나님도 인간도 이 계약을 지켜야 했다. 저자가 특히 아브라함과 맺은 횃불 언약에 관심을 갖는 것은 이 언약에서 하나님의 구속사적 경륜이 가장 명확하게 나타났기 때문이라는 것이다.

횃불 언약의 연구를 통하여 저자는 독자들에게 하나님은 한 번 맺은 언약을 절대로 파기하지 않으신다는 것을 확신시키려고 노력한다. 이스라엘 백성이 그것을 파기할 때도 하나님은 끝까지 지키셨다는 것이다. 이스라엘 민족이 가나안에 정착한 후, 그들이 야훼 하나님을 잊고 바알 신을 섬기는 일로 죄를 짓고, 통치자들은 불의와 부정으로 백성을 정치적, 경제적으로 억압하고 착취하는 죄를 범했을 때, 예언자들은 백성에게 야훼 하나님임을 기억하라고 했고, 하나님의 심판을 예언했지만, 결국 하나님은 그 백성과 맺은 계약 때문에 그들을 다시 용서하고 받아줄 수밖에 없었다. 이것이 '하나님의 계약 사랑(Covenant Love)'이다.

저자는 하나님의 형상으로 고귀하게 창조된 인간은 타락하여 그 형상, 하나님의 언약 속에 담긴 축복, 하나님의 사랑, 하나님과 동행하는 아름다운 은혜의 삶의 추억을 모두 잊어버렸고, 에덴동산에서 쫓겨나게 되었기 때문에 이 잊은 것을 다시 찾고 하나님을 만나는 것이 우리 삶의 궁극적 목적임을 강조한다. 하나님과의 만남은 인간의 일생을 좌우하는 가장 중요한 시작이며 생명의 원동력이라는 것이다. 이 중심에 횃불 언약이 있다고 한다.

본 서는 모두 다섯 장과 결론으로 구성되어 있다. 저자는 구속사적 경륜과 언약을 비롯하여 횃불 언약의 내용, 그 언약의 역사, 언약의 최종 성취, 그리고 결론에서 언약의 미래 완성을 다루고 있다. 그런데 저자는 본 서에서 횃불 언약의 역사 (1)에서 아브라함, 이삭, 야곱, 요셉 등 족장들의 역사를 통해 나타난 언약의 역사를 기술하고, 그 역사 (2)에서는 출애굽부터 가나안 정복까지의 역사를 다루면서, 그 최종 성취를 아브라함과 그 자손에 대한 성취에서 끝을 내고 있다. 그러나 저자는 횃불 언약은 여기서 끝난 것이 아니라고 강조한다. 시편 105편을 통해서 그 언약은 영원히 계속된다는 것이다. 이것이 하나님의 구속사적 경륜에 내포된 축복이라는 것이다. 그러므로 현대에 살고 있는 우리들도 이 축복에서 예외가 아니라는 것이다. 그러나 하나님과 맺은 계약을 충실하게 지켜야 한다. 하나님의 계명을 그의 나라가 이 땅에 도래할 때까지 지켜야 한다.

본 서의 저자는 전문 구약성서 학자가 아니라 목회자라고 했다. 그리고 그의 연세가 80을 넘었다고 했다. 그럼에도 불구하고 서평자가 충격을 받을 만큼 놀란 것은 중요한 구약성경 단어들을 원어로 풀이하고 있다는 점, 성경 내용을 성경으로 이해하려고 했다는 점, 책 중간 중간에 나오는 '이해도움'들 [아브라함의 가계도, 하나뿐인 장자의 축복, 아브라함·이삭·야곱·요셉이 동거한 시기, 한눈에 보는 광야 40년 노정, 시므온과 레위 그리고 유다, 이스라엘의 열두 지파가 된 야곱의 열두 아들, 야곱의 일생 노정(路程)]과 그리고 마지막으로 저자가 직접 현장 답사를 통해서 작성한 이스라엘 민족의 '출애굽과 광야 노정(路程)' 등은 이 책의 가치를 가장 높여 주고 있고, 독자에게 큰 도움을 주고 있는 귀중한 자료라고 평가된다. 그리고 이 자료들은 저자의 연대기적 저술 의도를 잘 나타내 주고 있다.

한 가지 서평자와 저자의 역사관의 차이임을 전제로 하고 평한다면, 저자는 하나님의 구속사에서 가장 기본적이고 중요한 것은 '연대기의 문제'라고 보면서, 하나님의 구속사를 연대기적으로 기술하고 있는 것 같다. 그리하여 책의 많은 부분을 출애굽의 연대, 애굽에 거주한 기간, 족장들의 연대, 아브라함, 이삭, 야곱, 요셉의 역사 등을 연대기적으로 연구하였다. 이와 같은 연대기적 연구를 통해서 구약성경에 나타난 하나님의 구속의 사역이 역사적인 사실임을 알 수도 있겠지만, 그러나 역사학에서 연대 연구는 그 기초요 역사 이해의 자료일 뿐 역사 그 자체는 아니라고 보는 견해도 있음을 지적하고 싶다. 서평자는 역사는 해석이라고 보는 입장이다. 그러므로 연대기적 내용을 해석하는 것이 중요하다. 그것의 해석에서 하나님의 구속사적 경륜이 역사가 될 수 있기 때문이다. 하나님의 구속사는 연대기적(chronological)이라고 하기보다는 카이로스(kairos)적이라고 한다. 하나님의 구속사는 종말론적인 사건이다. 종말론적 사건은 연대기적 사건으로 이해되는 것 그 이상의 의미가 있다.

그러나 본 서는 저자의 철저한 하나님의 말씀으로서의 성경관에 근거한 저술이기 때문에 비록 서평자와 다른 견해가 있다 해도 이 책의 가치에는 변함이 있을 수 없다. 한국 교회의 다른 목회자들도 저자와 같이 목회를 하면서 성경에 대한 깊은 명상과 그것을 통하여 은혜의 깊은 골을 찾고, 찾은 것을 하나님 앞에서 정직하게 선포할 뿐만 아니라 책으로 출판하기를 바란다. 이와 같은 책이 많이 출판되어 많은 신자들이 읽을수록 한국 교회는 성경에 기초한 건전한 교회로 발전될 수 있을 것으로 확신하기 때문이다. 교인들의 신앙은 이성적이면서도 그것을 초월할 수 있는 차원의 세계를 경험해야 한다. 즉 이 땅에서 하늘을 체험해야 한다는 것이다. 저자가 처음부터 끝까지 이 책에서 강조하고 관심 갖는 것이 성경에 대한 정직함이다. 성경의 내용은 인간의 역사적 삶에서 그 구속적 의미가 분명하게 나타난다.

이 책을 통해 많은 독자들이 "우리의 남은 생애를 통해, 그칠 줄 모르게 타오르는 하나님의 사랑의 횃불 속에 예수 그리스도의 구속 은총으로 뜨거운 만남이 영원히 지속"되기를 저자와 함께 기대한다.

강택현 박사
前 한일장신대 총장, 現 전주기전대학 학장

　저자 박윤식 목사님은 「창세기의 족보」에 이어서 두 번째로 본 서를 출판하시게 되었습니다. 이 책들은 저자 박윤식 목사님의 신앙의 결집이며 평생을 연구해 오신 성경 연구의 결정체라고 할 수 있으며, 자신이 가지고 있는 오직 예수 그리스도를 통한 구속사적 신앙을 모든 사람들에게 알려, 구원의 길로 인도하고자 하시는 뜨거운 선교적 열정 속에서 저작된 소중한 산물이라고 믿어집니다.

　오늘날 인본주의 사상이 팽창함에 따라 하나님의 영역을 떠난 인간의 자유는 계시의 말씀인 성경에까지 화살을 겨누게 되었습니다. 성경을 떠난 현대적인 사상들이 이 시대를 정복하고 과학적으로 증명된 것만을 우상시하는 현실이 되고 말았습니다.

　이러한 때에 저지 박윤식 목사님은 자신이 평생을 연구하고 믿고 가르친 성경 말씀을, 인간적 지식의 눈으로만 보지 않고 삼위일제 하나님을 믿는 믿음으로 간파하고, 거기에서 성부 하나님께서 예수 그리스도를 통하여 인류를 구원코자 하시는 구속사적 섭리를 발견하고, 이 구원의 진리를 오늘 우리들에게 전달해 주셨으니, 이 저서에 접한 우리는 감사 감격할 뿐입니다.

　저자 박윤식 목사님은 구약성경 특히 모세 오경을 접할 때, 히브리 민족의 단순한 역사로만 보지 않고, 하나님께서 인류 구원을 위해서

한 민족을 선택하시고, 그 민족을 통하여 하나님 자신의 구원의 섭리를 인류에게 알려 인류로 하여금 하나님의 구원의 품으로 돌아오도록 역사하고 계시는 구속사로 간파하였습니다.

그리고 이 놀라운 구속 역사를 이 시대의 사람들에게 알리고자 하시는 열정이 본 저서에 현저히 나타나 있습니다. 그렇기 때문에 저자 박윤식 목사님은 족장들의 역사뿐만 아니라 선민의 출애굽 역사에서도 그리스도인들의 구원의 발자취를 깊은 영안으로 통찰하신 것으로 사료됩니다.

이 저서의 특징을 볼 때, 저자 박윤식 목사님은 모든 내용을 히브리어 원문에 입각하여 정확하고 자세하게 풀이함으로 신학적인 깊이를 더해 주고 있습니다. 이것은 저자가 아주 오래 전부터 히브리어 원문에 관심을 갖기 시작하여 히브리어를 연구하고 관련된 자료들을 정리하는 가운데 원문에 입각한 성경 연구를 지속해 온 각고의 노력의 결실인 것으로 여겨집니다.

또한 저자 박윤식 목사님은 민수기 33장에 기록된 대로 선민이 체류한 출애굽 발자취를 지도로 엮어 내셨습니다. 이것은 그동안 수많은 신학자들조차도 해내지 못한 세계 최초의 업적입니다. 부족한 저도 신학생들을 지도하기 위해 모세 오경을 연구하면서 이스라엘 민족이 모세를 따라 출애굽 하고 광야에 나와 38년 동안 배회한 노정을 성경 지도를 펴 놓고 살펴보았으나, 이스라엘 민족이 가데스 바네아에 도착한 이후 그 근방의 노정은 오리무중에 잠기고 말았었습니다. 그런데, 저자 박윤식 목사님은 오래 전부터 친히 그 지역을 답사하며 연구하심으로 훌륭한 출애굽 지도를 작성하여 오늘 우리에게 확증을 해 주고 있으며, 우리는 그 지도를 보고 한눈에 분별하게 되어 통쾌함을 금할 수가 없으니, 참으로 감사할 일입니다. 이는 저자가 신앙적 집념으로 성취한 쾌거이며, 또한 성경을 하나님의 계시의 말씀으로 확신하고 성경의 무오함을 확증하고자 하시는 박윤식 목사님의 집념의 소치라고 믿어집니다.

저자 박윤식 목사님의 신앙의 역작인 본 서를 신앙인들은 누구나 일독(一讀)함으로 자신의 신앙을 성경에 착근(着根)하게 될 것입니다. 또한 성경에 관심이 있는 분들은 누구나 본 저서를 정독(精讀)함으로 확신에 찬 부동(不動)의 신앙에 이르기를 기원합니다.

부디 저자 박윤식 목사님께서 일생에 축적한 신앙적 연구 저작집이 계속하여 출판되기를 기대하며 저자의 건강을 진심으로 축원하는 바입니다.

前 한일장신대 총장, 現 전주기전대학 학장 강 택 현

강정진 박사

칼빈대학교 역사신학교수

먼저 2007년 10월 박윤식 목사님이 그의 팔십 평생을 마무리하면서 「창세기의 족보」라는 책을 발간한 이후, 7개월이라는 짧은 기간에 다시 구속사 시리즈 제2권으로 「잊어버렸던 만남」이라는 쾌저(快著)를 발간하게 된 것을 진심으로 축하드립니다.

저자의 첫 번째 저작인 「창세기의 족보」는 한국 교회에 신선한 충격을 주었습니다. 그동안 기독교의 정경(正經)인 성경을 가르치고 배우면서도, 성경대로 믿지 못하고 성경을 떠나 있었던 많은 이들에게 "오직 성경으로 돌아가야 한다"라는 것을 다시 한 번 크게 일깨워 주었습니다.

개인적으로 노아가 방주를 120년 동안 지은 것으로 알고 있었는데, 저자의 「창세기의 족보」를 읽으면서 방주를 지은 기간이 100년도 채 되지 못한다는 사실에 깜짝 놀란 적이 있습니다(창 5:32, 6:10-14, 7:6, 11:10). 또한 인류의 시조인 아담이 930년 동안 살면서 자신의 9대손인 라멕과 56년이나 같이 살았다는 사실은 성경을 깊이 연구하지 않고서는 결코 규명할 수 없는 내용이었기에 무릎을 치지 않을 수 없었습니다.

창세기 족보에 대한 감동과 여운이 채 가시기도 전에 박윤식 목사님은 다시 한국 교회에 큰 충격을 던져 줄 「잊어버렸던 만남」이라는 독보적인 저서를 세상에 내놓으셨습니다.

이 책은 가히 '역사적인 책'이라고 말할 수 있습니다. 저자는 횃불 언약을 중심으로 아브라함부터 시작하여 가나안 정복까지의 이스라엘 역사를 구속사적 관점(redemptive historical perspective)에서 기술하고 있습니다. 족장들의 역사에 등장하는 모든 사건들을 연대기적으로(chronologically) 기술함으로써 각 사건들의 전후 관계와 의미들을 새롭게 조명한 것은, 그 유례를 찾아볼 수 없는 놀라운 업적입니다.

특히 이스라엘 백성이 출애굽 한 후에 광야 생활을 하면서 마흔두 번 진을 쳤던 장소들을 찾아서 표시한 '출애굽과 광야 노정(路程)'이라는 지도를 보고서는 경탄(驚歎)을 금할 수가 없었습니다. 저자가 25년 전부터 성지를 여러 차례 방문하면서 방대한 자료들을 모아 정리하고, 지도에 나오는 장소를 일일이 답사하며 흘린 땀과 눈물, 그 많은 시간의 흔적이 이제야 결실하여 빛을 발하게 되었습니다. 하나님께서 크게 영광 받으실 일이라 여겨집니다.

박윤식 목사님은 그동안 너무도 많은 오해와 잘못된 비판을 받으면서도 꿋꿋하게 오직 예수 그리스도의 신실한 종으로서의 사명을 잘 감당해 오셨습니다.

그의 역저 「창세기의 족보」와 「잊어버렸던 만남」을 통해 만나게 되는 박윤식 목사님은 성경 중심적 개혁주의 신학과 신앙을 소유한, 참으로 한국 교회를 지켜 줄 최후의 보루입니다. 실제로 그분을 만나고 그분의 설교를 듣고 그분의 인격을 접해 본 사람들은, 그분에 대한 모든 왜곡된 평판들이 터무니없는 것임을 절감하게 될 것입니다.

부디 이 책을 통하여 그동안 저자에 대한 모든 오해들이 불식되고, 한국 교회가 다시 성경 중심으로 돌아가는 계기가 마련되기를 소망합니다.

「잊어버렸던 만남」을 읽는 독자들마다 잊어버렸던 성경적 진리를 다시 만나는 역사가 있을 것을 확신하면서, 본 서를 흔쾌히 추천하는 바입니다.

soli cum verbo et spiritus sancti

칼빈대학교 역사신학교수 강 정 진

예영수 박사
前 한신대학교 대학원장
現 국제크리스천학술원 원장,
국제교회선교단체협의회 대표회장

얼마 전 지방에 계신 한 목사님께서, 박윤식 목사님이 쓰신 「창세기의 족보」라는 책에 대하여 학술원에서 정확한 평가를 해 주심으로써 성도들에게 올바른 지도를 할 수 있게 해 달라는 편지를 보내 오셨습니다. 이것이 계기가 되어 박윤식 목사님이 어떤 분인지 연구하기 시작하였고 그의 책을 정독하였습니다. 그 결과, 박 목사님이 많은 오해와 의도적인 왜곡 또 그로 말미암은 잘못된 시선들 때문에 오래도록 고통을 받아 왔다는 사실을 알게 되었습니다. 심지어 박 목사님을 모해하는 자들이, 그가 성도들과 함께 찍은 사진 가운데 일부를 오려서 합성함으로 모략하였다는 사실을 알고 의분이 솟구쳤습니다. 그는 수많은 이단 시비 가운데서도 자신을 정죄한 상대방들에게 다른 뺨을 돌려대는 심정으로 참고 견뎠지만, 그의 오랜 기간 동안의 심적 고통이 너무도 걱심하여 대부분의 치아가 다 빠져서 틀니를 할 수밖에 없었다는 안타까운 소식도 접하였습니다.

그리고 「창세기의 족보」를 읽으면서, 저자인 박윤식 목사님은 철저하게 예수 그리스도 중심의 신앙과 구속사적 관점의 신학을 가진 건전하고 깊은 믿음의 소유자임을 확신하게 되었습니다.

이번에 두 번째로 발간된 「잊어버렸던 만남」을 통해 저자의 진면목을 다시 발견하게 되었습니다. 저자는 82세의 고령에도 불구하고 400페이지가 훨씬 넘는 방대한 분량의 책을 구속사 시리즈 제2권으로 내놓았습니다. 오랜 세월 동안 성경을 읽고 또 읽은 다음의 끈질긴 연구, 그 많은 자료와 정확한 지식, 철저하게 성경 말씀에 충실함, 경건한 믿음과 신학, 족장들의 족보를 통해 세상의 역사 흐름에서 구속사를 추적해 가는 혜안, 이 모든 것들에 감탄하지 않을 수 없습니다.

이 책에는 눈에 띄는 몇 가지 큰 장점들이 있습니다.

첫째, 아브라함부터 가나안 정복 시대까지의 이스라엘의 역사를 한눈에 정리할 수 있도록 했다는 사실입니다. 아브라함의 가계도, 족보를 추적하면서 되어진 역사적인 사건들, 야곱의 열두 아들에 대한 예언과 모세를 통해 열두 지파에게 허락하신 축복의 성취, 야곱의 일생 노정(路程), 광야에서의 지도자들의 죽음, 가나안 입성 전후의 전쟁사, 장자의 명분대로 기록되지 않는 족보 속에 담긴 구속사적 의미 등 수많은 자료들을 알기 쉽게 정리한 저자의 끈질긴 집념에 감탄하지 않을 수 없습니다.

둘째, '출애굽과 광야 노정(路程)'이라는 지도는 아마도 세계에서 처음으로 작성되었을 것입니다. 지금까지 출판된 방대한 자료들과 현지 답사를 통하여 이스라엘 백성이 광야에서 40년 동안 42회 진을 쳤던 모든 장소들을 그 모든 지명의 뜻, 위치, 내용, 교훈의 항목으로 이처럼 세밀하게 정리한 것은 기독교사에 처음 있는 쾌거라 할 수 있습니다.

셋째, 횃불 언약의 성취와 관련된 성경상의 난제(難題)를 구속사적 관점에서 명쾌하게 밝혀 주고 있습니다.

하나님께서는 아브라함에게 횃불 언약을 통해 '네 자손이 사대(四代) 만에 가나안 땅에 돌아온다'라는 약속을 하셨습니다. 그런데 실제 역사를 볼 때 이스라엘 백성이 애굽에서 가나안으로 돌아온 것은 4대가 훨씬 넘습니다. 이러한 성경상의 난제를 본 서에서는 명쾌하게 해결하고 있습니다. 이것은 실로 성경에 의한 성경 연구의 압권입니다.

<잊어버렸던 만남, The Forgotten Encounter>이라는 책 제목도 너무나 멋집니다. 이 책은 성경의 사건들이 역사적 흐름을 좇아 입체적으로 연결되어 있어서 성경의 영웅들과 극적으로 만나게 됩니다. 그리하여 이 책을 읽어 가노라면 하나님의 횃불 언약이 마치 오늘을 살아가는 우리의 삶 속에서 성취되고 있는 듯한 감격을 더하게 됩니다.

이 책을 읽음으로써 한국 교회와 성도들 속에 잊어버렸던 하나님과의 뜨거운 만남이 회복되기를 바라는 마음 간절합니다.

85세 된 갈렙이 40세의 용장처럼 정복하고 승리한 것처럼 박윤식 목사님도 정복하고 승리하는 갈렙의 축복 받으시길 축원합니다.

박윤식 목사님과 「잊어버렸던 만남」을 추천하면서

前 한신대학교 대학원장
現 국제크리스천학술원 원장, 국제교회선교단체협의회 대표회장　예 영 수

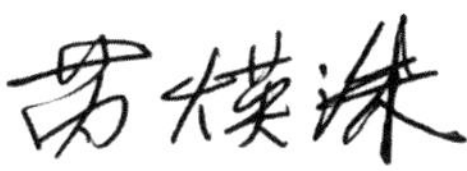

임태득 박사
예장합동 증경 총회장, 대구 대명교회 원로목사

저자는 수개월 전에 「창세기의 족보」라는 역저를 통하여 한국 교계를 깜짝 놀라게 하였는데, 그 책이 벌써 5판을 거듭하며 십여 만 권 이상 판매되는 베스트 셀러가 되었다고 하니, 저자의 책이 읽을 만한 가치가 있고, 읽어서 유익하다는 증거이기도 하지만, 그동안 한국 교회 성도들의 절실한 요구에 부응했다는 반증이기도 합니다. 지난번 출판된 창세기의 족보를 읽은 많은 독자들로부터 저자의 다음 책이 언제 나오느냐는 문의가 쇄도하고 있다는 소식을 듣고 있던 차에, 독자들의 기대에 부응이라도 하듯 두 번째 저서인 「잊어버렸던 만남」이란 책이 이렇게 빠른 시간에 출판된 것을 환영하며 적극 추천합니다.

두 번째 출판된 「잊어버렸던 만남」을 읽는 이들마다 저자의 뜨거운 열정과 꾸준한 노력에 감탄하게 될 것입니다.

저자는 나이 팔순을 넘긴 노령이신데도 불구하고 이렇게 방대한 분량의 책을 집필한 그 열정에 감탄하지 않을 수 없습니다.

저자의 첫 번째 저서인 「창세기의 족보」 때와 같이 이번 책에도, 횃불 언약 성취의 때를 보여 주는 '400년'과 '4대'에 관한 여러 가지 견해를 일일이 대조하여 객관적으로 설명하고 의문점들을 해결한 것은, 성경을 깊이 있게 연구한 땀의 결정체라 하겠습니다.

뿐만 아니라 저자의 주장과 같이, 믿음의 조상 아브라함부터 시작하여 그 경건한 자손들이 가나안에 정착할 때까지의 횃불 언약이 성취되는 모든 역사를 하나님의 구속 경륜 속에서 일목요연(一目瞭然)하게 정리해 놓으신 노고에 깊이 머리 숙여집니다.

이러한 땀과 수고의 결실로 맺어진 「잊어버렸던 만남」은 박 목사님의 경건의 산물이라고 생각됩니다. 저자는 지난 50년 세월을 꾸준히 성경 읽기와 기도 생활을 쉬지 않고 계속해 온 것으로 알려져 있습니다. 하루에 한 시간씩 성경 읽기와 기도 생활 하는 것도 어려운데 하루에 다섯 시간씩 경건의 훈련에 매진해 오셨다는 것은 놀라운 일입니다. 더군다나 5년이나 10년 정도가 아니라 50년을 한결같이 끈기 있게, 예수 그리스도를 사모하는 뜨거운 열정으로 경건의 본이 되었다는 것은, 나이는 숫자에 불과하다는 것을 새삼 느끼게 만듭니다.

앞으로도 그 건강, 그 열정을 쏟아 부어 교계에 유익을 주시고, 수많은 성도들에게 은혜로운 간증과 가려져 있는 진리를 책으로 출판하여 주시기를 바라고, 이번에 출판되는 「잊어버렸던 만남」도 그 다음의 책을 기다려지게 하는 두 번째 베스트 셀러가 되기를 바라면서, 흔쾌히 추천사를 보냅니다.

예장합동 증경 총회장, 대구 대명교회 원로목사 임 태 득

| 저자 서문

PREFACE

박윤식 목사 |

　인간은 본래 하나님의 형상대로 창조되었지만(창 1:26, 2:7, 5:1, 9:6, 골 3:9-10) 범죄하여 타락함으로 말미암아, 전적으로 무능하고 부패하여 선을 행할 능력과 스스로 자신을 구원할 능력이 전혀 없는 존재가 되고 말았습니다(욥 15:16, 시 14:1-3, 51:5, 53:1, 사 44:20, 렘 17:9). 그러나 은혜와 자비가 풍성하시고 긍휼이 한이 없으신 하나님께서는 이 타락한 인생들에게 특별 계시인 성경이라는 가장 큰 선물을 주셨습니다. 성경 66권은 성령님의 영감으로 기록된 완전무오(無誤)한 하나님의 말씀으로, 타락한 인생들을 구원하시고자 영원 전부터 작정하신 하나님의 신묘막측(神妙莫測)한 구속사적 경륜을 그 안에 담고 있습니다. 하나님은 이러한 자신의 구속사적 경륜을 '언약'(言約)이라는 방법을 통하여 나타내시고, 시대마다 그의 백성과 새로운 은혜의 언약들을 맺으면서 일해 오셨습니다. 그 다양한 언약 가운데 특별히 아브라함과 맺은 '횃불 언약'은 하나님의 구속사적 경륜을 압축(壓縮)하고 있는 가장 핵심적인 언약입니다. 횃불 언약 속에는 하나님 나라의 요소인 '자손과 땅'에 대한 문제가 명확하게 나타나 있습니다.

저는 지난 수십 년간 이 횃불 언약을 붙들고 기도의 무릎을 꿇고 씨름하면서, 그 방대한 성취의 과정을 연대기적으로 살피고 깊이 연구해 왔습니다. 하나님의 구속사에서 가장 기본적이면서도 중요한 것은 '연대기의 문제'라고 생각합니다. 성경에 나오는 사건의 연대적 흐름을 정확하게 이해할 때 그 역사적 사실이 분명해지고, 나아가 그 시대상과 전후의 역사적 배경이 입체적으로 연결되어 다가옵니다. 또한 그 연대들을 '하나님의 구속사적 경륜'이라는 한 가지 주제로 관통(貫通)시킬 때, 문자로 기록된 성경의 사건들은 어느덧 생생하게 살아서 오늘날 우리의 가슴에 고동치며, 생명력 넘치는 구속사로 바뀌어 나타나게 됩니다.

횃불 언약을 연구하면 할수록 오직 한 가지, '하나님께서는 한 번 말씀하신 것은 반드시 정확하게 이루신다!'(마 5:18, 24:34-35)라고 하는 그 위대한 진리가 그 속에 선명하게 살아서 약동하고 있음을 재삼 확인할 수 있었습니다. 언약에 대한 하나님의 신실하심은 오늘날 광야 교회(행 7:38) 성도의 신앙 노정에 있어서 확실한 구원의 보증이요, 영원한 소망과 믿음의 근거가 됩니다.

2007년 10월 발간된 「하나님의 구속사적 경륜으로 본 창세기의 족보」에서는, 하나님의 '경건한 자손들'의 족보를 중심으로 인류의 시조 아담부터 믿음의 조상 아브라함까지의 구속사를 살펴보았습니다. 금번에 발간되는 횃불 언약과 그 성취를 다룬 「잊어버렸던 만남」에서는, 아브라함부터 시작하여 그 경건한 자손들이 가나안에 정착할 때까지의 구속사를 통하여 횃불 언약이 성취되는 과정을 연대기적으로 일목요연(一目瞭然)하게 정리하고자 노력하였습니다.

아담 이후 범죄하여 타락한 인생들은 많은 것을 잊어버리고 살아왔습니다. 하나님의 말씀, 하나님의 언약 속에 담긴 모든 축복과 무궁하신 아가페의 사랑, 그리고 하나님과 함께했던 아름답고 소중한 은혜의 추억들을 모두 잊어버렸습니다. 그 근본 원인은 하나님과의 만남을 잊어버렸기 때문입니다. 하나님과의 만남은 일생을 좌우하는 가장 귀중한 출발점이요, 생명의 원동력이며, 영생의 확증입니다. 아무쪼록 횃불 언약과 그 성취의 과정을 통하여 잊어버렸던 하나님과의 만남을 되찾아 그 만남이 영원까지 지속되기를 간절히 소망합니다.

새삼 유수 같은 지난 세월을 돌이켜 볼 때, 이 늙은 종이 지금까지 살아서 우리 주님의 피 묻은 십자가의 복음, 그 영광의 복음을 증거한다는 것은 전적으로 살아 계신 하나님의 은혜입니다. 죄인 중에 괴수와도 같았던 저의 모든 죄를 사하시고 구원해 주신 것은 만세 전부터 예정하셨던 예수 그리스도의 십자가 보혈(寶血)의 능력입니다. 실로, 예수 그리스도의 십자가는 영원하고 완전한 승리이며 전 인류의 유일한 소망입니다. 저는 우리 주님의 그 크신 사랑과 십자가 복음에 너무도 큰 빚을 진 죄인일 뿐입니다(롬 1:14). 그래서 47년 전 하나님 앞에 서원하는 마음으로 기도하는 가운데 하루에 두 시간 이상 기도와 세 시간 이상 성경 읽기를 결심하고, 오늘에 이르기까지 하루도 빠짐없이 기도하면서 하나님의 주권적인 은혜로 성경을 읽어 왔습니다. 오직 성경 중심의 외길을 걷기에 일평생 여념(餘念)이 없었습니다. 앞으로도 제게 주신 생명의 호흡이 다하는 그날까지 오직 십자가만을 자랑하며(고전 2:2, 갈 6:14), 기도와 말씀에 매진할 것입니다.

올해로 부족한 종이 주님의 몸 된 교회를 섬긴 지 어느덧 51주년을 맞고 있습니다. 저는 믿음의 선배인 박형룡 박사님이 교훈하신 칼빈주의·개혁주의 정통 신학을 계속 연구하며 오직 보수 신앙을 지키고자 애써 왔습니다. 오랜 목회의 현장 속에서 저의 신앙을 오해하고 무너뜨리려는 세력에 의해 힘겨운 난관에 부딪힌 적도 있었지만, 그것은 실상 제 자신 속에 있는 어둠과의 힘겨운 싸움과 몸부림이었고, 그때마다 저의 유일한 위로와 소망은 오직 하나님의 말씀뿐이었습니다.

이번 책에 수록된 내용은 1968년도부터 증거했었고, 최근에는 그 내용을 수정 보강하여 '언약을 기억하시고 이루시는 신실하신 하나님'(수 21:45, 23:14)이라는 주제로 국내외에서 증거하는 가운데 받은 은혜를 요약 정리한 것입니다. 오직 하나님의 선하신 손의 도우심을 입어 2007년 12월부터 시작하여 2008년 5월에 집필을 마치게 되었습니다. 이 책은 결코 완벽한 것이 아니기에 독자들에게 민족스럽지 못한 부분도 간혹 있을 것입니다. 그러나 나귀의 입을 통해서 말씀을 선포하시는 하나님께서(민 22:28), 부족한 종을 통해서도 하나님의 말씀을 전해 주시기를 간절히 소망하며 감히 이 졸저를 세상에 내어 놓고자 합니다.

바야흐로 역사는 하나님께서 정해 놓으신 구속의 완성을 향하여 힘차게 달려가고 있습니다. 사람이 한 번 죽는 것은 정하신 이치요, 그 후에는 반드시 하나님의 심판이 있습니다(히 9:27). 어느덧 80을 넘긴 저의 생애도 우리 주님 계신 하나님 나라 가는 것밖에는 남지 않았습니다.

마태복음 12:36-37에서는 "내가 너희에게 이르노니 사람이 무슨 무익한 말을 하든지 심판 날에 이에 대하여 심문을 받으리니 네 말로 의롭다 함을 받고 네 말로 정죄함을 받으리라"라고 말씀하고 있습니다. 얼마 남지 않은 나그네 여로(旅路)를 생각할 때, 하나님 앞에 경건한 마음으로 옷깃을 여미게 됩니다. 사람의 혀는 능히 길들일 사람이 없는 쉬지 아니하는 악이요, 죽이는 독이 가득한 것이니(약 3:8), 생명을 사랑하고 좋은 날 보기를 원한다면 날마다 입술에서 거짓말과 궤휼(詭譎)을 멀리해야 할 것입니다(벧전 3:10, 계 21:8, 22:15). 짧디짧은 밤의 한 경점 같은 인생의 끝자락에서, 진실로 범사에 양심을 따라 하나님만을 섬겨야 함을 새삼 되새기게 됩니다(행 23:1).

오늘날 전 세계를 뒤덮고 있는 영계(靈界)의 어두움은 분명 새로운 역사의 여명이 곧 눈앞에 다가왔음을 보여 주는 듯합니다. 하나님께서는 "모든 사람으로 더불어 화평함과 거룩함을 좇으라 이것이 없이는 아무도 주를 보지 못하리라"(히 12:14)라고 말씀하셨습니다. 예수 그리스도의 재림을 사모하는 성도는 그리스도의 뜨거운 사랑으로 피차 너그럽게 용서하며(마 18:21-22), 서로에 대한 깊은 이해 속에서 모든 사람으로 더불어 화목해야 할 것입니다(살전 5:13).

부디 우리 한국 교회가 오직 믿음으로 세상을 이기며(요일 5:4), 십자가 구속 은총에 대한 뜨거운 감격으로 선한 일에 열심하는 친 백성이 되어(엡 2:10, 딛 2:14), 예수 그리스도께서 다시 오시는 그날까지 다함께 점도 없이 흠도 없이 평강 가운데 나타나기를 진실로 소망합니다(살전 5:23, 벧후 3:14). 이 책을 읽는 분들마다 하나님의 은혜 가운데 주님의 복락의 강수가 흘러 넘치시기를 간절히 기도합니다(시 36:8). 할렐루야!

끝으로, 부족한 사람을 위하여 항상 기도해 주시는 평강제일교회 동역자들과 장로님들, 여러 제직들, 사랑하는 성도들과 아내와 자식들에게 진심으로 감사의 마음을 전합니다. 이 책이 나오기까지 원고 정리를 위하여 수고한 보이지 않는 손길들에게도 고마운 마음을 여기 담아 둡니다.

2008년 5월 17일
천국 가는 나그네 길에서
예수 그리스도의 종 **박 윤 식** 목사

| 차례

제 3 장 **횃불 언약 성취의 역사 (1)**

제 1 장

구속사적 경륜과 횃불 언약

God's Administration of Redemptive History and the Covenant of the Torch

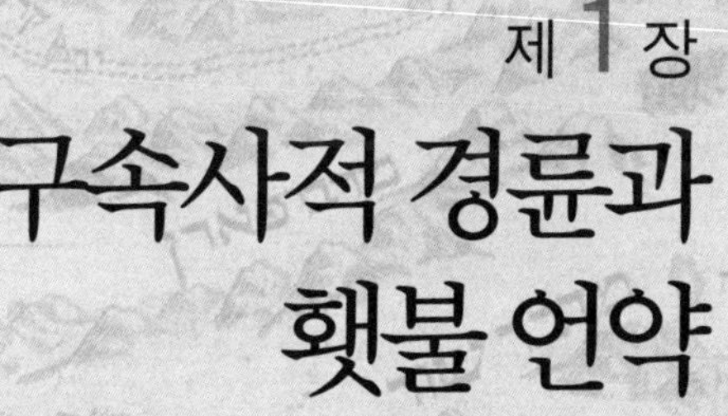

I
구속사적 경륜의 중심
예수 그리스도

THE HISTORY OF HIGH PRIESTS AFTER HEROD THE GREAT
CLASSIFIED BY APPOINTER

하나님께서는 사람을 하나님의 형상대로 창조하셨고(창 1:26-27), 오직 그들에게만 우주의 소유권과 통치권을 위임하셨습니다(창 1:28). 그러나 인류의 시조 아담과 하와는 하나님의 말씀에 불순종하고, 불신앙과 교만함으로 말미암아 세상을 정복하며 다스리는 능력을 상실하였습니다. 하나님께서는 분명히 아담에게 "선악을 알게 하는 나무의 실과는 먹지 말라 네가 먹는 날에는 정녕 죽으리라"라고 명령하셨으나(창 2:17), 아담은 하나님의 말씀을 듣기보다 오히려 하와를 통해 뱀의 말을 듣고 타락하여 에덴동산에서 쫓겨나는 신세가 되고 말았습니다(창 3:24).

하나님의 형상대로 창조되어 하나님과 직접 교제하며 영생할 존재였던 인간은(전 3:11, 참고-잠 3:32), 허물과 죄로 말미암아 죽을 수밖에 없는 사망의 존재가 되었습니다(롬 5:12, 6:23, 엡 2:1, 골 2:13, 히 9:27). 공중 권세를 잡은 마귀에게 종속되어 그의 지배를 받아, 하나님의 무서운 진노의 대상이 되었던 것입니다(엡 2:2-3).

이렇게 타락한 죄인을 구원(救援)하시기 위한 방도가 예수 그리스도께서 이루시는 구속(救贖)입니다. '구원'은 한자로 '구원할 구(救), 도울 원(援)'으로, '스스로는 도저히 빠져나올 수 없는 극심한 괴로움, 질병이나 커다란 위험에 처해 있는 자를 제삼자가 건져 주는 일'입니다. 또한 '구속'은 한자로 구원할 '구(救), 바칠 속(贖)'으로, '대가를 지불하고 구원해 내는 일'입니다. 다시 말하면 정당한 대가를 지불하고 소유권을 회복하거나 압제로부터 풀려나는 것, 협소한 곳에서 넓은 곳으로 자유롭게 해방되는 것을 말합니다.

1. 구속사의 주인공 예수 그리스도
Jesus Christ, the center of the history of redemption

'구속'은 헬라어 원문에 '뤼트로오'(λυτρόω, 구속 - 눅 24:21, 벧전 1:18-19, 딛 2:14), '뤼트론'(λύτρον, 대속물 - 마 20:28, 막 10:45), '뤼트로시스'(λύτρωσις, 속량, 구속됨 - 눅 1:68, 2:38, 히 9:12) 등으로 표현되어 있습니다. 이 단어들의 중심적인 의미는 '값을 지불하고 매입하여 자기 소유로 삼았다'입니다. 그런데 이 단어들이 예수 그리스도에 관하여 사용될 때에는 보다 더 심오한 세 가지 뜻을 담고 있습니다.

첫째, 예수 그리스도께서 그의 구속 사역에서 모든 피택된
　　　　죄인들을 위하여 값을 지불하셨습니다.

하나님께서는 같은 죄인들 가운데 얼마를 선택하여 예수 그리스도 안에서, 예수 그리스도로 말미암아 구원을 받아 하나님의 자녀가 되도록 개별적으로 미리 정하셨습니다(마 22:14, 롬 8:29-30, 11:5, 엡 1:4-5, 11, 벧전 1:2).

이러한 예정은 절대 예정으로서, 이미 창세 전에 선택된 것입니다(엡 1:4-5, 3:11, 딤후 1:9).

절대 예정은 사람의 선행이나 공로, 혹은 노력에 의해 선택된 것이 아니며, 오직 하나님의 절대 주권적 의지에 따라 결정된 것을 말합니다. 예수 그리스도께서는 십자가의 값을 치르시고 예정된 백성을 구속하셨습니다.

둘째, 그 값은 바로 예수 그리스도의 피입니다.

예수 그리스도께서 우리를 죄와 사망에서 구속하시기 위하여 지불하신 값은 자신의 보혈(precious blood)입니다. 우리가 구속함을 받은 것은 은이나 금같이 없어질 것으로 된 것이 아니요 오직 흠 없고 점 없는 어린양 같은 그리스도의 보배로운 피로 된 것입니다(벧전 1:18-19).

셋째, 구속함을 받은 사람들은 예수 그리스도의 소유가 되었습니다. 그 이유는 예수 그리스도께서 자신의 보배로운 피를 값으로 지불하시고 우리를 사셨기 때문입니다(고전 6:19-20, 7:22-23).

인류가 타락한 이후의 역사는 향방 없이 무의미하게 만복되이 온 것이 아니라, 만세 전에 예수 그리스도 안에서 택하신 성도들(엡 1:4)의 구원이라는 궁극적인 목적을 향해 진행되어 왔습니다.

그러므로 구속사적 경륜의 주제는 타락한 인간의 '구원'이며, 그 역사의 중심에는 '예수 그리스도'가 계십니다. 예수 그리스도는 택하신 백성을 구원하신 유일하고 참된 구주이십니다(마 1:21, 눅 2:11, 요 4:42, 행 4:12, 5:31, 요일 4:14).

예수 그리스도께서는 동정녀 마리아의 몸을 통해 이 땅에 오실 때(사 7:14, 마 1:18-21), 완전한 신성(神性)과 동시에 완전한 인성(人性)으로 오셨습니다(요 1:14, 빌 2:6-8). 그러므로 말씀이 육신이 되어 도성인신(道成人身) 하신 예수 그리스도는 참하나님이시며 동시에 참사람(God-Man)이십니다(요 1:1, 14, 18). 예수 그리스도께서는 택한 백성의 죄를 대속할 어린 양(요 1:29)이요, 화목 제물(롬 3:25, 요일 2:2)이셨습니다.

이 땅에서 펼쳐지는 모든 역사는 예수 그리스도를 중심으로 진행되고, 예수 그리스도를 통하여 성취되며, 예수 그리스도가 다시 오심으로 완성될 것입니다.

성경은 이러한 구속사의 주인공이신 예수 그리스도를 가리켜 '하나님의 비밀'이라고 하였습니다. 그래서 골로새서 2:2에서 "하나님의 비밀인 그리스도"라고 말씀하고 있습니다.

특히 골로새서 1:26-27에서는 이 비밀에 대하여 네 가지로 말씀하고 있습니다.

골로새서 1:26-27 "이 비밀은 만세와 만대로부터 옴으로 감취었던 것인데 이제는 그의 성도들에게 나타났고 [27] 하나님이 그들로 하여금 이 비밀의 영광이 이방인 가운데 어떻게 풍성한 것을 알게 하려 하심이라 이 비밀은 너희 안에 계신 그리스도시니 곧 영광의 소망이니라"

첫째, 이 비밀은 "감취었던" 것입니다(골 1:26).

'비밀'은 헬라어로 '뮈스테리온'(μυστήριον)인데, '아직 밝혀지지 않은 사실, 숨겨져 있어서 외부에서는 알 수 없는 사실'을 뜻합니다. '감취었던'으로 번역된 '아포케크륌메논'(ἀποκεκρυμμένον)

은 '아포크륍토'(ἀποκρύπτω)의 완료 수동태로서, 감추신 분이 하나님이심을 나타냅니다. 하나님께서 계시하지 않으면 인간의 지식이나 능력으로는 도저히 깨달을 수 없다는 것입니다. 그러므로 이 비밀은 계시를 통해 그의 백성에게 알려진 하나님의 구속사적 활동의 오묘한 신비로서, 하나님의 뜻입니다(고전 2:7, 4:1, 엡 3:3). 성경에서는 하나님의 거룩한 구속 경륜, 그리스도의 재림, 하나님의 나라, 복음 등이 비밀에 속한 것이라고 말씀하고 있습니다(마 13:11, 막 4:11, 엡 6:19, 계 10:7, 암 3:7).

둘째, 이 비밀이 감추어진 기간은 "만세와 만대로부터"입니다 (골 1:26).

여기 '만세'(萬世)는 헬라어로 '영원'을 뜻하는 '아이온'(αἰών)의 복수형이며, '만대'(萬代)는 헬라어로 '세대'(世代)를 뜻하는 '게네아'(γενεά)의 복수형입니다. 그러므로 "만세와 만대로부터"는 직역하면 '영원부터 그리고 이어지는 각 세대들로부터'라는 뜻입니다. 따라서 만세와 만대는 동일한 의미의 상이한 표현이라고 할 수 있습니다. 에베소서 3:9에서는 '영원부터'라고 하였고, 고린도전서 2:7에서는 '만세 전'이라고 말씀하였습니다.

셋째, 이 비밀은 이제는 그의 성도들에게 나타났습니다(골 1:26).

여기 '이제는'이란 단어는 헬라어로 '뉜 데'(νῦν δέ)로서, 정확하게 번역하면 '그러나 이제는'이란 뜻입니다. 지금까지 감춰었던 하나님의 비밀이 극적으로 나타나게 되었음을 의미합니다(롬 16:25-26).

한편, '나타났고'라는 단어는 헬라어로 '에파네로데'(ἐφανερώθη)로서, '파네로오'(φανερόω)의 수동태입니다. 예수 그리스도를 통한 구속사적 경륜의 비밀은, 하나님께서 그것을 성도들에게 나타내심으로써만 깨달을 수 있음을 뜻합니다.

넷째, 이 비밀은 "이방인 가운데도" 풍성히 알려져야 합니다.

골로새서 1:27에서 "하나님이 그들로 하여금 이 비밀의 영광이 이방인 가운데 어떻게 풍성한 것을 알게 하려 하심이라 이 비밀은 너희 안에 계신 그리스도시니 곧 영광의 소망이니라"라고 말씀하고 있습니다.

'이방인'이란 유대인 이외의 모든 족속들과 사신 우상을 섬기는 사람들을 가리킵니다(롬 11:11, 15:9, 갈 2:8). 원래 이방인들은 하나님과의 언약에서 소외된 자들이었으나, 하나님께서는 예수 그리스도의 구속으로 말미암아 그들에게도 구원의 값진 선물을 주셨습니다(행 26:17-18, 롬 11:11, 25, 갈 1:16, 3:8, 14, 엡 2:11-14, 3:6). 이방인들이 구원 받는 영광스러운 일에 대하여는 구약에 이미 여러 차례 예고되었습니다(창 22:18, 28:14, 사 54:2-3, 말 1:11).

예수 그리스도께서 오시기 전까지는 혈통적 유대인을 중심으로 하나님의 역사가 진행되었지만, 예수 그리스도의 십자가 대속 사건 후에는 그의 역사가 이방인에게까지 확대되었습니다. 로마서 2:28-29에서, 표면적 유대인은 혈통상의 유대인이요, 이면적 유대인은 혈통을 초월하여 예수 그리스도를 믿는 믿음이 있는 사람들을 가리킵니다(갈 3:7-9, 26-29). 그러므로 이제 유대인이나 헬라인이나 종이나 자주자나 남자나 여자나 상관없이 다 예수 그리스도 안에서 하나가 되었고(갈 3:28), 십자가의 복음은 유대인이나 이방인이나 모든 믿는 자에게 구원을 주시는 하나님의 능력이 되었습니다(롬 1:16).

이렇게 이방인들이 구원을 통해 얻게 되는 풍성한 영광이 바로 '비밀의 영광'(골 1:27)인 것입니다. 그래서 사도 바울은 자신이 이방인을 위한 그리스도의 일꾼 된 것을 영광스럽게 여긴다고 고백하였습니다(롬 11:13). 우리도 이 복음의 비밀을 천하 만민에게 밝히 증거하여 '비밀의 영광'이 온 세상에 풍성하게 드러나도록 해야 하겠습니다.

2. 예수 그리스도의 속죄 사역

Jesus Christ's work of atonement

속죄 사역이란 인류를 구원하시려는 하나님의 작정과 경륜에 따라 예수 그리스도께서 우리의 죄를 사하시려고 우리의 죄 값을 대신 담당하신 구체적인 행위를 말합니다. 속죄 사역은 구속사에 있어서 하나님의 구원 행동의 최절정이요, 기독교 복음의 최고 핵심입니다.

(1) 십자가 속죄 사역과 하나님의 섭리

죄인이 구원 받기 위해서는 죄 사함을 받아야 합니다(엡 1:7, 골 1:14). 예수 그리스도께서는 택하신 자들의 완전한 속죄를 위하여 이 땅에 오신 분입니다(요 1:29, 히 9:26, 요일 3:5).

이 속죄는 예수 그리스도께서 이 세상에 오셔서, 죄인을 대신하여 십자가에서 피 흘려 죽으심으로 이루어졌습니다(벧전 1:18-19).

예수 그리스도께서는 자신의 십자가 고난과 죽음이 하나님의 구속사적 경륜 속에서 예정된 것이었음을 제자들에게 공개적으로 말씀하셨습니다.

마태복음 26:24 "인자는 자기에게 대하여 기록된 대로 가거니와 인자를 파는 그 사람에게는 화가 있으리로다 그 사람은 차라리 나지 아니하였더면 제게 좋을 뻔하였느니라"

누가복음 22:22 "인자는 이미 작정된 대로 가거니와 그를 파는 그 사람에게는 화가 있으리로다 하시니"

예수 그리스도께서는 공생애 기간 동안 네 차례나 십자가 대속의 죽음에 대하여 말씀하셨습니다(마 16:21-28, 17:22-23, 20:17-19, 26:1-2). 그리고 십자가 고난을 예고하실 때마다, 헬라어 '데이'(δεῖ: 틀림없다, 꼭 필요하다, 절대적이다, 마땅하다)라는 말로써 십자가의 필연성을 강조하셨습니다(마 16:21, 막 8:31, 눅 9:22, 24:7 등).

베드로가 이 속죄 사역의 중대성을 깨닫지 못하고 "주여 그리 마옵소서 이 일이 결코 주에게 미치지 아니하리이다"(마 16:22)라고 했을 때, 예수 그리스도께서는 베드로를 향하여 "사단아 내 뒤로 물러가라 너는 나를 넘어지게 하는 자로다 네가 하나님의 일을 생각지 아니하고 도리어 사람의 일을 생각하는도다"라고 단호하게 책망하셨습니다(마 16:23, 막 8:33).

예수 그리스도께서는 하나님의 영원하신 경륜과 섭리에 자발적으로 순종하여 십자가를 지시고자 하셨습니다(요 10:17-18). 십자가를 지시기 전 마지막 주에 예루살렘에 올라가실 때, "선지자들로 기록된 모든 것이 인자에게 응하리라"(눅 18:31)라고 하시면서, 제자들 앞에 서서(막 10:32, 눅 19:28) 올라가셨습니다. 잡히시던 밤에도 제자들과 함께 찬미하면서 기드론 시내를 건너 감람산에 오르셨습니다(마 26:30, 막 14:26, 요 18:1).

겟세마네 동산에서 땀이 핏방울같이 되기까지 기도하신 예수님은, "당할 일을 아시고"(요 18:4), 검과 몽치를 가지고 자기를 찾는 무리에게 "내로라!"(요 18:6) 하시며 당당하게 잡히셨습니다. 로마 군인들에게 잡히는 위급한 순간에 베드로가 대제사장의 종 말고의 귀를 잘라 버렸을 때, "이것까지 참으라!"라고 하시며 말고의 귀를 도로 붙여 주기도 하셨습니다(눅 22:51). 그리고는 베드로를 향하여 "너는 내가 내 아버지께 구하여 지금 열두 영(營) 더 되는 천사를 보내시게 할 수 없는 줄로 아느냐 54 내가 만일 그렇게 하면 이런 일이 있으리라 한 성경이 어떻게 이루어지리요"(마 26:53-54) 하시면서, 성경대로 십자가를 지셨습니다.

예수님께서는 하나님과 사람 사이에 완전한 화목을 이루시려고(롬 5:10-11, 엡 2:13-18), 예정된 섭리 속에 '십자가 속죄를 통한 구속의 완성'을 위해 한 치의 오차도 없이 매진하셨고, 마침내 십자가에 달려 그토록 염원하셨던 인류의 구속을 성취하시고 "다 이루었다"(요 19:30)라고 선포하셨습니다.

(2) 속죄 사역의 예표

하나님께서는 거룩하시고, 의로우시며, 죄를 용납치 않으시는 분입니다. 그러므로 범죄한 상태에서는 아무도 하나님을 만날 수 없습니다. 구약에서는 제물을 앞세워 나아가게 하심으로, 장차 오실 예수 그리스도가 이루실 속죄 사역을 그림자로 보여 주셨습니다. 그 가운데 속죄 사역의 가장 완벽한 그림자는 레위기 16:6-10, 15-22, 26에 나오는 '아사셀' 염소입니다. '아사셀'(עֲזָאזֵל)은 '내어 놓음'이라는 뜻입니다. 대제사장 아론은 두 손으로 아사셀 염소의 머리에 안수하여 이스라엘 자손의 모든 불의와 그 범한 모든 죄를 전가합니다.

　그 후에 아사셀 염소를 광야로 내몰아 무서운 짐승의 밥이 되게 합니다(레 16:21-22). 이처럼 아사셀 염소는 택하신 자들의 모든 죄를 대신 지시고 아무 죄도 없이 성문 밖으로 쫓겨나 십자가에 죽으신 예수 그리스도의 속죄 사역을 예표합니다(히 13:12).

　구약에서 제물의 첫째 조건은 흠과 티가 없어야 했습니다(출 12:5, 29:1, 레 1:3, 민 6:14, 19:2). 왜냐하면 그것은 장차 오실 메시아의 예표였기 때문입니다. 헛된 제물, 가증한 제물, 눈먼 희생, 병든 것, 저는 것은 하나님께서 받지 않으실 뿐 아니라(사 1:11-17), 이러한 제물을 바치는 자는 저주를 받았습니다(말 1:7-14).

　예수 그리스도께서는 속죄의 어린 양으로 아무런 '흠'과 '티'가 없고, 아무 죄가 없으신 온전한 제물이셨습니다(벧전 1:19). 예수 그리스도께서는 죄를 범치 아니하시고(벧전 2:22), 죄를 알지도 못하시며(고후 5:21), 처음부터 죄가 없으시며(요일 3:5), 악이 없으신 분입니다(히 7:26).

　이렇게 무죄하신 예수 그리스도께서 우리를 위해 대속의 제물이 되셨기 때문에, 하나님의 공의가 온전히 만족되고, 동시에 하나님의 아가페 사랑이 확증되었습니다(롬 5:8). 예수 그리스도께서는 죄인들을 대신하여 율법의 저주를 받고(갈 3:13), 죄를 담당하셨습니다(벧전 2:24, 사 53:6). 이로 말미암아 우리의 죄는 예수님께 전가되고, 예수님의 의가 우리에게 값없이 선물로 주어졌습니다(롬 3:22-24, 4:25, 고후 5:21). 죄와 사망 아래 신음하며 얽매여 있던 인생들에게, 마침내 진정한 자유가 회복되고 영생이 선물로 주어졌습니다(롬 6:23, 8:1-2).

(3) 예수 그리스도께서 죄인을 대신하여 당하신 수난

예수 그리스도께서 당하신 수난은 피택된 죄인들을 위한 대리적 속죄의 수난이었습니다. 예수 그리스도께서 육신을 입고 이 땅에 오신 순간부터 33년 생애 전체가 우리의 모든 죄를 걸머지고 걸으신, 실로 힘겨운 고통의 연속이었습니다. 그리고 그 고통의 절정은 십자가 속죄의 사역이었습니다.

33년이라는 짧은 생애 가운데 마지막 1주일에, 모든 악의 세력들이 총동원되어 예수님 한 분을 에워싸 공격했고, 주님은 힘에 지나도록 곤욕을 받으셨습니다. 그리고 예수 그리스도께서는 겟세마네 동산에 오르실 때, 세 제자에게 그 무거운 심정을 토로하시며 '나와 함께 깨어 기도하라'라고 말씀하셨습니다(막 14:32-34).

마태복음 26:37-38 "베드로와 세베대의 두 아들을 데리고 가실새 고민하고 슬퍼하사 38 이에 말씀하시되 내 마음이 심히 고민하여 죽게 되었으니 너희는 여기 머물러 나와 함께 깨어 있으라 하시고"

예수 그리스도께서는 열두 제자 가운데 여덟 제자를 산 밑에 남겨 두고 세 사람만을 특별히 함께 깨어 기도하자고 부르셨는데(마 26:36, 막 14:32), 세 제자는 곤하여 잠들었고, 예수님 홀로 얼굴을 땅에 대고(마 26:39), 땅에 엎드려(막 14:35), 무릎을 꿇고(눅 22:41) 겟세마네 동산 전체가 진동할 정도로 심히 통곡하며(히 5:7) 기도하셨습니다.

'자기의 당할 일'을 다 아시는 주님께서(막 10:32) 겟세마네 동산에서 육신을 쥐어짜고 마음을 쥐어짜고 영혼을 쥐어짜면서 최후로 기도하실 때, 그 고통은 심장이 파열되고 창자가 끊어질 정도였습니다. 겟세마네에서의 고통은 십자가 상의 고통의 시작이었습니다.

예수 그리스도께서 "내 원대로 마옵시고 아버지의 원대로 되기를 원하나이다"(눅 22:42)라고 기도하실 때, 하나님께서는 보시다 못해 하늘로부터 사자를 보내어 예수님을 도우셨고(눅 22:43), 주님은 힘쓰고 애써 더욱 간절히 기도하시니 땀이 땅에 떨어지는 핏방울같이 되었습니다(눅 22:44).

기도를 마치자마자 곧바로 들이닥친 군대는(요 18:3)[1], 가룟 유다가 예수님께 입맞추는 신호에 맞추어 예수님을 강도 잡듯이 붙잡아(마 26:55), 끈으로 단단히 묶고(막 14:44), 결박하여(요 18:12) 마치 짐승을 끌고 가듯이 끌고 갔습니다. 예수님을 안나스(요 18:13)에게로, 가야바의 뜰(마 26:57-68)로, 산헤드린 공회(눅 22:66)로, 빌라도(막 15:1)에게로, 헤롯의 관저(눅 23:7-10)로, 빌라도의 관정(눅 23:11-25)으로 밤새도록 끌고 다니다가, 마침내 예수님을 십자가에 못 박기 위해 골고다로 끌고 갔습니다(마 27:31, 막 15:20, 눅 23:26).

안나스에게 심문받으실 때에는 하속 하나가 손으로 예수님을 쳤으며(요 18:22), 대제사장 가야바의 뜰에서 사형이 확정된 후에는 종교 지도자들이 예수님의 얼굴에 침을 뱉고, 예수님의 얼굴을 수건으로 가리고 주먹으로 치면서 "선지자 노릇을 하라 너를 친 자가 누구냐"라고 하면서 희롱했고, 하속들까지 덩달아 손바닥으로 예수님을 쳤습니다(마 26:66-68, 막 14:64-65).

채찍질을 당하신 후에 빌라도에게 십자가형을 선고 받고, 브라이도리온(Praetorium)이라는 총독의 관정 안으로 끌려가 온 군대 앞에서 온갖 희롱을 당하셨습니다(마 27:26-30, 막 15:15-20, 요 19:1). 채찍은 보통 굵은 것은 세 가닥, 가는 것은 아홉 가닥으로, 끝에 금속(납)이나 뼈가 달려 있어서 한 번 때릴 때마다 살에 박혀 살점이 떨어져

나갑니다. 시편 38:3, 7의 예언대로, 채찍 맞은 예수님의 몸은 성한 곳이라고는 한 군데도 없었습니다. 매 맞은 자국마다 갈기갈기 찢어져서 예수님의 등에는 길게 '고랑'이 생길 정도였습니다.

시편 129:3 "밭 가는 자가 내 등에 갈아 그 고랑을 길게 지었도다"

추운 새벽(요 18:18), 인정사정없이 온몸이 만신창이로 채찍질 당하시고 과도한 출혈로 예수님은 몸을 가눌 수조차 없었습니다. 시편 기자의 예언대로 뼈가 다 멍이 들고, 금이 가고, 어그러졌기 때문입니다(시 22:14). 군인들이 힘겹게 부축하여 세웠을 때, 예수님의 형체는 알아보기 어려울 만큼 이지러지셨고, 심하게 부어오른 얼굴과 피로 범벅이 된 그 모습은 실로 사람의 형체가 아니었습니다.

시편 22:6 "나는 벌레요 사람이 아니라 사람의 훼방거리요 백성의 조롱거리니이다"

750년 전에 이사야 선지자는, 예수님의 참혹한 모습이 너무도 혐오스러워서 사람들이 전부 고개를 돌릴 것이라고 예언하였습니다.

이사야 53:3 "... 마치 사람들에게 얼굴을 가리우고 보지 않음을 받는 사 같아서 멸시를 당하였고 우리도 그를 귀히 여기지 아니하였도다"

또한 잔악한 로마 병정들은 조롱하는 뜻으로 왕관을 대신하여 가시로 면류관을 엮어 씌우고, 사정없이 옷을 벗기고, 홍포를 입히며 희롱하였고(마 27:28, 막 15:17, 요 19:2), 예수님의 성체를 더러운 발로 마구 밟고, 벌레처럼 취급했습니다(사 51:23). 예수님의 얼굴에 침을 뱉고, 가시관 쓰신 그 머리를 갈대로 쳤습니다(막 15:17-19, 요 19:2).

마태복음 27:29-30 "가시 면류관을 엮어 그 머리에 씌우고 갈대를 그 오른손에 들리고 그 앞에서 무릎을 꿇고 희롱하여 가로되 유대인의 왕이여 평안할지어다 하며 ³⁰ 그에게 침 뱉고 갈대를 빼앗아 그의 머리를 치더라"

여기 '치며'(ἔτυπτον, 에튑톤)는 손이나 주먹, 발, 작대기, 지팡이, 채찍, 무기 등으로 때리는 것인데, '튑토'(τύπτω)의 미완료 과거형(imperfect tense)입니다. 미완료 과거는 과거의 계속적 행동을 가리킵니다. 따라서 로마 군인들은 번갈아 가면서 분이 풀릴 때까지 오래도록 계속 친 것입니다. 이때 예수님의 머리에 깊숙이 박힌 가시 면류관으로 인하여 예수님의 머리는 그 고통이 더욱 커지고 더 많은 피가 흘러내렸을 것입니다.

도저히 형언할 수 없는 주님의 이 모든 고통은 형벌 받아 마땅한 우리의 죄와 허물을 대신하여 받으신 고난이었습니다(사 53:5, 8). 그럼에도 불구하고 오늘날 예수님을 믿노라 하는 우리가 이 십자가를 지기는커녕 외면하고, 거절하며, 심지어 중심에 멸시하고 있지는 않습니까? 이사야 선지자가 "우리도 그를 귀히 여기지 아니하였도다"(사 53:3下)라고 했던 피맺힌 탄식, 그것은 바로 우리 각자의 가슴속에서 뼈저리게 되새겨야 할 말씀입니다.

(4) 십자가에서 성취하신 속죄 사역

마침내 골고다 언덕에 오르신 예수 그리스도께서는 흉악범으로 몰려 두 강도와 함께 십자가에 못 박히셨습니다(마 27:38, 막 15:27, 눅 23:33, 요 19:18). 대낮에 벌거벗기운 채로 달리사 온갖 수치를 당하셨습니다.

　예수 그리스도께서는 십자가에서 여섯 시간 동안 계시면서 일곱 말씀을 하셨습니다. 제 삼시(오전 9시)부터(막 15:25) 제 육시(정오 12시)까지 세 말씀을 하셨고(눅 23:34, 43, 요 19:26), 제 육시로부터 제 구시(오후 3시)까지 흑암이 세 시간 계속되는 속에서(마 27:45, 막 15:33, 눅 23:44) 운명 직전 "제 구시 즈음에(오후 3시)" 네 말씀을 하셨습니다(마 27:45-46, 요 19:28, 30, 눅 23:46).

　주님의 십자가 상의 여섯 시간은 그의 일생의 압축이었고, 구속 역사의 절정이었습니다. 예수 그리스도는 33년 동안 십자가 상의 여섯 시간을 위해 사셨다고 해도 과언이 아닐 것입니다. 십자가 상의 여섯 시간, 그 속에는 하나님의 구속사 완성과 사단의 심판과 성도의 최후 승리가 모두 들어 있습니다(골 2:13-15).

　예수 그리스도께서 십자가 상에서 여섯 시간 동안 계시면서 남기신 불멸의 일곱 말씀! 그 가운데 첫 번째 말씀이 바로 '속죄'를 선언하신 말씀입니다.

　누가복음 23:34 "이에 예수께서 가라사대 아버지여 저희를 사하여 주옵소서 자기의 하는 것을 알지 못함이니이다"

　여기 '이에'(δέ, 데: 그러나 오히려, 그렇지만)라고 하신 말씀에는, 어떤 이유도 불문하고 죄 사함을 선언하시는 하나님의 무한하신 아가페 사랑이 담겨 있습니다. 주님은 지금 골고다의 언덕에서 처참하게 십자가에 못 박혀 계시면서도, 자신을 십자가에 못 박고 조롱하는 그 사람들을 용서해 달라고 기도하셨습니다.

　그것은 예수님께서 평소 가르치신 내용 그대로입니다.

　마태복음 5:44 "너희 원수를 사랑하며 너희를 핍박하는 자를 위하여 기도하라"

마태복음 5:46 "너희가 너희를 사랑하는 자를 사랑하면 무슨 상이 있으리요"

형제가 죄를 범하면 '일흔 번씩 일곱 번이라도 용서하라'(마 18:22)라고 제자들에게 가르치셨던 주님은, 그 말씀 그대로 용서의 기도를 올리셨던 것입니다.

예수 그리스도께서 십자가 상에서 여섯 번째 하신 말씀은 "다 이루었다"(Τετέλεσται, 테텔레스타이)라는 말씀입니다(요 19:30). 이 단어는 '텔레오'(τελέω)의 완료형입니다. 이것은 그 끝이 부족하거나 불완전한 끝이 아니며, 애초에 계획하고 추진하였던 모든 일들을 완벽하게 이룬 사실을 나타냅니다. 따라서 예수 그리스도의 객관적 구속 사역은 십자가 상에서 이미 다 이루어졌으며, 그 구속 사역의 효과는 영원히 계속될 것을 강조한 것입니다.

예수 그리스도는 마지막으로, "아버지여 내 영혼을 아버지 손에 부탁하나이다"(눅 23:46)라고 말씀하신 후 운명하셨습니다. 예수님의 운명을 확인한 로마 병사는 창으로 주님의 옆구리를 찔렀으며, 피와 물이 다 쏟아져 나왔습니다(요 19:34). 실로, 예수 그리스도께서는 십자가에서 죄인을 위하여 피와 물을 다 쏟으시고 죽으심으로 속죄 사역을 모두 완성하셨습니다.

(5) 예수 그리스도의 속죄로 인한 화목과 성도의 자세
① 예수 그리스도의 속죄로 인한 화목

'화목'은 사람의 범죄로 말미암아 발생한 하나님과 사람 사이의 적대 관계에서 우호와 평화의 관계로의 전환을 뜻합니다. 인류의 시조 아담과 하와가 범죄하기 전 하나님과의 관계는 매우 우호적이었습니다. 하나님과 교제하며 하나님만을 섬기며 다른 모든 피조물을 다스리게 되었던 것입니다(창 1:26, 28, 2:15).

그러나 사람이 범죄하고 타락함으로 하나님과의 우호 관계는 단절되고 파괴되었을 뿐 아니라, 한 걸음 더 나아가 하나님과 적대 관계가 되어 하나님의 원수들이 되었습니다(롬 5:10). 사람은 범죄함으로 전적 타락, 전적 부패, 전적 영적인 무능(spiritual inability)을 가져왔습니다(욥 15:16, 시 14:1-3, 51:5, 53:1, 사 44:20, 렘 17:9). 이 진리는 칼빈주의(Calvinism)에서 역설하는, 범죄하여 타락한 인간 본연의 상태입니다. 그러므로 타락한 인생은 육체의 부패성, 죄의 성질, 옛 사람이 있음으로 인하여, 하나님과의 적대 관계를 우호 관계로 전환하고자 하는 생각이나 능력조차도 없게 된 것입니다.

범죄하고 타락한 사람이 하나님과의 적대 관계에서 우호 관계로 회복되는 유일한 길은 오직 예수 그리스도뿐이십니다(요 14:6). 성부 하나님께서는 죄인을 향한 자비와 긍휼과 아가페의 사랑으로 독생자 예수 그리스도를 이 세상에 보내시고(요 3:16), 화목 제물이 되게 하셨습니다(롬 3:25). 고린도후서 5:18에서는 "모든 것이 하나님께로 났나니 저가 그리스도로 말미암아 우리를 자기와 화목하게 하시고 또 우리에게 화목하게 하는 직책을 주셨으니"라고 말씀하고 있는 것입니다.

'화목'(和睦, Reconciliation)이라는 말은 구약에서는 히브리어 '카파르'(כָּפַר), 신약에서는 헬라어 '카탈라게'(καταλλαγή)로 쓰였는데, 모두 '화해'라는 의미를 담고 있습니다(롬 5:11, 11:15, 고후 5:18-19). 죄는 인간을 하나님과 분리하고 멀리 떨어지게 하였으나, 십자가는 인간을 하나님 품속에 안기게 하여, 하나님과 화목하게 했습니다(고후 5:18, 골 1:20-22).

로마서 5:11 "이뿐 아니라 이제 우리로 화목을 얻게 하신 우리 주 예수 그리스도로 말미암아 하나님 안에서 또한 즐거워하느니라"

골로새서 1:20 "그의 십자가의 피로 화평을 이루사 만물 곧 땅에 있는 것들이나 하늘에 있는 것들을 그로 말미암아 자기와 화목케 되기를 기뻐하심이라"

에베소서 2:13 "이제는 전에 멀리 있던 너희가 그리스도 예수 안에서 그리스도의 피로 가까와졌느니라"

예수 그리스도께서 흘려 주신 피의 공로로 말미암아 전에 멀리 있던 우리가 하나님께 가까워졌습니다. 일생 동안 사망에 매여 종노릇 하던 인간들은 그리스도의 속죄 은총으로 말미암아 '영원한 생명' 안에서 살게 된 것입니다(요 3:16, 요일 2:25).

속죄 사역은 십자가에서 단번에(once for all) 이루어졌고(히 7:27, 9:12, 26, 10:2, 10, 롬 6:10, 벧전 3:18), 한 번으로 영원히 온전케 되었습니다(히 10:14). 그러므로 다시 죄를 위하여 제사 드릴 필요가 없으며(히 10:18), 그리스도를 힘입어 하나님께 나아가는 자들은 온전히 구원 받을 수 있습니다(히 7:25). 예수님의 십자가의 보혈 이외에 다른 속죄 수단은 없으며, 예수 그리스도 이외에 구원을 얻을 만한 다른 이름을 주신 일이 없습니다(행 4:12).

예수 그리스도의 희생은 역사상 가장 고귀하고 가치 있는 것이었습니다. 창세 전에 예수 그리스도 안에서 선택된 자들(엡 1:4)을 끝까지 구원하시려는 하나님의 아가페 사랑은 세상의 무엇으로도 그 값을 따질 수 없습니다. 시편 49:8 표준새번역에서는 "생명을 속량하는 값은 너무나 엄청난 것이어서, 아무리 벌어도 마련할 수 없는 것"이라고 말씀하였습니다. 생명의 구속이란 아무리 큰 재물이 있어도 능히 이룰 수 없는 것인데, 하나님께서는 예수 그리스도를 통해서 그것을 이루신 것입니다.

② 속죄받은 성도의 자세

참으로 우리 모두는 이 땅에서 영원히 갚을 길 없는 구속의 사랑에 빚을 진 자들입니다(롬 1:14). 그런데 우리가 이 속죄 은총을 잊고 살아간다면 얼마나 배은망덕한 일입니까? 그가 나 같은 죄인을 대신하여 찔리고 채찍에 온몸이 상하면서까지 구원을 주셨는데, 어떻게 예수 그리스도의 십자가를 잊을 수가 있단 말입니까(고전 2:2)?

십자가로 말미암은 속죄는 결코 일회용 교리가 아닙니다. 십자가는 아무런 감격이나 감화 없이, 목에 걸고 다니는 액세서리가 되어서는 안 됩니다. 십자가는 구원을 위한 유일한 능력이요, 하나님의 지혜의 근본이요, 기독교 복음의 핵심입니다. 십자가 없는 기독교는 있을 수 없습니다.

우리는 이 땅에서 생명 다할 때까지 목숨을 바쳐 하나님만을 사랑하고 십자가만을 자랑해야 합니다.

갈라디아서 6:14에서 "그러나 내게는 우리 주 예수 그리스도의 십자가 외에 결코 자랑할 것이 없으니 그리스도로 말미암아 세상이 나를 대하여 십자가에 못 박히고 내가 또한 세상을 대하여 그러하니라"라고 말씀하고 있습니다.

십자가만을 자랑하는 사람은 자신을 그리스도와 함께 십자가에 못 박은 사람이요(갈 2:20), 더 나아가 자신의 정과 욕심을 십자가에 못 박은 사람입니다(갈 5:24). 자신의 모든 것이 십자가에 못 박혔으니, 자신에 대하여 자랑할 것은 하나도 없고 오직 십자가만을 자랑하는 사람입니다. 십자가만을 자랑하는 사람은 모든 거짓 행위를 미워하고(시 119:104), 피 흘리기까지 죄와 싸우는 사람입니다(히 12:4).

십자가를 자랑하는 길은, 사망의 그늘 아래 신음하는 영혼들에게 십자가의 생명, 영생의 복음을 전하는 것입니다. 주님을 믿고 사랑한다면, 온몸을 다 바치고 힘 다해서 십자가 복음을 전해야 합니다(행 4:20). 우리가 이 속죄 은총의 빚을 갚지 않을 때에는 우리에게 화가 미치게 될 것입니다(고전 9:16). 천국에 입성하는 그날까지 때와 장소를 가리지 말고 십자가의 복음을 증거하는 일에 힘쓰는 하나님의 친백성 되시기를 바랍니다(딤후 4:2, 딛 2:14).

II
구속사적 경륜과 '언약'
THE ADMINISTRATION OF REDEMPTIVE HISTORY
AND THE COVENANT

　　성경 속에는 인류 구원을 작정하신 하나님의 거대한 구속 계획이 한 치의 오차 없이 완벽하게 설계되어 있습니다. 이러한 하나님의 경륜을 역사 속에서 구체적으로 나타내는 하나님의 여러 가지 활동들이 '하나님의 섭리'입니다. 이러한 하나님의 섭리를 진행시키는 가장 큰 원동력은 바로 '언약'과 그 언약의 '성취'라고 할 수 있습니다.

　　말하자면, 하나님의 구원 역사를 시대마다 연결해 주고 있는 고리가 바로 언약(계약, 약속)이요, 그 언약의 성취인 것입니다. 성경은 구약과 신약 크게 눌로 나뉘는데, 구약은 예수 그리스도가 오실 일에 대한 언약이고, 신약은 언약의 최종 성취자로 예수 그리스도가 오신 것(눅 24:27, 44)과 다시 오실 것(행 1:11, 계 1:7)에 대한 언약입니다.

　　마태복음 26:28에서 "이것은 죄 사함을 얻게 하려고 많은 사람을 위하여 흘리는바 나의 피 곧 언약의 피니라"라고 말씀하고 있습니다. 인류 구속을 위해 예수님께서 흘리신 피가 바로 '언약의 피'입니다(막 14:24, 슥 9:11, 히 9:20, 10:29, 13:20). '언약의 피'라는 말씀은 예수님이 십자가에서 아낌없이 보배로운 피를 흘리신 것이 갑작스럽게 이루어진 일이 아니고 이미 약속되어 있었다는 의미를 내포하며, 하나님의 지극한 아가페 사랑 속에 예수 그리스도의 피로 말미암은 속죄 사역이 불변·부동·영원한 것임을 선포한 것입니다.

이처럼 예수 그리스도께서는 구약의 약속대로(창 3:15, 갈 3:19) 오신 분입니다. "때가 차매"(갈 4:4, 막 1:15), "기약대로"(롬 5:6), "때가 찬 경륜"(엡 1:9)을 따라 오셨습니다. "성경대로" 죽으시고(고전 15:3), "성경대로" 부활하셨습니다(고전 15:4). 또한 "기약이 이르면" 예수님께서 재림의 성취를 위해 어김없이 이 세상에 다시 오실 것입니다(딤전 6:15).

성경에 나타난 언약과 그것이 성취되는 역사는 하나님의 구속사적 경륜을 올바로 이해하는 데 매우 중요한 실마리가 됩니다.

언약과 그 성취는 완벽한 설계에 따라 지금까지 이루어져 왔고, 지금도 그 경륜 속에서 쉬지 않고 이루어지고 있으며, 앞으로도 그 경륜에 따라 일점 일획도 빠짐없이 모두 완성될 것입니다.

1. 언약의 의미
Meaning of the covenant

(1) 히브리어 – 베리트(בְּרִית)

'언약'이란 히브리어로 '베리트'(בְּרִית)로서, 계약 당사자들이 상호 동의하여 말로 약속하는 것을 나타냅니다. 그러나 하나님과 하나님의 백성과의 언약은 하나님의 일방적이고 주권적인 언약입니다. 왜냐하면 하나님께서는 창조주요, 인간은 그의 피조물로서, 본질적으로 하나님과 인간은 상호 동등한 존재가 아니기 때문입니다. "그러나 너와는 내가 내 언약을 세우리니..."라는 창세기 6:18 말씀에도 언약을 세우시는 분은 하나님이시요, 언약의 소유주도 하나님 이십니다.

또한 히브리어 '베리트'는 '쪼갠다'라는 뜻을 가지고 있습니다. 옛날 근동에서 파기되어서는 안 되는 아주 중요한 계약을 맺을 때에 짐승을 죽여서 쪼개어 양쪽으로 나누어 놓은 데서 유래된 말입니다(창 15:10, 렘 34:18). 이것은 만약 계약자들이 약속을 지키지 않을 때에는 짐승처럼 쪼갬을 당한다는 의미입니다.

(2) 헬라어 - 디아데케($\delta\iota\alpha\theta\acute{\eta}\kappa\eta$)

LXX(70인경)에서는 '베리트'(언약)를 대부분 '디아데케'($\delta\iota\alpha\theta\acute{\eta}\kappa\eta$)로 번역하고 있습니다. '디아데케'는 '디아'($\delta\iota\alpha$: 둘)와 '티데미'($\tau\acute{\iota}\theta\eta\mu\iota$: 두다, 배열하다)라는 두 단어가 합성된 것으로서 '둘 사이에 두다' 라는 뜻을 가지고 있습니다. 그러므로 '언약' 이란 두 상대방, 즉 하나님과 그의 백성 사이에서 이루어진 것을 말합니다. 그런데 '디아데케'는 신약성경에서 '유언' 이라는 의미로 사용되기도 합니다(히 9:16-17). 언약은 보통 두 사람의 관계 속에서 이루어지는 것이지만, 유언은 죽는 사람이 남은 가족들에게 일방적으로 남기는 것으로, 하나님의 언약이 하나님의 일방적인 주권 속에서 이루어졌음을 뜻하는 것입니다.

이러한 '언약'의 어원적 의미를 종합해 볼 때, 하나님과 언약을 체결한다는 것은 결국 하나님 자신과 그 언약의 상대인 인간이 하나로 결속되어 인격적인 관계가 되는 것을 의미합니다. 그러므로 하나님께서 '언약'을 도구로 구속사를 진행하시는 것은, 인간을 향한 하나님의 사랑과 구원의 의지가 얼마나 강력하신지를 잘 나타내고 있는 것입니다.

2. 하나님과의 언약의 특징
Characteristics of the covenant with God

(1) 일방적이고 주권적인 언약

성경에서 언약이란 분명히 하나님과 사람 사이의 계약임에도 불구하고 항상 그 언약은 하나님으로부터 시작된다는 독특함을 갖고 있습니다. 하나님께서 타락한 인간을 구원하시기 위해서 하나님 편에서 일방적인 '먼저 사랑'으로 다가오신 것입니다(요일 4:10, 19). 그 이유는 인간들은 하나님의 피조물이며, 타락함으로 하나님과 언약을 맺을 수 있는 자격을 상실했기 때문입니다.

그러므로 하나님과의 언약은 본질적으로 일방적이고 주권적인 '은혜 언약'입니다. 왜냐하면 하나님께서는 하나님의 백성이 언약을 성실히 준수하지 못하여 언약을 파기할 때마다 그들이 회개하고 돌이키기만 하면 무조건 용서해 주셨고(렘 33:8, 36:3), 더 나아가 하나님 스스로 언약을 회복하시고(렘 31:31-34), 다시 그 언약을 새롭게 하셨기 때문입니다(겔 16:60-63, 롬 11:27).

그리스도 안에서 새 언약을 받은 우리는, 아무리 힘들고 어려운 환경 속에서도 흔들리지 않는 영원한 소망이 있습니다. 이 언약은 주의 재림을 기다리는 성도들에게 최고 최대의 위로이며, 최후 승리에 대한 보장입니다.

(2) 영원한 언약

성경에 나타난 언약의 가장 큰 속성은, 한 번 언약된 것은 변치 않고 신실하게 이루어진다는 것입니다. 그래서 '영원한 언약'이라고 부릅니다(창 17:13, 19, 삼하 23:5, 대상 16:17, 시 105:8, 겔 16:60, 37:26). 하나님의 말씀은 한번 선포되면 반드시 이루어지는 영원한 효력을 가집니다(시 119:160, 사 40:8, 55:11).

열왕기상 8:56에서 "여호와를 찬송할지로다 저가 무릇 허하신 대로 그 백성 이스라엘에게 태평을 주셨으니 그 종 모세를 빙자하여 무릇 허하신 그 선한 말씀이 하나도 이루지 않음이 없도다"라고 말씀하고 있습니다. 하나님의 언약은 인간의 어떤 환경이나 시간의 흐름에 따라 변동하지 않고, 결코 무효하거나 공허해지지 않고, 중간에 취소되거나 소멸되지 않는 확실한 것입니다. 이 세대가 다 지나가기 전에 그 계획하신 바를 역사 속에서 반드시 성취하실 것입니다(마 24:34). 그 말씀은 정확하게 이루어지되, 지체되지 않을 것입니다(합 2:3, 히 10:37, 계 1:1, 22:6).

에스겔 12:28 "그러므로 너는 그들에게 이르기를 주 여호와의 말씀에 나의 말이 하나도 다시 더디지 않을지니 나의 한 말이 이루리라 나 주 여호와의 말이니라 하셨다 하라"

앞으로 본 서에서 중점적으로 다루게 될 '횃불 언약' 역시 영원한 언약입니다. 시편 105:8-10에서 "그는 그 언약 곧 천대에 명하신 말씀을 영원히 기억하셨으니 9 이것은 아브라함에게 하신 언약이며 이삭에게 하신 맹세며 10 야곱에게 세우신 율례 곧 이스라엘에게 하신 영영한 언약이라"라고 말씀하고 있습니다. 하나님께서 한 번 맹세하시고 율례로 주신 언약은 영원불변하는 것입니다.

3. 언약의 종류

Types of covenants

성경은 하나님의 언약에 의한 구속사의 기록입니다. 하나님께서는 그리스도를 통해서 이루실 구속을 언약을 통해 약속하셨습니다. 언약이 담고 있는 궁극적인 내용은 예수 그리스도와 그가 이루실 구속 곧 영생입니다(요일 2:25). 디도서 1:2에는 "이 영생은 하나님이 영원한 때 전부터 약속하신 것"이라고 하였습니다. 그렇다면 이 영생의 약속은 창세 전 영원 세계로까지 거슬러 올라가게 됩니다.

성경에 나오는 여러 종류의 언약 가운데 행위 언약과 구속 언약, 은혜 언약에 대하여 살펴보겠습니다.

(1) 행위 언약(The Covenant of Works)

하나님께서는 동방에 에덴을 창설하신 후, 그 지으신 아담을 거기 두시고(창 2:8), 전 인류를 대표하는 아담과 행위 언약을 맺으셨습니다(호 6:7). 곧 아담에게 "선악을 알게 하는 나무의 실과는 먹지 말라 네가 먹는 날에는 정녕 죽으리라"(창 2:17)라고 말씀하신 것입니다. 생명나무와 선악을 알게 하는 나무를 통하여 아담과 체결하신 이 언약은, 아담의 행위 여하에 따라 죽음과 영생이 결정되는 것이었기에 '행위 언약'이라 부릅니다.

이 행위 언약의 궁극적인 약속은 영생(永生)입니다(요일 2:25). 만일 아담과 하와가 하나님의 이 말씀을 두렵게 간직하고, 소중히 생각하고, 그 언약을 절대적으로 믿고 끝까지 순종하였다면, 그들은 마침내 생명나무의 실과를 먹고 영생할 수 있었을 것입니다(창 3:22).

그러나 하와는 뱀으로부터 하나님의 언약과는 정반대되는 말을 듣기에 이릅니다. 뱀은 선악을 알게 하는 나무의 실과를 먹을지라도 "너희가 결코 죽지 아니하리라"(창 3:4)라고 하면서 하나님의 말씀을 완전히 변형하였습니다. 뿐만 아니라 "그것을 먹는 날에는 너

희 눈이 밝아 하나님과 같이 되어 선악을 알 줄을 하나님이 아심이
니라"(창 3:5)라고 하면서 하나님과 같이 될 수 있다는 거짓으로 유
혹하였습니다. 하와는 그 마음이 미혹을 받아 뱀의 거짓된 말을 믿
기 시작하였고, 은근히 하나님과 같이 되려는 교만함으로 손을 내밀
어 선악을 알게 하는 나무의 열매를 따먹고 말았습니다(창 3:6). 그리
고 하와는 또 다른 유혹자가 되어 선악과를 그 남편 아담에게 주었
으며, 아담도 그것을 먹고 말았던 것입니다(창 3:6下). 그리하여 인류
의 시조 아담과 하와는 불신앙, 불순종, 교만의 죄를 지었습니다.

　이렇게 하나님의 말씀으로 맺은 행위 언약은 깨지고 말았습니
다. 그 대가로 인류에게 쏟아진 저주는 엄청난 것이었습니다. 땅은
아담으로 인하여 저주를 받고 가시덤불과 엉겅퀴를 내게 되었으
며, 아담은 종신토록 수고하여야 그 소산을 먹을 수 있게 되었습니
다(창 3:17-19). 아담과 하와는 죄로 인하여 죽을 수밖에 없는 사망의
존재가 되어(롬 5:12) "너는 흙이니 흙으로 돌아갈 것이니라"라는 선
고를 받았으며(창 3:19), 역사적으로 실재했던 그 아름다운 에덴동
산에서 쫓겨나고 말았습니다(창 3:24上). 하나님께서는 아담과 하와
를 내쫓으신 후에 에덴동산 동편에 그룹들과 두루 도는 화염검을
두어 생명나무의 길을 지키게 하셨습니다(창 3:24下). 언약을 범한
자는 결코 영생할 수 없음을 가르치신 것입니다.

　이렇게 '죄'는 인간을 타락시켜 에덴동산으로부터의 추방과 함
께, 하나님과의 단절로 인한 칠흑 같은 절망의 밤을 가져왔습니다
(사 59:2). 결국 행위 언약이 깨진 결과, 하나님과 영원히 함께 살 수
있도록 창조되었던 존귀한 인간이 죄로 말미암아 죽을 수밖에 없는
사망의 존재와, 심판을 피할 수 없는 진노의 자식으로 전락한 것입
니다(엡 2:3).

(2) 구속 언약(The Covenant of Redemption)

구속 언약은 하나님께서 타락한 인간들을 구원하시기 위하여 창세 전에 세우신 언약입니다(엡 1:4-5). 행위 언약을 지키지 못해 에덴에서 쫓겨난 인류의 회복을 위해서 하나님께서 성자 예수 그리스도와 언약을 맺으시고 그를 통해 성취하실 것을 약속하신 것입니다. 말하자면 아담이 지키지 못한 행위 언약을, 예수님께서 대신 지키도록 하신 것입니다.

이것을 위해 성부 하나님께서 계약의 당사자인 예수 그리스도에게 요구하신 것이 있습니다.

첫째, 여자의 후손으로 오심으로 인성(人性)을 취하는 것입니다 (창 3:15, 갈 4:4-5, 히 2:11-15).

실로, 인간이 범죄하고 타락하여 영원히 멸망 받을 운명에 처하게 되자 하나님께서는 그들을 그냥 버려두지 않으시고(사 59:16), 여자의 후손을 통해 구원하실 것을 굳게 약속하셨습니다. 때가 차매(갈 4:4), 영원 전부터 아버지 품속에 계셨던 독생하신 하나님이(요 1:14, 18), 처녀인 마리아의 몸에(사 7:14, 마 1:23) 성령으로 잉태되어 '여자의 후손'으로 이 땅에 오셨으니, 그가 바로 '예수 그리스도'이십니다.

예수 그리스도께서는 인성을 취하심으로 신성과 인성의 인격적 연합을 이루셨습니다. 그는 지상에 계시는 동안 참하나님이시며 동시에 참사람(God-Man)이셨습니다.

둘째, 십자가에서 죄의 형벌을 지불함으로써 율법의 의를 충족시키는 것입니다(갈 3:10-13).

예수 그리스도는 죄인들의 죄를 지시고 그들이 받아야 할 형벌을 대신 받으심으로써 죄인들의 죄를 속죄하시는 일을 담당하셨습니다. 첫째 아담이 행위 언약을 지키지 못했기 때문에 예수 그리스도가 오셔서 십자가에서 피를 흘리심으로 율법의 의를 충족시키시고, 구속 언약의 요구를 확실하게 이루셨던 것입니다(히 7:22, 8:6).

결국, 성부 하나님께서는 예수 그리스도의 십자가에서 이루신 구속 언약의 실천에 근거하여 그에게 속한 성도들의 죄를 용서하시고, 의롭다고 인정하시는 은혜를 베푸시는 것입니다(롬 3:21-24). 그러므로 구속 언약은 은혜 언약을 성취하기 위한 법적인 근거입니다.

(3) 은혜 언약(The Covenant of Grace)

구속 언약이 타락한 인간의 구원을 위하여 하나님께서 예수 그리스도와 세우신 언약이라면, 은혜 언약은 하나님께서 죄악된 인간들과 세우신 언약입니다. 은혜 언약은 구속 언약에 근거하여, 죄인들이 예수 그리스도를 믿음으로 말미암아 구원과 영생을 얻는 것입니다. 그러나 구원의 유일한 조건인 믿음까지도 하나님께서 값없이 거저 주시는 은혜의 선물인 것을 생각할 때(엡 2:8), 은혜 언약은 전적으로 하나님의 일방적인 은혜에 근거하고 있는 것입니다. '믿음'이나 '회개'라는 요소들이 은혜 언약의 공로적인 조건이 될 수 없는 것입니다.

행위 언약(창 2:16-17)은 언약을 이행할 의무와 책임이 인간들에게 주어진 반면에, 은혜 언약은 그리스도 안에서 맺어진 언약이기 때문에 언약의 이행을 그리스도께서 보증하십니다. 인간들은 다만 은혜 언약의 당사자가 됨으로써 그리스도 안에서 영생을 보장받는 것입니다. 그러므로 은혜 언약은 행위 언약과 달리 무슨 조건이 요구되는 것이 아니고, 오직 뜻하신 자로 말미암아 값없이 거저 주시는 끝없는 사랑 위에 기초하고 있습니다(요 3:16). 실로, 하나님께서 그의 독생자 예수 그리스도를 아낌없이 내어 주실 정도로 일방적으로 베푸시는 '먼저 사랑'의 언약입니다(요일 4:9-10, 19).

은혜 언약은 구속사의 각 시대를 따라 다양한 모습으로 인간에게 주어졌습니다.

4. 언약 계시의 점진적 확대
Progressive magnification of covenantal revelations

(1) 구약에 나타난 언약들

인류의 시조 아담이 하나님의 말씀(창 2:17)을 어기고 선악을 알게 하는 나무의 실과를 먹음으로 말미암아 하나님과 인류 사이에는 죄로 인한 단절이 일어났습니다. 이렇게 깨어진 관계를 회복하시기 위하여 하나님께서는 하나님의 백성을 택하시고, 그들과 언약을 맺으시며, 점진적으로 그 언약을 성취하심으로써 구원 역사의 완성을 향해 달려오셨습니다.

언약에 대한 최초의 계시는 창세기 3:15에 나타난 "여자의 후손"입니다. 이것은 타락한 인간을 구원하시겠다는 하나님의 의도가 분명히 나타난 최초의 언약입니다. 구속사가 진행됨에 따라 점차적으로 분명하게 계시된 언약들은 모두 이 언약에 근거하고 있습니다. 그 후에 하나님의 언약은 구약의 역사 속에서 시대마다 다른 모습으로 발전하였습니다. 노아와의 언약(창 9장), 아브라함과의 언약(창

15, 17장), 모세와의 언약(출 19, 24장), 다윗과의 언약(삼하 7장, 대상 17장, 왕상 8:25, 시 132:11), 예레미야를 통한 새 언약(렘 31:31-34), 에스겔과 맺은 영원한 언약(겔 16:60-63) 등이 바로 그것입니다. 이러한 여러 언약들 중에 아브라함과 맺으신 언약을 중심으로, 특히 창세기 15장의 횃불 언약에 나타난 구속사적 경륜을 살펴보도록 하겠습니다.

(2) 아브라함과의 언약

하나님께서는 아브라함과 일곱 번에 걸쳐서 언약을 체결하셨습니다.

첫째, 창세기 12:1-3에서 아브라함을 부르시고 첫 약속을 하셨습니다.

둘째, 창세기 12:7에서 최초로 가나안 땅을 약속하셨습니다.

셋째, 창세기 13:15-18에서 다시 가나안 땅을 약속하시고 자손에 대한 약속을 하셨습니다.

넷째, 창세기 15장에서 '횃불 언약'을 통해 자손과 가나안 땅에 대한 약속을 재확증하셨습니다.

다섯째, 창세기 17:9-14에서 '할례 언약'을 체결하셨습니다.

여섯째, 창세기 18:10에서 이삭 탄생에 대한 재약속을 하셨습니다.

마지막으로, 창세기 22:15-18에서 이삭을 제물로 드린 후에 지금까지의 언약들에 대하여 최종 확증을 하셨습니다.

아브라함과 맺으신 이러한 언약들은 이 후에 전개되는 구속사의 중심 내용이 되었습니다. 이스라엘 백성은 애굽의 노예 상태에서 구원 받고 가나안 땅을 정복하며 강력한 다윗 왕권을 수립해 나가는 역사 속에서, 아브라함에게 맹세하신 '언약'에 근거하여 하나님의 긍휼을 호소했고(출 32:13, 신 9:27, 왕상 18:36, 대상 29:18), 하나님께서는 아브라함과의 '언약'을 기억하시므로 그들을 도우셨습니다(출 2:24, 6:5, 레 26:42, 45, 신 9:5, 왕하 13:23, 대상 16:15-18, 눅 1:72-73).

시편 105:7-10 "그는 여호와 우리 하나님이시라 그의 판단이 온 땅에 있도다 [8] 그는 그 언약 곧 천대에 명하신 말씀을 영원히 기억하셨으니 [9] 이것은 아브라함에게 하신 언약이며 이삭에게 하신 맹세며 [10] 야곱에게 세우신 율례 곧 이스라엘에게 하신 영영한 언약이라"

(3) 횃불 언약의 구속사적 의미

구약에 나타난 많은 언약들과 아브라함과 맺은 일곱 번의 언약 가운데서도 은혜 언약의 뜻이 가장 구체적으로, 명확하게 나타난 것이 바로 창세기 15장에 나타난 '횃불 언약'입니다. 하나님의 인류 구원 역사는 아브라함과 맺은 횃불 언약에 이르러 그 윤곽이 확연히 드러났습니다. 횃불 언약은 역사적으로는 이스라엘 나라의 회복의 뜻을 담고 있지만, 궁극적으로는 타락한 인류의 잃어버린 '땅'과 그 나라의 '백성'을 회복하시려는 구속사적인 중대한 뜻을 담고 있습니다. 이 점에 대하여 신학자 에릭 사우어(Erich Sauer)는 그의 저서에서 말하기를 "구원사의 관점에서 볼 때, 이것은 구약에서 가장 중요한 언약 체결이다"(창 15:9-18)라고 하였습니다.[2]

실로, 횃불 언약은 선민의 선택, 번성, 국가적 형성 그리고 그들이 거할 처소인 가나안 땅을 얻게 되는 하나님의 구속사적 경륜을 가장 명확하게 밝혀 주는 언약입니다.

그 이유는 크게 두 가지 면에서 나타납니다.

① 쪼갠 고기 사이로 '횃불'이 지나간 언약이기 때문입니다.

고대 중근동 지방에서는 중요한 계약을 체결할 때 계약의 당사자들이 많은 증인들이 보는 앞에서 짐승을 쪼개어 놓고 그 사이로 지나가는 풍습이 있었습니다. 이것은 일종의 맹세의 언약으로, 만일 누구든지 이 계약을 어기면 '이 짐승처럼 쪼개짐을 당해도 좋다'라는 의미였습니다(렘 34:18-21). 그런데 하나님께서 아브라함과 언약을 체결하실 때 쪼갠 고기 사이로 '횃불'이 지나갔습니다. 이 횃불은 하나님의 임재를 상징합니다(출 13:21, 19:18, 20:18-20, 신 4:11-12, 5:23-24, 사 62:1). 곧 하나님께서 지나가신 것입니다. 이는 하나님께서 반드시 이 언약을 이루시겠다는 강한 의지를 담아 역설하신 것입니다.

② 하나님 나라 건설을 위한 가장 뚜렷한 약속이기 때문입니다.

구약의 많은 언약 가운데 하나님의 나라에 대한 가장 구체적인 내용을 담고 있는 것이 바로 '횃불 언약'입니다. 창세기 15:7에서는 "또 그에게 이르시되 나는 이 땅을 네게 주어 업을 삼게 하려고 너를 갈대아 우르에서 이끌어낸 여호와로라"라고 말씀하고 있습니다. 하나님께서는 횃불 언약을 통하여 아브라함의 후손에게 반드시 가나안 땅을 주시겠다고 선언하셨습니다. 그리고 아브라함부터 4대 만에 가나안에 들어갈 것이라고 약속하시고(창 15:16), 가나안 땅의 경계까지도 정확하게 알려 주셨습니다(창 15:18).

횃불 언약은 단순히 혈통적인 아브라함의 자손에게만 해당되는 것이 아닙니다. 궁극적으로 예수 그리스도를 믿음으로 구원 받은 영적 아브라함의 후손에게도 해당되는 약속입니다(롬 9:7-8, 갈 3:7,

27-29). 하나님께서 아브라함과 그 자손에게 가나안 땅을 주시겠다고 '영영한 언약'을 세우셨다면(시 105:8-11), 그 언약은 오늘날 천국을 약속 받은 성도들에게도 유효합니다.

그러므로 횃불 언약은 과거에 이미 지나가 버린 언약이 아니며, 하나님의 나라를 간절히 소망하며 예수 그리스도를 구주(救主)로 믿는 성도들을 통해서 최종적으로 성취되어야 할 중요한 언약입니다.

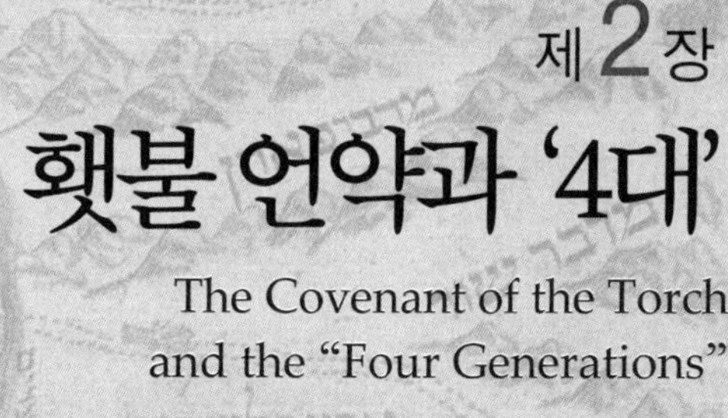

제 **2** 장

횃불 언약과 '4대'

The Covenant of the Torch and the "Four Generations"

I
횃불 언약의 내용과 확증

THE CONTENT AND CONFIRMATION
OF THE COVENANT OF THE TORCH

1. 횃불 언약의 내용
Content of the covenant of the torch

창세기 15장은 구약성경에서 구속사적으로 매우 기념비적인 의의를 지니고 있습니다. 횃불 언약 이전의 구속사는 장차 하나님 나라의 백성을 형성하기 위한 '경건한 자손' 한 사람을 찾는 과정이었고, 횃불 언약 이후의 구속사는 그 '한 사람'의 경건한 자손이 한 민족을 형성하고, 온 땅에 충만하여 하나님의 나라가 완성될 것을 말씀하고 있습니다(창 15:5). 한 개인과 한 가정을 통해 역사하시던 하나님의 구속사가 이제 한 민족을 통하여 전 세계적으로 확대, 전환되는 역사가 바로 횃불 언약을 통하여 이루어진 것입니다.

아브라함을 갈대아 우르에서 불러내어 믿음의 조상을 삼고자 하시는 하나님의 의지를, 횃불 언약을 통하여 분명히 드러내셨습니다.

이상 중에 임하신 하나님의 첫 말씀은 "이 후에... 가라사대 아브람아 두려워 말라 나는 너의 방패요 너의 지극히 큰 상급이니라"이었습니다(창 15:1). "나는 너의 방패요"라고 하심은 창세기 14장에서 치러진 큰 전쟁 후에("이 후에"), 아브라함이 동방의 연합군들로부터 공격 받을 것이라는 공포에 사로잡혀 있었음을 보여 줍니다. 또한 "너의 지극히 큰 상급이니라"라고 말씀하심은 아브라함이 친자식(후손)이 없으므로 극도의 낙심에 잠겨 있었음을 보여 줍니다(시 127:3, 128:3-4).

그러므로 횃불 언약(창 15장)으로 하나님께서 아브라함의 '자손' 과 그들이 거할 안전한 처소인 '가나안 땅'에 관하여 확실하고도 분 명하게 약속하셨고, 아브라함 속의 공포와 낙심을 없애 주셨습니 다. 이미 하나님께서 아브라함에게 자손과 땅을 약속하신 적이 있 지만(창 12:2, 7, 13:14-17), 낙심하고 있는 아브라함에게 다시금 횃불 언약을 통해 확실하게 보장해 주신 것입니다.

창세기 15장 전반부(1-6절)에서는 '후손'에 관한 약속을 말씀하고 있고, 창세기 15장 후반부(7-21절)에서는 '땅'에 관한 약속을 말씀하 고 있습니다. '후손'에 관한 약속은 아브라함이 믿어 하나님께 의인 으로 여김을 받으므로 이루어졌고, '땅'에 관한 약속은 하나님께서 요구하신 제물들의 희생과 그 쪼갠 고기 사이로 횃불이 지나가는 언약 체결식을 통하여 이루어졌습니다.

(1) 자손에 관한 약속

횃불 언약은, 하나님의 구속사적 경륜을 담당할 경건한 자손의 선택과 번성을 약속하고 있습니다. 창세기 15:1-6에서는 하나님의 '자손'에 대하여 이렇게 약속하고 있습니다.

창세기 15:4-5 "여호와의 말씀이 그에게 임하여 가라사대 그 사람은 너의 후사가 아니라 네 몸에서 날 자가 네 후사가 되리라 하시고 5 그를 이끌고 밖으로 나가 가라사대 하늘을 우러러 뭇별을 셀 수 있나 보라 또 그에게 이르시되 네 자손이 이와 같으리라"

이것은 분명히 하나님의 나라가 아브라함의 후손을 통하여 건설될 것을 보여 주고 있습니다. 아브라함은 '후손'에 대한 약속을 믿으므로 하나님께 '의'로 여기심을 받았습니다(창 15:6). 아브라함이 약속을 받고 온전히 믿으므로 의롭게 된 이 같은 사실은, 이스라엘 백성이 시내산에서 율법보다 훨씬 앞선 것으로, 오늘 우리에게 참다운 구원의 길을 제시하고 있습니다(롬 4장, 갈 3장).

(2) 땅에 관한 약속

횃불 언약에는 가나안 땅이 하나님의 구속사적 경륜을 담당할 경건한 자손에게 주어질 것을 약속하고 있습니다(창 15:7-21).

창세기 15:7 "또 그에게 이르시되 나는 이 땅을 네게 주어 업을 삼게 하려고 너를 갈대아 우르에서 이끌어낸 여호와로라"

창세기 15:13-21의 핵심 내용은, 아브라함의 자손이 이방의 객이 되어 400년 동안 괴롭힘을 당하다가 4대 만에 다시 가나안 땅으로 돌아오게 된다는 약속입니다.

횃불 언약의 구체적인 내용은 다음과 같습니다.

첫째, 아브라함의 자손이 400년 동안 이방에서 객이 되어 괴롭힘을 받다가 큰 재물을 이끌고 나오게 된다는 것입니다(창 15:13-14).

둘째, 아브라함이 장수하다가 평안히 조상에게로 돌아가 장사된다는 것입니다(창 15:15).

셋째, 가나안 땅에 돌아오는 것이 4대(代) 만에 이루어진다는 것입니다(창 15:16).

넷째, 애굽 강에서부터 큰 강 유브라데까지 이르는 가나안 땅을 아브라함의 자손에게 주시겠다는 것입니다(창 15:18-21).

2. 횃불 언약의 확증
Confirmation of the covenant of the torch

하나님께서는 횃불 언약의 내용을 알려 주신 다음에, 그것을 '연기 나는 풀무'(창 15:17上)와 '타는 횃불'(창 15:17下)로 확증하셨습니다.

(1) 연기 나는 풀무(תַּנּוּר עָשָׁן, 탄누르 아샨)

아브라함이 제물을 쪼아 먹으려고 달려드는 솔개를 감시하고 쫓으면서, 해가 질 때까지 하나님의 임재를 지속적으로 기다린 끝에, 마침내 해가 져서 어두울 때에 먼저 나타난 것은 '연기 나는 풀무'(창 15:17上)였습니다.

'풀무'는 원어적으로 금속을 용해하여 정련하는 뜨거운 용광로를 가리킵니다. 이는 이스라엘이 앞으로 당하게 될 혹독한 고난을 암시합니다. 뜨거운 풀무를 통과한 금은 순수한 금으로 정제되어(욥 23:10) 나옵니다. '쇠풀무 곧 애굽'(신 4:20), '철 풀무 같은 애굽'(왕상 8:51), '쇠풀무 애굽 땅'(렘 11:4)에서 보낸 400년의 길고도 긴 종 노릇은, 하나님께서 이스라엘 백성을 정금처럼 연단하시기 위한 정화(淨化)의 과정이었던 것입니다.

그것이 당장은 고통스럽고 매우 불합리해 보였지만, 실상은 고난을 통하여 이스라엘의 믿음을 성숙시키고(약 1:2-4), 하나님만을 의지하는 "큰 민족"(창 46:3)으로 만들어, 마침내 가나안 땅의 참된 주인으로 세우시려는 구속사적 경륜을 담고 있습니다.

(2) 타는 횃불(לַפִּיד אֵשׁ, 라피드 에쉬)

연기 나는 풀무가 보인 후에, 타는 횃불이 쪼갠 고기 사이로 지나갔습니다(창 15:17下). 해가 져서 어두울 때에 활활 타오르는 '횃불'은, 누구나 확실하게 볼 수 있고 아무도 부인할 수 없는 분명하고 확실한 증거의 매체입니다. 캄캄한 주변을 환히 밝히면서 활활 타오르는 횃불의 그 선명한 형상은, 아브라함과 언약하신 일들을 하나님께서 반드시 성취하신다는 강력한 보증이었습니다.

성경에서 '불'은 주로 하나님의 영광스러운 임재와 하나님의 현현(顯現)을 나타냅니다(사 10:17, 62:1). 광야에서 불기둥은 이스라엘 가운데 임재하신 하나님의 불이었습니다(출 13:21). 하나님은 불 가운데 강림하시기도 하시고(출 19:18, 20:18), 불 가운데서 말씀하시기도 하셨습니다(신 4:11-12, 15, 36, 5:23-24). 아브라함의 언약에 등장하는 횃불은 분명 하나님 자신의 임재를 나타내는 것으로, 타는 횃불이 쪼갠 고기 사이로 지나간 것은 하나님 자신이 지나가신 것입니다. 이 언약에 대한 책임을 전적으로 하나님 홀로 지신다는 뜻입니다.

여기서 한 가지 주목할 것은, 풀무는 지속적으로 '연기 나는'(עָשַׁן, 아샨: smoking) 모습이고, 횃불 또한 지속적으로 '활활 타오르는'(אֵשׁ, 에쉬: flaming) 모습이었다는 점입니다.

그것은 자기 백성을 구원하시기까지 역동적으로 살아서 움직이는 운동력이요(히 4:12), 쉬지 않고 활동하시는 '하나님의 열심'(熱心)을 나타냅니다(고후 11:2, 왕하 19:31, 사 9:7, 37:32, 겔 39:25). '열심'의 사전적인 뜻은 '어떤 일에 정신을 집중함'이요, '마음을 기울이고 정성을 다하여 한 가지 일에 골똘하게 힘을 쏟음'입니다. 하나님께서는 아브라함을 비롯한 역대 연대의 수많은 믿음의 사람들을 감화 감동하시어 그의 열심으로 구원 역사를 진행하여 오신 것입니다.

'연기 나는 풀무'와 '타는 횃불'은, 오늘날 그리스도의 피로 언약을 맺은 아브라함의 후손들의 구원과 관련하여 귀중한 교훈을 주고 있습니다.

첫째, 비록 하나님의 응답이 지체되는 것처럼 보일지라도, 응답을 방해하는 솔개와 같은 어둠의 세력을 쫓으며 끝까지 기다릴 때, 반드시 살아 계신 하나님의 임재를 체험하게 된다는 것입니다.

둘째, '연기 나는 풀무'처럼 앞이 보이지 않을 만큼 캄캄하고 혹독한 시련과 불 같은 연단 속에서도, 어두운 밤을 밝히는 '타는 횃불'처럼 그 환난 가운데 동참하시는 하나님(사 63:9)의 임재로 말미암아 반드시 승리한다는 것입니다.

셋째, '연기 나는 풀무'와 '타는 횃불'은 성도의 구원이 완성되기까지 언제나 함께하여 활동한다는 사실입니다. 둘 다 하나님의 크신 사랑의 섭리를 예표합니다. '풀무'는 우리의 구원을 완전한 것으로 만들기 위한 연단과 정화의 장치요, '횃불'은 하나님의 크신 위로와 임마누엘 사랑의 상징입니다.

3. 횃불 언약과 '미쁘신' 하나님
The covenant of the torch and the faithful God

횃불 언약이 성취되어 가는 과정에서 우리는 '하나님의 말씀은 일점 일획도 땅에 떨어지지 않고 역사 속에서 반드시 성취된다'라는 이 한 가지 사실을 고백하게 될 것입니다(마 5:18).

횃불 언약은, 아담 타락 후에 시작된 구속 역사가 인류 역사의 마지막에 반드시 그 결말을 보고야 말 것이라는, 위대한 구속사의 한 축도(縮圖)인 것입니다.

인간의 말은 거짓되고 공허합니다. 그 마음이 심히 부패하여 거짓되므로, 그 속에서 나오는 말은 전혀 공효가 없습니다. 시편 62:9에서는 "진실로 천한 자도 헛되고 높은 자도 거짓되니 저울에 달면 들려 입김보다 경하리로다"라고 하였고, 극심한 고통 중에 있던 한 시편 기자는 "모든 사람은 거짓말장이라"라고 탄식하기도 하였습니다(시 116:11).

그러나 하나님의 말씀은 반드시 지켜지는 참말이며, 결코 허망하게 끝맺는 일이 없습니다. 반드시 그 기뻐하시는 뜻을 이루고 열매를 가지고 돌아옵니다(사 55:11). 하나님께서는 말씀이 성취되기도 전에 그것을 다시 주워 담는 분이 아닙니다(민 23:19). 하나님께서는 완벽한 판단력과 완전한 지식과 총체적 계획과 영원한 경륜 속에서 말씀하는 분이시기 때문입니다. 그러므로 하나님의 말씀 앞에는 아무런 막힘이 없고, 하나님의 말씀은 중간에 사라지거나 약해지지 않고, 견고하게 우뚝 솟아오르기를 영원까지 합니다(사 40:8). 말씀하시는 그분이 전혀 거짓이 없기 때문이요(히 6:18), 언제나 동일하신 분이기 때문입니다(히 13:8).

그래서 하나님은 '미쁘신' 분입니다(롬 3:3, 고전 1:9, 10:13, 고후 1:18, 살후 3:3, 딤 1:9, 3:8, 히 10:23, 11:11, 벧전 4:19, 요일 1:9).

데살로니가전서 5:24　"너희를 부르시는 이는 미쁘시니 그가 또한 이루시리라"

디모데후서 2:13　"우리는 미쁨이 없을지라도 주는 일향(一向) 미쁘시니 자기를 부인하실 수 없으시리라"

'미쁘다'의 사전적인 뜻은 '믿음성이 있다, 미덥다'입니다. 헬라어로는 '피스토스'(πιστός, faithful)인데, '확신을 가지게 하다, 신뢰하다, 신실하다'라는 뜻을 가진 '페이도'(πείθω)에서 유래되었습니다.

'미쁘신' 하나님께서 횃불 언약을 체결하시고 성취해 나가시기 때문에, 횃불 언약은 하나님의 구속사적 경륜을 이루며 반드시 성취될 것입니다.

오늘날 성도의 구원과 승리의 보장도 오직 하나님의 '미쁘심'에 있습니다. 하나님께서는 "약속을 기업으로 받는 자들에게 그 뜻이 변치 아니함을 충분히 나타내시려고 그 일에 맹세로 보증"하셨다고 말씀하셨습니다(히 6:17). 이러한 확실한 하나님의 약속을 푯대 삼아 나아갈 때, 성도는 결코 낙심할 수 없고 그 소망은 견고하며 절대로 흔들리지 않습니다.

II
횃불 언약의 체결 시기

The Time of the Ratification
of the Covenant of the Torch

횃불 언약(창 15장)을 체결한 시기는, 아브라함이 가나안 남북 전쟁을 통하여 조카 롯을 구하고 멜기세덱을 만난 후였고(창 14장), 아브라함이 사라의 여종 하갈을 취하기 전입니다(창 16장). 아브라함이 하갈을 취한 것은 가나안 땅에 거한 지 10년 후입니다(창 16:3). 따라서 횃불 언약은 아브라함이 가나안에 거한 지 '10년째', 그의 나이 84세에 체결되었습니다. 이때는 주전 2082년입니다.

횃불 언약을 체결한 연대가 주전 2082년이 되는 성경적인 기준점은 출애굽 연대입니다.

1. 출애굽 연대의 계산
Calculation of the year of the Exodus

이스라엘 백성의 출애굽 사건은 아브라함에게 주셨던 횃불 언약의 성취입니다. 하나님께서는 횃불 언약을 통해 아브라함의 후손들이 400년간 이방에서 객이 되어 그들을 섬기고, 괴로움을 당할 것이며, 4대 만에 다시 돌아올 것이라고 약속하셨습니다(창 15:13-16).

그런데 문제는 이스라엘이 출애굽 한 시점이 언제인가 하는 것입니다. 횃불 언약이 체결된 연대는 출애굽 연대로부터 거슬러 올라가면서 계산해야 합니다.

출애굽 연대를 계산하는 방법은 신학적으로 크게 두 가지가 있습니다. 주전 15세기경에 출애굽 했다고 보는 '전기 연대설'(前期年代說)과 주전 13세기경에 출애굽 했다고 보는 '후기 연대설'(後期年代說)입니다. 오늘날 많은 학자들로부터 지지를 받고 있는 견해는 '전기 연대설'입니다.

후기 연대설에서는 출애굽이 애굽 왕 라암세스 2세(Rameses II, 주전 1290-1224) 때 일어난 것으로 봅니다. 그리고 모세를 죽이려 했던 바로(출 2:15)는 라암세스 2세의 아버지인 세티 1세(Seti I, 주전 1312-1289)라고 봅니다. 이 학설은 많은 자유주의 신학자들이 지지하고 있습니다.

전기 연대설에서는 출애굽이 애굽 왕 아멘호텝 2세(Amenhotep II, 주전 1450-?)가 치리하던 주전 1446년에 일어난 것으로 봅니다. 그러므로 모세를 죽이려고 했던 바로를 애굽 제18왕조의 투트모세 3세(Thutmose III, 주전 1504-1450)로 보고 있습니다.

성경을 기준으로 볼 때, 후기 연대설보다는 전기 연대설이 더 타당합니다. 그 이유는 다음과 같습니다.

(1) 열왕기상 6:1의 역사적 기록과 부합

열왕기상 6:1에서는 "이스라엘 자손이 애굽 땅에서 나온 지 사백팔십 년이요 솔로몬이 이스라엘 왕이 된 지 사년 시브월 곧 이월에 솔로몬이 여호와를 위하여 전 건축하기를 시작하였더라”라고 말씀하고 있습니다. 역대하 3:2에서는 “솔로몬이 왕위에 나아간 지 사년 이월 초이일에 건축하기를 시작하였더라”라고 하여 연, 월, 일까지 정확히 제시하고 있습니다.

솔로몬은 역사상 주전 970년에 이스라엘 왕으로 즉위하였으므로 솔로몬의 통치 4년은 주전 966년이 됩니다. 여기에 열왕기상 6:1의 기록대로 480년을 더하면, 출애굽 한 연대는 정확히 주전 1446년이 되는 것입니다.

후기 연대설은 이 480년을 12세대(40년×12)를 가리키는 상징적인 숫자로 해석합니다. 그런데 후기 연대설을 지지하는 사람들은 실제로 한 세대는 25-30년 정도밖에 되지 않으므로, ‘12세대’는 480년에 훨씬 미치지 못한다고 주장합니다. 그러나 열왕기상 6:1의 히브리어 원문에는 ‘12세대’라는 의미가 포함되어 있지 않기 때문에 이러한 후기 연대설의 이론은 성경과 전혀 맞지 않습니다.

(2) 사사기 11:26의 기록과 부합

사사기 11:26에서 “이스라엘이 헤스본과 그 향촌들과 아로엘과 그 향촌들과 아르논 연안에 있는 모든 성읍에 거한 지 삼백 년이어늘 그동안에 너희가 어찌하여 도로 찾지 아니하였느냐”라고 말씀하고 있습니다.

이스라엘이 가나안에 입성한 다음부터 사사 입다의 통치가 있기까지 300년이 지났다는 것입니다. 그런데 입다 이후 사무엘의 활동 기간을 포함하여 사울왕의 통치 전까지의 기간은 약 56년으로, 가나안을 정복한 이래 사사 시대 전체는 약 340년이 됩니다.[3] 여기에 사울의 통치 기간 40년(행 13:21)과 다윗의 통치 기간 40년 6개월(삼하 5:4-5), 솔로몬 재위 기간 4년(왕상 6:1)을 합산한 84년 6개월을 더하면, 이스라엘의 가나안 정복 이후 솔로몬 성전 건축까지의 기간은 '424년 6개월'이 넘게 됩니다.

일반적으로 광야 생활이 '40년'(민 14:33-34), 가나안 정복 기간이 '16년'으로 알려져 있기 때문에,[461쪽 참조] 결국 '424년 6개월'에 '40년'과 '16년'을 합치면 '약 480년'이 나옵니다.

그러므로 이 계산 방식에 따르면 출애굽부터 솔로몬의 성전 건축까지 약 480년이 걸리고, 출애굽 한 시점이 주전 1446년(480년 +966년 솔로몬 통치 4년)이 되므로, 확실히 전기 연대설이 성경 전체적인 입장과 맞게 되는 것입니다.

많은 복음주의 신학자들이 이 학설을 지지하고 있습니다.

광야 생활 40년	가나안 정복 기간 16년	가나안 거주 기간 300년 (가나안 입성부터 입다까지) (삿 11:26)	입다 이후 사무엘 통치 포함 약 56년	사울 통치 40년	다윗 통치 약 40년	솔로몬 재위 4년
		사사 시대 약 340년		**약 84년**		
40년 + 16년 + 약 340년(사사 시대) + 약 84년 = **480년**						
주전 966년 + 480년 = **주전 1446년**(출애굽 연대)						

2. 횃불 언약 체결의 시기 계산
Calculation of the time of the ratification

(1) 애굽에 들어간 연대는 주전 1876년입니다.

출애굽 한 연도에 애굽에 거주한 기간 '430년'(출 12:40-41, 갈 3:17)을 더하면 애굽에 들어간 연대가 주전 1876년으로 계산됩니다.

주전 1446년(출애굽 연대) + 430년 = 주전 1876년

(2) 야곱이 태어난 연대는 주전 2006년입니다.

야곱이 애굽에 들어갈 때의 나이는 130세였습니다(창 47:9).

주전 1876년 + 130년 = 주전 2006년

(3) 이삭이 태어난 연대는 주전 2066년입니다.

이삭은 60세에 야곱을 낳았습니다(창 25:26).

주전 2006년 + 60년 = 주전 2066년

그런데 이삭이 태어난 때(주전 2066년), 아브라함의 나이는 100세였습니다(창 21:5).

(4) 횃불 언약이 체결된 연대는 주전 2082년입니다.

아브라함이 하갈을 취한 때는 가나안 땅에 거한 지 십 년 후, 곧 그의 나이 85세 때이며(창 12:4, 16:3), 하갈을 통해 이스마엘을 낳은 때는 86세 때입니다(창 16:16). 그러므로 횃불 언약이 체결된 것은 아브라함이 하갈을 취하기 전인 84세 때인 것입니다. 이는 이삭을 낳기 16년(100세-84세=16년) 전입니다. 결국 횃불 언약이 체결된 연대는 주전 2082년이라는 결론이 나오게 됩니다.

주전 2066년 + 16년 = 주전 2082년

Ⅲ
'4대 만에 돌아온다'는 의미

MEANING OF
"IN THE FOURTH GENERATION THEY WILL RETURN"

창세기 15:13-16 "여호와께서 아브람에게 이르시되 너는 정녕히 알라 네 자손이 이방에서 객이 되어 그들을 섬기겠고 그들은 사백 년 동안 네 자손을 괴롭게 하리니 ¹⁴ 그 섬기는 나라를 내가 징치할지며 그 후에 네 자손이 큰 재물을 이끌고 나오리라 ¹⁵ 너는 장수하다가 평안히 조상에게로 돌아가 장사될 것이요 ¹⁶ 네 자손은 사대 만에 이 땅으로 돌아오리니 이는 아모리 족속의 죄악이 아직 관영치 아니함이니라 하시더니"

하나님께서는 아브라함의 자손이 이방인의 땅에서 종살이하게 될 기간을 '400년'이라고 말씀하셨습니다(창 15:13). 그리고 창세기 15:16에서는 아브라함의 자손들이 이 땅으로 돌아오는 과정을 '4대 만에'라고 말씀하셨습니다.

이것에 대한 신학적 견해가 몇 가지 있습니다.

대다수의 신학자와 주석가 그리고 목회자들은 창세기 15:13에 나오는 '400년'을 창세기 15:16에 나오는 '4대'와 동일한 기간으로 보고 있습니다. 1대를 100년으로 계산하여 4대는 400년을 의미한다는 것입니다. '400년'과 '4대'는 같은 기간을 가리키는 것이지만,

이를 강조하기 위해 서로 다른 표현을 썼다고 주장합니다. 이들은 한 세대를 '한 사람의 일생을 나타내는 전 기간'으로, 즉 대략적 평균 수명을 '100년'으로 보고 그것에 맞추어 해석하고 있습니다. 그러면 400년과 4대가 맞아떨어지니, 그 성취의 때를 굳이 구분하여 생각하지 않아도 된다는 것입니다.

1. 한 세대를 100년으로 계산하여 400년(창 15:13)과 4대(창 15:16)를 동일시하는 견해

Calculating one generation as one hundred years, the view that four hundred years (Gen 15:13) are equivalent to four generations (Gen 15:16)

횃불 언약 성취의 시기에 관하여 '400년'과 '4대'를 같은 의미로 해석하는 분들의 견해는 아래와 같습니다.

___

(1) Gordon J. Wenham, 창세기(상), WBC 주석 시리즈 1, 박영호 옮김 (도서출판 솔로몬, 2001), 575.

"… 이 두 기간(400년과 4대)은 동일시되어 있으므로 한 세대는 백 년이 되는 셈이다…"

(2) Leon Wood, 「이스라엘의 역사」, 김의원 역 (기독교문서선교회, 1995), 107.

"400이라는 숫자는 성경에서 흔히 나타나는 대략의 숫자인 것이다. '4대' 만에 돌아오리라는 창세기 15:16의 말은 아브라함 입장에서 세대의 길이를 나타낸 것이라고 설명할 수 있다."

(3) H. C. Leupold, 창세기(上), 반즈 노트/신구약성경주석 시리즈, 최종태 역 (크리스챤 서적, 1990), 419.

"4세대는 400년 이상을 커버하므로 우리는 그 말이 그 당대 통용되던 계산법에 따라 한 세대를 100년으로 간주한다고 본다."

(4) Chuck Smith, 「창세기 강해」, 신동철 옮김 ((주)포도원, 2004), 182.

"… 성경의 한 세대는 100년의 기간이라는 사실입니다. 4대가 되면 돌아오는데 그 기간이 400년이라고 했으니 한 세대는 100년이 되는 셈입니다."

(5) Henry M. Morris, 「창세기 연구(하)」, 정병은 역 (전도출판사, 2000), 67.

"하나님께서는 그들이 4백 년간 이방 나라에 있을 것이라고 말씀하셨는데… 이 기간은 '사대'에 해당하는 것으로 간주되었는데, 이는 그 당시 인간의 수명이 1백 년 정도 될 것을 감안한 계산으로 보인다."

(6) 조용기, 「창세기 강해 상(上)」 (서울말씀사, 1998), 246.

"'사대 만에'란 세대를 100년씩으로 계산하여 약 400여 년간을 뜻합니다."

(7) 방지일, 「창세기 강해」 (동진문화사, 1989), 145.

"… 100년을 1대로 하여 400년을 4대로 말하기도 한다. 그 연대를 맞추는 데는 그리 신경을 쓸 필요는 없다고 본다."

(8) 염명수, 창세기, 디다케 성경주해 시리즈 (요나미디어, 1997), 147.

"'사대'는 13절의 400년을 가리킨다. 100년을 한 대로 보는 것이다."

(9) 석원태, 「창세기 강해」 (경향문화사, 2002), 191.

"아브람이 100세 때 아들을 낳은 것을 표준하여 400년간을 4대라고 표현한 것 같다."

(10) 석원태, 「히브리서 강해」 (경향문화사, 2005), 227.

"여기 '4대' 만이란 아브라함이 100세 때 아들을 낳은 것을 기준하여 나타낸 말로 400년간을 가리키는 또 다른 표현이다."

(11) 정일오, 「창세기 해설」 (도서출판 솔로몬, 2004), 202.

"16절의 '사대 만에'의 '대(代)'란 히브리어는 도르로서 시기, 세대, 거주를 의미한다. 그러므로 이 단어는 일생을 의미할 수 있으므로 13절의 '사백 년 만에'와 상충되지 않는다."

(12) 이종윤, 「창세기 강해」 (충현출판사, 1982), 70.

"400년이란 4대(이들은 한 세대를 한 생명의 길이로 말했다)와 아무런 마찰이 없다(13절, 16절)."

(13) 이상호, 「창세기」 히브리어 원전분해 및 강해성경 시리즈 (성광문화사, 1996), 227.

"… 이곳은 상징적인 표현으로 100년을 1대로 하여 400년의 기간과 동일한 4대로 볼 수가 있다."

(14) 뉴톰슨 관주 주석 성경 편찬 위원회, 「톰슨 관주주석 성경」 (성서교재 간행사, 1989), 18.

"4백 년은 완전 숫자이며, '사대'는 '4세기'와 거의 비슷한 의미로 쓰였다."

(15) 톰슨 성경 편찬 위원회, 「톰슨 Ⅱ 주석 성경」 (기독지혜사, 1990), 18.

"'400'이란 숫자는 16절의 '사대'란 말과 맥을 맞추기 위해 어림짐작으로 사용된 예언적 숫자이다. … 당시 100세가 넘었던 족장들의 평균 수명에 따라 한 세대(世代)를 100년으로 계산한 것이다."

(16) 창세기, FMA 크로스 종합 주석 시리즈 1 (㈜포도원, 1999), 213.

"16절의 4대(代)와 짝을 맞추기 위한 대략적인 예언적 숫자이다(Lightfoot)."

(17) 제자원 기획·편집, 그랜드 종합주석 시리즈 1 (성서교재 간행사, 1991), 498.

"13절의 400년과 비교할 때 아마 한 세대를 100년, 즉 사람이 태어나서 죽을 때까지의 기간으로 환산한 듯하다(Keil). 이는 당시의 평균 수명이 적어도 100-120세 이상이었던 점을 고려할 때 충분히 가능한 일이다(Murphy)."

(18) 제자원 기획·편집, 옥스퍼드 원어성경 대전 시리즈 2 (제자원, 2002), 171.

"… 여기서는 대략 100년을 시대의 한 주기로 보아 본문의 '사대 만에'는 대략 '400년 만에'란 의미를 가진다."

(19) 강병도 편(編), 호크마 종합주석 구약 시리즈 1 (기독지혜사, 1989), 344.

"당시 100세가 넘었던 족장들의 평균 수명에 따라 한 세대를 100년으로 계산한 것이다."

(20) 제자원 기획·편집, 창세기, 리더스 바이블 리포트 시리즈 1 (제자원, 2002), 252-253.

"… 사대도 인간의 일생을 백 년으로 잡을 때 사백 년 정도가 경과할 것을 보여 주는 예언적 표현으로 볼 수 있습니다."

(21) 풀핏 주석번역위원회, 창세기 (상), 풀핏 성경 주석 구약 시리즈 1 (보문출판사, 1994), 568.

"네 자손은 사대 만에... 100년을 한 대(代)로 계산하면 그렇게 된다."

(22) C.F. Keil & F. Delitzsch, 창세기 (상), 카일델리취 주석 구약 시리즈 1, 고영민 역 (기독교문화사, 1994), 238.

"여기에서는 한 세대를 백 년으로 잡고 계산되어 있다."

(23) 천사무엘, 창세기, 대한기독교서회 창립 100주년 기념 성서주석 시리즈 1 (대한기독교서회, 2001), 231.

"사대의 '사'라는 것도 정확한 숫자라기보다는 대략적인 숫자다. 이것은 13절의 '사백 년'과 비교하여 볼 때, 한 세대를 백 년으로 계산하고 있다는 것을 의미하며, 이 숫자들이 대략적으로 사용되었다는 것을 뜻한다."

(24) Leupold, H. C., Exposition of Genesis, Vol. 1 (Grand Rapids: Baker Book House, 1942), 486.

"Since four generations cover more than four hundred years, we see that the word reckons a hundred years to a generation, according to the computation prevalent at the time of speaking."

(25) Delitzsch, Franz, New Commentary on Genesis, Vol. 2 (Mi-nneapolis: Klock & Klock Christian Publishers, 1978), 10.

"Thus the sojourn in Egypt is to last 400 years, so that דּוֹר(as in Nestor, genea, ii. 1. 250) is a seculum of 100 years—a round number...."

(26) Ed. H. D. M. Spence and Joseph S. Exell, The Pulpit Commentary, Vol. 1 (Massachusetts: Hendrickson, 1950), 221.

"But, more correctly, the fourth generation, calculating 100 years to a generation.'Caleb was the fourth from Judah, and Moses from Levi, and so doubtless many others.'"

(27) The Complete Biblical Library: The Old Testament, Vol. 1: Study Bible, Genesis (Springfield: World Library Press, Inc., 1994), 127.

"Since Abram had his first child at 100 years of age, a generation here is 100 years (Gen 21:5)."

(28) S. R. Driver, The Book of Genesis (London: Methuen & Co., 1904), 177.

"In the fourth generation. This statement agrees with the passages which assign only four generations from Joseph to Moses(Ex. vi. 16-20, Nu. xxvi. 5-9), or five to Joshua(Jos vii. 1). If the v. is by the same writer as v. 13, he must, in accordance with the traditional ages of the patriarchs, have reckoned a 'generation' at 100 years."

2. 400년과 4대를 같은 기간으로 보는 견해의 평가
Evaluation of the view that four hundred years are equivalent to four generations

이상에서 보듯이 많은 신학자들과 목회자들이 400년과 4대를 같은 기간의 다른 표현으로 보고 있습니다. 그러나 이렇게 해석할 때 몇 가지 문제점들이 발생하게 됩니다.

*유구한 역사 속에서 세계 최초로 밝힌 400년과 4대의 관계
첫째, 아브라함 이전 10대 조상들의 수명은 평균적으로 100세보다 훨씬 많은 나이입니다.

당시 족장들의 수명은 노아 950세(창 9:29), 셈 600세를 비롯하여, 아르박삿 438세, 셀라 433세, 에벨 464세였습니다(창 11:10-17). 물론 바벨탑 사건 후에 수명이 급격하게 줄어들기는 했지만 그래도 벨렉 239세, 르우 239세, 스룩 230세, 나홀 148세, 데라 205세였습니다(창 11:18-25, 32).

만일 하나님께서 아브라함에게 횃불 언약을 체결하실 때 한 세대를 100년으로 계산하여 400년을 4대와 같은 의미로 말씀하셨다면, 당연히 아브라함 당시 한 세대의 수명은 100년 정도가 되어야 할 것입니다. 그런데 그 당시 평균 수명은 100세를 훨씬 넘고 있습니다.

이것은 아브라함 후에도 마찬가지입니다. 아브라함은 175세(창 25:7), 이삭은 180세(창 35:28-29), 야곱은 147세(창 47:28), 요셉은 110세(창 50:22), 모세는 120세(신 34:7) 등, 성경에서 대표되는 인물만 보더라도 평균 수명은 140세가 넘고 있습니다.

아담부터 아브라함까지 이르는 아담의 직계 자손들 20명의 수명을 보아도 100세 전후에 죽은 사람은 아무도 없습니다. 그러므로 한 세대를 100년으로 계산하여 400년 종살이 기간을 4대로 해석하는 것은 설득력이 부족합니다.

둘째, 400년과 4대는 계산하는 '단위'가 완전히 다릅니다.

횃불 언약이 성취되는 시기를 13절에서는 '400년', 16절에서는 '4대'라고, 다르게 말씀하신 이유를 깊이 생각해 보아야 합니다. '400년'은 예언 성취의 시간적인 기간을 가리키며, '4대'는 예언이 성취되기까지 이어지는 세대의 대수, 곧 사람의 대수를 의미합니다. 그러므로 400년과 4대는 계산하는 단위 자체가 다른 것입니다.

특별히 '사대 만에'의 '대'(代)에 해당하는 히브리어는 '도르'(דוֹר 또는 דֹר)로서, '시기, 세대, 거주'를 의미합니다. 이 단어는 위에서 살펴본 주석이나 학자들의 견해처럼 어느 한 사람의 일생을 의미하는 것이 아니라, 한 사람이 태어나고 자라나 다음 세대를 볼 때까지의 기간을 뜻합니다. 즉 '어린아이가 성인이 되어 다시 어린아이를 낳을 때까지의 기간'입니다. 따라서 한 세대는 보통 '30년' 정도로 잡습니다.

노아의 첫아들 셈부터(11대) 아브라함까지(20대) 이어지는 세대를 볼 때, 셈이 '홍수'라는 특수한 상황 후에 아르박삿을 낳은 나이 100세를 제외하면, 아르박삿부터는 거의 30세를 전후로 하여 첫아들이 태어나 다음 세대로 이어지는 것을 볼 수 있습니다.

창세기 11:12 "아르박삿은 35세에 셀라를 낳았고"

창세기 11:14 "셀라는 30세에 에벨을 낳았고"

창세기 11:16 "에벨은 34세에 벨렉을 낳았고"

창세기 11:18 "벨렉은 30세에 르우를 낳았고"

창세기 11:20 "르우는 32세에 스룩을 낳았고"

창세기 11:22 "스룩은 30세에 나홀을 낳았고"

창세기 11:24 "나홀은 29세에 데라를 낳았고"

이상에서 볼 때, 한 세대는 보통 30년 정도로 보는 것이 타당합니다. 이처럼 '도르'(דוֹר)는 구약성경 어느 곳에서도 100년을 의미하는 것으로 쓰이지 않고 있습니다.[4]

노아가 장자 셈을 낳았을 때인 502세(창 5:32, 11:10)를 시작으로 아브라함이 이삭을 낳은 때까지 세대는 '10대'이며, 연수로는 총 490년입니다.

또한 족장 시대에 살았을 것으로 추정되고 있는 '욥'은 환난 후에 140년을 더 살았다고 했는데, 그 사는 날 동안 아들과 손자 4대를 보았다고 기록하고 있습니다.

욥기 42:16 "그 후에 욥이 일백사십 년을 살며 아들과 손자 사대(四代)를 보았고"

이들 경우에 한 세대는 100년에 훨씬 못 미치고 있습니다. 그러므로 400년이 4대밖에 되지 않는다는 것은 설득력이 없어 보입니다.

이상에서 볼 때, 400년과 4대는 결코 같은 기간이 아니며, 횃불 언약 가운데 서로 다른 내용을 설명하는, 서로 다른 예언인 것입니다. '400년'(창 15:13)은 아브라함의 자손들이 애굽에 들어가 애굽을 섬기는 기간을 나타내고, '4대'(창 15:16)는 아브라함부터 아브라함의 자손들이 '이 땅(가나안)'에 돌아올 때까지의 대수(דוֹר, 도르)를 나타내는 것입니다.

IV
'4대'가 시작되는 출발점
THE BEGINNING OF "FOUR GENERATIONS"

창세기 15:16 말씀의 성취에 관한 연구에 있어서 또 한 가지 중요한 문제점은, '4대'의 출발점을 누구로 보느냐 하는 것입니다. 학자들의 대표적인 견해로는 4대의 출발점을 아브라함의 자손이 애굽에 들어간 때, 곧 '야곱의 아들들' 때로 보는 견해와 '아브라함' 때로 보는 두 가지가 있습니다.

1. 4대의 출발점을 아브라함 자손이 애굽에 들어간 때로 보는 견혜
View that four generations are counted from the time Abraham's descendants entered Egypt

창세기 15:16에서 "네 자손은 사대 만에 이 땅으로 돌아오리니 이는 아모리 족속의 죄악이 아직 관영치 아니함이니라 하시더니"라고 말씀하고 있습니다.

신학자 가운데 보이스(Boice)와 부쉬(Bush)는 '네 자손'을 아브라함의 후손 가운데서도 '애굽에 들어가는 후손'만을 가리킨다고 하였습니다. 이들은 애굽으로 이주한 야곱의 아들 레위를 1세대로 보고, 모세를 제4대로 해석하였습니다(출 6:16-20, 대상 6:1-3). 이들은 4대를 '레위-고핫-아므람-모세'로 해석하였습니다.[5] 이상근 박사,[6] 럭크만(Peter S. Ruckman),[7] 윌밍턴(H. L. Willmington)[8] 같은 학자들도 4대를 레위부터 모세까지로 해석하였습니다. 신학자 드라이버(S. R. Driver)는 레위가 아니라 요셉부터 모세까지 4대로 해석하기도 하였습니다.[9]

그러나 레위부터 모세까지의 대수(代數)는 실질적으로 4대가 아니고 그보다 훨씬 많은 대수이므로, '레위'를 4대의 시작으로 보는 것은 전혀 타당성이 없는 견해입니다. 왜냐하면 레위부터 모세에 이르는 4대 사이에는 많은 대수가 생략되어 있기 때문입니다.[10] 그랜드 주석 민수기 1장의 난제 해설에서는 "출 6:16-20과 대상 6:1-3의 족보에 나오는 모세의 부친 아므람과 고핫 사이에는 6-7대의 간격이 있었던 것으로 볼 수 있다"라고 기록하고 있습니다.

성경을 볼 때, 레위가 아버지 야곱과 함께 애굽 땅에 들어왔을 때 그는 이미 아들 고핫을 낳아서 데리고 들어왔습니다(창 46:8, 11). 그런데 고핫은 애굽에서 133세에 죽었고(출 6:18), 모세는 출애굽 80년 전에 태어났으며(출 7:7), 이스라엘 백성이 애굽에 거주한 기간은 430년입니다(출 12:40-41). 그러므로 애굽에 들어올 때 고핫의 나이가 최소 한 살이라고 가정하더라도, 애굽에 거주한 430년의 기간에서 고핫의 향년 133세와 출애굽 당시 모세의 나이 80세를 빼면(430-133-80=217), 약 217년의 공백이 생기게 됩니다. 그런데 고핫의 아들 아므람이 137세를 살고 죽었기 때문에(출 6:20), 이 217년 동안 아므람 1대만 존재한다는 것은 불가능합니다.

고핫-아므람-모세 사이에 생략된 대수에 대한 계산		
고핫의 수명 133세 (출 6:18) (※애굽에 들어올 때 1세라고 가정)	430년-133세-80세 = 217년(공백) 아므람의 수명 137세 (출 6:20)	출애굽 때 모세의 나이 80세 (출 7:7)
애굽에 거주한 기간 총 430년(출 12:40-41)		

따라서 고핫과 모세 사이에는 분명히 아므람 외에도 여러 대가 있었으며 그것이 생략되어 있는 것입니다.

한 예로, 가나안에 입성한 지도자 여호수아의 족보의 경우, 역대상 7:23-27에는 전(全) 대수가 빠짐없이 기록되어 있는데, 야곱으로부터 여호수아까지는 4대를 훨씬 넘어 '12대'로 기록되어 있습니다. 이해도움 7-아브라함의 가계도 참조

> 야곱[1] - 요셉[2] - 에브라임[3] - 브리아[4] - 레셉[5] - 델라[6]
>
> - 다한[7] - 라단[8] - 암미훗[9] - 엘리사마[10] - 눈[11] - 여호수아[12]
>
> (대상 7:23-27)

이상의 내용으로 볼 때, 4대의 출발점을 아브라함의 자손이 애굽에 들어간 때를 기준으로 계산하는 것은 성경과 전혀 맞지 않음을 알 수 있습니다.

2. 4대의 출발점을 아브라함으로 보는 견해
View that four generations are counted from Abraham

우리는 이 문제를 풀어 나가기 위해서 창세기 15장 본문의 현장을 자세히 살펴보아야 합니다. 하나님께서 아브라함에게 말씀하시는 본문의 상황을 통해, 횃불 언약의 내용을 어떻게 계시하셨는지, 4대가 누구부터인지 정확하게 알 수 있습니다.

창세기 15:12-16을 보면, 해가 질 때 아브라함이 깊이 잠든 사이에 하나님께서는 다음의 네 가지를 말씀하셨습니다.

첫째, 아브라함 자손이 이방에서 객이 되어 그들에게 사백 년 동안 괴롭힘을 당한다(13절).

둘째, 하나님께서 그 섬기는 나라를 징치하시고 이스라엘은 큰 재물을 이끌고 나온다(14절).

셋째, 아브라함은 장수하다가 평안히 그 조상에게 돌아간다(15절).

넷째, 아브라함의 자손은 사대 만에 이 땅으로 돌아온다(16절).

창세기 15:13에서 하나님께서는 아브라함에게 그의 자손이 이방에서 객이 되어 그들을 섬기며 그들에게 400년 동안 괴롭힘을 당할 것이라고 말씀하신 후에, 창세기 15:14에서 '내가 그 나라를 징치하겠고 그 자손은 4대 만에 큰 재물을 이끌고 나온다'라고 말씀하셨습니다.

창세기 15:13-14의 히브리 원문은 다음과 같습니다.

자르아카 이흐예 게르 키 테다 야도아 레아브람 바요메르
וַיֹּאמֶר לְאַבְרָם יָדֹעַ תֵּדַע כִּי־גֵר יִהְיֶה זַרְעֲךָ

샤나 메오트 아르바 오탐 베인누 바아바둠 라헴 로 베에레츠
בְּאֶרֶץ לֹא לָהֶם וַעֲבָדוּם וְעִנּוּ אֹתָם אַרְבַּע מֵאוֹת שָׁנָה׃

켄 베아하레 아노키 단 야아보두 아쉐르 학고이 에트 베감

וְגַם אֶת־הַגּוֹי אֲשֶׁר יַעֲבֹדוּ דָּן אָנֹכִי וְאַחֲרֵי־כֵן

가돌 비르쿠쉬 예체우

יֵצְאוּ בִּרְכֻשׁ גָּדוֹל:

다시 말하면, 아브라함의 후손이 애굽에 들어갈 때부터 나올 때까지의 전 과정, 곧 종살이의 시작과 진행과 다시 나올 때까지를 모두 말씀하신 것입니다.

그리고 나서 하나님은 다시, 현재 계시를 받고 있는 아브라함 개인에게로 화제를 돌리셨습니다. 자손들의 암울한 미래를 말씀하신 후, 창세기 15:15에서 화제를 아브라함에게로 돌려, "너는 장수하다가 평안히 조상에게로 돌아가 장사될 것이요"라고 장수의 축복을 말씀하셨습니다.

창세기 15:15의 히브리 원문은 다음과 같습니다.

토바　　베세바 티카베르 베샬롬 아보테카 엘 타보 베아타

וְאַתָּה תָּבוֹא אֶל־אֲבֹתֶיךָ בְּשָׁלוֹם תִּקָּבֵר בְּשֵׂיבָה טוֹבָה

이 말씀에 바로 이어, 하나님께서는 창세기 15:16에서 "네 자손은 사대 만에 이 땅으로 돌아오리니"라고 말씀하신 것입니다. 그러므로 '네 자손'(they)은 지금 계시를 받고 있는 '아브라함 너의 자손'이라는 의미이므로, 4대의 시작은 아브라함으로 해석하는 것이 본문의 문맥상 올바른 것입니다.

이것은 창세기 15:16 상반의 "네 자손은 사대 만에 이 땅으로 돌아오리니"라는 절과, 창세기 15:16 하반의 "이는 아모리 족속의 죄

악이 아직 관영치 아니함이니라"라는 두 절의 연관성(聯關性)에서
도 확인할 수 있습니다.

창세기 15:16의 히브리 원문은 다음과 같습니다.

헨나 아드 하에모리 아온 샬렘 로 키 헨나 야슈부 레비이 베도르

וְדוֹר רְבִיעִי יָשׁוּבוּ הֵנָּה כִּי לֹא־שָׁלֵם עֲוֹן הָאֱמֹרִי עַד־הֵנָּה

먼저 16절 하반절의 '아직'이라는 단어를 살펴보면, 히브리어로
'아드 헨나'(עַד הֵנָּה)인데, '헨나'(הֵנָּה)는 '여기' 또는 '지금'이라는 뜻
이고, '아드'(עַד)는 '까지'라는 뜻입니다.

아브라함이 계시를 받고 있는 현재까지는 아모리 족속이 죄악
중에 있기는 하지만, 죄의 분량이 다 차지는 않은 상태라는 것입니
다. 이제 앞으로 아모리 족속의 죄가 다 차게 되면 아브라함의 후손
이 아모리 족속을 멸망시키고 가나안 땅을 차지하게 되는데, 그때
가 바로 현재의 아브라함부터 시작하여 '4대째'라는 말씀입니다.

또한 창세기 15:16 상반절과 하반절 두 문장을 이어 주는 접속사
'이는'이라는 단어를 통해서도, 4대의 출발점이 아브라함인 것을 알
수 있습니다. '이는'이란 단어는 히브리어로 '키'(כִּי)인데, '이유를 나
타내는 접속사'로서 두 문장이 밀접히 연결되어 있음을 나타냅니다.
그러므로 아모리 족속의 죄악이 아직 관영치 않았다는 판단이 현재
하나님께서 상대하여 말씀하고 계시는 아브라함을 기준으로 한 것
이라면, '4대 만에 돌아오리라'라는 예언도 아브라함을 기준으로 계
산되는 것이 마땅한 것입니다.

이상에서 볼 때 '4대'는 아브라함의 자손이 애굽에 들어간 때부터가 아니라, 분명히 현재 계시를 받고 있는 아브라함 때부터로 보는 것이 성경 원문과 일치하는 가장 정확한 해석입니다.

하나님께서 아브라함과 그 후손들에게 약속하신 '횃불 언약'은, 하나님의 말씀이기에 반드시 성취되어야 합니다(마 5:18, 눅 21:33, 사 55:10-11). '4대'의 시작이 아브라함이라면, 이제 나머지 2대, 3대, 4대째에 해당하는 인물이 누구인가 하는 것도 아주 중요한 문제입니다.

하나님께서는 아비 '이새'의 눈에도 차지 않아, 왕이 될 수 있는 가능성조차도 잃어버릴 뻔했던 막내아들 '다윗'을 인정하시고 왕으로 기름을 부으셨습니다. 사람들은 외모를 보았지만 하나님께서는 중심을 보신 것입니다(삼상 16:7).

하나님께서는 사람들의 믿음을 보시고(마 9:2, 막 2:5, 눅 5:20), 그 믿음을 기쁘게 받으십니다(히 11:6). 반드시 하나님의 언약을 성취하는 4대에 해당하는 인물들은 모두 하나님의 중심에 합당한 믿음의 사람들이어야 합니다(삼상 13:14, 행 13:22). 이 '4대'는 하나님의 구속사적 경륜을 성취하는 특별한 대수가 될 것입니다.

제 3 장

횃불 언약 성취의 역사 (1)

- 족장들의 역사(아브라함, 이삭, 야곱, 요셉)

The Fulfillment of the Covenant of the Torch (1)

- The History of the Patriarchs (Abraham, Issac, Jacob, and Joseph)

횃불 언약 성취의 역사 (1)
THE FULFILLMENT OF THE COVENANT OF THE TORCH (1)

아담과 하와가 범죄함으로 타락하여 에덴동산에서 쫓겨난 이후, 하나님의 구속사는 경건한 '셋' 계열을 중심으로 진행되어 왔습니다. 하나님께서는 '셋' 계열의 후손인 노아에게 방주를 짓게 하시고 홍수로 세상을 심판하셨지만, 홍수 후에도 인간들은 바벨탑을 쌓으면서 여전히 하나님께 도전하였습니다. 이처럼 혼란한 죄악 속에서 하나님께서는 '셈' 계열의 자손 가운데 아브라함을 부르시어, 갈대아 우르와 하란을 떠나게 하시고 가나안 땅으로 인도하셨습니다.

아브라함을 가나안으로 부르신 하나님께서는, 창세기 15장에서 그와 횃불 언약을 체결하셨습니다. 하나님께서는 이 언약을 통해 약속의 땅 가나안이 경건한 자손들에게 어떻게 주어지는가를 계시해 주셨습니다.

그러므로 앞으로 전개되는 아브라함으로부터 이삭, 야곱, 요셉에 이르는 네 명의 족장들의 생애에는 모두, 횃불 언약을 성취하시는 하나님의 구속사적 경륜이 담겨 있습니다. 하나님께서는 아브라함과 최초로 횃불 언약을 체결하신 이후, 그의 자손들에게도 그 언약의 내용을 재확인시키시면서 횃불 언약을 지속적으로 성취해 나가셨습니다.

이번 장에서는 네 명의 족장들의 삶을 연대기적으로 정리하면서, 하나님께서 그들의 삶을 통하여 횃불 언약을 어떻게 정확하게 성취해 나가셨는지를 구체적으로 살펴보도록 하겠습니다.

족장들의 연대 개요(아브라함, 이삭, 야곱, 요셉)

קורות של אברהם יצחק יעקב ויוטסף

- 주전 2166년부터 1806년까지 360년간

(박윤식 著 「하나님의 구속사적 경륜으로 본 창세기의 족보」 이해도움 1-족장들의 연대기 참조)

연도(주전)	주요 사건	내 용
2166	**아브라함의 출생** מולדתו של אברהם Birth of Abraham	① 갈대아 우르에서, 데라가 아브라함을 70세에 낳았다(창 11:26). ② 아브라함 출생 당시 노아는 892세로, 아브라함은 노아와 58년 동안 동시대에 살았다. 아브라함 출생 당시 노아로부터 아비 데라까지 10대 조상이 모두 생존해 있었다(노아, 셈, 아르박삿, 셀라, 에벨, 벨렉, 르우, 스룩, 나홀, 데라-창 10:21-25, 11:10-26). ③ 홍수 심판이 있은 지 대략 292년 되는 해로, 당시 갈대아 우르에는 우상숭배가 만연하였고, 아비 데라도 우상을 섬기는 자였다(수 24:2, 14).
2091	**아브라함을 부르심** הקדשתו של אברהם Calling of Abraham	① 아브라함의 나이 75세였다(창 12:4). · 하나님의 첫 부르심 - "하란에 있기 전"(행 7:2), 갈대아 우르에서 부름을 받고 떠나, 아비 데라와 함께 하란에 도착하였다(창 11:26-32, 15:7, 느 9:7, 행 7:2-4). · 하나님의 두 번째 부르심(75세) - 하란에서 다시 "본토 친척 아비 집을 떠나 내가 네게 지시할 땅으로 가라"(창 12:1)라는 명령을 받고 떠나, 마침내 가나안 땅에 도착하였다(창 12:5).
2082	**횃불 언약 체결** טקסי ברית הכרוכים Ratification of the Covenant of the Torch	① 아브라함의 나이 대략 84세였다. ② 가나안에 도착한 지 대략 10년째였다(창 16:3, 16). ③ 이때 하나님께서는 아브라함에게 '후손'에 대한 약속과(창 15:1-6), '땅'에 대한 약속을 하셨다(창 15:7-21).

연도(주전)	주요 사건	내 용
2080	횃불 언약 2년째 **이스마엘의 출생** מולדתו של ישמעאל Birth of Ishmael	① 사라의 여종 하갈을 취할 때 아브라함의 나이는 85세였고, 이스마엘을 낳을 때 아브라함의 나이는 86세였다(창 16:3, 16). ② 이스마엘은 이삭보다 14년 먼저 출생하였다(창 16:1-16, 21:5).
2067	횃불 언약 15년째 **할례 언약** ברית מילה Covenant of Circumcision	① 아브라함의 나이 99세, 이스마엘의 나이 13세였다(창 17:1, 24-25). ② 아브라함의 이름이 개명된 후에(창 17:5), 하나님께서 할례 언약을 맺으셨고(창 17:9-14), 이 후에 사라의 이름이 개명되었다(창 17:15-16). 그리고 아브라함과 이스마엘, 그 집의 모든 남자가 할례를 받았다(창 17:23-27). ③ 장차 낳을 아들의 이름을 '이삭'이라고 할 것과, 이삭의 출생 시기를 알려 주셨다(창 17:19, 18:10).
2066	횃불 언약 16년째 **이삭의 출생** מולדתו של יצחק Birth of Isaac	① 아브라함의 나이 100세였다(창 21:5, 롬 4:19). 이삭이 출생할 때 경건한 조상 셈(490세), 아르박삿(390세), 셀라(355세), 에벨(325세)이 생존해 있었다. ② "네 몸에서 날 자가 네 후사가 되리라"(창 15:4) 하신 말씀의 성취로, "그 말씀대로 사라를 권고하사", "그 말씀대로 사라에게 행하시고", "말씀하신 기한에" 이삭을 낳고, 8일 만에 할례를 행하였다(창 21:1-4).
2063 (추정)	횃불 언약 19년째 **하갈과 이스마엘의 추방** גירוש הגר וישמעאל Hagar and Ishmael cast out	① 이삭이 자라 젖을 떼는 날 큰 잔치가 배설되었을 때(창 21:8), 이스마엘이 이삭을 희롱한 사건으로 하갈과 이스마엘 모자(母子)가 바란 광야로 추방되었다(창 21:9-21). ② 히브리인들의 젖 먹이는 습관은 약 '3년' 정도이므로, 하갈과 이스마엘이 추방될 때 아브라함의 나이는 103세, 이삭의 나이는 3세, 이스마엘의 나이는 이삭보다 열네 살 위인 17세였다.

연도(주전)	주요 사건	내 용
2041-2030 (추정)	**횃불 언약 41-52년째** **모리아 한 산에서 이삭을 번제로 드림** יה הקרבת יצחק באחד ההרים בארץ המר Isaac given as burnt offering on a mount in Moriah	① 이삭을 번제로 드리는 사건 후에, 어머니 사라가 127세에 죽었으므로(창 23:1), 이때 이삭의 나이는 37세 이전으로 약 25-36세, 아브라함의 나이는 약 125-136세로 추정된다(사라 90세에 이삭 출생). ② 아브라함을 향한 하나님의 언약의 확증이었다(창 22:1-18, 히 11:17). ③ '여호와 이레'의 섭리를 체험하고, 이삭의 씨로 말미암아 대적의 문을 얻고, 천하 만민이 복을 얻게 되리라는 축복을 약속 받았다(창 22:14-18).
2031	**횃불 언약 51년째** **아브라함의 아버지 데라의 죽음** מותו של תרח Death of Terah, Abraham's father	① 아브라함의 아버지 데라는 향년 205세에 하란에서 죽었다(창 11:32). ② 데라는 아브라함을 70세에 낳았으므로(창 11:26), 이때 아브라함의 나이는 135세, 이삭의 나이는 35세였다.
2029	**횃불 언약 53년째** **아브라함의 아내 사라의 죽음** מותה של שרה Death of Sarah, Abrahams wife	① '열국의 어미' 사라의 향년은 127세였다(창 23:1). 이때 아브라함의 나이는 137세, 이삭의 나이는 37세였다. 아들 이삭이 장가들기 전(前)이었다(창 25:20). ② 사라가 죽던 해, '막벨라 밭 굴'을 매입하였다(창 23:2-20). 막벨라 밭 굴은 약속의 땅에 대한 소유권을 주장하기 위한 최초의 역사적 근거지가 되었다.
2026	**횃불 언약 56년째** **이삭의 결혼** חתונתו של יצחק Marriage of Isaac	① 이삭의 나이 40세에, 나홀과 밀가 부부의 자손인(창 22:20-23) 브두엘의 딸 리브가와 결혼하였다(창 24장, 25:20). 이때 아브라함의 나이는 140세였다. ② 아내를 고르는 일에 아버지 아브라함이나 본인 이삭이 직접 나서지 않고 늙은 종 엘리에셀을 보내어, 전적으로 하나님의 섭리에 맡긴 점이 매우 주목할 만하다.
2026 이후	횃불 언약 56년째 이후	① 아브라함이 후처를 얻은 때는 그의 나이 140세 후로, 매우 늙은 나이였다(창 25:1-6).

연도(주전)	주요 사건	내 용
2026 이후	**아브라함이 후처 그두라를 취함** אברהם לקח קטורה כאשתו Abraham takes Keturah as wife	② 아브라함은 후처 그두라를 통해 6명(시므란, 욕산, 므단, 미디안, 이스박, 수아)의 자녀를 낳았다. 이는 아브라함이 이삭의 출생 후에 더욱 강건한 축복을 받았기 때문이었을 것이다.
2006	횃불 언약 76년째 **야곱과 에서의 출생** מולדתם של יעקב ועשו Birth of Jacob and Esau	① 이삭이 결혼한 후 20년 만에, 그의 나이 60세에 기도의 응답으로 쌍둥이 에서와 야곱을 낳았다(창 25:21-26). ② 당시 아브라함의 나이는 160세로, 아브라함은 175세까지 살았으므로, 언약의 3대(아브라함-이삭-야곱)는 한 장막에 15년간 함께 거하였다(히 11:9). 야곱이 출생할 때 경건한 조상 셈(550세), 셀라(415세), 에벨(385세)이 생존해 있었다. ③ 이삭의 아내 리브가는 복중에서 "큰 자는 어린 자를 섬기리라"라는 계시를 받았다(창 25:23).
1991	횃불 언약 91년째 **아브라함의 죽음** מותו של אברהם Death of Abraham	① '열국의 아비' 아브라함은 향년 175세로, 그 수(壽)가 높고 나이 많아 기운이 진하여 죽어 자기 열조에게로 돌아갔다(창 25:7-8). 횃불 언약에서 '너는 장수하다가 평안히 조상에게로 돌아가 장사된다'(창 15:15)라는 예언의 성취였다. ② 아들 이스마엘과 이삭이 그를 막벨라 굴에 장사하였다(창 25:9). 이때 이삭의 나이는 75세, 이스마엘의 나이는 89세, 야곱과 에서의 나이는 15세였다. 아브라함이 죽을 때에 경건한 조상 셈(565세), 셀라(430세), 에벨(400세)은 생존해 있었다. 셈-이삭 110세, 야곱 50세까지, 셀라-이삭 78세, 야곱 18세까지, 에벨-이삭 139세, 야곱 79세까지 생존하였다.
1966	횃불 언약 116년째 **에서의 결혼** חתונתו של עשו Marriage of Esau	① 에서는 동생 야곱보다 훨씬 이른 나이 40세에 장가들었다(창 26:34上). 이때 아버지 이삭의 나이는 100세였다. 야곱은 밧단아람에서 83세에 결혼하였다(창 29:18-30).

연도(주전)	주요 사건	내 용
		② 에서는 이방의 헷 족속의 딸들(헷 족속 브에리의 딸 유딧, 헷 족속 엘론의 딸 바스맛)을 아내로 취하였는데(창 26:34下), 이 결혼은 이삭과 리브가의 근심이 되었다(창 26:35, 27:46). ③ 야곱이 가나안을 떠난 후에, 에서는 또다시 이스마엘의 딸 느바욧의 누이 마할랏을 아내로 맞이하여 때늦은 세 번째 결혼을 하였다(창 28:6-9). 창세기 36:2-3에는, 에서의 세 아내로 헷 족속 엘론의 딸 아다, 히위 족속 아나의 딸 오홀리바마, 이스마엘의 딸 느바욧의 누이 바스맛이 기록되어 있다.
1943	횃불 언약 139년째 **이스마엘의 죽음** מותו של ישמעאל Death of Ishmael	① 아브라함의 첩 하갈의 소생인 이스마엘은 향년 137세에 죽었다(창 25:17). 이때 이삭의 나이는 123세, 야곱의 나이는 63세였다. ② 아버지 아브라함이 죽은 지 48년 후였다(창 25:7).
1930	횃불 언약 152년째 **야곱이 장자의 축복을 받고 피신함** יעקב קיבל את ברכת בכור וברח Jacob receives the blessing of the firstborn and flees	① 야곱이 장자의 축복을 받은 것은 하나님의 주권적인 섭리에 의한 것이었다(창 27:1-40, 롬 9:10-13). ② 이때 야곱은 76세로 추정되고, 아버지 이삭은 136세로 나이 많아 눈이 어두워 잘 보지 못할 때였다(창 27:1). ③ 야곱은 아버지 이삭의 명령대로 형 에서를 피하여 밧단아람의 외삼촌 라반의 집으로 피신하였다(창 28:1-5). ④ 야곱은 밧단아람으로 가는 길에 루스에서 사닥다리 환상을 통해 하나님의 임재를 체험하였다. 하나님께서는 야곱을 무사히 가나안 땅으로 돌아오게 하실 것이라고 약속하셨고, 야곱은 그곳 이름을 '벧엘'로 고쳐 부르고 하나님께 서원을 하였다(창 28:10-22).
1923	횃불 언약 159년째 **야곱의 결혼**	① 야곱은 늦은 나이 83세에 결혼하였다(창 29:18-30). 76세에 밧단아람으로 도피하여 7년 동안 외삼촌 라반에게 봉사한 후였다.

연도(주전)	주요 사건	내 용
	חתונתו של יעקב Marriage of Jacob	② 야곱은 아내 라헬을 얻기 위해 라반에게 7년 봉사를 약조하였으나, 7년 후에 라반은 이를 속이고 언니 레아를 주었다. 다시 7일 후에 라헬을 얻기는 하였으나 라헬을 받는 조건으로 다시 7년을 더 봉사하라는 라반의 제의를 받아들였는데, 결과적으로 야곱은 사랑하는 라헬을 얻기 위해서만 총 14년간 라반을 섬겼다(창 29:27-28). ③ 야곱은 밧단아람에서 네 아내(레아, 라헬, 실바, 빌하)를 얻고, 7년간 베냐민을 제외한 11남 1녀를 낳았다(창 29:31-30:24).
1916	햇불 언약 166년째 **요셉의 출생** מולדתו של יוסף Birth of Joseph	① 야곱의 나이 90세에 라헬에게서 요셉을 낳았다(창 30:22-24). ② 야곱의 열한 번째 아들 요셉은 '하나님이 라헬을 생각하시므로' 얻은 특별한 아들이었다(창 30:22). ③ 요셉은 애굽에서 30세에 총리가 되었고(창 41:46), 풍년 7년, 흉년 2년 지나 10년째에 아버지 야곱을 만났는데(창 45:6, 11), 이때 요셉의 나이는 총리 10년째로 40세이며(창 41:46), 아버지 야곱의 나이는 바로 앞에서 고백한 대로 130세(창 47:9)였다. 따라서 야곱은 요셉을 90세에 낳은 것이 된다.
1910	햇불 언약 172년째 **야곱의 가나안 귀향** לחזור לכנען של יעקב Jacob's Canaan homecoming	① 야곱의 나이 96세, 라반의 집에 거한 지 20년에 가나안 땅으로 놀아가라는 하나님의 명령에 따라(창 31:3, 13) 네 아내와 열두 자녀를 거느리고 모든 소유를 이끌고 가만히 도주하였다(창 31:3-20). ② 야곱은 형 에서가 400명을 이끌고 온다는 소식을 듣고 얍복 강에서 가족들과 모든 소유를 건너게 한 후, 생사를 건 기도를 통하여 '이스라엘'이라는 새 이름을 받았으며(창 32:6-32), 에서와 극적으로 화해하였다(창 33:1-16).

연도(주전)	주요 사건	내 용
1900 (추정)	햇불 언약 182년째 **베냐민의 출생 라헬의 죽음** מולדתו של בנימין ומותה של רחל Birth of Benjamin and death of Rachel	① 세겜에서 10년 정도 거주하였을 때, 야곱의 딸 디나의 수욕 사건과 그에 대한 보복으로 시므온과 레위를 비롯한 아들들이 세겜 족속을 몰살하는 사건이 일어났다(창 33:1-34:31). ② 야곱은 벧엘의 서원을 망각한 것을 회개하고 벧엘로 돌아가 단을 쌓았으며, 하나님께서는 30년 전에 주셨던 언약들을 재확인하셨다(창 35:1-15). ③ 에브랏(베들레헴) 길에서 라헬이 베냐민을 낳고 죽어서 그곳에 장사되었다(창 35:16-18). 이때는 야곱은 약 106세로 매우 늙은 나이였으며, 이삭의 나이는 약 166세, 라헬이 낳은 첫아들 요셉의 나이는 약 16세였다(창 35:16-22). ④ 베냐민은 야곱이 라헬을 통해 '노년에 얻은 아들'로, 그를 특별히 사랑하였다(창 42:38, 44:20, 26-34).
1899	햇불 언약 183년째 **요셉이 애굽으로 팔림** מכירת יוסף למצרים Joseph sold to Egypt	① 요셉이 애굽으로 팔린 때는 17세였다(창 37:2, 12-36). 이삭은 나이 167세, 야곱은 나이 107세였다. 이삭은 아직 살아 있었고, 요셉을 잃어버린 아비 야곱의 슬픔은 할아버지 이삭의 슬픔이기도 했다. ② 야곱이 헤브론으로 돌아와 이삭에게 이르렀을 때(창 35:27) 요셉은 약 16세였으므로, 요셉이 이삭과 함께한 시간은 그가 애굽으로 팔려 가기 전까지의 1년 동안이었을 것이다. 짧지만 언약 신앙을 전수받은 값진 기간이었다. ③ 30세에 국무총리가 되기까지 13년 고난의 세월은 하나님의 특별한 섭리였다(창 45:5-8, 50:19-20, 시 105:16-23).
1886	햇불 언약 196년째 **이삭의 죽음** מותו של יצחק Death of Isaac	① 이삭의 향년은 180세였다(창 35:28-29). 이때 야곱의 나이는 120세, 요셉의 나이는 30세였다. 요셉은 애굽에 있었으므로 이삭의 죽음을 직접 보지 못하였을 것이다. ② 이삭은 14년 먼저 출생한 형 이스마엘이 죽은 지 57년 되던 해에 죽었으며(창 16:16, 25:17), 언약의 4대 족장 가운데 이삭이 가장 장수했다.

연도(주전)	주요 사건	내 용
1886	횃불 언약 196년째 **요셉의 총리 등극** פרעה נתן את יוסף על כל ארץ מצרים Accession of Joseph to prime minister	① 요셉이 애굽의 총리가 된 때의 나이는 30세였고(창 41:46), 야곱의 나이는 120세였다. ② 이삭은 손자 요셉이 총리 되던 해에 죽었을 것이다. ③ 요셉은 17세부터 보디발의 가정 총무로 있다가 10년 후에 감옥에 갇혀(창 39:7-23), 2년 이상 옥살이를 했다(창 41:1). 하나님의 섭리 가운데 옥에서 두 관원장의 꿈을 해석한 것을 계기로(창 40장), 후에 바로의 꿈을 해석함으로써 애굽의 총리직에 오르게 되었다(창 41장).
1885-1879	횃불 언약 197-203년째 **7년 대풍년** שבע שני השבע 7 years of plenty	① 요셉은 "흉년이 들기 전에"(창 41:50. 풍년 7년 동안에) 제사장 보디베라의 딸 아스낫을 통해 '므낫세'와 '에브라임'을 차례대로 낳았다(창 41:47-53). ② 므낫세의 뜻은 '잊어버림', 에브라임의 뜻은 '창성함'(창 41:51-52)으로, 그 이름에는 요셉을 향한 하나님의 크신 섭리와 사랑이 담겨 있다.
1878-1872	횃불 언약 204-210년째 **7년 대흉년** שבע שני הרעב 7 years of famine	① 기근이 온 세상에 심하였으나 요셉이 있는 애굽 온 땅에는 식물이 있었다(창 41:54-57). ② 요셉은 7년 대풍년이 지나고, 흉년 2년이 지나 흉년 3년째에 아버지 야곱과 형들을 만났다(창 45:6, 11, 46:28-30). ③ 형들이 요셉에게 엎드려 절한 것은 요셉이 꾼 꿈의 성취였다(창 42:6, 43:26, 28, 44:14).
1876	횃불 언약 206년째 **야곱의 70명 가족 애굽으로 이주** ירידת 70 נפשות משפחת יעקב מצרימה Migration of the 70 members of Jacob's family to Egypt	① 브엘세바로 내려가 희생 제사를 드리고 '애굽으로 내려가기를 두려워 말라' 하시는 응답을 받고 이주하였다(창 46:1-7). ② 야곱 가족이 애굽으로 이주한 때(창 46장)는 야곱의 나이 130세(창 47:9), 요셉의 나이 40세였다. ③ 풍년 7년을 지나 흉년 제3년째로(창 45:6, 11), 요셉이 총리직에 오른 지(창 41:46) 10년이 되던 해였다. ④ 야곱과 함께 애굽에 이른 자는 야곱의 자부 외에 66명이었고(창 46:26), 애굽에서 요셉이 낳은 아들 둘(므낫세, 에브라임)과 야곱, 요셉까지

연도(주전)	주요 사건	내 용
		포함하여 애굽으로 이주한 가족은 총 70명이었다(창 46:27). ⑤ 애굽에서 그들이 거주한 곳은, 애굽의 변방(국경 지대)이자 목축업에 유리한 '고센' 땅이었다(창 46:28-34, 47:1-12). 이는 신앙의 순수성을 지킴과 동시에 이스라엘을 큰 민족으로 성장시킨 후에 다시 가나안 땅으로 이끄시려는 하나님의 놀라운 구속사적 경륜에 의한 특별한 조치였다.
1859	횃불 언약 223년째 **야곱의 죽음과 그의 장사** מותו של יעקב והלוייתו Death of Jacob and his funeral	① 야곱이 애굽에 거주한 지 17년 만에, 147세에 열조에게로 돌아갔다(창 47:28, 49:29-33). 그는 죽기 전, 특별히 요셉을 불러 그의 손을 자기 환도뼈 아래 넣어 반드시 가나안 땅에 장사할 것을 맹세케 하였다(창 47:28-31). ② 요셉(57세)이 총리로 있던 기간이었으므로 바로가 야곱을 선대하여 거대한 장사 행렬을 이루었다(창 50:1-14). ③ 야곱은 죽을 때에 침상에 발을 모으고 고요히 열조에게로 돌아갔다(창 49:33, 히 11:21). ④ 야곱의 일생 노정은 7단계 17장소이며, 장사 노정만 총 692km이다(이해도움 8 - 야곱의 일생 노정 참고).
1806	횃불 언약 276년째 **요셉의 죽음** מותו של יוסף Death of Joseph	① 요셉은 17세부터 110세로 죽기까지 생의 대부분을 애굽에서 머물렀고, 애굽의 총리라는 높은 지위에 있었으나 화려한 장례식은 없었고, 다만 그의 시신을 썩지 않게 '미라'로 만들었다(창 50:22-26). ② 요셉은 죽기 전, 하나님이 정녕 이스라엘을 권고하시는 날이 올 것인데, 그때 자기 해골을 메고 나가도록 맹세시켰다(창 50:24-25, 히 11:22). 후에, 요셉은 가나안 땅의 세겜에 장사되었다(수 24:32). ③ 요셉은 아버지 야곱이 죽은 후 53년을 더 살았으며, 야곱의 가족들은 그의 슬하에서 양육되었다(창 50:22-23).

I
아브라함의 역사
HISTORY OF ABRAHAM

1. 아브라함의 출생(창 11:26)
주전 2166년

Birth of Abraham (Gen 11:26)

노아 892세, 셈 390세, 아버지 데라 70세
아브라함과 노아는 58년간 동시대 인물이며, 아브라함이 출생할 때
노아로부터 아비 데라까지 10대 조상이 모두 생존 (노아, 셈, 아르박삿,
셀라, 에벨, 벨렉, 르우, 스룩, 나홀, 데라 - 창 10:21-25, 11:10-26)
구속사 시리즈 제1권「창세기의 족보」참조

아브라함은 아담부터 약 2,000년 후의 인물이며, 다시 아브라함부터 약 2,000년이 흐른 후에 예수 그리스도가 아브라함의 자손으로 탄생합니다(마 1:1). 인류의 기원이 되는 아담부터 예수 그리스도에 이르기까지 구속 역사의 분기점이 되는 인물이 바로 아브라함인 것입니다.

아브라함은 오늘날 이라크의 수도 바그다드 남동쪽 비옥한 땅 갈대아 우르에서 셈의 후손으로 주전 2166년에 태어났습니다. 이때는 노아를 통해 하나님의 심판이 있은 지 대략 292년 되는 해였고, 당시 갈대아 우르는 우르 왕조가 번영기를 맞이한 시대였습니다. 갈대아 우르는 메소포타미아 지역 중에서도 특별히 비옥한 땅

으로, 문명이 발달하여 물질적으로 풍요로운 곳이었습니다. 역사적 발굴에 의하면 당시 갈대아 우르는 달이나 별 같은 자연물을 중심으로 한 우상숭배가 만연한 도시였는데, 아브라함의 아비 데라도 그 영향을 받아 다른 신들을 섬겼습니다(수 24:2-3, 14-15). 특히 아브라함 가족이 살던 우르와 하란은 월신(月神)인 '신'(Sin)을 숭배하던 중심지로, 아브라함의 가족 가운데 데라, 사라, 밀가, 라반 등은 달 숭배를 연상시키는 이름들입니다.[11]

화려한 물질 문명과 우상숭배의 환경 속에 살던 아브라함은, 갈대아 우르에서 하나님의 부르심을 받아 그곳을 떠나 하란으로 가서 머무르다가, 마침내 75세(주전 2091년)에 하란을 떠나 가나안 땅으로 이주하였습니다(창 12:1-4, 행 7:2-4).

2. 아브라함의 소명(창 11:26-32, 12:1-5, 행 7:2-4) 주전 2091년

Calling of Abraham

아브라함 75세

창세기에 기록된 족보의 연대를 계산해 보면, 노아는 아브라함이 태어났을 때 아직 살아 있었으며, 아브라함과 58년이나 동시대를 살았음을 알 수 있습니다.[12] 또한 셈은 아브라함보다 더 오래 살았습니다. 아브라함은 생존하고 있던 노아·셈·에벨 같은 경건한 조상들의 신앙을, 여러 경로를 통해 간접적으로 전수받았을 것입니다. 경건한 조상들의 신앙은 영계가 캄캄해진 암흑 시대에 밝은 구원의 빛으로 아브라함에게 전해져 왔고, 우상을 숭배하는 환경에서 자란 아브라함의 믿음을 깨웠을 것입니다.

우상을 섬기는 이교도의 가정에서 성장한 아브라함을 하나님께서 부르신 일은, 아브라함을 개인적으로 불러 구원하시는 데 그치지 않고, 하나님께서 그를 믿음의 조상으로 세워 인류 구속을 위해 새롭게 출발하신다는 매우 중요한 의미를 지닙니다.

아브라함은 자신이 살던 땅을 두 번 떠났는데, 첫 번째는 아버지 데라와 함께 갈대아 우르를 떠난 것이고(창 11:31, 행 7:2-3), 두 번째는 아버지 데라와 함께 오랫동안 정착하여 살던 하란을 75세에 떠난 것입니다(창 12:4, 행 7:4). 그러나 아브라함의 아버지 데라는 아브라함이 하란을 떠난 후 60년 동안 하란에 더 살다가 205세에 그곳에서 죽었습니다(창 11:32).

히브리서 11:9에서는 '저가 외방에 있는 것같이 약속하신 땅에 우거하였다'라고 말씀하고 있습니다. 이것은 아무도 반겨 주지 않는 낯선 이방 땅에서 아브라함이 나그네로 쓸쓸하고 고독한 세월을 보냈음을 나타냅니다. 이에 대하여 스데반은 사도행전 7:5에서, "그러나 거기에서 발붙일 만큼도 유업을 그에게 주지 아니하시고"라고 설교했습니다. 본토 친척 아비 집을 떠나온 이후(창 12:1-4) 아브라함은 나그네로서의 삶 가운데 고달픈 일들을 얼마나 많이 겪었겠습니까? 타국이기에 억울한 대접을 받아도 말 못 하고 무수히 참으며 눈물로 지낸 일들이 얼마나 많았겠습니까?

그러나 아브라함은 나온바 본향을 생각지 않고 돌아갈 기회가 여러 번 있었으나 돌아가지 않고 오직 더 나은 하늘 본향만을 사모했습니다(히 11:15-16). 아브라함은 하나님의 약속을 믿고 그 약속만을 소망하면서 가는 곳마다 믿음으로 여호와 앞에 제단을 쌓았고, 그때마다 하나님의 지시를 받으며 하나님과 동행하는 삶을 살았습니다(창 12:7-8, 13:4).

3. 횃불 언약 체결(창 15:1-21)
주전 2082년

Ratification of the covenant of the torch (Gen 15:1-21)
아브라함 84세, 가나안에 도착한 지 10년째(창 16:3)

창세기에 기록된 하나님의 언약 가운데 가시적이고 강렬한 이미지를 통하여 체결된 언약은 세 가지가 있습니다. 그것은 노아의 대홍수 후에 노아와 그 아들들에게 베푸신 '무지개 언약'(창 9:8-17)과, 야곱이 벧엘에서 받은 '사닥다리 언약'(창 28:10-22), 그리고 창세기 15장에서 아브라함과 맺으신 '횃불 언약'입니다.

그 가운데 오직 횃불 언약에서만 언약의 증표로 '희생 제물'이 등장합니다(창 15:8-10, 17). 이 희생 제사는 장차 인간의 몸으로 이 땅에 오셔서 택하신 백성을 구원하시기 위한 속죄 제물로 드려질 예수 그리스도의 구속 사역을 예표하고 있습니다(요 1:29, 고전 5:7).

횃불 언약의 특징은, 하나님의 임재를 상징하는 '횃불'이 쪼갠 고기 사이로 지나갔다는 점입니다(창 15:17, 사 10:17, 62:1).

당시의 일반적인 계약 방식은 쪼갠 고기 사이로 계약을 맺은 양쪽 당사자가 같이 지나가야 했습니다. 그런데 횃불 언약에서는 쪼갠 고기 사이로 하나님께서 홀로 지나가셨습니다. 인간이 타락 후에 전적으로 무능한 존재가 되어, 전능하시고 거룩하신 하나님을 상대하여 언약을 체결할 자격을 상실했기 때문에, 하나님은 무한하신 긍휼과 자비와 사랑을 통하여 일방적으로 언약을 체결하신 것입니다.

이것이 바로 하나님의 먼저 사랑이요(요일 4:10, 19) 은혜입니다. 오늘날 우리의 구원도 각 사람의 행위나 업적이나 자격으로 말미암지 않고, 오직 하나님의 일방적 사랑과 은혜로 주어지는 것입니다(엡 2:8-10).

4. 사라의 여종인 애굽 여자 하갈을 취함(창 16:1-14)
주전 2081년, 횃불 언약 1년째

Abraham takes Sarah's Egyptian maidservant Hagar (Gen 16:1-14)
아브라함 85세

아브라함이 사라의 여종인 애굽 여자 하갈을 첩으로 취할 때 그의 나이는 대략 85세(주전 2081년)였습니다(창 16:3).

아브라함과 사라가 기근 때문에 애굽으로 내려갔을 때, 사라를 누이로 속여 애굽 왕 바로가 사라를 취할 뻔한 사건이 있었습니다(창 12:10-20). 그때 바로가 아브라함을 후대하여 대가로 준 선물(양, 소, 노비, 암수 나귀, 약대) 가운데 '노비'가 있었는데, 그 노비 가운데 하나가 '애굽 여자 하갈'이었을 것으로 추정됩니다.

아브라함은 75세에 하란을 떠날 때에 "내가 너로 큰 민족을 이루고"라는 하나님의 약속을 받고(창 12:1-4), 10년을 기다렸습니다. 그리고 아브라함 나이 84세에, 하나님께서는 횃불 언약을 체결하기에 앞서 아브라함에게 하늘의 뭇 별을 보여 주시면서 "네 자손이 이와 같으리라"라고 말씀하셨습니다(창 15:5). 그러나 이러한 약속을 받고 1년도 채 지나기 전에 아브라함은 하나님의 말씀보다 부인 사라의 말을 듣고, 하갈을 첩으로 취하는 중대한 실수를 범하였습니다(창 16:2). 이 일로 인하여 후에 아브라함의 가정은 큰 불화를 겪어야만 했습니다. 하갈은 아브라함과 동침하여 잉태한 후에 여주인 사라를 멸시하기 시작하였습니다(창 16:4). 사라는 아브라함에게 "내가 받는 욕을 당신이 받아야 옳도다"(창 16:5)라고 했는데, 여기 '욕'은 히브리어로 '하마쓰'(חָמָס)이며, '포악, 강포, 폭력, 나쁜 것'이란 뜻입니다(창 6:11). 하갈의 멸시를 받은 사라는 남편 아브라함을 원망하며 하갈을 학대하였습니다(창 16:6). 창세기 16:6의 '학대하였더니'라는 단어는 히브리어로 '아나'(עָנָה)의 피엘(강조)형으로서, 이것은 창세기 15:13에서 이스라엘 백성이 애굽에서 당할 괴로움을 나타낼 때 사용되었습니다. 사라가 하갈을 아주 혹독하게 괴롭혔으며, 이에 하갈이 도망을 치고 말았던 것입니다(창 16:6下).

'하갈'(הָגָר)은 '도망, 탈출'이라는 뜻입니다. 그 이름대로 여주인 사라로부터 도망친 것입니다. 하갈은 자신의 교만 때문에 사라에게서 도망쳐 광야에서 방황하였지만, 하나님께서는 그러한 하갈까지도 외면치 않고 찾아가 만나 주셨습니다.

창세기 16:7 "여호와의 사자가 광야의 샘 곁 곧 술 길 샘물 곁에서 그를 만나"

'술 길'은 헤브론과 브엘세바에서 남서쪽으로 애굽까지 통하는 대상로이며, 하갈이 지났던 '술 길'은 애굽 북동쪽 국경 지역에서 가까운 가나안 남부 지역을 지납니다(참고-창 20:1, 25:18, 출 15:22, 삼상 15:7, 27:8).

하나님께서 애굽을 향해 도망가는 하갈에게 분부하신 첫 말씀은 "네 여주인에게로 돌아가서 그 수하에 복종하라"라는 것이었습니다(창 16:9). '사라가 불친절하게 학대를 할지라도 오히려 그동안의 허물과 실수를 사죄하고, 너의 본분을 다하여 순종하고 충성하라'는 뜻입니다. 그리고 하갈에게 "네 자손이 크게 번성하여 그 수가 많아 셀 수 없게 하리라"라고 축복하셨습니다(창 16:10). 그리고 지금 잉태한 아이가 '아들'이며, 그 이름을 '이스마엘'이라 하라고 말씀하시면서, 그녀의 고통을 크게 위로해 주셨습니다(창 16:11). 또한 그 아들이 모든 사람들 사이에 갈등과 다툼을 일으키게 될 것이라는 사실도 전해 주었습니다(창 16:12). 이때 하갈은 자신이 경험한 그 하나님을 "감찰하시는 하나님"이라고 부르며, 자신이 하나님을 뵌 큰 체험을 영원히 기념하기 위해 그 곁 샘물에다가 '브엘라해로이'라는 이름을 붙였습니다. 그 뜻은 '살아 계셔서 나를 지켜보시는 자의 우물'입니다(창 16:13-14).

참으로 아무 자격이 없는 애굽 여종 하갈에게 하나님께서 찾아오신 이유는, 하갈을 사라 수하에 들어가도록 하여 엉클어진 가정 질서를 다시 바로잡고 사라를 통한 언약을 이루고자 하셨던 것입니다.

이처럼 아브라함이 하나님의 약속을 끝까지 믿지 못하고 사람의 말을 들은 결과로 스스로 인생의 노정을 험난하게 만들었고, 자신뿐만 아니라 온 가족이 고통을 겪고 방황을 하게 되었던 것입니다.

5. 여종 하갈을 통한 '이스마엘'의 출생(창 16:15-16) 주전 2080년, 횃불 언약 2년째

Birth of Ishmael through Hagar (Gen 16:15-16)

아브라함 86세

아브라함이 하갈을 통해 이스마엘을 낳은 때는 아브라함 86세(주전 2080년)였습니다(창 16:16). 아브라함은 "네 몸에서 날 자가 네 후사가 되리라"(창 15:4)라고 하신 후손에 대한 약속을, 어리석게도 사라의 말을 듣고 몸종 하갈을 통해서 이루려 하였습니다. 횃불 언약을 체결하기 직전에도 아브라함은 다메섹 엘리에셀을 자신의 후사로 삼으려는 어리석은 생각을 한 적이 있습니다(창 15:3). 하나님의 뜻을 인간적인 방법으로 성취하려 한 것입니다. 하나님의 약속은 하나님의 방법을 통해서만 이루어지며, 인간적인 방법으로는 결코 이루어질 수 없습니다(사 55:8-9).

아브라함과 사라의 불신은 하갈을 통하여 이스마엘을 낳게 하였습니다. 이것은 가정의 불화와 분쟁의 불씨가 되었습니다. 아브라함의 조급하고 섣부른 행동은 가정에 큰 불행을 가져왔을 뿐만 아니라, 이 불행은 아브라함 당대에 끝나지 않고 먼 훗날 아브라함의 자손에게까지 계속되었습니다. 쫓겨난 하갈은 브엘세바 들에서 방황할 때에 하나님의 사자가 하늘로부터 "그로 큰 민족을 이루게 하리라"라고 말씀하시는 음성을 들었습니다(창 21:18). 이에 하갈은 이스마엘이 바란 광야에 거할 때에 자기와 같은 종족인 애굽 여인을 이스마엘의 아내로 삼게 하였고(창 21:21), 그 아들들은 열두 부족(느바욧, 게달, 앗브엘, 밉삼, 미스마, 두마, 맛사, 하닷, 데마, 여둘, 나비스, 게드마)의 지도자(방백)가 되었습니다(창 25:12-18). 이는 하나님께서 아브라함 99세에 "내가 그에게 복을 주어 생육이 중다하여 그로 크게 번성케 할지라 그가 열두 방백을 낳으리니 내가 그로 큰 나라가 되게 하려니와"라고 하신 말씀이 그대로 성취된 것이었습니다(창 17:20). 또한 그보다 14년 전(아브라함 85세), 임신 중인 하갈에게 하나님께서"내가 네 자손으로 크게 번성하여 그 수가 많아 셀 수 없게 하리라"(창 16:10)라고 하신 말씀대로 성취된 것입니다.

한편, 하나님께서는 그 아들 이스마엘의 장래에 관하여 "사람 중에 들나귀같이 되리니 그 손이 모든 사람을 치겠고 모든 사람의 손이 그를 칠지며 그가 모든 형제의 동방에서 살리라"(창 16:12)라고 말씀하셨습니다. 하갈이 낳은 이스마엘은 오늘날 아랍 족속의 조상입니다. 중동 전쟁은 유대인과 아랍인의 싸움인데, '유대인'은 아브라함을 조상으로 모신 '이삭의 후예'요, '아랍인'은 아브라함을 조상으로(창 12:1-4) 모신 '이스마엘의 후예'입니다. 결국 오늘날 중동 전쟁은 아브라함이 약속의 자손을 주실 때까지 믿음으로 인내하지 못하고 하나님의 약속을 불신하여 인간적인 방법을 사용한 결과입니다. 인간의 생각과 방법으로 행한 것이 이처럼 그 자신과 후손에게 큰 가시와 올무가 된 것입니다.

6. 아브라함과 사라의 개명(창 17:5, 15-16)과 할례 언약(창 17:9-14, 17-27)
주전 2067년, 횃불 언약 15년째

Abram and Sarai renamed (Gen 17:5, 15-16)
Covenant of circumcision (Gen 17:9-14, 17-27)
아브라함 99세

하나님께서는 아브라함이 86세에 이스마엘을 낳은 이후 13년 동안 한 번도 그에게 나타나지 않으셨고 철저하게 침묵하셨습니다. 이것은 아브라함의 불신에 대한 하나님의 마음을 나타내신 사건으로 이해할 수 있습니다. 마침내 하나님께서는 99세 된 아브라함에게 나타나셔서 "나는 전능한 하나님이라"(창 17:1)라고 선언하셨습니다. 히브리어로는 '아니 엘 샤다이'(אֲנִי־אֵל שַׁדַּי)로, 이것은 '네가 지금까지 믿지 못하고 있지만, 나는 한 번 약속한 것은 아무리 불가능한 상황 속에서도 반드시 이루는 존재'임을 아브라함에게 상기시키신 것입니다.

전능하신 하나님께서는 아브라함에게 개명(改名)을 명하신 후, 할례 언약을 체결하셨습니다(창 17:9-14). 본래 이름 '아브람'에서 '아브라함(열국의 아비)'으로 개명되었습니다(창 17:5). '아브람'은 '고귀한 아버지'라는 뜻으로 개인적인 의미를 가지며, '아브라함'은 '많은 무리의 아버지'라는 뜻으로 공적(公的)인 의미를 가집니다. 이것은 장차 아브라함이 혈통을 초월하여 예수 그리스도를 믿는 모든 자의 조상이 될 것을 미리 보여 준 것입니다(롬 4:16, 갈 3:7, 29).

이 후에 하나님께서는 할례를 명령하셨습니다.

'할례'(circumcision)는 히브리어로 '물로트'(מוּלוֹת), 헬라어로 '페리토메'(περιτομή)인데, 이것은 이스라엘 백성의 남자가 난 지 8일 만에 생식기 끝의 껍질을 베어 내는 예식입니다(창 17:12, 레 12:3, 눅 2:21).

창세기 17:10에서 "너희 중 남자는 다 할례를 받으라 이것이 나와 너희와 너희 후손 사이에 지킬 내 언약이니라"라고 말씀하셨습니다. 이처럼 할례는 하나님의 백성이 되는 표이자(창 17:14), 언약을 준수하겠다는 표입니다. 더 나아가 하나님과 이스라엘 백성 사이의 '언약의 표징'으로서(창 17:11), 언약의 징표가 몸에 흔적으로 남아 있어 항상 하나님과의 약속을 상기하도록 하신 중대한 예식입니다(창 17:13).

이렇게 하나님께서는 아브라함에게 개명과 할례를 명령하신 후에 바로, 사래도 사라로 개명하시고 아들이 생길 것을 말씀하셨습니다(창 17:16). 아브라함의 아내는 본래의 이름 '사래'에서 '사라'로 개명되었습니다(창 17:15-16). '사래'는 '여주인, 나의 공주'라는 뜻으로 단순히 한 가정의 여주인이라는 의미이지만, '사라'는 '열국의 어미'라는 뜻으로 공적인 의미를 가집니다. 이것은 구속사적으로 사라가 낳은 이삭을 통하여 예수 그리스도가 오시고, 예수 그리스도를 믿는 성도들이 많이 나타날 것을 예시하신 것입니다(갈 4:26, 31).

아브라함은 하나님께서 친히 할례 언약을 통하여 자손을 약속해 주셨음에도 불구하고, 자기에게 아들이 생길 수 없다고 생각하고 이스마엘이나 하나님 앞에 살기를 원한다고 하였습니다(창 17:17-

18). 그러나 하나님께서는 "아니라 네 아내 사라가 정녕 네게 아들을 낳으리니 너는 그 이름을 이삭이라 하라 내가 그와 내 언약을 세우리니 그의 후손에게 영원한 언약이 되리라"(창 17:19)라고 말씀하시면서, 이스마엘은 하나님의 언약을 성취할 자가 아니고 이삭만이 하나님의 언약을 성취할 자라는 것을 확실히 선포하셨습니다. 하갈이 낳은 아들 이스마엘도 열두 방백을 낳아 큰 나라가 되게 할 것이지만, "내 언약은 내가 명년 이 기한에 사라가 네게 낳을 이삭과 세우리라"라고 말씀하셨습니다(창 17:20-21).

하나님께서 아브라함과 말씀을 마치시고 그를 떠나 올라가셨습니다(창 17:22). 하나님께서 말씀하신 그날, 아브라함은 곧바로 자기에게 말씀하신 대로 할례를 시행하였습니다. "당일에" 아브라함 자신과 그 아들 이스마엘이 할례를 받았고, 그 집의 모든 남자(집에서 생장한 자와 이방 사람에게서 사 온 자)가 다 그와 함께 할례를 받았습니다(창 17:23-27).

II
이삭의 역사
HISTORY OF ISAAC

1. 언약의 아들 이삭의 출생(창 21:1-5)
주전 2066년, 횃불 언약 16년째

Birth of Isaac, the son of the promise (Gen 21:1-5)

아브라함 100세, 사라 90세 / 이삭이 출생할 때 경건한 조상의 생존
- 셈(490세), 아르박삿(390세), 셀라(355세), 에벨(325세)

하나님께서는 아브라함과 처음으로 언약을 맺으신 지 25년(창 12:1-4)이 지나서, 말씀하신 대로 사라를 권고(眷顧)하시고, 그 말씀대로 사라에게 행하시어서 마침내 아브라함의 나이 100세에 언약의 아들 '이삭'을 주셨습니다(창 21:1-7, 마 1:2). 창세기 21:1의 '권고'의 한자는 '돌볼 권(眷), 돌아볼 고(顧)'로서 하나님께서 돌보아 주시고, 보살펴 주시고, 귀여워해 주신다는 뜻입니다. '권고'를 나타내는 히브리어 '파카드'(פָּקַד)는 구약성경에만 285회 등장하는데, 창세기 21:1에 처음으로 나타나고 있으며 그 의미는 '방문하다, 보살피다'입니다. 사라는 경수가 끊어지고 도저히 아이를 낳을 수 없는 90세의 노령이었지만, 언약을 기억하시는 하나님의 직접적인 방문과 보살핌으로 드디어 이삭을 낳는 기적을 체험했던 것입니다. 어머니 사라의 태가 이미 죽은 상태에서 태어났으므로 이삭은 실로 큰 기적의 자녀였습니다(롬 4:19, 히 11:11). 아브라함은 처음 약속을 받은 이후 25년을 기다려서 '파카드'(פָּקַד)의 축복을 받았습니다. 오늘날도 하나님의 약속을 끝까지 믿고 붙잡고 기다리는 자에게는 하나님께서 반드시 친히 방문해 주시는 기적의 축복이 있습니다.

아브라함은 아들의 이름을 하나님께서 미리 계시해 주신 말씀대로 '이삭'이라 하였습니다.

창세기 21:3 "아브라함이 그 낳은 아들 곧 사라가 자기에게 낳은 아들을 이름하여 이삭이라 하였고"

'이삭'이란 이름은, 히브리어로 '이츠하크'(יִצְחָק)이며, '비웃다, 조소하다, 농담하다, 즐기다, 희롱하다'라는 뜻의 '차하크'(צָחַק)에서 유래되었습니다. 이삭은 아브라함이 '백 세에 아들을 주겠다' 하신 하나님의 말씀을 믿지 못하고 엎드리어 심중에 웃었던 결과로 주어진 이름입니다(창 17:17-19).

아브라함은 하나님의 주신 약속을 온전히 믿지 못하고 불신하는 모습을 여러 번 보였습니다. 그런데 로마서 4장에서는 아브라함의 믿음을 굉장히 높게 평가하고 있습니다. 로마서 4:20-22에서 "믿음이 없어 하나님의 약속을 의심치 않고 믿음에 견고하여져서 하나님께 영광을 돌리며 21 약속하신 그것을 또한 능히 이루실 줄을 확신하였으니 22 그러므로 이것을 저에게 의로 여기셨느니라"라고 말씀하고 있습니다.

여기 '믿음에 견고하여져서'라는 표현은, 얼핏 보기에는 하나님의 언약을 여러 번 불신했던 아브라함의 삶과는 전혀 맞지 않는 것처럼 보입니다. 그러나 "견고하여져서"(ἐνεδυναμώθη, 에네뒤나모데) 라는 단어는 헬라어 '엔뒤나모오'(ἐνδυναμόω)의 직설법 과거 수동 태로서, 그의 믿음을 견고하게 만드신 분은 사람이 아니라 하나님 이심을 가르쳐 주고 있습니다. 아브라함의 믿음은 하나님의 역사로 말미암아 점점 굳세어졌고, 마침내 그는 하나님께서 원하시는 믿음 을 소유하게 되었던 것입니다. 이것은 비록 아브라함의 삶 가운데 때로 믿지 못하는 과정도 있었지만, 그의 삶은 결국 믿음으로 귀결 되었다는 것을 의미합니다.

비록 우리에게 불신의 과거가 있었다고 할지라도 하나님의 은혜 로 결국 믿음으로 종결되었다면, 하나님께서는 그것을 믿음의 삶으 로 인정해 주십니다.

2. 바란 광야로 추방된 하갈과 이스마엘(창 21:8-21) 주전 2063년(추정), 햇불 언약 19년째

Hagar and Ishmael cast out to the wilderness of Paran (Gen 21:8-21)

아브라함 103세, 이스마엘 17세, 이삭 3세

아브라함은 이삭이 젖을 뗀 후에 하갈과 이스마엘을 추방하였습 니다(창 21:8-14). 보통 히브리인들의 젖 먹이는 습관상 세 살 정도에 젖을 떼므로, 하갈과 이스마엘은 이삭이 출생하고 3년 후에 쫓겨난 것으로 추정됩니다(창 21:8). 이스마엘이 이삭보다 14살 위였으므로 그는 17살 즈음에 추방된 것입니다(창 16:16, 21:5).[13] 이때 아브라함 은 마음이 찢어지는 아픔을 겪었을 것입니다. 아브라함에게 이스마 엘은 비록 여종을 통해 낳은 자식이었으나 17년 동안 특별히 아끼 고 사랑했던 피붙이였기 때문입니다.

　아브라함은 이삭이 태어나기 전까지는 이스마엘을 유일한 상속자로 생각하여 깊은 애정을 쏟았을 것입니다(창 17:18). 아직 이삭이 없는 상황에서(아브라함 99세), 하나님께서 언약의 표징으로 할례를 명령하셨던 그날에 아브라함은 즉시 순종하여(창 17:23), 13세 된 "그 아들 이스마엘"에게 할례를 행하였습니다(창 17:23-27). 어느덧 17세가 된 아끼고 사랑하는 아들 이스마엘을, 사라가 내쫓으라고 요구했을 때, 그것은 아브라함에게 깊은 근심이 되었습니다(창 21:11). 그러나 "네 아이나 네 여종을 위하여 근심치 말고 사라가 네게 이른 말을 다 들으라 이삭에게서 나는 자라야 네 씨라 칭할 것임이니라"라고 하신 하나님의 명령을 받고, 아브라함은 아침에 일찍이 일어나 하갈과 이스마엘을 내어 보냈습니다(창 21:12-13). "이 종의 아들은 내 아들 이삭과 함께 기업을 얻지 못하리라"(창 21:10)라는 사라의 말대로 재산 한 푼 주지 않고 내쫓아 버릴 때, 아브라함은 아침 일찍이 일어나 떡과 물 한 가죽 부대를 취하여 차마 이스마엘을 볼 수가 없어 하갈만을 불러서 어깨에 메워 주고 자식을 이끌고 나가라고 하였습니다(창 21:14).

　여기서 우리는 18년 전 이스마엘을 임신하였을 때 하갈이 도망쳤다가 하나님의 큰 위로와 은혜 속에 다시 회개할 기회를 얻어 여주인 사라의 수하로 돌아왔던 일을 떠올리게 됩니다(창 16:6-9). 그런데 그녀가 하나님의 은혜를 망각하고 또다시 자기 분수를 잊은 채 육신의 생각과 자만심에 사로잡힌 결과, 그 아들 이스마엘이 그 어미의 못된 품성을 본받아 전에 하갈이 여주인 사라를 멸시한 것처럼 이제 이삭을 희롱한 것입니다. 이에 하갈과 이스마엘 모자(母子)는 아브라함의 언약 가문에서 영원히 분리되어 광야에 거하는 비참한 신세가 되고 말았습니다(창 21:20-21). 하갈이 18년 전에 하나님이 주신 말씀과 은혜를 마음속에 간직하고 주인에게 절대 복종하고 겸손하게 충성했더라면, 그들은 종이었어도 아브라함의 몸종 엘리에셀처럼 아브라함과 영원히 함께하는 복을 누렸을 것입니다(창 24:2, 참고-잠 16:18, 18:12).

하갈과 이스마엘이 추방된 이유는, 이스마엘이 이삭을 희롱하였기 때문입니다(창 21:9). 여기 '희롱하는지라'는 히브리어로 '차하크'(צָחַק)로서 '비웃다, 조롱하다'라는 뜻을 가지고 있습니다. 이스마엘이 15세 될 때부터 온 집안의 관심은 이삭에게 집중되었습니다. 그런데 이삭이 젖을 떼는 날에 아브라함이 성대하게 잔치를 베푸는 것을 보자, 이스마엘은 아버지 아브라함의 사랑과 유업을 모두 이삭에게 빼앗길 것으로 생각하고 이삭을 조롱하고 학대하였던 것입니다. 들사람의 험한 기질을 가지고 있던 이스마엘이, 자기보다 무려 14살이나 어리고 약한 이삭을 지속적으로 희롱하며 괴롭혔습니다. 그것을 자세히 주의하여 본 사라는 크게 놀랄 수밖에 없었고, 하나님의 말씀(창 17:18-21)을 분명히 기억하여 아브라함에게 "이 여종과 그 아들을 내어 쫓으라 이 종의 아들은 내 아들 이삭과 함께 기업을 얻지 못하리라"(창 21:10)라고 강하게 깨우쳐 주었습니다.

후에 사도 바울은 이 사건을 당시 갈라디아 교회의 상황에 적용하여 설명하였습니다.

갈라디아서 4:29-30 "그러나 그때에 육체를 따라 난 자가 성령을 따라 난 자를 핍박한 것같이 이제도 그러하도다 ³⁰ 그러나 성경이 무엇을 말하느뇨 계집종과 그 아들을 내어 쫓으라 계집종의 아들이 자유하는 여자의 아들로 더불어 유업을 얻지 못하리라 하였느니라"

여기에서 '육체를 따라 난 자'는 이스마엘을 가리키고, '성령을 따라 난 자'는 이삭을 가리킵니다. 사도 바울 당시에 복음을 거절한 율법주의자들은 육체를 따라 난 자들로서, 복음을 영접하고 성령을 따라 난 그리스도인들을 핍박하였습니다.

이러한 역사는 세상 끝날까지 끊임없이 지속될 것입니다. 갈라디아서 4:29의 '핍박하다'는 헬라어로 '디오코'(διώκω)로서 동사의 직설법 미완료형입니다. 이삭에 대한 이스마엘의 핍박이 한 번으로 그친 것이 아니라 끝까지 계속된 것을 의미합니다.

끝날에도 언약의 자녀인 성도들을 육체를 따라 난 자들이 끝까지 핍박하게 될 것입니다. 역사적으로도 이스마엘 자손인 아랍인은 이삭의 자손인 유대인을 계속 괴롭히고 핍박하여 왔습니다. 그러나 결국에는 육체를 따라 난 자들은 쫓겨나고, 언약의 자녀인 성도들이 승리하여 하나님 나라를 유업으로 받게 될 것입니다(갈 4:30).

3. 그랄 왕 아비멜렉과 브엘세바에서 맹세
(창 21:22-34)
주전 2063년(추정), 횃불 언약 19년째

Oath with Abimelech, king of Gerar, at Beersheba (Gen 21.22-34)

아브라함 103세, 이삭 3세

아브라함이 노경에 아들을 낳았고 대연을 배설한 그 엄청난 소식을 듣게 된 "때에", 당시 그랄 왕 아비멜렉이 그 군대 장관 비골과 함께 찾아와 아브라함에게 동맹 체결을 제의하였습니다(창 21:22-24). 전에 그랄에 거할 때에는 아브라함이 아비멜렉을 두려워하여 자기 생존을 위해 사라를 누이라고 속여야 할 정도였는데(창

20:1-2), 이제는 그 왕이 직접 아브라함을 찾아와 동맹을 맺자고 하였습니다. 그 결정적인 이유는 아브라함의 세력 때문이 아니라, 아브라함과 함께하시는 살아 계신 하나님 때문이었습니다(창 21:22). 아비멜렉은 오늘의 언약이 자기 당대뿐만 아니라 "내 아들과 내 손자에게 거짓되이 행치 않기를 이제 여기서 하나님을 가리켜 내게 맹세하라"라고 말했습니다(창 21:23). 이는 아브라함이 무슨 일을 하든지 하나님이 함께하시는 것을 보면서, 그 하나님께서 아브라함 자손 대대로 반드시 창대케 하시고 그 힘을 강력하게 해 주실 것까지 믿게 된 것입니다. 이에 아브라함은 언약을 체결하기 전에, 전날 아비멜렉의 종들이 자신의 우물을 늑탈(勒奪: 폭력이나 위력으로 빼앗음)했던 일을 꺼내어 책망하였고, 아비멜렉은 그것을 오늘날까지 전혀 듣지 못한 일이라고 둘러댔습니다(창 21:25-26). 참으로 아브라함은 4년 전만 해도 자기 아내를 이용하여 생명을 부지하려 했던 겁쟁이였는데, 언약의 후사 이삭을 낳은 이후 하나님의 위엄이 함께하여 주신 결과로 이방의 왕과 상대하여 담대하게 따져 물은 것입니다.

아브라함은 양과 소를 취하여 아비멜렉에게 주고 언약을 체결하였습니다(창 21:27). 아비멜렉과 언약을 세울 때, 아브라함은 일곱 암양 새끼를 따로 줌으로써 우물의 소유권을 확정지었습니다(창 21:28-30). 두 사람이 거기서 서로 맹세하였으므로 그곳을 "브엘세바"라 이름하였습니다(창 21:31). 브엘세바(בְּאֵר־שֶׁבַע)는 '우물'이란 뜻의 '베에르'(בְּאֵר)와 '일곱' 혹은 '맹세'라는 뜻의 '셰바'(שֶׁבַע)의 합성어로, '일곱 우물, 맹세의 우물'이라는 뜻입니다.

브엘세바에서 언약을 세우고 아비멜렉과 군대 장관 비골이 블레셋 땅으로 돌아간 후, 아브라함은 브엘세바에 에셀나무를 심고 거기서 영생하시는 하나님 여호와의 이름을 불렀습니다(창 21:32-33). 아브라함은 그 우물 곁에서 생명수를 무한히 공급받는 저 에셀나무처럼 자자손손 언약 자손들이 끊임없이 번성하면서, 영생하시는 하나님을 영원히 찬송하게 되기를 간절히 기도했을 것입니다. 아브라함은 이곳 브엘세바에서 이삭이 장성할 때까지 오랫동안 머물렀습니다(창 22:19).

4. 모리아의 한 산에서 이삭을 번제로 드림
(창 22:1-18)
주전 2041-2030년(추정), 횃불 언약 41-52년째
Isaac given as burnt offering on a mount in Moriah (Gen 22:1-18)
아브라함 125-136세, 이삭 25-36세

아브라함은 모리아 땅의 한 산에서 이삭을 번제로 드리라는 명령에 순종함으로 언약의 최종 확증을 받았습니다(창 22:1-18). 이 모리아 산은 훗날 다윗이 여호와를 위하여 단을 쌓은 곳이요, 솔로몬이 성전을 건축한 장소입니다(대하 3:1, ^{참고}·대상 21:18-28).

아브라함이 이삭을 번제로 드린 사건은 이삭의 나이 37세 전에 이루어진 것입니다. 창세기 22장의 사건 후에 사라가 127세를 향수하고 죽는데, 이때 이삭의 나이가 37세입니다(창 23:1). 창세기 22장에서 이삭을 번제로 드린 것은 사라의 죽음 전이었고, 이때 이삭의 나이는 37세 전이었으므로 약 25-36세 정도로 추정됩니다.

이미 장성하여 번제에 쓸 나무를 지고 산에 오를 정도로 힘이 왕성한 이삭을 번제로 드린다는 것은 결코 쉬운 일이 아니었습니다. 이것은 이삭이 아버지의 신앙에 대한 신뢰와, 자신이 섬기던 하나

님께 대한 전적인 믿음으로 순종했기 때문에 가능한 일이었습니다. 성경에 이삭과 아브라함이 동행했다는 말씀이 두 번이나 언급된 것은 이 일에 두 사람의 믿음이 하나로 연합되어 있었음을 암시합니다(창 22:6, 8).

번제에 쓸 나무를 지고 모리아의 한 산으로 올라가 제물이 되기까지 순종하는 이삭의 모습은, 십자가를 지시고 골고다 언덕에 올라가 마침내 인류의 대속 제물로 순종하시는 예수 그리스도의 모습을 예표합니다(마 20:28, 요 1:29).

독자 이삭을 모리아 땅의 한 산에서 드린 후에 아브라함이 언약을 확증 받았듯이(창 22:16-18, 히 11:17-19), 하나님께서는 독생자이신 예수님을 골고다 언덕 십자가에 달리게 하심으로, 죄인을 향해 하나님의 사랑을 확증하셨습니다(요 1:18, 3:16, 롬 5:8).

하나님께서는 창세기 22:12에서 "사자가 가라사대 그 아이에게 네 손을 대지 말라 아무 일도 그에게 하지 말라 네가 네 아들 네 독자라도 내게 아끼지 아니하였으니 내가 이제야 네가 하나님을 경외하는 줄을 아노라"라고 말씀하시면서 아브라함의 믿음을 인정하셨습니다. 그리고 아브라함에게 '여호와 이레의 축복'(창 22:14), '큰 복의 축복'(창 22:17), '네 씨가 크게 성하여 그 대적의 문을 얻는 축복'(창 22:17), '네 씨로 말미암아 천하 만민이 복을 얻는 축복'(창 22:18)을 주셨습니다.

오늘날 성도들에게도 나의 가장 소중한 것을 포기해야 하는, '네 아들 네 사랑하는 독자 이삭을 바치라'(창 22:2)라고 하신 것과 같은 시험이 주어질 수도 있습니다. 이때 하나님을 경외하는 큰 믿음으로 나의 가장 소중한 것들을 아낌없이 드려 헌신할 수만 있다면, 그 모든 시험들은 놀라운 축복으로 바뀔 것입니다.

5. 사라의 죽음(127세)과 '막벨라 굴'의 매입
주전 2029년, 횃불 언약 53년째
Death of Sarah (age 127) and purchase of the cave of Machpelah
아브라함 137세, 이삭 37세

창세기 23:1에서는 "사라가 일백 이십칠 세를 살았으니 이것이 곧 사라의 향년이라"라고 말씀하고 있습니다. 아담이 930세를 향수하고 죽었다는 기록은 있지만, 하와가 몇 세에 죽었다는 기록은 없습니다. 다른 위대한 족장들의 아내나 여성들의 경우에도, 대부분 그들의 죽음에 대한 기록이 성경에 나타나 있지 않습니다. 그런데 아브라함의 아내인 사라의 죽음은 예외입니다. 성경에서는 그녀의 죽음과 그녀가 묻힌 장소까지 창세기 23장 전체에 걸쳐서 길게 다루고 있습니다. 이것은 갈대아 우르를 떠날 때부터 끊임없이 지속된 나그네 생활에도 불구하고 묵묵히 아브라함 곁에서 함께했던 그녀의 믿음의 위대함을 입증하는 듯합니다(창 17:16, 히 11:11-12).

실로, 사라는 아브라함과 함께 갈대아 우르를 떠나 마침내 65세의 나이로 가나안에 들어온 이후(창 12:4-5), 62년을 아브라함과 함께하였고, 127세에 죽어 막벨라 굴에 장사되어(창 23:19) 아브라함의 충실한 동반자로서의 나그네 삶을 마감하였습니다(벧전 3:6). 그녀의 삶은 순탄하지 않았고 여러 가지 실수도 없지 않았습니다. 그러나 약속하신 이를 미쁘신 줄 알아 끝까지 믿고(히 11:11), 하나님의 구속사적 경륜을 이루는 삶을 산 사라는, 모든 믿는 자에게 본이 되기에 손색이 없었습니다(사 51:2, 히 11:12).

아브라함은 죽은 아내 사라를 막벨라 굴에 장사하였습니다(창 23:18-19). 처음 아브라함이 가나안에 들어왔을 때 그는 '히브리 사람'(창 14:13)으로 불리었습니다. '히브리'(עִבְרִי)는 '건너오다'라는 뜻으로서, 아브람이 갈대아 우르에서 하란을 거쳐 가나안에 들어올 때 유브라데 강을 건너왔기 때문에 불린 이름입니다. 가나안 사람들에게 이방인 취급을 받던 아브라함은 "나는 당신들 중에 나그네요 우거한 자니"(창 23:4)라고 자기를 소개하였습니다. 이러한 상황에서 아브라함이 가나안 땅의 일부를 매입하는 일은 쉽지 않았을 것입니다. 아브라함은 아내의 죽음을 계기로 헷 족속에게 사라를 매장할 땅을 사겠다고 제안합니다(창 23:4). 이때 뜻밖에도 헷 족속의 지도자인 '에브론'은 무상으로 매장지를 주겠다고 말했습니다(창 23:11). 그러나 아브라함은 에브론의 제의를 굳이 거절하고 은 400세겔을 주고 합법적으로 땅을 구입합니다.

이것은 하나님의 횃불 언약에 근거하여, 가나안 땅이 이스라엘 백성의 소유라는 것을 미리 인(印)친 믿음의 행동이었습니다. 막벨라 굴은 하나님께서 아브라함에게 언약하신 '약속의 땅에 대한 소유권 주장'을 위한 최초의 역사적 근거지가 되었습니다(창 23:17-20).

믿음이란 하나님의 약속을 확실히 믿고 그것을 바라보며 실상으로 성취시켜 나가는 것입니다(히 11:1). 아브라함은 작은 '막벨라 굴'을 통하여 하나님께서 장차 주시겠다고 약속하신 거대한 '가나안 땅'을 바라보았습니다.

'막벨라'는 '두 겹의 땅(동굴)'이라는 뜻으로, 이 굴은 후에 아브라함 가족의 공용 매장지로 사용되었습니다. 여기에는 사라와 아브라함(창 25:9), 이삭(창 49:31)과 리브가(창 49:31), 레아(창 49:31)와 야곱(창 49:29-33, 50:13) 여섯 명 신앙의 인물들이 묻혔습니다. 마지막으로 묻힌 야곱의 경우, 애굽에서 죽었지만 그의 유언대로 가나안 땅까지 옮겨져 막벨라 굴에 안치되었습니다(창 47:29-31, 50:1-14).

　후일에 모세는 언약의 선조 아브라함과 이삭과 야곱이라는 3대 족장이 묻힌 이곳에, 이스라엘 백성을 출애굽 시켜 인도하였습니다. 막벨라 굴은 '옛 조상들이 묻혀 있는 약속의 땅'으로, 이스라엘 백성을 출애굽 시킬 수 있는 명분이 되기에 충분했습니다(참고-느 2:5).

　사라의 매장지 구입을 기점으로 가나안 땅을 주시겠다는 하나님의 약속은 확실하게 실현되기 시작했습니다. 이 후에 3대(代) 조상들의 뼈가 묻혔으므로, 어느덧 아브라함의 후손들의 인식 속에 '가나안 땅'은 하나님께서 자신들에게 주신 '약속의 땅'이요, 돌아가야 할 '본향'으로 자리잡기 시작하였던 것입니다.

6. 이삭과 리브가의 결혼(창 24장, 25:20) 주전 2026년, 횃불 언약 56년째

Marriage of Isaac and Rebekah (Gen 24, 25:20)

아브라함 140세, 이삭 40세

　창세기 24장은 창세기 가운데 가장 긴 장으로(총 67절), 아브라함의 아들 이삭과 리브가의 결혼 이야기만으로 채워져 있습니다. 아브라함이 독자 이삭을 위하여 혼사를 준비할 때는 주전 2026년, 아브라함은 140세였고, 이삭은 40세였습니다. 이삭을 모리아에서 바치고 난 후였고(창 22:1-18), 아내 사라가 죽은 지 3년이나 지났을 때입니다(사라의 향년 127세-창 23:1). 한편, 아브라함의 부친 데라가 하란에서 향년 205세(주전 2031년-창 11:32)로 죽은 지 5년 되었을 때입니다.

(1) 아브라함과 늙은 종의 "환도뼈" 맹세(창 24:2, 9)

　이삭의 결혼은 아브라함 가정의 대사였습니다. 결혼은 언약의 상속과 관련되기 때문에 중요한데, 이삭의 결혼은 아브라함의 언약이 어떻게 이삭에게 계승되고 견고하게 설 것인가를 결정짓는 사건입니다. 아브라함은 이삭의 결혼이 단순히 혈통적 씨를 잇는 것이 아니라 장차 이루어질 하나님의 구속사와 중대한 연관이 있다는 사실을 알았습니다. 즉, 천지를 주관하시는 "하늘의 하나님, 땅의 하나님"(창 24:3)의 약속을 계승할 경건한 자손을 얻는 결혼이므로 매우 신중하게 생각한 것입니다.

이에 아브라함은 자기 집 모든 소유를 맡은 늙은 종을 불러서 환도뼈 맹세를 하게 하였습니다(창 24:2, 9). 환도뼈 맹세는 주인의 허벅지 아래에 종이 손을 넣어서 맹세하는 것으로, 주인의 생명에 걸고 맹세시키는 가장 엄숙한 방법이었습니다. 더 나아가 대대로 지킬 것을 다짐하는 맹세요, 아브라함의 후손을 주실 것을 믿고 하는 맹세였습니다. 아브라함은 자신의 환도뼈 아래에 엘리에셀의 손을 넣고, 이삭의 아내를 반드시 "내 고향 내 족속에게로" 가서 택하도록 엘리에셀에게 맹세시켰습니다(창 24:4). 신부 될 자가 아브라함의 집으로 오기를 거절할 경우 "주인의 아들을 주인의 나오신 땅으로 인도하여 돌아가리이까"(창 24:5)라고 물었을 때에도, 아브라함은 이를 단호히 거절하였습니다(창 24:6). 하나님의 다른 지시가 있기 전에는 언약의 땅 가나안을 떠날 수 없으며, "이 땅을 네 씨에게 주리라"라고 약속하신 하나님의 언약 속에 벌써 모든 것이 작정되어 있을 것이므로, 이삭의 아내를 위해 하나님께서 그 사자를 앞서 보내실 것이라고 답했습니다(창 24:7). 만일 여자가 오려 하지 않는다면 하나님께서 허락하시는 짝이 아니라고 단정하였습니다(창 24:8). 엘리에셀은 주인의 분부를 받들어 아브라함의 환도뼈 밑에 손을 넣고 진실하게 맹세하였습니다(창 24:9).

(2) "내 고향 내 족속" 중에서 택한 여인
① 메소보다미아의 "나홀의 성"

아브라함의 종 엘리에셀이 "내 고향 내 족속(מוֹלֶדֶת, 몰레데트: 친척)에게로" 가라(창 24:4)는 주인의 명을 받고, 긴 여행 끝에 도착한 곳은 메소보다미아에 있는 "나홀의 성"이었습니다(창 24:10).

창세기 24:10의 '메소보다미아'의 히브리어는 '아람 나하라임'(אֲרַם נַהֲרַיִם)으로, '두 강(사이)의 아람'이란 뜻이고 티그리스 강과 유프라테스 강 사이에 있는 아람 지역을 가리킵니다. "나홀의 성"은 아브라함의 동생 나홀이 살던 성(도시)을 가리킵니다. 나홀은 데라가 낳은 세 아들(하란, 나홀, 아브라함) 중 아브라함에게 남은 유일한 형제였습니다(창 11:27-29). 아브라함의 자부이자 이삭의 아내가 될 리브가는 그 "나홀"이 낳은 브두엘의 딸입니다(창 22:23, 24:24). 엘리에셀은 리브가를 "나의 주인의 동생의 딸"(창 24:48)이라고 하였는데 실상은 '딸'이 아니고 '손녀'입니다.

② 구속사적 경륜 속에 예비된 나홀의 족보

아브라함은 모리아의 한 산에서 이삭을 제물로 바치고 "내가 네게 큰 복을 주고 네 씨로 크게 성하여 하늘의 별과 같고 바닷가의 모래와 같게 하리니 네 씨가 그 대적의 문을 얻으리라"(창 22:17)라는 큰 축복을 받았는데, "이 일 후에"(창 22:20) 나홀과 그 아내 밀가(형 하란의 딸)에게도 번성의 복을 주셔서 열두 명의 자손을 낳았다는 좋은 소식을 듣게 하셨습니다. 나홀의 자손은 본처 밀가에게서 낳은 아들 여덟 명(우스, 부스, 그므엘, 게셋, 하소, 빌다스, 이들랍, 브두엘)과, 첩 르우마를 통해 낳은 아들 네 명(데바, 가함, 다하스, 마아가) 총 열두 명입니다(창 22:20-24). 나홀이 밀가에게서 낳은 여덟 번째 아들 브두엘, 그의 딸이 바로 이삭의 아내 리브가입니다(창 22:23).

브두엘(בְּתוּאֵל)은 '하나님의 사람, 하나님께 속한 자'라는 뜻입니다. 그 이름은 부친 나홀이 지어 주었을 것이며, 그 뜻을 보아, 나홀과 브두엘이 우상이 가득한 그 땅에서 신앙을 지키며 무척 경건하게 산 자들임을 능히 짐작하게 합니다.

나홀은 아브라함이 갈대아 우르를 떠날 때 함께 떠나지는 않았어도(창 11:31), 후에 하란으로 이주하여 살았던 것으로 추정됩니다. 성경은 아브라함이 이삭을 제물로 바치고 하나님의 언약을 확증 받은 사건 후에 나홀 자손의 족보를 기록하고 있는데, 이는 나홀이 비록 아브라함과 함께 약속의 땅에 이르지는 못하였어도, 아브라함의 축복에 동참할 기회가 아직 남아 있었다는 희망을 암시해 주고 있습니다. 아브라함의 형 하란은 본토 갈대아 우르에서 부친 데라보다 먼저 죽었고(창 11:28), 아브라함은 하란의 아들 롯을 끝까지 붙잡아 주었지만 결국 아브라함 곁을 떠나 버렸으므로 하란의 족보는 끝나고 더 이상 구속사에 등장하지 않습니다. 그러나 나홀은 리브가의 할아버지로서, 아브라함의 언약 가문과 이어지는 큰 축복을 받았습니다.

③ 나홀 가문과 아브라함 가문을 잇는 언약의 고리,
　'나홀의 아들 브두엘의 딸 리브가'

'리브가'(רִבְקָה)는 '속박하다, 붙들어 매다'라는 뜻의 아랍어 '라바카'(rabaqa)에서 파생된 단어로, '어린 동물을 잡아맬 때 쓰는 고리로 된 줄, 올가미, 고리'라는 뜻을 가지고 있습니다. 리브가는 그 이름의 뜻대로 하나님의 인도와 놀라운 섭리 가운데 나홀의 가계를 아브라함의 언약의 혈통과 강하게 이어 주는 고리의 역할을 하였습니다. 나홀의 아들 브두엘에게서 이삭의 아내가 될 리브가가 태어난 것은 참으로 하나님의 구속 경륜 속에 준비된 것입니다. 나홀 자손의 족보가 성경에 기록된 위치만 보아도, 나홀의 자손들이 하나님의 구속사에서 얼마나 중요한 역할을 했는가를 알 수 있습니다. 또한 리브가의 오라비인 라반은 브두엘의 아들로서, 그가 낳은 두 딸 '라헬과 레아'는 야곱의 아내가 되었는데, 야곱은 그 두 아내를 통해 열두 아들을 얻어 이스라엘 민족의 열두 지파를 이루었기 때문입니다(창 35:22-26, 49:28).

(3) 엘리에셀의 사명 완수

엘리에셀은 '하나님은 도우시는 분'이라는 뜻으로, 아브라함의 모든 소유를 관리하는 청지기였습니다. 창세기 24:2에서, '아브라함의 집 모든 소유를 맡은 늙은 종'이라고 하였습니다. 주전 2082년에 횃불 언약을 받을 때 아브라함이 "나의 상속자는 이 다메섹 엘리에셀"이라고 자식처럼 신임했던 것을 보면(창 15:2), 이미 그 전부터 아브라함을 오래도록 섬겨 온 종임을 알 수 있습니다. 만일 그가 하란에서 함께 나온 종이었다면(참고-창 12:5) 이삭이 결혼할 당시(주전 2026년)까지 엘리에셀은 아브라함 집안에서 65년 이상 충성해 온 것입니다. "아브라함의 집 사람 중 모든 남자를 데려다가" 할례를 행할 때 그도 할례를 받았으며(창 17:23), 주인이 섬기는 하나님을 두려워하는 자요, 매사에 기도하는 사람이었습니다. 이렇듯 엘리에셀은 아브라함이 자기가 직접 보고 결정해야 할 자식의 배필을 택하는 일까지 맡길 만큼, 가장 신임하는 종이었습니다. 그는 하나님께서 도우셔서 주인 아브라함의 소원대로 이루어 주실 것을 의심치 않았으며, 주인의 약대 열 필과 함께 "주인의 모든 좋은 것"을 가지고 떠났습니다(창 24:10). 참된 종은 주인이 어디로 인도하든지 감사함으로 순종하는 자입니다. 요한계시록에 나오는 144,000은 하나님의 종들인데(계 7:3-4), 이들은 어린 양이 어디로 인도하든지 따라가는 자들입니다(계 14:1, 4).

① 헤브론에서 나홀의 성(밧단아람)까지 약 728㎞

엘리에셀은 노구(老軀)를 이끌고 멀고 먼 거리의 험한 여정에 힘을 다한 끝에, 마침내 메소보다미아 나홀의 성 우물 곁에 도착하였습니다(창 24:11).

엘리에셀이 주인의 명을 받고 출발한 헤브론에서 도착지 밧단아람(하란)까지는 약 728㎞입니다. 엘리에셀이 종자들과 함께 약대 열 마리를 이끌고(창 24:10, 32, 54) 하루 40~50㎞ 씩 매우 빠른 속도로 갔다고 해도 보름 넘게 걸리는 아주 먼 여정이었습니다. 대부분의 약대는 250~350kg을 싣고 1시간에 5~6㎞ 속도로 하루 8~10시간을 1주일 이상 쉬지 않고 달릴 수 있는 엄청난 지구력을 가지고 있습니다.[14]

② 사명 완수를 위한 기도

주인의 어려운 부탁을 받고 당황스럽고 걱정도 되었지만, 그는 도착하는 순간부터 주인의 뜻을 이루기 위하여 기도를 쉬지 않았습니다. 그는 "우리 주인 아브라함의 하나님 여호와"께 기도를 올렸습니다(창 24:12).

첫째, 주인을 위하여 은혜를 베풀어 달라고 기도했습니다.

"원컨대 오늘날 나로 순적(順適)히 만나게 하사"(창 24:12)라고 기도하였습니다. 여기 "순적히 만나게 하사"는 히브리어 '카라'(קָרָה)

라는 한 단어로, '(우연히) 마주치다'라는 뜻입니다. 그리고 종은 "나의 주인 아브라함에게 은혜를 베푸시옵소서"(창 24:12), "주께서 나의 주인에게 은혜 베푸심을 내가 알겠나이다"(창 24:14)라고 기도하여, 결코 자신의 생각대로 기도하지 않고 주인의 소원을 안고 기도하였으며, 시종일관 하나님의 은혜만을 간구하였습니다. 엘리에셀은 오랫동안 주인 아브라함을 섬기면서 하나님께서 주인 아브라함에게 오직 은혜로 역사하시는 것을 보아 왔던 것입니다(창 24:27).

둘째, 이삭의 아내임을 알게 하는 표징을 구하며 기도했습니다.

엘리에셀이 하나님께 제시한 것은 지금 있는 그 우물 곁에 섰다가, 물 길러 나오는 한 소녀(처녀)에게 "물 항아리를 기울여 나로 마시게 하라"라고 요구할 때, 그가 물을 마시도록 허락할 뿐 아니라 "내가 당신의 약대에게도 마시우리라"라고 하면, 그가 "이삭을 위하여 정하신 자"인 줄로 알겠다는 것이었습니다(창 24:13-14).

③ 기도한 조건에 꼭 맞는 처녀 리브가
첫째, 기도가 아직 마치기 전에 우물가에 나온 처녀였습니다.

엘리에셀이 기도한 조건에 꼭 맞는 여인이 순적하게 나타난다는 것은 힘든 일입니다. 그런데 엘리에셀은 자신의 기도를 채 마치지 못하여서 리브가가 물 항아리를 어깨에 메고 나오는 것을 보았습니다(창 24:15上). 물 항아리를 어깨에 메고 나온 소녀는 "보기에 심히 아리땁고 지금까지 남자가 가까이하지 아니한 처녀"였습니다(창 24:16).

기도를 마치기도 전에 구한 것이 이루어졌다는 사실은 하나님께서 미리 아시고 준비하셨음을 보여 줍니다(사 65:24, 마 6:8). 참으로 우리는 기도하는데 게으를지라도, 하나님께서는 언제나 기도 응답에 빠른 분이십니다(단 9:20-22, 합 2:3, 눅 18:8).

둘째, 종이 요청하자 물 항아리의 물을 급히 내려 마시게
하였습니다.

처녀가 내려가서 물을 그 물항아리에 채워 가지고 올라오는 것을
보고 그 종은 마주 달려갔습니다(창 24:16-17上). "마주 달려가서"에서
"마주"에 해당하는 히브리어 어원 '카라'(קָרָא)는 '만나다'라는 뜻으
로, 의도적이고 계획적인 만남을 뜻합니다(참고-창 18:2, 삼하 19:15). 종
은 노구로 험한 장거리 여행의 피로도 잊은 채 그녀를 만나기 위하
여 허겁지겁 달려갔습니다. 마치 자기 배우자를 구하려는 듯이, 자
기 며느리감을 구하려는 듯이, 달려가서 "네 물 항아리의 물을 내게
조금 마시우라"라고 청하였습니다(창 24:17下).

리브가는 늙은 나그네가 물을 요청했을 때 "주여 마시소서"라고
말함과 동시에 "급히" 물을 내려 마시게 하여(창 24:18), 험한 장거
리 여행에 지치고 목마른 종에게 새 힘을 주었습니다.

셋째, 종이 요청하지도 않았는데, 소녀는 약대들을 위해서도
물을 길어다 배불리 마시게 하였습니다.

놀랍게도 리브가는 여기서 그치지 않고 "당신의 약대도 위하여
물을 길어 그것들로 배불리 마시게 하리이다"라고 말하고는 곧바로
실행에 옮겼습니다(창 24:19-20). 여기 '배불리'는 히브리어 '아드 임
킬루'(עַד אִם־כִּלּוּ)로, '그것들이 마시기를 다 마칠 때까지'라는 뜻입
니다. 약대는 장시간 물을 먹지 않고도 견디는 동물인데, 반면에 배
불리 가득 마신다면 '사막의 배'라는 별명대로 엄청난 양의 물을 마
십니다. 몸집에 따라 차이가 있겠지만, 약대 한 마리가 먹는 물의 양

은 적게는 50리터, 많게는 120리터 정도입니다. 그렇게 열 마리를 배불리 마시게 했다면(창 24:10), 리브가는 한참 동안 수십 통의 물을 길어 와야 했을 텐데도 조금도 싫증을 내지 않고 급히 물 항아리의 물을 구유에 부었습니다(창 24:20). "급히"는 '서두르다, 재촉하다'라는 뜻의 '마하르'(מָהַר)의 피엘(강의)형으로, '격렬하게 서두르다, 애타게 걱정하다'입니다. 그리고 '붓다'의 히브리어도 '아라'(עָרָה)의 피엘(강의)형으로 '남김없이 쏟아 버리다'라는 의미인데, 리브가가 마치 자신의 약대처럼 걱정하며 적극적으로 돌보는 모습을 실감나게 느낄 수 있습니다. 물 항아리가 10~20리터 정도 된다면, 물을 길어 가지고 올라오고 다시 길으려고 우물로 내려가기를 열 마리의 약대가 다 마실 때까지 수십 번 반복하였을 것입니다(창 24:20). 진정으로 마음속에서 우러나오는 따뜻한 배려였고, 그지없이 선량한 마음씨였습니다. 히브리서 13:2에 "손님 대접하기를 잊지 말라 이로써 부지중에 천사들을 대접한 이들이 있었느니라"라고 하신 말씀처럼, 리브가는 손님을 정성껏 대접하다가 부지중에 하나님이 보내신 종을 만났던 것입니다.

④ 순적한 응답에 대한 감격스러운 경배와 찬송

종은 자신이 기도한 것이 너무나도 순적하게, 그것도 지극히 작은 조건까지 완벽하게 응답된 것이 너무나 놀라웠습니다. 엘리에셀은 너무 기쁜 나머지, 리브가가 약대에게 물을 마시우는 모습을 바라보면서 가만히 서서 그녀를 주목하며 과연 하나님께서 평탄한 길을 주신 여부를 알고자 했습니다(창 24:21).

그는 기도한 대로 성취된 것을 확인한 후, 자신에게 베푼 친절과 선행에 대해 감사의 표시로 "반 세겔 중(重) 금고리 한 개와 열 세겔 중 금 손목고리 한 쌍"을 리브가에게 주었습니다(창 24:22, 30). 금고리 곧 코고리(창 24:47)는 "반 세겔 중"인데 5.71g에 해당하며, 손목고리는 "열 세겔 중"인데 114.2g이 넘습니다. 잠언 18:16에 "선물은 그 사람의 길을 너그럽게 하며 또 존귀한 자의 앞으로 그를 인도하느니라"라고 기록하고 있습니다(잠 17:8).

이제 종은 그녀가 아브라함과 친척지간인지를 알아보아야 했습니다. 종은 "네가 뉘 딸이냐 청컨대 내게 고하라"(창 24:23上)라고 물었고, 리브가는 "나는 밀가가 나홀에게서 낳은 아들 브두엘의 딸이니이다"라고 답하였습니다(창 24:24). 그 순간 엘리에셀은 리브가를 만난 것이 하나님의 역사임을 확신하고 "머리를 숙여 여호와께 경배"하였습니다(창 24:26). 그리고 아브라함의 하나님 여호와를 찬송하고 "... 여호와께서 길에서 나를 인도하사 내 주인의 동생 집에 이르게 하셨나이다"라고 감사하였습니다(창 24:27, 48). 참으로 엘리에셀은 경건한 신앙가로, 아브라함 가정에 오래 살면서 기도를 쉬지 않고 하나님의 인도하심대로 생활한 믿음의 사람이었습니다.

⑤ 살아 계신 하나님의 절대 주권과 결혼 결정

"내 주인의 동생 집"이라는 엘리에셀의 말을 듣자, 리브가는 달려가서 이 일을 어미 집에 고하였고, 리브가의 오라비 라반은 이 소식을 듣고 엘리에셀을 만나기 위하여 우물가로 달려갔습니다(창 24: 27下-30).

엘리에셀은 그 소녀의 아버지와 오빠에게, 자기는 아브라함의 종이라고 신분을 밝혔습니다(창 24:34). 자기 주인 아브라함이 여호와의 복을 받아 창성케 되었으며, 이삭은 주인의 부인 사라가 노년에 얻은 아들로서, 하나님의 위대한 일을 하기 위해 정하신 자라는 사실을 믿게 하였습니다(창 24:35-36). 그리고 주인 아브라함이 그 모든 소유를 유일한 상속자인 그 아들에게 주었다고 말했습니다(창 24: 36下). 주인은 그의 아들 이삭의 아내를 구해 오는 이 여정을 하나님께서 평탄케 하실 것을 굳게 믿고, 모든 일을 자신에게 맡겼다고 말했습니다(창 24:37-41). 그리고 자기가 기도로 요청했던 모든 조건들이 사소한 것까지 다 성취된 것을 낱낱이 고했습니다(창 24:42-48).

하나님께서 이 모든 과정을 주권적으로 섭리하신 것을 진실되게 설명한 후에, 엘리에셀은 "이제 당신들이 인자와 진실로 나의 주인을 대접하려거든 내게 고하시고 그렇지 않을지라도 내게 고하여 나로 좌우간 행하게 하소서"라며 혼인 결정을 단호하게 촉구하였습니다(창 24:49). "그렇지 않을지라도"(and if not)라는 것은, 만약 그들이 거절하여 이루어지지 않는다면 다른 일가에게 가서 신부를 구할 수밖에 없다는 것입니다. 결혼 허락을 하든지 거부하든지 속히 결정하여, 자신이 거취를 정할 수 있게 하라는 단도직입적인 요청입니다. 종은 리브가를 이삭의 아내로 허락해 달라고 강요하거나 매달리지 않았으며, 오직 하나님께 그 결과를 맡겼습니다.

이에 라반과 브두엘은 "여호와께로 말미암았으니 우리는 가부를 말할 수 없노라 리브가가 그대 앞에 있으니 데리고 가서 여호와의 명대로 그로 그대의 주인의 아들의 아내가 되게 하라"라고 결혼을 승낙하였습니다(창 24:50-51). "여호와께로 말미암았으니", "여호와의 명대로"라고 말한 것은, 이 결혼이 자신들의 의지와 상관없이 하나님의 절대 주권이었음을 확실히 믿고 깨달은 것입니다.

엘리에셀은 그 순간 또다시 여호와께 엎드려 절하였습니다(창 24:52). 그리고 결혼 성사를 뜻하는 공식 예물로, "은금 패물과 의복"을 리브가에게 주고, 그 오라비와 어미에게도 보물을 주었습니다(창 24:53).

⑥ 지체하지 않고 주인에게 돌아가는 엘리에셀

종은 한시 바삐 아브라함에게 이 좋은 소식을 알리기 위해, 아침에 일어나 귀향 채비를 서두르며 "나를 보내어 내 주인에게로 돌아가게 하소서"라고 말했습니다(창 24:54). 리브가의 오라비와 그 어미가 "소녀로 며칠을 적어도 열흘을 우리와 함께 있게 하라"라고 청할 때에도, 종은 "나를 만류치 마소서 여호와께서 내게 형통한 길을 주셨으니 나를 보내어 내 주인에게로 돌아가게 하소서"라고 재촉했습니다(창 24:55-56).

엘리에셀은 늙은 종에게 심부름을 보내 놓고 초조하게 소식을 기다리고 있을 주인 아브라함을 생각하면서 한시라도 빨리 가서 이 기쁜 소식을 전해야겠다는 충정이 가득했습니다. 어제까지 장거리 여행으로 몸에 누적된 피로 따위는 아랑곳없이 단 하루 만에 길을 다시 나선 것입니다. 오직 주인의 뜻을 이루고 주인에게 그 소식을 급히 전할 생각으로 가득했으니, 참으로 사명 의식이 투철한 종이었습니다. 오늘날 전도자에게는 엘리에셀과 같은 사명이 요구됩니다. 사도 바울은 "내가 너희를 정결한 처녀로 한 남편인 그리스도께 드리려고 중매함이로다"(고후 11:2)라고 그의 사명을 밝혔으며, 세례 요한 역시 그의 사명을 가리켜 신부를 중매하는 '신랑의 친구'로 표현하였습니다(요 3:29).

아브라함의 종은 환도뼈 맹세를 통해 주인의 뜻과 연합한 이후 아브라함의 마음과 온통 하나가 되어 있었으며, 한순간도 그 마음이 흐트러지지 않았습니다. 요한계시록에 나오는 하나님의 종들 144,000(계 7:3-4)은 그 이마에 어린 양의 이름과 그 아버지의 이름을 쓴 것이 있었으며(계 14:1), 그 입에 거짓말이 없고 흠이 없는 자들이었습니다(계 14:5). 이들 역시 진실되게 모든 생각이나 언어가 오직 주인의 마음과 하나 된 자들인 것입니다.

⑦ 하나님의 뜻을 깨닫고 즉시 떠나는 리브가

리브가도 이삭과의 결혼이 하나님의 뜻이라고 확인된 순간 위대한 결단을 내리고, "가겠나이다"(אֵלֵךְ, 엘레크)라고 짧게 답하고 당장 따라나섰습니다(창 24:58). 이삭이 어떻게 생겼는지, 키가 얼마나 큰지, 성격이 어떤 자인지, 건강한지 나약한지, 자라 온 환경은 어떤지, 취미는 무엇인지 자기의 스타일에 맞는지 안 맞는지 아무것도 알지 못했습니다. 그러나 한 가지, 이 결혼이 하나님께로 말미암은 것이라는 확신이 서는 순간 주저 없이 믿음으로 결단을 내렸습니다. 리브가는 아마도 이미 아브라함을 갈대아 우르에서 그리고 하란에서 불러내신 하나님의 놀라우신 구속 경륜을 듣고 배워서 어느 정도 알고 있었을 것입니다. 그녀가 이제 구속 사역의 제2세대로서 이삭의 아내가 되어 언약을 잇는 사명을 감당해야 했던 것입니다.

하나님의 큰 감동을 받은 라반과 어머니는 리브가가 떠날 때 "우리 누이여 너는 천만 인의 어미가 될지어다 네 씨로 그 원수의 성문을 얻게 할지어다"(창 24:60)라고 축복하여, 그녀를 통해 하나님의 구속 사역이 계속 이어질 것이라고 축복하였습니다(창 22:17-18). 실로, 하나님의 구속사의 주역으로 쓰임 받는 사람은, 하나님의 뜻이라는 확신이 서는 순간에 자신의 모든 것을 포기하고 오직 하나님의 뜻만을 붙잡고 거기에 자신의 전 인생을 투자하는 사람인 것입니다.

늙은 종은 마침내 주인의 소원대로 아들 이삭의 아내가 될 처녀 리브가를 데려갈 수 있게 되었습니다. 엘리에셀이 리브가를 데리고 올 때 이삭은 묵상하고 있었습니다(창 24:63). 이삭은 자신의 결혼 문제가 오직 하나님께서 원하시는 뜻 가운데 이루어지기를 기도하며, 하나님의 주권에 맡겼던 것입니다. 아브라함은 아들 이삭의 결혼을 놓고 환도뼈 맹세로 생명을 거는 기도를 시작했고(창 24: 2, 9), 그 종 역시 기도로 시종일관 그 일을 진행했으며(창 24:12-15), 이삭 역시 기도로 결과를 기다렸습니다. 아브라함의 기도, 이삭의 기도, 그리고 그 종의 일치된 기도를 통해 하나님의 구속 경륜 속에서 이삭과 리브가의 결혼이 성사되었던 것입니다.

이삭은 리브가를 인도하여 사라의 장막으로 들이고 그를 취하여 아내를 삼고 사랑하였습니다(창 24:67上). 이삭은 어머니를 잃은 지 3년 만에 아내 리브가를 얻어 "모친 상사(喪事) 후에 위로를" 얻었습니다(창 24:67下). 참으로 리브가는 사라의 죽음 후에 그 빈 자리에 들어와서, 아브라함 후에 이삭을 통해 언약의 제2세대가 힘있게 전진할 수 있도록 구속사의 연결고리의 역할을 담당한 위대한 믿음의 여인이었습니다.

(4) 창세기 24장에 나타난 구속사의 모형

창세기 24장에 등장하는 아브라함, 이삭, 엘리에셀, 리브가는 구속사적으로 다양하게 일하시는 하나님의 역사와 교회의 모습을 선명하게 보여 줍니다. 아브라함은 이삭의 아버지로서 일을 하였습니다. 그의 독자 이삭은 모리아 땅의 한 산에서 희생 제물로 바쳐짐으로써 마치 죽었다가 살아난 부활을 체험한 자였습니다(창 22:1-19). 종 엘리에셀은 이삭의 아내 리브가를 얻기 위하여 여러 가지 모양으로 사역하였습니다. 남편과 아내의 관계는 그리스도와 교회의 관계를 나타냅니다(엡 5:22-33). 리브가는 자기가 결심하기 전에 이미 아내로 발탁된 여인이었듯이(창 22:23), 성도는 하나님께서 창세전부터 그 기쁘신 뜻대로 예수님의 아내로 택하신 자들입니다(엡 1:4, 9, 계 19:7).

지금까지 우리는 이삭의 아내를 얻기 위하여 일하는 엘리에셀의 모습을 살펴보았는데, 그것은 예수 그리스도의 몸된 교회를 얻기 위하여 일하시는 성령의 단면을 생각나게 합니다.

성령은 교회와 그 성도들을 위하여 신령한 여러 은사들(고전 12: 4-11)과 아홉 가지 열매(갈 5:22-23) 등과 같은 좋은 것들을 주십니다(참고-창 24:10, 22, 53). 성령은 그 감화와 교통하심으로 교회와 그의 성도들이 예수 그리스도의 아내로 구속을 받아 살리심을 받게 인도합니다(롬 8:9-11, 참고-창 24:58). 성령은 교회와 그 성도들로 하여금 하나님을 아바 아버지라 부르게 하시며, 성부 하나님의 유업을 이을 자가 되게 하시며(갈 4:6-7), 그들이 하나님의 자녀인 것을 증거하고(롬 8:16-17, 참고-고전 12:3), 그들이 받는 기업의 보증이 되십니다(엡 1:14). 지금도 성령님께서는 하나님이 택하신 자들을 어두운 데서 빛 가운데로 불러내어 그리스도의 신부로 삼아 주시고 그 아름다운 덕을 선포하게 해 주십니다(벧전 2:9). 오늘날 모든 예수 그리스도의 성도들이 마치 리브가처럼, 성령의 인도하심을 따라 온전히 순종하며 하나님의 뜻이 확인되는 순간 모든 육정을 내려놓고 '내가 가겠나이다!' 하는 신앙의 용단으로, 성부 하나님의 유업을 잇는 그리스도의 순결한 아내가 되는 축복의 주인공이 되기를 간절히 소망합니다.

*유구한 역사 속에서 세계 최초로 체계적 규명

A Single Blessing of the Firstborn
(God's Sovereign Providence)

하나뿐인 장자의 축복
(하나님의 주권 섭리)

창세기 27장은 이삭이 나이 많아 늙었을 때(약 136세) 그의 아들 야곱(약 76세)에게 하나님의 언약과 장자의 축복을 전승하는 과정을 말씀하고 있습니다. 여기에서 이삭은 그의 아내 리브가와 둘째 아들 야곱에게 속아서 부지중(不知中: 알지 못하는 사이)에 야곱을 축복한 것으로 기록되어 있습니다.

창세기 27:1 "이삭이 나이 많아 눈이 어두워 잘 보지 못하더니..."

창세기 27:23 "... 능히 분별치 못하고 축복하였더라"

그런데, 히브리서에는 이삭이 믿음으로 장차 오는 일에 대하여 야곱과 에서를 축복했다고 기록하면서, 이삭의 믿음을 부각시키고 있습니다(히 11:20). 그렇다면 이삭은 '부지중에' 축복했습니까? 아니면 '믿음으로' 축복했습니까?

1. 처음에 이삭은 야곱에게 '부지중에' 축복하였습니다.

Initially, Isaac was unaware that he was blessing Jacob.

이삭은 자신을 에서라고 속이고 별미를 가지고 들어온 야곱에게 장자의 축복을 다 하였습니다.

창세기 27:23에서는 "그 손이 형 에서의 손과 같이 털이 있으므로 능히 분별치 못하고 축복하였더라"라고 말씀하고 있습니다. 여기 "능히 분별치 못하고"는 히브리어로 '로 히키로'(לֹא הִכִּירוֹ)입니다. 여기에 쓰인 '히키로'의 원형은 '나카르'(נָכַר)인데, 이것은 '심사 숙고하다, 철저하고 세밀하게 조사하다'(창 31:32)라는 뜻을 가지고 있습니다. 그런데 여기에 '로'(לֹא)라는 히브리어 절대 부정어가 덧붙여져서, 이삭이 아들의 정체를 알기 위해 세심하게 노력하지 않고 축복하였음을 알 수 있습니다. 이렇게 이삭은 깊이 생각하지 않고, 자기가 축복하는 대상이 당연히 에서라고 생각하여 축복하였던 것입니다.

야곱이 나간 후 곧 형 에서가 들어와 별미를 드리며 축복을 요구했을 때, 이삭의 반응에 대해 창세기 27:33에서는 "이삭이 심히 크게 떨며 가로되 그런즉 사냥한 고기를 내게 가져온 자가 누구냐 너 오기 전에 내가 다 먹고 그를 위하여 축복하였은즉 그가 정녕 복을 받을 것이니라"라고 기록하고 있습니다.

2. 나중에 이삭은 야곱에게 '믿음으로' 축복하였습니다.
Later, Isaac blessed Jacob through faith.

창세기의 기록만 보아서는, 이삭은 아내 리브가와 야곱에게 속은 결과 부지중에 야곱에게 축복한 것처럼 보입니다. 그런데 히브리서 11:20에서는 "믿음으로 이삭은 장차 오는 일에 대하여 야곱과 에서에게 축복하였으며"라고 말씀하고 있습니다. 그 이유는 무엇일까요?

(1) 이삭이 자신의 생각을 즉시 버렸기 때문입니다.

이삭은 처음에 에서에게 축복하려고 했습니다. 물론 그 이유는 에서가 장자이기도 했지만, 이삭이 개인적으로 에서를 사랑했기 때문입니다. 창세기 25:28에서 "이삭은 에서의 사냥한 고기를 좋아하므로 그를 사랑하고..."라고 말씀하고 있습니다. 만약 이삭이 인간적인 사랑에 얽매였다면, 에서에게 다시 장자의 축복을 해 줄 수도 있었을 것입니다. 그러나 이삭은 에서가 자기에게도 장자의 축복을 해 달라고 눈물겹게 간구하였을 때, 이를 단호하게 거절하였습니다(창 27:34, 36-38). 창세기 27:33 하반절에서 "... 너 오기 전에 내가 다 먹고 그를 위하여 축복하였은즉 그가 정녕 복을 받을 것이니라"라고 말씀하고 있습니다.

여기 '정녕'은 히브리어로 '감'(בַּם)인데, 이것은 '진실로, 어떤 일이 있더라도'라는 뜻입니다. 이삭은 야곱이 받은 축복이 어떤 인간의 힘으로도 변경될 수 없음을 선언한 것입니다. 이것이 바로 이삭의 믿음입니다. 야곱이 장자의 축복을 받은 것이 하나님의 뜻임을 깨닫는 순간 에서를 향한 인간적인 사랑을 과감히 끊는 이삭의 결단, 이것이 바로 하나님께서 인정하신 그의 '믿음'이었던 것입니다.

하나님의 뜻을 위해서 육정을 온전히 끊고 버리는 일은 믿음이 아니면 불가능합니다(마 12:50). 칼빈은 이 구절에 대하여, "이삭은 육신의 애정을 부인하고, 이제 완전히 하나님께 스스로 복종하며, 하나님을 자기가 발설한 축복의 장본인으로 인식하고 그것을 감히 철회하지 않고, 하나님께 드려 마땅한 영광을 돌렸다"라고 주석하였습니다.

에서는 확실히 이삭이 인간적으로 마음을 쏟아 사랑하고 소망을 걸었던 장자였습니다(창 25:28, 27:1-4). 그러나 이삭은 분명한 하나님의 뜻이 나타났을 때 즉시 자기 생각을 내려놓고, 하나님의 뜻을 마음에 굳게 확정하고 그대로 밀고 나갔습니다. 이러한 이삭의 믿음의 위대함을 보고, 히브리서 기자는 "믿음으로 이삭은 장차 오는 일에 대하여 야곱과 에서를 축복하였으며"(히 11:20)라고 기록한 것입니다.

(2) 이삭은 하나님의 주권 섭리를 깨닫고 순종했기 때문입니다.

이삭이 야곱에게 축복하기를 마치고 야곱이 그 아비 이삭 앞에서 "나가자 곧" 에서가 돌아온 것은(창 27:30) 아주 짧은 순간이었습니다. 그가 에서라는 사실이 확인되는 순간, 이삭은 그동안 잊고 있었던 말씀이 번뜩 뇌리를 스쳤을 것입니다. 곧 리브가가 쌍태를 가졌을 때 자기 태중에서 일어난 싸움을 놓고 기도하자(창 25:22), 이에 하나님께서 계시하셨던 말씀입니다.

창세기 25:23 "... 큰 자는 어린 자를 섬기리라"

이삭은 비록 자신이 부지중에 야곱을 축복했지만, 그것이 자기의 생각과는 전혀 다르게 하나님의 주권 섭리 속에서 이루어진 것을 깨닫고, 참으로 충격에 휩싸여 크게 떨었습니다(창 27:33). 공동번역에서는 "이삭은 그만 기가 막혀 부들부들 떨며 말하였다"라고 하였습니다. 겉으로 볼 때는 야곱에게 속아 장자의 축복을 한 것이 분해서 크게 떤 것처럼 보입니다. 그러나 이삭의 떨림은 그 이상의 의미가 담겨 있습니다. 창세기 27:33에서 "심히 크게 떨며"라고 한 것은 히브리어로 'וַיֶּחֱרַד יִצְחָק חֲרָדָה גְּדֹלָה עַד־מְאֹד'(바예헤라드 이츠하크 하라다 게돌라 아드 메오드)로서 '이삭이 아주 강하게 두려워하고 크게 두려워하였다'라는 뜻입니다. 이 두려움은 야곱에게 축복한 것이 실수였다는 생각 때문이 아니고, 자신의 편견과 고집으로 인하여 하나님의 오묘한 섭리를 거스르고 에서를 축복할 뻔하였다는 생각에서 나온 '거룩한 두려움'이었던 것입니다.

야곱과 에서에 관한 하나님의 주권 섭리에 대해서는 로마서 9:10-13에 잘 나타납니다(참고-말 1:2-3).

로마서 9:10-13 "... 리브가가 우리 조상 이삭 한 사람으로 말미암아 잉태하였는데 [11] 그 자식들이 아직 나지도 아니하고 무슨 선이나 악을 행하지 아니한 때에 택하심을 따라 되는 하나님의 뜻이 행위로 말미암지 않고 오직 부르시는 이에게로 말미암아 서게 하려 하사 [12] 리브가에게 이르시되 큰 자가 어린 자를 섬기리라 하셨나니 [13] 기록된 바 내가 야곱은 사랑하고 에서는 미워하였다 하심과 같으니라"

이삭은 영의 눈이 열려 야곱이 장자인 것과, 그가 장자의 축복을 받는 것이 하나님의 절대적인 섭리임을 깨달았습니다. 그리고 축복해 달라는 에서의 요구를 단호하게 거절하였습니다. 이삭은 에서를 피해 도피하는 언약의 상속자 야곱을 떠나 보내면서, 아브라함이 자신에게 행한 것처럼 고향 친척 집에서 아내를 구할 것을 당부하고(창 28:1-2, 6), 아브라함에게 허락하신 언약이 야곱을 통해 성취되도록 다시금 마음을 다해 복을 빌었습니다(창 28:3-4). 이는 야곱의 장자 됨이 마땅하다는 이삭의 변함없는 확신의 표였으며, 이 후 성경에는 출생 순서 '에서와 야곱'으로 기록하지 않고, 장자와 차자를 구속사적인 순서에 따라 주로 "야곱과 에서"라고 기록하고 있습니다(창 28:5, 수 24:4, 히 11:20).

훗날 야곱도 죽기 직전에 눈이 어두워서 잘 보이지 않았지만(창 48:10), 하나님의 섭리를 깨닫고 차자인 에브라임에게 오른손을 얹어 축복하였습니다. 요셉은 아버지 야곱이 차자인 에브라임의 머리에 오른손 얹는 것을 보고 그 손을 므낫세의 머리로 옮기려 했지만, 야곱은 그것을 허락지 않고, "나도 안다 내 아들아 나도 안다"라고 하면서 에브라임에게 오른손을 얹고 축복하였습니다(창 48:17-20). 이것은 전적으로 하나님께서 주권 역사로 야곱에게 영적 눈을 열어 주셨기 때문입니다. 광야의 지도자 모세가 죽기 전에 비스가산 꼭대기에 올라가 직선 거리로 164㎞가 넘는 가나안 땅 전부를 바라볼 수 있었던 것도, 하나님께서 모세에게 영적 눈을 열어 보게 하셨기 때문입니다(신 34:1-3).

이삭은 에서에게 축복하기는커녕 야곱이 장자의 축복을 받는 것이 하나님의 뜻이라고 에서에게 선포하였습니다.

창세기 27:37 "이삭이 에서에게 대답하여 가로되 내가 그를 너의 주로 세우고 그 모든 형제를 내가 그에게 종으로 주었으며 곡식과 포도주를 그에게 공급하였으니 내 아들아 내가 네게 무엇을 할 수 있으랴"

여기 '주'라는 단어는 히브리어로 '게비르'(גְּבִיר)로서 '주인, 통치자'라는 뜻입니다. 지금 이삭은 야곱이 장자의 축복을 받은 것이 하나님의 중대한 구원 섭리임을 깨닫고, 축복을 요구하는 에서에게

'보라! 내가 야곱을 너의 주인(통치자)으로 임명했노라'라고 선포한 것입니다.

참된 '믿음'이란 하나님의 섭리가 자신의 개인적인 생각에 상반된다 할지라도, 이삭처럼 주저하지 않고 하나님의 뜻을 온전히 따르는 것입니다.

3. 하나님이 인정하시는 장자는 오직 하나뿐입니다.

There is only one firstborn who God acknowledges.

에서가 이삭에게 "나를 위하여 빌 복을 남기지 아니하셨나이까"라고 물었을 때(창 27:36下), 이삭은 에서에게 답하기를 '너를 위하여 할 수 있는 것은 아무것도 없다'라고 하였습니다(창 27:37下). 이삭의 대답은 한마디로 '축복은 하나뿐'이라는 것입니다. 축복의 가망이 전혀 없음에도 불구하고 에서는 거듭 소리 높여 울면서 "내 아버지여 아버지의 빌 복이 이 하나뿐이리이까 내 아버지여 내게 축복하소서 내게도 그리하소서"(창 27:38)라고 애원하였습니다.

그러나 이삭은 통곡하는 에서에게 답을 대신하여 저주를 내렸습니다. '네가 사는 땅은 기름지지 않고 하늘의 이슬이 내리지 않을 것이며 네가 칼을 믿고 살 것이고 네 동생을 섬길 것이다'(창 27:39-40)라고 하였습니다.

에서의 통분, 에서의 방성대곡은(창 27:34, 38) 하나뿐인 장자권의 가치를 경시했던 어리석은 자의 뒤늦은 후회일 뿐이었습니다. 이에 대하여 히브리서 12:17에서는 "회개할 기회를 얻지 못하였느니라"라고 말씀하였습니다. 우리가 아무리 대성통곡하는 회개를 할지라도

"회개할 기회"를 이미 놓친 후라면 아무 소용이 없다는 중대한 교훈입니다. 그렇게도 사랑받던 에서는 이삭으로부터 아주 단호하게 거절당하였으며, 장자의 축복은 전혀 돌이킬 수 없게 되었습니다.

이처럼 "큰 자는 어린 자를 섬기리라"(창 25:23)라는 하나님의 말씀은 어김없이 계획하신 그대로 이루어졌습니다. 하나님의 정하신 뜻은 후회나 변경이 전혀 없습니다(민 23:19, 롬 11:29, 히 6:18). 하나님의 말씀 안에는 모든 것이 예정되어 있습니다. 시편 139:16에서는 "내 형질이 이루기 전에 주의 눈이 보셨으며 나를 위하여 정한 날이 하나도 되기 전에 주의 책에 다 기록이 되었나이다"라고 말씀하고 있습니다.

표면적으로 볼 때 이삭은 잠시 속은 것 같았으나, 하나님의 말씀은 결코 사람에게 속지 않았으며, 말씀하신 그대로 성취되었습니다. 그것이 바로 하나님의 말씀 속에 있는 절대 주권적인 힘이요, 능력인 것입니다.

오늘날 우리도 하나님의 분명한 뜻과 섭리가 나타났을 때, 인간의 생각을 포기하고 육신의 정도 단호히 내려놓고 오직 하나님의 말씀을 굳게 붙잡는 이삭과 같은 위대한 믿음의 사람이 되시기를 바랍니다. 할렐루야!

III
야곱의 역사
HISTORY OF JACOB

1. 야곱과 에서의 출생(창 25:19-26) 주전 2006년, 횃불 언약 76년째

Birth of Jacob and Esau (Gen 25:19-26)

아브라함 160세, 이삭 60세
경건한 조상의 생존 - 셈(550세), 셀라(415세), 에벨(385세)

이삭과 리브가가 브엘라해로이에 거하는 동안(창 24:62-67, 25:11), 이삭 60세에(주전 2006년) 쌍둥이 에서와 야곱이 출생하였습니다(창 25:20-26). 브엘라해로이는 야곱의 일생 노정 17장소 가운데 첫 번째에 해당합니다.

이삭은 40세에 리브가와 결혼하였으나 20년간이나 아이가 없었습니다(창 25:20, 26). 이삭은 하나님의 언약을 성취시킬 아들이 없는 동안 너무나도 안타깝고 애통했을 것입니다. 그는 아내를 통해 언약의 후사가 생기기를 기도하며 하나님께 간절하게 매달렸습니다(창 25:21). 창세기 25:21에서 "간구하매"라는 단어는 히브리어로 '아타르'(עָתַר)로서, '향을 피우다'라는 뜻입니다. 이것은 간절히 기도하는 순간에 그 기도가 거룩한 향과 같이 하나님 앞에 상달되는 것을 말합니다(시 141:2, 계 5:8, 8:3-4). 이삭은 20년 동안 끝까지 인내하며 기도하였습니다. 하나님께서는 이삭이 오래 인내하며 올린 간구를 들으시고, 마침내 그의 나이 60세에 리브가에게 아이를 허락하셨습니다(창 25:21).

리브가는 태중에서 아이들이 극심하게 싸우자 "이 같으면 내가 어찌할꼬"라고 말하면서 하나님께 가서 여쭈었습니다(창 25:22). "서로 싸우는지라"는 '산산조각 나다, 짓누르다, 타박상을 입히다'라는 뜻을 가진 '라차츠'(רָצַץ)의 3인칭 남성복수 히트파엘형으로, 태중에서 아이들이 서로 밀치는 격한 몸부림과 함께 심하게 다투었음을 의미합니다. 이때 하나님께서는 리브가에게 "두 국민이 네 태중에 있구나"(창 25:23上)라고 말씀하시고 쌍태의 싸움에 관하여 구속사적으로 신비로운 말씀을 주셨습니다. 즉, 그의 태(胎)중에 두 명의 태아가 있는데, 그 아이들이 "국민"(גוֹי, 고이: 나라, 민족, 열방)이라고 말씀하셨습니다. 바로 이스라엘과 에돔, 두 민족을 계시한 것입니다. 그리고 "두 민족이 네 복중에서부터 나누이리라 이 족속이 저 족속보다 강하겠고 큰 자는 어린 자를 섬기리라"(창 25:23下)라고 말씀하셨습니다. "강하겠고"는 '증가시키다, 강하게 하다'란 뜻의 '이마츠'(אָמַץ)의 미완료형으로, 이스라엘이 에돔보다 계속적으로 강성할 것을 보여준 것입니다. "섬기리라" 또한 '아바드'(עָבַד)의 미완료형으로, 큰 자(형)가 작은 자(아우)를 계속 섬길 것을 의미합니다. 이미 승부가 결정나 버린 두 국민과 두 민족이 필연적으로 계속 싸우게 되리라는 예언입니다. 사도 바울은 이것에 대하여, 구속사적으로 사람의 구원이 행위로 말미암지 않고 오직 하나님의 주권적 선택과 은혜로 이루어진 것이라고 설명하였습니다(롬 9:10-18, 참고-말 1:2-5).

해산할 날이 차서 쌍둥이가 출생했는데, 먼저 나온 자는 붉고 전신이 갖옷(털가죽옷) 같아서 "에서"(עֵשָׂו: 털이 많은, 거친)라고 이름하였고, 후에 나온 자는 손으로 에서의 발꿈치를 잡았다 하여 "야곱"(יַעֲקֹב: 발 뒤꿈치를 잡은 자, 속이는 자, 대신 들어앉은 자)이라 이름하였습니다. 둘째인 야곱이 첫째인 에서를 필사적으로 붙잡으면서 나오는 모습은 태 안에서의 싸움이 태 밖에서도 계속될 것을 암시해 줍니다.

이삭이 후사를 위해 간절하게 기도할 때, 아마도 아브라함 역시 옆에서 안타까운 심정으로 언약의 성취를 위해 함께 기도하였을 것입니다. 과거에 하나님께서는 아브라함에게 분명하게 "... 네 아내 사라가 정녕 네게 아들을 낳으리니 너는 그 이름을 이삭이라 하라 내가 그와 내 언약을 세우리니 그의 후손에게 영원한 언약이 되리라"(창 17:19)라고 말씀하셨습니다. 아브라함은 이삭에게 하나님의 이 약속을 들려주면서, 이삭이 자식이 없어 기도할 때에 반드시 후손이 생길 것이라는 확신을 주고 위로하였을 것입니다.

아브라함은 이삭을 100세에 낳았고, 이삭은 야곱을 60세에 낳았습니다. 그런데 아브라함이 175세를 향수했으므로 결국 아브라함과 이삭, 야곱의 3대는 15년간 함께 산 것입니다(히 11:9). 아브라함은 이삭, 야곱과 함께 장막에 거하면서 그들에게 하나님의 말씀을 가르쳤을 것입니다. 자손에게 신앙을 전수하는 일, 그것은 하나님께서 아브라함을 택하신 목적이었고, 또한 받은 언약을 이루기 위한 아브라함의 거룩한 의무였습니다(창 18:18-19).

에서와 야곱이 장성하매, 에서는 익숙한 사냥꾼인 고로 들사람이 되고, 야곱은 종용한 사람인 고로 장막에 거했습니다(창 25:27). 야곱은 어려서부터 장막에 있으면서 할아버지 아브라함과 아버지 이삭을 통하여 신앙 교육을 철저하게 받아서, 영원한 하나님의 유업을 사모하는 자가 되었습니다.

오늘날 교회도 하나님의 장막이라 할 수 있습니다. 나사로의 동생 마리아는 예수님의 발 아래에서 말씀 듣기를 사모함으로(눅 10:39), "마리아는 이 좋은 편을 택하였으니 빼앗기지 아니하리라"(눅 10:42)라고 예수님께 인정을 받았습니다. 우리도 야곱이나 마리아처럼 항상 교회에서 하나님의 말씀 듣기를 사모하여, 좋은 편을 빼앗기지 않는 성도들이 되어야 할 것입니다.

2. 아브라함의 죽음(175세)(창 25:7-8)
　　주전 1991년, 횃불 언약 91년째

Death of Abraham (age 175; Gen 25:7-8)

아브라함 175세, 이삭 75세, 이스마엘 89세, 에서와 야곱 15세
경건한 조상의 생존—셈(565세), 셀라(430세), 에벨(400세)
(셈-이삭 110세, 야곱 50세까지, 셀라-이삭 78세, 야곱 18세까지,
에벨-이삭 139세, 야곱 79세까지 생존)

아브라함은 75세에 혈혈단신으로 부름 받은 이후(사 51:2), 그리고 사라가 죽은 이후 노년까지 범사에 복을 받아 창성케 되었습니다(창 24:1, 35). 더 나아가 아브라함은 노년에 강건한 복을 받아, 140세 후에 후처 그두라를 취하여 여섯 명의 자녀를 낳았습니다(창 25:1-2). 그 후에 아브라함은 창세기 15:15의 예언대로 175세까지 장수하고 자기 열조에게로 돌아갔습니다(창 25:7-8).

아브라함이 죽은 때는 아내 사라가 죽은 지 38년이 지난 후였습니다(참고-창 23:1). 이스마엘은 비록 자기를 쫓아낸 아버지였지만, 아브라함이 죽었다는 소식을 듣고 찾아왔습니다. 그는 이삭과 함께 아버지 아브라함을 막벨라 굴에 장사하였습니다(창 25:9).

아브라함의 175년 일생에 특징이 있다면 '우거하는 나그네 인생'을 살았다는 점입니다(창 23:4). 아브라함은 거부였지만(창 13:2, 24:1, 35), 나그네로서 변변한 집 한 채도 짓지 않고 '장막'에 거하였는데, 이는 그가 하나님이 예비하신 성, '더 나은 본향'을 바라보았기 때문이었습니다(히 11:9-16).

아브라함의 죽음 후에 성경은 언약의 두 번째 계승자인 이삭을 중심으로 기록하고 있습니다. 이삭은 브엘라해로이에서(창 25:11) 아브라함 때 이후 두 번째 큰 흉년을 만나 그랄에 있는 아비멜렉에게 이르렀지만 애굽으로 내려가려 하였습니다. 그러나 하나님으로부터 아브라함에게 언약하신 땅과 자손에 대한 언약을 확인 받고(창 26:1-5), 이삭은 그랄에 머물게 됩니다(창 26:6).

이삭이 말씀에 순종하여 약속의 땅을 지킨 결과, 비가 내리지 않은 '그 땅에서' 그리고 기근이 심했던 '그해에' 하나님께서 복을 주시므로 백 배의 결실을 거두었습니다(창 26:12). 이렇게 이삭은 창대하고 왕성하여 마침내 거부가 되었습니다(창 26:13-14ᴸ). 이에 블레셋 사람이 그를 시기하여 아브라함 때에 팠던 모든 우물을 막고 흙으로 메웠습니다(창 26:14ᴛ-15). 그리고 그랄 왕 아비멜렉이 그 땅에서 이삭을 쫓아내자 이삭은 그랄 골짜기로 옮겨 장막을 치고 거기 우거하였습니다(창 26:16-17). 이삭이 흉년을 만나 장막을 옮겼던 곳 그랄(골짜기)은 야곱의 일생 노정 17장소 가운데 두 번째에 해당합니다.

이삭은 그랄 골짜기에서 아브라함 때에 팠던 우물을 다시 파고 계속해서 새로운 우물을 파 나갔습니다(창 26:18-22). 팔레스타인 지역은 강수량이 적어 기후가 매우 건조하고 또 큰 강이 없기 때문에, 땅을 파서 물을 저장하는 우물이 절대적으로 필요했습니다. 그러므로 큰 우물을 가졌거나 많은 우물을 가진 것은 당시 사회에서 세력이 컸다는 것을 의미하였습니다. 그래서 우물을 두고 세력 다툼이 많았습니다(창 21:25-31, 26:14-22). 이삭은 땅에 관한 언약 성취를 간절히 소망하면서, 언약 자손들이 거할 지경을 넓히고 그들의 번성을 위해 많은 우물을 확보하려 했던 것입니다.

이삭은 부친 아브라함이 죽은 후에 블레셋 사람이 메워 버린 우물을 다시 팠고, 골짜기에 또 파서 새롭게 샘 근원을 얻었습니다(창 26:19). 창세기 26:18에서 아브라함 때에 팠던 우물을 다시 사용할 때는 "다시 팠으니"라고 기록하고 있습니다. 여기에서 "다시"라는 표현은 '돌아가다, 회복하다'라는 뜻을 가진 '슈브'(שׁוּב)로, 이삭이 아브라함 때의 우물처럼 복구하였음을 나타냅니다. 그래서 그 우물들의 이름을 아브라함이 부르던 이름으로 불렀습니다.

그러나 창세기 26:19에서는 그냥 "파서"라고 기록된 것을 볼 때, 이때부터는 이삭이 스스로 새로운 우물을 개척한 것임을 알 수 있습니다. 이삭은 아브라함 때의 우물들을 그랄 목자들에게 다 양보하고, '골짜기'(נַחַל, 나할)까지라도 가서 다시 우물을 팠던 것입니다. 이렇게 개척하는 정신, 다시 도전하는 불굴의 믿음을 가지고 있었던 것입니다.

그런데 그랄 목자들이 이삭의 목자와 다투어, 새롭게 개척한 이 우물까지도 자신들의 것이라고 주장하였습니다. 이에 이삭이 그 다툼을 인하여 그 우물 이름을 '에섹'(עֵשֶׂק: 다툼)이라고 하였습니다(창

26:20). 이어 이삭은 또 다른 우물을 팠는데, 목자들이 또 다투는 것을 보고 그 이름을 '싯나'(שִׂטְנָה: 대적함)라고 하였습니다(창 26:21). 이에 이삭은 거기서 옮겨 다른 우물을 팠는데, 이제는 목자들이 서로 다투지 않았습니다. 그래서 그 이름을 "르호봇"(רְחֹבוֹת: 장소가 넓음)이라 하고 "이제는 여호와께서 우리의 장소를 넓게 하셨으니 이 땅에서 우리가 번성하리로다"라고 하였습니다(창 26:22). 이삭은 비록 자신이 손해를 보는 한이 있을지라도 다툼을 피하며 새로운 우물을 개척하였습니다. 잠언 20:3에서 "다툼을 멀리하는 것이 사람에게 영광이어늘 미련한 자마다 다툼을 일으키느니라"라고 말씀하고 있습니다(잠 17:14).

이삭은 거기서부터 브엘세바로 올라갔습니다(창 26:23). 그 밤에 하나님께서 이삭에게 나타나 "나는 네 아비 아브라함의 하나님이니 두려워 말라"라고 말씀하시며, 아브라함의 언약 가운데 자손의 번성에 대한 약속을 재확인해 주셨습니다(창 26:24). 이삭은 그곳에 단을 쌓아 여호와의 이름을 부르고 거기 장막을 쳤고, 그 종들이 거기서도 우물을 팠습니다(창 26:25).

3. 에서의 결혼(40세)(창 26:34)
주전 1966년, 횃불 언약 116년째
Marriage of Esau (age 40; Gen 26:34)
이삭 100세, 야곱 40세

할아버지 아브라함, 아버지 이삭과 함께 산 에서는 가나안 원주민의 딸을 아내로 맞이해서는 안 된다는 것을 기본적으로 알고 있었을 것입니다. 그러나 그는 육체의 욕심대로 자기 보기에 좋은, 헷 족속의 딸을 아내로 맞이하였습니다. 그는 헷 족속 브에리의 딸 유딧과 헷 족속 엘론의 딸 바스맛을 아내로 취하였습니다(창 26:34). 이러한 에서의 행동은 이삭과 리브가의 마음에 근심거리가 되었습니다(창 26:35).

또한 야곱이 라반의 집으로 피한 후에, 에서는 자기가 가나안 여인을 아내로 취한 것이 아버지의 마음에 들지 않았다는 사실을 알게 되자, 아브라함의 아들인 이스마엘의 딸 가운데 마할랏을 취해서 아내로 삼았습니다(창 28:8-9). 그러나 이것은 하나님의 뜻에 의해 움직인 것이 아니고, 이삭이 야곱에게 "너는 가나안 사람의 딸들 중에서 아내를 취하지 말라"라고 한 권면을 엿듣고(창 28:6), 아버지 이삭의 환심을 사려는 인간적인 잔꾀에 불과했습니다.

에서는 부모의 신앙을 좇지 않고 가나안 여인을 취한 결과로 하나님의 뜻에서 점점 멀어져 갔습니다. 오늘날도 세상과 짝하여 신앙적으로 간음하는 자는 하나님의 뜻에서 점점 멀어져 가고 결국에는 하나님의 근심거리가 됩니다(시 95:10, 사 63:10, 엡 4:30, 약 4:4).

4. 장자의 명분과 장자의 축복을 받은 야곱
(창 25: 27-34, 27:1-45)
주전 1930년, 횃불 언약 152년째
Jacob receives the birthright and the blessing of the firstborn (Gen 25:27-34, 27:1-45)

이삭 136세, 야곱 76세

야곱은 40세 이전에 '브엘라해로이'에서 형 에서로부터 장자의 명분을 빼앗고(창 25:27-34, 참고-창 25:11), 76세에 부친 이삭으로부터 장자의 축복을 받았는데, 그 장소가 브엘세바였습니다(창 26:23). 브엘세바는 야곱의 일생 노정 17장소 가운데 세 번째에 해당합니다.

야곱의 형인 에서는 장자의 권리를 경홀히 여겨, 떡과 팥죽 한 그릇에 장자의 명분을 동생 야곱에게 팔아 넘겼습니다(창 25:28-34). 이처럼 에서는 영적인 것보다는 세상적인 것을 더 사랑한 사람이었습니다. 창세기 25:34의 "경홀(輕忽)히 여김이었더라"는 히브리어로 '바자'(בָּזָה)인데, 이것은 '업신여기다, 멸시하다, 싫어하다'라는 뜻입니다.

이러한 에서와는 달리, 야곱은 장자의 명분을 뜨겁게 사모했습니다. 야곱은 마음속 깊은 곳으로부터 조부 아브라함의 축복을 이어받아 신앙의 장자가 되기를 소망했습니다. 그래서 팥죽을 달라고 하는 에서에게 가장 먼저 요구한 것이, 평소 그토록 사모하던 '장자의 명분(권리)'이었습니다(창 25:31).

에서와 야곱의 평상시 삶을 창세기 25:27에서는 "그 아이들이 장성하매 에서는 익숙한 사냥꾼인 고로 들사람이 되고 야곱은 종용한 사람인 고로 장막에 거하니"라고 말씀하고 있습니다. 야곱은 장막에 거하기를 좋아하였습니다. 그것은 장막에서 아브라함과 이삭과 리브가를 통하여 하나님의 말씀을 들을 수 있었기 때문일 것입니다.

"종용한"이라는 단어는 히브리어로 '탐'(תָּם)인데, '순전한'(욥 1:1, 8, 2:3, 8:20)이라는 뜻입니다. "종용"은 한자로 따를 '종'(從), 얼굴 '용'(容)으로, '언행이 수선스럽지 않고 얌전함'이라는 뜻을 가지며, 공동번역은 "차분한"으로, 바른성경은 "조용한"으로 번역하였습니다. 이것은 야곱의 평상시 삶이 순전하고 신앙적인 삶이었음을 보여 줍니다. 그러나 에서는 들사람으로서 말씀 듣기를 싫어하고 밖으로 돌아다니기를 좋아하였습니다.

히브리서 12:16-17에서는 장자의 권리를 야곱에게 빼앗긴 에서를 가리켜 '망령된 자'(βέβηλος, 베벨로스: 세속적인, 불경건한)라고 부르고 있습니다. 에서는 그 후에 축복을 기업으로 받으려고 눈물로 간구하였으나 회개할 기회가 없었다고 성경은 기록하고 있습니다(창 27:34, 36, 38, 히 12:16-17).

히브리서 12:17 "너희의 아는 바와 같이 저가 그 후에 축복을 기업으로 받으려고 눈물을 흘리며 구하되 버린 바가 되어 회개할 기회를 얻지 못하였느니라"

이것은 에서가 하나님이 주신 생의 가장 고귀한 기회를 업신여기고 희롱하여 값싸게 다룬 것의 비참한 결과였습니다.

하나님께서는 마침내 이삭이 오직 믿음으로, 에서가 아니라 야곱을 장자로 축복하게 하셨습니다(창 27:27-29, 히 11:20). ^{이해도움 2 - 하나뿐인 장자의 축복(하나님의 주권 섭리) 참조}

5. 형 에서를 피해 도망가는 야곱(창 27:41-28:5) 주전 1930년, 횃불 언약 152년째

Jacob flees from his brother Esau (Gen 27:41-28:5)

이삭 136세, 야곱 76세

(1) 도망가는 야곱

야곱에게 장자의 축복을 빼앗긴 에서는 분노하였고 급기야 야곱을 죽이려 했습니다(창 27:41). 이때 야곱은 어머니 리브가의 도움을 받아 도망칩니다. 리브가는 '야곱과 에서'를 임신하였을 때 "큰 자는 어린 자를 섬기리라"(창 25:23)라는 하나님의 계시를 받았습니다.

리브가는 그 말씀을 잊을 수 없었고 그에 대한 확고한 믿음이 있었으므로, 자신이 저주를 받는 상황도 불사하고(창 27:13) 에서가 아니라 야곱이 반드시 축복을 받아야 한다고 생각하여 담대하게 행동으로 옮긴 것입니다. 리브가는 한번 받은 하나님의 말씀을 잊어버리지 않고, 그 뜻이 이루어질 때까지 확실히 붙잡고 담대히 행동하는 믿음의 어머니였습니다.

이때 이삭의 정확한 나이는 기록되어 있지 않으나, 야곱이 약 76세에 도망간 것으로 보아 이삭의 나이는 136세 정도로 추정됩니다.

이삭은 떠나는 야곱에게 "전능하신 하나님이 네게 복을 주어 너로 생육하고 번성케 하사 너로 여러 족속을 이루게 하시고 [4]아브라함에게 허락하신 복을 네게 주시되 너와 너와 함께 네 자손에게 주사 너로 하나님이 아브라함에게 주신 땅 곧 너의 우거하는 땅을 유업으로 받게 하시기를 원하노라"(창 28:3-4)라고 축복하였습니다.

에서가 결혼한 이방 여인들이 마음의 근심이었던 이삭과 리브가는(창 26:34-35, 27:46) 야곱에게 "라반의 딸 중에서 아내를 취하라"라고 당부하고, 그를 밧단아람으로 보내었습니다(창 28:1-5).

(2) 루스에서 본 사닥다리 환상(창 28:10-19)

도망자의 신세로 브엘세바를 떠나 하란으로 향하던 야곱은, 해가 지자 거기서 유숙하려고 루스에서 한 돌을 취하여 베개하고 잠이 들었습니다(창 28:10-11). 이때 꿈을 통해 땅 위에서부터 시작하여 하늘에 그 꼭대기가 닿아 있는 사닥다리 위에, 하나님의 사자가 오르락내리락하는 환상 가운데 영광스러운 하나님의 임재를 체험하였습니다(창 28:12).

사닥다리 환상을 통해 하나님께서는 자신을 "아브라함의 하나님이요 이삭의 하나님"이라고 밝히신 후, 야곱이 누운 땅을 그와 그 자손에게 주신다고 약속하셨습니다(창 28:13). 그리고 "네 자손이 땅의 티끌같이 되어서 동서남북에 편만할지며 땅의 모든 족속이 너와 네 자손을 인하여 복을 얻으리라"라고 약속하셨습니다(창 28:14). 또한 "내가 너와 함께 있어 네가 어디로 가든지 너를 지키며 너를 이끌어 이 땅으로 돌아오게 할지라 내가 네게 허락한 것을 다 이루기까지 너를 떠나지 아니하리라"라고 큰 소망의 약속을 하셨습니다(창 28:15).

야곱이 잠이 깬 후에 "여호와께서 과연 여기 계시거늘 내가 알지 못하였도다"라고 하면서, 두려워하여 "두렵도다 이곳이여 다른 것이 아니라 이는 하나님의 전이요 이는 하늘의 문이로다"라고 하고, 아침에 일찍이 일어나 베개하였던 돌을 가져 기둥으로 세우고 기름을 부었습니다(창 28:16-18). 야곱은 하나님의 임재를 체험한 후 명사로 '살구나무', 동사로 '비뚤어지다'(잠 2:15, 3:32, 14:2)란 뜻의 "루스"(לוּז)를 '하나님의 집'이란 뜻의 "벧엘"(בֵּית־אֵל)로 고쳐 부르고 그곳을 기념하였습니다(창 28:19). 야곱이 76세에 에서를 피해 밧단아람으로 가는 도중에 언약을 받은 기념 장소 벧엘은 브엘세바에서 직선거리로 약 94㎞ 떨어져 있으며, 야곱의 일생 노성 17장소 가운데 네 번째입니다.

야곱은 '여호와께서 나의 하나님이 되실 것이요', 베개하였던 돌로 세운 이 기둥이 하나님의 전이 될 것이며, 하나님 앞에 십일조를 반드시 드리겠다고 서원하였습니다(창 28:21-22). 야곱이 제시한 그 요청은 '나와 함께 계시고, 내가 가는 이 길에서 나를 지키시고, 내게 먹을 양식과 입을 옷을 주시고, 나로 평안히 아비 집으로 돌아가게 하실 것'이었습니다(창 28:20-21).

야곱이 본 사닥다리의 계시는 장차 하늘과 땅을 잇는 신령한 사닥다리로 오실 예수 그리스도를 예표합니다. 위대한 종교 개혁자 '칼빈'과 '루터'는 이 사닥다리야말로 우리 죄인과 하나님을 잇는 중보자이신 예수 그리스도를 상징한다고 해석하였습니다. 예수님도 친히 나다나엘에게 "진실로 진실로 너희에게 이르노니 하늘이 열리고 하나님의 사자들이 인자 위에 오르락내리락하는 것을 보리라"(요 1:51)라고 말씀하셨습니다. 그런데 이 말씀을 창세기 28:12과 비교해 보면, 요한복음 1:51에서는 하나님의 사자가 '인자 위에' 오르락내리락한다고 하였고, 창세기 28:12에서는 하나님의 사자가 '사닥다리 위에' 오르락내리락했다고 하였습니다. 이로써 '인자이신 예수님'과 '사닥다리'가 서로 같은 의미로 사용된 것을 알 수 있습니다.

오직 예수 그리스도만이 하나님과 타락한 인간을 이어 주는 유일한 중보자이시고, 죄인들이 거룩하신 하나님을 만날 수 있는 유일한 길이시며, 하늘에 올라가는 신령한 사닥다리이십니다(요 14:6, 갈 3:19-20, 딤전 2:5, 히 7:25, 8:6, 9:15, 12:24).

6. 야곱의 도피 생활 20년(창 29-31장)
주전 1930-1910년, 횃불 언약 152-172년째
Jacob's twenty years of refuge (Gen 29-31)

이삭 136-156세, 야곱 76-96세

(1) 밧단아람에서 얻은 네 아내와 11남 1녀(창 29:15-30:24)

야곱은 브엘세바에서부터 어림잡아 776㎞를 이동하여 밧단아람에 도착하였습니다. 야곱은 밧단아람으로 떠나려 할 때 모친 리브가의 말대로 "형의 노가 풀리기까지 몇 날 동안"(창 27:44) 잠시 머물려 했는데, 실제로는 20년간이나 있었습니다. 밧단아람은 야곱의 일생 노정 17장소 가운데 다섯 번째입니다. 야곱이 떠날 때 이삭은 "너는 가나안 사람의 딸들 중에서 아내를 취하지 말고 2 일어나 밧단아람으로 가서 너의 외조부 브두엘 집에 이르러 거기서 너의 외삼촌 라반의 딸 중에서 아내를 취하라"(창 28:1-2)라고 당부하였습니다. 밧단아람의 20년은 언약의 상속자로서 아내들을 얻고 그 아내들을 통해 자식들을 얻는 시간이었습니다(호 12:12).

'라반'(לָבָן)은 '흰 빛'이란 뜻으로, 아람 사람 브두엘의 아들이며, 이삭의 아내 리브가의 오라비요, 아브라함의 동생 나홀의 손자입니다(창 11:27-29, 22:23, 24:15, 28:2, 5, 29:12). 야곱은 76세에 삼촌 라반의 집으로 가서 7년간 봉사하였고, 그 대가로 먼저 레아를 얻고, 또다시 7년을 더 봉사할 것을 조건으로 7일 후에 사랑하는 라헬을 아내로 맞았습니다(창 29:18-30).

그러므로 야곱이 장가간 때는 그의 나이 83세 때로 주전 1923년, 횃불 언약 159년째입니다(창 31:41, 29-30장). 이러한 계산에 의하면 야곱은 젊은 청년 때를 한참 지나 너무도 늙은 나이에 장가를 간 것입니다. 야곱은 형 에서보다 무려 43년이나 결혼이 늦었습니다. 이삭이 40세에 결혼했고(창 25:20), 에서가 40세에 결혼한(창 26:34) 것만 보아도 그 시기가 매우 늦었음을 알 수 있습니다.

야곱은 7년간 더 봉사하면서 레아, 라헬, 빌하, 실바라는 네 아내를 통하여 베냐민을 제외한 11남 1녀의 자식을 얻게 됩니다. 밧단아람에서 낳은 야곱의 자식들을, 그 어머니를 따라 그 낳은 순서와 뜻을 정리하면 다음과 같습니다.

① 레아의 네 아들 (창 29:31-35)	르우벤 / רְאוּבֵן / Reuben	보라! 아들이라(창 29:32)
	시므온 / שִׁמְעוֹן / Simeon	들으심(창 29:33)
	레위 / לֵוִי / Levi	연합함(창 29:34)
	유다 / יְהוּדָה / Judah	찬송함(창 29:35)
② 라헬의 여종 빌하가 낳은 두 아들 (창 30:1-8)	단 / דָּן / Dan	억울함을 푸심(창 30:6)
	납달리 / נַפְתָּלִי / Naphtali	경쟁함(창 30:8)
③ 레아의 여종 실바가 낳은 두 아들 (창 30:9-13)	갓 / גָּד / Gad	복됨(창 30:11)
	아셀 / אָשֵׁר / Asher	기쁨(창 30:13)
④ 레아가 낳은 두 아들과 딸 디나 (창 30:14-21)	잇사갈 / יִשָּׂשכָר / Issachar	값(창 30:18)
	스불론 / זְבֻלוּן / Zebulun	거함(창 30:20)
	(딸) 디나 / דִּינָה / Dinah	살피다(창 30:21)
⑤ 라헬이 낳은 아들 (창 30:22-24)	요셉 / יוֹסֵף / Joseph	더함(창 30:24)

(2) 요셉의 출생(창 30:22-24)

요셉이 출생한 때는 주전 1916년, 횃불 언약 166년째로, 당시 이삭은 150세, 야곱은 90세였습니다.

라헬이 요셉을 낳은 것은 전적으로 '하나님의 생각하심' 덕택이었습니다. 창세기 30:22에서 "하나님이 라헬을 생각하신지라 하나님이 그를 들으시고 그 태를 여신 고로"라고 말씀하고 있습니다. "생각하신지라"는 히브리어로 '자카르'(זָכַר)인데, 여기에서는 단순히 기억하신다는 뜻이 아니라 깊이 통촉하시고 친히 돌보신다는 뜻입니다(창 8:1, 출 2:24-25, 6:5, 신 9:27, 삼상 1:19).

하나님께서 생각하여 주시기만 해도 막혔던 것이 열리는 기적이 일어납니다. 하나님께서 라헬을 생각하여 주시므로 7년 동안 닫혀 있던 라헬의 태가 열리는 기적이 일어났습니다. 사무엘의 어머니 한나는 하나님께서 생각하여 주시므로 세 아들과 두 딸을 낳았습니다.

사무엘상 1:19 "... 엘가나가 그 아내 한나와 동침하매 여호와께서 그를 생각하신지라"

사무엘상 2:21 "여호와께서 한나를 권고하사 그로 잉태하여 세 아들과 두 딸을 낳게 하셨고 아이 사무엘은 여호와 앞에서 자라니라"

이처럼 끝까지 믿고 기다리는 자에게는 '하나님께서 생각하여 주시는' 값진 축복이 있습니다(시 40:1, 사 30:18, 애 3:25-26, 히 3:14).

요셉은 형들에 의해 애굽에 팔렸다가 30세에 애굽의 총리가 되어(창 41:46) 풍년 7년, 흉년 2년을 지나 흉년 3년째에 아버지 야곱을 만났습니다. 이때 요셉은 40세, 야곱은 130세였으므로, 야곱이 90세에 요셉을 낳았음을 알 수 있습니다(창 45:6, 11, 46장, 47:9, 28).

레아는 야곱과 결혼한 후 '7년의 기간' 동안 6남 1녀를 낳았습니다. 그러므로 1년에 한 명을 낳았다고 가정하면, 레아는 야곱이 하란에 거한 지 14년째 되던 해(첫 번째 7년 봉사 기간 + 두 번째 7년 봉사 기간)

에 디나를 낳은 것입니다. 그 후 얼마 안 되어 라헬이 요셉을 낳았으므로, 디나와 요셉은 동갑이었을 가능성이 높습니다(창 30:21-24).

(3) 하나님께서 주신 야곱의 품삯(창 30:25-43)

야곱은 열한 번째 아들 요셉을 낳은 때에 라반에게 "나를 보내어 내 고향 내 본토로 가게 하시되 내가 외삼촌에게 일하고 얻은 처자를 내게 주어 나로 가게 하소서"라고 부탁하였습니다(창 30:25-26). 라반은 자신이 복을 받은 것이 하나님께서 야곱 때문에 주신 것임을 알고 있었기 때문에, 야곱에게 계속 머무르라고 부탁하였습니다(창 30:27). 이어서 라반은 야곱에게 "네 품삯을 정하라 내가 그것을 주리라"라고 제의하였습니다(창 30:28). 이에 야곱은 "내가 오기 전에는 외삼촌의 소유가 적더니 번성하여 떼를 이루었나이다 나의 공력을 따라 여호와께서 외삼촌에게 복을 주셨나이다 그러나 나는 어느 때에나 내 집을 세우리이까"라고 말하였습니다(창 30:30).

이에 라반이 "내가 무엇으로 네게 주랴"라고 다시 묻자(창 30:31), 야곱은 "오늘 내가 외삼촌의 양떼로 두루 다니며 그 양 중에 아롱진 자와 점 있는 자와 검은 자를 가리어내며 염소 중에 점 있는 자와 아롱진 자를 가리어내리니 이 같은 것이 나면 나의 삯이 되리이다"라고 제안하였습니다(창 30:32). 이것은 모든 양 중에서 순백(純白)을 제외한 것과 모든 염소 중에서 순흑(純黑)을 제외한 것을 야곱의 소유로 정하자는 것이었습니다. 즉 온전한 것들은 라반의 것으로 하고, 온전하지 않은 것들은 야곱의 것으로 하자는 것이었습니다. 팔레스타인 지역의 양은 대부분 흰색이요(아 4:2, 단 7:9), 염소는 대부분 검정색입니다(아 4:1, 6:5). 색깔이 아롱진 것, 점 있는 것, 얼룩무늬 있는 것들은 비정상적인 것으로, 유전 법칙상 그런 열성이 나올 확률은 매우 희박합니다. 왜 야곱은 라반에게 이런 별종의 짐승들만을 요구하였을까요?

① 야곱은 빈손으로라도 "내 고향, 내 본토" 가나안에 가고자 했습니다.

야곱이 라반의 집에서 일한 지 14년이 지난 지금, 그는 지팡이 하나만 가지고 처음 그곳에 올 때처럼(창 32:10) 여전히 가난했습니다. 야곱은 라반의 사위였으나 14년 내내 라반의 양떼를 치는 종살이를 했습니다. 이제 야곱은 네 아내의 남편이자 11남 1녀의 아버지로서 현재의 종살이 처지에서 벗어나, 빈손으로라도 처자를 데리고 무사히 "내 고향 내 본토"로 돌아가고 싶었습니다.

창세기 30:25-26 "라헬이 요셉을 낳은 때에 야곱이 라반에게 이르되 나를 보내어 내 고향 내 본토로 가게 하시되 ²⁶ 내가 외삼촌에게서 일하고 얻은 처자를 내게 주어 나로 가게 하소서 내가 외삼촌께 한 일은 외삼촌이 아시나이다"

여기 야곱이 라반에게 요구하고 있는 것은 처자뿐입니다. 훗날 라반이 추적하여 달려와서 '왜 나를 속이고 가만히 도망쳤느냐'라고 물었을 때에, 야곱은 "외삼촌이 외삼촌의 딸들을 내게서 억지로 빼앗으리라 하여 두려워하였음이니이다"(창 31:31)라고 대답했습니다. 야곱이 라반을 섬기며 양떼를 쳤던 이유도 오직 아내를 얻기 위함이었으므로(호 12:12), 고향으로 돌아가려는 그 순간 그는 그 어떤 재산보다 아내들을 챙겼던 것입니다.

이러한 야곱에게 라반이 최대한의 품값을 제의한 것은 그를 붙들어 자기의 부(富)를 유지하려는 속셈이었습니다.

창세기 30:27-28 우리말성경 "라반이 야곱에게 말했습니다. '내게 호의를 베풀어 제발 여기 머물러 있어라. 여호와께서 너 때문에 내게 복을 주셔서 내가 부유하게 된 것을 알았다.' [28] 라반이 또 말했습니다. '네가 받고자 하는 품삯을 말하면 내가 주겠다.'"

라반의 파격적인 제의에도 불구하고 야곱이 라반에게 요구한 것은 그리 큰 것이 아니었습니다. 단지 "내 집"을 세우기 위한 최소한의 먹을 것과 입을 것이었습니다.

창세기 30:30 "... 그러나 나는 어느 때에나 내 집을 세우리이까"

이에 라반이 "내가 무엇으로 네게 주랴"라고 물었을 때, 야곱은 "아무것도 내게 주실 것이 아니라 나를 위하여 이 일을 행하시면..."(창 30:31)이라고 답했습니다. 사람은 대개 품삯을 주겠다고 계약을 할 때면, 정당한 품삯은 물론이고 더 많이 받으려는 욕심을 부리기 마련인데, 야곱은 가족과 함께 가나안 땅에 가기 위한 최소한의 조건을 요구하였습니다. 계약의 내용은 바로 라반의 양 중에 얼룩무늬 있는 것, 점 있는 것, 아롱진 것, 그리고 염소 중에 점 있는 자와 아롱진 자를 가리어내어 라반의 것으로 구분하고, 남은 양떼 가운데 그 같은 양이나 염소 새끼를 낳을 경우 야곱의 소유로 한다는 것이었습니다(창 30:32). 이것은 몹시 불리한 조건이었지만, 야곱은 전과 같이 어려운 노동을 마다하지 않고 "내가 다시 외삼촌의 양떼를 먹이고 지키리이다"(창 30:31下)라고 약속했습니다.

이때 야곱은 지금까지 그래왔듯이 앞으로도 오직 정직하게 일할 것을 다짐하면서, "후일에 외삼촌께서 오셔서 내 품삯을 조사하실 때에 나의 의가 나의 표징이 되리이다 내게 혹시 염소 중 아롱지지 아니한 자나 점이 없는 자나 양 중 검지 아니한 자가 있거든 다 도적질한 것으로 인정하소서"라고 하였습니다(창 30:33).

여기 "나의 의가 나의 표징이 되리이다"(וְעָנְתָה־בִּי צִדְקָתִי, 베아네타비 치드카티)의 원어의 뜻을 살리면 '나의 공의로움이 나를 증거할 것이다'라는 뜻이 됩니다. "의"(צְדָקָה, 체다카)는 '공의로움, 의로움'이란 뜻으로, 야곱은 공의를 통하지 않고는 어떤 물질도, 어떤 성공도 기대하지 않겠다는 것입니다. "표징"(עָנָה, 아나)은 '증언하다, 입증하다'라는 뜻으로, 의와 공의를 보좌의 기초로 삼으신(시 89:14, 97:2) 하나님께서 자기의 의를 입증해 주실 것이라는 뜻입니다. 참으로 야곱만큼 성실하고 정직한 종이 없었습니다. 20년 동안 낮의 더위를 무릅쓰고 밤의 추위를 당하며 눈붙일 겨를도 없이 지내면서 외삼촌이 자신의 품삯을 열 번이나 변역하는 가운데서도 그 양과 염소를 부지런히 돌보았습니다. 심지어 물려 찢긴 것이 있으면 자기 것으로 보충하고, 밤에든지 낮에든지 도둑맞은 것은 외삼촌에게 물어내었으며, 단 한 마리도 낙태하지 않게 하고, 한 마리도 몰래 잡아먹지 않았던 것입니다(창 31:38-41).

그런데 라반은 욕심이 한이 없었습니다. 야곱과 새로 계약한 "그 날" 욕심 많은 라반은 야곱이 하려 했던 짐승들 분류하는 일을 본인이 직접 나서서 했고, 그것들을 자기 아들들에게 맡겨 관리하도록 했습니다(창 30:32, 35). 뿐만 아니라 라반은 흰 양떼와 검은 염소 떼가 별종의 그것들과 교미하지 못하도록 사흘 길을 뜨게 하여 완전히 격리하였습니다(창 30:36). 첫 날부터 라반이 야곱에 대해 행한 강력한 경계 조치는, 야곱의 품삯은 최소한으로 줄이고, 이전처럼 그의 노동력만 착취하겠다는 탐욕이 가득한 행동이었습니다. 라반은 처음부터 정의와 공평을 완전히 무시하는 치졸한 자였습니다.

성도는 이 땅에 살아가면서 비록 육신은 빈손일지라도 우리의 본향 하나님의 나라를 사모하며, 의와 공의를 행하는 정직한 사람이 되어야 합니다(시 15:2, 37:6, 잠 2:9, 28:5). 이 세상의 물욕은 성도의 본향 찾는 길을 가로막고 그 길을 잊어버리게 하고, 계속해서 미루고 지체하게 만듭니다(눅 12:15-21, 엡 5:3, 5, 골 3:5). 잠시 머물다 한순간에 날아가 버릴 재물을 의지하지 말고(시 49:16-17, 잠 23:5, 27:24, 전 5:13, 딤전 6:10, 17), 영원한 말씀을 붙잡고 영원한 나라에 들어가기를 힘써야 합니다.

② 야곱은 자신의 품삯은 하나님께서 주실 것을 믿었습니다.

라반의 소유가 처음에는 보잘것없이 적다가 야곱이 온 다음부터 크게 번성하였는데, 야곱은 그것이 하나님께서 복을 주셨기 때문이라고 고백하였습니다. 이 사실은 라반도 인정하고 있었습니다(창 30:27).

창세기 30:30 "내가 오기 전에는 외삼촌의 소유가 적더니 번성하여 떼를 이루었나이다 나의 공력을 따라 여호와께서 외삼촌에게 복을 주셨나이다..."

이 고백만 보아도 야곱은 하나님이 모든 물질과 생명의 근원자이시고, 불가능한 것을 가능케 하시는 분임을 믿었습니다. 하나님의 은혜로 말미암은 기적적인 생식 방법을 통해 야곱은 라반의 착취의 족쇄를 끊고 큰 재물을 취하게 되었습니다.

그것은 하나님께서 하얀 양떼 사이에서도 얼룩얼룩한 것과 점이 있고 아롱진 것을 낳게 하신 기적입니다. 이는 양들이 새끼를 밸 때에 무엇을 보느냐에 따라 그 새끼의 색깔이 결정되는 것이었습니다.

첫째, 창세기 30:37-38에 기록된 방법입니다.

창세기 30:37-38 “야곱이 버드나무와 살구나무와 신풍나무의 푸른 가지를 취하여 그것들의 껍질을 벗겨 흰 무늬를 내고 ³⁸그 껍질 벗긴 가지를 양떼가 와서 먹는 개천의 물구유에 세워 양떼에 향하게 하매 그 떼가 물을 먹으러 올 때에 새끼를 배니”

버드나무(לִבְנֶה, 리브네: poplar), 살구나무(לוּז, 루즈: almond), 신풍나무(עַרְמוֹן, 아르몬: platanus)의 푸른 가지를 취하여 그것들의 껍질을 벗기자 나무 껍질의 푸른색과 속가지의 흰색이 어우러져서 얼룩진 무늬가 나타났습니다(창 30:37). 그리고 그 가지를 개천의 물구유에 세워 양떼에 향하게 했습니다. 양떼가 물을 먹으러 올 때 새끼를 배는데, 바로 눈앞에 세워 둔 가지를 보고 새끼를 배도록 한 것입니다 (창 30:38). 놀랍게도 이 방법은 대성공을 거두어, 가지 앞에서 새끼를 밴 양떼가 얼룩얼룩한 것과 점이 있고 아롱진 것을 낳았습니다 (창 30:39). 이러한 방법은 전혀 과학적인 근거가 없는 방법입니다. 이 것은 전적으로 야곱을 부유케 하시려는 하나님의 전능하신 능력과 특별한 은혜의 결과인 것입니다.

둘째, 창세기 30:40에 기록된 방법입니다.

창세기 30:40 “야곱이 새끼 양을 구분하고 그 얼룩무늬와 검은 빛 있는 것으로 라반의 양과 서로 대하게 하며 자기 양을 따로 두어 라반의 양과 섞이지 않게 하며”

영어성경 NASB “And Jacob separated the lambs, and made the flocks face toward the striped and all the black in the flock of Laban; and he put his own herds apart, and did not put them with Laban's flock.”

이것을 히브리어 원문대로 번역하면 다음과 같습니다.

וְהַכְּשָׂבִים הִפְרִיד יַעֲקֹב (베하케사빔 히프리드 야아코브)

그리고 야곱은 어린 양들을 따로 떼어 놓았다.

וַיִּתֵּן פְּנֵי הַצֹּאן אֶל־עָקֹד וְכָל־חוּם בְּצֹאן לָבָן

(바잇텐 페네 하촌 엘 아코드 베콜 훔 베촌 라반)

그리고 그는 그 양떼들의 얼굴을, 라반의 양떼 중에서 줄무늬가 있는 것들과 모든 검은 것들과 마주하게 하였다.

וַיָּשֶׁת־לוֹ עֲדָרִים לְבַדּוֹ וְלֹא שָׁתָם עַל־צֹאן לָבָן:

(바야쉐트 로 아다림 레밧도 베로 샤탐 알 촌 라반)

그리고 그는 자기에게 속한 양떼들을 따로 떼어 놓았으며, 라반의 양떼와 섞이지 않게 하였다

여기에서 '양떼들'(צֹאן) 앞에 히브리어 정관사 '하'(·ה)가 붙음으로, 이 양떼가 바로 야곱이 구분했던, 창세기 30:39의 얼룩얼룩한 것과 점이 있는 것과 아롱진 것임을 알 수 있습니다. 야곱은 이제 이 양떼를 라반의 소유 가운데 줄 무늬가 있는 것들, 모든 검은 것들과 마주하게 하였습니다. 그리고 야곱은 자신의 양떼를 구분하여 아예 하얀 색의 양들을 마주하지 않게 하고, 다른 색깔이 있는 양들만 서로 마주하게 하였습니다.

이에 더하여 야곱은 그 양들을 실한 양들과 약한 양들로 구분하여, 실한 양들이 새끼를 밸 때에 양떼의 눈앞에 나뭇가지들을 두었으며 약한 양들이 새끼를 밸 때에는 두지 않았습니다(창 30:41-42). 여기 '실한'은 히브리어 '카샤르'(קָשַׁר)로, '묶다, 합세하다'라는 뜻인데, '힘이 세다'라는 뜻으로 발전했습니다. 또한 "약한"은 히브리어 '아타프'(עָטַף)로 '쇠약해지다, 약하다, 피곤하다'라는 뜻입니다. 이 단

어는 바벨론 포로 기간 중에 먹지 못하여 실신할 정도로 쇠약해진 어린아이들을 가리킬 때도 사용되었습니다(애 2:11, 12, 19).

야곱이 자기 양떼와 라반의 양떼를 구분하여 섞이지 않게 하고 나서 6년이 지난 후, 라반의 소유는 약하여 비실거리는 것들이었으며, 야곱의 소유는 토실토실하며 강하고 힘센 것들이었습니다(창 30:42).

6년 전에 순수하게 한 가지 색깔만을 가지고 있던 라반의 양떼와 염소떼 가운데서 그 후에 얼룩무늬와 점 있는 것과 아롱진 양과 염소들이 수없이 많이 태어나 야곱의 소유가 된 것은, 참으로 하나님의 기적적인 은혜였습니다. 앞의 특별한 방식들은, 야곱이 스스로 고안한 지혜가 아니었습니다. 6년 봉사가 시작될 무렵 하나님께서 꿈에서 보여 주신 대로 한 것이었습니다.[15]

야곱은 6년 봉사가 시작할 때와 끝날 때 두 번의 꿈을 꾸었습니다(창 31:10-13). 첫 번째 꿈은 6년 봉사가 시작될 때, 곧 "그 양떼가 새끼 밸 때에..."(창 31:10) 꾼 것이고, 두 번째 꿈은 6년 봉사가 마칠 때 꾼 것으로, 그 내용은 "... 지금 일어나 이곳을 떠나서 네 출생지로 돌아가라"(창 31:11-13)라는 가나안 귀향 명령이었습니다.

야곱은 6년 계약이 시작될 때 이미 하나님으로부터 꿈을 통해 계시를 받았으며, 야곱의 모든 소유는 그 계시대로 이루어진 것입니다.

창세기 31:10-12 "그 양떼가 새끼 밸 때에 내가 꿈에 눈을 들어 보니 양떼를 탄 숫양은 다 얼룩무늬 있는 것, 점 있는 것, 아롱진 것이었더라 11 꿈에 하나님의 사자가 내게 말씀하시기를 야곱아 하기로 내가 대답하기를 여기 있나이다 하매 12 가라사대 네 눈을 들어 보라 양떼를 탄 숫양은 다 얼룩무늬 있는 것, 점 있는 것, 아롱진 것이니라 라반이 네게 행한 모든 것을 내가 보았노라"

하나님께서는 라반이 야곱의 노동력을 부당하게 착취한 모든 것을 보셨으며(창 31:12下), 야곱의 고난과 손으로 수고한 것을 다 감찰하셨습니다. 창세기 31:42에서 "하나님이 나의 고난과 내 손의 수고를 감찰하시고..."라고 말씀하고 있습니다. 하나님께서는 야곱의 품삯을 라반에게서 빼앗아 모두 돌려주셨습니다.

창세기 31:9 "하나님이 이같이 그대들의 아버지의 짐승을 빼앗아 내게 주셨느니라"

여기 '빼앗아'는 히브리어 '나찰'(נָצַל)의 히필(사역)형으로, '돌려주다, 되찾다'라는 뜻입니다. 하나님께서 라반의 손에서 찾아, 본래의 주인 야곱에게 돌려주셨다는 강한 표현입니다. 라반의 딸들은 "하나님이 우리 아버지에게서 취하신 재물"이라고 하였는데(창 31:16), 여기 '취하신'도 동일한 '나찰'(נָצַל)의 히필(사역)형을 쓰고 있습니다. 그러므로 야곱이 부자가 된 것은 교묘한 속임수를 쓴 것이 아니라, 하나님의 주권적인 역사였던 것입니다.

그 결과로 야곱은 "심히 풍부하여"(וַיִּפְרֹץ הָאִישׁ מְאֹד מְאֹד, 바이프로츠 하이쉬 메오드 메오드) 양떼와 노비와 약대와 나귀가 많아졌습니다(창 30:43). 여기에서는 '메오드'(מְאֹד: 매우, 지나치게, 크게)가 두 번 쓰여 그가 물질적으로 전혀 모자람 없이 매우 풍족했음을 강조합니다.

또한 날이 갈수록 계속 늘어만 가는 양떼를 돌보기 위해 많은 "노비"가 필요했고, 이곳저곳 이동하는 유목민이었으므로 "약대와 나귀"가 많이 필요했습니다. 과연 야곱은 라반의 아들들이 말한 대로 6년 사이에 "거부"가 되어 있었습니다(창 31:1).

라반은 야곱의 품삯을 열 번이나 속였지만(창 31:7, 41), 하나님께서는 야곱의 품삯을 정확하게 안겨 주셨습니다. 그리고 하나님께서는 품삯을 몽땅 빼앗으려 한 라반의 악한 손에서 야곱을 건져 주셨습니다. 야곱이 밤낮으로 남몰래 흘린 땀과 눈물을 완전히 보상해 주신 것입니다.

야곱은 끊임없이 계속되는 라반의 부당한 처사에 대해 한마디 항변도 못 하고, 눈 붙일 겨를도 없이 혹독한 노동을 줄곧 감수해야 했습니다(창 31:40-42). 야곱은 연로한 나이에(76~96세) 라반의 집에서 인간 이하의 대우와 모욕을 끝까지 견디면서 '사람 막대기와 인생 채찍'(삼하 7:14)으로 모진 시련을 당하였습니다(참고-렘 30:7 야곱의 환난)

야곱은 20년의 말할 수 없는 고생 가운데서도, 벧엘 언약 가운데 "내가 너와 함께 있어 네가 어디로 가든지 너를 지키며 너를 이끌어 이 땅으로 돌아오게 할지라 내가 네게 허락한 것을 다 이루기까지 너를 떠나지 아니하리라"(창 28:15)라고 하신 하나님의 말씀을 붙잡고 매순간 이겨 나갔습니다. 이러한 신앙 체험으로, 야곱은 후에 세겜에서 벧엘로 올라갈 때 자기 집 사람과 자기와 함께한 모든 자에게 "나의 환난 날에 내게 응답하시며 나의 가는 길에서 나와 함께하신 하나님께 내가 거기서 단을 쌓으려 하노라"(창 35:3)라고 하였으며, 그의 말년에 요셉을 위하여 축복할 때에도 '나를 모든 환난에서 건지셨다'라고 감격스럽게 고백하였습니다(창 48:16上).

오늘날도 진실한 성도들이 당하는 모든 환난 가운데 전능하신 하나님께서 함께하심으로 그의 백성을 반드시 지켜 주시고, 그 수고를 보상해 주시며, 하나님의 말씀대로 그 뜻을 이루십니다(고전 15:58, 계 22:12). 야곱을 라반의 환난 속에서 지켜 주신 하나님께서,

역경 중에 하나님의 말씀만을 붙잡는 자를 야곱과 동일하게 승리로 이끌어 주실 것입니다. 성도는 환난 중에 말씀을 체험하면서 겸손을 익히고, 신앙의 뿌리를 내리게 되며, 현재와 족히 비교할 수 없는 큰 상급을 받습니다(시 119:67, 71, 롬 5:3-4, 8:18).

7. 가나안 땅으로 돌아오는 야곱(창 32:1-33:20) 주전 1910년, 횃불 언약 172년째

Jacob returns to Canaan (Gen 32:1-32, 33:1-20)

이삭 156세, 야곱 96세, 요셉 6세(추정)[16]

(1) 밧단아람 라반으로부터의 탈출

① '가나안으로 돌아가라'라는 하나님의 명령에 야곱은 귀향을 결심하였습니다(창 31:1-16).

하나님께서는 야곱에게 네 명의 아내를 통해 열한 명의 아들과 한 명의 딸을 주시고, 또 하나님의 역사로 야곱의 재산을 번성케 하여 주신 후, 라반의 집에 거한 지 20년이 되자 이제 기업의 축복을 주시기 위해 가나안 땅으로 돌아가라고 명령하셨습니다.

창세기 31:3 "... 네 조상의 땅 네 족속에게로 돌아가라 내가 너와 함께 있으리라"

창세기 31:13 "... 지금 일어나 이곳을 떠나서 네 출생지로 돌아가라..."

야곱이 강성해지자 탐심 가득한 외삼촌 라반과의 관계가 불편해지기 시작했습니다. 라반의 아들들도 "야곱이 우리 아버지의 소유를 다 빼앗고 우리 아버지의 소유로 인하여 이같이 거부가 되었다"라고 야곱을 비난했습니다(창 31:1). 이에 야곱은 두 아내(라헬, 레아)

에게 사람을 보내어 들로 불러내어, 가나안 땅으로 귀향할 계획을 은밀하게 상의하였습니다(창 31:4). 야곱은 타향인 밧단아람에서 라반의 눈치를 보고 불안한 생활을 하고 있었습니다. 만일 아내들이 따라가지 않는다고 했다면 야곱은 하나님의 부르심에 홀로 떠날 수밖에 없었지만, 다행스럽게도 라헬과 레아는 한 번도 가 보지 못한 먼 곳으로, 그것도 몰래 도망치는 모험을 야곱과 함께 하겠다고 일심으로 나섰습니다. 그들은 아버지가 돈을 벌기 위해 딸들(라헬, 레아)을 팔아 버렸으며, 그 대금도 먹어 치워 버렸으니, 자신들을 외인처럼 이용만 했던 아버지를 미련 없이 떠나려고 했습니다(창 31:15). 라헬과 레아는 남편 야곱에게 "이제 하나님이 당신에게 이르신 일을 다 준행하라"(창 31:16)라고 하여, 함께 하나님의 말씀에 순종하기로 동의하였습니다.

② 라반의 안색은 전과 같지 않더라도, '내 아버지의 하나님'은
   여전히 야곱과 함께하십니다(창 31:5).

> **창세기 31:5** "그들에게 이르되 내가 그대들의 아버지의 안색을 본즉 내게 대하여 전과 같지 아니하도다 그러할찌라도 내 아버지의 하나님은 나와 함께 계셨느니라"

'안색'은 히브리어로 '페네'(פָּנֶה: 얼굴들)인데, 그 사람의 내적, 외적 태도나 자세를 가리킵니다. 일반적으로 마음 상태는 얼굴에 드러나게 됩니다. 라반의 표정이나 자세가 '전과 같지 아니하다'라고 두 번씩이나 언급한 것은(창 31:2, 5), 라반이 야곱에 대하여 강퍅하고 동정심이 전혀 없는 상태가 되었음을 보여 주고 있습니다. 이는 하나님께서 애굽 왕 바로의 강퍅함을 통해 이스라엘을 출애굽 시키신 것

을 연상케 합니다(출 4:21, 7:3, 7:13-14, 22, 8:15, 19, 32, 9:7, 12, 34-35, 10:1, 20, 27, 11:10, 13:15, 14:4, 8, 17).

창세기 31:5에서 "내 아버지의 하나님"은 이삭의 하나님, 언약의 하나님을 가리킵니다. 언약의 하나님은 어제나 오늘이나 영원토록 동일하시며, 거짓말을 할 줄 모르시며(히 1:12, 6:18, 13:8), 약속하신 것은 반드시 지키는 미쁘신 분입니다(살전 5:24, 딤후 2:13). 또한 그 약속을 믿는 자에게 변함도 없으시고 회전하는 그림자도 없으십니다(약 1:17, ^{참고}말 3:6).

③ 라반은 열 번이나 야곱을 속였지만, 하나님은 라반을 금하사
   야곱을 해하지 못하게 하셨습니다(창 31:6-7).

야곱은 밤낮으로 눈 붙일 겨를도 없이 온 마음과 온 힘을 다해 충성스럽게 일했지만, 라반은 야곱의 품삯을 열 번이나 속였습니다(창 31:6-7, 38-41).

창세기 31:7 "그대들의 아버지가 나를 속여 품삯을 열 번이나 변역하였느니라..."

숫자 '10'은 '완전, 충만'을 상징하는데, "열 번이나"라는 것은 '계속해서, 기회가 있을 때마다'라는 뜻입니다. 라반의 입장에서는 야곱이 다른 목자들보다 지혜롭고 성실하며 자기에게 큰 복을 가져다 주었으므로, 그를 놓치는 것은 엄청난 손실이었습니다(창 30:27, 30). 라반이 놓치기 싫었던 것은 야곱이 가진 언약의 말씀이나 여호와 신앙이 아니고 그를 통해 부수적으로 따라오는 '복'이었던 것입니다.

라반은 이러한 야곱을 자기 곁에 계속 붙들어 두려는 욕심으로 약속을 수시로 바꾸면서 노예처럼 값싸게 부려먹었지만, 하나님께

서 간섭하셔서 라반을 금하셔서, 야곱을 절대 해치지 못하게 지켜 주셨습니다(참고-시 121:4-8).

창세기 31:7 "... 그러나 하나님이 그를 금하사 나를 해치 못하게 하셨으며"

④ 라반이 간교한 계략을 부렸으나, 하나님께서는 라반이 행하는 모든 것을 보셨습니다(창 31:8-9, 12).

야곱은 라반이 원래의 약정을 열 번이나 일방적으로 바꾸었던 실제 일을 구체적으로 설명하였습니다. 처음 계약 조건은 흰 양과 검은 염소 아닌 것이 나면 모두 야곱의 것이 되리라(창 30:32-34)는 것이었는데, 간교한 라반은 얼마 후에 이것을 바꾸어 오직 한 부류, 곧 "점 있는 것"만 야곱의 것이 되게 제한하였습니다(창 31:8). 그러자, 하나님께서 개입하셔서 "온 양떼의 낳은 것이 점 있는 것"이 되게 하셨습니다(창 31:8). 이에 라반이 "얼룩무늬 있는 것"으로 조건을 또다시 바꾸자 하나님께서 또 개입하셔서 "온 양떼의 낳은 것이 얼룩무늬 있는 것"이 되게 하셨습니다(창 31:8). 이것은 하나님의 주권과 권능의 손길로만 가능한 놀라운 섭리였습니다. 오늘날에도 아무리 인류 과학이 발달했어도, 전부 다 '점' 모양을 가진 양이 태어나게 한다거나, 계약 조건이 '얼룩무늬' 있는 양으로 바뀌는 순간 '얼룩무늬'인 것만 태어나게 하는 것은 불가능합니다. 이렇게 라반이 욕심을 부리고 악을 행할수록 오히려 더욱 불리해졌고 그는 자기 재물을 야곱에게 빼앗겼으며, 야곱은 짧은 6년 만에 거부가 되었습니다(창 30:43, 31:1). 거짓말로 남을 속인 라반은 자기 악에 걸려 뒤틀리고 망했으며, 말씀을 믿고 정직하게 순종한 야곱은 복을 받아 엄청난 부자가 된 것입니다(잠 11:5-6). 욥기 5:13에서 "간교한 자로 자기 궤휼에 빠지게 하시며 사특한 자의 계교를 패하게 하시므로"라고 말씀하고 있습니다. 우리말성경은 "지혜로운 사람들을 자기 꾀에 빠뜨리시고 간교한 사람의 계획이 뒤틀리게 하시네"라고 번역하고 있습니다.

야곱이 라반의 계속되는 속임수를 뻔히 알면서도 자기 힘으로는 도저히 극복할 수 없는 위기에 빠졌으나, 하나님께서는 기이한 능력과 섭리로 야곱을 철저하게 지켜 주셨습니다. 그리고 야곱의 꿈에 나타나서 "라반이 네게 행한 모든 것을 내가 보았노라"(창 31:12下)라고 위로하셨습니다. 이 말씀은 야곱에게 놀라운 확신과 큰 위로와 소망을 주었으며, 그가 끝까지 참고 기다릴 수 있는 힘이 되었습니다.

야곱의 하나님은 우리의 하나님이십니다. 하나님께서는 우리가 고생하는 모든 것을 일일이 다 보시고 계산하시면서, 그 수고한 대로 어김없이 갚아 주시며 모든 눈물을 닦아 주시는 분입니다.

라반과의 6년 계약 기간이 다 찼을 때, 벧엘의 하나님께서 야곱에게 찾아오셔서 "지금 일어나 이곳을 떠나서 네 출생지로 돌아가라"라고 명령하셨습니다(창 31:13). '벧엘 하나님'은 바로 20년 전에 사닥다리의 언약을 통하여 야곱에게 땅의 티끌 같은 자손의 축복을 약속하시면서, 반드시 가나안으로 돌아오게 하실 것과 허락하신 것을 다 이루기까지 야곱을 떠나지 않으실 것을 약속하신 그 하나님이셨습니다(창 28:13-15). '벧엘 하나님'은 야곱이 당한 20년간의 억울함과 설움, 고생과 눈물을 모두 씻어 주셨습니다. 이는 출애굽 직전에 아브라함과 이삭과 야곱의 하나님께서 자기 백성 이스라엘의 부르짖는 소리를 들으시고, 그들을 괴롭게 하는 학대를 보시며, 아브라함과 이삭과 야곱에게 세우신 언약을 기억하사 권념하셔서 직접 내려오셨던 일을 생각나게 합니다(출 2:23-25, 3:6-10).

　이제 "야곱은 일어나 자식들과 아내들을 약대들에 태우고 그 얻은바 모든 짐승과 모든 소유물 곧 그가 밧단아람에서 얻은 짐승을 이끌고 가나안 땅에 있는 그 아비 이삭에게로" 출발하였습니다(창 31:17-18). 야곱은 거취를 라반에게 고하지 않고 모든 소유를 이끌고 유브라데 강을 건너 길르앗산을 향하여 도망쳤습니다(창 31:20-21). 야곱이 20년간 라반에게 정직하게 봉사해 왔고, 신실하게 행동해 왔음에도 불구하고 몰래 도망칠 수밖에 없었던 이유는, 라반이 야곱을 평생토록 포로나 노예처럼 붙잡아 두려고 작정하였기 때문입니다. 하나님의 명령을 순종하기 위해서는 도주하는 길 외에는 다른 방법이 없었습니다.

　한편, 야곱은 라반이 양털 깎으러 간 때에 떠났습니다(창 31:19). 양털 깎는 날은 온 마을에 잔치를 베풀며 나그네와 가난한 자들을 후하게 대접하는 날이었습니다(삼상 25:2-8). 야곱은 큰 잔칫날에 라반에게 아예 초청을 받지 못했는데, 바로 그날 라반의 눈길이 늦추어진 틈에 가만히 떠날 수 있었습니다.

　20년간 마음속 깊은 곳에 '아비 집을 사모했던' 야곱은(창 31:30) 마침내 고향으로 돌아가게 되었습니다. 야곱이 76세에 가나안을 떠날 때는 도망자의 신세였지만, 이제는 96세로 네 명의 부인과 열두 명의 자녀를 거느린 대가족의 족장이 되어 엄청난 재산을 가지고 귀향하게 되었습니다(창 30:43, 31:1).

　그동안 하나님의 구속사적 경륜은 아브라함과 이삭을 통하여 내려왔지만, 야곱이 약속의 땅을 떠나므로 그 흐름이 잠시 멈추는 것처럼 보였습니다. 그러나 결코 멈춘 것이 아니었습니다. 하나님께서는 야곱에게 대가족을 주셔서 그의 열두 아들이 이스라엘 민족 열두 지파로 번성해 가는 발판을 만드셨을 뿐만 아니라, 야곱을 다시 가나안 땅으로 부르시어 그를 통하여 구속 경륜의 물결이 결코 중단되지 않고 계속해서 힘차게 흘러가도록 만드셨습니다.

(2) 라반의 추격과 평화 언약

① 라반의 불같은 추격

라반이 양털을 깎으러 간 사이 3일 만에 야곱이 몰래 도망간 사실이 라반에게 들렸습니다(창 31:17-22). 야곱의 일행과 라반은 사흘 길 떨어져 있었습니다(창 30:36). 라반은 그 형제를 거느리고 길을 나서서 단숨에 쫓아왔습니다. 7일길을 쫓아가 길르앗산에서 야곱에게 미쳤습니다. 밧단아람 지역과 길르앗산의 거리는 멀게 잡으면 대략 580㎞이며, 야곱이 10일 만에 도착하였으므로(창 31:22-23), 야곱은 하루에 대략 58㎞를 이동한 것입니다. 길르앗산은 야곱의 일생 노정 17장소 가운데 여섯 번째입니다.

연약한 아내와 어린 자녀들(6-13세)을 약대들에게 태우고(창 31:17), 많은 가축떼와 소유를 이끌고 나가는 대규모의 이동이었는데도, 라반 몰래 도망쳐 나왔으므로 매우 빠른 속도로 쫓기듯 이동한 것입니다(참고-창 33:13). 라반은 야곱이 도망친 것을 3일 만에 알고 7일 길을 쫓아가 길르앗산에서 야곱에게 미쳤으므로(창 31:22-23), 라반은 하루에 대략 83㎞로 엄청 빠르게 추격해 온 것입니다. 라반이 얼마나 맹렬한 분노로 불타고 있었는가를 보여 줍니다(창 31:36).

라반은 야곱을 죽일 수도 있었고, 야곱이 20년간 천신만고(千辛萬苦) 끝에 얻은 가족과 재산을 강탈할 수도 있었으며, 다시 자기 종으로 삼을 수도 있었습니다. 그러나 이러한 라반의 맹렬한 분노를 엄히 다스리신 분은 바로 하나님이셨습니다.

창세기 31:24 "밤에 하나님이 아람 사람 라반에게 현몽하여 가라사대 너는 삼가 야곱에게 선악간 말하지 말라 하셨더라"

여기 '선악간'(מִטּוֹב עַד־רָע, 미토브 아드 라)은 전체 범위를 포함하는 히브리어 관용구로서, '선으로부터 악까지, 최소한의 것에서 최대한의 것까지, 뿌리부터 가지까지, 무엇이든지'를 의미합니다. 지금 현재 일어난 무엇이든지 거부하거나 책망하지 말고, 어떤 경우든지 그대로 다 인정하고 받아들이라는 것입니다. 이처럼 하나님께서는 우리가 "침상에서 졸며 깊이 잠들 때나 꿈에나 밤의 이상 중에 깨닫지 못하는 사람의 귀를 여시고 인치듯 교훈"하십니다(욥 33:15-16). 만일 그날 꿈을 통한 하나님의 보호와 간섭이 아니었다면, 야곱은 결코 안전하지 못했을 것입니다.

창세기 31:29 "너를 해할 만한 능력이 내 손에 있으나 너희 아버지의 하나님이 어젯밤에 내게 말씀하시기를 너는 삼가 야곱에게 선악간 말하지 말라 하셨느니라"

② 야곱의 진실된 항변

라반은 야곱에게 "네가 네 아비 집을 사모하여 돌아가려는 것은 가하거니와 어찌 내 신을 도적질하였느냐"라고 물었습니다. 이에 야곱은 라헬이 그것을 도적질한 줄을 알지 못하고, 외삼촌의 신을 누구에게서든지 찾으면 그는 살지 못할 것이고, 무엇이든지 외삼촌의 것이 발견되면 외삼촌이 취하라고 했습니다(창 31:30-32). 이에 라반이 자기가 섬기던 우상 '드라빔'(תְּרָפִים)을 훔쳐 간 범인을 찾으려고 야곱의 장막, 레아의 장막, 두 여종의 장막, 그리고 라헬의 장막을 두루 뒤지다가 얻지 못하였습니다(창 31:33-35). 이에 라반은 야곱 앞에서 궁지에 몰리고 말았습니다. 화가 난 야곱은 라반에게 소리를 높여 책망하며 자신의 깨끗함과 무죄를 강조하였습니다(창 31:36-37). 또한 야곱은 20년 동안 봉사했던 진심 어린 심정을 처음으로 라반 앞에서 눈물겹게 토로하며 항변하였습니다(창 31:38-42). 야곱은 그토록 긴 세월 고생한 대가를 주기는커녕 자신을 죄인 취급하며 쫓아온 라반 앞에 울분을 터뜨렸던 것입니다.

야곱은 하나님께서 외삼촌 라반의 꿈에 나타나 책망하신 이유를 이렇게 밝혔습니다.

창세기 31:42 "우리 아버지의 하나님, 아브라함의 하나님 곧 이삭의 경외하는 이가 나와 함께 계시지 아니하셨더면 외삼촌께서 이제 나를 공수로 돌려보내셨으리이다마는 하나님이 나의 고난과 내 손의 수고를 감찰하시고 어젯밤에 외삼촌을 책망하셨나이다"

여기 '하나님이 함께하시지 않았다면 외삼촌이 나를 공수(空手: 빈손)로 돌려보냈을 것'이라는 야곱의 이 매서운 항변에는, 두 가지의 분명한 사실이 담겨 있습니다.

첫째, 야곱의 소유 중에는 외삼촌이 준 것이라곤 하나도 없다는 뜻입니다.

모세의 율법에도, '종'일지라도 제7년이 되어 풀려나게 되면 그를 공수로 가게 하지 말고 여호와께서 복을 주신 대로 그에게 후히 주어 보내라고 말씀하고 있습니다(신 15:12-15). 그러나 라반은 야곱을 20년간 종처럼 부려먹고 한푼도 주지 않았습니다. 라반은 지극히 세상을 사랑하고 재물을 탐하여, 궁하고 어려운 처지에 있는 자를 최대한 이용하여 자신의 부(富)만 쌓으려 했습니다.

라반은 야곱에게 주려 하기보다 오히려 야곱에게 있는 것을 호시탐탐 무엇이든지 빼앗아 가려고 변덕을 부렸습니다(창 30:34-36, 31:8-9). 라반이 야곱에게 고하지 않고 몰래 떠난 이유를 물었을 때, 야곱은 "외삼촌이 외삼촌의 딸들을 내게서 억지로 빼앗으리라 하여 두려워하였"기 때문이라고 대답했습니다(창 31:31). 여기 "억지로 빼앗으리라"(פֶּן־תִּגְזֹל, 펜 티그졸)라는 말은, 이유 없이 무지막지하게 빼앗아 버리는 행위를 말합니다. 평상시 라반의 태도가 야곱에게 얼마나 무례하고 강압적이었는가를 보여 줍니다.

야곱의 소유 중에는 라반이 거저 준 것도 없었거니와 야곱이 라반의 것을 몰래 훔친 것도 전혀 없었습니다. 창세기 31:32에 "무엇이든지 외삼촌의 것이 발견되거든 외삼촌에게로 취하소서", 창세기 31:37에 "외삼촌께서 내 물건을 다 뒤져 보셨으니 외삼촌의 가장 집물 중에 무엇을 찾았나이까"라고 할 만큼 떳떳했습니다. '뒤져 보다'(מִשַּׁשְׁתָּ, 미샤쉬타)는 '마샤쉬'(מָשַׁשׁ)의 피엘(강조)형으로, '두루 더듬다, 더듬어 찾다'라는 뜻입니다. 라반이 야곱의 소유물을 하나하나 다 뒤지고 만졌다는 것입니다. 그러나 야곱은 정직하여서 라반의 것은 어떤 사소한 것 하나라도 가지고 나온 것이 없었으니, 양심에 꺼릴 것 전혀 없이 당당했습니다.

둘째, 야곱의 모든 소유는 전적으로 하나님이 주신 것이라는 뜻입니다.

야곱은 자기가 지금 빈손으로 귀향하지 않게 된 것은, 전적으로 하나님의 은혜였다고 강조하였습니다. 라반의 습관적인 속임수를 볼 때 야곱이 부자가 된다는 것은 불가능한 일이었습니다. 그러나 '야곱의 고난과 손의 수고를 감찰하시는 하나님'께서 풍성하게 채워 주신 것입니다(창 31:42). 라반이 악한 방법으로 모은 재물들은 모두 의인 야곱을 거부로 만드시려는 하나님의 작정 속에 쌓아 두신 은혜요, 값진 품삯이었습니다(창 31:9, 16, 욥 27:16-17).

잠언 13:22 “선인은 그 산업을 자자손손에게 끼쳐도 죄인의 재물은 의인을 위하여 쌓이느니라”

잠언 28:8 “중한 변리로 자기 재산을 많아지게 하는 것은 가난한 사람 불쌍히 여기는 자를 위하여 그 재산을 저축하는 것이니라”

전도서 2:26 “하나님이 그 기뻐하시는 자에게는 지혜와 지식과 희락을 주시나 죄인에게는 노고를 주시고 저로 모아 쌓게 하사 하나님을 기뻐하는 자에게 주게 하시나니 이것도 헛되어 바람을 잡으려는 것이로다”

오늘날도 하나님께서는 우리의 고난과 우리 손의 수고를 감찰하시며, 그의 행한 대로 일한 대로 쌓아 두셨다가 때가 되면 반드시 갚아 주십니다(시 62:12, 잠 24:12, 마 16:27, 롬 2:6-8, 계 22:12). 하나님께서는 하나님의 선하신 목적을 위하여 악한 자도 적당하게 사용하십니다(잠 16:4). 그러므로 악인이 중상모략으로 의인을 해치려 해도, 악한 자가 만지지도 못하게 하나님께서는 의인을 지켜 주십니다(요일 5:18).

야곱은 하나님의 기적적인 역사로 라반의 오랜 족쇄가 완전히 풀려 해방되었습니다. 야곱이 20년간 네 명의 아내를 통해 11남 1녀를 얻고, 거부가 되어 마침내 밧단아람의 라반에게서 탈출하여 약속의 땅 가나안으로 큰 재물을 이끌고 돌아가는 과정은, 애굽에 거주한 지 430년이 마치는 그날에 200만 이스라엘 자손이 큰 재물을 이끌고(출 3:21-22, 11:2-3, 12:35-36, 시 105:37), 애굽 왕 바로에게서 탈출하는 과정을 연상시킵니다(출 12:40-41). 아브라함과 이삭과 야곱에게 약속하신 하나님의 언약은 어김없이 성취되었습니다(시 105:7-11). 하나님의 언약은 인간의 속임수에 의해 좌우되거나 사라지지 않으며, 그 말씀은 어둠의 온갖 방해에도 불구하고 온전히 성취되고 최후 목적지에 반드시 이르고야 맙니다(사 55:11, 마 24:34-35).

③ 길르앗산에서 세운 평화 언약(창 31:43-55)

'길르앗'은 얍복강 남북에 위치하고 있는 넓은 구릉지대로, 신명기 3:12에서는 얍복강 남쪽 지역을 '길르앗 산지 절반'이라고 불렀습니다. 야곱이 장막을 쳤던 길르앗산은 얍복강 북쪽 절반에 위치한 산입니다. 왜냐하면 야곱은 아직 얍복강을 건너지 않았기 때문입니다(창 32:22-24).

조금 전까지만 해도 야곱을 파멸시키려고 격렬한 분노로 불타 올랐던 라반이 모든 미움을 묻어 버리고 다정히 말했습니다(창 31:43). 라반은 하나님께서 꿈에 보이신 대로, 자기가 야곱을 어찌할 수 없다는 것을 알고, "언약을 세워 너와 나 사이에 증거를 삼을 것이니라"라고 제안하였습니다(창 31:44). 야곱은 라반으로부터 아주 억울한 일을 수없이 당하고 죽도록 어려운 고통을 겪었으나, 이제는 그 모든 것을 다 잊어버리고 평화 언약을 맺자는 라반의 제의를 곧장 수락하여, 먼저 돌을 취해 기둥으로 세웠습니다(창 31:44-45).

이때 언약의 기념물을 가리켜 각각 자기 언어로 명칭을 부여했는데 그 의미는 동일합니다. 라반이 쓰는 아람어로 "여갈사하두다", 야곱이 쓰는 히브리어로 "갈르엣"이라 칭하였으며, 둘 다 '증거의 무더기'라는 뜻입니다(창 31:46-48). 또한 "미스바"(망대)라고 칭하였는데, 이는 라반이 "우리 피차 떠나 있는 동안 맺은 언약을 잘 지키도록 하나님께서 너와 나 사이에 감찰하옵소서” 했기 때문이었습니다(창 31:49).

한편, 야곱은 일생에 돌기둥을 세 번 세웠습니다. 20년 전 벧엘에서 베개하였던 돌을 가져 기둥으로 세우고 그 위에 기름을 부었습니다(창 28:18-22). 그리고 지금 길르앗산에서 라반과 평화 언약을 맺을 때 야곱은 다시 돌기둥을 세웠습니다(창 31:45). 그리고 이 후에 세겜을 지나 벧엘에서 다시 돌기둥을 세웠습니다(창 35:14-15). 야곱이 세 번 세운 돌기둥은 모두 하나님이 함께하시며 끝까지 책임지고 지켜주신 것을 상징한 것입니다.

라반과 세운 평화 언약의 내용은, 첫째, 야곱은 아내를 박대하거나 라반의 딸들 외에 다른 여자를 아내로 더 취하면 안 된다는 것입니다(창 31:50). 둘째, 돌기둥과 돌무더기를 넘어 서로 침범해서는 안 된다는 상호 불가침 조약이었습니다(창 31:51-52).

이때 라반은 “아브라함의 하나님, 나홀의 하나님, 그들의 조상의 하나님은 우리 사이에 판단하옵소서”라고 하였고, 야곱은 “그 아비 이삭의 경외하는 이”를 가리켜 맹세하였습니다(창 31:53). 여기에서 라반은, 복수형 동사가 따르는 아브라함의 하나님과 나홀의 하나님, 곧 최소한 두 신에게 기도하는 다신론자였지만, 야곱은 이삭의 경외하는 이, 단 한 분에게 맹세하였습니다. 창세기 31:53의 ‘판단하옵소서’에는 히브리어의 복수형 어미가 붙어 있는데, 이것은 라반이 유일하신 하나님만을 섬기지 않고, 다신(多神)론 사상에 젖어 우상숭배에 빠져 있었음을 단적으로 보여 줍니다.

야곱은 길르앗산에서 제사를 드리고 자기를 학대했던 자들을 정중히 맞이하여 떡을 먹였으며, 그들과 함께 떡을 먹으며 산에서 밤을 지새웠습니다(창 31:54). 하나님의 특별하신 은혜로, 맹렬했던 분노의 폭풍이 지나고 화평과 평온의 빛이 길르앗산을 강하게 비추었습니다. 그리고 라반이 아침에 일찍이 일어나 손자들과 딸들에게 입맞추며 그들에게 축복하고 떠나 고향으로 돌아갔습니다(창 31:55). 이로써 야곱은 가나안 귀향을 위한 합법적인 절차를 마친 것이었습니다.

지금도 영원한 본향 천국을 향해 가는 길에는, 성도들의 발목을 잡고 늘어져서, 온갖 속임수와 유혹으로 이 세상 하란에 잡아 두고 영원히 종 노릇 시키려는 라반과 같은 영적 장애물들이 많이 있습니다. 여기 라반의 정체는 성도들의 영혼과 생명을 빼앗아 영생을 얻지 못하게 하고 천국 본향 가는 길을 포기하게 만드는 사단의 세력입니다. 사단의 역사는 이 세상의 쾌락과 물질, 명예, 권력을 통해 성도들에게 끝까지 들러붙어서 실컷 종 노릇 하게 하고, 성도의 영혼을 허기지게 만들고, 결국 빈털터리 공수(空手)가 되게 합니다(눅 15:13-16). 그러므로 성도들은 이 세상에 붙잡혀 종 노릇 하거나 죄 짓는 일에 이용 당해서는 안 됩니다. 야곱처럼 하나님의 언약을 확신하고 강한 신앙 가운데 있다면, 우리는 더 이상 라반의 추격을 두려워할 필요가 없습니다. 예수님께서 우리를 대신하여 원수 마귀를 십자가로 멸하시고 증거의 돌무더기를 세우셨으므로(요일 5:6-12), 예수님을 믿는 성도에게는 오직 영원한 천국 고향을 향한 전진만 있을 따름입니다(요 16:33, 요일 5:4-5).

(3) 하나님의 군대 마하나임(창 32:1-2)

야곱은 형 에서를 피해 집을 떠난 후 20년 만에 고향으로 돌아오게 됩니다. 가나안 땅으로 돌아오는 야곱 일행을 처음 맞은 것은 "하나님의 사자들"이었습니다(창 32:1). 야곱은 하나님의 사자들을 가리켜 "하나님의 군대"라고 하고, 그 땅 이름을 "마하나임"이라고 하였습니다(창 32:2). 마하나임은 야곱의 일생 노정 17장소 가운데 일곱 번째입니다.

'군대'에 해당하는 '마하네'(מַחֲנֶה)는 '에워싸다, 진을 치다'라는 뜻의 '하나'(חָנָה)에서 유래하였는데, '하나님의 진지, 하나님의 진영'으로 해석할 수 있습니다. 하나님의 군대 마하나임(מַחֲנַיִם)은 '마하네'의 쌍수로, '두 군대, 두 진영'이라는 뜻입니다. 하나님의 군대는 하나님의 백성을 보호하는 천사의 무리를 가리키므로, '마하나임'은 '천사의 두 무리'라는 뜻이 됩니다. 수많은 천사들이 하나님의 명령대로 복종하여 야곱의 귀향을 환영하고 보호하기 위해 그 주변을 완전히 둘러싸고 군대처럼 자기들의 장막을 쳤던 것입니다. 두 진영으로 나란히 서서 개선장군을 환영하듯 언약의 땅 가나안의 주인이 될 야곱을 반겨 환영하는 하나님의 군대들을 보면서 야곱은 큰 위로를 받았을 것입니다(참고-마 26:51-53). 에서의 군대가 아무리 강할지라도 하나님께서 보내시는 천사의 두 진영과는 비교할 수 없었을 것입니다. 형 에서에게 보복을 당할까 봐 두려워하고 있던 야곱은, 수많은 하나님의 사자들이 자신과 가족의 주변을 둘러싼 것을 보고, 하나님께서 반드시 가나안 땅으로 안전하게 인도하실 것과 그 땅에서의 삶을 지켜 주실 것을 확신하고 가나안 땅을 향하여 힘차게 나아갔을 것입니다.

아마도 야곱의 마음은 자신이 가나안 땅의 주인이 되어 하나님의 뜻을 이루어야 한다는 사명의식으로 늘 충만했을 것입니다. 오늘도 성도들이 믿음으로 세상이라는 밧단아람(하란)을 떠나 말씀을 들고 영원한 본향 천국을 사모하여 나아갈 때, 하나님의 군대가 두 줄로 둘러서서 호위하며 절대 보호해 주십니다(참고-눅 16:22). 비록 육신의 눈에 보이지는 않지만 천사가 주를 경외하는 성도들을 둘러 진치고 있으며(시 34:7), 아주 가까이에서 하나님의 사람들을 섬기고 있습니다(히 1:14). 하나님께서는 사명이 크고 믿음이 강한 자에게 수천수만의 천사를 동원하여 붙여 주시고 절대적으로 지켜 주십니다(왕상 22:19, 왕하 2:11, 6:14, 17, 대하 18:18, 히 12:22).

(4) 에서에게 사자들을 보낸 야곱(창 32:3-6)

야곱은 마하나임의 체험을 한 후, 세일 땅 에돔 들에 있는 형 에서에게 자기 사자들을 자기보다 앞서 보냈습니다(창 32:3). 야곱은 하나님의 약속이 머물러 있는 고향 가나안에 기필코 가야만 했기에 형 에서를 대면할 수밖에 없었습니다. 가나안으로 들어가려는 야곱에게 형 에서는 그가 넘어야 할 생애 최고의 장애물이었습니다. 가나안으로 들어가려면 에서의 마음을 돌이키게 하여 속히 화해하는 길밖에 없었습니다.

야곱은 사자들에게 부탁하기를, 형 에서를 "내 주"라고 지극히 높이고, 자기는 "주의 종"으로 심히 낮추어 칭하게 했습니다(창 32:4-5, 18, 20). 에서에게 지나칠 정도로 공경을 표한 것은, 야곱이 지난날 에서에게 행한 자신의 허물에 대하여 얼마나 두려움과 죄책감이 컸는가를 보여 줍니다.

그리고 그들에게 "내가 라반에게 붙여서 지금까지 있었사오며 내게 소와 나귀와 양떼와 노비가 있사오므로 사람을 보내어 내 주께 고하고 내 주께 은혜 받기를 원하나이다"라고 하라고 부탁했습니다

(창 32:4-5). 여기 '붙여서'(ㄱㄲㄲ, 구르) 있었다는 것은 고향이 아닌 곳에서 나그네로 잠시 머물렀음을 의미합니다. 야곱은 잠시 머무르려 했던 라반의 집에서 20년이나 있었지만, 마음속에서는 늘 아버지가 계시는 약속의 땅 가나안을 소망하며 살았던 것입니다.

또한 야곱은 소와 나귀와 양떼와 노비를 거느릴 정도로 탄탄한 경제 기반이 있으므로, 아버지 이삭의 재산 상속에는 전혀 관심이 없음을 드러내고, 지난날 자신의 허물을 용서받고자 에서에게 은혜를 간구하였습니다.

(5) 심히 두렵고 답답했던 야곱의 기도(창 32:7-12)

야곱은 자신이 보낸 사자들을 통해 형 에서가 400명을 이끌고 온다는 공포의 소식을 듣게 됩니다(창 32:6, 33:1). 400명은 아브라함이 롯을 구출하기 위해서 동원했던, 자기 집에서 길리고 연습한 자 318명(창 14:14)에 비해도 훨씬 많은 숫자였고, 고대 족장 시대에는 큰 병력이었습니다. 에서는 아비 이삭이 "너는 칼을 믿고 생활하겠고"(창 27:40)라고 예언한 대로, 지난 20년간 전투력을 갖춘 큰 병력을 이끄는 강력한 족장으로 성장했던 것입니다.

에서가 야곱에게 복수할 생각이 없다면 400명을 이끌고 올 리가 없었을 것입니다. 따라서 사자들의 전갈을 듣고 큰 충격을 받은 야곱은 본능적으로 에서의 보복에 대한 두려움을 강하게 느꼈습니다. 창세기 32:7에 "야곱이 심히 두렵고 답답하여..."라고 기록하고 있는데, 이는 오랜 세월 야곱의 마음을 괴롭게 짓누르고 있었던 죄의식 때문이었습니다. 그는 에서에게 두 번이나 죄를(창 27:36) 범했는데, 첫 번째는 허기진 형 에서를 이용해 떡과 팥죽으로 장자의 명분을 빼앗은 죄이고(창 25:29-34), 두 번째는 눈이 어두운 아버지 이삭을 속여 형 에서가 받을 장자의 축복을 가로챈 죄입니다(창 27:1-45). 이처럼 죄는 죄지은 사람을 심히 두렵게 하고, 답답하여 견딜 수 없게 만듭니다. 하나님께서 하늘의 천사들을 보내셔서 야곱을 둘러싸고 보호하셨으나, 그 마음속에 깊숙이 스며 있는 죄의식 때문에 두려움을 떨치지 못하고 견딜 수 없는 공포에 떨었습니다.

고대 유목민들은 위험에 직면할 때 가축을 분산시켜 희생을 줄였습니다. 야곱도 모든 처자와 재산을 일시에 몽땅 잃을 것만 같은 불안함 때문에, 재빨리 자기와 함께한 종자와 양과 소와 약대를 두 떼로 나누고, "에서가 와서 한 떼를 치면 남은 한 떼는 피하리라"라고 하면서 에서의 공격에 대한 대비하였습니다(창 32:7-8).

그리고 나서 야곱은 하나님께 간절히 기도로 매달렸습니다. 야곱은 하나님의 크신 이름의 권세를 붙들고, 자격 없는 자에게 베푸신 하나님의 자비에 감사하며, 언약을 의지하여 기도를 드렸습니다.

첫째, 야곱은 20년 전 하나님께서 벧엘에서 "나는 여호와니 너의 조부 아브라함의 하나님이요 이삭의 하나님이라"(창 28:13)라고 친히 계시해 주신 성호를 기억하여 기도했습니다.

창세기 32:9 "야곱이 또 가로되 나의 조부 아브라함의 하나님, 나의 아버지 이삭의 하나님 여호와여..."

참으로 하나님께서는 그 크신 이름을 위하여 자기 백성을 사랑하며 끝까지 버리지 않고 구원하십니다. 사무엘상 12:22에서 "여호와께서는 너희로 자기 백성 삼으신 것을 기뻐하신 고로 그 크신 이름을 인하여 자기 백성을 버리지 아니하실 것이요"라고 말씀하였습니다(시 106:8, ^{참고}렘 14:21, 겔 20:9, 14, 22, 36:21).

둘째, 야곱은 라반에게서 탈출하기 직전에 하나님께서 "네 조상의 땅 네 족속에게로 돌아가라 내가 너와 함께 있으리라"(창 31:3)라고 명하신 말씀을 붙들고 기도했습니다.

창세기 32:9 "... 주께서 전에 내게 명하시기를 네 고향, 네 족속에게로 돌아가라 내가 네게 은혜를 베풀리라 하셨나이다"

셋째, 야곱은 20년 전 지팡이만 들고 요단을 건널 때와 오늘을 비교하면서, 처음부터 초라하고 보잘것없었던 자신, 그리고 지금도 여전히 부족하여 아무 자격이 없는 자신에게, 분에 넘치도록 베풀어 주신 하나님의 무한한 은총과 진리 앞에 뜨거운 감사를 드렸습니다.

창세기 32:10 "나는 주께서 주의 종에게 베푸신 모든 은총과 모든 진리를 조금이라도 감당할 수 없사오나 내가 내 지팡이만 가지고 이 요단을 건넜더니 지금은 두 떼나 이루었나이다"

넷째, 형 에서가 자신과 처자들을 칠까 심히 두려워하면서 '형의 손, 에서의 손'으로부터 건져 달라고 탄식하며 기도하였습니다.

창세기 32:11 "내가 주께 간구하오니 내 형의 손에서, 에서의 손에서 나를 건져내시옵소서 내가 그를 두려워하옴은 그가 와서 나와 내 처자들을 칠까 겁냄이니이다"

야곱은 아내들과 자식들이 처참하게 살육당하는 최악의 사태가 닥칠 것이 너무나 두렵고 겁이 나서 정신을 잃을 정도였을 것입니다. 여기 "건져내시옵소서"의 히브리어는 '나찰'(נצַל)의 히필(사역)형으로, '나를 잡아채듯이 구원하소서'라는 참으로 애끓는 탄식입니다. 이렇게 야곱은 오직 환난 중에 만날 큰 도움이요, 강한 힘이요, 유일한 피난처이신 하나님께 기도했습니다(시 46:1, 140:4).

다섯째, 야곱은 아브라함과 이삭에게 주셨던 언약에 근거하여서 기도했습니다.

> **창세기 32:12** "주께서 말씀하시기를 내가 정녕 네게 은혜를 베풀어 네 씨로 바다의 셀 수 없는 모래와 같이 많게 하리라 하셨나이다"

'지금 우리가 에서의 손에 죽는다면 어찌 하나님의 그 약속이 이루어질 수 있습니까'라고 하면서 결사적으로 매달린 것입니다. 그 언약은 창세기 28:14에서 "네 자손이 땅의 티끌같이 되어서 동서남북에 편만할지며 땅의 모든 족속이 너와 네 자손을 인하여 복을 얻으리라"라고 자신에게 주셨던 약속이요, 조부 아브라함에게 하신 언약이요(창 22:17), 아버지 이삭에게 재확인하신 언약이었습니다(창 26:4).

하나님께서는 언약하시면 그대로 이루시는 미쁘신 분이십니다(고후 1:18, 살전 5:24, 딤후 2:13, 히 10:23, 11:11). 하나님은 약속의 말씀을 붙잡고 드리는 기도에 속히 응답하십니다(출 32:11-14, 느 1:5-11, 9:6-38, 요 15:7).

(6) 에서와의 화해를 위한 야곱의 예물 준비와 전달(창 32:13-23)
① 에서를 위한 야곱의 예물 준비

야곱은 그 밤중에 기도를 올리면서 뜬눈으로 경야(經夜: 지날 경, 밤 야; 밤을 지새움)하였습니다(창 32:13下). 야곱은 에서가 살기등등하여 대병력을 이끌고 다가오는 큰 곤경에 처했지만, 인간적으로 좌절하지 않고 최후의 순간까지 기도하면서 최선의 방법을 침착하게 모색해 나갔습니다.

야곱은 형을 설득하려고 필사적인 노력을 기울였습니다. 우선 야곱은 밧단아람에서 이끌고 나온 가축들 중에 곧 "그 소유 중에서"(מִן־הַבָּא בְיָדֽוֹ, 민 하바 베야도: 자기 손에 들어오는 대로) 에서를 위하여 예물을 택하였습니다(창 32:13下). 잠언 18:16에 "선물은 그 사람의 길을 너그럽게 하며 또 존귀한 자의 앞으로 그를 인도하느니라"라고 말씀하였습니다(참고-잠 17:8, 19:6, 21:14).

이때 야곱이 에서를 위해 준비한 예물은 '암염소 200, 숫염소 20, 암양 200, 숫양 20, 젖 나는 약대 30과 그 새끼, 암소 40, 황소 10, 암나귀 20, 새끼 나귀 10'(창 32:13-15) 마리였습니다. 이 가운데 젖 나는 약대의 새끼는 정확한 숫자를 밝히지 않았으므로 총 550마리 이상 준비한 것입니다. 이렇게 많은 가축을 에서에게 보낼 수 있었던 것은, 하나님께서 야곱이 크게 번영하도록 축복해 주셨기 때문입니다.

② 에서에게 화목 예물을 전달한 야곱의 지혜

에서를 위한 가축을 모두 선택한 후, 야곱은 그 예물을 에서에게 전달하는 방법을 아주 세밀하게 신경을 써서 종들에게 빈틈없이 지시했습니다(창 32:16-20).

첫째, '각 떼로 상거가 뜨게' 했습니다.

야곱은 가축을 각각 떼로 나눠 종들의 손에 맡기고, 그 종들에게 "각 떼로 상거가 뜨게"(창 32:16) 하라고 지시했습니다. 이는 떼와 떼 사이에 거리를 두라는 뜻입니다. 처음에 염소 220마리(암염소 200, 숫염소 20)를 보내고, 간격을 두었다가 다시 양 220마리(암양 200, 숫양 20)를 보냈으며, 또 간격을 두어 그 뒤를 따라 젖 나는 약대 30마리와 그 새끼를 보냈고, 그 다음에 소 50마리(암소 40, 황소 10)를 보내고, 마지막으로 나귀 30마리(암나귀 20, 새끼 나귀 10)를 보냈습니다(창 32:16-19). 이렇게 다섯 떼로 나누어 일정 거리를 둠으로써, 예물의 양이 많아 보이게 하고, 성미가 급한 에서의 격한 마음을 누그러지게 했습니다.

둘째, '가축을 앞세우고 목자가 그 뒤를 따르게' 했습니다.

가축보다 목자가 앞서는 것이 일반적인데(요 10:4), 야곱은 예물로 줄 가축떼를 앞세우고, 종들이 뒤따라 가도록 했습니다(창 32:17-19, 참고-삼상 25:18-33). 이는 물질에 약한 에서의 마음을 움직이려 한 야곱의 지혜입니다.

셋째, 가축들을 종류별로 나누어 여러 떼로 배치하였습니다
       (창 32:14-16).

이는 에서가 이 예물을 순서대로 받을 때 한 번의 기쁨으로 끝나지 않게 함으로, 살기등등했던 에서의 마음이 완전히 풀리게 하려는 치밀한 작전이었습니다.

넷째, 가축떼를 이끄는 모든 종들에게 일일이 찾아가서
       부탁하였습니다.

야곱은 각 종들에게 형 에서가 "네가 뉘 사람이며 어디로 가느냐 네 앞엣 것은 뉘 것이냐"(창 32:17)라고 물으면, "주의 종 야곱의 것

이요 자기 주 에서에게로 보내는 예물이오며 야곱도 우리 뒤에 있나이다"(창 32:18)라고 말하도록 지시했습니다. 야곱은 같은 말을 앞선 종부터 시작하여 마지막 종에게까지 다섯 번 되풀이하여 전했고(창 32:19), 각각의 종들은 야곱이 부탁한 대로 에서에게 같은 말을 전했을 것입니다.

다섯째, 형 에서를 야곱의 '주'라고 지극히 높이고, 자기를 에서의 '종'으로 심히 낮추어 칭하게(창 32:18-20) 했습니다.

야곱이 한날에 함께 태어난 쌍둥이 형 에서를 '주'라고 불러 왕처럼 존대하고, 자신은 그를 섬기고 그의 은혜를 입어야 할 '종'으로 비하하였습니다. 20년 전에는 형 에서를 '주'라고 부른 적이 없고, 자기가 형의 '종'이라고 생각한 적도 없습니다. 그러나 이제는 원수 된 것을 화목의 끈으로 묶기 위하여 하나님의 언약 속에서 상대를 무한히 존경할 수 있는 겸손한 사람으로 변하였습니다. 야곱은 "큰 자는 어린 자를 섬기리라"라는 계시대로, 태중에서부터 큰 자의 섬김을 받는 장자로 선택된 자였습니다(창 25:23). 그러나 하나님께서는 야곱이 하나님의 언약을 걸머진 장자의 사명을 감당케 하시려고 먼저 다른 사람을 섬기는 겸손한 자로 연단하셨습니다. 예수님께서도 '높은 자가 되고자 하는 자는 남을 섬기는 자가 되어야 하고 으뜸이 되고자 하는 자는 모든 사람의 종이 되어야 한다'라고 말씀하셨습니다(막 10:43-44, 참고-마 18:4). 예수님께서 이 땅에 오신 목적도 다른 사람을 섬기기 위함이라고 말씀하셨습니다(마 20:28, 막 10:45). 사도 바울도 복음을 위하여 스스로 모든 사람에게 종이 되었다고 고백하였습니다(고전 9:19). 그러므로 최고의 신앙은 최고의 겸손을 동반합니다(고전 15:10). 인간 관계에서 아무리 오래도록 얽힌 문제와 오해와 갈등이 있어도 상대를 높이고 내가 먼저 낮아지는 겸손 속에 화목하는 비결이 있음을 교훈해 줍니다.

이 모두가 형의 분노를 반드시 풀어 화를 당치 않고 마침내 가나안에 들어가려 했던 야곱의 지혜였습니다. 창세기 32:20 하반절에 "야곱의 생각에 내가 내 앞에 보내는 예물로 형의 감정을 푼(כָּפַר, 카파르: 덮다, 속죄하다) 후에 대면하면 형이 혹시 나를 받으리라"라고 기록하고 있습니다.

드디어 준비된 다섯 종류의 가축(염소, 양, 약대, 소, 나귀) 암수 550마리가 넘는 예물을 앞세워 보내고, 야곱은 두려움과 불안으로 무리 가운데서 밤을 지새웠습니다(창 32:13-21). 참으로 두렵고 떨리는 밤이요, 고통과 시련의 밤이었습니다. 그러나 야곱은 그 밤에 주저앉지 않고 일어났습니다(창 32:22^上). 그리고 두 아내와 두 여종과 열한 아들을 인도하여 얍복 나루를 건네고, 그 소유도 건네었습니다(창 32:22-23).

(7) 야곱의 얍복강 기도와 새 이름 '이스라엘'(창 32:24-32)
① 캄캄한 밤에 홀로 남은 야곱(창 32:24^上)

종들과 가축떼와 처자식들을 모두 강 저편으로 보내고 야곱이 홀로 남았습니다.

창세기 32:24 "야곱은 홀로 남았더니..."

캄캄한 밤, 흘러가는 얍복강의 나루에, 야곱은 홀로 남았습니다. 처자를 강 건너편으로 떠나보냈으니 모든 것과의 단절입니다. 모든 가축을 강 건너편으로 떠나보냈으니 아무것도 없는 상태입니다. 흑암과 고독과 적막뿐입니다. 그러나 한밤중 얍복 나루는 하나님이 야곱을 위하여 준비하신 축복의 시간이요, 거룩한 장소였습니다. 밤은 무서운 시간이지만, 조용히 자기를 반성하고 하나님과 깊은 영적 교제를 나눌 수 있는 시간입니다. 고독은 한자로 '외로울 고(孤), 홀로 독(獨)'으로, '주위에 마음을 함께할 사람이 없어 혼자 동떨어져 있음을 느끼는 상태(몹시 외로움)'를 말합니다.

우리는 홀로 남았을 때, 모든 것을 잃어버리거나 실패한 순간으로 잘못 생각할 때가 있습니다. 버림을 당하여 망한 순간으로 착각하기 쉽습니다. 그러나 고독은 깊은 영적 은혜 속으로 인도하는 축복의 통로입니다. 성도에게 가장 만족한 은혜는 홀로 하나님 앞에 기도로 몸부림칠 때 받게 됩니다. 홀로 있을 때 하나님을 만나고, 잃어버린 자기 영혼을 되찾게 되며, 예수 그리스도 안에 있는 참된 자아를 새롭게 만나게 됩니다.

에녹은 경건치 않은 세상에 심판을 외치는 고독이 있었습니다(유 1:14-15). 노아는 강포가 땅에 충만한 세상에서 홀로 고독한 중에 하나님의 은혜를 입었습니다(창 6:8). 아브라함은 갈 바를 알지 못하는 고독 속에 말씀을 좇아갔습니다(창 12:4, 히 11:8). 욥은 재물을 잃고, 가정을 잃었으며 그리고 특별히 건강마저 잃고 친구도 다 잃었을 때, 적신(赤身)만 남은 채로, 가혹한 고독 속에서, 귀로만 듣던 하나님을 눈으로 뵈었습니다(욥 1:13-2:10, 13:24, 42:5). 모세는 시내산 위에 40일간 고독 속에 던져져 기도할 때 하나님을 만났고, 하나님의 영광 중에 십계명 돌판을 받았습니다(출 24:12-18, 신 9:6-11).

북 이스라엘 최고의 선지자 엘리야는 850명 거짓 선지자들 앞에 홀로 고독하게 서서, 여호와가 참신인 것을 증거하였습니다. 아합왕의 아내 이세벨이 자신을 죽이려고 군사를 풀어 쫓아올 때, 생명을 부지하려고 스스로 광야로 들어가 하룻길쯤 행하고 로뎀나무 아래 앉아서 "지금 내 생명을 취하옵소서"라고 하나님 앞에 죽기를 구했습니다(왕상 19:1-4). 깊은 좌절과 고독 속에 잠들어 버린 엘리야를 여호와의 사자가 찾아와 어루만지며 "일어나서 먹으라"라고 위로하였습니다(왕상 19:5). 이에 머리맡에 놓인 숯불에 구운 떡과 한 병의 물을 먹고 마시고 다시 누웠습니다(왕상 19:6). 여호와의 사자가 또다시 와서 어루만지며 "일어나서 먹으라 네가 길을 이기지 못할까 하노라"라고 힘을 주었습니다(왕상 19:7). 가장 고독한 중에 지쳐 쓰러지기 전에 찾아오신 하나님의 자비한 손길, 뜨거운 위로의 음성을 듣고 엘리야는 일어나 먹고 마셨습니다. 그 식물의 힘을 의지하여 사십 일 사십 야를 행하여 하나님의 산 호렙에 이르렀습니다(왕상 19:8). 하나님께서 주신 음식에 담긴 기적적인 힘과 효력으로, 엘리야 선지자는 브엘세바에서 하나님의 산 호렙까지 대략 290㎞나 되는 험한 광야 길을 무사히 걸어갈 수 있었습니다.

사도 요한은 밧모 섬에 유배되어, 극한 고독 속에서 몸부림친 결과로 하늘이 열렸고, 놀라운 종말 계시를 받았습니다(계 1:9).

예수님께서도 구속사적으로 가장 중요한 순간마다 항상 홀로 기도하셨습니다. 열두 제자를 선택하실 때에도 따로 가서 기도하셨고(눅 6:12-13), 세례 요한의 사망 소식을 들었을 때 따로 기도하셨습니다(마 14:12-13). 5천 명을 먹이신 후에 사람들이 억지로 잡아 임금 삼으려 했을 때 따로 산에 올라가 기도하셨고(마 14:23, 요 6:15), 십자가에 달리시기 전에도 제자들은 모두 잠들어 있었고 홀로 겟세마네 동산에서 땀방울이 핏방울이 되도록 기도하셨습니다(마 26:36-46, 눅 22:39-46).

야곱이 캄캄한 밤에 홀로 극한 고독 속에서 기도로 승리한 비결은, 오직 하나님의 은혜로 언약을 끝까지 붙들었기 때문입니다(창 32:9, 12). 아브라함에게 언약하시고 이삭에게 언약하시고, 야곱 자신에게 언약하신 언약의 땅 가나안에 돌아가기 위해 필사적으로 기도한 것입니다. 야곱처럼 캄캄한 밤에 홀로 남는 고독의 순간이 올지라도 낙망치 말고 하나님의 말씀을 믿고 끈질기게 기도하여 승리하시기 바랍니다(눅 18:1).

사명(使命)의 길은 고독하기 마련입니다. 사명의 길은 늘 영과 육이 갈라지는 현장이요, 절대 신앙의 길이기 때문이요, 육으로 가득한 세상이 알지 못하는 길이기 때문입니다(롬 8:5-7). 그러나 사명자가 만나는 고독은 세상과 같이 죽음에 이르는 것이 아니고, 주님과 함께하는 참된 생명의 고독이요(요 8:29), 하나님의 뜻대로 하는 목적 있는 고독입니다(고후 7:10-11). 그 뒤에는 큰 위로와 큰 전진 그리고 큰 보상이 따릅니다.

② 얍복 나루의 철야 기도(창 32:24^{下}-25)

막다른 상황에 처한 야곱은 자신의 힘으로 아무것도 할 수 없음을 알았고, 얍복 나루에서 홀로 생사를 걸고 기도하기 시작하였습니다(창 32:24).

첫째, **옛것을 흘려 보내는 철저한 회개 기도였습니다.**

얍복 강은 갈릴리 호수와 사해 중간에 위치한 요단강 동쪽 지류인데, 우기에만 집중적으로 물이 흐른다고 합니다. ‘얍복’(창 32:22)은 히브리어로 ‘얍보크’(יַבֹּק)로서 ‘흐르는’이라는 뜻이며, ‘나루’는 강을 건너기에 안전한 장소이므로 그곳을 통해 가족과 모든 소유를 건너게 하였습니다. 야곱은 생명을 위협받는 극한 두려움과 답답함 속에서(창 32:7), 비로소 지금까지 가지고 살아온 자신의 모든 인간적인 속성들이 쓸모없음을 절감했을 것입니다. 마침내 옛사람 야곱의 인간적인 재주와 수단과 꾀를 얍복강에 모두 흘려 보내고 오직 하나님만 붙잡고 의지하여 간절히 기도했던 것입니다.

둘째, 힘을 다하며 씨름하는 기도였습니다.

얍복 나루에 홀로 남아 기도하는 야곱에게 어떤 사람이 나타나 날이 새도록 야곱과 씨름을 하였습니다(창 32:24). ‘씨름하다’는 히브리어 ‘아바크’(אָבַק)로, ‘단단히 붙잡다, 맞붙어 싸우다’란 뜻이며, 이것은 온몸에 먼지를 뒤집어쓸 정도로 격렬하게 싸우는 것을 의미합니다. 당시 야곱의 나이 96세였으나, 생애 최대의 위기가 닥치자, 노구를 무릅쓰고 사력을 다해 끈질기게 기도로 씨름하였습니다. 날이 밝기까지 전력을 기울여 기도를 중단하지 않았습니다.

우리의 기도도 씨름하듯 힘쓰지 않는다면 결코 응답이 없습니다. 로마서 12:12에 “기도에 항상 힘쓰며”, 골로새서 4:2에 “기도를 항상 힘쓰고”, 에베소서 6:18에 “깨어 구하기를 항상 힘쓰며”라고 말씀하고 있습니다. 예수님께서도 겟세마네 동산에서 “힘쓰고 애써 더욱 간절히 기도하시니 땀이 땅에 떨어지는 핏방울같이 되더라”라고 말씀하고 있습니다(눅 22:44).

셋째, 대성통곡하며 애걸하는 기도였습니다.

야곱이 대성통곡했다는 사실은 창세기에는 나오지 않지만, 호세아 12:4에서 “천사와 힘을 겨루어 이기고 울며 그에게 간구하였으며…”라고 말씀하고 있습니다. “울며”에 해당하는 히브리어 ‘바카'(בָּכָה)는 매우 큰 소리로 통곡하는 것을 뜻합니다(창 27:38, 삿 21:2). "간구하였으며"는 히브리어 '하난'(חָנַן)으로 '애걸하다'라는 뜻인데, 훗날 요셉이 구덩이에서 형들에게 살려 달라고 소리치는 장면에 '하난'이 쓰였습니다(창 42:21). 예수님의 겟세마네 기도야말로 대성통곡하며 애걸하는 기도였습니다(눅 22:44). 예수님은 우리를 위하여 심한 통곡과 눈물로 간구와 소원을 올리셨습니다(히 5:7).

이처럼 울며 간구하되 응답을 받을 때까지 포기하지 않고 기도해야 합니다. 야곱은 "날이 새도록" 응답을 받기까지 기도를 멈추지 않았습니다(창 32:24). 기도하다가 낙망하는 자에게는 응답이 없고, 멈추지 않는 기도에는 반드시 응답이 있습니다(시 88:1-2, 9, 눅 18:1, 골 4:2, 살전 5:17).

넷째, **환도뼈가 위골되는 기도였습니다.**

야곱과 씨름하던 어떤 사람이 자기가 야곱을 이기지 못함을 보고 야곱의 환도뼈를 치자 그것이 위골되었습니다(창 32:25). 환도뼈는 넓적다리뼈, 즉 대퇴골을 가리키며(창 24:2, 32:25, 47:29), '허리'라고도 번역됩니다(출 32:27, 시 45:3). 고대 근동 지방에서는 환도뼈가 생명의 원천(源泉)을 나타내었으며, 그래서 환도뼈 아래 손을 넣고 하는 맹세는 생명을 거는 중요한 서약이었습니다.

'위골'의 히브리어는 '야카'(יָקַע)로, '뼈가 어긋나다, 탈구하다, 탈골하다'라는 뜻입니다. 사람의 뼈 중 가장 긴 환도뼈를 어긋나게 한 것은, 하나님께서 야곱의 힘과 그의 잔꾀, 그의 실력, 그의 옛 사람을 완전히 꺾어 버리시고 정복하신 것을 의미합니다. 야곱 속에서 끈질기게 어마어마한 힘으로 주인 노릇 하던 그 옛자아가 완전히 부서지고 만 것입니다. 지금까지 가장 믿고 신뢰하며 자랑했던 자기 자신,

육신적인 자아가 박살나는 순간입니다. 옛사람과 그 행위가 십자가에 처참하게 못 박혀 옛자아(自我)가 사망하는 순간입니다. "그리스도 예수의 사람들은 육체와 함께 그 정과 욕심을 십자가에 못 박았느니라"(갈 5:24)라고 하신 말씀이 내 안에서 성취되는 순간입니다. 예수 그리스도의 십자가 안에서 나의 신기원이 열리는 시간입니다.

환도뼈가 위골된 야곱은 96세에 다리를 절기 시작해서 147세까지 51년 동안 계속 절어야 했습니다. 이제부터 오직 하나님만을 의지해야 되는 삶으로 바뀐 것입니다. 야곱은 얍복 강의 기도 후에 51년 동안 험악한 세월을 지내야 했지만, 그러나 그는 하나님만 바라보며, 새로운 생명, 새로운 힘의 근원에 의지하여 오직 언약 성취를 위한 구속사적 삶을 살았습니다. 우리의 신앙 생활도 환도뼈가 위골되는 지경을 통과하여 하나님께서 공급하시는 새로운 생명 속에서, 날마다 오직 하나님만을 의지하는 흔적이 있어야 합니다.

③ 야곱이 받은 새 이름 '이스라엘'(창 32:26-28)

한밤이 지나고 동이 터 오기 시작했습니다. 환도뼈가 위골되어 강가에 쓰러진 야곱은 이제 그분 외에 아무것도 붙잡을 수가 없습니다. 실로 가련하고 불쌍한 모습입니다. 야곱은 환도뼈가 위골된 후, 지금까지 씨름했던 어떤 사람이, 사람이 아님을 곧 일게 되었습니다. 그 사람이 "날이 새려 하니 나로 가게 하라"라고 하며 야곱을 버려두고 떠나려 했습니다. 야곱은 그분에게 "당신이 내게 축복하지 아니하면 가게 하지 아니하겠나이다"라고 간청하며 사력을 다해 그를 바짝 붙들었습니다(창 32:26).

이에 그 사람이 "네 이름이 무엇이냐?"라고 묻자, 그는 "야곱이니이다"라고 답했습니다(창 32:27). 하나님께서 야곱의 이름을 물으신 것은, '속이는 자'라는 야곱의 이름 뜻처럼(창 27:36), 교만, 거짓말, 위선, 속임수로 가득했던 옛 야곱의 정체를, 자기 입으로 고백하게 만드신 것입니다. 자기를 '속이는 자, 사기꾼'이라고 스스로 고백하는 것은 너무도 부끄럽고 어려운 일입니다. 20년 전에 아버지 이삭이 "네가 누구냐"라고 물었을 때 야곱은 "아버지의 맏아들 에서로소이다"라고 천연덕스럽게 거짓말을 하여 축복을 가로챘는데(창 27:18-19), 이제 하나님께서 그 이름을 다시 묻자 "야곱"이라고 고백하며 회개한 것입니다.

이때 그 사람이 "네 이름을 다시는 야곱이라 부를 것이 아니요"라고 하면서 야곱에게 '이스라엘'이라는 새 이름을 주었습니다. 그 이름의 뜻은 '하나님과 사람으로 더불어 겨루어 이기었다'입니다.

창세기 32:28 "그 사람이 가로되 네 이름을 다시는 야곱이라 부를 것이 아니요 이스라엘이라 부를 것이니 이는 네가 하나님과 사람으로 더불어 겨루어 이기었음이니라"

바른성경 "네 이름을 더 이상 야곱이라 부르지 않고, 이스라엘이라고 부를 것이니, 네가 하나님과 겨루고 또 사람들과 겨루어 이겼기 때문이다."

"이는 네가 하나님과 사람으로 더불어 겨루어 이기었음이니라"라고 하신 말씀은, 히브리어 כִּי־שָׂרִיתָ עִם־אֱלֹהִים וְעִם־אֲנָשִׁים וַתּוּכָל(키 사리타 임 엘로힘 베임 아나심 바투칼)인데, 직역하면 '그 이유는 네가 하나님과 그리고 사람들과 싸웠으며 그리고 너는 이겼기 때문이다'라는 뜻입니다. 여기 야곱이 사람들과 겨룬 것은 과거에 브엘세바에서 형 에서와 겨루었던 것(창 27:36)과 밧단아람에서 외삼촌 라반과 겨루었던 것(창 30:42)을 가리킵니다. 그리고 하나님과 겨룬 것은 바로 얍복 나루의 씨름을 가리킵니다. 야곱은 이제 비로소 자신의 인

간적인 힘을 다 내려놓고 오직 하나님만 의지하여 사람들과 겨루어
이기고, 하나님과 겨루어 이긴 것입니다. 만약 야곱이 사람들과만 겨
루어 이기고 말았다면, 그의 인생은 여전히 죄로 얼룩진 자아가 왕
노릇 하는 비참한 인생이 되고 말았을 것입니다. 야곱은 마침내 하
나님께서 인정하시는 참된 승리자가 되었습니다. 오직 하나님을 전
적으로 의지하는 인생으로 바뀌게 되었던 것입니다.

④ 브니엘에서 맞은 새 아침(창 32:29-31)

지난밤, 야곱은 얍복 나루에서 완전히 죽어 장사되었고, 새 사람
이스라엘이 태동하는 역사의 신기원이 이루어졌습니다. 그 아침, 거
기에서 야곱에게 축복이 쏟아졌습니다(창 32:29). 야곱은 이 엄청난
사죄의 은총과 놀라운 축복을 받은 후, 넘치는 감사와 감격으로 그
곳 이름을 "브니엘"(פְּנִיאֵל : 하나님의 얼굴)이라고 하였습니다. 그는
"내가 하나님과 대면하여 보았으나 내 생명이 보전되었다"라고 고
백하였습니다(창 32:30). 얍복 나루의 브니엘은 야곱의 일생 노정 17
장소 가운데 여덟 번째입니다.

사람이 하나님을 대면하면 죽을 수밖에 없는데(출 33:20, 삿 13:22,
사 6:5), 야곱은 허물 많은 인간으로서 하나님을 대면하고도 그 생명
이 보전되었습니다. 야곱이 죽지 않고 산 이 사건은, 이세 에서와의
만남에서도 죽지 않고 살 수 있다는 믿음을 심어 주었습니다. 그래
서 야곱은 에서를 만났을 때 "내가 형님의 얼굴을 뵈온즉 하나님의
얼굴을 본 것 같사오며 형님도 나를 기뻐하심이니이다"(창 33:10)라
고 고백했던 것입니다.

야곱이 새 이름을 받고 브니엘을 지날 때에 해가 돋았습니다(창
32:31上). 해가 떠오르자 천지를 덮었던 암흑이 완전히 사라지고, 태

양빛이 온 천지를 환히 밝혔습니다. 하나님은 '해'요, '치료하는 광선'이십니다(시 84:11, 말 4:2). 야곱의 마음속에 태양빛의 일곱 배로 밝은 하나님의 얼굴빛이 환하게 솟아오르자 순식간에 하늘의 큰 평강으로 충만해졌습니다. 우리도 하나님의 얼굴을 뵈어야 평강이 임하고, 참된 생명이 넘치는 삶을 살 수 있습니다.

시편 80:3, 7, 19 "우리를 돌이키시고 주의 얼굴빛을 비취사 우리로 구원을 얻게 하소서"

민수기 6:25-26 "여호와는 그 얼굴로 네게 비취사 은혜 베푸시기를 원하며 26 여호와는 그 얼굴을 네게로 향하여 드사 평강 주시기를 원하노라 할지니라 하라"

이 후에 야곱은 위골된 환도뼈 때문에 절었습니다(창 32:31下). '절었더라'는 '절뚝거리다'라는 뜻의 히브리어 '찰라'(צָלַע)의 분사형으로, 계속해서 절뚝거렸다는 것입니다. 환도뼈가 위골되어 절름발이가 되었으나, 그것은 야곱이 하나님의 얼굴을 대면한 복스러운 은혜의 흔적이었습니다.

⑤ 야곱의 후손 "이스라엘 사람들"(창 32:32)

창세기 32:32 "그 사람이 야곱의 환도뼈 큰 힘줄을 친 고로 이스라엘 사람들이 지금까지 환도뼈 큰 힘줄을 먹지 아니하더라"

여기 '이스라엘 사람들'은 환도뼈가 위골된 후에 새 이름 받고 새 사람이 된 '이스라엘'의 신앙을 계승하는 거룩한 무리를 가리킵니다. 이들은 짐승의 환도뼈 큰 힘줄을 먹지 않도록 하는 규례를 지키면서, 야곱이 하나님과 대면한 사실을 기억하고 하나님께 받은 승리의 축복을 후손 대대로 영예롭게 기념하였습니다.

이제 야곱의 열두 아들은 '이스라엘의 자녀'입니다(창 42:5, 45:21, 49:2, 28). 하나님께서는 그 이스라엘의 자녀들을 통해 아브라함에게 언약하신 '큰 민족'(창 12:2)을 이루려고 계획하셨습니다. 야곱의 열두 아들과 그 후손들은, 자신들이 하나님이 친히 선택하시고 구원하신 백성 이스라엘임을 점차 자각하게 되었고, 훗날 '이스라엘'은 야곱의 후손들이 세운 나라와 그 국민을 가리키는 이름이 되었습니다.

- 430년간 애굽에 체류하는 동안(출 12:40-41) 이스라엘 자손으로 불렸습니다(출 1:1-14, 3:9-16 등).
- 시내산 언약과 함께 십계명과 율법을 받고(출 19:5-8, 20:1-23:33, 24:4-8), 성막을 중심하여 제사장 제도를 마련하였고 장로들을 임명하여 신정 국가 이스라엘의 기틀을 마련하였습니다(출 24:9-11, 25:1-31:18, 민 11:16-17, 24-25).
- 가나안 정복 전쟁에서 승리함으로써, 땅을 가진 명실상부한 '국가' 이스라엘이 되었습니다(민 34:2-12, 수 21:43-45).
- 통일왕국 시대에는 '이스라엘'이 백성과 그 영토의 호칭이 되었습니다(삼하 5:12, 6:15, 왕상 5:13) .
- 분열왕국 시대에는 북 왕국 이스라엘의 호칭이 되었습니다(왕상 14:19, 29, 왕하 17:21-23, 호 4:15) .
- 북 왕국 멸망 후에는 남 유다 왕국의 호칭이 되었습니다(렘 10:1, 겔 13:2, 단 1:3).
- 바벨론 포로기 후에는 귀환한 유다인들을 가리켜 '온 이스라엘'(כָּל־יִשְׂרָאֵל)이라고 불렀습니다(역대기 52회, 열왕기서 33회, 에스라 4회, 느헤미야 3회 기록).

- '이스라엘'은 그리스도 안에서 택함 받은 성도의 존귀한 신분을 나타내는 이름입니다(마 8:10, 요 1:47, 롬 9:4-8, 11:26, 갈 6:15-16).
- 인침을 받은 자 14만 4천은, 영적 이스라엘의 열두 지파 중에서 뽑힌 자의 수입니다(계 7:1-8).
- 영적 이스라엘의 열두 지파의 이름이 거룩한 성 새 예루살렘의 열두 문에 새겨집니다(계 21:12).

이와 같이 야곱의 새 이름 '이스라엘'은 개인의 이름을 넘어, 하나님의 백성과 그들 나라의 영원한 호칭이 되었습니다. 더욱이 구속사적 경륜 속에서는, 그리스도 안에서 모든 악을 이기고 구원 받은 승리자의 이름이 되었고, 아브라함의 신앙적 뿌리를 가진 언약 자손들의 호칭이 되었습니다. 예수 그리스도 안에서 십자가에 자기의 옛 자아를 못 박아 버린 자, 영적으로 환도뼈가 위골된 자는, 누구나 하나님 나라를 완성할 영적 이스라엘인 것입니다.

(8) 야곱과 에서의 화해(창 33:1-16)
① 눈을 들어 에서를 본 야곱(창 33:1ᵘ)

야곱의 형 에서가 자신의 축복을 가로챈 야곱에게 복수하기 위해 400명이나 이끌고 살기등등하게 다가오고 있었습니다(창 32:6). 환도뼈가 위골된 상태에서 얍복 강을 건너 브니엘을 지나서 가다가 야곱은 눈을 들어 에서가 오는 것을 보았습니다(창 33:1). 얼마 전에 하나님과 대면한 후 야곱은 에서와 아주 가까운 지점에서 눈을 들어 그가 오는 것을 본 것입니다(NASB: Jacob lifted his eyes and looked). 어제만 해도 겁에 질려 불안이 가득하였으나, 이제는 믿음으로 확신에 차서 에서가 있는 곳을 바라보았습니다. 자기와 함께

한 하나님의 군대가 에서가 거느린 400명보다 훨씬 많고 그 힘이 강한 것을 알았기 때문입니다. 하나님과 겨루어 이긴 승리자 '이스라엘'은, 에서를 능히 이긴다는 확신에 차 있었습니다.

하나님께 엎드려 간절히 기도하는 사람은, 어떤 대적 앞에서도 절대 용기를 잃지 않습니다. 겉보기에 야곱의 육체는 너무나 나약해져 있었고, 또 그에게는 나이 어린 자녀들과 힘없는 여인들만 곁에 있었습니다. 그러나 이제 두 진영으로 호위하는 하나님의 군대와 함께 그는 하나님의 큰 위엄과 권세로 에서 앞에 담대히 나아갈 수 있었습니다.

② 라헬과 요셉을 보호하는 야곱(창 33:1-2)

군사를 이끌고 오는 형 에서를 바라보면서 야곱은 라헬과 요셉을 온 가족들 중 맨 뒤에 세워 보호하려 했습니다(창 33:1-2). 라헬은 "하나님이 라헬을 생각하사 그를 들으시고 그 태를 열어"(창 30:22) 요셉을 낳게 하신 아내였기 때문입니다. 사실 야곱이 라반의 집에서 처음 7년을 봉사한 이유는 '라헬'을 얻기 위함이었으며(창 29:18, 20, 25), 다시 7년을 더 봉사한 이유 또한 오직 '라헬' 한 사람을 아내로 얻기 위한 것이었습니다(창 29:27-28, 30). 이처럼 야곱은 라헬을 얻기 위해 14년이라는 오랜 세월 동안 라반에게 봉사하여 대가를 치렀습니다.

호세아 선지자는 "옛적에 야곱이 아람 들로 도망하였으며 이스라엘이 아내 얻기 위하여 사람을 섬기며 아내 얻기 위하여 양을 쳤고"(호 12:12)라고 말씀했는데, 여기 이스라엘이 얻고자 했던 아내는 바로 '라헬'인 것입니다. 그러므로 야곱은 그의 네 아내(레아, 라헬, 빌하, 실바) 가운데 오직 라헬만을 진정한 아내로 생각했던 것으로 보입니다. 이에 대하여 신학자 류폴드(H.C. Leupold)는 "야곱이 라헬을 자신의 유일한 아내로 생각했었다. 그녀의 아들이 장자가 되어야 한다"라고 하였습니다.[17]

③ 서로 껴안고 울게 된 야곱과 에서(창 33:3-4)

야곱은 그 형 에서에게 다가가면서 몸을 일곱 번 땅에 굽혔습니다(창 33:3). 이때 야곱은 96세로 매우 늙은 나이였고, 다리를 저는 불구자였습니다. 그러나 야곱이 몸을 일곱 번 땅에 굽힌 것은, 에서에게 최고의 예우를 표하여 인사함으로써, 과거에 자신이 형 에서에게 행한 모든 것에 대하여 진심으로 회개하고 용서를 구하는 마음을 전하면서 그에게 나아갔던 것입니다. 여기 '굽히며'는 '엎드리다'라는 뜻을 가진 히브리어 '샤하'(שָׁחָה)의 '히트파엘(강의재귀)형'으로, 야곱이 완전히 땅에 엎어지듯이 엎드렸음을 나타냅니다. 야곱은 형 에서에게 최대한 공경과 복종을 표하였던 것입니다. 또한 야곱이 7번이나 이 행동을 반복한 것은 그 마음의 완전함을 나타냅니다. 에서는 이러한 야곱을 보고 달려와서 안고 목을 어긋맞겨 야곱과 입맞추고 피차에 울었습니다.

창세기 33:4 "에서가 달려와서 그를 맞아서 안고 목을 어긋맞기고 그와 입맞추고 피차 우니라"

실로, 하나님의 은혜로 서로간에 모든 미움과 원한이 순식간에 녹아 버린 순간입니다. 여기 등장하는 다섯 개의 동사 중 앞선 네 개의 동사(달려오다, 껴안다, 목을 어긋맞기다, 입을 맞추다)는 3인칭 남성 단수형으로, 에서가 야곱을 보는 순간 감정이 격앙되어 취한 행동들입니다. 그리고 마지막 동사 "우니라"는 3인칭 남성 복수형으로, 에서와 야곱이 피차에 함께 눈물을 흘린 것입니다. 에서는 야곱을 보는 순간 뜨거운 혈육의 정을 억제하지 못하고, 동생에게 달려갔습니다. 마치 죽었던 동생 야곱이 살아온 것처럼, 동생을 잃었다가 다시 얻은 것처럼 반갑게 맞아 주었던 것입니다(참고-창 46:29-30, 눅 15:20, 24).

야곱이 애타게 원했던 대로 형 에서와 형제의 정을 깊이 나누게 되었으니, 이 모두가 전적으로 하나님의 역사였습니다. 야곱은 그토록 두려워하던 형이 달려와서 끌어안아 주니 울고, 형은 20년간이나 동생을 죽이려고 원한을 품었던 것이 부끄럽고 후회스러워서 울었습니다. 피차간에 참회하는 눈물로 대화해가 이루어졌습니다. 이제 야곱에게 에서는 더 이상 두려워할 대상이 아니고, 에서에게 야곱은 더 이상 복수의 대상이 아니며, 둘은 한 몸이나 다름없는 쌍둥이요 친형, 친동생이었습니다.

④ 에서에게 절하는 야곱의 가족들(창 33:5-7)

야곱과 에서가 피차에 운 다음에, 에서는 눈을 들어 여인과 자식들을 보고 야곱에게 "너와 함께한 이들은 누구냐?"라고 물었습니다. 아곱은 "하나님이 주의 종에게 은혜로 주신 자식이니이다"라고 하면서 에서를 '주'로, 자신을 '종'이라 부르며 겸손히 복종과 존경의 태도로 일관했습니다(창 33:5, 8, 13-15).

그리고 두 여종(빌하와 실바)이 그 자식들(단, 납달리, 갓, 아셀)로 더불어 나아와 절하였고, 레아도 그 자식들(르우벤, 시므온, 레위, 유다, 잇사갈, 스불론)과 함께 나아와 절하였습니다(창 33:6-7上). 그 후에 마지막으로 요셉이 라헬과 함께 나아와 절하였습니다(창 33:7下). 여기 '그 후에'(וְאַחַר, 베아하르: 그리고 그 다음으로)를 특별히 사용하여, 종들(빌하, 실바)과 레아에게 속한 자녀들을, 라헬에게 속한 요셉과 구별하였습니다. 이는 요셉과 라헬이 야곱의 특별한 사랑과 보호를 받고 있음을 강조한 것입니다. 또한 "요셉이 라헬로 더불어"(יוֹסֵף וְרָחֵל, 요세프 베라헬) 나아와 절하였다고 말씀하고 있습니다(창 33:7下). 다른 모자(母子)들처럼 어머니가 자식들을 데리고 나온 것이 아니라, 요셉이 어머니 라헬보다 먼저 나온 것입니다. 당시 요셉은 6세에 불과한 어린 나이였지만, 야곱은 지금 가나안으로 들어가는 가운데 장차 요셉이 언약의 장자로서 자신의 상속자라는 사실을 나타내기 위해, 그를 특별하게 앞세웠던 것으로 보입니다.

⑤ 야곱의 예물을 수락한 에서(창 33:8-11)

야곱과 뜨거운 화해를 이룬 후에 에서는 "나의 만난바 이 모든 떼는 무슨 까닭이냐?"라고 물었고, 이에 야곱은 "내 주께 은혜를 입으려 함이니이다"라고 겸손히 에서의 호의를 구하였습니다(창 33:8). 야곱의 예물과 지극히 겸손한 태도는 단지 에서의 환심을 사기 위한 뇌물이나 아부가 아니라 그동안의 모든 적대 관계를 완전히 청산하고, 화해하여 새롭게 형제 관계가 회복되기를 간절히 바라는 마음의 표현이었습니다(잠 21:14).

야곱의 많은 가축들을 에서가 정중히 거절하자, 야곱이 "그렇지 아니하니이다 형님께 은혜를 얻었사오면 청컨대 내 손에서 이 예물을 받으소서 내가 형님의 얼굴을 뵈온즉 하나님의 얼굴을 본 것 같사오며 형님도 나를 기뻐하심이니이다"라며 진심 어린 마음으로 강권하였습니다(창 33:9-11). 에서는 야곱의 예물을 받음으로써, 드디어 동생 야곱과 공식적으로 화해했음을 보증해 주었습니다.

하나님의 얼굴을 보는 것 같은 감격으로 형님을 본다는 고백은, 형제간 화목의 극치입니다. 수많은 소유보다, 그 어떤 명예보다, 크나큰 성공이나 성취보다, 서로간의 화평이 가장 우선이고 근본이 됨을 보여 줍니다. 하나님의 얼굴 보기를 원하는 사람, 장차 하나님 나라를 유업으로 받기를 소원하는 사람은, 화평과 거룩함을 힘써 추구해야 합니다(히 12:14).

⑥ 다시 만날 때까지 평화로운 작별(창 33:12-17)

이후 에서는 야곱 일행의 안전과 편의를 위해 매우 자상한 배려를 베풀었습니다(창 33:12, 15上). 그러나 야곱은 정중히 사양하고(창 33:13-14上, 15下), 세일에서 다시 만나기로 약속하였습니다(창 33:14). 에서는 자기가 살던 세일로 방향을 돌려 돌아갔고, 야곱은 숙곳으로 가서 머물렀습니다(창 33:16-17). 과거 20년 전에 헤어질 때는 서로 상처를 입히고 다시 만날 기약도 없이 멀어졌지만, 이제는 눈물겨운 회개와 용서, 그리고 자상한 배려 속에 새로운 만남을 기약하면서 평화롭게 작별하였습니다. 이 후 24년이 지나 부친 이삭이 180세로 죽었을 때, "그 아들 에서와 야곱이 그를 장사하였더라"(창 35:28-29)라고 기록한 것을 보아, 그들은 헤어진 후 실제로 다시 만났음을 볼 수 있습니다.

야곱과 에서가 아름다운 화해를 이룬 모든 과정은 참으로 하나님께서 베풀어 주신 은혜입니다. 야곱이 얍복 나루에서 목숨을 건 기도를 통하여 하나님과의 관계를 회복하자, 하나님께서는 야곱과 에서의 관계까지도 회복시켜 주셨습니다. 먼저 하나님과 화목하고 그분을 기쁘시게 하면 내 힘으로 접근할 수 없는 어떤 원수라도 더불어 화목하게 해 주십니다(욥 22:21, 잠 16:7).

예수님께서는 십자가에 달려 하나님과 멀어진 죄인 사이의 화목 제물이 되셨습니다(롬 3:25, 요일 2:2). 에베소서 2:16에서 "또 십자가로 이 둘을 한 몸으로 하나님과 화목하게 하려 하심이라 원수 된 것을 십자가로 소멸하시고"라고 말씀하고 있습니다. 예수님께서는 예배드리기 전에 형제에게 원망 들을 만한 일이 있는 줄 생각이 나면 먼저 가서 형제와 화목하라고 말씀하셨습니다(마 5:23-24). 잠언 17:1을 표준새번역에는 "마른 빵 한 조각을 먹으며 화목하게 지내는 것이, 진수성찬을 가득히 차린 집에서 다투며 사는 것보다 낫다"라고 번역하고 있습니다.

하나님께서는 우리가 서로에게 평화하여 그리스도의 평강으로 한 몸 되기를 원하십니다(골 3:15). 탐욕과 야망과 질투와 분노와 교만 등은 화평의 적입니다. 우리는 이러한 악을 버리고 화평을 찾기까지 힘써야 합니다(롬 14:19). 시편 34:14에서 "악을 버리고 선을 행하며 화평을 찾아 따를지어다"라고 말씀하고 있습니다. 모든 것 중에서 최우선적으로 화평함과 거룩함을 좇는 것이 다시 오시는 주님 앞에 설 수 있는 비결입니다(히 12:14).

(9) 숙곳에서 자기 집을 짓고 짐승의 우릿간을 지음(창 33:17)

'숙곳'은 얍복강변의 아담에서 북쪽으로 약 16km 떨어진 요단 동편 계곡에 위치한 지역입니다(참고-수 13:27, 삿 8:4-16). 야곱은 숙곳에 이르러 "자기를 위하여" 집을 짓고, "짐승을 위하여" 우릿간을 지었습니다(창 33:17). 숙곳은 야곱의 일생 노정 17장소 가운데 아홉 번째입니다.

야곱이 자기를 위하여 집(בַּיִת, 바이트: 단수)을 지었습니다. 야곱은 삼촌 라반의 집에서 20년간의 종살이를 마치고 급히 도망치듯 나온

데 따른 피곤함, 자신을 추격해 온 라반으로 인한 정신적 충격, 얍복 나루에서 밤새도록 기도로 씨름하고, 또 환도뼈까지 위골된 후 계속된 육체의 극심한 통증, 그리고 400인을 거느리고 오는 형 에서와의 극적인 만남에서 쌓인 긴장 등으로 심신(心身)이 완전히 지쳐 있어, 무엇보다 휴식이 필요했기 때문이었습니다.

또한 야곱은 가축을 위하여 갈대나 풀잎으로 엮어 만든 "우릿간"을 지었습니다. "우릿간"은 히브리어로 '숙코트'(סֻכֹּת)이며, 가축용 '우리'나 '장막'을 뜻하는 '숙카'(סֻכָּה)의 복수형입니다. 야곱은 라반의 집에서 이끌고 나온 많은 가축을 위해 여러 채의 우릿간이 필요했을 것입니다. 창세기 33:13 하반절에서 "양떼와 소가 새끼를 데렸은즉 하루만 과히 몰면 모든 떼가 죽으리니"라고 한 것을 보아, 가축들까지도 매우 지쳐 있어 그것들을 안전하게 보호하고 쉬게 할 장소가 필요했던 것입니다.

한편, 야곱이 밧단아람에서 나와 숙곳에서 처음으로 휴식을 취한 것은, 이스라엘 백성이 급히 출애굽 하여 처음으로 진을 치고 쉬었던 장소 숙곳을 연상케 합니다(출 12:37-39, 민 33:5).

8. 세겜에서 레아의 딸 디나의 수욕 사건(창 34징) 주전 1900년(추정), 횃불 언약 182년째

Dinah, Leah's daughter, disgraced at Shechem (Gen 34)

이삭 166세, 야곱 106세, 요셉 16세

(1) 가나안 땅 세겜 성 구입과 '엘엘로헤이스라엘'(창 33:18-20)

야곱은 밧단아람에서 돌아와 "평안히" 가나안 땅 세겜 성에 이르렀습니다(창 33:18). "평안히"는 히브리어로 '샬렘'(שָׁלֵם)이며, '완전한, 온전한, 화목한'이란 뜻으로, 하나님께서 야곱의 일행을 마침내 가나안 땅까지 무사히 인도하셨음을 말해 줍니다. 이는 벧엘에서 받은 하나님의 말씀, 곧 "내가 너와 함께 있어 네가 어디로 가든지 너를 지키며 너를 이끌어 이 땅으로 돌아오게 할지라 내가 네게 허락한 것을 다 이루기까지 너를 떠나지 아니하리라"(창 28:15)라고 하신 약속의 성취였습니다. 또한 야곱이 "나로 평안히 아비 집으로 돌아가게 하시오면 여호와께서 나의 하나님이 되실 것이요"(창 28:21)라고 한 기도에 대한 하나님의 응답이었습니다.

야곱이 세겜 성에 이르러 장막을 치고, 그 장막 친 밭을 세겜의 아비 하몰의 아들들에게서 은 100개를 주고 샀습니다(창 33:19). 개역성경에는 번역되어 있지 않지만, 히브리어 원문에는 '일부분'을 뜻하는 '헬르카'(חֶלְקָה)가 기록되어 있습니다. 야곱은 세겜 지도자 하몰의 아들들로부터 그 땅의 일부분을 거주지로 샀던 것입니다. 비록 일부분이지만 야곱이 땅을 산 것은, 하나님께서 아브라함과 이삭에게 약속하신 언약(창 12:6-7, 13:15, 17, 15:7-8, 18-21, 26:2-5)을 기억하고, 또한 자신에게 주셨던 하나님의 언약(창 28:13)에 근거한 믿음의 행위였습니다. 특히 야곱이 세겜에서 땅을 구입한 이유는, 옛날 아브라함이 가나안 땅에 이르렀을 때, 하나님께서 처음으로 아브라함에게 가나안 땅을 약속하셨던 일을 기억했기 때문일 것입니다. 하나님께서는 가나안 땅 세겜에 도착한 아브라함에게 "... 내가 이 땅을 네 자손에게 주리라..."라고 말씀하셨습니다(창 12:6-7). 야곱은 아브라함과 15년 동안 같이 살면서 아브라함에게 이 약속을 전수받았을 것입니다(히 11:9). 야곱은 이 약속을 오랫동안 잊지 않고 있다가 마침내 96세에, 장차 이스라엘 백성이 가나안 땅을 소유하게 될 것에 대한 보증으로 이 땅을 구입하였던 것입니다. 세겜은 야곱의 일생 노정 17장소 가운데 열 번째입니다.

야곱은 이 밭에 단을 쌓고 하나님 앞에 예배드리고 그것을 '엘엘로헤이스라엘'이라 하였는데, 이는 '하나님, 이스라엘의 하나님'이라는 뜻입니다(창 33:20). 야곱은 지금까지 수많은 역경 속에서 자신을 지켜 주신 하나님의 은혜를 기억하며 감사하고, 자신에게 새 이름 '이스라엘'을 주신 하나님을 영원히 기념하기 위해 그 이름을 '엘엘로헤이스라엘'이라고 불렀던 것입니다.

(2) 세겜에서 당한 환난(창 34:1-31)

야곱은 하나님의 섭리 가운데 가나안 땅으로 돌아와, 세겜에 거주하는 동안 험악한 일들을 많이 겪었습니다. 외동딸 디나가 히위 족속 하몰의 아들 세겜에게 몸을 빼앗기는 치욕과 수모를 겪었습니다(창 34:1-2). 이때는 가나안 땅에 들어온 지 약 10년째였고 세겜이 디나와의 결혼을 제안한 것을 볼 때, 디나의 나이가 16세 전후인 것으로 추정됩니다(창 34:8).[18]

시므온과 레위를 비롯한 야곱의 아들들은 디나가 더럽혀진 것에 제어할 수 없을 만큼 분기가 가득하였습니다(창 34:7). 그들은 하몰과 그 아들 세겜에게 히위 족속의 모든 남자들이 할례를 받으면 통혼하겠다고 거짓 제안을 하였습니다(창 34:13-17). 그리고 히위 족속의 모든 남자가 할례를 행하고 제 삼일에 고통스러워하고 있는 틈을 타서 시므온과 레위가 각기 칼을 차고 가서 그들을 무참히 학살하였습니다(창 34:24-26).

할례는 언약 백성의 거룩한 언약의 표징인데(창 17:10-11), 하몰과 세겜은 순전히 육신의 욕망을 위해 할례를 받았습니다(창 34:18-24). 그리고 시므온과 레위는 거룩한 할례 의식을 복수의 살인 도구로 사용하였습니다(창 34:13-17, 25-29). 뿐만 아니라 야곱의 아들들은 양과 소와 나귀를 비롯하여 그 성과 들에 있는 것과 그 모든 재물을 빼앗았으며, 심지어 그 자녀와 아내들을 사로잡고 집안에 있는 물건을 다 노략하였습니다(창 34:27-29).

훗날 야곱은, 시므온과 레위가 함께 잔해하는 기계가 되어 사람을 살상한 것은 평소에 그들이 분노와 혈기를 가지고 있었기 때문임을 지적하였습니다(창 49:5-7). 야곱은 그들이 저주를 받을 것이며, "그들을 야곱 중에서 나누고 이스라엘 중에서 흩으리로다"라고 예언하였습니다(창 49:7). 결국 시므온과 레위는 야곱으로부터 큰 저주를 받아서, 장자 르우벤이 아비의 침상을 더럽힌 죄로 저희에게 자동 승계된 장자권(창 35:22, 49:3-4, 대상 5:1)을 이어받을 수 없게 되었습니다(창 49:5-7). ^{이해도움 5-시므온과 레위 그리고 유다 참고}

세겜에서 딸 디나가 능욕을 당한 것은 야곱에게 큰 수치였고(창 34:5-7), 두 아들 시므온과 레위의 잔혹한 살인 행위는 이제 겨우 가족을 이룬 언약 자손이 이방에게 몰살당할 큰 위기에 처하게 만들었습니다. 야곱은 이때 죽음의 위협을 느끼고, 시므온과 레위에게 "너희가 내게 화를 끼쳐 나로 이 땅 사람 곧 가나안 족속과 브리스 족속에게 냄새를 내게 하였도다 나는 수가 적은즉 그들이 모여 나를 치고 나를 죽이리니 그리하면 나와 내 집이 멸망하리라"라고 하였습니다(창 34:30). 그러나 시므온과 레위는 자신들의 잘못을 회개하지 않고 "그가 우리 누이를 창녀같이 대우함이 가하니이까" 하고 야곱에게 대들었습니다(창 34:31).

왜 야곱은 세겜에서 이렇게 많은 험악한 일들을 겪어야만 했을까요? 그 이유는 야곱이 하나님께 서원한 것을 지키지 않았기 때문입니다. 야곱은 형 에서를 피해 도망가던 중 벧엘에서 사닥다리 환상을 받고 하나님께 약속하였습니다. 만약 하나님께서 평안히 가나안 땅으로 귀환하도록 은혜를 베풀어 주시면 다시 벧엘로 찾아와 하나님께 감사의 단을 쌓고 십일조를 반드시 드리겠다고 서원했던 것입니다(창 28:20-22). 그러나 야곱은 10년 동안이나 그 서원을 외면한 결과로 계속해서 험악한 일을 당했던 것입니다.

디나는 세겜에서 자주 세상을 구경하러 나가서 친구들을 사귀려고 두리번거리다가 육적·영적으로 더럽혀졌습니다(창 34:1-2). 그 일은 언약 백성이 이방인에게 완전히 몰살을 당하여 구속사가 중단될 뻔한 끔찍한 위기를 초래했습니다. 하나님께서는 아브라함 때부터 이방인과의 혼인을 강력하게 금하셨습니다(창 24:3-4, 26:34-35, 28:1-2, ^{참고}-출 34:16, 신 7:3-4, 수 23:12-13). 세겜의 사건은, 우리의 믿음이 약해져서 벧엘(하나님의 집)에 올라가기를 미루면 이 세상에서 방황하다가 원치 않는 수치와 욕을 당하게 되며, 영원히 하나님의 집을 잃어버릴 수도 있음을 경고하고 있습니다(약 4:4). 성도는 하나님께서 지정해 주신 성전, 곧 정상을 향하여 올라가는 경건한 생활에 힘쓸 때, 실족하지 않고 수치와 낭패를 당하지 않으며, 마침내 가장 높은 하나님의 집, 영원한 나라에 넉넉히 들어갈 수 있습니다(벧후 1:10-11).

9. 벧엘 언약의 재확증(창 35:1-15)
주전 1900년(추정), 횃불 언약 182년째
Reconfirmation of the covenant at Bethel (Gen 35:1-15)
이삭 166세, 야곱 106세, 요셉 16세

(1) 벧엘로 올라가기 위한 성결의 준비(창 35:1-7)

디나의 수욕 사건과 자식들의 피비린내 나는 복수극이 있은 후에, 하나님께서 야곱에게 나타나셨습니다. 야곱에게 닥친 이 모든 비극과 불행은, 바로 야곱의 불신앙에서 비롯된 것입니다. 야곱은 밧단아람에서 가나안 땅에 돌아온 이래 10년이 다 되도록 벧엘에서 한 서원을 망각하고 계속 세겜에 머물러 있었습니다.[19] 이때 하나님께서는 '다시 벧엘로 올라가서 형 에서의 낯을 피하여 도망하던 때에 네게 나타났던 하나님께 단을 쌓으라'(창 35:1)라고 명령하셨습니다. 이에 야곱은 회개하고 순종하여 서원을 갚기 위해 벧엘로 올라갔습니다. 그리고 거기서 하나님께 단을 쌓고, 그곳 이름을 "엘벧엘"(벧엘의 하나님)이라 불렀습니다(창 35:6-7). 벧엘은 야곱의 일생 노정 17장소 가운데 열한 번째입니다.

야곱이 만난 비극과 다시 벧엘로 올라가라는 하나님의 명령에는, 하나님께서 야곱이 서원한 것을 강권적으로 지키게 하시어 그를 언약의 후계자로 세우시는 하나님의 구속사적 경륜이 담겨 있습니다. 그러므로 하나님께서 야곱에게 '벧엘로 올라가라'라고 명령하셨을 때, 야곱 가족에겐 정리해야 할 것이 있었습니다. "벧엘"(בֵּית־אֵל)은 '하나님의 집'이란 뜻입니다. 하나님의 집 벧엘에 거주하려면 언약 백성이 갖추어야 할 자격 조건이 있습니다.

하나님은 야곱에게 세 가지를 요구하셨습니다.

첫째, 이방 신상(神像)을 버리라(창 35:2)

야곱 자신은 우상을 섬기지 않고 유일하신 하나님만 섬겼으나, 가족이 우상 섬기는 것을 다스리지 않았고 막지 못했던 것입니다. 라헬은 밧단아람 라반의 장막에서 훔쳐 온 드라빔(창 31:19)을 가지고 있었습니다. 또한 밧단아람에서 태어나면서부터 우상숭배의 영향을 받은 아내들과 자식들, 그리고 야곱과 함께 나온 종들(창 32:5, 7)은 세겜에 머물면서도 우상숭배의 영향을 받았을 것입니다. 이에 야곱은 자기 집 사람과 자기와 함께한 모든 자에게 "너희 중의 이방 신상을 버리고 자신을 정결케 하고 의복을 바꾸라"라고 명령하였습니다(창 35:2). 이어서 "우리가 일어나 벧엘로 올라가자 나의 환난 날에 내게 응답하시며 나의 가는 길에서 나와 함께하신 하나님께 내가 거기서 단을 쌓으려 하노라"라고 선포하였습니다(창 35:3).

야곱의 말을 듣고 야곱의 집 사람들은 자기 손에 있는 모든 이방 신상과 자기 귀에 있는 고리를 야곱에게 내주었습니다(창 35:4). 그들은 멸절의 위기에 내려진 이 명령에, 두려운 마음으로 모든 우상을 숨김 없이 신속하게 가져왔을 것입니다. 야곱은 그것들을 모조리 세겜 근처 상수리나무 아래 묻고 완전히 제거하였습니다(창 35:4 下). "귀고리"는 가장 화려한 사치품으로, 당시 사람들은 그 표면에 해, 달 등의 형상을 새겨 부적처럼 달고 다녔습니다(참고-출 32:2 3). 훗날 이스라엘이 금송아지 숭배로 범죄하였을 때도, 하나님께서는 하나님과 동행하려면 "단장품을 제하라"라고 명령하셨습니다(출 33:5-6).

상수리나무는 아브라함과 관련이 있습니다. 아브라함은 가나안에 들어온 다음에 세겜 땅 상수리나무 아래에 이르렀을 때, 가나안 땅을 그 자손에게 주신다는 약속을 받았고 거기서 여호와를 위하여 단을 쌓았습니다(창 12:6-7). 야곱은 이방 신상과 귀고리를 아브라함의 신앙과 관련이 있는 상수리나무 아래 묻고, 우상숭배와의 완전한 결별을 선언하였던 것입니다(창 35:4).

하나님보다 더 사랑하는 것, 하나님보다 나를 더 좌지우지하는 것, 하나님보다 더 귀중히 여겨지는 것, 이 모든 것이 우상인데, 탐심(골 3:5), 고집과 완고함(삼상 15:23)은 무서운 우상숭배의 죄악입니다. 이러한 우상숭배자는 하나님의 집 벧엘에 올라갈 수 없습니다.

둘째, 자신을 정결케 하라(창 35:2)

이어서 야곱은 "자신을 정결케 하고 의복을 바꾸라"라고 명령하였습니다(창 35:2). 여기 '정결케'는 '깨끗하다, 순수하다'라는 뜻의 히브리어 '타헤르'(טָהֵר)의 히트파엘(강의재귀)형으로, '너희 스스로 강력하게 깨끗하고 순수하게 하라'는 뜻입니다(레 14:8). 야곱과 그 가족은 가나안에 들어온 후에 한동안 세상에 속하여 하나님을 잊어버리고, 육신의 소욕과 안목의 정욕과 이생의 자랑에 깊이 빠져 있었으며(요일 2:15-16), 수단 방법을 가리지 않고 자기의 욕심만을 따라갔습니다. 디나가 욕을 당했고, 시므온과 레위를 비롯한 아들들의 피비린내 나는 살인과 강도 행위가 야곱 가정을 휩쓸었습니다. 이는 하나님의 언약으로 이제 겨우 세워진 가정을 파괴하는 사단의 역사였습니다. 이 모든 죄악을 청산하고 거짓과 욕심을 다 내어 버리고 깨끗한 심령을 가져야 벧엘로 올라갈 수 있습니다(시 15편).

셋째, 의복을 바꾸라(창 35:2下)

"의복"(שִׂמְלָה, 시믈라)은 '겉옷, 망토'를 가리키며, 외적(外的) 신분과 행위를 가리킵니다. "바꾸라"는 '변화하다, 갈아입다'라는 뜻을 가진 '할라프'(חָלַף)의 히필(사역) 명령형으로, 이 단어는 히필형으로 쓰일 때 옷을 갈아입는 것을 나타냅니다(창 35:2, 시 102:26). 야곱이 "의복을 바꾸라"라고 한 것은, 보이는 면에서도 누구나 한눈에 알아볼 수 있을 정도로 과거 청산의 외적 증거를 보이라는 것입니다 (사 61:10, 슥 3:4). 이를 위해서는 먼저 하나님의 말씀으로 자신을 깨끗하게 해야 하고, 심령으로 새롭게 되어야 합니다(엡 4:22-24, 5:26). 성도는 옳은 행실을 통해 항상 빛나고 깨끗한 세마포를 입어야 합니다(계 19:8).

이렇게 하나님의 명령에 순종하여 결단하고 세겜을 떠난 야곱 가족들을 위해, 하나님께서는 사면 고을에 두려움을 주시므로 아무도 추격해 오지 못하게 해 주셔서 야곱의 집 사람들은 무사히 벧엘에 이를 수 있었습니다(창 35:5-6).

(2) 유모(乳母) 드보라의 죽음(창 35:8)

야곱이 벧엘에 올라갔을 때 리브가의 유모(乳母) 드보라(뜻: 꿀벌)가 죽었습니다(창 35:8). 고대 근동에서 유모는 매우 중요한 인물로, 조언자, 조력자 그리고 친구의 역할을 하며, 때로는 어머니와 같이 존경을 받았습니다.[20]

리브가는 하란을 떠나 낯선 가나안 땅으로 시집가는 그 길에, 어려서부터 자신을 돌봐 주었던 유모 드보라와 동행했습니다(창 24:59). 드보라는 리브가를 대신해서 야곱과 함께 밧단아람으로 가서 야곱을 친아들처럼 돌봐 주었고, 다시 가나안으로 함께 돌아왔으며, 이제 야곱이 벧엘에 올라가 하나님께 제단을 쌓고 서원을 갚는 것을 본 후에 눈을 감았습니다. 리브가가 이삭에게 시집온 때(주전 2026년)부터 야곱이 벧엘에 올라간 때(주전 1900년경)까지가 126년이 되므로, 드보라의 향년은 아마도 약 150세가 훨씬 넘었을 것입니다. 드보라의 장수는 그녀가 경건한 신앙의 사람이었음을 말해 줍니다(잠 10:27, 전 8:13). 야곱은 그녀를 벧엘 상수리나무 아래 명예스럽게 장사하고, 그 나무 이름을 "알론바굿"(^뜻 애통의 상수리나무)이라 불러 기념하였습니다(창 35:8下). 드보라가 비록 유모(乳母)였지만 그 죽음을 소중히 기념한 것은, 하나님의 언약이 아브라함으로부터 이삭과 야곱으로 이어져서 언약 가문이 굳게 세워지는 일에 그녀가 뒤에서 묵묵히 큰 믿음으로 헌신해 왔음을 증거해 줍니다(^{참고-}시 116:15). 태어나서부터 함께했던 어머니의 유모 노할머니를 장사 지낸 일이 큰 슬픔이었지만, 야곱은 마치 어린아이가 젖을 떼듯 언약의 땅 가나안에서의 언약 성취를 위해 영적으로 장성한 자가 되어 사명의 삶으로 새롭게 발돋움하는 순간이었을 것입니다(^{참고-}고전 3:1-3, 히 5:12-14).

(3) 벧엘 언약의 재확인(창 35:9-15)

야곱이 밧단아람에서 떠난 후에 마침내 벧엘로 돌아오자(창 35:9), 하나님께서는 다시 야곱에게 나타나시어 "다시는 야곱이라 부르지 않겠고 이스라엘이 네 이름이 되리라" 하시고, 그의 이름을 이스라엘이라 부르셨습니다(창 35:10). 야곱이 회개하고 벧엘로 돌아왔을 때, 하나님께서 비로소 그가 가나안 땅에 돌아온 것으로 인정하시고 다시 이스라엘이라고 불러 주신 것입니다. 그리고 하나님께서는 야곱에게 또다시 30년 전에 주셨던 언약들(창 28:13-14)을 재확인해 주셨습니다. 하나님께서 "생육하며 번성하라 국민과 많은 국민이 네게서 나고 왕들이 네 허리에서 나오리라 내가 아브라함과 이삭에게 준 땅을 네게 주고 내가 네 후손에게도 그 땅을 주리라"
라고 복을 내리신 것입니다(창 35:11-12).

　야곱은 하나님께서 자기에게 말씀하신 그곳에 30년 전에 세웠던
돌기둥(창 28:18-19)과는 다른 돌기둥을 세우고, 그 위에 전제물을
붓고 또 그 위에 기름을 붓고, "엘벧엘"이라 했던 그곳을(창 35:7),
다시 "벧엘"이라고 불렀습니다(창 35:14-15). 벧엘에 세운 돌기둥은
이제 야곱이 하나님의 은혜로 안전하게 가나안으로 귀향하게 되었
다는 외적 표시가 되었습니다.

10. 베냐민의 출생과 라헬의 죽음(창 35:16-20) 헤브론에서 이삭과의 재회(창 35:27) 주전 1900년(추정), 횃불 언약 182년째

Birth of Benjamin and death of Rachel (Gen 35:16-20)
Reunion with Isaac at Hebron(Gen 35:27)

이삭 166세, 야곱 106세, 요셉 16세

(1) 베냐민의 출생(창 35:16-18)

　디나 사건 후에 벧엘에 도착하여 단을 쌓고 예배를 드린 야곱은
다시 벧엘을 떠나 에브랏을 향했습니다(창 35:16). 벧엘에서 에브랏
까지는 약 24km입니다. 요셉을 낳은 후에 그렇게도 둘째 아들을 바
랐던 라헬은(창 30:24), 에브랏 길에서 베냐민을 낳고 그 소망을 이
루었습니다. 그러나 난산 끝에 죽게 되었고, 라헬은 죽음에 임박하
여 그 혼이 떠나려 할 때에 아들의 이름을 "베노니"(슬픔의 아들)라
고 불렀습니다. 그러나 그 아비 야곱은 그를 "베냐민"(오른손의 아
들)이라고 고쳐 불렀습니다(창 35:18). 성경에서 '오른편'은 특별한

의미를 지니고 있습니다. 그 어떤 세력도 물리칠 수 있는 강한 힘과 권세(출 15:6, 시 17:7, 18:35, 118:15-16, 사 62:8), 어려움에 처한 자를 건져 주시려고 하나님께서 서 계신 자리(시 16:8, 109:31, 121:5), 축복의 자리(창 48:14), 구원 받는 지혜자의 자리(전 10:2, 마 25:33-34), 하나님의 위엄과 영광의 자리(왕상 2:19, 시 80:17, 110:1, 5, 막 14:62, 눅 22:69, 히 1:3, 8:1)를 상징합니다.

베냐민은 야곱이 사랑하는 아내 라헬에게서 낳은 두 번째 아들로(창 35:24), 아버지 야곱의 특별한 사랑을 받았습니다. 그래서 훗날에 아들들을 애굽으로 양식을 구하러 보내면서 가장 사랑하는 막내아들 베냐민마저 떠나 보낼 수밖에 없었을 때, 야곱은 오장육부가 다 찢기는 아픔과 슬픔을 겪었을 것입니다(창 43:6, 44:20).

창세기 42:38 "야곱이 가로되 내 아들은 너희와 함께 내려가지 못하리니 그의 형은 죽고 그만 남았음이라 만일 너희 행하는 길에서 재난이 그 몸에 미치면 너희가 나의 흰 머리로 슬피 음부로 내려가게 함이 되리라"

특히, 식량을 구하기 위해 이복형들과 함께 애굽에 내려갔을 때 베냐민은 친형 요셉으로부터 식물을 이복형들의 5배를 더 받았습니다(창 43:34). 또한 이복형들은 각기 옷 한 벌씩을 받았으나, 베냐민은 은 300과 옷 다섯 벌을 받았습니다(창 45:22).

(2) 라헬의 죽음(창 35:19-20)

라헬이 베냐민을 난산(難産)하고 죽은 것은, 첫아들 요셉을 낳은 후 약 16년이 지난 나이였고 힘겨운 여행 중이었기 때문으로 보입니다.[21] 죽은 라헬은 에브랏(베들레헴) 가는 길에 장사되었는데, 이때 야곱은 라헬을 위하여 그녀를 장사 지낸 곳에 비를 세웠습니다 (창 35:19-20). 에브랏(베들레헴)은 야곱의 일생 노정 17장소 가운데 열두 번째입니다.

라헬의 언니 레아는 안력(眼力)이 부족했지만, 동생 라헬은 외모가 곱고 얼굴이 아리따운 여자였습니다(창 29:17). 라헬은 야곱의 첫눈을 사로잡아 사랑을 독점했습니다(창 29:18-20, 30). 야곱은 위기에도 라헬을 극진히 아끼고 자기 생명처럼 보호했습니다(창 33:2, 5-7).

그러나 라헬은 남편의 사랑을 독차지하려는 끝없는 욕심 때문에 신앙적이지 못한 행동을 많이 했습니다. 자신이 아직 아이를 낳지 못하는 동안에 아들 넷을 낳은 레아를 투기하여, 야곱에게 "나로 자식을 낳게 하라 그렇지 아니하면 내가 죽겠노라"라고 불평하였습니다(창 30:1). 화가 난 야곱은 "그대로 성태치 못하게 하시는 이는 하나님이시니 내가 하나님을 대신하겠느냐"라고 꾸짖었고, 생명의 탄생은 오직 하나님 손에 있음을 일깨워 주었습니다(창 30:2).

라헬은, 사무엘의 어머니 한나처럼 자식 없는 괴로움을 하나님의 도우심을 바라며 기도하여야 했으나(삼상 1:10-11), 레아를 투기하다가 결국 야곱으로 하여금 자기의 시녀 빌하에게 들어가도록 하였습니다. 그녀는 그렇게 해서라도 "아이를 낳아 내 무릎에 두리니 그러면 나도 그를 인하여 자식을 얻겠노라"라고 인간적인 꾀를 내었던 것입니다(창 30:3). 이때 라헬은 이러한 자신의 마음을 담아서, 시녀 빌하가 낳은 첫 번째 아들 이름을 단("하나님이 내 억울함을 푸시려고 내 소리를 들으사 내게 아들을 주셨다")이라 하고, 두 번째 아들 이름을 납달리("내가 형과 크게 경쟁하여 이기었다")라고 하였습니다(창 30:4-8).

또한 라헬은 레아의 큰아들 르우벤이 제 어미에게 드린 합환채를 레아에게 사서 그것을 이용해서라도 자식을 낳고자 했습니다(창 30:14-15). 합환채는 한자로 '합할 합(合), 기쁠 환(歡), 나물 채(菜)'이며, '합환'(남녀가 함께 자며 즐김)이란 말 그대로, 성욕을 증진시켜 수태하도록 하는 불임 치료제였습니다. '불임'에 한 맺힌 라헬은, 하나님께서 기뻐하시는 방법대로 아이를 얻기 위해 간절히 기도하며 기다리지 않고, 자기 욕심을 이루기 위해 인간적인 수단과 방법을 가리지 않았습니다.

특히 야곱이 밧단아람에서 외삼촌 라반에게서 도망쳐 나올 때, 라헬이 그 아버지 라반의 드라빔을 도적질한 것도(창 31:19), 그녀의 지나친 탐욕이 빚은 우상숭배 행위였습니다(골 3:5). '드라빔'(תְּרָפִים, 테라핌)은 '고치다, 치료하다'라는 뜻의 '라파'(רָפָא)에서 유래된 말로, 치료나 복을 구하기 위해 사람의 모양으로 만들어 놓은 가정신(家庭神)이었습니다. 드라빔은 사람의 크기만한 것도 있었지만 일반적으로는 작은 크기로, 가정 제단에서 사용되었습니다(창 31:19, 34, 삼상 19:11-17). 사사 시대에도 미가의 모친이 은으로 신상(神像)을 부어 만들어 집에 두고 있었는데, 신당에 또 에봇과 드라빔을 만들어 놓고, 제사장을 세워 제사하였습니다(삿 17:4-5). 한편, 단 지파에서 보내진 다섯 정탐꾼은 라이스 점령을 기대하면서 미가의 집에 들어가 에봇과 드라빔과 새긴 신상과 부어 만든 신상을 취하였습니다(삿 18:14-20). 요시야 왕의 종교 개혁 때에 이런 신상들을 제거하였지만(왕하 23:24), 완전히 사라진 것은 아니었습니다. 드라빔 숭배는 곧 우상숭배입니다(삼상 15:23, 호 3:4). 이방 왕은 그것을 점(占)치는 데 사용하였고(겔 21:21), 스가랴 선지자는 드라빔 숭배 행위를 우상숭배라고 책망하였습니다(슥 10:2).

라헬은 마치 소중한 보물을 손에 넣은 사람처럼 그 드라빔을 누구에게도 빼앗기지 않으려고 안간힘을 썼습니다. 그 우상을 약대 안장 아래 넣고 그 위에 앉아서 아비 라반에게 "마침 경수가 나므로 일어나서 영접할 수 없사오니 내 주는 노하지 마소서"라고 거짓말을 해서 드라빔을 완벽하게 감추었습니다(창 31:34-35). 라반은 경수가 흐르는 여자가 감히 그 신들(드라빔) 위에 앉을 수는 없을 것이라고 생각하고 결국 찾기를 포기하고 말았습니다. 이처럼 라헬이 목숨을 걸고 지켰던 드라빔은 야곱에게도 끝까지 숨겼지만, 훗날에는 드러나고야 말았을 것입니다.

이는 유일신 여호와 하나님께 맡기는 순수한 신앙이 아니고, 드라빔이 주는 막연한 행운도 챙기겠다는 탐욕이었습니다. 골로새서 3:5에서 "탐심은 곧 우상숭배니라"라고 말씀하고 있습니다. 우상숭배의 악이 인간의 마음을 얼마나 심하게 미혹하며, 인간의 마음에 얼마나 깊이 자리잡고 있는지를 보여 줍니다.

야곱이 밧단아람에서 도주한 때는 주전 1910년(야곱 96세)으로, 노아가 죽은 지 198년(주전 2108-1910)째였고(창 9:28-29), 노아의 경건한 아들 셈이 죽은 지 46년(주전 1956-1910)이요(창 11:10-11), 강을 건너는 신앙 개혁을 일으켰던 노아의 4대손 에벨이 죽은 지 17년(주전 1927-1910)이요(창 11:16-17), 할아버지 아브라함이 75세에 하나님의 2차 부름을 받아 하란에서 가나안으로 떠난 지 181년(주전 2091-1910) 되었을 때입니다(창 12:4). ^{박윤식 著, 구속사 시리즈 제1권 「창세기의 족보」 이해도움 1}

족장들의 연대기 참조

라반은 브두엘(나홀의 아들)의 아들로서, 하나님께서 데라의 아들 아브라함을 부르신 것을 알고 있었을 것입니다. 그가 하란에서 경건한 조상 셈과 에벨의 신앙을 본받았더라면, 그 후손들이 우상에서 떠나도록 혼신의 힘을 쏟았을 것입니다. 그러나 라반이 '나홀-데라'의 불신앙의 계보를 따라 드라빔을 섬기며 우상숭배를 하고 있었습니다. 아마도 야곱은 밧단아람에서 20년간 라반의 우상숭배를 돌이키려고 어느 정도 애를 썼을 것이나, 외삼촌 라반의 우상숭배는 너무도 뿌리가 깊어 뽑히지 않았습니다. 라반은 우상숭배에 오염된 습관을 떨치지 못하고 "나홀의 하나님, 그들의 조상의 하나님"을 "아브라함의 하나님"과 혼용하여 불렀으나(창 31:53), 야곱은 그와 달리 오직 "그 아비 이삭의 경외하는 이"를 가리켜 맹세했습니다. 라헬 역시 어린 시절부터 우상숭배에 깊이 물들어 있어서, 남편과 함께 하나님의 인도를 받는다고 하면서도, 동시에 약속의 땅을 더럽힐 우상도 그 품속에 가지고 있었던 것입니다.[22]

우상을 품고 사는 사람에게는 우상이 그의 삶을 다스리는 왕입니다(암 5:26). 우상숭배자들은 그 우상을 위하여 많은 재산도 아까워하지 않고 "주머니에서 금을 쏟아"(사 46:6) 냅니다. 그것을 애써 자기 어깨에 메어다가 처소에 두고 엎드려 경배합니다(사 46:7上). 처소에 둔 우상은 "거기서 능히 움직이지 못하며", 아무리 우상에게 부르짖어도 능히 응답치 못하고 고난에서 구하여 내지도 못합니다(사 46:7下). 살아 계신 하나님은 자기 백성을 독수리 날개로 업어 주시고, 품어 주실 수 있지만(출 19:4, 신 32:11), 우상은 그 숭배자들이 우상을 들어서 운반해야만 움직일 수 있고(암 5:26, 사 46:7), 아무것도 해 줄 수 없는 헛된 것일 뿐입니다(사 44:9-20, 렘 10:14-15, 합 2:18-19).

야곱은 라헬이 드라빔을 훔친 줄 모르고, 그것을 훔친 자에게 무서운 저주를 하였습니다. 창세기 31:32에 "외삼촌의 신은 뉘게서 찾든지 그는 살지 못할 것이요... 야곱은 라헬이 그것을 도적질한 줄을 알지 못함이었더라"라고 기록하고 있습니다. 야곱에게 가장 사랑받은 라헬이었지만, 벧엘에서 발행하여 기럇아르바(헤브론) 이삭의 집으로 가는 노중에 난산하여 목숨을 잃고 말았으니 이스라엘 조상 중에 막벨라 굴에 묻히지 못한 유일한 조상이 되었습니다(창 49:30-31). 오히려 레아가 막벨라 굴에 장사되었고(창 49:31), 라헬은 야곱의 아버지 이삭의 집, 헤브론에 도착하지 못하고 베들레헴(에브랏) 길(דֶּרֶךְ, 데레크)에 장사되었던 것입니다(창 35:19, 27).

(3) 르우벤과 서모(庶母) 빌하의 통간(창 35:21-22)

야곱은 네 아내 가운데 가장 사랑한 라헬을 잃은 슬픔이 채 가시기도 전에, 에브랏에서 발행하여 에델 망대를 지나 장막을 쳤을 때 야곱은 르우벤이 서모 빌하와 통간한 사실을 듣습니다(창 35:21-22). 에델 망대는 야곱의 일생 노정 17장소 가운데 열세 번째입니다.

에델 망대(מִגְדַּל־עֵדֶר, 미그달 에데르)는 베들레헴에서 약 15km 떨어진 곳으로, 야곱이 헤브론으로 가는 중에 한동안 천막을 치고 유숙한 장소입니다. "에델"(에데르)은 가축떼를 가리키며, "망대"(미그달)는 '산성, 성곽'을 의미합니다. 아마도 에델 망대는 목자들이 가축을 두루 살피고 지키기 위해 세운 높은 성곽이 있는 장소였을 것입니다(참고-왕하 18:8, 대하 26:10, 27:4).

르우벤이 간통한 '빌하'는 라헬의 시녀로, 빌하가 야곱에게서 낳은 자식은 단과 납달리였습니다(창 30:3-8). 모세 율법에서는, 아비의 아내와 관계하는 것은 비록 서모(庶母)라 할지라도 아비의 하체를 범한 것이고, 사형에 해당하는 큰 범죄였습니다(레 18:6-8, 20:11, 신 22:30, 27:20).

야곱은 르우벤이 저지른 소식을 듣고 침묵하였습니다.

창세기 35:22 "... 르우벤이 가서 그 서모 빌하와 통간하매 이스라엘이 이를 들었더라..."

야곱은 르우벤이 저지른 이 기막힌 일을 들었어도, 그 큰 분노와 비애를 다 표현하지 못했을 것입니다. 다른 이방 사람이 아내를 더럽혔어도 큰 수치일 텐데, 자기 아들에게 그런 욕을 당했으니, 너무도 가증스럽고 천인공노할 일이었기에 기가 막힐 뿐이었을 것입니다. 시므온과 레위의 피비린내 나는 살육 사건이 야곱의 가정을 뒤흔들었고, 얼마 지나지 않아 장자 르우벤을 통해 큰 음욕이 거룩한 가정에 침투한 것은, 하나님의 구속사를 완전히 파괴하려는 사단의 큰 방해였습니다.

르우벤은 장자로서의 자질이 충분하였음에도 불구하고 이로써 장자권을 박탈당했는데, 야곱은 그 직접적인 이유, 즉 르우벤이 음욕으로 말미암아 자제력을 상실한 모습을 "... 물의 끓음 같았은즉 너는 탁월치 못하리니 네가 아비의 침상에 올라 더럽혔음이로다 그가 내 침상에 올랐었도다"라고 선포하였습니다(창 49:3-4).

르우벤이 아버지의 침상을 더럽힌 죄 때문에 장자권이 박탈된 사실을, 바벨론에서 귀환한 백성의 족보를 정리할 때 더욱 명백히 되짚고 있습니다. 역대상 5:1에 "... 르우벤은 장자라도 그 아비의 침상을 더럽게 하였으므로 장자의 명분이 이스라엘의 아들 요셉의 자손에게로 돌아갔으나 족보에는 장자의 명분대로 기록할 것이 아니니라"라고 기록하고 있습니다.

르우벤이 한순간 범한 죄 때문에, 그 후손은 대대로 모든 축복과 특권을 잃어버리고 말았습니다. 르우벤 지파 후손들 중에서는 위대한 사사, 선지자, 왕이 나오지 않았습니다. 오히려 모세와 아론의 지도권을 시기하여 고라 당이 반역했을 때, 고라와 함께 반역에 가담했던 '다단과 아비람'이 르우벤 지파 사람들이었습니다(민 16:1, 25-35, 신 11:6). 또한 요단강 도하를 앞두고 가축떼가 심히 많았던 르우벤 지파는, 요단강을 건너서 가나안 정복 전쟁에 참여하는 것을 원하지 않았고, 육신의 소욕을 좇아 약속의 땅을 외면하고 그냥 요단강 동편의 살기 좋은 땅에 머물겠다고 요청하였습니다(민 32:1-5). 르우벤 지파는 이 일로 모세에게 심한 책망을 받았습니다(민 32:6-15). 결국 자기들의 욕심대로 요단강 동편에 거주한 르우벤 지파는, 훗날 앗수르 왕 디글랏 빌레셀에 의해 먼저 포로로 잡혀 가는 비참한 최후를 맞이하게 됩니다(대상 5:26).

우리는 하나님의 구속 경륜 속에서 예수 그리스도의 십자가 구속 은총과 특별한 사랑을 받은 하나님의 장자입니다. 이 장자의 축복과 특권을 한순간의 음욕으로 송두리째 빼앗기지 않도록 믿음으로 소중하게 간직해야 할 것입니다.

(4) 헤브론에서 아버지 이삭과 재회(창 35:27)

야곱은 삼촌 라반의 집에서 귀향하여 가나안 땅 세겜에 거하다가(창 33:18) 벧엘과 에브랏(베들레헴)을 거쳐, 약 10년 만에 마침내 아브라함과 이삭이 거하던 헤브론으로 다시 돌아와 거주하였습니다(창 35:27, 37:1). 헤브론은 야곱의 일생 노정 17장소 가운데 열네 번째입니다. 세겜에서 헤브론까지의 거리는 77㎞입니다. 그러나 야곱은 베들레헴에서 직선 길을 따라 바로 헤브론으로 오지 않고 에델 망대를 거쳐 왔기 때문에 실제 이동 거리는 83km 정도입니다. 야곱은 아버지 이삭과 감격의 재회를 하는데, 그가 에서를 피하여 밧단아람으로 피신한 지(창 28장) 약 30년 만입니다. ^{이해도움 3-아브라함·이삭·야곱·요셉이 동거했던 시기 참조}

이 30년의 기간은 삼촌 라반의 집에서 있었던 기간 20년과 거기에서 돌아온 후 세겜에 있었던 약 10년의 기간[23]을 합친 것입니다. 이때 아버지 이삭은 대략 166세, 야곱은 106세로, 야곱은 늙은 아버지 이삭을 다시 만나 이삭이 죽기까지(창 35:28-29) 14년 정도 함께 산 것으로 추정됩니다.

야곱이 헤브론으로 돌아와 아버지 이삭을 만났을 때 요셉의 나이는 16세였습니다. 요셉이 어머니(라헬)를 갑자기 여의고 얼마 지나지 않았을 때입니다. 후에 요셉은 형들의 시기로 말미암아 17세에 애굽으로 팔려 가기 전까지 '약 1년' 동안 할아버지 이삭과 함께 살았습니다.

아마도 이 기간에 요셉은 할아버지 이삭을 통하여 신앙적으로 많은 영향을 받았을 것입니다. 비록 1년이라는 짧은 기간이었으나, 언약을 전해받아 신앙의 뿌리와 기초를 깊이 다지게 되는 소중한 시간이었을 것입니다.

이삭은 야곱 120세에 향년 180세로 죽었는데, 요셉을 잃은 야곱에게 아비의 죽음은 더욱 큰 슬픔이었습니다(창 35:28-29). 어쩌면 이때가 야곱의 생애 중 가장 힘든 시기였을 것입니다. 요셉을 잃은 상태였고 아비 이삭도 죽었으니, 언약의 대를 이어 가야 할 야곱에게 위기가 아닐 수 없었습니다. 아버지 이삭이 죽은 이후 야곱은 요셉을 만나기까지 10년 동안 극심한 비통에 잠겨 살았을 것입니다.

*유구한 역사 속에서 세계 최초로 체계적 정리

The Number of Years that Abraham, Isaac, Jacob, and Joseph Lived Together

아브라함 · 이삭 · 야곱 · 요셉이 동거한 시기

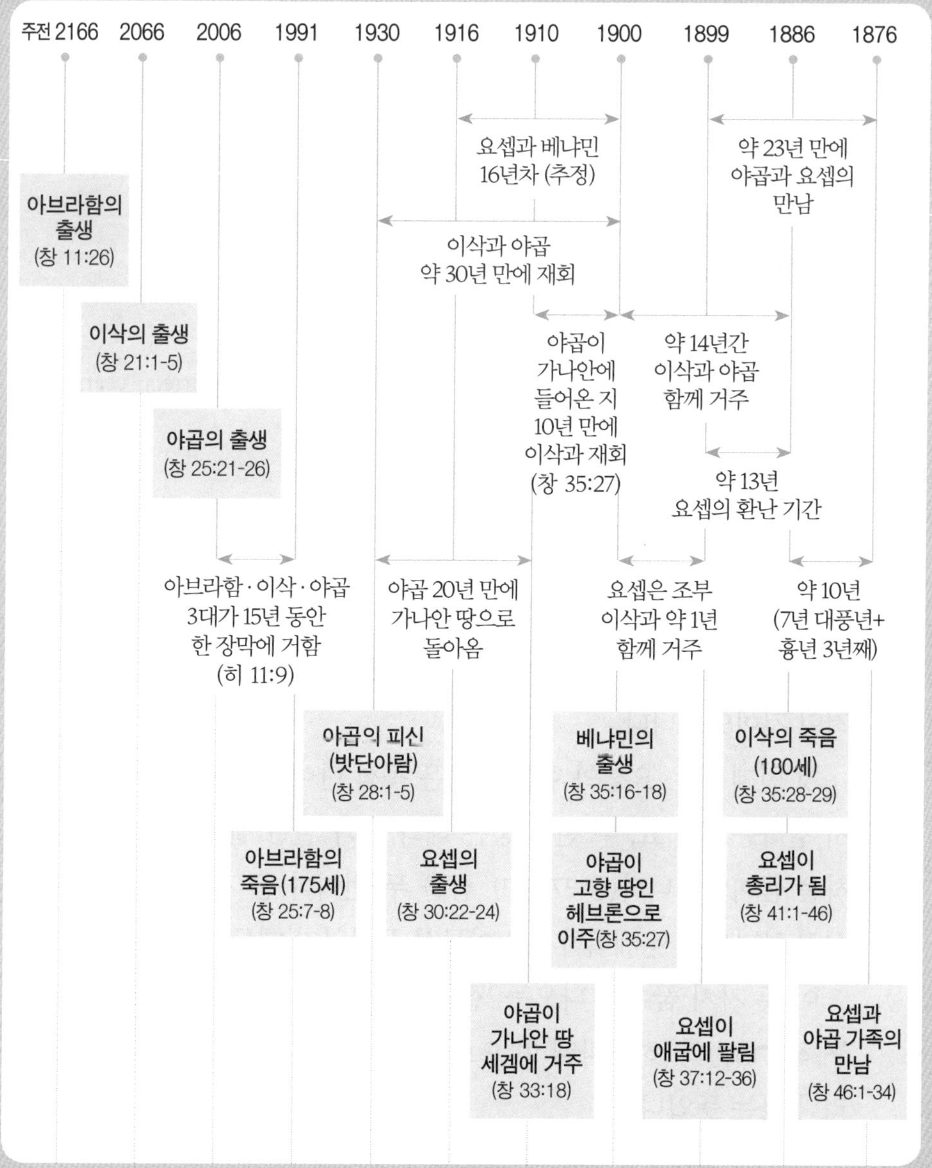

※ 위의 연도는 대략 계산한 것이므로 약간의 오차가 있을 수 있음.

IV
요셉의 역사

HISTORY OF JOSEPH

1. 하나님께서 요셉에게 주신 두 가지 꿈과 13년간의 시련(창 37, 39-40장) 주전 1899년, 횃불 언약 183년째

The two dreams that God gave to Joseph and the thirteen years of trial (Gen 37, 39-40)

이삭 167세, 야곱 107세, 요셉 17세

야곱은 90세(주전 1916년, 횃불 언약 166년째)에 라헬을 통해 아들 요셉을 얻었습니다. 요셉은 17세에 두 가지 꿈을 꾸었습니다. 요셉의 꿈은 보통 사람들이 잠자는 동안 꾸는 일반적인 꿈과 달리, 계시적인 것이었습니다.

첫 번째 꿈은 요셉의 형들이 묶은 곡식 단이 요셉의 단을 둘러서서 절하는 꿈이요, 두 번째 꿈은 해와 달과 열한 별이 요셉에게 절하는 꿈이었습니다(창 37:6-11). 꿈을 두 번이나 꾼 것은 그 꿈이 확실히 하나님께서 계획하시고 이루실 꿈이었기 때문입니다.

이 두 가지 꿈에서 나오는 '절하더이다'(창 37:7, 9)는 히브리어로 '샤하'(שָׁחָה)의 '히트파엘 형'으로서, 이것은 '자발적으로 꿇어 엎드리다'라는 뜻입니다.

절 받는 꿈은 예사로운 꿈이 아닙니다. 이것은 전적인 존경과 복종의 표시입니다. 어떤 사람이 인격, 사상, 행위 면에서 위대한 삶을 살았거나 아주 훌륭한 업적을 남겼을 때, 사람들은 누가 시키지 않아도 경외하는 마음으로 고개를 숙이거나 절을 하게 됩니다. 나라를 잘 다스리며 국민을 감동시키는 통치자에게 백성은 진심 어린 마음으로 무릎을 꿇습니다. 또한 패자는 승자의 발 앞에 자발적으로 엎드립니다.

요셉의 꿈은 앞으로 열한 형제가 요셉에게 자발적으로 존경을 표하고 복종하게 될 것을 의미합니다. 요셉이 형제들 가운데 장자라는 것입니다. 더 나아가 온 세계를 다스리는 통치자가 된다는 예고였습니다. 실제로 요셉이 애굽의 총리가 된 다음에 애굽 온 백성이 엎드려 절하였으며(창 41:43), 기근을 맞아 양식을 구하러 온 형제들도 요셉에게 절을 하였으며(창 42:6, 43:26, 28, 44:14), 각국 백성도 양식을 사려고 애굽으로 들어와 요셉에게 이르렀으니(창 41:54-57), 이 꿈은 일차적으로 확실하게 이루어졌습니다.

더 나아가 이 꿈은 하나님께서 횃불 언약을 성취하시기 위하여, 야곱의 가족을 애굽으로 이주시키시려는 하나님의 섭리가 요셉을 통하여 이루어질 것을 예고하는 꿈이었습니다. 평소 아버지의 사랑을 독차지하여 형들에게 미움을 받던 요셉은(창 37:3-4) 꿈을 꾼 후에 형들에게 죽임을 당할 뻔했고(창 37:20), 결국 애굽으로 팔려 가는 비운(悲運)을 겪게 됩니다(창 37:12-36).

이때 베냐민의 나이는 한 살 정도로 추정됩니다. 어머니 없는 외로움 속에서 힘든 시간을 보내었던 요셉은 어린 베냐민을 홀로 남겨 두고 떠날 때 더없이 괴로웠을 것입니다.

요셉이 17세에 팔려 갈 때 이삭은 167세로 아직 살아 있었으며, 야곱은 107세였습니다.[24] 따라서 이삭은 180세까지 사는 동안, 야곱이 그의 사랑하는 아들 요셉을 잃고 슬퍼하는 모습을 13년간이나 지켜보면서 함께 가슴 아파했을 것이며, 야곱에게 신앙의 동반자로서 큰 힘과 위로를 주었을 것입니다.[25]

형들에 의해 팔린 요셉은 애굽에서 다시 보디발의 집에 종으로 팔려 가서 가정 총무가 됩니다(창 39:1-6). 요셉은 애굽에 간 지 10년쯤 되었을 때, 보디발의 아내의 유혹을 뿌리친 일로 옥에 갇히게 됩니다(창 39:7-23).

범죄와 전혀 상관없이 누명을 쓰고 옥에 갇히게 되면 누구나 자신의 억울함을 풀려고 백방으로 힘을 쓰기 마련인데, 요셉은 그럴 만한 배경이 전혀 없는, 이방 나라에서 잡혀 온 비천한 노예 신세였습니다. 그렇게 감당하기 어려운 고통과 참담함 속에서 2년 넘게(약 3년) 옥에 갇혀 있었습니다(창 41:1). 이때 요셉이 당한 오랜 시련과 고통에 대하여 시편 기자는 "그 발이 착고에 상하며 그 몸이 쇠사슬에 매였으니 [19] 곧 여호와의 말씀이 응할 때까지라 그 말씀이 저를 단련하였도다"(시 105:18-19)라고 하였습니다.

실로, 요셉이 당한 극심한 시련은 일찍이 아브라함과 맺으신 횃불 언약을 성취하시기 위한 하나님의 섭리였던 것입니다.

2. 이삭의 죽음(창 35:28-29)과 총리가 된 요셉
(창 41:1-46)
주전 1886년, 횃불 언약 196년째

Death of Isaac (Gen 35:28-29) and accession of Joseph to Prime Minister (Gen 41:1-46)

이삭의 향년 180세, 야곱 120세, 요셉 30세

이삭은 모리아의 한 산에서 제물로 바쳐질 때, 살아 계신 하나님의 뜻에 순종함으로써 '순종의 본'이 되었습니다. 그 후 그는 평생 하나님의 구원 섭리를 위해 헌신하다가 향년 180세로 열조에게로 돌아갔습니다(창 35:28-29). 이삭보다 14년 먼저 태어난 이스마엘은 이삭보다 57년 먼저 137세(주전 1943년)에 죽었습니다(창 25:17).

할아버지 이삭이 죽던 해에, 애굽에 있던 요셉은 30세였습니다. 요셉은 감옥에 들어갔을 때 애굽 왕 바로의 두 관원장의 꿈을 해석하고(창 40:1-23), 후에 그것을 계기로 바로의 꿈까지 해석하여 총리로 등용되었습니다.

바로가 자기 꿈에 대한 요셉의 해석을 듣고 그를 총리로 임명하는 모든 과정은 순식간에 이루어졌습니다. 그 이유는, 그 짧은 과정 속에 바로의 마음을 감동시켜 사로잡으신 하나님의 섭리가 있었기 때문입니다(시 105:20-22). 창세기 41:39에서 바로는 요셉에게 이르되 "하나님이 이 모든 것을 네게 보이셨으니 너와 같이 명철하고 지혜 있는 자가 없도다"라고 하였습니다. 바로는 요셉이 가지고 있는 명철과 지혜가 사람이 아니라 하나님으로부터 나온 사실을 확신했기 때문에, 요셉을 총리로 임명하는 일을 조금도 주저하지 않았던 것입니다.

야곱이 삼촌 라반의 집에서 떠나올 때 요셉의 나이는 약 6세였으며, 요셉은 아버지 야곱과 함께 할아버지 이삭이 살고 있는 헤브론에 갈 때까지 세겜에서 약 10년을 지냈습니다.[26)]

그 후 요셉은 야곱과 함께 헤브론으로 돌아와 이삭을 만나고, 17세에 애굽으로 팔릴 때까지 '약 1년' 동안 이삭과 함께 살았습니다(창 35:27). 비록 짧은 기간이었지만 이삭은 요셉을 만난 이후에, 아브라함과 자신을 거쳐 야곱에게까지 전수된 하나님의 말씀을 집중적으로 어린 요셉에게 가르쳤을 것입니다. 요셉이 하나님의 꿈을 꾸고 큰 믿음의 사람이 되어, 하나님의 섭리를 깨닫게 된 배경에는 이삭의 가르침도 큰 영향을 미쳤을 것입니다.

3. 7년 대풍년(창 41:47-53)
주전 1885-1879년, 횃불 언약 197-203년째
Seven years of plenty (Gen 41:47-53)

7년 대흉년(창 41:54-57)
주전 1878-1872년, 횃불 언약 204-210년째
Seven years of famine (Gen 41:54-57)

애굽 왕 바로는 꿈을 두 번 꾸었습니다(창 41:1-7). 먼저 아름답고 살진 일곱 암소가 나타나고 후에 흉악하고 파리한 일곱 암소가 나타나는데, 뒤에 나타난 흉악하고 파리한 소가 그 아름답고 살진 일곱 암소를 먹어 버렸습니다.

그 후에 다시 잠이 들어 꿈을 꾸니, 이번에는 한 줄기에 무성하고 충실한 일곱 이삭이 나오고, 이어서 세약하고 동풍에 마른 일곱 이삭이 나왔는데, 나중에 나온 세약하고 마른 일곱 이삭이 무성하고 충실한 일곱 이삭을 삼키는 꿈을 꾸었습니다. 꿈을 두 번 겹쳐 꾼 것은 하나님께서 이 일을 정하셨고 가까운 시간에 속히 이루실 것을 나타낸 것입니다(창 41:32).

애굽의 술객들 가운데는 아무도 이 꿈을 해석하는 자가 없었습니다. 그러나 요셉은 이 꿈을 해석하였습니다(창 41:24-36). 이 꿈에서 일곱 좋은 암소와 일곱 좋은 이삭은 먼저 7년 동안 큰 풍년이 있을 것을 계시한 것이며, 다음에 나온 파리하고 흉악한 일곱 암소나 마른 일곱 이삭은 7년 대풍년에 이어서 그보다 더 큰 7년 대흉년이 있을 것을 계시한 것이었습니다. 요셉의 꿈 해석대로 애굽의 역사에서는 실제로 이러한 일들이 일어났습니다.

말세의 징조들 가운데 하나는 기근과 흉년입니다(마 24:7, 막 13:8, 눅 21:11). 뿐만 아니라 말세지말에는 말씀의 기근 시대도 올 것입니다. 아모스 8:11-12에서 "주 여호와께서 가라사대 보라 날이 이를지라 내가 기근을 땅에 보내리니 양식이 없어 주림이 아니며 물이 없어 갈함이 아니요 여호와의 말씀을 듣지 못한 기갈이라 [12] 사람이 이 바다에서 저 바다까지, 북에서 동까지 비틀거리며 여호와의 말씀을 구하려고 달려 왕래하되 얻지 못하리니"라고 말씀하고 있습니다.

이러한 기근의 시대는 장차 성도들에게 임할 환난을 통해서 나타납니다(암 4:6-11). 환난 중에는 하나님의 말씀을 들을 수 없습니다. 그것은 환난의 때에 하나님의 말씀을 배우거나 가르치는 일이 금지되기 때문입니다.

요셉에게 7년 대흉년 전에 7년 대풍년을 계시하셨듯이, 마지막 때에도 말씀의 기근이 있기 전에 먼저 말씀의 풍년을 주실 것입니다 (사 2:2-3, 미 4:1-2). 하나님의 말씀이 풍성하게 나올 때가 바로 '은혜 받을 만한 때'(고후 6:2)요, '여호와를 만날 만한 때'(사 55:6)입니다.

때는 점점 악해져 가지만, 우리는 세월을 아끼는 지혜를 가지고 (엡 5:16), 살아 계신 하나님의 말씀으로 무장하여 말씀의 기근을 대비하는 슬기로운 성도가 되어야 할 것입니다.

4. 야곱과 그 가족 70명의 애굽 이주(창 46:1-27) 주전 1876년, 횃불 언약 206년째, 대흉년 3년째

Jacob and the seventy members of his family migrate to Egypt

야곱 130세, 요셉 40세

하나님께서는 요셉을 미리 애굽의 총리로 세우셔서 하나님의 백성을 기근으로부터 보호해 주시는 섭리를 진행하셨습니다. 야곱의 가족은 7년 대풍년이 지나고 흉년이 시작된 지 3년째 되는 해, 즉 요셉이 총리 된 지 10년째에 애굽으로 이주하였습니다.

창세기 45:6 "... 아직 오 년은 기경도 못 하고 추수도 못 할지라"

창세기 45:11 "흉년이 아직 다섯 해가 있으니..."

(1) 요셉을 다시 만나기까지 야곱의 외로운 노정 23년

야곱은 가장 아끼고 사랑하던 요셉을 잃고 난 후, 극도의 슬픔에 빠졌습니다. 이 슬픔을 창세기 37:34-35에서는 "자기 옷을 찢고 굵은 베로 허리를 묶고 오래도록 그 아들을 위하여 애통하니 ³⁵ 그 모든 자녀가 위로하되 그가 그 위로를 받지 아니하여 가로되 내가 슬퍼하며 음부에 내려 아들에게로 가리라 하고 그 아비가 그를 위하여 울었더라"라고 말씀하였습니다.

또한 야곱은 요셉을 잃은 지 13년 후인 120세에 그때까지 신앙의 큰 주춧돌이요, 큰 위로자가 되었던 아버지 이삭마저 죽게 됩니다. 그 후에는 연이어 극심한 기근을 만났습니다. 식량을 구하기 위해 애굽에 자식들을 보내었을 때, 둘째 아들 시므온이 볼모로 잡히는 사건(창 42:36)까지 당합니다.

이러한 야곱의 암울하고 고통스러운 생활은 요셉과 헤어지고 다시 그를 만나기까지 23년 동안 계속되었습니다.

우리는 이러한 생활 속에서 야곱이 라헬의 막내아들 베냐민에게 특별한 애착을 가지고 있음을 보게 됩니다. 야곱은 베냐민을 볼 때마다 산고(産苦) 속에 죽어 간 라헬과, 자신의 전부를 쏟아 사랑한 요셉이 날마다 눈물겹도록 생각났을 것입니다. 그러므로 베냐민은 노년의 야곱에게 유일한 소망이었을 것입니다. 다시 양식을 구하러 애굽으로 갈 때 베냐민을 데리고 가려 하자, 야곱은 "너희가 나의 흰 머리로 슬피 음부로 내려가게 함이 되리라"라고 하면서 심히 슬퍼하였습니다(창 42:38).

그런데 마침내 야곱은 그의 나이 130세에, 죽은 줄로만 알았던 요셉을 23년 만에 만나게 되었습니다.

처음에 요셉이 살아 있다는 소식을 듣고는 기색[기운 기(氣), 막을 색(塞): 심한 흥분이나 타격으로 숨이 막힘]했습니다. 야곱은 요셉이 보냈다는 수나귀 열 필에 실린 애굽의 아름다운 물품과 또한 암나귀 열 필에 가득한 곡식과 떡과 양식(창 45:23)을 보았습니다. 그리고 요셉이 보내 온 수레를 보자 기운이 소생[깨날 소(蘇), 날 생(生):

다시 살아남]했다고 기록하고 있습니다(창 45:27-28). 애굽에 내려가서 사랑하는 아들 요셉을 품에 안는 순간, 수없는 역경과 고난과 눈물과 한숨과 고독 그리고 그것을 넘어서는 하나님의 위대한 섭리 앞에 감사하면서 눈물을 흘렸습니다. 이때의 감격을 야곱은 이렇게 고백합니다.

> **창세기 46:30** "이스라엘이 요셉에게 이르되 네가 지금까지 살아 있고 내가 네 얼굴을 보았으니 지금 죽어도 가하도다"

'기운이 소생했다'라는 말씀과 "족하도다! 내가 죽기 전에 가서 보리라", "지금 죽어도 가하다"라고 한 고백에서 야곱이 긴 세월 동안 슬픔과 외로움과 고독을 겪으면서 너무도 힘들었던 삶의 흔적이 느껴집니다. 야곱이 76세에 형 에서를 피해 고향을 떠난 이후, 130세가 되어서 애굽에 들어가기까지 약 54년 동안의 생애는 실로 심한 고난의 연속이었습니다. 그래서 야곱은 애굽 왕 바로 앞에서 자기 인생을 한마디로 "내 나그네길의 세월"이 "험악한 세월"이라고 고백하였습니다(창 47:9).

그러나 하나님께서는 야곱의 험악한 나그네 인생길을 통하여 아브라함에게 약속하셨던 언약들을 차근차근 성취해 나아가셨습니다.

우리도 비록 이 땅에서 나그네로 살면서 야곱처럼 말할 수 없이 험악한 세월의 연속이더라도 최후에는 선한 것으로 바꾸어 주시며, 합력하여 선을 이루도록 하시는(롬 8:28) 하나님의 구속사적 섭리를 발견하고 굳게 믿으며 끝까지 감사할 수 있어야 합니다.

(2) 애굽으로 떠나기를 주저하는 야곱

야곱은 130세에 모든 소유를 이끌고 발행하여 애굽을 향하여 가다가 브엘세바에 도착하게 됩니다. 브엘세바는 야곱의 일생 노정 17장소 가운데 열다섯 번째로, 애굽으로 내려가기 직전에 잠시 들렸던 장소입니다. 이제 야곱은 애굽으로 내려갈 막바지 준비를 다 마치고 바로가 보내 준 수레를 타고 출발하여 애굽으로 직행하는 일만 남았습니다. 앞으로 야곱의 남은 인생은 물질적으로 걱정할 필요도 없고, 70명 가족들은 더 이상 흉년으로 지칠 필요도 없었습니다. 죽은 줄만 알았던 요셉이 살아 있고, 또 그가 애굽의 국무총리가 되어 있다니, 더 이상 애굽으로 가느냐 마느냐를 가지고 주저할 필요가 없었던 것입니다.

그런데 야곱은 애굽으로 가기를 두려워하며(창 46:3) 브엘세바를 찾았습니다(창 46:1). 브엘세바는 '일곱 우물, 맹세(언약)의 우물'이라는 뜻이며, 헤브론의 서남쪽 48㎞ 지점으로, 가나안 땅의 남쪽 맨 끝입니다.

야곱이 왜 애굽으로 곧장 가지 않고 모든 소유를 이끌고 브엘세바로 갔을까요?

① 하나님께서 아브라함과 이삭에게 주신 언약을 굳게 붙잡기 위해서입니다.

인간적으로 가장 버티기 어려운 그 순간에 아주 훌륭한 최고의 조건이 주어졌지만, 야곱은 철저하게 하나님의 말씀대로 움직이려 하였습니다.

야곱에게 브엘세바는 어떤 장소였을까요?

첫째, 브엘세바는 조부 아브라함이 언약의 확증을 받은 곳입니다
(창 21:33, 22:15-19).

아브라함이 99세 되었을 때 그랄에 우거하게 되는데(창 20:1), 이때 그랄 왕 아비멜렉과 언약을 체결함으로써, 아브라함은 브엘세바 우물의 영구적인 소유권을 가지게 됩니다. 이를 위해 아브라함은 아비멜렉에게 일곱 암양 새끼를 따로 줌으로써 브엘세바의 우물 판 증거를 삼았으며(창 21:22-32), 브엘세바에 에셀나무를 심고 거기서 영생하시는 하나님 여호와의 이름을 불렀습니다(창 21:33). 그 후 아브라함이 브엘세바에 거하는 동안, 하나님의 말씀대로 모리아 땅의 한 산에서 하나님 앞에 이삭을 제물로 바치면서 지금까지의 모든 언약들을 최종 확증(일곱 번째 언약) 받았습니다(창 22:15-19). 언약의 내용은 아브라함의 씨가 크게 성하여 하늘의 별과 같고 바닷가의 모래와 같게 하신다는 것과, 그 씨가 대적의 문을 얻으며, 그 씨로 말미암아 천하 만민이 복을 얻는다는 것이었습니다(창 22:17-18).

둘째, 브엘세바는 아버지 이삭이 조부 아브라함의 언약을 확증받은 곳입니다(창 26:23-25).

창세기 46:1 하반절에 "브엘세바에 이르러 그 아비 이삭의 하나님께 희생을 드리니"라고 말씀하고 있습니다. 이삭이 블레셋 사람들의 핍박을 받으며 우물 문제로 세 번이나 거처를 옮기고, 그 후 브엘세바로 올라간 적이 있습니다. 창세기 26:23에 "이삭이 거기서부터 브엘세바로 올라갔더니"라고 말씀하였습니다. 여기 '올라갔다'(עָלָה, 알라)라고 한 것은, 그곳이 구속사적으로 아브라함이 하나님과 언약을 맺었던 거룩한 장소였기 때문입니다(창 21:33, 22:15-19). 하나님께서 브엘세바를 찾은 그 밤에 이삭에게 나타나 아브라함의 언약을 재

확인시켜 주셨고, "나는 네 아비 아브라함의 하나님이니 두려워 말라"라고 큰 위로와 평강을 주셨습니다.

> **창세기 26:24** "그 밤에 여호와께서 그에게 나타나 가라사대 나는 네 아비 아브라함의 하나님이니 두려워 말라 내 종 아브라함을 위하여 내가 너와 함께 있어 네게 복을 주어 네 자손으로 번성케 하리라 하신지라"

그 결과로 이삭을 핍박하던 블레셋 사람들이 스스로 이삭을 찾아와 화친 동맹을 제의하고 언약을 맺었습니다(창 26:26-33). 창세기 26:28에 "그들이 가로되 여호와께서 너와 함께 계심을 우리가 분명히 보았으므로 우리의 사이 곧 우리와 너의 사이에 맹세를 세워 너와 계약을 맺으리라 말하였노라"라고 말씀하고 있습니다. 이와 같이 어떤 부당한 핍박과 도전을 받더라도 대항치 않고 하나님의 언약을 믿고 끝까지 참고 인내하면 큰 축복과 큰 승리를 보장받게 됩니다.

야곱은 지금 자신이 이 가나안 땅을 떠나면 아브라함과 아버지 이삭이 그토록 지켜 온 언약의 땅을 자신의 대(代)에서 포기해야만 한다는 생각이 들어 선뜻 내려가지 못했습니다. 애굽은 약속의 땅과는 무관한 데다 신앙을 지키기 어려운 우상숭배의 나라였기 때문에 섣불리 떠날 수 없었던 것입니다. 그리하여 야곱은 초지일관 하나님의 확실한 뜻이 아니면 한 발자국도 움직이지 않겠다는 굳은 각오로 브엘세바를 찾았던 것입니다.

② 그 아비 이삭의 하나님께 엎드려 기도하기 위해서입니다.

야곱은 약속의 땅을 떠나면서 먼저 하나님의 뜻을 묻고자 했습니다.

창세기 46:1 "이스라엘이 모든 소유를 이끌고 발행하여 브엘세바에 이르러 그 아비 이삭의 하나님께 희생을 드리니"

야곱은 하나님 앞에 단을 쌓는 신앙 중심의 생활을 했으며, 중대한 결정에 앞서서 하나님 앞에 엎드려 기도하였습니다(창 28:18-22, 31:11-13, 32:9-12, 24-30, 33:20, 35:1-15).

야곱이 브엘세바에서 어떤 기도를 드렸을까요?

첫째, 환경을 초월한 믿음의 기도입니다.

창세기 46:1 상반절에 "이스라엘이 모든 소유를 이끌고 발행하여 브엘세바에 이르러"라고 말씀합니다. 요셉을 보고픈 불같은 소원과 애굽의 바로가 보내 준 최고급 수레와 나귀들, 그리고 큰 기근과 흉년으로 인하여 야곱의 가족 70명은 애굽으로 내려갈 수밖에 없는 상황이었습니다. 그러나 야곱은 보이는 상황보다도 먼저 기도로 시작하고, 기도로 진행하고, 기도로 마치기를 원했던 것입니다. 아무리 오랜 신앙의 연륜이 있는 사람도 보이는 상황을 기준으로 판단해 버리고는 기도하는 일을 귀찮게 여기거나 쉬는 경우가 있습니다. 그러나 어떤 경우라도 기도를 쉬는 것은 '죄'가 된다고 말씀합니다(삼상 12:23). 성경의 위대한 신앙 인물들은 결코 자신의 주장을 앞세워 주어진 환경과 타협하지 않고, 가장 먼저 엎드려 기도함으로 하나님의 뜻을 물었습니다.

다니엘 3:18 "그리 아니하실지라도 왕이여 우리가 왕의 신들을 섬기지도 아니하고 왕의 세우신 금 신상에게 절하지도 아니할 줄을 아옵소서"

마가복음 14:36 "가라사대 아바 아버지여 아버지께는 모든 것이 가능하오니 이 잔을 내게서 옮기시옵소서 그러나 나의 원대로 마옵시고 아버지의 원대로 하옵소서 하시고”

둘째, 정성을 쏟는 기도입니다.

창세기 46:1 하반절의 “희생을 드리니”라는 말씀은 짐승을 잡아서 제사를 드렸다는 뜻입니다. 여기 ‘희생’은 단수가 아니고 복수로서 여러 마리를 단에 정성껏 바쳤음을 보여 줍니다. 이것을 살려 강신택 박사의 히브리어 대역성경은 “희생 제물들을 희생 드렸었다”라고 번역하였습니다. 오늘날로 말하면 특별 기도나 작정 기도를 말합니다. 또한 야곱은 기도하되 밤중까지 기다렸습니다. 창세기 46:2에 “밤에 하나님이 이상 중에 이스라엘에게 나타나시고...”라고 기록하고 있습니다. 야곱은 언약의 기념 장소에서 형식적인 기도가 아니고 응답이 오기를 간절히 사모하면서 정성껏 기도를 드렸던 것입니다.

셋째, 자기를 포기한 기도입니다.

창세기 46:2 “... 불러 가라사대 야곱아 야곱아 하시는지라 야곱이 가로되 내가 여기 있나이다”

여기 “내가 여기 있나이다”(הִנֵּנִי, 힌네니)라는 답변은 과거 아브라함이 브엘세바에 있을 때 하나님의 부르시는 음성에 즉각 대답한 것과 똑같은 답변입니다(창 22:1, 11). 하나님께서 아브라함을 시험하시려고 불렀을 때 그는 잠시도 흔들림 없이 “내가 여기 있나이다”라고 답변했습니다. 이러한 고백은 헌신하기로 준비된 자만이 할 수 있는 고백이요, 시간도, 재물도, 부귀도, 명예도, 젊음도, 꿈도, 소망도 모두 다 내어놓고, 내게 돌아올 몫에 미련 두지 않고 자신을 바치기로 결심한 자들의 고백입니다. 참으로 야곱의 신앙은 애굽으로 내려가기 직전에 브엘세바에서 강렬하고도 눈부시게 빛나고 있습니다.

하나님이 응답하시는 참다운 기도는, 내 지식과 판단과 경험을 내려놓고, 더 높은 길을 묻고, 하나님의 말씀을 끝까지 기다리는 것입니다(시 62:1, 합 2:1, ^{참고}-삼상 13:8-14, 왕상 22:5, 7, 왕하 3:11-12, 대하 18:6). 마음속에 자기 생각이 꽉 차 있으면 다른 사람의 말을 들을 수가 없게 되고, 결국 그 사람은 자기 소리밖에는 듣지 못합니다. 하나님 앞에 기도할 때도 내 뜻을 내려놓는 태도와 조건이 필수입니다.

야곱이 드린 기도에 하나님께서는 지체하지 않고 그 밤에 나타나 "야곱아 야곱아" 부르시며 한없는 애정을 가지고 응답하셨습니다(창 46:2). 일찍이 야곱은 106세쯤 벧엘에서 단을 쌓을 때, '이스라엘'이라는 새 이름과 함께 땅과 후손에 대한 언약을 다시 받았습니다(창 35:1-15). 그 후 약 24년 만에 브엘세바에서 언약의 하나님이 야곱에게 나타나신 것입니다. 이때 야곱은 네 가지의 약속을 받았습니다.

첫째, "애굽으로 내려가기를 두려워 말라 내가 거기서 너로 큰 민족을 이루게 하리라"(창 46:3)

둘째, "내가 너와 함께 애굽으로 내려가겠고"(창 46:4)

셋째, "정녕 너를 인도하여 다시 올라올 것이며"(창 46:4)

넷째, "요셉이 그 손으로 네 눈을 감기리라"(창 46:4)

애굽으로 내려가기를 주저했던 야곱은 하나님의 이 놀라운 약속들을 받은 후 자신의 모든 것을 이끌고 애굽을 향해 떠납니다(창 46:5-6).

이제 야곱이 애굽으로 가는 것은 흉년 때문에 도피하는 길이 아니고, 요셉이 보고 싶어서 아들을 만나러 가는 길도 아니며, 바로가 수레와 나귀를 보내 줬기 때문에 가는 것도 아닙니다. 다만 하나님의 말씀이 가라고 허락하셨으므로 기쁜 마음으로 가는 것입니다. 애굽에 간 후에도 바로나 요셉이 야곱을 돌보는 것이 아니라, 언약의 하나님께서 친히 야곱을 돌보시고 책임지실 것입니다. 야곱은 자신의 목숨이나 가족의 안위보다 하나님의 말씀을 더 중히 여기고, 맡은바 언약적 사명을 더 크게 여겼습니다(참고-마 10:36-39, 눅 18:29-30, 행 20:24).

야곱은 130세까지 험악한 세월을 보냈지만(창 47:9), 130세로부터 147세까지 17년 동안은 애굽에서 사랑하는 아들 요셉을 만나 말할 수 없는 행복과 영광을 누렸습니다(창 47:28). 더 나아가 그의 후손들은 애굽에 430년간 있었으나 애굽에 동화되지 않고, 야곱의 12아들로 이루어진 12지파 중심의 이스라엘 민족이 거대한 언약 공동체로 중다하게 번성해 갔습니다(창 47:27, 출 1:19, 12, 20). 그리고 야곱은 하나님께서 브엘세바에서 약속하신 대로(창 46:4) 요셉의 손에 의해 애굽이 아니라 가나안 땅 선영에 올라와 장사되어 묻혔습니다(창 50:1-14). 이 모든 승리적인 야곱의 축복은 아브라함과 이삭에게 약속하신 하나님의 언약대로 성취된 것이요, 야곱이 ㄱ 말씀을 굳게 붙잡고 브엘세바로 올라가서 정성을 다해 희생 제사를 드리며 기도한 결과였습니다. 이와 같이 하나님을 의지하고 기도하는 자는 때를 따라 돕는 은혜로 복을 더하여 받지만(렘 17:7-8, 히 4:16), 복의 근원이신 하나님을 떠난 자는 당장은 될 듯하나 필경은 큰 낭패와 수치를 당하게 됩니다(렘 17:9-13).

(3) 애굽으로 이주하는 야곱의 70가족(창 46:8-27)

애굽에 이주한 자는 야곱, 요셉, 므낫세, 에브라임을 제외하면 66명, 포함하면 70명입니다(창 46:26-27).

그런데 이 명단을 자세히 보면, 실제로 애굽에 들어간 자들뿐만 아니라 애굽에 들어가서 태어난 자손까지도 포함되어 있습니다. 애굽으로 이주할 당시에 베냐민의 나이는 약 24세 정도입니다. 그런데 창세기 46:21에서는 애굽으로 이주하는 베냐민의 아들이 무려 열 명(벨라, 베겔, 아스벨, 게라, 나아만, 에히, 로스, 뭅빔, 흅빔, 아릇)이나 등장하고 있습니다. 특히 아릇과 나아만은 민수기 26:40에서는 벨라의 아들 즉 베냐민의 손자로 기록되어 있습니다.

앞으로 태어날 자손들까지 포함된 '70'가족의 명단은 하나님께서 어떤 뜻을 가지고 기록하신 것입니다. 성경에서 '7'은 '완성, 종결' 등을 나타내는 완전한 성수(聖數)이며, '10'은 기본수의 종결과 만수(滿數)로, 이 두 수(數)를 곱한 '70'은 흠잡을 데 없는 '완전성'과 '충만성'을 상징합니다. 그러므로 이것은 야곱의 가족이 한 사람도 빠짐없이 하나님의 완전한 섭리와 인도 하에 애굽으로 이주했음을 보여 주며, 앞으로의 충만한 번영과 온전한 구원을 보여 주는 것입니다.

야곱의 가족 70명이 애굽에 내려감으로, 하나님께서 아브라함에게 약속하셨던 횃불 언약 가운데 "네 자손이 이방의 객이 되어"(창 15:13)라고 예언하신 말씀이 성취되기 시작하였습니다. 더 나아가 이스라엘 공동체가 장차 큰 나라를 이루고 출애굽이라는 거사를 일으켜, 다시 가나안으로 돌아온다는 언약 성취의 기초가 되는 순간이기도 합니다. 애굽은 야곱의 일생 노정 17장소 가운데 가운데 열여섯 번째입니다 하나님께서는 이스라엘이 편안하게 살면서 거대 민족을 형성하는 방법을 허락지 않으시고, 애굽이라는 고난의 풀무(신 4:20, 왕상 8:51, 렘 11:4) 속에 넣으시고 거기서 연단을 받아 큰 민족을 이루도록 섭리하셨습니다. 오늘날 우리도 하나님의 나라에 들어가기 위해서는 반드시 '고난의 애굽'을 통과해야 할 것입니다(행 14:22, 롬 8:17, 벧전 4:12-16).

5. 고센 땅에 우거하며 목축업에 종사한 이스라엘(창 46:28-34, 47:1-12)
주전 1876년, 횃불 언약 206년째

Israel dwells in the land of Goshen and raises livestock (Gen 46:28-34, 47:1-12)

야곱 130세, 요셉 40세

야곱의 70가족이 애굽으로 이주한 것과 고센 땅에 거하게 된 과정에는 하나님의 놀라운 구속사적 경륜이 담겨 있습니다. 애굽으로 이주한 이스라엘 백성은 애굽의 '고센' 땅에 거하게 됩니다. 요셉은 자기 가족들이 살 곳으로, 살기 좋고 편리한 애굽의 유명 도시가 아니라 '고센' 땅을 선택하였습니다.

요셉은 형들 가운데 다섯 명을 택하여 바로를 만나도록 하였는데, 이때 형제들은 바로에게 "종들이 이곳에 우거하러 왔사오니 청컨대 종들로 고센 땅에 거하게 하소서"(창 47:4)라고 요청하였습니다.

여기에 나오는 '우거'는 한자로 '붙어살 우(寓), 살 거(居)'로, '남의 집에 임시로 사는 것' 또는 '타향에서 임시로 사는 것'을 뜻합니다. 히브리어로는 '구르'(גּוּר)인데, 마찬가지로 '임시로 잠시 머무는 것'

이란 뜻입니다(창 12:10, 35:27). 즉 애굽은 그들이 영원히 거주할 장소가 아니라 잠시 머물다 떠날 장소였다는 말입니다. 지금 이스라엘 백성이 애굽에 온 것은 "네 자손이 이방에서 객이 되어 그들을 섬기겠고"(창 15:13)라는 횃불 언약의 성취를 위해서 온 것이었지만, 언젠가는 횃불 언약에 따라 다시 애굽에서 나가야 했기 때문입니다.

왜 요셉은 이스라엘 백성이 임시 거주할 땅으로서 '고센'을 선택하였을까요?

(1) 신앙의 순수성을 지키기 위한 조치

고센 땅은 애굽 본토와 지리적으로 멀리 떨어진 곳으로서, 이스라엘 백성이 애굽의 우상 문화에 동화되지 않고 여호와 하나님을 믿는 순수한 신앙을 지킬 수 있었기 때문입니다. 만약 이스라엘 백성이 고센으로 가지 않고 애굽의 편리한 도시로 갔다면, 이스라엘 백성은 쉽사리 애굽 문화에 물들고 애굽의 다신교적 우상들로 신앙을 지키기 몹시 어려웠을 것입니다.

요셉은 형들과 아비의 권속에게, 바로가 "너희의 업이 무엇이냐"라고 묻거든 "주의 종들은 어렸을 때부터 지금까지 목축하는 자이온데 우리와 우리 선조가 다 그러하니이다"라고 대답하라고 미리 말해 두었습니다(창 46:33-34). 그 이유는 "애굽 사람은 다 목축을 가증히 여기기 때문"(창 46:34下)이라고 하였습니다.

여기 '가증히'는 히브리어로 '토에바'(תּוֹעֵבָה)로서, '구역질나다, 혐오하다, 몹시 싫어하다'라는 뜻입니다. 애굽 사람들은 목축을 몹시 경멸하고 있었던 것입니다. 따라서 목축업에 종사하고 있던 이스라엘은 상대하기 싫은 천박한 민족으로 알려져, 애굽 사람들은 그들과의 통혼을 아주 꺼리고, 고센 지역과 왕래도 하지 않았을 것입니다. 이로 인하여 이스라엘 백성은 자연히 고센 땅에 거하는 고립된 상태가 되어, 오히려 하나님의 백성으로서 신앙을 어느 정도 지킬 수 있었습니다.

(2) 민족의 번성을 위한 조치

나라의 둘째 치리자였던 요셉은 이스라엘 백성이 목축업을 버리고 좀더 나은 직업을 가질 수 있도록 배려할 수도 있었습니다. 그러나 만약 이스라엘 백성이 이런 특혜를 받는다면 많은 애굽 사람들에게 질시를 받고, 경계의 대상이 되었을 것입니다.

그래서 요셉은 애굽 사람들이 목축업을 가증히 여긴다는 사실을 이용하여, 자기 가족의 업이 조상적부터 대대로 '목축업'이었다는 사실을 애써 드러냄으로 애굽 사람들 눈에 전혀 거슬리지 않도록 만들었습니다. 그리하여 애굽 사람들의 눈에 이스라엘 백성은 그저 힘 없는 약소 민족 정도로 인식되었을 것입니다.

이러한 요셉의 지혜로운 조치로 말미암아 이스라엘은 타국 땅에서 430년간이나 거주할 수 있었습니다.

마침내 이스라엘 백성은 구별된 땅 '고센'에서 큰 민족으로 번성하여 갔습니다. 창세기 47:27에서는 "이스라엘 족속이 애굽 고센 땅에 거하며 거기서 산업을 얻고 생육하며 번성하였더라"라고 말씀하고 있습니다. 실로, 고센 땅은 하나님의 구속사적 경륜 속에서 이스라엘을 거대한 민족으로 성장시키기 위해 특별히 구별된 보호처였습니다.

(3) 애굽을 쉽게 떠나기 위한 조치

고센 땅은 애굽의 국경 근처에 위치하고 있었으며, 지리적으로 가나안 땅과 가장 가까운 지역이었습니다. 장차 이스라엘 백성이 애굽을 떠나 가나안으로 돌아갈 것을 염두에 둘 때 지리적으로 아주 유리한 장소였던 것입니다. 요셉은 횃불 언약에 따라 이스라엘 백성이 잠시 우거할 땅인 애굽에 들어왔지만, 또한 횃불 언약에 따라 반드시 가나안 땅에 돌아갈 것이라는 하나님의 언약을 강하게 확신하고 있었습니다(창 15:13-16).

목축업은 이동이 용이한 직업입니다. 애굽 사람들은 나일강의 풍부한 물과 비옥한 농경지를 끼고 대대로 농업을 주업으로 하였고 그것을 신성시하였습니다. 농사를 짓는 사람들은 쉽게 땅을 떠날 수 없습니다. 그러나 목축을 하는 사람은 이곳 저곳 목초지를 찾아서 수시로 이동해야 합니다. 요셉은 이스라엘 백성으로 하여금 목축업에 종사하게 함으로써 유사시에 언제든지 떠날 수 있는 준비를 시켰던 것입니다.

6. 야곱의 죽음(147세)과 그의 장사(창 47:28-31, 49:29-33, 50:1-14)
주전 1859년, 횃불 언약 223년째

Death of Jacob (age 147) and his funeral (Gen 47:28-31, 49:29-33, 50:1-14)

야곱 147세, 요셉 57세

지금까지 야곱의 생애를 돌아볼 때, 야곱의 나그네 인생만큼 험악한 생의 노정(路程)을 걸어온 사람은 그리 흔치 않습니다(창 47:9). 언약 성취의 터전을 닦기 위한 힘겨운 생애였습니다. 그러나 야곱은 요셉을 만남으로 험악한 인생 노정 끝에 환희의 결실을 맺게 됩니다(창 46:30). 그의 말년은 왕에게 높임을 받았고, 아들들에게 둘러싸여 기름진 고센 땅의 풍성함을 누렸습니다. 그가 여기까지 오게 된 것은 확실히 하나님께서 주신 언약이 그의 전(全) 생애의 중심에 자리 잡고 있었기 때문입니다. 실로, 야곱의 삶은 하나님의 구속사적 경륜 속에서 진행되었으며, 그는 철저하게 자신을 포기하고 그것에 순종하는 삶을 살았습니다.

야곱은 130세에 애굽에 내려와 17년을 살고 147세에 열조에게로 돌아갔습니다(창 47:9, 28). 야곱은 브엘세바에서 나타나신 하나님께서 "… 요셉이 그 손으로 네 눈을 감기리라"(창 46:4)라고 하신 말씀을 기억하고, 열두 아들 가운데 특별히 요셉을 불러 "네 손을 내 환도뼈 아래 넣어서 나를 인애와 성심으로 대접하여 애굽에 장사하지 않기를 맹세하고 내가 조상들과 함께 눕거든 너는 나를 애굽에서 메어다가 선영에 장사하라"(창 47:29-30)라고 하였습니다.

(1) 횃불 언약의 성취를 위한 야곱의 유언들

창세기 47:28-31 "야곱이 애굽 땅에 십칠 년을 거하였으니 그의 수가 일백 사십칠 세라 ^{29} 이스라엘의 죽을 기한이 가까우매 그가 그 아들 요셉을 불러 그에게 이르되 이제 내가 네게 은혜를 입었거든 청하노니 네 손을 내 환도뼈 아래 넣어서 나를 인애와 성심으로 대접하여 애굽에 장사하지 않기를 맹세하고 ^{30} 내가 조상들과 함께 눕거든 너는 나를 애굽에서 메어다가 선영에 장사하라 요셉이 가로되 내가 아버지의 말씀대로 행하리이다 ^{31} 야곱이 또 가로되 내게 맹세하라 맹세하니 이스라엘이 침상 머리에서 경배하니라"

창세기 47장에서 야곱은 그의 죽을 기한이 가까워졌을 때 특별히 요셉을 불러(29절ᵘ) 자신의 유골을 가나안 땅의 선영(先塋) 곧 조상이 사 놓은 땅, 조상들이 묻힌 땅에 묻어 달라고 간곡하게 부탁하였습니다(30절). '선영'은 한자로 '먼저 선(先), 무덤 영(塋)'으로, '조상들의 무덤이 있는 곳'이란 뜻입니다. 야곱은 이 부탁을 들어줄 것을 요셉에게 거듭하여 맹세시켰습니다(31절).

'가나안 땅 선영'은 아브라함이 은 400세겔을 주고 헷 족속에게 구입했던 헤브론의 막벨라 굴입니다(창 23:16-18). 그곳에는 사라(창 23:19-20), 아브라함(창 25:7-10), 이삭(창 49:31), 야곱(창 50:13), 리브가와 레아가 묻혔습니다(창 49:31).

요셉을 향한 야곱의 강력한 요청은, 야곱이 애굽으로 이주하기 전에 받은 "정녕 너를 인도하여 다시 올라올 것이며"(창 46:4)라고 하신 하나님의 약속과, 223년 전에 조부 아브라함에게 하신 횃불 언약(창 15:13-16)이 그대로 이루어질 것을 확신한 데서 나온 것입니다. 야곱은 죽음을 목전에 두고 자신을 가나안 땅에 묻어 달라는 유언을 통하여 이스라엘 사람들이 영원히 거할 땅은 오직 가나안이라는 사실을 온 몸으로 증언하였습니다. 나아가, 이스라엘 백성이 장차 하나님의 인도를 받아 반드시 가나안 땅으로 귀환하여 영구히 정착할 것임을 후손들에게 강력하게 가르쳤던 것입니다.

야곱은 유언을 하면서 요셉으로 하여금 자신의 환도뼈 아래에 손을 넣고 맹세하도록 했습니다. 환도뼈 아래에 손을 넣는 행위는 고대 근동에서 가장 엄숙한 맹세를 할 때 취하는 자세입니다.

환도뼈는 원어에 '야레크'(יָרֵךְ)로 나와 있는데, '넓적다리, 허벅지'의 뼈를 뜻하는 대퇴골입니다. 우리말 성경에서는 이 말을 '허리'라고 번역하기도 했습니다(출 32:27, 시 45:3). 고대 근동 지방에서는 환도뼈가 생명의 원천(源泉)을 나타내었습니다(삿 3:16, 21). 환도뼈 아래에 손을 넣고 맹세하는 것은 가장 강력한 맹세로서, 상대방의 권위에 대한 신뢰와 전적인 복종을 다짐하는 것입니다. 또한 그 언약은 변치 않고 반드시 이루겠다는 의미가 담겨 있습니다. 또한 그것은 그 맹세의 효력과 책임이 후손에게까지 지속적으로 미치는 것을 보장하는 행위였습니다(창 24:2, 9).

그러므로 야곱이 요셉으로 하여금 허벅지 밑에 손을 넣고 맹세하도록 한 것은, 자신의 유골이 가나안에 묻힘으로 반드시 하나님의 말씀이 이루어져야 한다는 야곱의 철저한 언약 사상을 대변하며, 그 맹세의 효력이 후손에게까지 계속 미치게 될 것을 보여 준 것입니다.

(2) 침상 머리에서 경배한 야곱

야곱은 가나안 땅에 자신을 묻어 달라는 유언을 한 다음에, 침상 머리에서 하나님께 경배하였습니다. 창세기 47:31에서 "야곱이 또 가로되 내게 맹세하라 맹세하니 이스라엘이 침상 머리에서 경배하니라"라고 말씀하고 있습니다. 그리고 연이어 창세기 48장에는 요셉의 두 아들에게 축복하는 장면이 기록되어 있습니다. 이때 야곱은 힘을 내어 침상에 앉아 요셉에게 말하고, 요셉의 아들들을 축복하였습니다.

그런데 창세기 48:1의 "이 일 후에"는 히브리어 '와우계속법'이 사용되고 있는 것을 볼 때, 창세기 47장에서 가나안 땅에 자신을 묻어 달라는 유언과 창세기 48장의 사건이 매우 밀접하게 연관되어 있다는 것과, 두 사건이 시간적 간격이 있는 것이 아니고 연속적인 사건임을 보여 줍니다.

이것을 종합하여 히브리서 11:21에서는 "믿음으로 야곱은 죽을 때에 요셉의 각 아들에게 축복하고 그 지팡이 머리에 의지하여 경배하였으며"라고 말씀하고 있습니다. 이것을 영어 NRSV에서는 "By faith Jacob, when dying, blessed each of the sons of Joseph, bowing in worship over the top of his staff"라고 번역하고 있습니다. 이 번역의 의미는, 야곱은 죽을 때에 지팡이 머리에 의지한 채로 믿음으로 요셉의 아들들에게 축복도 하고 경배도 드렸다는 것입니다.

그런데 창세기와 히브리서의 기록에 아주 결정적인 차이가 있습니다. 그것은 창세기에서는 "침상 머리"에서 경배했다고 기록되어 있지만(창 47:31), 히브리서에는 "지팡이 머리"에 의지하여 경배했다고 기록되어 있다는 점입니다(히 11:21下). 이 두 가지 표현은 얼핏 보기에는 서로 조화가 되지 않는 것처럼 보입니다.

첫째, 야곱은 왜 이 순간에 침상 머리에서 경배하였습니까?

이에 대한 이해를 돕기 위해 열왕기상 1:47-48을 한 번 생각해 보도록 하겠습니다. 다윗이 나이 많아 심히 늙었을 때(왕상 1:1, 15), 자기 아들 솔로몬이 대를 이어 왕으로 즉위하자, 다윗은 너무도 감사하여 "침상에서 몸을 굽히고" 하나님을 찬송하였다고 말씀하고 있습니다(왕상 1:47). 여기 '굽히고'는 야곱이 침상 머리에서 경배하였다고 한 그 '경배'의 히브리어 '샤하'(שָׁחָה)와 같은 단어입니다. 다윗이 그의 나라가 솔로몬에게 안전하게 계승된 것을 듣고 감격하여 경배하고 찬송한 것처럼, 야곱도 요셉이 자신의 언약의 대를 성공적으로 이어갈 것을 믿음으로 바라보고 하나님께 경배를 드린 것입니다.[27]

둘째, '침상 머리'와 '지팡이 머리'의 차이점은 무엇입니까?

야곱이 그 자녀들에게 유언할 때 그는 거동조차 힘든 상황이었습니다. "죽을 기한이 가까워졌을 때"였습니다(창 47:29). "병들었을 때"였습니다(창 48:1). "힘을 내어 침상에 앉아"야 할 정도였습니다(창 48:2下). 그러므로 여기 침상 머리에서 경배하는 것은 인간 야곱이 죽음 직전에 몸이 노쇠하여 아무런 힘이 없는 극도의 연약함 속에서도, 오히려 그의 신앙은 약하여지지 않고 믿음의 심지가 더욱 견고하여져서 오직 하나님을 의지하면서 경배했다는 것을 의미합니다. 최후의 순간까지 전혀 흐트러짐이 없는 위대한 믿음의 거장 야곱의 모습입니다.

이러한 야곱의 믿음을 히브리서 11장에는 '지팡이 머리를 의지한 것'으로 표현하였습니다. 마지막 죽음의 순간에 침상 머리에서 온 힘을 다하여 예배드릴 때, 야곱이 의지한 것은 바로 '하나님을 향한 믿음'이었습니다. 그래서 히브리서 기자는 이 '하나님을 향한 믿음'을 '지팡이 머리'로 표현했던 것입니다.

성경에서 '지팡이'는 대단히 깊은 구속사적 의미를 담고 있습니다.

지팡이의 기능을 세 가지로 간추리면 다음과 같습니다.

첫째, 양을 치거나 여행할 때 의지하는 도구(히 11:21),

둘째, 불의한 것을 물리쳐 보호해 주는 도구(사 11:4, 시 89:32),

셋째, 앞길을 인도해 주는 도구(시 23:4)입니다.

예수님은 우리의 인생길 가운데 의지해야 할 지팡이요, 보호해 주시는 지팡이요, 인도해 주시는 지팡이가 되십니다(시 71:5, 23:4, 사 11:4, 요 14:6). 파도가 치는 바다와 같이 흉흉하고 하루도 잔잔할 날 없는 타락한 세상을 정복하고, 약속의 땅 천국까지 안전하게 인도하시는 지팡이는 오직 예수님밖에 없습니다.

한 가지 흥미로운 사실은 '침상 머리'와 '지팡이 머리'는 히브리어에서 같은 자음을 사용하고 있다는 사실입니다. '침상'은 '미타'(מִטָּה)이고, '지팡이'는 '맛테'(מַטֶּה)입니다. 그러므로 히브리어 'מטה'는 '미타'로 읽으면 침상으로 번역되고, '맛테'로 읽으면 지팡이로 번역되는 것입니다. 주전 250-150년경 70인경(LXX)을 기록한 사람들은 히브리어 'מטה'를 '맛테'(지팡이라는 뜻)로 읽어서, 히브리서 11:21에서 이 단어를 '지팡이'를 뜻하는 '랍도스'(ῥάβδος)로 번역하였습니다. 그러나 주후 500-950년경에 맛소라(MT) 학자들은 히브리어 'מטה'를 '미타(침상이라는 뜻)'로 모음 표기를 하였던 것입니다. 즉 '침상 머리'나 '지팡이 머리' 모두 비록 글자의 모음 형태는 달라도, 본래는 같은 단어였던 것입니다.

이것은 야곱이 마지막 유언을 하면서 노쇠한 몸이었음에도 불구하고 침상 머리에서 인생의 신령한 지팡이가 되시는 하나님만을 의지하면서 경배했다는 것을 보여 줍니다.

야곱은 마지막 유언을 하면서 "나의 남으로부터 지금까지 나를 기르신 하나님"(창 48:15)이라고 고백하였습니다. 이것은 하나님께서 야곱의 전 생애 가운데 지팡이가 되셨다는 고백입니다. 147년의 험난한 인생 여정의 마지막 순간에 병들고 노쇠한 몸을 일으켜, 침상 머리에서 하나님만을 의지하면서 경배하였던 야곱의 황혼녘 결산은 참으로 눈이 부실 정도입니다. 우리 성도들의 마지막 결산도 이렇게 아름다울 때 하나님께서는 성도의 죽음을 귀히 보실 것입니다(시 116:15).

성도의 인생 여정에 꼭 필요한 것이 있다면 지팡이 하나뿐입니다. 예수님께서도 마가복음 6:8에서 "지팡이 외에는... 아무것도 가지지 말며"라고 말씀하셨습니다.[28] 성도는 자기 경험이나 주변 환경, 세상의 권세, 물질을 의지해서는 안 됩니다. 지나치게 자기 미래에 대한 걱정에 얽매여서도 안 됩니다. 오직 예수 그리스도 한 분과 그분의 말씀만을 지팡이 삼아 만족한 삶을 살 때, 야곱처럼 인생의 최후까지 아름답게 마감할 수 있습니다.

(3) 요셉을 통해 얻은 손자 므낫세와 에브라임을 아들로 삼는 야곱

야곱은 인생의 마지막 순간에 혼신의 힘을 다해 그 후손들에게 언약을 전수하였습니다. 이것은 언약의 계승자로서 '언약 전수'라는 마지막 사명을 수행하기 위한, 생의 최후 분투와도 같은 것입니다.

야곱의 행위에 대한 기록은 많이 있습니다. 그러나 하나님께서는 그의 많은 행위 가운데서 오직 두 가지만 선택하여 히브리서에 기록하셨습니다. 그 첫 번째가 요셉의 각 아들에게 축복한 것이요, 두 빈째는 지팡이 머리에 의지하여 경배한 행위입니다. 둘 다 야곱이 임종의 순간에 행한 일입니다.

히브리서 11:21 "믿음으로 야곱은 죽을 때에 요셉의 각 아들에게 축복하고 그 지팡이 머리에 의지하여 경배하였으며"

야곱이 병들어 죽음의 문턱에 섰을 때(창 48:1), 요셉은 부친의 병환 소식을 듣고 자기의 두 아들을 데리고 갔습니다. 이에 야곱은 "힘을 내어" 침상에 앉았다고 하였습니다(창 48:2). 거동하지 못할 정도로 쇠약해진 노인이었으나, 평소 사랑하는 요셉과 그의 두 손자가 찾아왔다는 소식에 야곱은 생기가 돌고 정신이 되살아난 것 같습니다.

이때 요셉을 향한 야곱의 첫마디는, 가나안 땅 루스(벧엘)에서 나타나신 하나님께서 복을 허락하시면서 "이 땅을 네 후손에게 주어 영원한 기업이 되게 하리라" 하셨다는 것이었습니다(창 48:3-4).

그런 다음, 야곱은 그의 손자인 므낫세와 에브라임을 아들로 삼겠다고 선언하였습니다. 야곱은 요셉의 두 아들을 르우벤과 시므온처럼 자신의 친아들의 반열에 올려놓고(창 48:5), "이들 후의 네 소생이 네 것이 될 것이며"(창 48:6上), 그리고 "그 산업은 그 형의 명의하(名義下)에서 함께하리라"(창 48:6下)라고 하였습니다. 이것은 에브라임과 므낫세에게 완벽한 족장의 신분을 주어, 르우벤이나 시므온처럼 약속의 땅에 대한 상속권을 동등하게 부여해 준 것입니다.

이어서 야곱은 므낫세와 에브라임을 축복할 때 육신적 서열을 좇지 않고, 하나님의 뜻하신 구속사적 경륜에 따라 팔을 어긋맞겨 아우 에브라임에게 더 큰 축복을 빌었습니다(창 48:13-19).

요셉은 야곱의 오른손을 들어서 에브라임의 머리에서 므낫세의 머리로 옮기려고 했으나, 야곱은 "나도 안다 내 아들아 나도 안다"(창 48:19)라고 하며 차자인 에브라임에게 장자의 축복을 하였습니다.

그리고 야곱은 "나는 죽으나 하나님이 너희와 함께 계시사 너희를 인도하여 너희 조상의 땅으로 돌아가게 하시려니와"(창 48:21)라고 유언함으로, 그의 후손들에게 반드시 가나안 땅으로 돌아가야 한다는 것을 재삼 강조하였습니다.

참으로 야곱은 죽음 직전까지 사력을 다하여 그의 손자들에게까지 애굽의 고센 땅이 선민이 영주할 땅이 아니고, 가나안만이 하나

님께서 약속하신, 선민이 거주해야 할 땅이라는 언약 사상을 철저
히 심어 주었던 것입니다.

***유구한 역사 속에서 세계 최초로 야곱의 임종 모습 체계적 정리 발표**
(4) 발을 모으고 죽은 야곱

　야곱은 임종 직전에 가누기도 힘든 몸을 이끌고 자녀들에게 일일
이 축복하며, 침상 머리에서 하나님께 진지하게 경배하였습니다.

　임종 직전의 야곱의 최후 모습은 어떠했습니까?

　창세기 49:33　"야곱이 아들에게 명하기를 마치고 그 발을 침상에 거
두고 기운이 진하여 그 열조에게로 돌아갔더라"

　여기 "그 발을 침상에 거두고"라고 말씀하고 있습니다. 이 부분
을 영어 성경 KJV에서는 "he gathered up his feet into the bed"라고
번역하고 있으며, 현대인의성경에서는 "발을 거두어 침대에 모으
고"라고 번역하였습니다.

　창세기 49:33의 히브리 원문은 다음과 같습니다.

라글이브　바예에소프　바나이브 에트　레차오트　야아코브　바예칼

רַגְלָיו　וַיֶּאֱסֹף　אֶת־בָּנָיו　לְצַוֺּת　יַעֲקֹב　וַיְכַל

암마이브 엘　바예아세프　바이그바　함미타　엘

אֶל־הַמִּטָּה　וַיִּגְוַע　וַיֵּאָסֶף　אֶל־עַמָּיו׃

　여기 '거두고'는 히브리어로 '바예에소프'(וַיֶּאֱסֹף)로서, 이것은 '모
으다'라는 뜻을 가진 '아사프'(אָסַף)의 '와우계속법'입니다. 야곱은
그의 아들들에게 축복하기 위해 침상에 걸터앉아 있다가, 이어서 조
용히 누워서 발을 모으고 흐트러짐 없이 곧게 뻗은 것입니다.

야곱은 죽음을 앞에 두고도 요동하지 않고 침착하고 경건했습니다. '발을 모았다' 함은 마음을 집중하고 정성을 다하는 태도입니다. 세상에서도 높은 어른을 뵐 때, 손을 모으고 발을 모아 자세를 바르게 하지 않습니까? 그러므로 '발을 모았다' 함은 야곱이 말년에 하나님의 말씀 앞에 흐트러짐 없이 산 것을 대변합니다. 야곱은 지금 하나님께서 허락하신 이 땅의 나그넷길에서, 맡겨 주신 사명을 힘 다해 마치고 그 걸음 걸음을 다 모아서 하나님 앞에 경배하고 있는 것입니다. 그것은 불같은 시험과 환란의 연단을 통해 은혜 속에 자리 잡은 경건한 신앙 자세입니다.

실로, 그 발은 믿음의 발이었습니다. 이제 야곱은 두 발을 모아서 마지막 한 걸음의 순간까지 잘 마치려 했던 것입니다. 야곱의 황혼녘 결산의 최고 절정입니다.

오직 사명을 다한 사람들만이 죽을 때에 야곱처럼 발을 모을 수 있습니다. 험악하기만 했던 나그네 세월, 147년 동안 맡겨진 구속사의 사명을 모두 마치고 하나님과 함께 걸은 그 발을 모으고 본향으로 돌아가는 야곱의 최후 모습은 참으로 이 땅에서 가장 행복하고 아름답고 복된 인생을 마치는 모형이 아닐 수 없습니다.

우리도 인생 최후에 하나님께 야곱처럼 "나의 남으로부터 지금까지 나를 기르신 하나님"(창 48:15)이라고 고백하면서, 감격 속에 감사하며 경배할 수 있어야 합니다. 일생의 최후 순간에 침상에서 경배하지도 못할 뿐 아니라, 발을 모으지 못하고 죽는 자가 얼마나 허다합니까? 우리가 야곱처럼, 나에게 주신 하나님의 언약이 그 말씀대로 일점 일획도 어김없이 그대로 이루어졌음을 감사하면서, 경건하게 발을 모으고 하나님 나라에 입성할 수만 있다면 그보다 더 큰 행복이 어디 있겠습니까?

(5) 야곱의 거대한 장사 행렬

요셉은 돌아가신 아버지의 얼굴에 마지막으로 구푸려 울며 입맞추었습니다(창 50:1). 야곱은 한때 사랑하는 아들 요셉이 죽은 줄 알고 한없이 슬퍼하며 음부에 내려 아들에게로 가리라 하고 울었는데(창 37:35), 이제 야곱의 죽음 앞에 요셉이 구푸려 울며 입맞추었습니다.

요셉은 자신이 야곱 앞에서 했던 맹세대로(창 47:30-31), 야곱의 유해를 가나안 막벨라 밭 굴에 장사하였습니다(창 50:12-13). 야곱이 장사된 막벨라 밭 굴은 야곱의 일생 노정 17장소 가운데 열일곱 번째입니다.

무려 40일간에 걸쳐 야곱의 시신을 당시 애굽의 풍습을 좇아 미라로 보존하는 작업을 했고,[29] 야곱의 시신 앞에 모든 애굽인들이 모여 70일 동안 애도하였습니다(창 50:2-3). 당시 왕이 죽었을 때 72일간 곡한 것을 감안한다면, 야곱의 장사는 아마도 국장(國葬)이었을 것으로 추정됩니다. 요셉이 총리의 신분이었으므로 바로의 선대를 받아, 야곱의 장사 행렬은 심히 컸습니다.

곡하는 기간이 끝난 후에 요셉은 바로의 궁에 사람을 보내어 아버지를 가나안 땅에 장사할 수 있도록 정중히 부탁하였고, 바로는 그렇게 하도록 허락했습니다(창 50:4-6). 애굽의 고센에서 막벨라 밭 굴까지는 692km였습니다. 이해도움 8 - 야곱의 일생 노정(路程) 참조 그러한 장거리를 "바로의 모든 신하와 바로 궁의 장로들과 애굽 땅의 모든 장로"(창 50:7)가 다 따라갔다고 기록하고 있습니다. 또한 "요셉의 온 집과 그 형제들과 그 아비의 집이 그와 함께 올라"갔고, 어린아이들과 양떼와 소떼만 고센 땅에 남겼습니다(창 50:8). "병거와 기병이 요셉을 따라 올라가니 그 떼가 심히 컸더라"(창 50:9)라고 한 것을 볼 때, 야곱의 장사가 어마어마하게 성대하게 치러졌음을 알 수 있습니다.

창세기 50장은 장엄한 야곱의 장사의 전 과정을 낱낱이 기록하고 있습니다. 성경에서 이처럼 상세하게 기록된 장사는 다시 없습니다. 야곱의 장례식의 모습은 훗날 악한 왕들의 장사와 참으로 대조됩니다. 여호사밧의 아들 여호람(32세 즉위, 40세 장사)은 통치 8년 내내 악만 행하다가 창자가 빠져 죽었는데, 그의 장사 때 아끼는 자 없었으며, 그의 시신은 열왕의 묘실에도 들어가지 못하고 다윗 성에 장사되었습니다(대하 21:20). 요시야의 아들 여호야김도 통치 11년 동안 악만 행하다가 젊은 나이 36세에 죽었는데, 그의 죽음을 애도하는 자도 없었고, 그 시신은 예루살렘 문 밖에 던지우고 나귀같이 매장함을 당하였습니다(렘 22:18-19, 36:30).

언약의 제3대 족장 야곱의 장엄한 장사 행렬에 담긴 구속사적 의미는 무엇일까요?

① 하나님의 약속을 성취시키는 행렬이었습니다.

야곱이 70가족을 이끌고 애굽에 들어가는 것을 두려워할 때 브엘세바에서 하나님께서 그에게 나타나셔서 "... 애굽으로 내려가기를 두려워 말라 내가 거기서 너로 큰 민족을 이루게 하리라 ⁴ 내가 너와 함께 애굽으로 내려가겠고 정녕 너를 인도하여 다시 올라올 것이며 요셉이 그 손으로 네 눈을 감기리라"(창 46:3-4)라고 약속하셨습니다. 야곱이 죽었으니 자기 발로는 가나안으로 갈 수 없었습니다. 그러나 그의 장사 행렬이 올라갔으니, 야곱에게 약속하신 하나님의 언약이 성취된 것입니다. 야곱은 죽어서나마 하나님의 약속대로 가나안에 들어간 것입니다.

야곱의 모든 장사 절차는 야곱의 열두 아들들이 "부명을 좇아"(NKJV: just as he had commanded them) 진행하였습니다(창

50:12). 야곱의 아들들이 아버지의 유언대로 그를 가나안 땅으로 메어다가 마므레 앞 막벨라 밭 굴에 장사했습니다(창 50:13). 막벨라 밭 굴은 아브라함이 헷 족속 에브론에게 밭과 함께 사서 매장지를 삼은 곳이었습니다(창 23:16-20).

야곱의 장사 행렬은 아브라함과 이삭과 야곱에게 약속하신 하나님의 언약이 반드시 정확하게 이루어진다는 것을 확실히 보여 주는 행렬이었습니다. 692㎞나 되는 길고 긴 거리는 하나님의 언약을 붙들고 산 야곱의 지난 생애를 압축한 것입니다. 하나님의 언약을 성취하는 길은 멀고도 험하지만, 끝까지 포기하지 않고 성취를 기다리는 자에게는 반드시 언약의 땅이 주어집니다.

그러므로 야곱의 장사 행렬은 결코 내려가는 길이 아니라 '올라가는' 행렬입니다. 이 사실이 창세기 50:5-9에서는 다섯 번이나 쓰였는데, 모두 동일한 히브리어 '알라'(עָלָה)를 사용하였습니다. 이것은 지리적으로 올라갔다는 의미가 아니고, 하나님의 말씀이 머물고 있는 약속의 땅 가나안이 이 세상에서 가장 높은 곳이기에(사 2:2-3) 가장 낮은 애굽에서 가장 높은 가나안 땅으로 올라갔다고 강조한 것입니다. 성도가 하나님의 말씀을 성취하는 모든 길은 마침내 올라가는 생활입니다.

② 열두 아들이 하나 되는 행렬이었습니다.

야곱의 장사 노정은 총 692㎞나 되는 엄청난 장거리였는데, 과연 누가 야곱의 관을 메고 갔을까요? 창세기 50:12-13에서는 "야곱의 아들들이 부명을 좇아 행하여 13그를 가나안 땅으로 메어다가 마므레 앞 막벨라 밭 굴에 장사하였으니 이는 아브라함이 헷 족속 에브론에게 밭과 함께 사서 소유 매장지를 삼은 곳이더라"라고 말씀하고 있습니다. 여기 한글 개역성경에서는 번역되지 않은 히브리어 '바나브'(בָנָיו)

는 '그의 아들들이'라는 뜻으로, 야곱의 아들들이 야곱의 관을 직접 메고 갔음을 분명히 보여 주고 있습니다. 만일 야곱의 관이 1톤이 넘었다면 692㎞나 되는 멀고 험한 길을 열두 명이 메고 가는 것은 매우 힘겨운 일이었을 것입니다. 혼자서는 도저히 불가능한 데다 열두 명이 온전히 협력해야만 가능한 일이었습니다. 열두 아들은 약 한 달이 넘는 기간 동안 땀을 뻘뻘 흘리면서 아버지의 관을 메고 갔을 것입니다. 그들은 목적지에 다다를 때까지 서로 호흡을 맞추고 협력하였으며, 자기보다 약한 자가 혹시 쓰러지지 않을까 염려하여 붙들어 주었을 것입니다. 그 전에는 서로 티격태격 싸우고 팔아넘기고 모함도 했지만, 아버지의 장사를 통해서 마음과 뜻이 하나로 뭉쳤습니다. 아버지가 남기신 언약의 말씀을 중심으로 하나 되어 협력하고 이해하고 사랑하며 용서하였습니다. 이로써 '이스라엘'이라고 불리는 하나의 언약 공동체가 형성된 것입니다. 오늘날 우리가 하나님의 복음을 온 열방에 증거하는 사명도 동역자들과 하나 되는 협력 그리고 사랑과 이해, 용서로써 완성될 수 있습니다(롬 16:9, 21, 고후 8:23, 몬 1:1, 24, 요 17:21-22, 엡 4:3). 그리할 때 하나님이 기뻐하시는 언약 공동체, 참교회가 될 수 있는 것입니다.

③ 회개 각성하는 큰 애통의 행렬이었습니다.

야곱의 장례식은 열두 아들의 회개를 통해 완성되었습니다.

창세기 50:10-11 "그들이 요단강 건너편 아닷 타작마당에 이르러 거기서 크게 호곡하고 애통하며 요셉이 아비를 위하여 칠 일 동안 애곡하였더니 ¹¹ 그 땅 거민 가나안 백성들이 아닷 마당의 애통을 보고 가로되 이는 애굽 사람의 큰 애통이라 하였으므로 그 땅 이름을 아벨미스라임이라 하였으니 곧 요단강 건너편이더라"

야곱의 장사 행렬은 왜 헤브론의 막벨라 밭 굴로 직접 가지 않고 요단 건너편으로 돌아서 갔을까요? 야곱의 생애를 돌이켜보면, 그의 삶에서 중대한 사건이 바로 요단 건너편에서 일어났었기 때문인데, 바로 얍복 나루에서 하나님의 천사와 씨름하다가 환도뼈가 위골된 사건을 말합니다. 아마도 요셉은 부친 야곱이 환도뼈가 위골되고 이스라엘이란 새 이름을 받은 브니엘을 기념하기 위하여, 요단강변 중에 얍복 나루에서 장사 행렬을 멈추어 놓고 애도하는 시간을 가졌을 것입니다(창 32:22-32).[30]

51년 전에 이들의 아버지 야곱은, 400명을 거느리고 온 에서 앞에 몸을 일곱 번이나 땅에 굽혀 절을 하면서 사랑하는 처자식들을 위해 어떤 굴욕도 믿음으로 감내하였던 적이 있습니다(창 33:1-3). 열두 아들은 믿음으로 걸어가셨던 그 아버지의 깊은 사랑을 떠올리며 뜨겁게 회개하였을 것입니다. '가지 많은 나무에 바람 잘 날이 없다'라는 속담처럼, 자식을 열둘이나 두었던 야곱의 생애는 그야말로 가시밭길 같은 고난의 연속이었습니다. 둘째 아들 시므온과 셋째 아들 레위의 세겜 족속 살육 사건으로 야곱은 인근에서 주목 대상이 되어 숨조차 크게 쉬지 못하고 도망치듯 나와야 했습니다(창 34:1-31). 또한 사랑하는 아내 라헬이 막내아들 베냐민을 심히 산고하며 낳다가 죽었습니다(창 35:18). 심지어 첫째 아들 르우벤이 서모 빌하와 통간하여 아버지의 침상을 더럽히므로 아버지의 권위가 송두리째 짓밟히기도 했습니다(창 35:22).

참으로 아버지 야곱의 생애는 열두 아들로 말미암은, 가시에 찔리는 일들의 연속이었습니다. 요셉을 비롯한 열두 아들은 아닷 타작마당에서, 아버지의 온 몸에 자신들로 인해 박혀 있는 수많은 가시들을 하나하나 빼어 내는 심정으로 7일간 가슴을 치며 통곡하면서 회개했을 것입니다. 부친 야곱이 당부한 대로 야곱의 일생 노정을 하나하나 밟으면서 회개와 대각성을 이루게 되었던 것입니다.

'아닷'(אָטָד, 아타드)은 '가시나무'라는 뜻입니다(참고-창 3:18, 삿 9:14). 두 번이나 특별히 언급된 "요단강 건너편"(창 50:10-11)은 히브리어로 '베에베르 하야르덴'(בְּעֵבֶר הַיַּרְדֵּן)이며, '요단 강가, 요단강 주변'으로 번역할 수 있습니다(참고-민 32:19, 신 4:49, 수 18:7, 20:8).[31]

야곱이 자식들의 무수한 가시에 찔렸듯이, 영적으로 볼 때 예수님께서도, 타락하여 악해진 인생들의 무수한 가시에 찔리셨습니다. 에덴동산에서 아담이 타락한 후 땅은 "가시덤불과 엉겅퀴"를 내게 되었습니다(창 3:18, 히 6:8). 사무엘하 23:6에서 "사악한 자는 다 내어 버리울 가시나무 같으니"라고 말씀하고 있습니다. 사도 바울은 한때 예수님을 믿지 못하고 핍박하는 데 앞장섰습니다. 그는 예수님을 믿는 사람들을 잡기 위하여 대제사장에게 가서 다메섹 여러 회당에 갈 공문을 청했던 사람이었습니다(행 9:1-2). 그런데 이러한 사도 바울의 불신 행위는 마치 가시채(끝에 뾰족한 쇠로 된 가시가 달린 소몰이 채)에 뒷발질하는 행위와 같았습니다(행 26:14). 여기에서도 불신 행위를 '가시'와 연결시켜 말씀하고 있습니다. 이러한 모든 악함과 불신의 가시들은 결국 예수님께서 가시에 찔리도록 만들었습니다. 이사야 53:5에서 "그가 찔림은 우리의 허물을 인함이요 그가 상함은 우리의 죄악을 인함이라"라고 말씀하고 있습니다. 실제로 예수님은 머리에 가시관을 쓰셨습니다. 요한복음 19:2에서 "군병들이 가시로 면류관을 엮어 그의 머리에 씌우고"라고 말씀하고 있습니다(마 27:29, 막 15:17, 요 19:5). 이러한 예수님의 찔리심으로 인하여 인류에게는 죄 사함을 통한 평화와 치유의 대역사가 일어나게 되었습니다(사 53:5下, 엡 1:7, 골 1:14).

④ 요셉의 관용(寬容)으로 대화목을 이루는 행렬이었습니다.

'관용'은 한자로 너그러울 '관(寬), 얼굴 용(容)'으로, '너그럽게 용서하고 받아들임'이라는 뜻입니다. 진정한 관용은 나에게 고통을 준 사람까지 너그럽게 품어 주는 것입니다. 남을 이해하고, 격려하고, 허물을 덮어 주는 마음입니다(잠 10:12). 성경은 종말의 성도들에게 반드시 관용을 베풀라고 말씀하고 있습니다(빌 4:4-5, 딛 3:2, 약 3:17).

아버지가 돌아가신 후에 형들의 마음속에 큰 두려움이 밀려왔습니다. 형들은 40년 전에 요셉을 팔아 넘긴 죄악으로, 요셉이 자기들에게 보복하지 않을까 하는 두려움에 사로잡혔습니다(창 37:18-28, 50:15). 이제 자신들은 가나안에서 이주해 온 노예의 신분에 지나지 않음을 알고, 자신들의 목숨은 요셉의 말 한마디에 달려 있음을 인정하고 용서해 줄 것을 간청했는데, 그들은 돌아가신 아버지까지 들먹이면서 보복 당하지 않으려 했습니다(창 50:16-17). 그들은 동생이 자기들을 용서하지 않을 것이라는 깊은 불안으로 공포를 느낄 정도로, 요셉에게 너무나 깊은 상처를 주었던 자들이었습니다.

그러나 요셉은 참으로 인간적으로 불가능한 관용을 베풀었습니다.

창세기 50:20-21 "당신들은 나를 해하려 하였으나 하나님은 그것을 선으로 바꾸시 오늘과 같이 만민의 생명을 구원하게 하시려 하셨나니 ²¹ 당신들은 두려워 마소서 내가 당신들과 당신들의 자녀를 기르리이다 하고 그들을 간곡한 말로 위로하였더라"

요셉이 가슴에 상처를 품었더라면 하나님의 섭리는 보이지 않고, 자기를 판 형제들만 보였을 것입니다. 그러나, 요셉은 하나님의 오묘한 섭리에 눈뜨고 난 후 형들이 하나님의 도구임을 알게 되었습니다. 기근의 때에 온 인류를 살릴 사명자로 키우기 위해 자신을 연단하신 하나님, 하나님의 언약을 성취시키기 위하여 자신을 사용하신 하나님을 바라본 것입니다. 이에 요셉의 마음에는 일체의 원한이 사라지고, 하나님의 깊은 사랑에 기초한 무한한 긍휼이 솟구쳤습니다. 그래서 형들을 눈물로 용서하고 품을 수 있었습니다.

야곱의 장례식은 '요셉의 눈물'로 시작하여(창 50:1), '요셉의 눈물'로 진행하다가(창 50:10), '요셉의 눈물'로 마치고 있습니다(창 50:17). 장자 요셉의 회개와 통곡, 관용의 눈물은 나머지 형제들을 회개케 하고, 언약으로 하나 되게 하는 대화목의 끈이었습니다. 이것은 과거에 입맞춤과 포옹으로 형들의 모든 잘못을 용서한 것의 재확인이요 절정이었습니다(창 45:15). 이는 앞으로 열두 지파로 이루어진 공동체가 하나로 결속이 되어 새로운 하나님의 구속사적 경륜이 전개될 것을 보여 줍니다.

예수님께서는 하나님의 본체이셨지만, 한 번도 하나님 대접을 받지 않으셨습니다(빌 2:6). 종의 형체를 가졌습니다(빌 2:7). 사람들과 같이 되었습니다(빌 2:7). 십자가에 죽기까지 복종하셨습니다(빌 2:8). 빌립보서 2:5에서는 "너희 안에 이 마음을 품으라 곧 그리스도 예수의 마음이니"라고 말씀하고 있습니다. 예수의 마음은 하늘을 우러러 감사하는 마음이요, 하나님의 뜻이라면 죽기까지 순종하는 마음이요, 어떤 핍박과 죄악까지도 완전히 용서하는 넓은 마음인 것입니다(눅 23:34, 참고-마 5:44, 46, 18:22). 요셉의 넓은 마음에 전 이스라엘 열두 지파의 화목과 민족적 구원의 역사가 있었던 것처럼, 예수님의 전 우주보다 넓은 관용이야말로 십자가로 말미암아 하나님과 죄인 사이를 화목시키고 전 인류의 구원을 완성하였습니다(요 19:30, 히 5:7-9).

그 땅 거민 가나안 백성들은 행렬의 호곡·애통·애곡을 보면서 얼마나 인상 깊었는지 그 땅 이름을 '아벨미스라임'(뜻 애굽인의 곡(哭)함-창 50:11下)이라고 바꾸어 불렀습니다.

야곱의 유언에 따라 그의 장사가 이토록 성대하게 치러진 것은, 하나님께서 아브라함에게 약속하신 횃불 언약대로 그의 후손들이 반드시 가나안에 입성할 것을 미리 보여 주시기 위해서였을 것입니다(창 15:14-16).

그렇다면 가나안 땅 선영으로 운구되는 야곱의 심히 큰 장사 행렬은 무엇을 연상케 합니까? 횃불 언약의 예언대로 야곱의 죽음(주전 1859년) 후 주전 1446년에 전개될 이스라엘의 심히 큰 출애굽 행렬, 승리의 행렬을 미리 보여 주는 듯합니다. 또한 야곱의 시신을 가나안 땅에 있는 막벨라 밭 굴에 장사한 것은 가나안 땅을 다시 한 번 이스라엘의 소유로 인(印)치는 상징적 의미를 지닙니다. 동시에 이것은 야곱을 가나안 땅으로 불러 올리시겠다고 약속하신 브엘세바 언약(창 46:4)의 성취입니다.

야곱은 자기 생애의 끝자락에 횃불 언약에 대한 의심 없는 믿음으로, 먼 장래에 취하게 될 가나안 땅을 이미 붙들고 숨져 갔습니다. 참으로 그의 말년은 폭풍우가 지나간 후의 평화스러운 황혼녘과도 같았습니다. 이렇게 하나님의 횃불 언약은 아브라함과 이삭을 거쳐 제3대 야곱을 통해 더욱 확고하게 성취되어 갔습니다.

야곱의 향년 147년은 출생부터 마지막 장사까지 그 생애의 굴곡에 따라 7단계로 분류할 수 있고, 일생 동안에 중대한 사건이 있었던 세부적 장소는 17군데이며, 거리로는 총 2,674km에 이르는 방대한 노정입니다. 그 7단계 17장소는 다음과 같습니다. 이해도움 8- 야곱의 일생 노정(路程) 참조

| 제 1 기 | 야곱 출생-76세 / 76년, 주전 2006-1930년
장자권과 그 축복을 차지
Seizing the right of the firstborn and its blessings | *114 km* |

| **1**
브엘라해로이
בְּאֵר לַחַי רֹאִי
Beer-lahai-roi
창 24:1-25:34 | 이삭과 리브가가 브엘라해로이에 거하는 동안(창 24:1-67, 25:11), 이삭 60세에(주전 2006년) 에서와 야곱이 출생하였다(창 25:20-26). 야곱은 15세(주전 1991년)까지 아브라함과 함께 살았으며(히 11:9), 아브라함은 175세에 죽었다(창 25:7-8). 야곱은 에서에게 떡과 팥죽을 주고 장자권을 차지했다(창 25:27-34). |

| **2**
그랄(그랄 골짜기)
גְּרָר (נַחַל־גְּרָר)
Gerar
(Valley of Gerar)
창 26:1-17 | 이삭이 흉년을 만나 그랄에 있는 블레셋 왕 아비멜렉에게 갔다(창 26:1, 6). 거기 거하는 동안 거부가 되었고(창 26:12-13), 블레셋 사람의 시기를 받아 그곳을 떠나 그랄 골짜기에 장막을 치고 거기 우거하였다(창 26:14-17). |

| **3**
브엘세바
בְּאֵר־שֶׁבַע
Beersheba
창 26:18-23,
27:1-45 | 하나님께서 이삭 가족의 장소를 넓게 하시므로(창 26:18-22), 브엘세바로 올라가 장막을 치고 우물을 팠다(창 26:23-33). 야곱이 어미 리브가의 도움을 받아 아비 이삭으로부터 장자의 축복을 받고(창 27:1-40), 이 일로 에서는 분노하여 야곱을 죽이려 했다(창 27:41-45). |

| 제 2 기 | 야곱 76-96세 / 20년, 주전 1930-1910년
벧엘 언약 후 밧단아람에서의 환난
Hardships in Paddan-aram after receiving the covenant of Bethel | *776km* |

| **4**
벧엘(루스)
בֵּית־אֵל (לוּז)
Bethel (Luz)
창 28:10-22 | 주전 1930년, 야곱 76세에 밧단아람으로 도피하는 길에 루스에서 사닥다리 환상을 보았고, 하나님께 땅과 자손에 대한 언약을 받고 십일조를 서원하였다(창 28:10-22). 그 땅의 본 이름 '루스'(└ 살구나무, 패역-잠 2:15, 3:32, 14:2)를 고쳐 '벧엘'(└ 하나님의 집)이라 하였다(창 28:19, 35:6-7). |

5 **밧단아람(하란)** פַּדַּן־אֲרָם (הָרָן) Paddan-aram (Haran) 창 28:1-5, 29:1-35, 30:1-43, 31:1-16	주전 1930년, 야곱 76세에 삼촌 라반이 있는 밧단아람으로 도피하여(창 28:1-5), 20년간 눈 붙일 겨를도 없이 일하며 고생하는 가운데(창 31:38-41), 아내 4명(레아, 라헬, 실바, 빌하)을 통해 열한 아들과 딸(디나)을 낳았다(창 29:31-30:24, 35:23-26). 야곱에게 밧단아람에서의 20년은 극심한 환난 속의 연단의 절정이었다.

제 3 기

야곱 96-106세 / 10년, 주전 1910-1900년

세겜 땅 구입과 환난 *651km*

Purchase of Shechem and trials therein

6 **길르앗산** הַר הַגִּלְעָד Hill country of Gilead 창 31:17-55	주전 1910년, 야곱 96세에 가나안 땅에 있는 아비 이삭에게로 가려 하여 떠난 지 7일 만에 길르앗산에서 라반에게 따라잡혔다(창 31:17-23, 25). 야곱과 라반 사이에 언약의 증거로 돌기둥을 세우고 돌무더기(아람어 '여갈사하두다', 히브리어 '갈르엣': 증거의 무더기)를 쌓았다(창 31:43-55).
7 **마하나임** מַחֲנָיִם Mahanaim 창 32:1-21	길르앗산을 지나 진행하다가 야곱은 하나님의 군대를 만났고, 그 땅 이름을 '마하나임'이라 불렀다(창 32:1-2). 마하나임은 '두 진영'이란 뜻으로, 두 무리로 형성된 많은 천군천사들이 야곱의 일행의 전후좌우에서 호위하였던 것이다. 야곱은 이곳에서 에서를 만날 준비를 했다(창 32:3-21).
8 **브니엘(얍복)** פְּנִיאֵל (יַבֹּק) Peniel (Jabbok) 창 32:22-32	야곱은 형 에서를 만나기 전에, 얍복 나루에서 하나님과 밤새 씨름하면서 '하나님과 겨루어 이겼다'라는 의미인 '이스라엘'이란 새 이름을 받고(창 32:22-28), 그 곳을 브니엘(뜻 하나님의 얼굴)이라 불렀다(창 32:29-32).
9 **숙곳** סֻכּוֹת Succoth 창 33:1-17	야곱과 에서가 화해한 후(창 33:1-15), 에서는 세일로 돌아가고 야곱은 숙곳에 이르러, 거기서 자기를 위하여 집(בַּיִת, 바이트)을 짓고, 짐승을 위하여 우릿간(סֻכּוֹת, 쑥코트)을 지었다(창 33:16-17).

10 **세겜** שְׁכֶם Shechem 창 33:18-20, 4:1-31, 35:1-5	주전 1910년, 야곱 96세에 세겜 성 앞에 장막을 치고, 은 100개로 그 장막 친 밭을 사고 거기 단을 쌓아 '엘엘로헤이스라엘' (뜻 하나님, 이스라엘의 하나님)이라 불렀다(창 33:18-20). 디나가 그 땅 추장 세겜에게 강간을 당하였으며, 시므온과 레위가 할례를 악용하여 세겜의 모든 남자를 죽였다(창 34:1-31). 이 후 벧엘로 올라가라는 하나님의 명령에 따라 모든 이방 신상과 귀고리를 상수리나무 아래 묻고 그곳을 떠났다(창 35:1-5).

제 4 기	**야곱 106세, 주전 1900년** **언약의 재확증과 라헬의 죽음**　　　　*70 km* Reconfirmation of the covenant and the death of Rachel

11 **벧엘** בֵּית־אֵל Bethel 창 35:6-15	야곱이 벧엘에 이르러 단을 쌓고 '엘벧엘' (뜻 벧엘의 하나님)이라 불렀으며(창 35:6-7), 리브가의 유모 드보라가 거기서 죽어 그녀를 벧엘 아래 상수리나무 밑에 장사하였다(창 35:8). 하나님께서는 야곱의 새 이름 이스라엘을 다시 불러 주셨고, 야곱은 그곳에 돌기둥을 세우고 '벧엘'이라 불렀다(창 35:9-15).
12 **베들레헴** **(에브랏)** בֵּית לֶחֶם (אֶפְרָת) Bethlehem (Ephrath) 창 35:16-20	주전 1900년, 야곱 106세에 라헬이 에브랏에 거의 다 와서 베냐민을 낳고 죽었으며, 야곱은 그녀를 베들레헴 길에 장사하였다(창 35:16-19). 야곱은 네 아내 가운데 라헬을 특별히 사랑했으며, 그녀를 통해 요셉과 베냐민을 낳았다. 라헬이 죽자, 그녀를 위해 그곳에 "라헬의 묘비"를 세웠다(창 35:20).
13 **에델 망대** מִגְדַּל עֵדֶר Tower of Eder 창 35:21-22	야곱은 에델 망대를 지나 장막을 쳤으며, 거기서 르우벤이 서모 빌하(라헬의 여종)와 통간하였다는 것을 들었다(창 35:21-22). 야곱은 임종 때에 열두 아들을 모아 놓고 아비의 침상을 더럽힌 르우벤의 장자권을 박탈한다는 예언을 하였다(창 49:3-4, 대상 5:1).

| 제 5 기 | **야곱 106-130세 / 24년, 주전 1900-1876년**
요셉을 잃은 후 인고의 암흑 세월　**61 km**
Persevering through the dark days after losing Joseph |

| ⑭
헤브론
חֶבְרוֹן
Hebron
창 35:27-29,
37:1-36, 42:1-45:28 | 주전 1900년, 야곱은 106세에 열두 아들과 함께 헤브론에 이르러 아비 이삭(166세)을 만나 14년간 함께했다(창 35:27-29, 37:1). 주전 1899년, 요셉(17세)이 그 형들에게 미움을 받아 애굽에 팔렸다(창 37:2-36). 당시 형들은 세겜에서 양을 치다가 도단까지 이동한 상태였다(창 37:12-17). 주전 1886년, 야곱 120세에 부친 이삭이 180세로 죽었다(창 35:28-29). 이 후 7년 대풍년이 지나고 7년 대흉년 중 2년이 지나 약 10년째가 되었다(창 41:47-53, 57, 45:6, 11). |

| ⑮
브엘세바
בְּאֵר־שֶׁבַע
Beersheba
창 46:1-7 | 야곱은 브엘세바에 이르러, 언약을 반드시 이루어 주시겠다는 하나님의 계시를 받고 애굽 이주를 결정하였다. 브엘세바는 헤브론의 서남쪽 48㎞ 지점으로, '일곱 우물, 맹세(언약)의 우물'이라는 뜻이다. 아브라함이 언약을 최종 확증 받은 장소이며(창 21:33, 22:15-19), 이삭이 단을 쌓은 후, 장막을 치고 우물을 팠던 곳이다(창 26:23-33). |

| 제 6 기 | **야곱 130-147세 / 17년, 주전 1876-1859년**
요셉과 함께한 17년　**310 km**
The 17 years with Joseph |

| ⑯
애굽(고센)
מִצְרַיִם (גֹּשֶׁן)
Egypt (Goshen)
창 46:8-34, 47:1-12,
27-31, 48:1-22,
49:1-33 | 주전 1876년, 야곱은 130세에 애굽에 이르러 요셉을 만났고, 야곱의 가족 70명이 애굽에 내려가 고센 땅에 거하였다(창 46:8-27, 34, 47:1-12). 거기서 요셉과 17년을 함께하였다(창 47:28). 주전 1859년, 야곱은 147세에 자기를 가나안 땅 막벨라 굴에 매장할 것을 명하였으며, 요셉의 두 아들 에브라임과 므낫세를 축복하고, 가나안 땅에 대한 하나님의 언약을 확증해 준 후, 요셉에게는 세겜 땅을 형제보다 더 주었으며(창 47:27-31, 48:8-22), 열두 아들들에게 각인의 분량대로 축복하였다(창 49:1-33). |

<table>
<tr><td>

제 7 기

</td><td>

야곱 147세 향수 / 주전 1859년
야곱의 장사 행렬과 장사
Jacob's funeral procession and burial

</td><td>

692 km

</td></tr>
</table>

<table>
<tr><td>

[17]
막벨라(헤브론)
מַכְפֵּלָה (חֶבְרוֹן)
Machpelah
(Hebron)
창 50:1-14

</td><td>

주전 1859년, 야곱의 유언(창 47:28-31, 49:29-33)에 따라 그 아들들과 요셉이 야곱을 가나안 땅 막벨라 굴에 장사하였다(창 50:12-14). 이는 야곱과 맺으신 하나님의 언약의 성취요(창 46:4), 햿불 언약 성취의 확증이었다(창 15:14-16).

※ 아닷 타작마당 (아벨미스라임) / 창 50:1-11
גֹּרֶן הָאָטָד (אָבֵל מִצְרַיִם)
Threshing floor of Atad (Abel-mizraim)

야곱을 장사하러 올라가는 길에 요셉과 함께한 많은 무리가 요단강 건너편 아닷 타작마당에서 크게 호곡하고 애통하였으며(아벨미스라임: 애굽인의 호곡), 요셉이 아비를 위하여 7일간 애곡하였다(창 50:1-11). 얍복강과 요단강이 만나는 아담 근처 나루(삿 7:24, 12:5-6)에서 요단강을 건넜으며, 아닷 타작마당은 얍복 강 근처였을 것이다. '아닷'(אָטָד, 아타드)은 '가시나무'라는 뜻이다(참고-창 3:18, 삿 9:14).

</td></tr>
</table>

야곱은 '발꿈치를 붙잡은 자, 대신 들어앉은 자'라는 뜻으로, 풍파 많은 일생을 살았습니다. 야곱은 브엘라해로이에서 출생하여, 그랄 골짜기에서 우물로 인해 부친 이삭이 당한 핍박과 승리, 그의 조부 아브라함과 이삭의 나그네 생활 중심지인 브엘세바에 함께하였으며, 벧엘에서 하늘 문이 열려 그 꼭대기까지 닿은 사닥다리 환상 체험, 에서를 피해 도피한 밧단아람 외삼촌 라반에게서 당한 20년 환난, 가나안 귀향과 라반과의 평화 언약, 20년 원한의 복수심을 품은 에서와의 극적 화해, 세겜에서 당한 딸 디나의 수욕, 벧엘로의

귀향(엘벧엘), 베들레헴 길에서 사랑하는 아내 라헬을 잃은 슬픔, 에델 망대에서 장자 르우벤이 서모 빌하를 통간한 비극, 헤브론에 정착한 지 1년 즈음 가장 사랑했던 아들 요셉을 잃어버린 비통함 등을 겪고, 그의 노년(130세)에 전 가족 70명을 이끌고 애굽으로 이주하여, 애굽의 기름진 고센 땅에 거한 지 17년, 향년 147세에 헤브론 막벨라 밭 굴에 장사되었습니다.

야곱의 일생 노정은 마치 여울목을 굽이치는 물결과도 같았습니다. 그러나 이스라엘은 노년에 애굽 왕 바로 앞에 서게 되었습니다. 세계를 호령하는 최고 국가의 왕을 야곱이 축복하였으니 이스라엘은 바로보다 더욱 크고 위대한 사람이었습니다(창 47:7-10). 애굽의 바로도 이스라엘이 하나님의 크신 은총을 입은 영적 거인임을 인식했을 것입니다. 이스라엘은 자신의 전 생애를 통해 모든 의문과 실마리가 다 풀렸으며, 하나님의 영원한 언약과 구속 경륜을 이해했고, 속사람은 날로 새로워져 그의 영안은 더욱 크게 열렸습니다.

자기 하나님의 이름으로 요셉을 위하여 축복하였습니다.

"나의 남으로부터 지금까지 나를 기르신 하나님"(창 48:15)

"나를 모든 환난에서 건지신 사자께서 이 아이에게 복을 주시오며"(창 48:16上)

"이들로 내 이름과 내 조부 아브라함과 아버지 이삭의 이름으로 칭하게 하시오며"(창 48:16下)

그리고 이스라엘은 요셉이 두 아들 므낫세와 에브라임과 함께 이르렀을 때 장차 이루어질 구속 경륜을 따라 자기 손을 어긋놓아 오른손을 차남 에브라임의 머리 위에 얹고, 왼손으로 장남 므낫세의 머리 위에 얹어 정확하게 축복하였습니다(창 48:17-20).

그리고 이스라엘은 열두 지파를 통한 메시아의 도래와 구속사의 완성을 훤히 내다보고, 영적 확신에 가득 차 열두 아들 각각에게 하나님께서 장차 이루실 일을 담대하게 선포했습니다(창 49:1). 그것은 열두 아들이 "후일에 당할 일"(창 49:1)이요, 하나님께서 "각인의 분량대로" 주신 축복이었습니다(창 49:28). 열두 아들 각인의 분량대로 축복하기를 마친 후 그의 발을 침상에 거두고 기운이 진하여 그 열조에게로 돌아갔습니다(창 49:33). 그의 일생은 야곱의 삶에서 한순간도 떠나지 않고 늘 함께하신 하나님과 그 영원한 언약의 최후 승리를 보여 줍니다.

7. 요셉의 죽음(110세)(창 50:22-26)
주전 1806년, 햇불 언약 276년째
Death of Joseph (age 110; Gen 50:22-26)

(1) 400년 고난의 기간

야곱 때 애굽으로 이주한 이스라엘 백성의 초기 애굽 생활은 요셉이 마련해 놓은 튼튼한 기반 덕분에 비교적 풍요롭고 평화스러웠습니다. 그러나, 점차로 '이방의 객이 되어 400년간 괴롭힘을 당한다'(창 15:13)라는 말씀이 응하기 시작하였습니다. 아마도 요셉의 총리 기간이 끝나면서, 서서히 타국에서 객으로서 겪는 어려움이 시작된 것으로 보입니다.

이스라엘 백성이 실제로 애굽에 거주한 기간은 430년인데, 하나님께서 아브라함에게 햇불 언약을 통해 400년간 괴롭힘을 당한다고 말씀하신 것은, 요셉의 총리 기간에 평화를 누리던 30년을 제외하신 듯합니다.[32] 그래서 성경에서는 이스라엘이 애굽에서 거주한 기간을 430년(출 12:40-41, 갈 3:17)으로 기록하였고, 괴롭힘 당하는 기간을 400년(행 7:6)으로 기록하였습니다.

(2) 횃불 언약을 성취하기 위한 요셉의 유언

요셉은 아버지 야곱이 죽은 후에, 애굽에서 53년을 더 살고 110세에 생애를 마감함으로써(창 50:26) 이스라엘의 '족장 시대'는 그 대단원의 막을 내리게 됩니다.

요셉은 야곱과 달리 가나안에 장사되지 않고, 화려한 장례식도 없이 일단 애굽에서 미라(mummy)로 입관되었습니다(창 50:22-26).

주전 1806년, 횃불 언약을 맺은 지 276년째에 요셉은 임종을 앞두고 유언하면서, 그의 후손들에게 출애굽 하여 가나안에 돌아갈 때 반드시 자신의 해골을 애굽에서 메어다가 가나안에 묻어 줄 것을 단단히 맹세시켰습니다(창 50:25). 그것은 약속의 땅 가나안에 대한 하나님의 약속을 조금도 의심하지 않고 굳게 믿었기 때문입니다.

창세기 50:24-25 "요셉이 그 형제에게 이르되 나는 죽으나 하나님이 너희를 권고하시고 너희를 이 땅에서 인도하여 내사 아브라함과 이삭과 야곱에게 맹세하신 땅에 이르게 하시리라 하고 [25] 요셉이 또 이스라엘 자손에게 맹세시켜 이르기를 하나님이 정녕 너희를 권고하시리니 너희는 여기서 내 해골을 메고 올라가겠다 하라 하였더라"

요셉은 먼저, 하나님께서 이스라엘 백성을 애굽 땅에서 인도하여 내사 가나안에 이르게 하실 것이라고 말했습니다(창 50:24). 이것은 횃불 언약의 예언대로 하나님께서 장차 이스라엘을 출애굽 시키실 것을 예언한 것입니다(창 15:14).

이 부분을 히브리서 11:22에서는 "믿음으로 요셉은 임종 시에 이스라엘 자손들의 떠날 것을 말하고..."라고 말씀하고 있습니다.

다음으로, 요셉은 자기 해골을 위하여 명령하였습니다(창 50:25, 히 11:22). 당장 애굽에서 메어다가 가나안에 자신을 묻어 달라고 한 아버지 야곱과는 달리, 요셉은 하나님께서 권고하시는 날에 자신의 해골을 애굽에서 가지고 나가라고 명령했습니다. 요셉은 단지 자기 혼자만 가나안에 먼저 묻히는 것을 원하지 않고, 자기 백성과 함께 출애굽 하여 가나안에 함께 들어가기를 간절히 소원했던 것입니다.

요셉이 이 유언을 강조한 이유는 일찍이 그의 조상 아브라함을 통해서 내려온 하나님의 언약 곧 횃불 언약을 기억했기 때문입니다. 자신의 마지막 삶을 결산하는 순간에 요셉이 기억한 것은 하나님의 말씀 곧 하나님의 언약이었습니다.

횃불 언약이 체결된 지 276년이나 되었는데도, 요셉은 자신이 죽어 가는 마지막 순간에 하나님께서 아브라함에게 주셨던 그 언약을 신실하게 붙잡고 있었습니다.

그래서 히브리서 11:22에서는 요셉의 그런 행위를 '믿음'의 범주 속에 넣으면서 "믿음으로 요셉은 임종 시에... 또 자기 해골을 위하여 명하였으며"라고 기록하였습니다.

(3) 요셉의 장사

성경에서 요셉의 장사에 대해서는 "입관하였더라"라고만 했지, 야곱과 같이 어떤 장례적 절차를 밟았다는 자세한 기록이 없습니다.

창세기 50:26 "요셉이 일백 십 세에 죽으매 그들이 그의 몸에 향 재료를 넣고 애굽에서 입관하였더라"

바야하느투   샤님   바에쉐르   벤메아   요세프   바야모트
וַיָּמָת יוֹסֵף בֶּן־מֵאָה וָעֶשֶׂר שָׁנִים וַיַּחַנְטוּ

베미츠라임   바아론   바이쉠   오토
אֹתוֹ וַיִּישֶׂם בָּאָרוֹן בְּמִצְרָיִם׃

이것이 요셉의 장사에 관한 기록의 전부입니다. 그의 시신을 어떻게 장사했는지, 얼마 동안 애도했는지에 대해 아무런 언급이 없습니다. 일시적으로 입관만 한 것입니다. 요셉이 죽은 후에 곧 장사하였다면, 성대한 국장을 치루었을 것입니다. 그러나 요셉의 간곡한 유언에 따라, 당시 그의 신분에 걸맞지 않게 간단히 미라로 만드는 작업만 하였던 것입니다. 그의 유해는 먼 훗날 가나안 땅의 세겜에 묻힘으로써 장사가 온전하게 치러졌습니다(수 24:32).

요셉의 시신은 당시 애굽의 장사 관례대로 썩지 않게 방부제를 넣어 '미라'로 만들었고, '아론'(אָרוֹן : 관)에 넣어 보관하였습니다. 한편, 당시 왕(파라오)이나 고관의 경우는 두 겹 내지 세 겹의 관을 썼는데, 그것을 다시 석관에 넣어 보관하였다고 합니다(석관의 무게는 수 톤에 달한다).[33]

"그의 몸에 향 재료를 넣고"(וַיַּחַנְטוּ אֹתוֹ, 바야하느투 오토)는 썩지 않게 하려는 정교한 미라화 작업이 진행됐음을 보여 주는 것입니다. 애굽 사람들은 죽은 몸이 썩어 없어지지 않고 그대로 있는 한, 이 사람은 아직도 이 세상을 떠난 것이 아니라고 생각했습니다.[34] 이렇게 요셉의 시신은 썩지 않게 처리되어 존재함으로 말미암아, 하나님의 주

권 섭리 가운데 하나님의 언약이 언제나 살아서 역사하고 있다는 사실을 보여 주는 상징물이 되었습니다.

요셉 자신은 애굽의 총리로서가 아니라 하나님의 선민으로서 대접받기를 원했습니다. 철저하게 가나안 땅으로 돌아가야 한다고 하여 후손들로 하여금 언약의 성취를 힘 있게 기다리게 만드는 위대한 믿음으로 그의 생을 마감하였습니다. 그의 죽음은 결코 끝이 아니라, 그 해골을 통해 전 이스라엘 민족이 출애굽 하는 '권고의 날'(창 50:24-25, 출 2:25, 3:7-10, 4:31, 행 7:34)을 길이길이 대망하도록 하는 살아 있는 이정표가 되었던 것입니다.

(4) 요셉의 미라가 애굽에서 입관된 의미

요셉의 미라는 요셉이 죽은 후부터 출애굽까지 360년간, 언약의 하나님께서 선민과 함께하고 있음을 알려 주는 '임마누엘'의 상징이 되었습니다. 요셉의 해골이 애굽에 묻혀 있다는 사실만으로도 타국에서 객이 되어 눈칫밥을 먹고 있는 이스라엘 백성에게는 보이지 않는 위로와 큰 힘과 소망이 되었을 것입니다. 또한 가나안 땅을 완전히 차지할 때까지 열두 지파가 분열되지 않고 화목(통일)되도록 언약의 끈으로 묶는 놀라운 결속력이 되었을 것입니다.

요셉의 해골은 오늘날 죄악 세상에서 고통 겪으며 천국을 소망하는 성도들에게 주어질 '임마누엘' 은총의 모형입니다. 오늘날도 하나님께서는 주의 종들을 통하여 하나님의 말씀을 선포하심으로 임마누엘의 은총을 내려 주고 계십니다. 출애굽 하여 광야로 나올 때 이스라엘 백성이 요셉의 해골을 메고(출 13:19) 그 해골을 앞세우고 행진했던 것처럼, 우리도 끝까지 하나님의 말씀을 철저히 믿고 하나님의 말씀을 앞세우고 행진하기를 소원합니다.

제 4 장

횃불 언약 성취의 역사⑵

- 출애굽부터 가나안 정복까지의 역사

The Fulfillment of the Covenant of the Torch (2)

- The History from the Exodus until the Conquest of Canaan

횃불 언약 성취의 역사 (2)
THE FULFILLMENT OF THE COVENANT OF THE TORCH (2)

야곱은 횃불 언약이 체결된 지 206년째인 주전 1876년에 70가족을 이끌고 애굽으로 이주하였습니다. 이때 애굽의 총리였던 요셉의 나이는 40세였고, 야곱의 나이는 130세였습니다. 하나님께서는 이스라엘 백성이 애굽에서 400년 동안 이방의 객이 되어 그들을 섬기며 괴롭힘을 당하게 하시다가, 마침내 주전 1446년에 출애굽의 대역사를 단행하셨습니다. 그리고 40년 동안 길갈을 포함하여 마흔두 번 진을 치고 마침내 가나안 땅에 들어가게 하셨습니다.

스데반이 순교 직전에 설교할 때 "광야 교회"(행 7:38)라고 표현한 것은, 유리하던 이스라엘 백성의 모임이 바로 신약 시대 교회의 예표임을 말한 것입니다. 광야 생활을 통하여 이스라엘 백성은 원망과 불신에 대한 징계를 받으며, 가나안을 소유할 수 있는 경건하고 거룩한 백성이 되기 위한 강한 연단을 받았습니다. 그 모든 과정은 바로 오늘날 성도들이 천국 백성이 되기 위해 걸어야 하는 신앙의 노정을 그대로 보여 주는 것이라 할 수 있습니다.

이번 장에서는 출애굽과 광야 40년의 노정, 그리고 가나안 정복 과정을 통하여 하나님께서 약속하신 횃불 언약의 구체적인 성취 과정을 살펴보도록 하겠습니다.

The Chronology from the Exodus until the Conquest of Canaan
출애굽부터 가나안 정복까지의 연대 개요

כרוניקה של תקופה מיציאת מצרים עד כיבוש הארץ

- 주전 1539년부터 1390년까지 149년간

연도(주전)	주요 사건	내 용
1539	횃불 언약 543년째 **요셉을 알지 못하는 새 왕이 일어남** פרעה חדש שלא מכיר את יוסף Rise of a new king who did not know Joseph	① '요셉을 알지 못하는 새 왕'(출 1:8, 행 7:18)은, 셈족 계통의 힉소스 왕조(Hyksos)를 완전히 무너뜨리고 새롭게 등장한 제18왕조 전체를 가리키며, 구체적으로는 제18왕조의 제3대 왕 투트모세 1세(주전 1539-1514)를 가리키는 것으로 볼 수 있다. ② 요셉의 업적을 고의적으로 무시하고 이스라엘 백성의 수적 증가를 두려워한 나머지, 이스라엘에 대한 극심한 탄압과 노동력 착취를 본격화하였다(출 1:11, 행 7:17-19).
1527	횃불 언약 555년째 **모세의 출생** מולדתו של משה Birth of Moses	① 모세의 어머니는 레위 지파의 요게벳이며 그의 아버지는 레위 족속의 아므람으로, 모세는 그 사이에서 2남 1녀 가운데 차남으로 출생했다(출 2:1-10, 6:16-20, 7:7, 민 26:57-59, 대상 23:12-13). ② 모세는 태어날 때 준수하였다(출 2:2). '준수'는 한자로 '준걸 준(俊), 빼어날 수(秀)'인데, 이는 '재주·슬기·풍채 등이 빼어남'을 뜻한다. 모세는 하나님 보시기에 아름다운 아이였으며(행 7:20), 모세가 났을 때 그 부모는 믿음으로 아름다운 아이임을 보고 석 달 동안 숨겼다(히 11:23).
1487	횃불 언약 595년째 **모세가 미디안으로 피함**	① 모세가 장성하여 40세 되었을 때, 이스라엘 자손들을 돌아볼 생각이 나서(행 7:23) 나갔다가 어떤 애굽 사람이 이스라엘 사람을 치는 원통한 일을 보고, 그 애굽 사람을 쳐 죽였다(출 2:11-12, 행 7:22-27, 참고-히 11:24-26).

연도(주전)	주요 사건	내 용
1487	בריחתו של משה למדין Moses flees to Midian	② 이튿날 그 일이 탄로나자, 모세는 자기를 죽이려는 바로의 낯을 피하여 미디안 광야로 도주하였다(출 2:13-15, 행 7:28-29).
1446	횃불 언약 636년째 **모세의 부르심과 이스라엘의 출애굽** הקדשתו של משה ויציאת מצרים Calling of Moses and Israel's Exodus	① 하나님께서는 모세를 40년간 미디안에서 훈련하시고, 마침내 출애굽의 대역사를 위해 호렙산 떨기나무 불꽃 가운데서 부르셨다(출 3:1-10, 행 7:30-34). ② 그 후 이스라엘 백성은 애굽에 내려간 지 430년, 요셉이 죽은 지 360년 만에 마침내 '원년 1월 15일' 라암셋을 출발, 출애굽 하였다(출 12:37-41, 민 33:3). ③ 여호와의 군대(출 12:41, 7:4)로서, 항오(行伍)를 이루며 담대하게 나왔다(출 13:18, 민 33:1). ④ 하나님께서는 출애굽 할 때 큰 재물을 이끌고 나오게 하셨는데(출 3:21-22, 11:2-3, 12:35-36, 시 105:37-38), 이는 횃불 언약 때 하신 창세기 15:14의 성취였다. ⑤ 출애굽 하는 과정에서 모세는 요셉의 유언을 기억하고, 그의 해골을 취하였다(출 13:19). 요셉의 해골은 한 겹의 'sycamore'(큰 단풍나무 또는 돌무화과나무) 관 혹은 바깥쪽으로 석관을 덧씌운 두 겹 관이었을 것이다.
1446-1407	횃불 언약 636-675년째 **40년 광야 생활** ארבעים שנה במדבר 40 years in the wilderness	① 40년 광야 생활은 불신의 결과로 선고된 형벌의 기간으로, 그 기간은 그들의 불신, 불순종으로 하나님께는 근심과 슬픔의 기간이었다(시 78:40-41, 95:10). ② 광야 초기 가데스 바네아에서 열 정탐꾼의 불신으로 말미암은 악평과 백성의 원망으로(민 13:25-14:4), 정탐한 40일의 그 "하루를 1년으로 환산하여"(민 14:34) 40년 광야 생활이 선고되었다. 603,550명 가운데 여호수아와 갈렙을 제외한 모두가 소멸되기까지 40년이 걸렸다(민 32:13, 수 5:6, 히 3:17).

연도(주전)	주요 사건	내 용
		③ 광야 40년 동안, 가나안 땅 길갈에서 마지막으로 진친 것을 포함하여(수 4:19) 마흔두 곳에 진을 치고 거두는 일을 반복했다(민 33장).
1407	횃불 언약 675년째 (출애굽 40년째) **세 지도자의 죽음** - 미리암의 죽음(1월) - 아론의 죽음(5월 1일) - 모세의 죽음(11월) מותה של מרים מותו של אהרון מותו של משה Death of three leaders - Death of Miriam (1st month) - Death of Aaron (1st day of 5th month) - Death of Moses (11th month)	① 미리암은 가나안 입성 약 1년 전, 가데스에서 죽었다(민 20:1). ② 아론은 123세 나이로 가나안 입성 약 8개월 전, 민수기 20:12, 24에서 죽는다는 선고를 받은 지 약 4개월 만에 호르산에서 하나님의 말씀대로 죽었다(민 20:28, 33:38-39). ③ 가나안 땅 입성을 금지당한 모세는(민 20:8-13), 가나안 입성을 소원하여 간구하였으나 하나님께서 이를 허락하지 않으셨다(신 3:23-28). ④ 모세는 가나안 입성 약 2개월 전, 느보산(아바림산, 비스가산)에 올라 가나안 땅 전체를 바라보기만 하고 120세로 죽었다(민 27:12-14, 신 32:48-52, 34:1-8).
1407	횃불 언약 675년째 **1차 계수된 군인 603,548명의 죽음** (세렛 시내 기점) שש מאות אלף ושלשת אלפים וחמש מאות וארבעים ושמונה מתים Death of 603,548 soldiers numbered in the 1st census (before crossing Brook Zered)	① '가데스 바네아'에서부터 '세렛 시내'를 건너기까지 광야 38년이 진행되는 동안(신 2:14), 1차로 계수되었던 군인 가운데 603,548명이 죽었다(민 1:46, 32:11-13). ② 민수기 14:26-35 말씀이 그대로 적중되어, 가나안 입성 전에 2차로 계수한 군인 중에는 광야 1세대 가운데 여호수아와 갈렙만 포함되었다(민 26:63-65). ③ 세렛 시내에서 그 시대의 군인들이 멸절된 것은 늙어서 죽은 자연사(自然死)가 아니라, 하나님의 손으로 치신 재앙으로 말미암은 돌연사(突然死)였다(신 2:14-15). 하나님께서 맹세하신 대로 '필경은 다 멸절'(신 2:15), '필경은 다 소멸'(민 32:13)된 것이다.

연도(주전)	주요 사건	내 용
1407	횃불 언약 675년째 **모압 싯딤에서 2만 4천 명의 죽음** ארבעה ועשרים אלף מתים Death of 24,000 people in Moab(Shittim)	① 모압 평지는 가나안 땅으로 진군하기 전 마지막으로 진친 장소였는데(민 33:48-49), 이곳에 머물면서 이스라엘 백성이 바알 신에게 부속되어 행음한 결과, 2만 4천 명이 염병으로 죽었다(민 25:1-9, 고전 10:8). ② 이 사건은 제1차 계수되었던 군인들이 세렛 시내를 건너기 전에 모두 죽은 후 발생한 사건이므로(신 2:13-16), 이때 죽은 자들은 광야 2세대였다.
1407	횃불 언약 675년째 **제2차 군대 계수** מפקד שני בערבות מואב 2nd census of soldiers	① 모압 싯딤에서 우상숭배와 행음으로 2만 4천 명이 죽은 '염병 후에' 제2차 군대 계수가 있었다(민 26장). ② 제2차 군대 계수의 목적은 횃불 언약의 성취를 체험하게 될 언약 백성을 계수하기 위함이요, 약속의 땅에 들어가서 싸울 자들을 계수하기 위함이며, 약속의 땅을 지파별로 공평하게 분배하기 위함이었다.
1407	횃불 언약 675년째 **율법의 재강론** לימודי תורה מחדש Reiteration of the Law	① 모세는 가나안 입성 약 2개월을 앞두고 40년 11월 1일(신 1:3), 가나안 땅에서의 새 삶을 위하여 과거 역사를 회고하고 각성케 하려고 광야 2세대에게 율법을 재강론하였다(신 1-30장).
1407	횃불 언약 675년째 **새로운 지도자 여호수아의 등장** הסמכת יהושע כמנהיג חדש Commissioning of Joshua as new leader	① 모세는 여호와의 명을 좇아 여호수아를 세워 제사장 엘르아살과 온 회중 앞에서 직접 안수하고 그 사명을 위탁하였다(민 27:18-23). ② 모세가 안수한 이래로 여호수아에게 지혜의 신이 충만하였고(신 34:9), 이스라엘 백성은 여호와의 명을 좇아 여호수아의 말을 순종하였다(신 34:9).
1406	횃불 언약 676년째 **약속의 땅 가나안 입성**	① 새 지도자 여호수아가 이스라엘 백성을 이끌고 출애굽 41년 1월 10일에 약속의 땅 가나안에 도착하였다(수 4:19).

연도(주전)	주요 사건	내 용
	נכנסים לכנען הארץ המובטחת, **Entry into Canaan, the Promised Land**	② 라암셋을 출발할 때 원년 1월 15일이었으므로(민 33:3), 광야 생활 기간은 총 '5일 부족한 40년'이다. ③ 요셉이 죽은 지 400년 만에, 요셉의 해골을 메고 출애굽 한 지 40년 만에 가나안 땅에 입성하였다.
1446- 1390	횃불 언약 676-692년째 **가나안 땅 정복 (약 6년)** **지파별 기업 분배 (약 10년)** כיבוש ארץ כנען והתנחלות שתים עשרה שבטים **Conquest of Canaan (after 6 years) and allocation of land amongst 12 tribes (after 10 years)**	① 가나안 땅의 주요 거점 정복을 위한 전쟁은 약 6년 만에 그친 것으로 추정된다(수 11:23, 14:15). 여호수아가 온 땅을 정복하고(수 10:40), 온 땅을 취하여(수 11:16) 마침내 가나안 땅은 이스라엘의 소유, 이스라엘의 기업이 되었다(수 12:7-8). ② 정복지와 미정복지를 열두 지파에게 골고루 분배하여 정착하기까지 약 10년이 걸린 것으로 추정된다. 하나님께서 "그 열조에게 맹세하신 대로"(수 21:44), 그 모든 말씀이 하나도 어김이 없이 다 응하였다(수 23:14). 이는 횃불 언약에서 약속하신 '땅'에 대한 역사적인 성취이다(창 15:18-21, 시 105:44).
1390	횃불 언약 692년째 **여호수아의 죽음 및 요셉의 뼈를 마침내 세겜 땅에 장사 지냄** מותו של יהושע וקבורת עצמות יוסף בשכם **Death of Joshua and burial of Joseph's bones in Shechem**	① 여호수아는 모세를 이은 지도자로 약 16년에 걸쳐 가나안 땅을 정복하였고 110세로 죽어, 그의 기업 딤낫세라에 장사되었다(수 24:29-30). ② 출애굽 할 때 모세가 취했던 요셉의 해골을(출 13:19), 가나안 땅의 심장부인 '세겜'에 장사 지냈다(수 24:32). 요셉의 해골은 광야 40년과 가나안 정복 전쟁 기간 약 16년, 도합 약 56년이 지난 후에 장사된 것이다. ③ 요셉의 해골을 세겜에 장사 지냄으로, "네 자손은 사대 만에 이 땅으로 돌아오리니"(창 15:16) 하신 언약이 완전히 성취되었다. 이와 같이 횃불 언약은 말씀대로 하나도 빠짐없이 모두 성취된 것이다(수 21:45, 23:14, 시 105:42-45).

I
모세의 등장
EMERGENCE OF MOSES

1. 요셉을 알지 못하는 '새 왕'의 출현(출 1:8)
주전 1539년, 횃불 언약 543년째

New king who did not know Joseph (Exod 1:8)

(1) 이스라엘 백성의 기하급수적인 번성

하나님께서는 애굽으로 이주한 이스라엘 가족 70명을 고센 땅에서 번성하여 강해지고 가득하게 하셨습니다.

창세기 47:27 "이스라엘 족속이 애굽 고센 땅에 거하며 거기서 산업을 얻고 생육하며 번성하였더라"

이것은 이미 아브라함을 부르실 때부터 거듭하셨던 약속과, 야곱에게도 반복하신 약속의 성취였습니다(창 12:2, 13:16, 15:5, 22:17, 32:12, 46:3, 48:16).

출애굽기 1:7 "이스라엘 자손은 생육이 중다하고 번식하고 창성하고 심히 강대하여 온 땅에 가득하게 되었더라"

표준새번역 "그러나 이스라엘 자손은 자녀를 많이 낳고, 번성하여 그 수가 불어나고 세력도 커졌으며, 마침내 그 땅에 가득 퍼졌다"

이스라엘 백성이 기하급수적으로 불어나고 있음을 다섯 번이나 연이어 강조하기를 "중다하고 번식하고 창성하고 심히 강대하여... 가득하게 되었더라"라고 하였습니다.

"중다하고"는 히브리어로 '파라'(פָּרָה)로, '건강한 나무처럼 풍성하게 결실하다'라는 뜻입니다. 창세기 1:28의 '생육하고'와 같은 단어입니다.

"번식하고"는 히브리어로 '샤라츠'(שָׁרַץ)로, '물고기처럼 꿈틀거리며 우글거린다'라는 뜻입니다. 이 단어는 꾸준하고 생기 있게 번성하는 것(창 1:20)을 가리킵니다.

"창성하고"는 히브리어로 '라바'(רָבָה)로, '기하급수적으로 늘다'(multiply)라는 뜻입니다. 하나님께서 아브라함에게 주셨던 창대한 자손의 언약(창 13:14-16, 15:5)이 성취되고 있음을 보여 주는 표현으로, 창세기 1:28의 '번성하여'와 같은 단어입니다.

"강대하여"는 히브리어로 '아참'(עָצַם)으로, '측량할 수 없을 만큼 강해졌다'라는 뜻입니다.

"가득하게 되었더라"는 히브리어로 '말레'(מָלֵא)로, '충만하게 채워지다'라는 뜻이고, 창세기 1:28의 '충만하라'와 같은 단어입니다. 이것은 고센 땅이 거주가 불편할 만큼 포화 상태가 되었음을 말합니다. 이는 하나님께서 그들을 새로운 땅 가나안으로 인도하실 때가 되었음을 암시합니다.

특히 이 다섯 개의 단어 중에서 '중다하고'(פָּרָה, 파라), '창성하고'(רָבָה, 라바), '가득하게 되었더라'(מָלֵא, 말레)는 창세기 1:28에서 남자와 여자에게 명령하신 "생육하고 번성하여 땅에 충만하라"라는 3중의 명령과 동일한 히브리어입니다. 이 명령은 횃불 언약의

'네 자손이 하늘의 뭇 별과 같이 되리라'라는 약속으로 다시 선포되고(창 15:5), 애굽에서 이스라엘 백성이 기하급수적으로 불어나므로 성취되었습니다.

처음 애굽에 들어갈 때는 남녀노소 합 70명이었으나(창 46:27) 430년이 지난 후 제1차 인구조사를 실시했을 때, 레위 지파를 제외하고 20세 이상으로 군인이 될 수 있는 남자만 603,550명이라는 엄청난 숫자로 늘어났습니다(민 1:46, 2:32, 출 38:26). 430년간 이스라엘 백성은 장정의 수만 70명의 약 8,622배에 달하는 603,550명이 되었으며, 전체 인구로 보면 70명의 약 28,600배에 달하는 약 200만 명이 넘는 인구로 불어났습니다.

민수기 23:10 상반절에서는 "야곱의 티끌을 뉘 능히 계산하며 이스라엘 사분지 일을 뉘 능히 계수할꼬"라고 하여 그 수가 능히 헤아리기 어려운 정도임을 보여 주고 있습니다. 그 세력은 애굽 왕 바로가 "우리와 싸우고 이 땅에서 갈까 하노라"라고 하면서 위협을 느낄 정도였습니다(출 1:9-10).

이스라엘 백성이 이만큼 증가한 것은 인구 증가를 억제하는 요소, 곧 각종 질병이나 전염병 혹은 전쟁, 천재 지변 등이 거의 없었다는 강력한 증거입니다. 비록 그들이 애굽의 노예로 있었지만, 하나님께서 그들을 철저히 보호하시고 그들에게 육체의 강건함을 허락하시므로 기하급수적인 인구 증가가 가능했던 것입니다.

실로, 이스라엘이 애굽에 거했던 430년의 기간은 하나님께서 특별히 복을 내리신 '계획된' 기간이었습니다. 이처럼 하나님께서 약속하신 언약의 성취는 작정하신 대로 빠르게 진행되고 있었습니다.

그런데 요셉을 알지 못하는 새 왕이 등장하면서 이스라엘은 극심한 고통을 받기 시작하였습니다.

출애굽기 1:8 "요셉을 알지 못하는 새 왕이 일어나서 애굽을 다스리더니"

여기 '알다' (יָדַע, 야다)는 경험을 전제로 한 앎을 가리키며, '친분을 맺다'(창 19:5, 사 1:3), '성 관계를 맺다'(창 19:5, 8)라는 의미입니다. 그러므로 새 왕은 요셉에 대해 듣기는 했지만 요셉으로 대표되는 이스라엘에게 친밀감이나 호의를 전혀 갖지 않았던 것입니다. "요셉을 알지 못하는 새 왕"은 애굽의 제18왕조를 가리킵니다. 그 이전에 애굽을 통치했던 왕조는 애굽의 북동쪽에서 온 셈족 계통의 힉소스 왕조(Hyksos)였습니다.

힉소스 왕조는 이스라엘 백성이 애굽에 들어온 지 약 300여 년이 지난 주전 1580년경에, 애굽 제18왕조의 아흐모세 1세(Ahmose, 주전 1584-1560)에 의해 완전히 무너졌습니다. 제18왕조는 순수한 애굽 본토인으로서, 이들은 이방인 힉소스인의 정권을 무너뜨리면서 요셉의 모든 업적까지 말살하고 토착 왕조의 지배를 확립하여 나아갔습니다.

(2) 새 왕의 등장

출애굽기 1:8의 '새 왕'은 히브리어로 '멜레크 하다쉬'(מֶלֶךְ חָדָשׁ)로, '다른 왕'이라는 뜻입니다. 이것은 애굽의 왕조가 제18왕조로 바뀐 것을 나타내는 표현입니다. 또 '일어나서'는 히브리어로 '쿰'(קוּם)으로서, 이 단어는 단순히 '일어나다'라는 뜻 외에도 전쟁을 위해서 일어나는 것을 가리키기도 합니다(시 3:7). 이것은 제18왕조가 힉소스 왕조에 대하여 반기를 들고 일어난 것을 뜻합니다.

그렇다면 "요셉을 알지 못하는 새 왕"은 구체적으로 누구입니까? 그는 새로운 왕조인 제18왕조의 세 번째 왕인 투트모세 1세(Thutmose I)입니다. 왜냐하면 모세가 출생한 것은 주전 1527년인데, 투트모세 1세는 주전 1539년부터 주전 1514년까지 애굽을 통치한 것으로 알려졌기 때문입니다.

(3) 새 왕조의 정책

제18왕조는 이스라엘 사람들을 힉소스인의 잔존 세력으로 보고, 심한 차별 정책을 실시하였습니다. 옛날 요셉과 죽은 바로 사이에 맺은 약속과 요셉의 업적도 완전히 말살되고 말았습니다. 새 왕조는 이스라엘 백성을 노예화하여 혹독한 노동을 시켰습니다. 당시 애굽은 왕조의 위엄을 과시하기 위해 두 국고성(비돔, 라암셋)을 건설하였습니다(출 1:9-11). 이를 위해 본래 조상 대대로 가축떼를 이끄는 유목민이었던 이스라엘 백성이 동원되었고, 그들은 채찍에 맞으며 흙 이기기와 벽돌 굽기를 하고, 돌을 끌어오고, 수로를 파는 등의 강제 노동에 시달려야 했습니다. 이스라엘 백성이 받은 탄압과 그 고역이 얼마나 견디기 힘든 고통이었는지, 후에 그들과 그 후손들은 애굽을 기억할 때마다 '쇠풀무 곧 애굽'(신 4:20), '철 풀무 애굽'(왕상 8:51), '쇠풀무 애굽 땅'(렘 11:4)이라고 하였습니다.

(4) 새 왕조가 세워진 시기

요셉을 알지 못하는 왕이 나타난 시기에 대하여 사도행전 7:17-18에서는 "하나님이 아브라함에게 약속하신 때가 가까우매 이스라엘 백성이 애굽에서 번성하여 많아졌더니 [18] 요셉을 알지 못하는 새 임금이 애굽 왕위에 오르매"라고 말씀하고 있습니다. 여기 '아브라함에게 약속하신 때'는 구체적으로 횃불 언약 중 창세기 15:13의 예언이 성취되는 때로, 이스라엘 백성이 애굽의 종살이를 마치고 나올 때를 의미합니다.

만일 애굽의 왕조가 히브리인들을 후대하였더라면 그들은 애굽의 종교와 문화, 풍습을 받아들여서 오히려 하나님을 멀리 떠나 타락했을 것입니다. 그러나 하나님께서는 구속사적 경륜 속에서 출애굽의 시기가 임박했음을 보시고, 오히려 요셉을 알지 못하는 '새 왕'을 일으키셔서(출 1:8) 선민에 대한 강한 압제 정책을 통하여 이스라엘 백성을 애굽과 완전히 분리하시는 작업을 하셨습니다. 지금 그들이 살고 있는 애굽 땅은 언젠가는 반드시 떠나야 하는 타향(他鄕)임을 깨우쳐, 옛 선조들이 들려준 하나님의 말씀을 기억하고 그 하나님께 울부짖으며 간구하도록 섭리하셨던 것입니다(출 2:23).

2. 모세의 출생(출 2:1-22)
주전 1527년, 횃불 언약 555년째
Birth of Moses (Exod 2:1-22)

(1) 모세 출생의 시대적 배경

투트모세 1세는 강한 탄압 정책을 펴 히브리인들이 감당하기 어려울 정도로 무거운 노동을 시켰습니다. 거기에 새로 태어나는 히브리 사내아이들을 모조리 나일강에 던져 죽이는 민족 말살 정책까지 강행하였습니다(출 1:15-22).

이러한 때 모세는 '아므람'과 '요게벳' 사이에서 태어났습니다. 모세의 어머니 요게벳은 레위 지파 계열의 딸로서(출 2:1, 6:20, 민 26:57-59) 매우 경건한 가정에서 태어난 여인이었으며, 모세의 아버지 아므람도 레위 족속이었습니다(출 2:1). 모세의 부모는 모세를 석 달 동안 숨겨서 키웠습니다(출 2:1-2). 그러나 더 이상 숨길 수 없게 되자 갈 상자에 모세를 넣고 역청과 나무 진을 칠하여 하숫가 갈대 사이에 두었으나(출 2:3), 바로의 딸에게 발견되어 건짐을 받습니다(출 2:5-6). 그래서 모세의 이름은 '물에서 건져냄'이라는 뜻입니다(출 2:10).

모세를 나일강에서 건져낸 바로의 딸은 바로 투트모세 1세의 딸인 하첩수트(Hatshepsut)로, 투트모세 2세와 결혼하였으나 그녀의 남편은 요절하였습니다(주전 1514-1504). 그 후에 투트모세 2세의 서자였던 투트모세 3세가 어린 나이로 왕위에 올랐고, 그녀는 왕을 섭정하다가 자신이 바로의 자리에 올라 22년간 통치하였습니다(주전 1504-1482).

(2) 모세의 준수함을 보았던 부모(아므람과 요게벳)의 믿음

출애굽기 2:2 "그 여자가 잉태하여 아들을 낳아 그 준수함을 보고 그를 석 달을 숨겼더니"

모세의 부모는 애굽의 혹독한 노예 생활 중에도 신앙의 등불을 꺼뜨리지 않고 모세에게 여호와의 신앙을 전수하였습니다.

아므람과 요게벳은 모세의 준수함을 보았습니다. 여기 '준수'의 한자는 '준걸 준(俊), 빼어날 수(秀)'로, 그 뜻은 '재주, 슬기, 풍채 등이 뛰어나다'입니다. 히브리어는 '토브'(טוֹב)로 '아름다운, 좋은'이란 뜻입니다. 그래서 사도행전 7:20에서는 아기 모세에 대하여 "하나님 보시기에 아름다운지라"라고 말씀하였습니다.

아므람과 요게벳이 모세의 준수함을 보았다는 것은 그들이 하나님의 눈으로 자식을 보았다는 것입니다. 하나님의 눈을 가졌기에 모세 속에 감추인 하나님의 경륜을 발견하게 되었고, 그 순간에 바로의 명령조차 무서워하지 않고 담대하게 석 달 동안이나 숨길 수 있었던 것입니다. 그것을 히브리서 기자는 모세의 부모인 아므람과 요게벳을 믿음의 선진들 반열에 함께 올리면서 "믿음으로 행한" 것이라고 하였습니다(히 11:23).

오늘날 우리의 자녀들을 바라볼 때도 세상의 시각이 아니라 하나님의 시각으로 바라보면서 믿음으로 키우고, 신앙을 전수하는 대물림을 소홀히 해서는 안 될 것입니다(창 18:18-19, 욜 1:3, 딤후 1:5).

3. 40세에 미디안 광야로 쫓겨난 모세(출 2:11-15)
주전 1487년, 횃불 언약 595년째

Moses flees to the land of Midian at the age of forty (Exod 2:11-15)

(1) 지도자로서의 준비

사도행전 7:22　"모세가 애굽 사람의 학술을 다 배워 그 말과 행사가 능하더라"

모세의 부모가 모세를 갈 상자에 담아 나일강 갈대 사이에 두었을 때, 바로의 딸이 목욕하러 왔다가 모세를 발견하고 데려다가 아들로 키우기 시작하였습니다.

하나님의 놀라운 섭리 가운데 모세의 유모가 된 친어머니 요게벳은, 모세를 오직 하나님의 율례와 법도를 따라 신앙으로 양육하면서 그의 민족적 뿌리가 히브리인이라는 강한 선민 의식을 심어 주었을 것입니다. 그는 노예 출신임에도 불구하고 애굽의 왕자로서 동등한 대우를 받아, 당시 애굽 사람의 최고 학문과 기술·군사·건축·종교에 관한 교육을 받으면서 '그 말과 행사가 능한'(행 7:22) 지도자로서의 자질을 갖추어 나갔습니다.

모세는 비록 막강한 권력을 가진 바로의 공주 하쳅수트의 양아들로 성장하였으나, 애굽인들에게는 여전히 이방인일 수밖에 없었습니다. 지위가 높아지고 권력이 강해질수록 모세 속에는 자기 민족의 미래에 대한 걱정과 고뇌가 나날이 커졌을 것입니다.

그는 장년이 되면서 언젠가는 자신이 히브리 민족을 애굽의 노예 생활로부터 해방시켜 구원해야 할 지도자라고 자각했던 것 같습니다. 이러한 모세의 생각은 "모세가 장성한 후에 한 번은 자기 형제들에게 나가서 그 고역함을 보더니"(출 2:11)라는 말씀과, "나이 사십이 되매 그 형제 이스라엘 자손을 돌아볼 생각이 나더니 한 사람의 원통한 일 당함을 보고 보호하여 압제 받는 자를 위하여 원수를 갚아 애굽 사람을 쳐죽이니라 저는 그 형제들이 하나님께서 자기의 손을 빌어 구원하여 주시는 것을 깨달으리라고 생각하였으나"(행 7:23-25)라는 말씀에서 분명하게 나타나고 있습니다. 모세가 고역에 시달리던 이스라엘 백성을 가리켜 '히브리 사람 곧 자기 형제'(출 2:11), '동포'(출 2:13)라고 불렀던 것만 보아도, 그들을 구원하고자 하는 강한 의지를 가지고 있었음을 알 수 있습니다.

모세가 고난 받는 자기 동족에 대한 사랑을 가지게 된 것은, 그가 자신의 친모이자 유모인 요게벳의 품에서 젖을 먹으며 하나님의 신앙을 배울 때부터였을 것입니다. 그러다가 모세는 40세가 되어서 본격적으로 동족을 구원하는 일을 시작하려 했던 것입니다.

(2) 하나님의 백성을 구원하기 위한 모세의 시도

모세는 40세에 애굽의 왕자 신분으로 민정 시찰을 하던 중에 히브리 사람이 원통한 일을 당하여 압제 받는 것을 보았습니다(출 2:11, 행 7:24). '압제 받는'이라는 단어는 헬라어 '카타포네오'(καταπονέω)의 수동태로, 그 뜻은 '심하게 얻어맞고 학대를 받다, 해악으로 압제를 받다'입니다. 고역만 해도 버거운데, 심하게 두들겨 맞고 학대를 당했던 것입니다. 모세는 이 광경을 모두 지켜보았고, 보다 못해 그를 친 애굽 사람을 쳐죽여 모래에 감추었습니다(출 2:11-12, 행 7:24).

이튿날 다시 나갔을 때 모세는 자신의 행동을 통해 "그 형제들이 하나님께서 자기의 손을 빌어 구원하여 주시는 것을 깨달으리라고 생각하였으나"(행 7:25), 오히려 동족들의 밀고로 자기를 죽이려고 하는 바로(투트모세 3세)의 낯을 피해 미디안 광야로 도피하는 신세가 되고 말았습니다(출 2:13-15).

모세가 바로의 공주의 아들이라 칭함을 거절할 수 있었던 것은 믿음으로 한 행동이었습니다.

히브리서 11:24 "믿음으로 모세는 장성하여 바로의 공주의 아들이라 칭함을 거절하고"

그가 만일 바로의 공주의 아들로 계속 있기를 원했다면 그는 애굽의 부귀 영화를 누리며 살았을 것입니다. 그러나 모세는 그것이 "잠시 죄악의 낙을 누리는 것"임을 깨닫고(히 11:25) 자기 앞에 보장되어 있는 영광을 한순간에 버리고, 하나님의 백성과 함께 고난 받기를 더 좋아했습니다. 히브리서 11:26에서는 모세가 애굽 궁정을 떠나 이스라엘 백성과 함께 받은 고난을 '그리스도를 위하여 받는 능욕'으로 해석하였습니다.

우리는 '잠시 누리는 죄악의 낙'에 안주하기보다, 위로부터 주시는 하늘의 상을 바라볼 수 있어야 합니다(히 11:6). 세상이 외면하고 환영해 주지 않을지라도, 그리스도의 죽으심을 본받아 그의 남은 고난을 내 몸에 채우는(빌 3:10, 골 1:24), 믿음의 사람이 되시기 바랍니다.

4. 40년간 미디안 광야에서 훈련 받는 모세
(출 2:16-22)
주전 1487-1447년, 횃불 언약 595-635년째
Moses trained for forty years in the land of Midian (Exod 2:16-22)

모세가 살인자로 고발되자, 투트모세 3세는 이를 자신의 정적인 모세를 제거할 수 있는 좋은 기회라고 생각했습니다. 그는 모세의 살인 사건을 '애굽인에 대한 히브리인의 반역'이란 차원에서 국사범(國事犯)으로 다루어 모세를 죽이고자 하였던 것입니다(출 2:15).

그러나 하나님께서는 애굽에서 쫓겨난 모세를 미디안 광야로 인도하셔서 40년 동안 강하게 연단하시며, 출애굽의 영도자로서 내적 준비를 하게 하셨습니다.

이러한 모세를 통한 하나님의 구속사적 경륜은 장차 예수 그리스도를 통한 인류 구속 섭리의 모형이었습니다.[35] 신명기 18:15에서는 "네 하나님 여호와께서 너의 중 네 형제 중에서 나와 같은 선지자 하나를 너를 위하여 일으키시리니 너희는 그를 들을지니라"라고 말씀하셨습니다. 하나님께서는 일찍이 모세를 통하여 그와 같은 선지자 하나를 세우시고, 곧 그리스도(메시아)를 통해 많은 사람이 구원 받을 일에 대하여 예언하셨던 것입니다(신 18:18-20, 34:10, 행 3:20-24, 7:37, 참고-마 5:17, 요 1:45, 6:14, 7:40). 하나님과 모세의 관계는, 사람이 그 친구와 이야기함같이 "대면하여"(פָּנִים אֶל־פָּנִים, 파님 엘 파님: 얼굴과 얼굴을 마주하고) 말씀하실 정도로 아주 친밀하였습니다(출 33:11, 신 34:10, 참고-시 25:14). 민수기 12:8에서는 그 친밀감을 더욱 강조하여 "대면하여"(פֶּה אֶל־פֶּה, 페 엘 페: 입과 입을 맞대고) 말씀하셨다고 함으로, 모세가 전하는 말씀은 하나님께서 보증하실 만큼 정확하고 권위가 있었음을 보여 줍니다.

예수 그리스도는 이러한 모세보다 더욱 뛰어나며 완전하신 분이십니다(고후 3:13-18, 히 3:1-6).

동족들에게 배척당하여 쫓겨나는 모세의 모습은 훗날 동족들에게 배척을 당하시고 그들의 시기(猜忌) 때문에 십자가에 달려 돌아가시는 예수 그리스도의 모습을 보는 듯합니다(마 27:18, 막 15:10). 이에 대하여 옥스퍼드 원어성경 주석에서는 "하나님은 인간들이 배척한 그 그리스도를 통해 인류 구속을 이루셨습니다. 즉 인간의 그리스도 배척을 도리어 당신의 인류 구속의 뜻을 이루는 방편으로 사용하신 것입니다"라고 기록하고 있습니다.[36] 인간들은 무지하여 예수 그리스도를 핍박하였지만, 그럼에도 불구하고 하나님께서는 십자가에서 인류 구속의 원대한 뜻을 온전히 이루시고 승리하셨습니다.

선택된 자들을 구원하시기 위해 만세 전부터 절대 예정하신 예수 그리스도의 십자가를 통한 하나님의 구속 섭리(마 26:24, 눅 22:22)는 그 어떤 악의 세력도 막을 수 없습니다. 예수 그리스도께서 3일 만에 사망 권세를 깨뜨리시고 부활하심으로 승리하셨듯이, 그를 따르는 성도들도 무슨 일을 만나든지 우리를 사랑하시는 자로 말미암아 넉넉하게 승리할 것입니다(롬 8:35-39). 할렐루야!

5. 출애굽의 대역사를 위해 부르심 받은 모세
(출 3:1-10)
주전 1447년, 횃불 언약 635년째
Calling of Moses for the Great Exodus

모세를 죽이려고 했던 포악한 애굽 왕 투트모세 3세가 죽었습니다(출 2:23). 그 후에 아멘호텝 2세(Amenhotep II, 주전 1450-?)가 왕위에 올랐습니다. 이것은 이제 하나님께서 아브라함과 횃불 언약을 통해 약속하신 출애굽의 때가 눈앞에 임박한 것을 의미합니다.

하나님께서는 미디안 광야에서 40년 동안 연단받은 모세를 호렙산에서 부르셨습니다(출 3:1-10, 행 7:30-34).

'호렙산'은 어떤 곳입니까? 그 산은 건조하여 바싹 마른 땅입니다. '떨기나무'는 이와 같이 건조한 지역에 자생하는 키 작은 관목류로서 가시덤불을 가리킵니다. 이 볼품 없고 앙상한 떨기나무는 애굽에 끌려와서 400년 동안 종살이하면서 학대를 받으며 고역으로 괴로운 생활을 하고 있는 약한 이스라엘 민족을 나타냅니다(출 1:12-14).

이 떨기나무에 불이 붙은 것은 이스라엘 백성이 애굽에서 풀무불같이 뜨거운 고난 가운데 있음을 상징합니다(신 4:20, 왕상 8:51, 렘 11:4). 떨기나무에 불이 붙었으나 타지 않은 것은, 비록 지금은 이스라엘이 큰 고난 가운데 있지만 절대로 망하지 않을 것을 나타냅니다.

하나님께서 아브라함에게 횃불 언약을 통하여 약속하신 대로 이스라엘 백성을 애굽에서 구원하실 때가 되었음을 보여 주신 사건입니다. 특히 '떨기나무 불꽃' 가운데 '여호와의 사자'가 임한 것은 자기 백성의 고통을 들으시고 그들을 구원하시겠다는 하나님의 강력한 계시였습니다(행 7:30-32). 이러한 계시대로 출애굽의 대역사가 드디어 이루어지기 시작합니다.

II
출애굽의 역사

The History of the Exodus

이스라엘 백성의 출애굽
주전 1446년, 횃불 언약 636년째

Israel's Great Exodus

출애굽기 2:23-25 "여러 해 후에 애굽 왕은 죽었고 이스라엘 자손은 고역으로 인하여 탄식하며 부르짖으니 그 고역으로 인하여 부르짖는 소리가 하나님께 상달한지라 [24] 하나님이 그 고통 소리를 들으시고 아브라함과 이삭과 야곱에게 세운 그 언약을 기억하사 [25] 이스라엘 자손을 권념하셨더라"

주전 1446년 1월 15일, 마침내 이스라엘 백성은 430년간(출 12:40-41, 갈 3:17)의 애굽의 종살이에서 벗어나 약속의 땅으로 가기 위해 출애굽을 감행했습니다(출 12장, 민 33:3). 출애굽 한 이스라엘 백성은 장정만 603,550명이요(출 38:26, 민 1:46), 어린아이와 여자, 노약자까지 합하면 200만 명이 넘어 그야말로 '민족의 대이동'이었습니다. 하나님께서는 때가 차매 636년 전에 아브라함과 맺은 횃불 언약을 이루시면서 이스라엘을 권념하사 출애굽 시키셨습니다.

1. 하나님의 권념과 출애굽(출 2:23-25, 3:7-9, 3:16)
God's remembrance and the Exodus (Exod 2:23-25, 3:7-9, 3:16)

출애굽이 가능했던 것은 무엇보다도 하나님의 권념이 있었기 때문입니다. 출애굽기 2:25에서 "이스라엘 자손을 권념하셨더라"라고 말씀하고 있습니다. '권념'의 히브리어는 '라아'(רָאָה)와 '야다'(יָדַע) 두 단어로 기록되어 있습니다. '라아'는 '(자세히)보다'라는 뜻이요, '야다'는 '(체험적으로)알다'라는 뜻입니다. 이것은 하나님께서 애굽에서 고통하는 이스라엘의 뼈아픈 현실을 다 보고 계셨고, 다 듣고 계셨으며, 다 알고 계셨다는 것입니다(출 3:7-10). 언약에 신실하신 하나님께서는 아브라함과 이삭과 야곱에게 세운 언약을 기억하시고 이스라엘 자손을 권념하셨습니다(창 15:14, 46:4, 출 2:23-25, 시 105:8-10, 42, 106:45).

이러한 하나님의 '권념(眷念)의 역사'는 바로 약 360년 전 요셉이 예언했던 '권고(眷顧)의 역사'였습니다(창 50:24-25). '권념'과 비슷한 의미의 '권고'(פָּקַד, 파카드)라는 말씀은 '기억하다, 방문하다'라는 뜻입니다(창 21:1). 또한 지도자의 위치에 있는 사람이 아랫사람을 감독하는 일(대하 34:10), 숫자의 계수(민 26:51), 악에 대해 형벌을 가하는 일(렘 기:14, 사 26:21)에도 '파카드'가 사용되었습니다.

특별히 창세기 50:24의 "권고하시고"와 창세기 50:25의 "성닝 너희를 권고하시리니"는 둘 다 '파코드 이프코드'(פָּקֹד יִפְקֹד)로서, '권고'가 이중으로 강조되어 있습니다. 하나님께서 방문하시되 반드시 방문하신다는 뜻입니다. 참으로 하나님의 권념하심은 출애굽의 원동력이었습니다.

2. 선민을 향한 애굽 사람들의 죄악

The sin of the Egyptians against the chosen people

이스라엘 백성이 출애굽 하는 날, 바로와 애굽 사람들은 하나님의 심판을 받았습니다. 애굽 사람들의 구체적인 죄악은 무엇이었습니까?

(1) 선민을 교활하게 괴롭힌 죄(출 2:23, 3:7, 9, 6:9, 행 7:6)

시편 105:25 "또 저희 마음을 변하여 그 백성을 미워하게 하시며 그 종들에게 교활히 행하게 하셨도다"

사도행전 7:19 "그가 우리 족속에게 궤계를 써서 조상들을 괴롭게 하여 그 어린아이들을 내어버려 살지 못하게 하려 할새"

표준새번역 "이 임금이 우리 겨레에게 교활한 정책을 써서, 우리 조상들을 학대하되, 갓난아기들을 내다 버리게 하여서, 살아남지 못하게 하였습니다."

'교활'은 한자로 '교활할 교(狡), 교활할 활(猾)'로, '간사한 꾀가 많다'는 뜻이며, 성경에서 주로 '사단의 활동'을 의미할 때 사용되고 있습니다. 이 단어는 시편 105:25에서는 원어상 '속임수'라는 의미입니다. 이렇게 애굽 사람들이 간사와 속임, 민족 말살 정책을 통하여 하나님의 백성을 괴롭힌 죄를 하나님께서는 징치하셨습니다.

출애굽기 18:11의 공동번역을 보면 "이집트인들은 이 백성에게 너무나도 방자했구나"라고 말씀하고 있습니다. '방자(放恣)'는 '삼가지 않고 제멋대로'라는 뜻을 가지고 있습니다. 애굽 사람들은 제멋대로 이스라엘 사람들을 괴롭히고 민족을 말살하려 했기 때문에 하나님께서 그 죄를 물으셨던 것입니다.

(2) 선민을 무시하고 업신여긴 교만한 죄

출애굽기 18:11 "이제 내가 알았도다 여호와는 모든 신보다 크시므로 이스라엘에게 교만하게 행하는 그들을 이기셨도다 하고"

느헤미야 9:10 "이적과 기사를 베푸사 바로와 그의 모든 신하와 그의 나라 온 백성을 치셨사오니 이는 그들이 우리의 조상들에게 교만하게 행함을 아셨음이라 주께서 오늘과 같이 명예를 얻으셨나이다"

느헤미야 9:10의 표준새번역을 보면 "이집트 사람들이 우리 조상을 업신여기는 것을 아시고..."라고 기록하고 있습니다. 높은 자리에 있거나 자기가 너무 잘난 사람들은 남을 무시하고 업신여기는 교만의 죄를 짓게 됩니다. 성경을 볼 때, 교만한 자는 지위 고하를 막론하고 하나님의 진노와 심판을 면치 못했습니다. 느부갓네살왕(단 4:28-33), 웃시야왕(대하 26:16), 아마샤왕(대하 25:19), 히스기야왕(대하 32:25), 하만(에 5:11-12, 7:5-10)은 교만하다가 하나님의 진노하심을 받은 자들입니다. 오늘날도 하나님께서는 교만한 자들을 반드시 심판하십니다(왕하 14:10, 겔 28:2, 5, 17, 31:10-11, 단 4:30-31, 37, 5:20).

3. 애굽 땅에 내린 열 가지 재앙
Ten plagues that fell upon the land of Egypt

하나님께서는 선민 이스라엘에게 악을 행한 애굽에 열 가지 재앙을 내리심으로 그들을 징치하시고, 하나님의 백성을 구원해 내셨습니다. 일찍이 하나님은 횃불 언약에서 "그 섬기는 나라를 내가 징치할지며"(창 15:14)라고 말씀하셨습니다. '징치'는 한자로 '징계할

징(懲), 다스릴 치(治)'로서 '징계하여 다스림'이라는 뜻으로, 여기에는 '심판'의 의미가 담겨 있습니다(레 26:18, 시 94:10, 12). 바벨탑(창 11:1-9)과 소돔과 고모라(창 19:24-25)의 심판도 하나님께서 징치하신 결과입니다.

(1) 열 가지 재앙의 내용

애굽을 하나님께서 징치하신 일은 열 가지 재앙을 통해서 그대로 성취되었습니다.

첫 번째 재앙은 나일강의 물이 피가 되는 재앙(출 7:19-25)이었고, 두 번째 재앙은 개구리 재앙(출 8:1-15)이요, 세 번째 재앙은 '이' 재앙(출 8:16-19)이었습니다. 첫 번째와 두 번째 재앙은 애굽의 술객들도 흉내내었으나(출 7:22, 8:7), 세 번째 '이' 재앙부터는 바로의 술객들이 모세를 흉내내지 못하였습니다(출 8:18).

네 번째 재앙은 파리 재앙(출 8:20-24), 다섯 번째 재앙은 악질 재앙(출 9:1-7), 여섯 번째 재앙은 독종 재앙(출 9:8-12), 일곱 번째 재앙은 우박 재앙(출 9:18-35), 여덟 번째 재앙은 메뚜기 재앙(출 10:4-20), 아홉 번째 재앙은 흑암 재앙(출 10:21-29), 열 번째 재앙은 장자 재앙(출 12:1-36)이었습니다.

열 가지 재앙이 지속되는 그 이면에는 바로의 마음을 강퍅케 하시는 하나님의 역사가 있었습니다(출 4:21, 7:3, 8:19, 9:12, 10:1, 20, 11:10, 14:4, 8, 17).

그렇다면 하나님께서 열 가지 재앙을 연달아서 애굽에 내리신 이유는 무엇입니까?

첫째, 바로와 그의 신하와 이스라엘 백성에게 하나님의 능력을 보여 주시어, 영광을 얻으시기 위함이었습니다(출 10:1, 14:17-18).

출애굽기 14:4 "내가 바로의 마음을 강퍅케 한즉 바로가 그들의 뒤를 따르리니 내가 그와 그 온 군대를 인하여 영광을 얻어 애굽 사람으로 나를 여호와인 줄 알게 하리라 하시매 무리가 그대로 행하니라"

출애굽기 10:1을 표준새번역에서는 "너는 바로에게 가거라. 그와 그 신하들이 고집을 부리게 한 것은 나다. 이것은 내가, 그들이 보는 앞에서 나의 온갖 이적을 보여 주려고 그렇게 한 것이다"라고 기록하고 있습니다.

놀라운 사실은, 이러한 무서운 재앙 속에서도 하나님의 백성이 거하는 고센 땅은 보호를 받았다는 것입니다. 하나님께서는 파리 재앙, 우박 재앙, 그리고 마지막 흑암 재앙 때에, 이스라엘 백성이 거하는 고센 땅만 구별하셔서 재앙이 일어나지 않게 보호하셨습니다(출 8:22-23, 9:26, 10:23).

출애굽기 8:23에 나오는 '구별'이라는 단어는 히브리어로 '페두트'(פְּדֻת)로서, '구원, 구속'(시 111:9, 130:7)이라는 뜻을 가지고 있습니다. 그러므로 하나님께서 재앙을 내리실 때 이스라엘 백성을 구별하신 것은 그들을 애굽의 고통에서 반드시 구원하시겠다는 의미였습니다.

둘째, 열 가지 재앙은 애굽인들이 섬기던 모든 우상(神)들을 징벌하기 위함이었습니다.

출애굽기 12:12 "내가 그 밤에 애굽 땅에 두루 다니며 사람과 짐승을 무론하고 애굽 나라 가운데 처음 난 것을 다 치고 애굽의 모든 신에게

벌을 내리리라 나는 여호와로라"

민수기 33:4 "애굽인은 여호와께서 그들 중에 치신 그 모든 장자를 장사하는 때라 여호와께서 그들의 신들에게도 벌을 주셨더라"

출애굽기 12:12의 '모든 신'의 히브리어는 '애굽의 신들은 하나도 빠짐없이'라는 의미를 담고 있습니다.

당시 애굽에서는 사람과 짐승의 형상을 한 우상뿐만 아니라 하늘·땅·태양·강·폭포 등과 같은 자연물과 뱀·독수리·거위·악어·풍뎅이·개구리 등의 온갖 잡다한 생물에 이르기까지 헤아릴 수 없이 많은 것들을 신으로 섬겼습니다. 하나님께서는 우상들을 철저하게 파괴하심으로써 그것들이 무익하며 허무한 존재이고, 우상숭배자들은 그 말로가 비참하다는 것을 보여 주셨습니다(삼상 5:3, 렘 43:12, 50:2). 그러므로 애굽에 내린 열 가지 재앙은 출애굽을 위한 방편도 되었지만 그 근본 의미는 이 땅의 주인은 하나님 한 분뿐이며, 하나님 외에 인간이 믿고 섬기는 모든 신들은 하나같이 무능하다는 사실을 보여 주신 것이었습니다(시 135:15-18).

하나님께서는 애굽에 내리신 재앙들에 대하여 이스라엘 백성이 그 후손들에게 자세히 설명하여 전하기를 원하셨습니다(출 12:26-27, 신 6:20-25). 그 이유는 이스라엘 백성이 하나님의 능력을 자손 대대로 전하여 하나님께서 여호와이심을 알리시기 위함이었습니다.

출애굽기 10:2 "너로 내가 애굽에서 행한 일들 곧 내가 그 가운데서 행한 표징을 네 아들과 네 자손의 귀에 전하게 하려 함이라 너희가 나를 여호와인 줄 알리라"

(2) 열 번째 재앙, 장자 재앙의 의미

하나님께서는 모세에게 마지막 열 번째로 애굽에 내리실 장자 재앙을 미리 계시하셨는데(출 11:4-6, 12:12), 그것은 하나님의 직접적인 징치였습니다(출 12:29, 시 135:8).

하나님께서 애굽의 장자를 치신 것은, 장자가 곧 '기력의 시작'을 의미하기 때문입니다(창 49:3, 신 21:17, 시 78:51, 105:36). '기력의 시작'은 '힘의 첫 번째 결실'이라는 뜻으로서 사람에게는 장남을, 짐승에게는 초태생을 말합니다.

마지막 장자 재앙은 모세나 아론을 통해서 하시지 않고 하나님께서 밤중에 애굽 땅에 직접 내려오셔서 징치하셨습니다. 사람부터 짐승까지 애굽에서 처음 난 것은 모두 그 대상이 되었습니다(출 11:4-5, 12:29, 시 136:10). 이러한 역사는 하나님의 장자인 이스라엘을 구원하시기 위한 조치였습니다.

출애굽기 4:22-23 "너는 바로에게 이르기를 여호와의 말씀에 이스라엘은 내 아들 내 장자라 ^{23} 내가 네게 이르기를 내 아들을 놓아서 나를 섬기게 하라 하여도 네가 놓기를 거절하니 내가 네 아들 네 장자를 죽이리라 하셨다 하라 하시니라"

한 가정의 아버지에게 있어 집안의 대(代)를 이을 장자가 가장 귀한 것처럼, 하나님 입장에서는 이스라엘이 그와 같은 장자임을 선포하신 것입니다. 이스라엘은 하나님께서 천하 만민 중에서 택하셔서 자기 기업의 백성을 삼으신 특별한 민족이었습니다(신 7:6, 14:2, 32:9, 시 135:4).

이러한 출애굽 역사에 대하여 호세아 11:1에서는 "이스라엘의 어렸을 때에 내가 사랑하여 내 아들을 애굽에서 불러내었거늘"이라고 말씀하였습니다.

그런데 신비한 것은, 마태복음 2:14-15에서 예수님을 애굽에서 부르신 사건을 이 구절의 성취로 묘사하고 있다는 것입니다. 출애굽 사건이 일차적으로는 이스라엘을 구원하는 역사적 사실을 나타내지만, 더 나아가 장차 예수 그리스도가 오셔서 애굽 같은 세상에서 하나님의 장자인 성도들을 구원하신다는 놀라운 구속사적 경륜을 나타내는 것입니다.

4. 항오(行伍)를 지어 출애굽 하는 선민들
The chosen people leave Egypt in martial array

출애굽기 13:18 "그러므로 하나님이 홍해의 광야 길로 돌려 백성을 인도하시매 이스라엘 자손이 애굽 땅에서 항오를 지어 나올 때에"

민수기 33:1 "이스라엘 자손이 모세와 아론의 관할하에 그 항오대로 애굽 땅에서 나오던 때의 노정이 이러하니라"

이스라엘 백성은 애굽 땅에서 나올 때에 항오를 지어 나왔습니다. '항오'는 히브리어 '하무쉬'(חֲמֻשִׁים)로, '전투대형으로'라는 뜻이며, 이는 이스라엘 백성이 애굽에서 나올 때, 노예들이 집단 탈출하듯이 떼지어 아무렇게나 도망한 것이 아니라 '대열을 지어'(출 13:18), '부대별로'(민 33:1) 군인처럼 행진하였음을 나타내고 있습니다. 비굴한 도망자의 모습이 아니라, 하나님의 약속을 믿는 하나님의 군대로서 애굽에서 의기양양하게 나왔던 것입니다.

이사야 52:12 "여호와께서 너희 앞에 행하시며 이스라엘의 하나님이 너희 뒤에 호위하시리니 너희가 황급히 나오지 아니하며 도망하여 행하지 아니하리라"

이것은 하나님의 은혜로 말미암은 당당함이요, 담대함이었습니다(출 14:8). 항오를 이루며 당당하게 출애굽 하는 이스라엘을 가리켜 "여호와의 군대"(출 12:41)라고 하였고, "그 군대대로 애굽 땅에서 인도"(출 6:26, 12:51)하였다고 했습니다. 하나님께서는 이스라엘을 가리켜 "내 군대, 내 백성 이스라엘 자손"(출 7:4)이라고 하였습니다.

하나님께서는 이스라엘 백성이 항오를 지어 출애굽 할 때 큰 재물을 이끌고 나오게 하셨습니다(출 3:21-22, 11:2-3, 12:35-36). 그래서 이스라엘 백성은 마치 전쟁에서 승리한 군대가 노획물을 취하는 것처럼 기세당당하게 큰 재물을 요구했고(출 12:35), 그것을 취하여 출애굽 하였습니다.

이스라엘 백성이 은금 패물을 요구할 때 애굽 사람들은 더 큰 재앙에 대한 두려움에 사로잡혀서, 이스라엘 백성이 빨리 나가기를 바라는 마음으로 아낌없이 재물을 내놓았습니다.

실로, 하나님께서 애굽 사람들로 하여금 이스라엘 백성에게 은혜를 입히게 하셔서(출 11:3, 12:36) 그들이 구하는 대로 주게 하시므로 이스라엘 사람들이 애굽 사람들의 물품을 취하였습니다(출 12:36). 그래서 민수기 33:3에서는 "애굽 모든 사람의 목전에서 큰 권능으로" 나왔다고 말씀하고 있습니다. 400년간 말할 수 없는 굴욕과 서러움, 모멸감 속에서 짓눌려 있던 노예들이 지금은 대열을 시어 군인처럼 당당하게 행진하고 있으니, 애굽인들은 그것을 바라보는 순간에 완전히 압도될 수밖에 없었을 것입니다.

레위기 26:13 "나는 너희를 애굽 땅에서 인도하여 내어 그 종 된 것을 면케 한 너희 하나님 여호와라 내가 너희 멍에 빗장목을 깨뜨리고 너희로 바로 서서 걷게 하였느니라"

이것은 일찍이 아브라함에게 "그 후에 네 자손이 큰 재물을 이끌고 나오리라"(창 15:14下)라고 하신 횃불 언약의 성취였습니다.

5. 요셉의 해골을 메고 나온 모세
Moses carries Joseph's bones out of Egypt

출애굽기 13:19 "모세가 요셉의 해골을 취하였으니 이는 요셉이 이스라엘 자손으로 단단히 맹세케 하여 이르기를 하나님이 필연 너희를 권고하시리니 너희는 나의 해골을 여기서 가지고 나가라 하였음이었더라"

모세는 출애굽 할 때 요셉의 유언대로(창 50:25) 요셉의 해골을 취하여 가지고 나왔습니다. 요셉이 자기 해골을 가지고 나갈 것을 유언한 지 360년 만에 성취되는 순간이었습니다.

모세가 요셉의 해골을 직접 취한 것은 단순히 요셉의 유언을 지키려는 것보다는, 언약의 성취를 위한 사명 의식과 믿음에서 나온 행동이었습니다. 모세는 출애굽이 노예 해방이 아니라, 구속사적 경륜 가운데 하나님께서 아브라함과 맺은 횃불 언약을 성취하시는 중대한 역사임을 깨달았기에, 요셉의 해골을 취하는 일을 잊지 않았던 것입니다.

요셉의 해골은 미라로 보존되어 있었습니다.

창세기 50:26에서 '관'에 해당하는 히브리어는 '아론'(אָרוֹן)으로, '상자(궤)'란 뜻입니다. 당시 애굽에서 미라를 넣는 상자(관)는 보통 오랜 세월 변하지 않는 'sycamore'(큰 단풍나무 또는 돌무화과나무)를 사용하였습니다.[37] 이 나무는 오동나무처럼 부드러우면서도 내구성이 강하고, 습기와 부패를 막아 주는 데 탁월한 효과가 있기 때문에 3,000년 전에 미라의 관으로 매우 적합하였습니다.

요셉은 애굽의 고관이었으므로 당시의 장사 풍습을 따라 안쪽은 썩지 않는 단풍나무 관이었고, 바깥쪽은 석관을 입혔을 것으로 추정됩니다.[38] 요셉의 해골이 담긴 관은 바깥쪽의 석관을 제외했더라도 상당히 무거웠을 것이므로 아마도 여러 사람이 조심스럽게 다루며 메고 나왔을 것으로 보입니다. 유대 백과사전(Encyclopaedia Judaica)에서는 '40년간 광야에서 방황하는 동안 요셉의 관을 법궤 옆에 두고 가져왔다'(During the 40 years' wandering in the wilderness the coffin was carried next to the Ark of the Covenant)[39]라고 기록하고 있습니다.

이스라엘 백성은 모세와 함께 '요셉의 관'을 메고 출애굽을 시작하였습니다. 이는 요셉의 유언대로, 애굽에서 종 되었던 이스라엘이 완전히 구원 받은 사실을 상기시키는 행위이며, 하나님께서 아브라함에게 약속하신 횃불 언약이 성취되는 역사적인 순간이었습니다.

6. 홍해로 인도하신 하나님의 섭리
God's plan in leading the Israelites through the Red Sea

장자 재앙 후에 애굽에서 탈출한 이스라엘 백성은 라암셋에서 발행하였습니다(민 33:3). 당시에 애굽에서 가나안으로 가는 길은 당시의 주요 도로를 따라 크게 세 가지가 있었습니다. 이해도움 1-출애굽과 광야 노정(路程) 지도 참조 첫 번째 길은 '해변 길'(Sea Road)입니다.

이 길은 성경에서 "블레셋 사람의 땅의 길"이라 불리며(출 13:17), 지중해 해변을 따라서 가사(Gaza)를 비롯한 블레셋 성읍들을 거쳐 가는 길로, 약 10일이면 가나안 땅으로 들어갈 수 있는 최단(最短) 코스입니다. 하나님께서는 라암셋에서 발행한 이스라엘 백성의 방향을 돌려서 홍해의 광야 길로 인도하시면서 "블레셋 사람의 땅의 길"로 가는 것을 막으셨습니다.

출애굽기 13:18 "그러므로 하나님이 홍해의 광야 길로 돌려 백성을 인도하시매 이스라엘 자손이 애굽 땅에서 항오를 지어 나올 때에"

여기 '돌려'에 해당되는 히브리어 '사바브'(סָבַב)는 '방향을 바꾸다, 빙 둘러 행진하다, 우회하다'라는 뜻을 가지고 있습니다. 출발할 때부터 가까운 '블레셋 사람의 땅의 길'로 인도하시지 않고, 멀리 돌아가는 "홍해의 광야 길"로 돌려 인도하셨던 것입니다.

두 번째 길은 '수르(술) 길'(Way to Shur)입니다.

이 길은 고센 지방에서 숙곳을 지나 수르 광야 중심부를 통과하여 가나안 남부의 중앙으로 가는 길입니다. 라암셋에서 발행하여 숙곳을 지나 에담에 두 번째 진을 친 이스라엘 백성은 이 길로 갈 수도 있었습니다. 그러나 하나님께서 다시 방향을 바꾸어 인도하시면서, 이 길로 가는 것도 막으셨습니다.

출애굽기 13:20-21 "그들이 숙곳에서 발행하여 광야 끝 에담에 장막을 치니 21 여호와께서 그들 앞에 행하사 낮에는 구름기둥으로 그들의 길을 인도하시고 밤에는 불기둥으로 그들에게 비취사..."

세 번째 길은 '세일산으로 가는 길'(Way to Mount Seir)입니다. 이 길은 애굽의 온(On)을 떠나 수에즈만의 북쪽을 지나 시나이 반도 중앙부를 관통하여 아카바만 상부의 에시온게벨에 도착하는 길입니다. 그곳은 "왕의 대로"(민 20:17, 21:22)[40]와 연결되어 있으므로 그 길을 따라 요단 동편으로 북상하다가, 모압 평지를 경유하여 요단강을 건넘으로써 최종적으로 가나안에 도착하게 됩니다.

라암셋에서 발행한 이스라엘 백성은 숙곳에 이르러 진을 치고(출 12:37, 민 33:5), 그 다음 광야 끝 에담에 이르러 장막을 쳤습니다(출 13:20, 민 33:6). 에담에서 떠난 이스라엘 백성은 홍해 쪽으로 내려오다가 이 길을 따라 가나안으로 들어갈 수도 있었습니다. 그런데 하나님께서 이스라엘 백성의 방향을 다시 바꾸셔서 홍해 근처 믹돌 앞에 진을 치게 하셨습니다(민 33:7).

출애굽기 14:2 "이스라엘 자손을 명하여 돌쳐서 바다와 믹돌 사이의 비하히롯 앞 곧 바알스본 맞은편 바닷가에 장막을 치게 하라"

'돌쳐서'는 히브리어로 '슈브'(שׁוּב)로, '돌아오다, 선회하다'라는 뜻인데, 이것은 현재 진행하는 방향과는 전혀 다른 방향으로 돌이키라는 명령입니다. 가던 방향을 바꾸어 홍해를 건너가도록 만드셨던 것입니다. 그러나 이곳은 전혀 다른 곳으로 빠져나갈 수 없는 막다른 골목으로, 이러한 상황을 알게 된 바로는 "그들이 그 땅에서 아득하여 광야에 갇힌 바 되었다"(출 14:3)라고 판단하고 병거를 갖추고 추격해 왔습니다(출 14:4-7).

그렇다면 왜 하나님께서는 가나안으로 가는 가까운 길들을 택하시지 않고, 계속 진행 방향을 돌리고 혹은 돌쳐서, 결국에는 홍해를 건너 시나이 반도 남단으로 향하는 가장 먼 길을 택하셨을까요?

첫 번째 이유는 이스라엘 백성이 "전쟁을 보면 뉘우쳐 애굽으로 돌아갈까" 우려하셨기 때문입니다.

출애굽기 13:17 "바로가 백성을 보낸 후에 블레셋 사람의 땅의 길은 가까울지라도 하나님이 그들을 그 길로 인도하지 아니하셨으니 이는 하나님이 말씀하시기를 이 백성이 전쟁을 보면 뉘우쳐 애굽으로 돌아갈까 하셨음이라"

당시 "블레셋 사람의 땅의 길"은 가나안으로 가는 가장 가까운 코스였지만 하나님께서는 그 길로 인도하지 않으셨습니다.

"블레셋 사람의 땅의 길"은 당시 주요 무역로였기 때문에 그 길은 애굽의 국경 수비대가 지키고 있었고, 가나안에 들어가려면 호전적인 가나안 지역 수비대가 지키고 있는 가사(Gaza)를 통과해야 했습니다. 그러므로 만약 이스라엘 백성이 이 길로 간다면 애굽의 국경 수비대 그리고 가나안 지역 수비대와의 전쟁들이 불가피했습니다. 다른 길들 역시, 전쟁의 위험은 여전히 있었습니다.

두 번째 이유는 바로와 애굽 군대를 멸하시기 위한 하나님의 전략이 있었기 때문입니다(출 14:4).

출애굽기 14:17-18 "내가 애굽 사람들의 마음을 강퍅케 할 것인즉 그들이 그 뒤를 따라 들어갈 것이라 내가 바로와 그 모든 군대와 그 병거와 마병을 인하여 영광을 얻으리니 ¹⁸ 내가 바로와 그 병거와 마병으로 인하여 영광을 얻을 때에야 애굽 사람들이 나를 여호와인 줄 알리라 하시더니"

하나님께서는 과거에 수많은 이스라엘 남자 아이를 나일강 하수에 던져 무참히 살해하고(출 1:22), 400년 동안 선민 이스라엘을 괴롭힌 애굽의 죄를 심판하시기 위해 홍해로 유도하셨습니다. 애굽 왕은 이스라엘 백성이 홍해 근처 믹돌 앞에 진을 치자 그들이 광야에 갇힌 것으로 판단하고, 그 마음이 변하여 군사들을 이끌고 뒤따라왔습니다(출 14:3-7). 그러나 이것은 고의적으로 이스라엘이 광야에 갇힌 것처럼 노출하셔서, 애굽의 바로와 그 군대를 홍해로 유인하시려는 하나님의 고도의 전략이었습니다.

바로는 하나님의 계획대로 바알스본 맞은편 비하히롯 곁 해변의 장막 친 데까지 따라왔으며(출 14:9), "애굽 사람들과 바로의 말들, 병거들과 그 마병들"이 "바다 가운데로" 뛰어들었습니다(출 14:23).

이때 하나님께서는 바로를 비롯한 애굽 군대를 어지럽게 하시어 바로의 군사들을 공포에 떨게 하셨을 뿐 아니라, 그들이 무엇을 해야 할지 모르게 정신을 빼놓으셨습니다. 병거의 바퀴가 빠지고 망가져서 움직이지 못하게 하셨고(출 14:24-25), 마침내 새벽에 바다의 세력을 회복시켜 홍해를 합치심으로 한 사람도 홍해에서 나오지 못하게 하시고 모두 죽이셨습니다.

바로와 그 모든 군대와 그 병거와 마병을 인하여 영광을 얻으시겠다고 하신 말씀 그대로, 바로와 애굽 장관들, 군대들 모두가 홍해에 수장되어 죽고 말았습니다.[41]

바로와 애굽 군대가 홍해에 빠져 죽은 사실은 성경에서 여러 번 확실하게 증거되고 있습니다(출 14:27-28, 15:4-5, 10, 21, 시 78:53, 106:11).

출애굽기 14:30 "그날에 여호와께서 이같이 이스라엘을 애굽 사람의 손에서 구원하시매 이스라엘이 바닷가의 애굽 사람의 시체를 보았더라"

> **출애굽기 15:19** "바로의 말과 병거와 마병이 함께 바다에 들어가매 여호와께서 바닷물로 그들 위에 돌이켜 흐르게 하셨으나 이스라엘 자손은 바다 가운데서 육지로 행한지라"
>
> **시편 136:15** "바로와 그 군대를 홍해에 엎드러뜨리신 이에게 감사하라 그 인자하심이 영원함이로다"

이스라엘은 더 이상 애굽의 노예가 아니고 하나님의 구속사적 경륜을 성취시키는 성민(聖民)으로서 자유를 되찾게 되었습니다.

7. 홍해 가운데 열린 마른 땅(바다 가운데 육지)
Dry land through the midst of the sea

> **출애굽기 14:21-22** "모세가 바다 위로 손을 내어민대 여호와께서 큰 동풍으로 밤새도록 바닷물을 물러가게 하시니 물이 갈라져 바다가 마른 땅(חָרָבָה, 하라바)이 된지라 ²² 이스라엘 자손이 바다 가운데 육지(יַבָּשָׁה, 야바싸)로 행하고 물은 그들의 좌우에 벽이 되니"

바닷물을 말리시고 바다 가운데를 육지같이 건너게 하신 하나님
(수 2:10, 4:23, 느 9:11, 시 74:15, 사 50:2, 51:10, ^{참고}욘 1:9, 13, 2:10)

이스라엘 백성을 그냥 보낸 것을 후회한 바로는 병거들과 마병들과 군대를 이끌고 이스라엘 백성을 뒤쫓아왔습니다(출 14:9-10). 그러나 하나님께서는 하나님의 사자와 구름 기둥을 뒤로 옮기시어 뒤따라오는 애굽 진과 이스라엘 진 사이에 세우셔서, 애굽은 구름과 흑암이 있고 이스라엘은 광명하므로 밤새도록 애굽이 이스라엘을 가까이 못하게 만드셨습니다(출 14:19-20).

그리고 모세로 하여금 지팡이를 내밀어 홍해가 갈라지게 하셨습니다(출 14:16, 21-22, 시 78:13, 136:13). 모세가 지팡이를 내어밀 때, 하나님의 놀라운 권능으로 물이 좌우에 벽이 되고, 바다 속의 육지는 바싹 말랐습니다(출 14:21下, 시 106:9). 오늘날 과학자들은 바람에 의해 홍해가 갈라져 좌우에 벽이 생길 정도가 되려면(출 14:22), 바람 속도가 적어도 시속 240마일(384km/h)은 되어야 한다고 말합니다.

그런데 성경에서는 홍해를 갈라지게 한 힘이 하나님의 콧김(출 15:8, 삼하 22:16, 욥 4:9, 시 18:15)과 꾸짖음(시 106:9, 사 50:2, 나 1:4)의 역사였다고 말씀하고 있습니다. 갈라진 홍해의 밑바닥은 오랜 세월 물에 젖어 있었음에도 불구하고, 하나님의 콧김과 꾸짖음의 역사로 거센 동풍을 일으켜 홍해를 순식간에 마르게 하심으로써, 이스라엘 백성은 갈라진 바다의 '마른 땅', 곧 바다 가운데 육지를 밟고 건넌 것입니다(출 14:16, 21-22, 29). 200만 명이 넘는 거대한 무리가 갈라진 바다 사이의 마른 땅으로 지나가는 모습은 실로 장관이었을 것입니다.

이스라엘 백성이 애굽에서 탈출하여 홍해를 건너 애굽의 종 노릇에서 해방되었듯이, 성도들도 죄악된 세상 애굽에서 탈출하여 오직 예수 그리스도의 세례를 통해 마침내 죄의 노예 생활에서 해방을 맞이하게 됩니다(고전 10:1-2).

II
광야 40년의 역사
THE FORTY YEARS IN THE WILDERNESS

모세 80세부터 120세까지
주전 1446-1406년, 횃불 언약 636-676년
Moses' Age from 80 to 120

주전 1446년 유월절 다음날인 1월 15일, 애굽인들이 모든 장자들을 장사하며 극심한 슬픔 중에 호곡하고 있던 때에, 이스라엘 백성은 그들의 목전에서 손을 쳐들고 의기양양하게 출애굽 하였습니다(KJV: with an high hand in the sight of all the Egyptians, 민 33:3). 출애굽기 14:8 하반절에 "... 그가 이스라엘 자손의 뒤를 따르니 이스라엘 자손이 담대히 나갔음이라"라고 말씀하고 있습니다(레 26:13).

하나님의 크신 권능으로 출애굽 한 이후 이어진 광야 40년 기간은, 하나님의 크신 능력을 믿지 못하고 가나안에 들어가기를 거부한 이스라엘 백성의 불순종과 하나님을 원망한 죄에 대한 징계의 기간이었으며, 더 나아가 이스라엘 백성이 가나안을 차지했을 때, 하나님의 백성답게 살아가게 하시려는 연단의 기간이기도 하였습니다.

이스라엘 백성은 40년 내내 무수히 하나님을 거스르며 끝없이 불평하고 은혜를 배신하면서 하나님의 마음을 근심케 하였고 깊은 슬픔을 안겨 드렸습니다(신 9:7, 24, 시 78:40-41, 95:10). 그러나 하나님께서는 크신 진노 중에도 한없는 자비와 긍휼을 베푸시고, 사람이 자기 아들을 안음같이 행로(行路) 중에 그들을 안으사 가나안 땅을 향해 전진하도록 인도해 주셨습니다(신 1:31). 이것은 하나님께서 아브라함과 그 언약된 거룩한 말씀을 기억하셨기 때문입니다(시 105:42). 이스라엘 백성의 광야 40년 노정은 오늘날 광야 교회(행 7:38) 성도들의 신앙 노정에 참된 경계와 거울이 되고 있습니다(고전 10:1-11).

1. 민수기 33장에 압축된 40년 광야 노정
The 40-year journey condensed into Numbers 33

민수기 33-36장은 광야 40년 노정을 종결지으면서, 지금까지의 출애굽 역사와 광야 여정을 회고하고 율법을 보완하며 미래의 가나안 정복 사업에 대해 주신 하나님의 명령을 전하는 내용입니다.

특별히 민수기 33장은 광야 40년 동안에 마흔한 번 진쳤던 방대한 노정을 시간 순서대로 압축하여 기록하고 있습니다.

(1) "여호와의 명대로" 기록

모세는 민수기 33장에 기록된 마흔한 번 진을 친 지명들이 "여호와의 명대로" 기록된 것임을 강조하였습니다.

민수기 33:2 "모세가 여호와의 명대로 그 노정을 따라 그 진행한 것을 기록하였으니 그 진행한 대로 그 노정은 이러하니라"

영어성경 KJV "And Moses wrote their goings out according to their journeys by the commandment of the LORD: and these [are] their journeys according to their goings out."

모세는 진친 장소를 기록하면서, 이스라엘 백성의 불순종과 그로 말미암은 하나님의 진노와 심판, 백성과의 갈등과 눈물, 이 모든 배신 배역의 역사 속에서도 끝없이 임마누엘의 은총을 베풀어 주셨던 광야의 노정을 생생하게 회고했을 것입니다. 그 길을 지나온 모세와 백성에게는 영원히 잊을 수 없는 불멸의 추억이 담긴 곳입니다. 그곳들은 모두 하나님께서 친히 앞서서 찾아 주신 장소였습니다.

그래서 민수기 10:33에서는 하나님의 임재를 나타내는 하나님의 언약궤가 이스라엘 백성보다 삼일 길에 앞서 행하며 그들의 쉴 곳을 찾아 주셨다고 말씀하고 있습니다. 이렇게 하나님께서 친히 찾아 주신 지명에는 분명 그곳에서 일어난 사건들과 구속사적 교훈이 내포되어 있을 것입니다(고전 14:10).

(2) "그 노정을 따라 그 진행한 것을" 기록

민수기 33:2 표준새번역 "모세는 주의 명에 따라 머물렀다가 떠난 출발지를 기록하였다. 머물렀다가 떠난 출발지는 다음과 같다."

민수기 33장에는 '바이스우 … 바야하누'(וַיִּסְעוּ … וַיַּחֲנוּ), 곧 "(어디에서) 발행하여 (어디에) 진쳤고"라는 말이 41회 나옵니다. 광야에서 진을 치고 거두고 진행하는 일을 이렇게 마흔한 번이나 반복하였던 것입니다.

모세가 진쳤던 그 지명들을 기록하되, 다른 곳에서 언급된 적이 없는 생소한 지명까지도 상세하게 모두 기록한 것은 이유가 있습니다.

첫째, 광야 40년 행군이 실제의 역사적 사실임을 보여 주기 위해서입니다. 훗날 이스라엘 백성은 광야에서 장막을 쳤던 일을 기념하여, 가나안 땅에서 초막절을 지켰고(대하 8:13), 그 후 바벨론 포로 생활을 마치고 돌아와 온 백성이 초막을 짓고 그 안에 거하면서 초막절을 지켰습니다(레 23:34-43, 민 29:12-38, 느 8:17).

둘째, 이스라엘의 많은 실패와 범죄에도 불구하고, 택하신 자기 백성을 끝까지 포기하시지 않고 구원하시려는 하나님의 뜨거운 사랑을 기억하게 하려는 것입니다. 사람이 살 수 없는 땅 광야였지만, 곳곳마다 하나님의 관심과 보호 속의 40년이었습니다(신 2:7, 8:4, 29:5). 참으로 언약한 바를 성취하시는 하나님의 신실하신 사랑입니다(시 105:8-10, 42).

셋째, 광야 1세대가 불신의 결과로 가나안 땅에 입성하지 못한 사실을 밝힘으로써, 광야 2세대에게 하나님을 온전히 신뢰해야만 가나안 정복과 그 땅에서의 정착이 가능하다는 것을 깨우쳐 주고자 하였습니다.

시편 78:8 "그 열조 곧 완고하고 패역하여 그 마음이 정직하지 못하며 그 심령은 하나님께 충성치 아니한 세대와 같지 않게 하려 하심이로다"

(3) 성막을 중심한 이스라엘의 진(陣)

이스라엘 백성은 400년간 애굽에서 종살이를 했지만, 하나님께서는 그들을 하나님의 군대로 거듭나게 하셨습니다(출 7:4, 12:41). 그래서 출애굽을 할 때에 오합지졸로 나서게 하신 것이 아니라 모세와 아론의 관할하에 '항오'(출 13:18-19, 민 33:1)를 지어 군대처럼 나오게 하셨습니다. 광야를 진행할 때에도 진(陣)을 편성하여 행군하게 하셨습니다(민 1:52).

'진'의 사전적 의미는 '군사들의 대오(隊伍)를 배치한 것'인데, 히브리어로 '마하네'(מַחֲנֶה)로서, '(군인들의) 야영, 천막'이란 뜻입니다.

진의 가장 중심에는 하나님의 성막이 세워져 있고(민 2:2, 17), 이 성막을 중심하여 동서남북 사방으로 레위 지파가 진을 쳤습니다(민 3:21-39). 동편에는 모세와 아론과 아론의 자손(민 3:38), 서편에는 게르손 자손(민 3:23), 남편에는 고핫의 자손(민 3:29), 북편에는 므라리 자손(민 3:35)이 진을 쳤습니다. 그 주위를 이스라엘 열두 지파가 동서남북 각각 세 지파씩 대오를 형성하여 진을 쳤습니다(민 2:1-31). 이처럼 이스라엘 백성은 하나님을 진 가운데 모시고, 모세에게 명하신 대로 다 준행하여 진을 치기도 하고 진행하기도 했습니다(민 2:34).

(4) 진을 친 횟수 '42회'

출애굽 하여 최초로 진을 친 숙곳으로부터, 가나안 땅에 들어가 마지막으로 진을 친 길갈까지 총 42회 진을 쳤습니다. 광야에서 42회 진을 친 장소는 지도를 통해서 볼 때 크게 다섯 과정으로 나누어짐을 알 수 있습니다.

① 라암셋에서 발행하여 시내 광야 전까지의 여정

(참고: 출애굽과 광야 노정(路程) 지도에서 '노랑색'으로 표시된 구간)

이 기간에 이스라엘 백성은 열 번 진을 쳤습니다. 출애굽 1년 1월 15일에 라암셋에서 발행하였으며(민 33:3), 출애굽 1년 3월에 시내 광야에 이르렀습니다(출 19:1).

② 시내 광야에서 릿마(가데스 바네아) 전까지의 여정

(참고: 출애굽과 광야 노정(路程) 지도에서 '청색'으로 표시된 구간)

이 기간에 이스라엘 백성은 세 번 진을 쳤습니다. 시내산에서 약 1년 정도 머물렀고, 시내 광야를 떠난 것은 출애굽 2년 2월 20일이었습니다(민 10:11-12). 시내산에서 가데스 바네아까지는 열하룻길인 데(신 1:2), 실제로는 다베라, 기브롯 핫다아와, 하세롯에서 일어났던 사건들을 종합해 보면 200만 명이 넘는 이스라엘 백성은 이보다 훨씬 더 걸렸을 것입니다.

③ 릿마(가데스 바네아)에서 다시 가데스로 돌아오기 전까지의 여정

(참고: 출애굽과 광야 노정(路程) 지도에서 '붉은색'으로 표시된 구간)

이 기간에 이스라엘 백성은 열여덟 번 진을 쳤습니다. 민수기 20:1을 볼 때, 가데스에 다시 도착한 것은 출애굽 40년 정월이었습니다. 그러므로 이스라엘 백성은 가데스 근처인 릿마에서 떠나서 다시 가데스로 되돌아오기까지 약 38년이 걸린 것입니다(신 2:14).

④ 가데스에서 세렛 시내까지의 여정

(참고: 출애굽과 광야 노정(路程) 지도에서 '녹색'으로 표시된 구간)

이 기간에 이스라엘 백성은 여섯 번 진을 쳤습니다. 이 노정 중에 아론은 호르산에서 출애굽 40년 5월 1일에 죽었습니다(민 33:38).

세렛 시내는 제1차로 계수된 군인 603,550명(민 1:46) 가운데 여호수아와 갈렙을 제외하고 죽지 않고 남아 있던 자들이 하나님의 손으로 치신 특별한 심판에 의해 멸절당했던 분기점이었습니다(신 2:13-16).

⑤ 세렛 시내를 건너 길갈까지의 여정

(참고: 출애굽과 광야 노정(路程) 지도에서 '보라색'으로 표시된 구간)

이 기간에 이스라엘 백성은 다섯 번 진을 쳤습니다. 광야 제2세대는 전쟁에서 승승장구하며 마침내 요단강을 건너 가나안에 들어가 길갈에 42번째 감격스러운 마지막 진을 쳤습니다.

이해도움 4 | The 40-Year Journey at a Glance

한눈에 보는 광야 40년 노정(路程)

출애굽 "정월 십오일에 라암셋에서 발행하였으니"(민 33:3)

출애굽 원년
1월 15일
주전 1446년

햇불 언약
636년째

라암셋 / רַעְמְסֵס / Rameses (출 12:37, 민 33:3)

:: 원년 - "이 달로 너희에게 달의 시작 곧 해의 첫 달이 되게 하고"(출 12:2)

① 숙곳	② 에담	③ 믹돌 앞 / פְּנֵי מִגְדֹּל
סֻכֹּת / Succoth	אֵתָם / Etham	Before Migdol
(출 12:37, 민 33:3)	(출 13:20, 민 33:6)	(출 14:2, 9, 민 33:7)

에담에서 **구름기둥과 불기둥**이 나타나기 시작(출 13:20-22)
홍해를 건넘(출 14:15-31)

④ 마라	⑤ 엘림	⑥ 홍해 가
מָרָה / Marah	אֵילִם / Elim	עַל יַם סוּף / By the Red Sea
(출 15:23, 민 33:8)	(민 33:9)	(민 33:10)

⑦ **신 광야** / מִדְבַּר סִין / Wilderness of Sin(출 16:1, 민 33:11)

원년 2월 15일
주전 1446년

만나가 내리기 시작(출 16:1-13), 41년 1월 15일까지 39년 11개월간 내림(수 5:10-12)

⑧ 돕가	⑨ 알루스	⑩ 르비딤
דָּפְקָה / Dophkah	אָלוּשׁ / Alush	רְפִידִים / Rephidim
(민 33:12-13)	(민 33:13)	(민 33:14)

반석에서 생수를 주심(출 17:1-7)

원년 3월 ~
제2년 2월 20일
(약 1년)
주전 1446~
1445년

햇불 언약
637년째

⑪ **시내 광야** / מִדְבַּר סִינַי / Wilderness of Sinai
(출 19:1-2, 민 33:15)

율법의 수여와
시내산 언약 체결
(출 20:1-24:18)

제2년 1월 1일	성막 세움(출 40:17)
제2년 1월 14일	광야 첫 유월절(민 9:1-5)
제2년 2월 1일	제1차 군인 계수-603,550명, 레위 지파 제외(민 1:1-49)
제2년 2월 20일	시내산에서 머문 지 약 1년 만에 바란 광야로 출발(민 10:11-12)

⑫ 기브롯 핫다아와	⑬ 하세롯	⑭ 릿마
קִבְרוֹת הַתַּאֲוָה	חֲצֵרֹת / Hazeroth	רִתְמָה / Rithmah
Kibroth-hattaavah (민 11:34, 33:16)	(민 33:17)	(민 33:18)

가데스 바네아 / קָדֵשׁ בַּרְנֵעַ / Kadesh-barnea
40일간의 가나안 땅 정탐(민 13:1-33, 신 1:19-33) 이후, 열 정탐꾼의 악평을 듣고
원망한 죄악의 결과로 40년을 광야에서 유리하다가 소멸될 것을 선고 받음(민 14:26-35)

제2년
5월 이후
(추정)

40년 광야 생활의 선고 "너희가 그 땅을 탐지한 날 수 사십 일의 하루를 일년으로 환산하여 그 사십 년간 너희가 너희의 죄악을 질지니…"(민 14:26-35)

⑮ 림몬베레스	⑯ 립나	⑰ 릿사
רִמֹּן פֶּרֶץ / Rimmon-perz	לִבְנָה / Libnah	רִסָּה / Rissah
(민 33:19)	(민 33:20)	(민 33:21)

⑱ 그헬라다	⑲ 세벨산	⑳ 하라다
קְהֵלָתָה / Kehelathah	הַר שָׁפֶר / Mount Shepher	חֲרָדָה / Haradah
(민 33:22)	(민 33:23)	(민 33:23)

㉑ 막헬롯
מַקְהֵלֹת / Makheloth
(민 33:25)

㉒ 다핫
תַּחַת / Tahath
(민 33:26)

㉓ 데라
תֶּרַח / Terah
(민 33:27)

㉔ 밋가
מִתְקָה / Mithkah
(민 33:28)

㉕ 하스모나
חַשְׁמֹנָה / Hashmonah
(민 33:29)

㉖ 모세롯
מֹסֵרוֹת / Moseroth
(민 33:30)

㉗ 브네야아간
בְּנֵי יַעֲקָן / Bene-jaakan
(민 33:31)

㉘ 홀하깃갓
חֹר הַגִּדְגָּד
Hor-haggidgad (민 33:32)

㉙ 욧바다
יָטְבָתָה / Jotbathah
(민 33:33)

㉚ 아브로나
עַבְרֹנָה / Abronah (민 33:34)

㉛ 에시온게벨
עֶצְיוֹן גֶּבֶר / Ezion-geber (민 33:35)

제40년 1월
햇불 언약
675년째

㉜ 가데스 קָדֵשׁ / Kadesh
(민 13:26, 20:1-13, 33:36)

미리암의 죽음(민 20:1) 가나안 입성 약 1년 전

반석에서 생수를 주심(민 20:2-13)

하나님의 명령을 거역하고 반석을 두 번 침으로 모세와 아론, 가나안 입성 금지 선고(민 20:7-13)

제40년
5월 1일

㉝ 호르산 הֹר הָהָר / Mt. Hor
(민 20:22, 33:37)

아론의 죽음(민 20:22-29, 33:38-39)
가나안 입성 약 8개월 전

㉞ 살모나
צַלְמֹנָה / Zalmonah
(민 33:41)

㉟ 부논
פּוּנֹן / Punon
(민 33:42)

㊱ 오봇
אֹבֹת / Oboth
(민 21:10, 33:43)

㊲ 이예아바림 / עִיֵּי הָעֲבָרִים / Iye-abarim (민 21:11, 33:44)

제40년
5월 이후
(추정)

세렛 시내 נַחַל זֶרֶד / Brook Zered
제1차로 계수되었던 군인 603,550명 중에 여호수아 갈렙을 제외하고 남아 있던 자들이 모두 멸절당함(신 2:14-16, 민 26:63-65)

광야 제1세대의 멸절 "가데스 바네아에서 떠나 세렛 시내를 건너기까지 삼십팔 년 동안이라 … 그 시대의 모든 군인들이 … 진 중에서 다 멸절되었나니"(신 2:14)

㊳ 디본 갓
דִּיבֹון גָּד / Dibon-gad
(민 33:45)

㊴ 알몬 디블라다임
עַלְמֹן דִּבְלָתָיְמָה
Almon-diblathaim(민 33:46)

㊵ 아바림산
הָרֵי הָעֲבָרִים / Mountains
of Abarim(민 27:12, 33:47)

㊶ 모압 평지 עַרְבָה מוֹאָב / Plains of Moab(민 33:48-49)

모압 여자들과 음행한 결과 24,000명이 염병으로 죽음(민 25:1-9)
제2차 군인 계수 - 601,730명, 레위 지파 제외(민 26:1-62)

제40년
11월 1일

광야 제2세대에게 **율법을 재강론**(신 1:3-5)
모세의 죽음(신 34:1-8) 가나안 입성 약 2개월 전
새 지도자 여호수아의 등장(민 27:18-23, 신 34:9)

요단강을 건넘(수 3:14-17)

제41년
1월 10일
주전 1406년

햇불 언약
676년째

㊷ 길갈 גִּלְגָּל / Gilgal(수 3:19) ∷ 총 광야 생활 기간 = 5일이 부족한 40년

약속의 땅 가나안 입성 "정월 십일에 여리고 동편 지경 길갈에 진 치매"(수 4:19)

***유구한 역사 속에서 세계 최초로 밝힌 42회 진친 장소와 각 노정별 상호관계**

2. 마흔두 번 진을 친 장소

The forty-two camp sites

(1) 라암셋에서 발행하여(주전 1446년 1월 15일) 시내 광야(주전 1446년 3월) 전까지의 여정 – 열 번 진을 침

(참고: 출애굽과 광야 노정(路程) 지도에서 '노랑색'으로 표시된 구간)

> 라암셋 → ① 숙곳 → ② 에담 → ③ 믹돌 앞 [홍해 도하]
> ④ 마라 → ⑤ 엘림 → ⑥ 홍해 가 → ⑦ 신 광야
> ⑧ 돕가 → ⑨ 알루스 → ⑩ 르비딤

라암셋을 출발한 이스라엘 백성은 홍해를 건넌 후(주전 1446년 1월 21일: 출애굽 한 지 6일째)[42] 신 광야를 지나서(주전 1446년 2월 15일), 시내 광야에 도착하게 되었습니다. '라암셋'(רַעְמְסֵס, Rameses)은 '라(Ra: 애굽의 태양신)가 그를 창조했다'라는 뜻으로, 애굽의 삼각주(delta)의 동북부에 위치하였으며, 이스라엘 백성이 거했던 고센 지역 내에 있었습니다. 이는 이스라엘 백성의 노동력을 강제로 동원하여 건립된 국고성[43]으로서(출 1:11), 오늘날의 산 엘 하가르(San El Hagar)의 옛 지명인 타니스(Tanis)로 알려져 있습니다.

1	숙곳	סֻכּוֹת / Succoth / 민 33:5

숙곳은 제1차로 진을 친 장소입니다.

뜻 숙곳의 뜻은 '오두막집들, 작은 양의 우리'입니다. 그 어원은 '(담으로) 막다, (뚜껑을) 덮다'라는 뜻의 '사카크'(סָכַךְ)입니다.

위치 숙곳은 애굽과 시나이 반도 사이에 위치한 곳으로, 보통 애굽을 경유하는 사람들이 쉬어 가는 중간 정거장 같은 곳이었습니다. 라암셋에서 동남쪽으로 52㎞ 지점에 위치하고 있으며, 요단강 동편 얍복 강 위쪽의 숙곳과는 다른 곳입니다(창 33:17, 수 13:27). 이곳은 오늘날의 '와디 투밀랏'(Wadi Tumeilat)에 있는 '텔 엘 마스쿠타'(Tell el-Maskutah)로 알려져 있습니다.

내용 이스라엘 백성은 라암셋에서 1월 15일(유월절 다음날)에 발행하였습니다(민 33:3). 라암셋에서 52㎞ 떨어진 곳이기 때문에, 약 200만 명이 넘는 이스라엘 백성이 숙곳에 도착하기까지는 아마도 이틀 정도 걸렸을 것입니다.

교훈 라암셋에서 발행한 이스라엘 백성은 출애굽을 단행하였지만 앞으로 어떻게 될지 알 수 없는 불투명한 미래에 대한 두려움 속에서 숙곳으로 이동하였습니다. 하나님께서는 이스라엘 백성을 숙곳으로 인도하시어, 마치 '양의 우리'에 들어간 것처럼 안전하게 보호해 주셨습니다. 예수님의 십자가 보혈로 구속 받은 성도들도, 천국을 향한 노정에서 오직 예수님 안에 거하기만 하면 절대적인 보호를 받을 수 있습니다(요 10:1, 9-10).

이스라엘 백성은 숙곳에서 무교병을 먹었습니다(출 12:37-39). 무교병은 누룩이 섞이지 않은 떡으로, 시간에 쫓겨 긴급한 상황에서 급히 만들어 먹은 떡입니다(창 18:6, 삼상 28:24). 누룩을 넣은 유교병은 누룩이 반죽을 발효시켜 부풀게 하므로 먹기 좋고 부드러운 떡이 되지만, 무교병은 딱딱하여 먹기 힘들고 아무 맛도 없으며 소화하기 어렵습니다.

예수님께서는 "바리새인과 사두개인들의 누룩을 주의하라"(마 16:6, 막 8:15, 눅 12:1)라고 말씀하시면서, 바리새인과 사두개인들의 교훈과 외식이 '누룩'인 것을 깨우쳐 주셨습니다(마 16:12, 눅 12:1). 그러므로 누룩 없는 떡 무교병은 사람의 교훈이나 유전으로 오염되지 않은 순수한 하나님의 말씀과 그 말씀을 받은 성도의 신앙 지조를 상징합니다.

숙곳에서 무교병을 먹이신 것은, 오늘날 죄악 세상에서 탈출하여 천국 행군을 시작하는 성도들이 '묵은 누룩, 괴악하고 악독한 누룩'(고전 5:7-8) 같은 세상적인 교훈(마 16:12)과 외식(눅 12:1)을 내어 버리고, 순전하고 진실하신 하나님의 말씀만을 받고 신앙의 지조를 지켜야 할 것을 교훈합니다.

<table><tr><td>**2**</td><td>**에담**</td><td>אֵתָם / Etham / 민 33:6</td></tr></table>

에담은 제2차로 진을 친 장소입니다.

뜻 ▶ 에담의 뜻은 '성벽, 방벽'입니다. 애굽어에서 유래한 단어로, '그들과 함께'라는 의미도 있습니다. 때로 에담은 수르 광야를 가리키는 넓은 의미로 사용되기도 하였습니다(출 15:22, 민 33:8).

위치 ▶ 애굽 동편 시나이반도 초입에 위치한 지역으로 숙곳으로부터 하룻길이 조금 더 됩니다. 에담은 '광야 끝'(출 13:20, 민 33:6)으로 불리었는데, 이는 40년 광야 생활을 시작하는 첫 출발지이기도 합니다. 이곳은 오늘날 광활한 '와디 투밀랏'(Wadi Tumilat)의 동쪽 끝 근방입니다.

내용 ▶ 구름기둥과 불기둥이 처음으로 나타난 곳입니다(출 13:20-22).

교훈 ▶ 에담의 뜻처럼 하나님께서는 광야 40년 동안 구름기둥과 불기둥으로 이스라엘 백성에게 성벽과 방벽이 되어 주셨습니다.

　이스라엘 백성이 진행한 광야는 낮에는 뜨거운 태양이 작열하는 곳이요, 밤에는 살을 에는 듯한 무서운 추위가 엄습하는 곳입니다. 그러나 낮에는 구름기둥이 시원한 그늘을 만들어 덥지 않게 해 주었으며, 밤에는 불기둥이 난방 장치 역할을 해서 춥지 않게 해 주었습니다. 춥지도 덥지도 않은 일정한 날씨로 최고의 환경을 제공해 주신 것입니다. 그리고 불기둥이 이스라엘 백성의 행로를 대낮같이 밝혀 주어 구덩이 땅이 많은 광야(렘 2:6)에서 단 한 번도 구덩이에 빠지지 않도록 보호해 주셨습니다. 실로, 그것은 임마누엘 하나님의 보호와 사랑의 은총이었습니다.

　구름기둥과 불기둥이 이스라엘을 앞서서 인도해 주었던 기간은 얼마나 될까요? 총 광야 생활은 '5일이 부족한 40년'이고(민 33:3, 수 4:19), 출애굽 이후 에담까지의 기간을 약 4일로 계산할 경우,[44] 구름기둥과 불기둥이 앞서서 행하신 기간은 40년에서 9일 정도 모자란 약 '39년 11개월 21일' 정도였을 것으로 추정됩니다.

　구름기둥과 불기둥은 이스라엘 백성에게 어떤 방벽이었습니까?

첫째, 하나님께서 앞서 행하시는 방벽입니다.

　"구름이 성막에서 떠오르는 때에는 이스라엘 자손이 곧 진행하였고 구름이 머무는 곳에 이스라엘 자손이 진을 쳤으니 이스라엘 자손이 여호와의 명을 좇아 진행하였고 여호와의 명을 좇아 진을 쳤으며"(민 9:17-18)라고 말씀하신 대로, 이스라엘 백성은 하나님께서 구름기둥으로 앞서 이끄시는 대로 따라가기만 하면 되었던 것입니다.

둘째, 영원히 떠나지 않는 방벽입니다.

　출애굽기 13:22에서 "낮에는 구름기둥, 밤에는 불기둥이 백성 앞에서 떠나지 아니하니라”라고 말씀하고 있습니다. 여기 “떠나지 아니하니라”(לֹא יָמִישׁ, 로 야미쉬)는 ‘무쉬’(מוּשׁ)의 미완료형에 부정어 ‘로’(לֹא)가 붙은 것으로, 구름기둥과 불기둥이 이스라엘 백성을 보호하기 위해 항상 떠나지 않는다는 것을 강조한 것입니다.

셋째, 절대 안전의 방벽입니다.

구름기둥과 불기둥은 이스라엘을 대적하는 원수의 세력들을 막아 주는 든든한 방어벽이었습니다(출 14:19-20, 민 10:33-34). 시편 105:39에서는 “여호와께서 구름을 펴사 덮개를 삼으시고 밤에 불로 밝히셨으며”라고 말씀하고 있습니다. 여기 ‘덮개를 삼으시고’의 히브리어 ‘마사크’(מָסָךְ)는 ‘뚜껑을 덮어 철저히 가림으로 노출되지 않도록 한다’라는 뜻입니다. 하나님께서는 대적들이 이스라엘 백성 근처에 접근하지 못하도록 구름기둥으로 철저히 차단하고 막아 주셨던 것입니다. 그러므로 구름기둥과 불기둥이 있는 지역은 언제나 ‘완벽한 성벽’이요, ‘완벽한 방벽’입니다. 스가랴 2:5에 “여호와의 말씀에 내가 그 사면에서 불 성곽이 되며 그 가운데서 영광이 되리라”라고 말씀하고 있습니다.

3 **믹돌 앞** פָּנִים מִגְדּוֹל / Before Migdol / 민 33:7

믹돌 앞은 제3차로 진을 친 장소입니다.

뜻 믹돌의 뜻은 ‘요새(군사적 방어 시설), 망대(적의 동정을 살펴보는 높은 곳), 탑’입니다. ‘강해지다, 중요하게 되다’라는 뜻의 ‘가달’(גָּדַל)에서 유래하였습니다.

위치 홍해를 건너기 전 홍해 북단 쪽에 있는 마을로, 출애굽기 14:2에는 "바다와 믹돌 사이의 비하히롯 앞 곧 바알스본 맞은편 바닷(홍해)가"라고 기록되어 있고, 출애굽기 14:9에는 "바알스본 맞은편 비하히롯 곁 해변 그 장막 친 데"라고 기록되어 있습니다. 믹돌은 200만 명이 넘는 이스라엘 백성이 진을 칠 수 있는 모래사장이 펼쳐진 해변이었습니다.

믹돌 해변의 남서쪽 끝에는 산들이 있었습니다. 이 산들은 이스라엘 백성이 애굽 군의 동정을 살피는 데 매우 용이한 장소여서, '요새'나 '망대'라는 뜻을 가진 '믹돌'이란 지명이 여기서 유래된 것입니다.

내용 홍해를 건너기 바로 직전에, 하나님께서는 치밀한 계획 속에 이스라엘 백성을 명하여 '돌쳐서'(출 14:2-방향 전환) 믹돌 앞으로 나아가게 인도하셨습니다. 애굽 군대는 "특별 병거 육백 승"뿐 아니라, 애굽의 모든 병거를 동원했으며, 장관들이 그것을 다 거느렸습니다(출 14:7). 애굽 군대는 조직적인 지휘 체계를 갖춘 막강한 정예 부대였으나 이스라엘 백성은 아무런 군사 훈련도 받지 않고, 무장도 하지 않았으므로 전쟁에서 승리한다는 것은 불가능한 일이었습니다.

교훈 하나님께서는 믹돌 앞에서 홍해의 기적을 통해 강력한 애굽 군대의 손에서 이스라엘 백성을 구원하셨습니다.

첫째, 하나님께서는 하나님의 사자와 구름기둥이 이스라엘 진 뒤로 옮기게 하셨습니다.

출애굽기 14:19-20에서 "이스라엘 진 앞에 행하던 하나님의 사자가 옮겨 그 뒤로 행하매 구름기둥도 앞에서 그 뒤로 옮겨 20 애굽 진과 이스라엘 진 사이에 이르러 서니 저편은 구름과 흑암이 있고 이편은 밤이 광명하므로 밤새도록 저편이 이편에 가까이 못하였더라"

라고 말씀하고 있습니다. 하나님께서는 도저히 앞이 보이지 않을 정도로 애굽 진을 캄캄하게 만드심으로, 홍해가 갈라지고 마른 땅이 열리는 동안 애굽 군대가 이스라엘을 공격하지 못하도록 요새가 되어 주셨습니다.

둘째, 큰 동풍으로 홍해를 가르셨습니다.

모세가 홍해 바다 위로 지팡이를 들고 손을 내어 밀자, 하나님께서는 큰 동풍으로 밤새도록 홍해가 갈라지게 하셨습니다(출 14:21). 현대 과학자들에 의하면, 홍해가 갈라지려면 최소한 시속 240마일(384km/h)의 바람이 불어야 한다고 합니다. 이렇게 엄청난 큰 동풍이 불었음에도 불구하고 이스라엘 백성이 갈라진 홍해 사이를 안전하게 지날 수 있었던 것은 하나님의 각별한 도우심이었습니다.

홍해가 갈라진 것은 또한 하나님의 콧김과 꾸짖음의 역사였습니다. 출애굽기 15:8에서 "주의 콧김에 물이 쌓이되 파도가 언덕같이 일어서고 큰 물이 바다 가운데 엉기니이다"라고 말씀하고 있습니다(참고-삼하 22:16, 시 18:15).

시편 106:9에서는 "이에 홍해를 꾸짖으시니 곧 마르매 저희를 인도하여 바다 지나기를 광야를 지남 같게 하사"라고 말씀하고 있습니다(참고-사 50:2, 나 1:4).

셋째, 바닷물이 좌우에 벽이 되고, 갈라진 땅은 마른 땅이 되게 하셨습니다.

출애굽기 14:21-22에서 "… 물이 갈라져 바다가 마른 땅이 된지라 ²² 이스라엘 자손이 바다 가운데 육지로 행하고 물은 그들의 좌우에 벽이 되니"라고 말씀하고 있습니다. 그리하여 이스라엘 자손은 바다 가운데를 육지처럼 행하였습니다(출 14:29). 오랜 세월 물 속에 잠겨 있던 땅이 순식간에 마른 땅이 된다는 것은 놀라운 기적입니다.

또한 바닷물은 좌우에 '벽'이 되었는데(출 14:29下), 여기 '벽'은 히브리어로 '호마'(הֹמָה)로서, 거대한 '성벽'을 가리키는 단어입니다(나 3:8). 하나님께서 바닷물을 성벽처럼 만드셔서 이스라엘을 지켜 주셨던 것입니다. 이를 시편 78:13에서는 "저가 바다를 갈라 물을 무더기 같이 서게 하시고 저희로 지나게 하셨으며"라고 말씀하고 있습니다.

넷째, 애굽 왕 바로와 바로의 군대를 홍해에 다 수장하셨습니다.

이스라엘 백성이 마른 땅을 건너서 가자, 애굽 군대가 그 뒤를 쫓아 바다 가운데로 들어왔습니다(출 14:23). 하나님께서는 애굽 군대를 보시고 그들을 어지럽게 하셨는데(출 14:24), 여기 '어지럽게'는 히브리어 '하맘'(הָמַם)으로서, '혼란시키다, 당황하게 하다'라는 뜻입니다. 공동번역에서는 '갈팡질팡하게 하다'라고 번역하였습니다.

또한 하나님께서는 애굽 군대의 병거 바퀴를 벗겨서 달리지 못하게 하심으로, 이스라엘 백성을 추격하거나 도망가지 못하게 만드셨습니다(출 14:25). 주의 바람을 일으켜 바닷물을 합치시니(출 15:10) 바닷물이 돌이켜 흐르면서 바로와 모든 애굽 군대를 덮어 버려, 바디에 들어간 바로의 군대는 하나도 남김없이 홍해에 수장되고 말았습니다(출 14:27-28, 30, 15:1-5, 10, 19, 21, 시 78:53, 106:11, 136:15).

이때 바로의 "그 택한 장관"들까지 홍해에 잠겼습니다(출 15:4下). '택한 장관'이라 함은 '빼어난 장교들'(표준새번역)이요, '가장 우수한 장교들'(현대인의성경)을 뜻합니다.

모세와 이스라엘 백성은 이 놀라운 은혜 앞에 하나님을 높이 찬양하였고(출 15:1-18), 미리암과 모든 여인은 소고를 잡고 춤추며 화답하여 찬송하였습니다(출 15:20-21). 과연 하나님께서는 말씀하셨던 대로 바로와 그 모든 군대와 그 병거와 마병을 인하여 영광을 받으셨던 것입니다(출 14:4, 17-18).

믹돌 앞에서 '이스라엘 백성이 홍해를 마른 땅처럼 건넌 일'과 '애굽 군사가 바다에 모두 수장된 사건'은 하나님 홀로 계획하시고 하나님께서 주권적으로 역사하신, 극적인 대승리였습니다.

이스라엘 백성은 이 큰일을 보고 비로소 여호와를 경외하고 여호와의 종 모세를 믿었다고 말씀하였습니다(출 14:31). 여호수아 때도 마찬가지로, 요단강을 마른 땅처럼 건너는 큰 기적을 보고 그날부터 백성이 여호수아를 크게 보고, 모세를 두려워한 것같이 그를 두려워하기 시작하였습니다(수 3:7, 4:14).

실로, 이 역사는 '믹돌' 그 이름처럼 하나님만이 우리의 피할 망대가 되시며, 의지할 견고한 요새이심을 만천하에 공포하며 깨우쳐 주신 구원의 큰 사건이었습니다(삼하 22:3-4, 시 11:1, 17:8, 18:2, 57:1, 61:3).

4 마라 מָרָה / Marah / 민 33:8

마라는 제4차로 진을 친 장소입니다.

뜻 마라의 뜻은 '쓴, 쓴 맛'입니다. 그 어원은 '쓰다, 상하다, 슬프다'라는 뜻을 가진 '마라르'(מָרַר)입니다.

위치 홍해 연안 수에즈 남동쪽 72㎞ 지점으로, 에담을 지나 홍해를 건넌 직후 수르 광야로 3일 길을 들어가 진친 곳입니다(출 15:22). 오늘날의 '아인 하와라'(Ain Hawarah)로 알려져 있습니다.

내용 출애굽 한 이스라엘 백성은 수르 광야로 들어와서 사흘 길을 걸었으나 물이 없어서 목마름에 시달렸습니다. 물 한 방울 없이 황무지를 헤매다가 마라에 이르러 수원지를 발견했지만 물이 써서 먹을 수 없게 되자, 이스라엘 백성은 모세를 원망하였습니다(출 15:22-24).

교훈 하나님께서는 마라의 쓴 물 앞에서 모세가 부르짖으며 기도할 때, 나무 한 그루(a tree: KJV, NASB)를 지시해 주셨고, 모세가 그 나무를 마라의 쓴 물에 던지자 물이 달아졌습니다(출 15:25).

식수난을 기적적으로 해결하신 후, 하나님께서는 출애굽 이래 처음으로 법도(חֹק, 호크: 생활 일반법)와 율례(מִשְׁפָּט, 미쉬파트: 재판법)를 주시고 그 순종 여부를 시험하셨습니다(출 15:25-26). 이스라엘 백성이 애굽의 노예 생활에 익숙해진 과거의 죄악된 습관들을 청산하고, 하나님께서 명하시는 법도와 율례를 귀기울여 듣고 순종하면, "여호와 라파(יְהוָה רֹפְא): 치료하는 여호와"가 되어 주시겠다고 약속하셨습니다(출 15:26).

인생 여정에서 만나는 고난, 상처, 시련 같은 쓴 물은 생명나무이신 예수님(눅 23:31)을 통해서만 '단 물'로 바뀔 수 있습니다.

---

5 엘림 אֵילִם / Elim / 민 33:9

엘림은 제5차로 진을 친 장소입니다.

뜻 엘림은 '힘, 나무'라는 뜻의 히브리어 '아일'(אַיִל)의 복수형입니다. 그러므로 엘림은 '나무들, 큰 나무들'이라는 뜻입니다.

위치 '마라'와 '신 광야' 사이의 주요 도로를 따라 흐르는 와디 주위의 오아시스 지대였습니다. 생수를 발견한 첫 번째 지역입니다. 마라의 남동쪽 약 10㎞ 지점이며, 오늘날의 '와디 가란델'(Wadi Gharandel)로 알려져 있습니다.

내용 엘림은 개울과 샘이 많은 오아시스로서, 물샘 열둘과 종려나무 칠십 주가 있었습니다(출 15:27). 종려나무는 키가 27m 이상 자라며 나무의 맨 위에는 깃털 모양으로 된 여러 개의 잎이 피고, 그 잎의 길이는 약 2.7m입니다. 이스라엘 백성은 풀 한 포기도 구경할 수 없고 물 한 방울 나오지 않는 메마른 광야에서 이곳에 도착했을 때 탄성을 지르며 목을 축였고, 출애굽 한 이래 처음으로 긴장과 피곤을 풀고 안식을 취했을 것입니다.

교훈 쓴 물이 단 물로 바뀌는 은혜를 베푸신 후에 하나님은 이스라엘 백성을 모처럼 충분히 쉴 수 있는 엘림으로 인도하셨습니다.

이것은 인생의 고난 속에서도 주님을 만나기만 하면 축복의 엘림이 기다리고 있다는 사실을 소망하게 합니다. 엘림에서 만난 물샘 열둘과 종려나무 칠십 주는 모세가 인도한 이스라엘 열두 지파와 백성의 칠십 장로(민 11:16-17), 예수님의 열두 제자와 칠십 문도(마 10:1, 눅 10:1)를 연상케 합니다.

예수님이 계신 참교회는 물샘 열둘과 종려나무 칠십 주가 무성한 오아시스가 되어, 많은 사람에게 생명수를 공급해 주는 쉼터입니다.

6 홍해 가 עַל יַם סוּף / By the Red Sea / 민 33:10

홍해 가는 제6차로 진을 친 장소입니다.

뜻 홍해의 뜻은 '갈대의 바다'입니다.

위치 홍해 옆에 있는 지역으로 엘림과 신 광야 사이에 위치합니다.

내용 출애굽기에는 '홍해 가'에 대한 기록이 없지만(출 16:1), 민수기 33:10에는 "엘림에서 발행하여 홍해 가에 진쳤고"라고 정확하게 기록되어 있습니다. 아마도 이스라엘이 홍해로 흘러드는 어느 개울을 통과하였기 때문에 붙여진 명칭으로 여겨집니다.

교훈 이스라엘 백성은 출애굽 한 이래 식량이 점점 떨어지게 되었습니다. 다음에 진을 친 신 광야에서 양식이 없어 주려 죽는다고 원망한 것을 볼 때(출 16:1-3), 홍해 가에서 양식은 거의 떨어져 갔을 것입니다. 이스라엘 백성은 양식에 대한 염려와 불안 속에서 불신이 싹트면서 마음이 갈대처럼 흔들렸을 것입니다.

갈대는 습지나 물가에서 자라는 다년생 풀로서, 키는 2-3m 정도 되며, 줄기는 속이 비어 있고, 마디로 연결되어 있으며 곧고 단단합니다. 그러나 지팡이로 쓰기에는 힘이 없고 약하여 물 속에서 바람에 쉽사리 흔들립니다. 이러한 이유로 갈대는 흔히 '연약성'을 상징합니다(마 11:7).

하나님께서는 이스라엘 백성에게 '상한 갈대 지팡이 같은 애굽을 의지하지 말라'라고 말씀하셨습니다(왕하 18:21, 사 36:6, 겔 29:6). 애굽이 강한 것처럼 보일지라도 하나님께서 보실 때에는 아무런 힘도 없는 상한 갈대에 불과하기 때문입니다.

보이는 세상의 세력을 의지하면 아무런 유익이 없고 크나큰 수치와 치욕스러운 일을 당하게 됩니다(사 30:1-7). 살아 계신 하나님으로부터 얻는 힘만이 부러지지 않는 강력한 힘입니다(시 18:1, 사 40:31). 주께 힘을 얻는 자는 복이 있습니다(시 84:5).

7 신 광야 מִדְבַּר סִין / Wilderness of Sin / 민 33:11

신 광야는 제7차로 진을 친 장소입니다(출 16:1-36).

뜻 신 광야에서 '신'(סִין)의 뜻은 '가시 잡목, 습지, 점토'입니다.

위치 수르 광야의 동남쪽이며, 엘림과 시내산 사이에 위치하고 있습니다(출 16:1). 애굽의 동편 변경 도시입니다.

내용 신 광야에 도착한 것은 출애굽 후 한 달이 지난, 출애굽 원년 2월 15일입니다(출 16:1). 이스라엘 백성은 출애굽의 기적을 체험하였으나, 곧바로 하나님의 사람 모세와 아론을 원망하였습니다(출 16:2). 하나님께서는 하늘 양식 만나를 공급해 주시기 시작하였습니다. 한 사람이 거둘 수 있는 분량은 한 오멜씩(2.34ℓ)(출 16:16)이었고, 만나가 내린 기간은 출애굽 한 지 한 달(원년 2월 15일) 후부터 시작하여 출애굽 41년 1월 15일까지(수 5:10-12) '39년 11개월(2,084주)' 동안입니다.

교훈 이스라엘 백성은 육신의 식량이 떨어져 갈 때 그들의 입에서 '신'(סִין)이라는 이름처럼 '가시' 같은 소리가 나왔습니다. "하나님이 광야에서 능히 식탁을 준비하시랴"(시 78:19), '하나님이 능히 자기 백성에게 떡을 주실 수 있으랴'(시 78:20[상]) 하고 하나님을 대적하였습니다. 이를 듣고 노하신 하나님께서는 이스라엘 백성의 불신과 하나님을 의지하지 않는 것을 한탄하시며, 궁창을 명하시며 하늘 문을 여시고 만나를 주시되(시 78:23-24), 복된 장마비처럼 그리고 하루도 빠짐없이 내려 주셨습니다(출 16:4-36). 시편 기자는 이 만나를 가리켜 "하늘 양식"(시 78:24), 그리고 "권세 있는 자의 떡"(시 78:25)이라고 하였습니다.

가시는 본래 사람이나 짐승을 고통스럽게 하는 식물의 바늘처럼 뾰족하게 돋아난 부분으로, 영적으로는 심히 교만하고 완악하여 항상 하나님을 대적하고 타인에게 영육간에 상처를 입히는 타락한 인생들을 가리킵니다(삼하 23:6). 하나님의 가슴을 찌르는 날카로운 '가시' 같은 원망 소리(출 16:3)에도 불구하고, 긍휼이 한이 없으신 하나님께서는 그들에게 만나를 내리시어 굶주림을 해결해 주시고 원망의 소리를 잠재우셨습니다. 예수 그리스도는 영육간 굶주림을 해결하여 주시는 신령한 만나이십니다(요 6:48-51).

8 돕가   דָּפְקָה / Dophkah / 민 33:12-13

돕가는 제8차로 진을 친 장소입니다.

뜻 돕가의 뜻은 '공작석(孔雀石), 가축'입니다. 공작석은 청록색 보석의 일종으로, 장식물이나 화장품 원료의 명칭이기도 합니다. 그 어원은 '치다, 두드리다, 내어 몰다'의 뜻을 가진 '다파크'(דָּפַק)입니다.

위치 시내산에서 북서쪽으로 약 75㎞ 지점에 위치하고 있습니다. 오늘날의 '세라빗 엘 카딤'(Serabit el-Khadim)으로 추정됩니다.

내용 이곳은 만나가 내린 신 광야를 떠나 처음 진을 친 곳입니다. 유명한 구리 광산이 있어 애굽 왕조가 이곳에서 구리를 채굴했습니다.

교훈 이스라엘 백성은 신 광야에서 처음으로 만나를 먹으면서 최소한 1주일 이상 머무른 것으로 추정됩니다. 그들은 신 광야에서 만나가 매일 내리다가 제 육일에는 두 배로 내리는 것과, 그날에는 각 사람이 갑절로 거두었어도 냄새가 나지 않고 벌레도 생기지 않는 것과, 제 칠일에는 전혀 내리지 않는 것을 체험하였습니다(출 16:22-24, 29). 거기서 자신들의 불신과 불순종을 책망받으며 제 칠일에 안식하는 법을 배웠습니다(출 16:22-30). 그리고 하나님께서는 이스라엘 백성에게 만나를 오멜에 채워서 '너희 대대 후손을 위해 간수하라'라고 명령하시고, 아론에게는 "항아리를 가져다가 그 속에 만나 한 오멜을 담아 여호와 앞에 두어 너희 대대로 간수하라"라고 말씀하셨습니다(출 16:32-34).

하나님께서는 하늘 양식 만나를 먹기 시작하여 상당히 오랫동안 신 광야에 머물러 안주하려 하는 이스라엘 백성을, 돕가의 어원에 나타난 뜻처럼 내어 몰듯 다급하게 이동시키신 것으로 보입니다.

예수님께서는 오병이어의 기적을 일으키신 후에 제자들을 재촉하사 배를 타고 건너편으로 가게 하신 적이 있습니다(마 14:22). 여기서 '재촉하사'는 헬라어로 '아낭카조'(ἀναγκάζω)로서 '몰아가다, 강요하다'라는 뜻입니다. 예수님께서는 군중들이 예수님을 정치적인 메시아로 인정하여 억지로 세상의 왕으로 세우려는 것을 아시고(요 6:15), 제자들이 거기에 휩쓸리지 않도록 재빨리 군중들과 분리하신 것입니다. 이처럼 하나님께서 이해할 수 없을 만큼 재촉하듯 몰아가실 때에는 분명히 하나님의 숨은 사랑의 섭리가 깃들여 있습니다.

9 알루스 — אֱלוּשׁ / Alush / 민 33:13

알루스는 제9차로 진을 친 장소입니다.

뜻 알루스의 뜻은 '사람들의 무리, 거친 땅, 나는 반죽할 것이다' 입니다.

위치 돕가에서 르비딤 쪽으로 약 18km 떨어진 지점이며, 오늘날의 '와디 엘 에쉬쉬'(Wadi el-'Eshsh)로 추정됩니다.

내용 알루스의 뜻 가운데 '거친 땅'이란 뜻이 있습니다. 알루스는 지형적으로 땅이 거칠었으며, 매일 똑같은 만나를 똑같은 방법으로 먹는 이스라엘 백성의 마음 상태도 거칠어져 있었을 것입니다.

교훈 만나는 '신 광야'에서 처음 내리기 시작하여, '돕가'와 '알루스'에 그 장소를 옮겨 진을 쳤을 때에도 진 사방으로 정확하게 내렸습니다. 처음에는 이 만나를 조리하지 않고 내려 주신 그대로 먹었습니다(출 16:15-16). 그 맛은 "꿀 섞은 과자" 같았습니다(출 16:31).

그러나 만나가 내리기 시작한 지 육 일째 되던 날에는 하나님께서 '구울 것은 굽고 삶을 것은 삶아 간수하라'(출 16:23)라고 하시면서, 만나의 조리 방법을 가르쳐 주셨습니다.

민수기 11:8에서는 "백성이 두루 다니며 그것을 거두어 맷돌에 갈기도 하며 절구에 찧기도 하고 가마에 삶기도 하여 과자를 만들었으니 그 맛이 기름 섞은 과자맛 같았더라"라고 말씀하고 있습니다. '기름 섞은'이라는 표현은 히브리어로 '쉐멘'(שֶׁמֶן)으로서, 밀가루를 반죽할 때 사용하는 감람유를 뜻합니다.

이것은 이스라엘 백성이 만나를 감람유와 섞어서 반죽하여 과자를 만들어 먹었음을 나타냅니다. 민수기 11:8의 "만들었으니"라는 단어는 동사의 완료형으로서, 민수기 11장의 배경이 되는 다베라 이전부터 만나를 반죽하여 조리하여 왔음을 의미합니다. '나는 반죽할 것이다'라는 '알루스'의 뜻을 볼 때, 아마도 만나를 기름과 섞어 반죽하고 조리하기 시작한 장소는 '알루스'일 것으로 추정됩니다.

비록 이스라엘 백성이 만나를 반죽하였지만, 만나를 내려 주시고 그 만나의 요리법까지 가르쳐 주신 분은 하나님이십니다. 우리 인생의 모든 것은 하나님의 섭리의 손길을 통해서 빚어집니다(대상 29:11-12, 잠 21:1, 사 64:8). 그러므로 우리는 "내 인생은 주의 손에 달려 있습니다..."(시 31:15 현대인의성경)라고 겸손히 의지하는 신앙을 가져야 할 것입니다.

10 르비딤   רְפִידִים / Rephidim / 민 33:14

르비딤은 제10차로 진을 친 장소입니다.

뜻 르비딤의 뜻은 '평야, 쉬는 곳, 휴식처'입니다. '등불, 횃불'이라는 뜻의 '레피딤'(רְפִידִים)에서 유래하였습니다.

위치 시내산 북서쪽 20㎞ 지점에 있는 아름다운 오아시스입니다. 신 광야와 시내 광야 사이에 위치한 땅입니다(출 17:1, 19:2). 오늘날의 '와디 피란'(Wadi Firan)으로 알려지고 있습니다.

내용 르비딤은 원래 물이 풍성한 곳이었는데, 이스라엘 백성이 도착할 당시에는 물이 말라 버린 극심한 가뭄에 직면하게 되었습니다(출 17:1). 마라에서는 물이 있었으나 써서 마시지 못하였고, 르비딤에서는 분명 물이 있어야 할 곳인데 물이 없으므로 백성의 실망이 컸습니다. 식수 문제로 인하여 백성의 원망은 커졌고, 결국 모세와 다투고 모세에게 돌질을 하려는 상황에까지 갔습니다(출 17:2-4). 심지어 이스라엘 백성은 "여호와께서 우리 중에 계신가 아닌가"(출 17:7)라고 하여 하나님과 다투고, 하나님을 시험하기까지 하였습니다.

이렇게 다급한 상황에서 모세가 하나님께 부르짖으며 기도하자 하나님께서는 '백성 앞을 지나서 장로들을 데리고 하수를 치던 네 지팡이를 손에 잡고 가라' 말씀하시면서 "내가 거기서 호렙산 반석 위에 너를 대하여 서리니 너는 반석을 치라"라고 명령하셨고, 모세가 그대로 순종하여 반석을 치자 200만 명이 흡족하게 마실 수 있는 물이 쏟아져 나왔습니다(출 17:5-7). 이사야 48:21에서는 "바위를 쪼개사" 물로 솟아나게 하셨다고 말씀하고 있으며, 시편 105:41에서는 "반석을 가르신즉" 물이 흘러나서 마른 땅에 강같이 흘렀다고 말씀하셨으며, 시편 78:20에서는 "저가 반석을 쳐서" 물을 내시매 시내가 넘쳤다고 말씀하셨습니다. 또한 시편 114:8에서는 "저가 반석을 변하여 못이 되게 하시며 차돌로 샘물이 되게 하셨도다"라고 말씀하였고, 신명기 8:15에서는 "물을 굳은 반석에서" 내셨다고 말씀하셨습니다. _{반석의 원어적인 의미에 대한 자세한 설명은 430쪽 참조}

모세는 이곳 르비딤의 이름을 '맛사'와 '므리바'로 불렀습니다(출 17:7). '맛사'(מַסָּה)는 '시험'이라는 뜻이요, '므리바'(מְרִיבָה)는 '다툼'이라는 뜻입니다. 이 두 지명은 식수 문제로 모세와 다툼으로 하나님의 존재를 시험한 이스라엘 백성의 불신앙을 대대로 잊지 않게 하기 위해서 지어진 이름입니다(시 95:8-9).

하나님과 다투고 하나님을 시험하던 때에 이스라엘은 아말렉의 기습 공격을 받게 됩니다. 이때 모세는 손을 들고 기도하였고, 아론과 훌이 그 손이 해가 지도록 내려오지 않게 붙들어주게 하심으로써 하나님께서 아말렉과의 전쟁에서 승리하도록 역사하셨습니다(출 17:8-16). 거기서 모세가 단을 쌓고 그 이름을 '여호와 닛시'(^뜻여호와의 깃발)라고 불렀습니다(출 17:15). 하나님께서는 훗날 광야 제2세대에게 르비딤에서 있었던 아말렉의 기습 공격에 대해서 "너희가 애굽에서 나오는 길에 아말렉이 네게 행한 일을 기억하라 ¹⁸곧 그들이 하나님을 두려워하지 아니하고 너를 길에서 만나 너의 피곤함을 타서 네 뒤에 떨어진 약한 자들을 쳤느니라 ¹⁹그러므로... 네게 안식을 주실 때에 너는 아말렉의 이름을 천하에서 도말할지니라 너는 잊지 말지니라"(신 25:17-19)라고 명령하였습니다(참고-민 14:39-45, 24:20). 이후로 약 400년이 지나서 하나님께서는 사울왕에게 '아말렉을 진멸하라'고 명령하셨으나 순종하지 않자, 사울을 버려 왕이 되지 못하게 했으며, 사무엘 선지자가 아말렉 왕 아각을 찍어 쪼갰습니다(삼상 15장). 사울과 달리 다윗은 마지막 남은 한 소년까지 아말렉을 진멸하였습니다(삼상 30:1-30, 삼하 1:1-16). 또한 유다 왕 히스기야 시대에 시므온 지파가 피하여 남아 있는 아말렉 사람을 치고 거기 거하므로 일부 성취되었으며(대상 4:41-43), 그러다가 에스더 당시 최후의 아말렉 후손이던 하만과 그의 자손들을 바벨론에 포로되어 있던 유다인이 도륙하고 진멸하여 성취되었습니다(에 3:1, 7:9-10, 8:11-13).

한편 르비딤에서는 모세의 장인 이드로의 제안으로 "재덕이 겸전한 자(^뜻하나님을 두려워하여 참되게 살며 욕심이 없고 유능한 사람)"를 천부장, 백부장, 오십부장, 십부장으로 세워 행정 조직을 갖추었습니다(출 18:13-27).

교훈 하나님을 원망함으로 말미암아, '쉬는 곳, 휴식처'라는 아름다운 땅 르비딤이, 하나님을 시험하고 하나님과 다투는 어둡고 그늘진 곳이 되고 말았습니다. 하나님을 원망하는 악인들에게는 평강이 없습니다(사 48:22, 57:21). 하나님을 시험하고 하나님과 다투었음에도 불구하고, 긍휼이 풍성하신 하나님께서는 호렙산 반석에서 물이 나게 하시고, 아말렉과의 전투에서도 승리할 수 있도록 은혜를 베풀어 주셨습니다. 하나님을 원망하며 시험하는 그들에게 하나님께서 함께하고 계심을 분명히 보여 주셨습니다. 진노 중에도 긍휼과 자비를 베풀어 주시는 하나님의 무궁하신 사랑을 볼 수 있습니다(사 54:8).

(2) 시내 광야(주전 1446년 3월 - 주전 1445년 2월 20일)에서 릿마(가데스 바네아) 전까지의 여정 – 세 번 진을 침

(참고: 출애굽과 광야 노정(路程) 지도에서 '청색'으로 표시된 구간)

이스라엘 백성은 라암셋에서 발행한 지 약 2개월 만인, 출애굽 원년 3월에 시내산에 도착하였습니다(출 19:1). 그 이듬해인 출애굽 2년 2월 20일까지 약 1년간 그곳에 머물렀습니다. 이곳에서 모세는 율법을 받고, 출애굽 2년 1월 1일 성막을 세웠습니다(출 35-40장, 40:2, 17). 그리고 시내산에서 떠나기 직전에 출애굽 2년 2월 1일 군대를 계수했습니다(민 1:1-3). 그때 계수한 숫자는 20세 이상 남자만 603,550명이었습니다(민 1:46). 군대 계수 후, 출애굽 2년 2월 20일 드디어 시내 광야에서 바란 광야로 출발하였습니다(민 10:11-12).

신명기 1:2에서는 "호렙산에서 세일산을 지나 가데스 바네아에까지 열하룻길"이라고 기록하고 있습니다. 여기 '열하룻길'은 실제 행진하는 데 걸린 시간이 아니고, '여행 거리'를 뜻합니다. 거리로는 약 264㎞(165마일)인데, 하루 24㎞(15마일)씩 걸을 경우, 열하루 만에 도착할 수 있는 거리였다는 것입니다. 그런데 시내산에서 발행하여 가데스 바네아에 도착하기까지의 여정에서 이스라엘은 세 차례의 반역을 일으켰고, 그때마다 발이 묶여 행군에 큰 차질을 빚었기 때문에 가데스에 도착하기까지는 열하루보다 훨씬 많은 날이 걸렸습니다.

시내 광야와 가데스 바네아 사이의 여정 가운데 진친 장소들을 살펴보면 다음과 같습니다.

⑪ **시내 광야** → ⑫ **기브롯 핫다아와** → ⑬ **하세롯**

11	시내 광야	מִדְבַּר סִינַי / Wilderness of Sinai / 민 33:15

시내 광야는 제11차로 진을 친 장소입니다.

뜻 '시내'(סִינַי, Sinai)의 뜻은 '가시나무 숲'이며, 시내산의 또다른 이름인 '호렙'(חֹרֵב, Horeb)은 '건조한 곳'이라는 뜻입니다.

위치 시내산 남동쪽에 위치하며, 오늘날의 '예벨 무사'(Jebel Musa) 지역으로 추정됩니다.

내용 시내산에서 약 1년 동안 머물면서 율법을 받았으며(출 19:3-24:18), 성막을 건립하고(출 35-40장), 제1차 군대 계수를 실시하였습니다(민 1:1-3). 성막을 중심으로 동서남북 진을 지파별로 배치했으며, 행진할 때 지파별 순서를 정하고, 광야 생활에 필요한 것을 준비시키셨습니다(민 2-10장).

교훈 하나님께서는 '시내산 위'에서 모세에게 큰 은혜를 주셨습니다. 십계명을 주시고, 율법을 주시고, 성막의 식양을 알려 주셨습니다. 출애굽기 31:18에서 "여호와께서 시내산 위에서 모세에게 이르시기를 마치신 때에 증거판 둘을 모세에게 주시니 이는 돌판이요 하나님이 친히 쓰신 것이더라"라고 말씀하고 있습니다.

하나님께서는 이곳에서 시내산 언약을 체결하셨습니다(출 19:3-25, 24:1-8). 이 시내산 언약은 횃불 언약의 성취를 통하여 가나안에 들어갈 이스라엘 백성이 그곳에서 어떻게 살아야 할 것인지를 가르쳐 주신 언약입니다. 하나님께서는 십계명을 비롯한 율법을 통하여, 가나안 땅에서 하나님의 특별한 소유가 되고 제사장 나라가 되며 거룩한 백성답게 살기를 원하셨습니다(출 19:5-6).

또 하나님께서는 성막의 식양을 알려 주시고, 성막에서 하나님께서 지정하신 법대로 예배드리기를 원하셨습니다. 성막이 하나님께서 원하시는 대로 완성되자, 구름이 회막에 덮이고 하나님의 영광이 성막에 충만했습니다(출 40:34-35). 시내산에서 언약을 체결하신 것은 이스라엘 백성이 가나안 땅을 소유할 하나님의 특별한 백성이라는 그들의 정체성을 선포하신 대역사였습니다.

이러한 하나님의 위대한 역사와는 달리, '시내산 아래'에서는 아론을 중심으로 이스라엘 백성이 금송아지 우상을 만들어 숭배하며, "이는 너희를 애굽 땅에서 인도하여 낸 너희 신이라"(출 32:8)라고 하면서, 그 앞에서 먹고 마시며 일어나 뛰놀았습니다. 이에 하나님께서는 모세에게 "내가 이 백성을 보니 목이 곧은 백성이로다"(출 32:9)하고 탄식하셨습니다. 사무엘하 23:6에서 "그러나 사악한 자는 다 내어 버리울 가시나무 같으니"라고 말씀하고 있습니다. 시내산 아래의 이스라엘 백성은 다 사악한 자가 되어 마치 '시내'의 뜻처럼 '가시나무의 숲'을 이루는 듯했습니다(나 1:10, 마 7:16). 지금 우리는 '시내산 위'의 신앙입니까, 아니면 '시내산 아래'의 신앙입니까?

12 기브롯 핫다아와 / קִבְרוֹת הַתַּאֲוָה / Kibroth-Hattaavah / 민 33:16

기브롯 핫다아와는 제12차로 진을 친 장소입니다.

뜻 기브롯 핫다아와는 '카바르'(קָבַר: 묻다, 매장하다)와 '아바'(אָוָה: 욕망, 식욕, 정욕)의 합성어로, '탐욕의 무덤, 욕심의 종말'이라는 뜻입니다(민 11:34). 탐욕은 현재의 처지와 상황에 만족할 줄 모르고 자기 분수 이상으로 과도하게 욕심 부리는 것을 말합니다.

위치 시내산에서 북동쪽으로 50㎞ 지점으로, '와디 무라'(Wadi Murra)지역입니다. 시내산에서 발행한 후 처음 진을 친 곳입니다.

내용 시내산을 떠난 이스라엘 백성은 기브롯 핫다아와에 진을 치기 전에 '다베라' 사건을 겪게 됩니다. '다베라'(תַּבְעֵרָה)의 뜻은 '불 사름'입니다. 하나님께서 이스라엘 백성이 악한 말로 원망하는 것을 들으시고 진노하사, 하늘에서 불을 내려 진 끝을 살랐습니다(민

11:1-3). '진 끝'은 히브리어로 '케체 마하네'(קְצֵה הַמַּחֲנֶה)로서 '어떤 것의 가장 끝 부분'을 말합니다. 그러므로 '진 끝'은 행군 대열에서 이탈하여 뒤에 처진 무리를 지칭합니다. 이들은 앞으로 행진하려 하지 않고 불만과 불평으로 가득 차, 뒤에서 악한 말로 하나님을 원망한 자들입니다(민 11:1).

이스라엘 백성은 '다베라' 사건을 통해 하나님의 진노와 심판의 불을 체험하였습니다. 그리하고도 그들은 곧바로 출애굽 원년 2월 15일 이후 약 1년간 먹어 온 만나에 대하여 싫증을 내고, 고기를 요구하면서 하나님께 불평하고, 하나님을 시험하고, 하나님을 대적하고, 하나님을 비웃었습니다(민 11:4-9).

시편 78:18-19 "저희가 저희 탐욕대로 식물을 구하여 그 심중에 하나님을 시험하였으며 [19]그뿐 아니라 하나님을 대적하여 말하기를 하나님이 광야에서 능히 식탁을 준비하시랴"

이에 하나님께서는 동풍으로 하늘에서 일게 하시며 그 권능으로 남풍을 인도하시고 그 진중에 메추라기를 티끌같이 떨어지게 하사, 그 소욕대로 배불리 먹이셨습니다(시 78:26-29). 그런데도 그 욕심이 떠나지 않자(시 78:30), 하나님께서 탐욕을 낸 백성을 그 잇사이에 고기가 씹히기 전에 심히 큰 재앙으로 죽이셨습니다(민 11:31-34, 시 78:31). 그리하여 그곳을 '기브롯 핫다아와'(^히탐욕의 무덤)라고 이름한 것입니다.

교훈 이스라엘 백성이 고기를 요구하게 된 배경에는 "섞여 사는 무리"가 있었습니다. 민수기 11:4에서 "이스라엘 중에 섞여 사는 무리가 탐욕을 품으매 이스라엘 자손도 다시 울며 가로되 누가 우리에게 고기를 주어 먹게 할꼬”했다고 말씀하고 있습니다.

이 “섞여 사는 무리”는 출애굽 할 때 같이 나온 “중다한 잡족”들로서(출 12:38), 이스라엘 백성을 선동하여 죄를 짓게 한 자들입니다. 오늘날 교회 안에도 복음의 뜻에 동참하여 헌신하지 않고 뒷전에서 불평만 하고, 성도들을 미혹하는 “섞여 사는 무리”들이 있습니다.

기브롯 핫다아와에서의 반역 사건은 탐욕의 끝은 무덤뿐임을 엄중히 일깨워 줍니다. 탐욕을 미워하는 자는 장수합니다(잠 28:16). 탐심은 우상숭배이므로 삼가 탐심을 물리치라고 말씀하셨습니다 (눅 12:15, 골 3:5). 젖과 꿀이 흐르는 약속의 땅 가나안에 들어가려면 탐욕은 그 이름이라도 부르지 말아야 합니다(엡 5:3).

13　하세롯　חֲצֵרוֹת / Hazeroth / 민 33:17

하세롯은 제13차로 진을 친 장소입니다.

뜻 하세롯은 ‘울타리, 마을들, 정착지’라는 뜻으로, 그 어원은 ‘말뚝으로 둘러싸다, 경계를 정하다’라는 뜻의 ‘하차르’(חָצֵר)입니다.

위치 시내산 출발 후 기브롯 핫다아와에 이어 두 번째 진을 친 곳으로, 오늘날의 시내산 농북쪽 55㎞ 지짐의 아름디운 ‘아인 카드라’(Ain Khadra)로 추정됩니다.

내용 모세는 하세롯에서 구스 여인을 취하였습니다. 구스 여인을 취한 일을 미리암과 아론이 비방하다가 미리암은 문둥병에 걸리고 말았습니다(민 11:35, 12:1-16). 미리암이 진 밖에 7일 동안 내쫓기는 바람에 행군은 그만큼 지체되었습니다(민 12:15).

교훈 모세는 아론이나 미리암과는 달리 그 사명이 특별한 존재였습니다. 그럼에도 불구하고 아론과 미리암은 하나님께서 모세하고만 말씀하시는 것이 아니라 자신들과도 말씀하신다고 하면서(민 12:2) 모세와 동등함을 주장했습니다.

이 말을 들으신 하나님께서는, 갑자기 미리암과 아론 그리고 모세까지 세 사람을 회막으로 나오라고 부르셨습니다(민 12:4). 이어서 아론과 미리암 두 사람만 다시 부르셔서 모세와 분리하시고(민 12:5), 모세가 아론이나 미리암과 어떻게 다른지 그 차이점을 분명하게 말씀하셨습니다.

하나님께서는 아론이나 미리암에게는 꿈이나 이상을 통하여 계시하시지만, 모세와는 직접 대면하여 말씀하신다고 밝히셨습니다(민 12:6-8). 즉 아론이나 미리암에게 주신 계시는 간접적 계시였으며, 모세에게 주신 계시는 직접적인 계시였습니다.

하나님과의 친밀성, 말씀의 권위에 있어서는 모세와 견줄 만한 이가 없었습니다(출 33:11, 민 12:8, 신 34:10). 아론과 미리암도 이스라엘 백성의 지도자였지만, 그들은 어디까지나 모세를 돕기 위해 임명된 지도자였을 뿐입니다(출 7:1). 말하자면 아론과 미리암에게는 '모세를 돕는 자'라는 울타리가 쳐져 있었던 것입니다. 그럼에도 불구하고 그들은 하나님께서 정해 놓으신 울타리를 넘어서, 자신들이 백성을 거느리는 영도자(領導者)가 되려는 월권 행위를 함으로써 하나님의 진노를 받게 되었습니다.

그리하여 미리암은 문둥병이 들어서 7일 동안 진 밖에 갇혔고, 그 결과로 이스라엘 백성의 행군도 지체되었습니다(민 12:14-16).

죄악된 인간은 하나님과 사람 사이에 절대로 중보자가 될 수 없습니다. 오직 십자가에서 보혈(寶血)을 흘리시고 죽으셨다가 3일 만에 부활하신 예수님만이 우리의 유일한 중보자이십니다(딤전 2:5). 그런데 죄악된 인간들이 월권 행위를 통하여 자기가 중보자라고 자처하면서 하나님께서 정해 놓으신 울타리를 벗어나는 경우가 있습니다. 이러한 자들은 하나님의 무서운 진노의 심판을 면치 못합니다.

(3) 릿마(가데스 바네아)에서 다시 가데스로 돌아오기 전까지의 여정 – 열여덟 번 진을 침(주전 1445년-1407년 정월: 약 38년간)

(참고: 출애굽과 광야 노정(路程) 지도에서 '붉은색'으로 표시된 구간)

마침내 이스라엘 백성은 가나안의 남방 접경 지역인 가데스 바네아에 도착하였습니다. 릿마는 '가데스'와 같거나 아니면 가데스 근처로 추정되는 곳입니다. 민수기 12:16에서 분명히 '하세롯' 다음에 '바란 광야(가데스)'에 진을 쳤다고 하였고, 민수기 33:18에 '하세롯'에서 발행하여 '릿마'에 진을 쳤다고 하였습니다. 따라서 릿마는 바란 광야의 가데스를 의미하는 것으로 추정할 수 있습니다.[45]

가데스에서 브엘세바까지는 약 80㎞로, 가나안과 아주 가까운 거리에 있습니다. 즉 가데스는 가나안 땅으로 가는 길목에 있는 곳으로, 이스라엘이 가나안에 들어가기 위하여 준비하는 장소입니다.

이렇게 가나안 땅을 눈앞에 두고도 이스라엘 백성은 40년 동안 광야에서 유리하다가 멸절될 것을 선고 받고 말았습니다(민 14:26-35). 그들은 광야 초기에 가데스(릿마)에서 곧장 가나안에 들어가지 못하고, 가데스에서부터 광야에 유리하기 시작하여 다시 가데스로 돌아오기 전까지 약 38년 동안 총 열여덟 번 진을 쳤습니다.

이곳 지명들의 의미를 살펴보면, 가나안에 입성하기 위한 첫 관문이었던 가데스(קָדֵשׁ: 거룩한 곳)의 의미처럼, 하나님의 거룩한 백성이 되기까지 징계와 연단의 과정이 곳곳마다 스며 있습니다.

하나님께서는 그렇게 광야의 길을 걷게 하신 것을 기억하라고 당부하셨습니다(신 8:2上). 거기서 그 백성을 낮추시고, 시험하셨으며, 주리게도 하셨다고 말씀했습니다(신 8:2-3). 바로 그 '광야'는 자기 백성을 양육하기 위하여 예비된, 마치 오늘날의 '교회'와 같은 장소입니다(계 12:6). 그래서 스데반은 이스라엘 백성의 40년 광야 생활을 가리켜 "광야 교회"(행 7:38)라고 표현하였습니다.

민수기 20:1을 볼 때, 광야에서 유리하던 이스라엘 백성은 출애굽 40년 1월에 다시 가데스에 도착합니다. 이는 처음 가데스에 도착했던 주전 1445년(출애굽 2년)부터 시작하여 약 38년 만입니다.

릿마와 가데스 바네아 사이에 진친 장소들은 다음과 같습니다.

⑭ **릿마** →	⑮ **림몬베레스** →	⑯ **립나** →	⑰ **릿사**
⑱ **그헬라다** →	⑲ **세벨산** →	⑳ **하라다** →	㉑ **막헬롯**
㉒ **다핫** →	㉓ **데라** →	㉔ **밋가** →	㉕ **하스모나**
㉖ **모세롯** →	㉗ **브네야아간** →	㉘ **홀하깃갓** →	㉙ **욧바다**
㉚ **아브로나** →	㉛ **에시온게벨**		

14 **릿마** רִתְמָה / Rithmah / 민 33:18

릿마는 제14차로 진을 친 장소입니다.

뜻 릿마의 뜻은 '로뎀나무'(대싸리-욥 30:4)이며, 그 어원은 '묶다, 붙잡아 매다, 붙이다'라는 뜻의 '라탐'(רָתַם)입니다.

위치 릿마는 가데스와 같은 곳이거나 그 근방으로 추정됩니다. 하세롯을 떠난 이스라엘 백성은 릿마에 진을 쳤는데, 진의 규모가 컸기 때문에(대략 8㎞. 민 33:49) 그 진영이 가데스에까지 이르렀던 것으로 추정됩니다. 위치는 약속의 땅 가나안의 남단 지역으로, '가데스 바네아' 혹은 '엔미스밧'으로 불리기도 했습니다(창 14:7). 가데스 바네아에는 '아인 카데스'(Ain Qadeis), '아인 쿠세이마'(Ain Quseima), '아인 엘 구데라트'(Ain el Gudeirat)라고 불리는 세 군데의 샘이 있습니다.

내용 이곳에서 열두 명의 정탐꾼을 가나안 땅에 파송하였습니다. 하나님께서는 정탐한 날수 40일의 하루를 1년으로 환산하여 40년 동안 이스라엘 백성이 불신의 죄를 지고 광야에서 유리할 것을 선고하셨습니다(민 14:34).

교훈 가나안 접경 지역이었던 이곳 릿마(가데스 바네아)에 이르렀을 때(신 1:19), 하나님께서는 이스라엘 백성에게 가나안 땅을 곧바로 정복하라고 명령하셨습니다.

> **신명기 1:21** "너희 하나님 여호와께서 이 땅을 너희 앞에 두셨은즉 너희 열조의 하나님 여호와께서 너희에게 이르신 대로 올라가서 얻으라 두려워 말라 주저하지 말라"

신명기 1:8에서도 모세는 "여호와께서 너희의 열조 아브라함과 이삭과 야곱에게 맹세하사 그들과 그 후손에게 주리라 하신 땅이 너희 앞에 있으니 들어가서 얻을지니라"라고 말씀하였습니다.

그러나 패역한 이스라엘 백성은 이 하나님의 말씀을 온전히 믿지 못하고 먼저 가나안 땅을 정탐할 것을 요구하였습니다.

> **신명기 1:22** "너희가 다 내 앞으로 나아와 말하기를 우리가 사람을 우리 앞서 보내어 우리를 위하여 그 땅을 정탐하고 어느 길로 올라가야 할 것과 어느 성읍으로 들어가야 할 것을 우리에게 회보케 하자 하기에"

여기 나오는 '우리가... 보내어'라는 표현은 히브리어 '샬라흐' (שָׁלַח) 동사의 1인칭 권유형으로서 '우리가 보냅시다'라는 뜻입니다. 이로 볼 때 정탐꾼 파송은 이스라엘 백성이 이미 마음에 정탐할 것을 결정해 놓고 모세에게 동의를 구하러 나온 것이었지, 하나님께서 먼저 명령하신 일이 아니었습니다. 하나님께서는 그들의 굳어진 불신을 알고 그것을 묵인하시고, 모세를 통해 허락하셨던 것입니다(신 1:23, 민 13:1-3).

그러나 이스라엘 백성은 40일간의 정탐을 마치고 돌아온 열두 명 가운데 열 명의 악평을 듣고, 하나님의 명령을 거역하여 가나안 땅으로 올라가기를 즐겨하지 않았습니다(신 1:26). 온 회중이 낙심하여 모세와 아론을 원망하면서 밤새도록 곡하였고, 한 장관을 세워 애굽으로 돌아가자고 부르짖었습니다(민 13:31-33, 14:1-4, 신 1:27-28). 이에 이스라엘은 그 땅을 탐지한 날수 40일의 하루를 1년으로 환산하여 40년간 그 죄악을 지게 하시는 하나님의 심판을 선고 받았습니다(민 14:34).

이렇듯 불신은 가나안 땅으로 들어가야 할 이스라엘 백성을 광야에 '묶어 놓고, 붙잡아 매고' 말았습니다.

이스라엘 백성이 바로 가나안 땅에 들어갔다면, 하나님께서 앞서 행하시며 그들의 모든 대적을 물리쳐 주셨을 것입니다(신 1:30). 그런데 불행하게도 그들은 끝까지 하나님을 믿지 않았고(민 14:11, 신 1:32), 그 불신의 결과로 열조에게 맹세하신 좋은 땅을 밟지 못하고, 다시 광야로 들어가야만 했습니다(신 1:34-40, 히 3:19).

15 림몬베레스 רִמֹּן פֶּרֶץ / Rimmon-perz / 민 33:19

림몬베레스는 제15차로 진을 친 장소입니다.

뜻 림몬베레스는 '림몬'(רִמֹּן: 석류)과 '페레츠'(פֶּרֶץ: 갈라짐, 무너짐, 파괴, 충돌)의 합성어입니다. 그 뜻은 '갈라진 석류, 파괴된 석류, 충돌한 석류'입니다.

위치 릿마(가데스)에서 광야 40년이라는 징벌을 받은 후 첫 번째 진친 곳입니다.

내용 이스라엘 백성은 가데스 바네아에서 광야 40년 방황을 선고 받고 크게 슬퍼했습니다(민 14:39). 여기 '슬퍼하여'는 히브리어로 '아발'(אָבַל)인데 '통곡하다'라는 뜻입니다.

그들은 왜 슬퍼하며 통곡했을까요?

이스라엘 백성은 지척에 있는 가나안 땅을 두고 다시 광야로 들어가 38년이나 유리해야 한다는 징벌이 무척 불만스러웠을 것입니다(민 14:26-35). 게다가 악평했던 열 정탐꾼이 정탐 결과를 보고한 바로 다음날 하나님 앞에서 죽임을 당하자(민 14:36-40), 이스라엘 백성은 하나님의 공의로운 심판을 목격하고도 그것을 부당하게 여기면서 크게 통곡했던 것입니다.

교훈 석류는 대제사장의 겉옷 가장자리의 장식으로 사용되었으며(출 28:33-34), 성전 기둥 머리에도 조각되었습니다(왕상 7:18). 잘 익은 석류 열매의 모습을 보면 둥그런 열매 안에 작은 씨가 가득 들어 있습니다. 이러한 생김새 때문에 석류는 고대로부터 풍성한 결실을 상징하였습니다. 하나님께서는 이스라엘 백성이 잘 순종하여 가나안에 들어가서 석류와 같이 풍성한 결실 맺기를 원하셨을 것입니다.

그러나 이스라엘 백성은 불신 때문에 정탐꾼을 보냈고, 40년간 광야에서 유리하다가 멸절될 것을 선고 받았습니다.

그 후에 그들은 올라가지 말라고 하신 말씀을 다시 거스르고, 천자히[46] 가나안에 올라가는 어리석은 범죄를 자행하였습니다(민 14:40-44, 신 1:41-43). 그것은 곧 하나님의 뜻에 정면으로 '충돌'(פֶּרֶץ, 페레츠)하는 범죄였습니다(삼하 6:8, 대상 13:11, 시 106:23).

결국 이스라엘은 아말렉인과 가나안인과의 전투에서 치욕적인 참패를 당하고 말았습니다(민 14:45, 신 1:44). 이렇게 패배의 쓴맛을 보고, 가나안 땅에도 들어가지 못하게 된 사실을 슬퍼하고 하나님 앞에서 통곡하였으나, 하나님께서는 그 소리에 귀를 기울이지 않으셨습니다(신 1:45).

참으로 이스라엘은 하나님 앞에 '파괴된 석류, 충돌한 석류'와 같은 신세가 되어, 가데스를 떠나 '림몬베레스'로 향했습니다. 이곳 림몬베레스는 하나님께서 행하시는 일을 못마땅하게 여겨 그 말씀을 거역하거나 불순종할 경우, 그것이 하나님과 충돌하는 무서운 결과를 초래한다는 사실을 교훈합니다. 참으로 아름답고 탐스러운 석류와 같은 자도 불순종하며 인간적인 고집을 부리면 '파괴된 석류'처럼 비참하게 될 수 있음을 교훈해 주고 있습니다.

16 립나   לִבְנָה / Libnah / 민 33:20

립나는 제16차로 진을 친 장소입니다.

뜻 립나의 뜻은 '새하얀, 흰 빛'이며, 어원은 '희다, 정결케 하다'라는 뜻의 '라반'(לִבֵן)입니다.

위치 릿마(가데스)에서 광야 40년이라는 징벌을 받고, 두 번째로 진친 곳입니다. 신명기 1:1에 나오는 '라반'과 동일한 곳으로 추정됩니다.

내용 립나에서의 사적은 성경에서 달리 기록된 곳을 찾아볼 수 없습니다. 그 지명의 어원을 볼 때, 하나님의 뜻을 순순히 받아들이겠다는 회개와 각성을 통해 하나님께로부터 성결함을 받은 곳으로 추정됩니다.

교훈 이스라엘 백성이 아말렉인과 가나안 사람들에게 참패를 당한 것은 하나님의 명령을 거역한 결과입니다(민 14:40-45, 신 1:41-44). 립나에 진을 치면서 자신들의 죄를 뉘우친 것으로 보입니다. 하나님 앞에 진실한 회개는 자신의 영육을 희고 맑게 합니다(시 51:7, 사 1:18).

립나는 광야 생활이 하나님께서 자기 백성을 깨끗하게 성화시키는 과정임을 보여 주는 이름입니다.

하나님께 나아가 죄를 고백하는 자들마다 "죄가 주홍 같을지라도 눈과 같이 희어질 것이요 진홍같이 붉을지라도 양털같이" 될 것입니다(사 1:18). 어린 양이신 예수 그리스도의 피로 씻어 의롭게 된 자만이 '흰 옷'을 입을 수 있습니다(계 7:9, 14). 그 옷은 빛나고 깨끗한 세마포요(계 19:8), 희고 깨끗한 세마포입니다(계 19:14).

우리가 순간 불순종의 길을 걷다가도 돌이켜 순종의 길을 택할 때, 하나님께서는 그 죄를 결코 기억하지 않으시고(사 43:25, 렘 31:34, 히 8:12, 10:17), 성화시켜 하나님의 거룩한 백성으로 만들어 주십니다.

17 릿사 רִסָּה / Rissah / 민 33:21

릿사는 제17차로 진을 친 장소입니다.

뜻 릿사의 뜻은 '(조각조각 떨어져 있는) 파멸, 깨어짐, 황폐해진 무덤'으로서, 그 어원은 '가루로 만들다, 반죽하다'라는 뜻의 '라사스'(רָסַס)입니다.

위치 릿마(가데스)에서 광야 40년이라는 징벌을 받고, 세 번째 진친 곳입니다.

내용 릿사에서의 사적은 성경에서 달리 기록된 곳을 찾아볼 수 없습니다. 광야에서 유리하는 생활을 시작하면서 회개와 각성을 통해 깨어지고 낮아지므로 이스라엘 백성의 마음이 가루처럼 된 것으로 보입니다.

교훈 회개의 진정한 의미는 마음이 '부드럽고 고운 가루'처럼 되는 것입니다. 알갱이 없는 고운 가루가 되기까지는 한두 번 정도가 아니라 수없이 부서지고 깨지는 과정이 필요합니다.

시편 34:18에서 "여호와는 마음이 상한 자에게 가까이하시고 중심에 통회하는 자를 구원하시는도다"라고 말씀하고 있으며, 시편 51:17에서 "하나님의 구하시는 제사는 상한 심령이라 하나님이여 상하고 통회하는 마음을 주께서 멸시치 아니하시리이다"라고 말씀하고 있습니다. '상한'이라는 단어는 영어 성경에는 공통적으로 'broken'이라고 번역되어 '가루가 되다, 산산히 부서지다'라는 뜻입니다.

진정으로 회개한 사람은 자신의 생각과 아집과 교만이 다 깨어져 가루가 되어, 하나님께서 섭리의 뜻을 따라 반죽하시기에 수월한 사람이 됩니다. 우리 속에 있는 크고 작은 인간적인 모든 알갱이들이 깨어지고, 부서져서 부드러운 가루가 될 때, 하나님께서는 그러한 자를 구속 섭리의 도구로 사용하실 것입니다.

18 그헬라다 קְהֵלָתָה / Kehelathah / 민 33:22

그헬라다는 제18차로 진을 친 장소입니다.

뜻) 그헬라다는 '모임, 집회'라는 뜻이며, 그 어원은 '모이다'라는 뜻의 '카할'(קָהַל)입니다.

위치) 릿마(가데스)에서 광야 40년이라는 징벌을 받고, 네 번째 진 친 곳입니다. 릿사와 세벨산 중간에 위치하고 있습니다.

내용) 그헬라다에서의 사적은 성경에서 달리 기록된 곳을 찾아볼 수 없습니다. 원망하며 흩어진 백성의 마음이 모여서 하나님의 주권 역사로 장막에서 예배드린 것을 기념한 지명으로 추정됩니다.

교훈) 광야 40년을 유리하는 생활 속에서 하나님께서는 이스라엘 백성이 회개하고 그들의 마음이 모여서, 예배 중심의 삶을 살기를 원하셨을 것입니다. 모여서 예배드리는 것은 그리스도인의 경건한 삶의 총화요, 신앙 생활의 기본 동작이라 할 수 있습니다. 더 나아가 예배를 통해 하나님을 만나고, 하나님이 주시는 놀라우신 해결책을 체험할 수 있습니다. 하나님께서는 오늘날도 신령과 진정으로 예배드리는 자들을 찾으십니다(요 4:23-24).

예수님께서도 "너희 중에 두 사람이 땅에서 합심하여 무엇이든지 구하면 하늘에 계신 내 아버지께서 저희를 위하여 이루게 하시리라 두세 사람이 내 이름으로 모인 곳에는 나도 그들 중에 있느니라"(마 18:19-20)라고 말씀하셨습니다. 비록 적은 수가 모였더라도 이 약속을 믿고 마음과 정성을 다해 감사함으로 예배드릴 때, 하나님께서 만나 주시고 그 개인과 가정을 위경 중에서 구원해 주십니다(시 50:23).

19 세벨산 הַר שָׁפֵר / Mount Shepher / 민 33:23

세벨산은 제19차로 진을 친 장소입니다.

뜻 세벨산은 '우아함, 아름다움'이라는 뜻이며, 그 어원은 '반짝반짝 빛나다, 아름답다, 매력적이다'라는 뜻의 '샤파르'(שָׁפֵר)입니다.

위치 릿마(가데스)에서 광야 40년이라는 징벌을 받고, 다섯 번째 진친 곳입니다. 가데스 바네아에서 남쪽으로 10㎞에 위치하는 '예벨 아라이프 엔 나카'(Jebel 'Arayif en-Naqah)로 추정됩니다.

내용 세벨산에서의 사적은 성경에서 달리 기록된 곳을 찾아볼 수 없습니다. 이름의 뜻으로 볼 때, 이 산은 다른 지역들보다 아름다운 산이었던 것이 분명합니다. 광야는 아무것도 좋은 것을 기대할 수 없는 땅인데도 하나님께서는 아름다운 곳으로 인도하셨던 것입니다.

교훈 세벨산의 어원인 '샤파르'(שָׁפֵר)는 성경에서 단 한 군데 사용되고 있습니다. 시편 16:6에서 "내게 줄로 재어 준 구역은 아름다운 곳에 있음이여 나의 기업이 실로 아름답도다"라고 말씀하고 있습니다. 여기 '아름답도다'의 어원이 '샤파르'입니다. 참 아름답고 매력 있는 곳으로 인도하는 분은 오직 하나님뿐이십니다. 매력은 한자로 '도깨비 매(魅), 힘 력(力)'이며, '남의 마음을 끄는 이상한 힘, 어떤 대상이 사람의 마음을 사로잡아 끄는 힘'이란 뜻입니다.

예수 그리스도께서 말씀이 육신이 되어 이 땅에 오셨을 때 은혜가 충만하였고, 우리에게는 은혜 위에 은혜였습니다(요 1:14, 16). 헬라어의 '은혜'를 뜻하는 '카리스'(χάρις)는 '매력'이라는 뜻도 있습니다. 이 은혜는 예수님께서 땅에서 들려 올리워 십자가에 죽으신 그때에 절정에 달하였습니다(요 3:14, 8:28, 12:23). 그러므로 십자가에 높이 들린 예수 그리스도는 택함 받은 모든 사람을 이끌어오는 최고의 매력입니다(요 12:32-33). 초막이나 궁궐이나, 은혜의 주 예수 그리스도와 그 십자가를 모신 곳은 세상에서 가장 아름답고 매력 있는 곳입니다. 또 예수 그리스도의 은혜가 그 심령 속에 함께하는 자는 이 세상에서 가장 아름답고 매력 있는 사람입니다(살전 5:28, 살후 3:18, 몬 1:25).

20 하라다 חֲרָדָה / Haradah / 민 33:24

하라다는 제20차로 진을 친 장소입니다.

뜻 하라다는 '떠는, 두려워하는, 공포'라는 뜻으로, 그 어원은 '전율하다, 떨다, 흔들리다'라는 뜻의 '하라드'(חָרַד)입니다.

위치 릿마(가데스)에서 광야 40년이라는 징벌을 받고, 여섯 번째 진친 곳입니다. 혹자는 가데스 바네아의 서남쪽 8㎞ 지점에 있는 '와디 룻산'(Wadi Lussan)과 동일시하기도 합니다.

내용 하라다에서의 사적은 성경에서 달리 기록된 곳을 찾아볼 수 없습니다. 광야는 암사자와 수사자와 독사와 및 날아다니는 불뱀, 전갈이 살고(신 8:15, 사 30:6下), 사람이 다니지 않고 거주할 수 없는 땅입니다(렘 2:6下). 또한 끝없이 펼쳐진 모래 사막 속에 '구덩이'가 간간히 나타나 사람이나 짐승을 단숨에 삼켜 버리기도 합니다(렘 2:6上). 이러한 광야에서 이스라엘 백성은 예기치 못한 상황이 겹쳐 온갖 종류의 두려움에 사로잡힐 때가 많았을 것입니다.

교훈 사람들이 미처 생각하지도 못한 아름다운 곳으로 인도하셨던 하나님께서는, 다시 그 백성을 두려움이 짙게 깔린 험준한 곳으로 인도하신 것으로 보입니다. 하라다의 어원인 '하라드'(חָרַד)는 극도의 심리적 불안과 제어할 수 없는 공포와 두려움을 의미합니다 (참고-삼상 13:5-7). 하나님께서는 예측 불허의 두려움이 자주 엄습하는 광야의 역경 가운데, 특히 '하라다'와 같이 두려움이 엄습하는 사망의 음침한 곳(시 23:4)에서 하나님만을 절대 신뢰하는 정금 같은 신앙으로 연단하셨습니다(욥 23:10). 이러한 광야 여정의 역경 중에도 하나님께서는 여전히 임마누엘 은총을 베푸사 두려움을 물리쳐 주셨고, 가나안에 도착하기까지 안전하게 보호해 주셨습니다(신 1:31, 32:10-12).

절망적인 두려움이 닥칠 때 찾아야 할 분은 우리 주 예수 그리스도이십니다. 예수님께서는 그를 믿는 자에게 참평안을 주시므로 모든 두려움을 물리쳐 주십니다(막 4:35-41, 눅 8:50, 요 6:19-20, 14:27).

21 막헬롯 מַקְהֵלֹת / Makheloth / 민 33:25

막헬롯은 제21차로 진을 친 장소입니다.

뜻 막헬롯은 '모임, 회중들'이란 뜻으로, 그 어원은 '어떤 목적을 가지고 모인 특별한 모임'이라는 뜻의 '카할'(קָהַל)입니다.

위치 릿마(가데스)에서 광야 40년이라는 징벌을 받고, 일곱 번째 진친 곳입니다.

내용 막헬롯에서의 사적은 성경에서 달리 기록된 곳을 찾아볼 수 없습니다. 전 백성이 모여 기념적인 예배를 드린 곳으로 추정됩니다.

교훈 구약성경에서 이 단어는 시편 26:12에서 한 번 나오며, 예배를 위한 '모임, 성가대'에 대해 사용되었습니다.

광야에서 열여덟 번째로 진을 친 장소인 '그헬라다'(קְהֵלָתָה)와 '막헬롯'(מַקְהֵלֹת)은 동일하게 '카할'(קָהַל: 모이다)이라는 단어에서 유래되었습니다. 차이점은 '그헬라다'는 '카할'의 여성 단수 명사형이고, '막헬롯'은 '카할'의 여성 복수 명사형인 것입니다. 이것은 40년 광야 생활이 시작된 이후 이스라엘 백성이 하나 둘 가족 단위로 드리던 예배가 이제는 전체적으로 모여서 드리는 예배로 발전하였음을 나타내는 듯합니다.

이스라엘 백성은 두려움의 장소 하라다를 지나면서, 전체가 모여서 드리는 예배에 더욱 집중한 듯합니다. 초대교회 부흥의 원동력도 마음을 같이하여 모임으로써 이루어진 것입니다(행 1:14, 2:1, 46, 5:12). 주의 재림이 가까울수록 서로 돌아보고 격려하면서 성전을 중심으로 모이기에 더욱 힘써야 합니다(히 10:24-25).

성도가 모일 때 하나님의 말씀이 선포되고(행 10:33, 13:44), 성령의 역사가 강하게 일어납니다(행 5:12-13). 이스라엘 백성이 수문 앞 광장에 모였을 때 학사 에스라는 하나님의 말씀을 낭독하고 그 뜻을 해석하여 깨닫게 하므로 큰 회개의 역사가 일어났습니다(느 8:1-12).

구약에서는 이스라엘 백성 전체가 모인 것을 '회중'(會衆, the congregation)이라고 표현하였습니다(출 12:3, 민 27:17, 31:16, 수 22:16- 17, 20). 이 단어의 어원은 '에드'(עֵד)로서, '증인'이라는 뜻을 가지고 있습니다. 성전에 나아와 예배드리는 자들은 또한 세상으로 흩어져 하나님을 증거하는 자가 되어야 할 것입니다.

22 다핫 תַּחַת / Tahath / 민 33:26

다핫은 제22차로 진을 친 장소입니다

뜻 다핫은 '내려감, 낮은 곳, … 밑에, … 대신에'라는 뜻입니다. 어원은 '밑바닥, 밑 부분'이라는 뜻의 '타하트'(תַּחַת)입니다.

위치 릿마(가데스)에서 광야 40년이라는 징벌을 받고 여덟 번째 진 친 곳으로, 사막의 저지대로 추정됩니다.

내용 다핫에서의 사적은 성경에서 달리 기록된 곳을 찾아볼 수 없습니다. 다핫은 와디의 끝 부분 지역으로서, 하나님께서 이스라엘 백성을 아주 낮은 사막 가운데로 인도하신 것으로 추정됩니다.

교훈 이스라엘 백성은 사막의 낮은 지역, 아래쪽으로 이동하여 진을 쳤습니다. 아마도 그들은 사막의 극심한 바람을 피하거나 물을 쉽게 얻기 위하여 아래쪽으로 내려갔을 것입니다.

'내려감, 낮은 곳'이라는 다핫의 뜻은, 범죄하여 타락한 인생들을 구원하기 위하여 하늘 보좌 영광을 버리고 낮고 천한 이 땅에 내려오신 예수님의 성육신을 생각나게 합니다(요 1:14). 예수님은 "하늘에서 내려온 자 곧 인자"(요 3:13)이시며, "하늘로서 내려온 산 떡"(요 6:51)이십니다. 예수님은 십자가에 죽으심으로 자기를 낮추시고 죽기까지 복종하셨습니다(빌 2:8).

또한 '… 을 위하여, 대신에'라는 다핫의 뜻은, 우리를 위하여 우리 대신에 십자가에서 죽으신 예수님을 생각나게 합니다. 예수 그리스도의 죽으심은 우리를 위한 대속의 죽음이었습니다(마 20:28, 막 10:45). 예수님은 죄가 전혀 없으시며, 죄를 알지도 못하신 분인데도 우리를 위하사 우리 대신에 죄인이 되셨습니다(요 8:46, 롬 8:3, 고후 5:21, 히 4:15, 9:14, 요일 3:5). 우리의 죄는 그리스도께 전가되었고,

그리스도의 의는 우리에게 전가되어 우리는 의인이 되었습니다(롬 3:22-24, 4:25, 벧전 3:18). 그러므로 우리는 "나를 사랑하사 나를 위하여 자기 몸을 버리신 하나님의 아들을 믿는 믿음 안에서"(갈 2:20) 살아야 합니다.

| 23 | 데라 | תֶּרַח / Terah / 민 33:27 |

데라는 제23차로 진을 친 장소입니다.

뜻 데라는 '체류하다, 지체하다'라는 뜻입니다.

위치 릿마(가데스)에서 광야 40년이라는 징벌을 받고 아홉 번째 진 친 곳입니다. 이스라엘 백성의 이 후의 여정이 호르산 쪽으로 간 것을 볼 때, 다핫의 위쪽(북쪽)에 위치하였을 것입니다.

내용 '데라'(תֶּרַח)는 구약성경에서 열세 번 나오는데, 두 번은 지명으로 사용되었고(민 33:27-28), 나머지는 아브라함의 아버지 데라를 가리키는 인명으로 사용되었습니다(창 11:24-26).

교훈 데라에서의 사적은 성경에서 달리 기록된 곳을 찾아볼 수 없습니다. 데라에 도착하기 직전에 진을 친 장소는 다핫입니다. 이스라엘 백성의 경로를 호르산이 있는 모세롯 근처로 이동시키기 위하여, 하나님께서는 다핫으로부터 데라로 북상시키셨습니다.

샘이 많았던 릿마와, 와디(wadi) 가까운 곳에 있었던 데라는 지리적으로 물이 풍부한 환경이었을 것입니다. 이스라엘 백성은 데라의 뜻처럼 이곳에서 비교적 오랫동안 광야 행군을 지연시키며 머물러 있었을 것으로 추정됩니다. 가데스(릿마)에서의 이스라엘의 불순종은 40일이 40년으로 지연되는 참담한 결과를 초래하고 말았습니다(민 13:25-14:35). 순종은 영생으로 가는 형통한 지름길이나, 뜻을 지연시키는 불순종은 영원한 사망입니다.

한편, '데라'는 아브라함의 아비의 이름이기도 한데, 그는 이름의 뜻처럼 지체하고 머뭇거리는 삶을 살았던 자입니다. 하나님께서 '갈대아 우르를 떠나 가나안으로 가라'라고 명령하셨음에도 불구하고, 그는 물질적으로 풍요로운 좋은 환경의 하란에 머물러 지체하다가 끝내 하나님의 뜻이 머물러 있는 가나안 땅을 밟아 보지 못하고 그곳에서 죽고 말았습니다(창 11:31-32, 행 7:1-4). 지금 우리가 세상의 풍요로움에 마음이 기울어진 상태라면 그것은 바로 불순종의 시작이요, 하나님의 뜻을 지연시키는 것입니다.

24 **밋가** מִתְקָה / Mithkah / 민 33:28

밋가는 제24차로 진을 친 장소입니다.

뜻 밋가는 '감미로움, 단 샘, 감천(甘泉)'이란 뜻으로, 그 어원은 '달콤하다, 즐겁다, 유쾌하다, 기분 좋다'라는 뜻의 '마타크'(מָתַק)입니다.

위치 릿마(가데스)에서 광야 40년이라는 징벌을 받고 열 번째 진친 곳입니다. 호르산에서 가까운 곳이며, 지명의 뜻을 볼 때 샘이 있던 곳으로 추정됩니다.

내용 밋가에서의 사적은 성경에서 달리 기록된 곳을 찾아볼 수 없습니다. 출애굽 후에 처음 만났던 마라의 쓴 물과는 대조적으로(출 15:22-23), 아마도 이곳에서 '단 샘'을 만난 듯합니다.

교훈 죽음과도 같은 불모지 사막에서 단 샘을 만난다는 것은 전적으로 하나님의 역사입니다. 힘겨운 광야 40년의 여정에서도 하나

님의 은총의 손길 안에서는 은혜롭고 즐거운 단 샘을 만나게 된다
는 것입니다.

이사야 51:3 "대저 나 여호와가 시온을 위로하되 그 모든 황폐한 곳을 위
로하여 그 광야로 에덴 같고 그 사막으로 여호와의 동산 같게 하였나니
그 가운데 기뻐함과 즐거워함과 감사함과 창화하는 소리가 있으리라"

우리가 세상의 풍요로운 자리에 오래 머물러 하나님의 뜻을 지
연시켰을지라도, 회개하고 돌이켜 하나님의 말씀을 순종하고 나아
갈 때, 유쾌하게 되는 날이 주 앞으로부터 이르게 됩니다(행 3:19).
그것이 광야같이 메마른 불모지에서 단 샘을 맛보는 비결입니다.

우리의 인생을 '단 샘'으로 인도하시는 분은 하나님 한 분뿐이십
니다(사 49:10, 계 7:17, 21:6). 하나님의 말씀은 송이꿀처럼 달고 오묘
합니다(시 19:10, 119:103, 잠 24:13-14). 광야와 같은 인생 여정에서 유
일한 '단 샘'은 하나님의 말씀입니다(요 4:13-14).

25 하스모나 　הַשְׁמֹנָה / Hashmonah / 민 33:29

하스모나는 제25차로 진을 친 장소입니다.

뜻　하스모나는 '열매가 풍성함, 부유함, 살찜, 옥토'라는 뜻으로,
그 어원은 '풍성하다, 살찌다, 부하다'라는 뜻의 '하슘'(חָשַׁם)입니다.

위치　릿마(가데스)에서 광야 40년이라는 징벌을 받고 열한 번째 진
친 곳으로서, 호르산에 가까운 곳이며 샘이 있는 곳입니다.

내용　하스모나에서의 사적은 성경에서 달리 기록된 곳을 찾아볼
수 없습니다. 하스모나는 광야에서는 찾아보기 드문 옥토였던 것으

로 추정됩니다. 광야에서 옥토를 만나 보는 것은 거의 불가능하지만, 하나님께서는 척박한 광야 생활 중에서도 그 백성을 열매가 풍성한 옥토를 찾아 그곳으로 인도해 주셨습니다(민 10:33, 시 78:52).

교훈 아담 타락 이후 저주 받은 이 땅은 어딜 가나 척박한 광야요, 가는 곳마다 가시와 엉겅퀴만 무성합니다(창 3:17-18). 그러나 하나님의 말씀에 순종하여 세상과 철저하게 분리된 자를 하나님께서는 '단 샘'으로 인도하시고, 또한 샘 가의 '옥토'에서 풍성한 열매를 맺도록 보상해 주십니다. 풍성한 열매는 옥토에서만 맺히는 법입니다. 성경에서 말씀하고 있는 '옥토'는 어떤 곳입니까?

첫째, 옥토는 시냇가 혹은 샘 가입니다. 하나님의 말씀이라는 마르지 않는 샘 가에 깊이 뿌리를 내린 자는 반드시 풍성한 열매를 맺게 되어 있습니다(시 1:3, 렘 17:8, 31:12, 요 15:7-8).

둘째, 옥토는 좋은 땅입니다. 좋은 땅은 삼십 배, 육십 배, 백 배의 열매를 맺는 땅입니다. 땅을 사람으로 비유할 때, 좋은 땅은 말씀을 듣고 깨닫는 사람입니다(마 13:23, 막 4:20). 좋은 땅은 "착하고 좋은 마음으로 말씀을 듣고 지키어 인내로 결실하는 자"입니다(눅 8:15). 환난 중에 끝까지 참고 견디면서 마침내 열매를 맺는 땅이 바로 옥토입니다.

26 모세롯 מֹסֵרוֹת / Moseroth / 민 33:30

모세롯은 제26차로 진을 친 장소입니다.

뜻 모세롯의 뜻은 '징계, 멍에, 응징'입니다. 이 단어는 '매다, 묶다, 허리를 졸라매다'를 뜻하는 히브리어 '아사르'(אָסַר)에서 유래되었습니다.

위치 릿마(가데스)에서 광야 40년이라는 징벌을 받고 열두 번째 진친 곳으로, 호르산 근처로 추정됩니다.

내용 모세롯은 '모세라'(מוֹסֵרָה)의 복수형으로, 후에 아론이 죽은 장소 '모세라'와 동일한 지역입니다(신 10:6). 민수기 33:38-39에 아론이 호르산에서 죽은 것으로 기록되어 있는 것으로 보아, '모세롯(모세라)'은 호르산 근처입니다.

교훈 하나님께서는 이스라엘 백성이 모세롯에서 26차로 진을 친 이후, 다시 모세롯 근처인 호르산에 33차로 진을 칠 때까지 일곱 군데나 더 방황하게 하셨습니다. 이것은 모세롯에서 이스라엘 백성이 무엇인가 하나님의 마음을 아프게 하는 죄를 지은 결과가 아닌가 추정됩니다.

후에, 금송아지 숭배를 주도하는 등 여러 가지 죄를 범한 아론도(출 32:1-14), 그 죄에 대한 응징으로 가나안 땅에 들어가지 못하고 33차로 진을 친, 모세롯 근처 호르산에서 죽었습니다(민 20:22-29). 가나안 땅 입성 8개월 전인 출애굽 40년 5월 1일이었습니다(민 33:38-39). 제1차로 계수된 603,550명에 포함되지 않은 아론은, 범죄하지 않았다면 광야에서 죽지 않고 살아서 가나안에 들어갈 수 있었을 것입니다.

하나님께서는 자비가 풍성하고 인자가 한이 없으시지만, 죄에 대하여는 반드시 응징하시는 공의로운 분입니다(출 34:7).

27 브네야아간 בְּנֵי יַעֲקָן / Bene-jaakan / 민 33:31

브네야아간은 제27차로 진을 친 장소입니다.

뜻 브네야아간은 '야아간의 아들들'이란 뜻입니다.

위치 릿마(가데스)에서 광야 40년이라는 징벌을 받고 열세 번째 진친 곳으로, 가데스 바네아의 북동쪽 18㎞ 지점과 동일시되는 장소입니다.

내용 신명기 10:6에는 '브에롯 브네야아간'으로 기록하고 있습니다. '브에롯 브네야아간'은 '야간의 아들들의 우물'이라는 뜻으로, 이곳에서도 역시 샘물(우물)을 만났던 것 같습니다. 또 신명기 10:6에서는 브네야아간을 지나서, 후에 아론이 모세라(호르산이 있는 곳)에 이르러 죽게 된 사실을 미리 증거하고 있습니다.

교훈 야아간의 어원을 추적하면 '아칸'(עָקָן)으로서, '꼬불꼬불한, 구부러진'이란 뜻입니다.

광야 38년의 여정은 첩경을 놓아두고도 길을 못 찾아 꼬불꼬불 돌아다닌 행군이었습니다. 이스라엘 백성의 광야 노정을 살펴볼 때, 특히 호르산 근처 '모세롯'에 도착하여 26차로 진을 친 후에, '호르산'에 다시 도착하여 33차로 진을 치기까지 일곱 군데나 꼬불꼬불 돌아다닌 것을 알 수 있습니다.

곧게 갈 수 있는 길을 멀리 돌아가게 된 원인은 불순종과 불신의 죄 때문입니다. 그것은 마치 꼬불꼬불한 뱀, 사단의 속성과 같습니다(사 27:1). 사단은 그 모양처럼 하나님의 말씀을 굽게 만듭니다(합 1:4). 그러므로 사단의 미혹을 받으면 하나님의 말씀을 의심하다가 불순종하게 되고, 그 결과로 꼬불꼬불한 길에서 고달프게 헤매게 됩니다. 성도는 말씀에 순종하며 오직 곧게 뻗은 대로(大路)만을 걷는 자들입니다(시 84:5). 정직한 자와 깨끗한 자의 길은 곧은 대로입니다(잠 15:19, 16:17, 사 35:8).

28 홀하깃갓 חֹר הַגִּדְגָּד / Hor-haggidgad / 민 33:32

홀하깃갓은 제28차로 진을 친 장소입니다.

뜻 홀하깃갓의 뜻은 '깃갓의 동굴, 혹은 깃갓의 구멍'입니다.

위치 릿마(가데스)에서 광야 40년이라는 징벌을 받고 열네 번째 진친 곳으로, 가데스 바네아의 끝에서 남동쪽 23㎞ 지점에 있는 '와디 카다킷'(Wadi Khadakhid)에 있던 샘으로 추정됩니다.

내용 홀하깃갓에는 많은 동굴들이 있었던 것 같습니다. 홀하깃갓은 신명기 10:7의 '굿고다'(הַגֻּדְגֹּדָה, Gudgodah)와 같은 지명입니다. 굿고다는 '꿰뚫다, 스며들다'라는 뜻의 '가다드'(גָּדַד)에서 유래하여 '물이 많은 곳' 또는 '갈라진 틈'을 의미합니다. 따라서 홀하깃갓은 동굴이면서 물이 많았던 곳으로 추정됩니다.

교훈 모세롯과 브네야아간을 지나 꼬불꼬불한 길을 헤매던 이스라엘 백성의 마음은 많이 겸손해지고 낮아졌을 것입니다. 이스라엘 백성은 한동안 짧은 거리에서 꼬불꼬불 방황했지만, 이제 브네야아간에서 발행하여 상당히 먼 길을 걸어서 홀하깃갓에 도착하였습니다. 하나님께서는 먼 길에 지친 이스라엘 백성을 물이 많고 안전한 홀하깃갓으로 인도하신 것으로 보입니다.

굴은 사람들에게 안전하게 숨을 수 있는 피난처가 되어 줍니다. 다윗도 사울왕의 학정을 피해 아둘람 굴에 숨었고(삼상 22:1), 엘리야도 이세벨을 피하여 호렙산의 한 굴에 들어가 숨었습니다(왕상 19:9). 하나님께서는 여러 가지 어려움을 당하는 성도들에게 확실한 동굴 곧 피난처가 되어 주십니다(시 14:6, 32:7, 46:1).

시편 119:114 "주는 나의 은신처시요 방패시라 내가 주의 말씀을 바라나이다"

이사야 32:2 "또 그 사람은 광풍을 피하는 곳, 폭우를 가리우는 곳 같을 것이며 마른 땅에 냇물 같을 것이며 곤비한 땅에 큰 바위 그늘 같으리니"

29 욧바다 יָטְבָתָה / Jotbathah / 민 33:33

욧바다는 제29차로 진을 친 장소입니다.

뜻 욧바다는 히브리어 '야타브'(יָטַב)에서 유래되었으며, 그 뜻은 '즐겁다, 만족하다, 기쁘게 하다'입니다.

위치 릿마(가데스)에서 광야 40년이라는 징벌을 받고 열다섯 번째 진친 곳으로, 에시온게벨에서 서남쪽 아래 아카바 만 서쪽에 있습니다.

내용 이곳은 시내가 많은 곳이었습니다. 신명기 10:7에서 "욧바다에 이른즉 그 땅에는 시내가 많았었으며"라고 말씀하고 있습니다.

교훈 하나님께서는 물이 많은 '홀하깃갓'으로 인도하시고, 다시 시내가 많은 '욧바다'로 인도하셨습니다.

신명기 10:7에 나오는 "시내가 많았었으며"는 히브리어로 한 단어인 '나할'(נַחַל)의 복수형입니다. '나할'은 우기에만 물이 흐르고 건기에는 물이 말라 버리는 근동 지방의 간헐천(間歇川, wadi)을 의미합니다. '나할'은 우기에는 강을 이룰 정도로 많은 물이 급류가 되어 흐릅니다. 그러나 '나할'은 건기라 하더라도 조금만 땅을 파면 물이 나오는 경우가 많으므로, 광야를 여행하는 자들이 쉬고 원기를 회복할 수 있는 좋은 지역입니다. 시내가 많았던 욧바다는 릿마를 떠난 이래 약 38년이 다 되도록 광야에서 피곤한 여정을 지내 온 이스라엘 백성에게 분명 마음껏 물을 마시고 원기를 회복하는 기쁨과 즐거움을 안겨 주었을 것입니다(사 58:11).

예수 그리스도를 믿는 자에게는 그 배에서 생수의 강이 흘러 넘치는 축복이 있습니다. 오직 믿는 자는 메마른 광야와 같은 이 땅 위에서도 즐겁고 만족한 인생을 살게 될 것입니다(요 4:13-14, 7:37-38).

30 아브로나 עַבְרֹנָה / Abronah / 민 33:34

아브로나는 제30차로 진을 친 장소입니다.

뜻 아브로나의 뜻은 '통로, 이주'입니다. 이는 '지나가다, 건너가다'라는 뜻의 '아바르'(עָבַר)에서 유래되었습니다.

위치 릿마(가데스)에서 광야 40년이라는 징벌을 받고 열여섯 번째 진친 곳입니다. 홍해 연안 아카바 만 부근으로, 에시온게벨 북서쪽 10km에 위치한 오아시스로서, 오늘날 '아인 에드 데피예'(Ain ed-Defiyeh)로 알려져 있습니다.

내용 아브로나에서의 사적은 성경에서 달리 기록된 곳을 찾아볼 수 없습니다. 이스라엘 백성은 브네야아간에서 홀하깃갓을 거쳐 욧바다까지 계속해서 남쪽으로 내려왔습니다. 이제 다시 가데스로 가기 위해서 아브로나를 지나 북상해야 했습니다.

교훈 아브로나는 아카바 만에서 가나안으로 갈 때 반드시 통과해야 할 통로입니다. 가데스에서 광야 생활을 선고 받고 유리하던 이스라엘 백성이 욧바다에서 다시 가데스로 가기 위해서는 반드시 아브로나를 통과해야 했습니다.

어떤 목적지를 갈 때는 반드시 통과해야 할 곳이 있습니다. 만약 그곳을 거치지 않는다면 가고자 하는 목적지에 정확히 도착할 수 없습니다. 우리가 소망하는 가나안 천국에 갈 때에도 반드시 통과해야 할 길이 있다면, 오직 한 길! 예수 그리스도입니다(요 14:6, 행 4:12). 요한복음 10:9에서 "내가 문이니 누구든지 나로 말미암아 들어가면 구원을 얻고..."라고 말씀하셨습니다. "나로 말미암아"는 헬라어로 '디 에무'(δι' ἐμοῦ)로서, 이것은 오직 예수님만이 구원을 위한 유일한 문임을 의미합니다.

---

31 에시온게벨 עֶצְיוֹן גֶּבֶר / Ezion-geber / 민 33:35

  에시온게벨은 제31차로 진을 친 장소입니다.

뜻 에시온게벨은 '용사의 등, 거인의 척추'란 뜻으로, 바다로 돌출되어 있는 그곳 지형에서 유래한 지명입니다.

위치 광야 40년이라는 징벌을 받고 열일곱 번째 진친 곳입니다. 아카바 만 꼭대기에 자리잡고 있는 항구로서, 아카바 만 북동쪽 3km 지점에 있습니다.

내용 솔로몬과 여호사밧 시대에 오빌과의 해상 무역을 위해 배들을 만들었던 곳입니다(왕상 9:26, 22:48, 대하 8:17, 20:36).

교훈 광야 말기 가데스에 도착하기 전에 마지막으로 진을 친 장소가 바로 에시온게벨입니다.

  이스라엘 백성은 38년 전에 가데스에서 광야 생활을 시작한 후 38년 동안 하나님의 징계와 연단을 받았으며, 이제 다시 가데스로 돌아가기 직전에, 그들은 에시온게벨에 진을 친 것입니다. 이스라엘 백성은 에시온게벨에서 출발하여 다시 가데스로 향하면서, 38년 전에 하나님의 말씀에 불순종하여 광야를 유리할 수밖에 없었던 자신들의 죄를 뼈저리게 되새기며, 이제는 하나님의 말씀대로 살아야겠다고 순종하는 마음을 다짐하고 또 다짐했을 것입니다.

에시온게벨은 '척추'라는 뜻을 가진 '아체'(עָצֶה)에서 유래되었습니다. 척추는 신체의 중심으로서, 우리의 몸을 지탱하는 기둥입니다. 척추가 약간만 틀어져도 몸에 이상이 생겨 활동이 고통스럽듯이, 하나님의 말씀에서 떠나면 그 순간부터 하나님의 일을 할 수 없게 됩니다. 우리의 모든 삶과 인류 역사를 지탱하는 가장 강력한 힘은 하나님의 말씀입니다. 하나님께서는 말씀으로 세상을 창조하시고(요 1:3, 10, 히 11:3), 말씀으로 만물을 붙드시며(히 1:3), 말씀으로 세상을 심판하실 것입니다(요 12:48). 하나님의 말씀을 항상 중심에 모신 자가 하나님의 구속사적 경륜의 중심에 서 있는 사람입니다. 이러한 자들이 하나님의 용사로서(출 12:41, 51, 삿 6:12), 하나님의 나라 건설에 기둥 같은 중심 인물로 쓰임 받게 될 것입니다(갈 2:9, 계 3:12).

(4) 가데스에서 세렛 시내까지의 여정 – 여섯 번 진을 침
(출애굽 40년 상반기)

(참고: 출애굽과 광야 노정(路程) 지도에서 '녹색'으로 표시된 구간)

이 구간의 노정에서는 가나안 입성 직전에, 불신과 불순종의 죄를 강력하게 징치하시는 하나님의 심판을 자주 발견하게 됩니다.

광야의 여정 가운데 지도자였던 아론은 그 아들 엘르아살에게 대제사장직을 인계하고(민 20:25-28), 출애굽 40년 5월 1일에 호르산에서 죽었습니다(민 33:38-39). 이때 아론의 나이는 123세였습니다.

아론의 죽음에 연이어, 이스라엘 백성은 가까운 에돔 족속의 땅을 우회하여 멀리 남쪽 길을 따라 다시 가나안 행군을 시작하였습니다.

그것은 에돔 족속이 이스라엘의 영내 통과를 거절했기 때문입니다. 멀리 돌아가는 길 때문에 마음이 상하여 하나님과 모세를 원망하다가, 많은 사람들이 불뱀에 물려 비참하게 죽었습니다(민 21:4-9).

또한 세렛 시내에서는 남아 있던 광야 1세대의 군인들이 하나님의 손이 치시므로 모두 멸절되었습니다(신 2:13-16).

호르산에서 이예아바림까지 진친 장소들은 다음과 같습니다.

㉜ **가데스**	→	㉝ **호르산**	→	㉞ **살모나**	
㉟ **부논**	→	㊱ **오봇**	→	㊲ **이예아바림**	

32 가데스 · קָדֵשׁ / Kadesh / 민 33:36

가데스는 제32차로 진을 친 장소입니다.

뜻 가데스는 '거룩히 구별된 곳'이란 뜻으로, 그 어원은 '거룩하다, 분리되다'라는 뜻의 '카다쉬'(קָדַשׁ)입니다. 본명은 '엔미스밧'(עֵין מִשְׁפָּט)으로, '심판의 샘'이란 뜻입니다(창 14:7).

위치 신(צִן, Zin) 광야에 위치한 오아시스로, 가나안 남방 경계 브엘세바까지 80㎞(3일 길) 거리에 있습니다.

내용 이스라엘 백성은 시내산에 머문 지 약 1년이 지난 출애굽 2년 2월 20일에 바란 광야로 출발하여 기브롯 핫다아와에 진을 치고, 이어서 하세롯을 거쳐 릿마(가데스)에 도착하였습니다(주전 1445년). 릿마(가데스)에서는 '광야 40년 생활'이라는 형벌을 받게 됩니다. 그 후 릿마에서 '에시온게벨'까지 열여덟 군데에 진을 치고, 마침내 출애굽 40년 1월에 가데스로 다시 돌아왔습니다.

교훈 가데스에 돌아온 이스라엘 백성은 약 38년 전 그곳에서의 뼈아픈 과거를 회상하며 만감이 교차했을 것입니다. 그러나 그곳은 이제 가나안 땅을 향해 출발하는 새로운 희망의 장소가 되었습니다. 하나님께서는 과거 불신의 참혹한 결과를 깊이 회개케 하심으로써, 가나안 땅을 정복하도록 준비시키셨습니다.

약 38년 전 이스라엘 백성은 가나안 땅을 정복하는 '거룩한 일'을 시작하기 위하여 '거룩한 땅' 가데스에서 마땅히 순종해야 했습니다. 그러나 하나님의 말씀에 불순종하므로 거룩한 백성이 되지 못하였습니다. 결국 '거룩한 땅' 가데스에서 쫓겨나, 약 38년 동안 광야에서 유리하며 '거룩한 백성'이 되기까지 다듬어져야 했습니다.

가데스에서 다시 가데스로 돌아오기까지의 모든 지명들은 신기하게도 하나님의 백성이 거룩한 백성으로 성화되는 과정에 대한 교훈으로 가득합니다.

'가데스'의 사건은 오늘날 천국을 향해 믿음의 길을 걷고 있는 성도들에게 '거룩'에 대하여 일깨워 줍니다. 모세와 아론도 '가데스'라는 '거룩한 땅'에서 하나님의 '거룩함'을 나타내지 아니한 고로 가나안에 들어가지 못한다는 선고를 받았습니다(민 20:12, 27:14, 신 32:51).

'거룩'은 하나님 나라의 백성이 가져야 할 필수적인 덕목입니다 (레 11:44-45). 히브리서 12:14에서는 "모든 사람으로 더불어 화평함과 거룩함을 좇으라 이것이 없이는 아무도 주를 보지 못하리라"라고 말씀하고 있습니다. 베드로전서 1:15에서도 "오직 너희를 부르신 거룩한 자처럼 너희도 모든 행실에 거룩한 자가 되라"라고 말씀하고 있습니다.

33 호르산 הֹר הָהָר / Mount Hor / 민 33:37

호르산은 제33차로 진을 친 장소입니다.

뜻 '호르'(הֹר)는 '산'이라는 뜻으로, 호르산은 '산 중의 산, 산악 지대, 장엄한 산맥'이란 뜻입니다.

위치 가데스 근처 에돔 국경 지역(민 20:22, 33:37)으로, 사해에서 80㎞ 떨어진 '예벨 네비 하룬'(Jebel Nebi Harun)으로 추정됩니다.

내용 아론이 죽은 장소이자(민 33:38-39), 그의 아들 엘르아살이 대신하여 제사장이 된 장소입니다. 아론은 이곳에서 출애굽 40년 5월 1일에 123세의 나이로 죽었습니다.

교훈 아론은 과거에 금송아지 숭배를 주도하고(출 32:1-20), 모세가 구스 여인 취한 것을 비난하는 중대한 죄를 범했습니다(민 12:1-16). 또한 모세가 반석을 명하여 물을 내라는 하나님의 말씀을 거역하고 반석을 두 번 칠 때(민 20:2-13), 그 일에 동조하였습니다. 아론은 이러한 죄에 대한 대가로 호르산 꼭대기에 올라가 죽었습니다(민 20:28).

그는 이스라엘 백성의 제사장이었으며 그 중 대제사장으로서(스 7:5), '호르산'의 뜻대로 산 중의 산이라고 할 만큼 높은 사람이었습니다. 그러나 아무리 높은 사람이라도 하나님의 명(말씀)을 불순종했을 때는 그 옷을 벗을 수밖에 없습니다.

민수기 20:25-26 "너는 아론과 그 아들 엘르아살을 데리고 호르산에 올라 26 아론의 옷을 벗겨 그 아들 엘르아살에게 입히라 아론은 거기서 죽어 그 열조에게로 돌아가리라"

이것을 민수기 33:38에서는 "여호와의 명으로" 호르산에 올라가 거기서 죽었다고 말씀하고 있습니다.

하나님께서는 지위 고하를 막론하고 죄는 반드시 징벌하십니다.

34 살모나 צַלְמֹנָה / Zalmonah / 민 33:41

살모나는 제34차로 진을 친 장소입니다.

뜻 살모나의 뜻은 '그늘짐, 어두움'입니다.

위치 이스라엘 백성이 호르산을 떠나 부논으로 향하여 가던 도중 처음으로 진을 친 장소입니다. 에돔 왕이 왕의 대로로 가는 것을 허락하지 않자, 여기에서 홍해 길 남쪽으로 험한 산지를 따라 내려간 것으로 추정됩니다(민 20:17-21, 신 2:8).

내용 대제사장 아론이 죽고 이스라엘 온 족속이 그의 죽음을 30일 동안 애곡한 후에(민 20:29), 처음으로 진을 친 장소입니다.

교훈 '산 중의 산'이라고 할 만큼 높은 지위의 지도자였던 아론이 죽자, 이스라엘 백성은 30일을 애곡하였습니다(민 20:29). 살모나, 그 이름처럼 '그늘'과 '어두움'이 이스라엘 백성의 마음에 드리웠을 것입니다.

그러나 결정적으로는 에돔 왕이 왕의 대로로 가는 빠른 길을 허락하지 않으므로(민 20:14-21), 홍해 길 남쪽을 따라 멀리 돌아가야 했기 때문에 이스라엘 백성의 마음은 더 그늘지고 상했을 것입니다. 바로 눈앞에 있는 편안하고 가까운 길을 놓아두고 먼 길로, 그것도 험한 산지 길로 돌아서 가야 한다면 누구라도 마음이 어두워질 것입니다.

성도의 신앙 노정에서 한 가지 명심할 것은, 멀고 험한 길이라 할지라도 하나님께서 인도하시는 길이라면 '바른 길'이라는 사실입니다. 오직 '바른 길'만이 '거할 성'에 이르게 합니다(시 107:7). 바른 길에는 생명과 평강이 가득하며(잠 3:17, 10:9), 깊은 흑암 중에도 앞길이 환히 트이는 광명이 보장되어 있습니다(시 112:4, 사 42:16).

35 부논   פּוּנֹן / Punon / 민 33:42

부논은 제35차로 진을 친 장소입니다.

뜻 ▸ 부논의 뜻은 '해가 지다, 광산 구덩이'입니다.

위치 ▸ 살모나와 오봇 사이에 위치한 에돔의 국경 변두리로, 오늘날 페트라와 소알 사이에 위치합니다.

내용 ▸ 오봇에 도착하기 전에(민 21:10) 이스라엘 백성이 호르산에서 진행하여 나올 때, 길 때문에 마음이 상하여 원망하다가 광야의 불뱀에 물려 많이 죽게 된 일이 있었는데(민 21:4-9), 바로 이 사건이 부논에서 일어난 것으로 추정됩니다.[47]

교훈 ▸ 호르산에서 아론이 죽기 직전에 모세는 에돔 왕에게 '왕의 대로'로 지날 수 있도록 요청하였으나, 에돔 왕이 이를 거절하였습니다(민 20:17-21). 그 후에 아론이 호르산에서 죽고(민 20:22-29), 이스라엘은 아랏과 싸워서 승리합니다(민 21:1-3). 이제 이스라엘 백성은 호르산에서 출발하여 가나안을 향해서 가야 하는데, 에돔 지경을 통과할 수 없어서 '홍해 길'을 좇아 남하하다가 엘랏과 에시온게벨 곁으로 지나 행하고, 다시 돌이켜 북상하여 부논에 이르게 되었습니다(신 2:8).

에돔 지경에서 '왕의 대로'만 통과하면 빨리 도착할 수 있는 길을, 세일 산맥과 아라바 사막의 길고 험한 지형을 따라 아주 멀리 돌아서 가게 되었던 것입니다. 가나안 땅을 지척에 둔 상황에서 아주 멀리 그것도 험한 세일 산맥을 쉴 새 없이 돌고 돌아 행군해야 했으므로 백성의 마음은 대단히 상했습니다. 이러한 상황을 민수기 21:4에서는 "백성이 호르산에서 진행하여 홍해 길로 좇아 에돔 땅을 둘러 행하려 하였다가 길로 인하여 백성의 마음이 상하니라"라고 말씀하고 있습니다. 여기 '상하니라'는 히브리어로 '카차르'(קָצַר)인데, 슬픔이나 낙심 따위로 참기 어려운 상태에 이르렀음을 말합니다. 약속의 땅 가나안에 목적 의식이 분명했다면 아무리 험준하고 먼 길이라 할지라도 능히 견딜 수 있었을 것입니다. 그러나 이스라엘 백성의 마음은 온통 애굽을 향해 있었습니다(민 21:5).

백성은 거기서 그치지 않고, 40여 년 동안 그들의 식량이었던 만나까지도 이젠 지겹다고 원망하였습니다. "우리 마음이 이 박한(קְלֹקֵל, 켈로켈: 욕지기가 나는) 식물을 싫어하노라(קוץ, 쿠츠: 몹시 지겨워 질색하다)"(민 21:5下)라고 하였습니다. 여기 '박한'에서 '박'은 한자로 '엷을 박(薄)'이며, '몹시 인색하다, 남을 위하는 마음이 적다'라는 뜻입니다. 흔해 빠져서 가치가 없고, 무시할 만하다는 것입니다. 광야 말기에, 그동안 값없이 먹은 생명의 양식 만나에 대해 최고의 감사를 드려야 할 순간에 최고조에 달한 악평이 쏟아진 것입니다. 한마디로, 40년 동안 받고 누렸던 모든 은혜가 순간 원망의 대상으로 돌변한 것입니다. 하나님의 뜻을 헤아리기에 앞서 조급하게 원망하기 시작하면, 40년 동안 받았던 은혜라 할지라도 값싸게 다 쏟아 버릴 수 있습니다.

이 일로 지금까지 광야에 산재해 있던 불뱀으로부터 보호해 주셨던 하나님께서는, 이제는 광야에 있는 수천수만 마리의 불뱀들을 보내어 물게 하시므로, 많은 백성이 죽고 말았습니다(민 21:6).

우리는 내 자신의 의지와 경험과는 정반대로 일이 진행되거나 또한 그 일이 아주 늦춰질 때, 그것을 기다리지 못하고 육의 생각으로 조급하게 나서서 하나님의 뜻을 가로막을 때가 얼마나 많습니까? 하나님의 뜻을 거스르는 조급함과 원망은 자기 자신과 공동체를 죽음으로 몰고 가는 너무도 무서운 죄악입니다.

불순종은 그 삶이 '부논'의 뜻과 같이 해가 지는 생활입니다. 순종이 '가장 빠른 지름길'이요, '절대 안전을 보장하는 길'입니다. 순종의 길은 돋는 햇볕 같아서 점점 원만한 광명에 이르지만, 불순종의 길은 어둠 같아서 그가 거쳐 넘어져도 그것이 무엇인지 깨닫지 못한다고 말씀하였습니다(잠 4:18-19).

불뱀에 물려 죽어 가던 이스라엘 백성이 회개할 때, 모세는 백성을 위하여 하나님께 기도하였습니다. 사랑과 긍휼이 풍성하신 하나님께서는 놋뱀을 만들어 장대 위에 달게 하시고, 불뱀에 물린 자들이 그것을 쳐다보기만 하면 모두 살려 주셨습니다(민 21:7-9). 광야 노정 중에 해가 질 정도로 멸절 위기를 만난 그 순간에 하나님께서는 신약에서 이루어질 예수 그리스도의 십자가를 예표해 두셨습니다. 장대 위에 높이 달린 놋뱀은 바로 십자가에 높이 달리실 우리의 구원자이신 예수 그리스도를 예표합니다(요 3:14). 전 인류는 모두 옛 뱀에 물린 자요(계 12:9, 20:2), 자기 힘으로는 사망의 독을 제거할 수 없으므로 저마다 사망을 향해 달음질하고 있습니다(롬 6:23). 그러나 부논에서 이스라엘 백성이 불뱀에 물려 신음할 때, 장대 위의 놋뱀을 쳐다보기만 하면 몸에서 사망의 독이 빠지면서 살았듯이, 땅에서 들려 십자가에 높이 달리신 예수 그리스도를 믿고 거듭나기만 하면 새 생명을 얻고, 하나님 나라에 들어갈 수 있습니다(요 3:3-5).

36 오봇   אבת / Oboth / 민 33:43

오봇은 제36차로 진을 친 장소입니다.

뜻 오봇의 뜻은 '가죽 부대들'입니다.

위치 부논과 이예아바림 사이(민 21:10-11)로, 모압의 남쪽 국경에서 가까운 곳에 위치하고 있습니다.

내용 놋뱀 사건으로 인하여 죽음과 회복이라는 놀라운 체험을 한 이스라엘 백성은 다시 가나안을 향한 행군을 시작하여 부논을 떠나 오봇에 도착하게 되었습니다.

교훈 이스라엘 백성은 하나님의 명령을 따라 홍해 길로 가기는 했지만 마음에는 원망이 가득 찼을 것입니다. 하나님이 기뻐하시는 순종은 몸만 따라오는 억지 순종이 아니라, 마음으로부터 즐거이 하는 순종입니다. '온전한 마음'과 '기쁜 뜻'으로 하나님을 섬겨야 합니다(대상 28:9). 하나님의 말씀을 의심 없이 믿고 생명처럼 소중히 여겨 마음속에 간직할 때, 그 말씀이 즐거이 순종할 힘을 주십니다. 이스라엘 백성은 놋뱀 사건을 통하여 하나님의 말씀을 마음에 간직하여 순종하는 것이 얼마나 중요한지를 깨닫게 되었을 것입니다. '가죽 부대'는 양이나 염소의 머리와 다리를 잘라버린 가죽을 잘 말려 한 구멍만 남기고 나머지 부분은 꿰매어 부대처럼 만든 것을 말하며 '가죽병'이라고도 합니다(시 119:83). 이 부대에는 물이나 우유, 포도주를 담습니다. 그런데 점점 부피가 늘어나는 발효 중인 새 포도주는 새 가죽 부대에 담았습니다. 왜냐하면 헌 가죽 부대는 낡아 더 이상 늘어나지 않지만, 새 가죽 부대는 잘 늘어나기 때문입니다.

예수님은 마태복음 9:17에서 "새 포도주를 낡은 가죽 부대에 넣지 아니하나니 그렇게 하면 부대가 터져 포도주도 쏟아지고 부대도 버리게 됨이라 새 포도주는 새 부대에 넣어야 둘이 다 보전되느니라"라고 말씀하셨습니다. 새 포도주는 '예수님의 말씀'을 상징하고, 가죽 부대는 이스라엘 백성의 '마음'을 나타냅니다. 새 포도주는 새 가죽 부대에 담아야 하듯이, 예수님의 새 말씀(막 1:22, 27)은 날마다 자신을 비운 '새 마음'으로 받아야 합니다.

37 이예아바림 עִיֵּי הָעֲבָרִים / Iye-abarim / 민 33:44

이예아바림은 제37차로 진을 친 장소입니다.

뜻 이예아바림에서 '이예'의 어원은 '이'(עִי)로서 그 뜻은 '폐허'이며, '아바림'의 어원은 '아바르'(עָבַר)로서 그 뜻은 '지나다, 통과하다'입니다. 따라서 이예아바림은 '폐허의 길'이라는 뜻입니다. 민수기 33:45에서는 '이임'(עִיִּים)으로 약칭되고 있습니다.

위치 이예아바림은 모압 남동편 변방에 있는 불모지로서, 대부분 암석투성이로 알려져 있습니다. 그래서 모압과 에돔이 큰 관심을 두지 않은 곳이고, 다른 민족들도 정착하지 않은 힘의 공백지였습니다.

내용 이곳은 '세렛 시내(골짜기)'와 아주 가까운 곳입니다. 민수기 21:11-12에서는 이예아바림에서 진을 치고 다음에 세렛 골짜기에 진을 친 것으로 나와 있지만, 실제로 세렛 골짜기에는 진을 칠 만한 최소한의 공간도 없었습니다.[48] 아마도 진의 규모가 이예아바림에서 시작하여 세렛 골짜기까지 펼쳐진 것으로 추정됩니다. 그래서 민수기 33:44-45에서는 이예아바림 다음에 진을 친 장소를 세렛 골짜기가 아닌 '디본갓'이라고 기록한 것으로 보입니다.

교훈　세렛 골짜기(시내)는 제1차 계수된 군인 가운데 그때까지 살아 있던 군인들이 하나님의 손에 의해서 다 죽임을 당한 지역입니다(신 2:14-16). 이처럼 이예아바림은 지금까지 남아 있던 제1세대 군인들이 다 죽음으로 말미암아 그 지명의 뜻대로, '폐허의 길'이 되고 말았습니다.

한편, 민수기 21:11에서 이예아바림을 "해 돋는 편 광야"라고 말씀하고 있는 것은 매우 의미 심장합니다. 제1세대의 군인들의 죽음으로 이예아바림은 폐허의 장소가 되었지만, 이것은 광야 2세대를 중심으로 한 가나안 행군의 새로운 시작을 의미하는 것이라 할 수 있습니다.

가장 어두운 새벽 미명 후에 아침이 밝아오듯이, 제1세대의 죽음 후에 광야 2세대를 통해 가나안 정복을 위한 행진이 다시 힘차게 시작된 것입니다. 옛 시대가 끝나고 새로운 시대가 도래한 것입니다.

(5) 세렛 시내를 건너 길갈까지의 여정 – 다섯 번 진을 침 (출애굽 40년 하반기)

(참고: 출애굽과 광야 노정(路程) 지도에서 '보라색'으로 표시된 구간)

38 **디본갓** →	39 **알몬 디블라다임** →	40 **아바림산**
41 **모압 평지** →	42 **길갈**	

오봇에서 발행하여 이예아바림에 진친 내용은 민수기 21:11-20과 민수기 33:43-44에 동일하게 기록되어 있는데, 민수기 21:12-19에는 민수기 33장에 언급되지 않은, 이예아바림 후의 여섯 장소의 여정이 자세하게 기록되어 있습니다. 그 지명과 뜻은 다음과 같습니다.

지 명	성 경	의 미
세렛 (זֶרֶד / Wadi Zered)	민 21:12	풍부하다
아르논 (אַרְנוֹן / Arnon)	민 21:13	급류
브엘 (בְּאֵר / Beer)	민 21:16	우물
맛다나 (מַתָּנָה / Mattanah)	민 21:18	선물
나할리엘 (נַחֲלִיאֵל / Nahaliel)	민 21:19	하나님의 시내(골짜기)
바못 (בָּמוֹת / Bamoth)	민 21:19	높은 곳들

이 가운데 '세렛'은 이예아바림과 근접 지역으로, '아르논'은 디본갓과 근접 지역으로 취급되며, 나머지 지역은 정식으로 진을 친 장소가 아니라 잠시 거쳐 간 지명으로 추정됩니다. 이 지명들의 의미 속에는 광야 1세대가 세렛 시내에서 사라진 후에 광야 2세대가 약속의 땅을 향하여 힘차게 행진하는 생동적인 모습이 엿보입니다.

<table>
<tr><td>38</td><td>디본갓</td><td>דִּיבוֹן גָּד / Dibon-gad / 민 33:45</td></tr>
</table>

디본갓은 제38차로 진을 친 장소입니다.

뜻 ▶ 디본갓에서 '디본'(דִּיבוֹן)은 '그리워함, 황폐'라는 뜻입니다. 그 어원은 '두브'(דוב)로서, 이것은 '애타게 그리워하다, 쇠약해지다'라는 뜻을 가지고 있습니다. 디본은 '디몬'(Dimon)으로도 불립니다 (사 15:9).

위치 ▶ 요단 동편에 있는 사해 동쪽 18㎞, 아르논 강 북쪽 5㎞ 지점입니다. 민수기 21:13에 나오는 '아르논 건너편'과 동일하거나 근접한 지역으로 추정됩니다.

내용 '아르논 강'은 32㎞의 길이로, 사해 동쪽으로 흘러 들어갑니다. '아르논'(אַרְנוֹן)의 뜻은 '포효'(咆哮: 사나운 짐승이 울부짖음, 또는 그 울부짖는 소리)하는 급류입니다. 이 강은 모압과 아모리 족속 사이의 경계입니다(민 21:13). 특히 이 강은 급류인 데다가 양쪽의 깊이가 약 500m에 달할 정도로 깊었기 때문에, 이스라엘 백성은 깊이가 얕은 상류 쪽으로 올라가서 강을 건넜을 것입니다.

교훈 세렛을 지나면서, 이스라엘 백성은 남은 광야 1세대가 갑자기 다 죽임을 당하는 하나님의 심판을 목격하였습니다. 그들은 죽지 않고 살아서 하루 빨리 가나안에 들어가기를 간절히 소망하여, '디본'의 뜻처럼 그곳을 향한 애타는 그리움이 복받쳐 올랐을 것입니다.

베드로후서 3:12에서도 "하나님의 날이 임하기를 바라보고 간절히 사모하라..."라고 말씀하고 있습니다. 가슴속에 새 하늘과 새 땅(사 65:17, 66:22, 계 21:1)을 향한 애타는 그리움이 가득 차고, 재림의 소망으로 충만한 자는 이 땅에서의 광야 생활이 아무리 힘들고 고통스러워도 능히 이기고 승리할 수 있습니다.

39 알몬 디블라다임

עַלְמֹן דִּבְלָתָיְמָה /
Almon-diblathaim / 민 33:46

알몬 디블라다임은 제39차로 진을 친 장소입니다.

뜻 알몬 디블라다임은 '무화과 뭉치들을 숨김, 두 무화과 과자의 이정표'라는 뜻으로, '(시야를)가리다, 숨기다, 감추다'를 뜻하는 '알람'(עָלַם)과 '누른 무화과 뭉치'를 뜻하는 '데벨라'(דְּבֵלָה)가 합쳐진 단어입니다.

위치 디본갓과 아바림산 사이에 진을 친 지역으로서, 사해 동쪽 25 km 지점의 '델레일라드 엘 가르비예'(Teleilat el-Gharbiyeh)와 동일시되는 지역입니다.

내용 예레미야 선지자가 모압의 심판이 임박했음을 경고했던 '벧디불라다임'과 동일한 성읍입니다(렘 48:22).

교훈 아바림산에 올라가기 전에, 이스라엘 백성이 마지막으로 진을 친 장소가 '알몬 디블라다임'입니다. 가나안 입성을 눈앞에 두었을 때이므로, 이스라엘 백성은 하루 빨리 가나안에 들어가고 싶은 열망으로 가득 찼을 것입니다.

그러나 한편으로 주변국과의 마찰을 피하기 위해 험한 광야와 산지 길을 돌고 돌아온 긴 여정, 그리고 아모리 족속과의 전쟁으로 말미암아 그 심신이 매우 지치고 피곤해 있던 때이기도 합니다.

구약에 나타난 이스라엘의 옛 풍습을 보면, 오랜 행군이나 이동으로 피곤하고 지친 사람들에게는 주로 '무화과 뭉치'를 대접하였습니다. 무화과 열매를 음식으로 사용하기 위하여 눌러서 떡처럼 덩어리로 만든 것을 '무화과 뭉치'(삼상 25:18) 또는 '무화과 병'(대상 12:40)이라고 합니다.

아비가일이 지친 다윗을 위로하고 힘을 북돋워 주기 위하여 가져온 음식 가운데 무화과 뭉치가 있었습니다(삼상 25:18). 병들어 버려졌던 애굽의 한 병사는 '무화과 뭉치에서 뗀 덩이 하나와 건포도 두 송이를 먹고 정신을 차렸다'라고 하였습니다(삼상 30:12).

이스라엘 백성이 얼마 후면 들어갈 가나안 땅은 '젖과 꿀이 흐르는 땅'이요, 무화과가 풍성한 땅이었습니다(민 13:23, 왕상 4:25). 감추어진 가나안 땅, 풍요로운 가나안 땅은 이제 높은 아바림 산지만 지나면 마침내 그 신비한 모습을 드러내게 될 것입니다.

40 아바림산   הָרֵי הָעֲבָרִים / Mountains of Abarim / 민 33:47

아바림산은 제40차로 진을 친 장소입니다.

뜻 아바림은 '건너편 지역, 강 저쪽 지방'이라는 뜻입니다.

위치 모압 평지 우측 아래, 사해 동편에 위치한 산지입니다.

내용 모세가 죽기 전에 가나안 땅을 바라보기 위해 오른 산은 '아바림산'(민 27:12), '느보산(높은 산, 지혜의 산-신 32:49)', '비스가산'(뾰족한 곳. 신 34:1) 등 다양한 이름으로 나타나고 있습니다. 이들의 관계를 살펴보면 아바림은 큰 산지(산맥)이고, 이 아바림 산지의 북부에 '느보산'이 있으며(신 32:49), '느보산'의 여러 봉우리 가운데 가장 높은 봉우리가 바로 '비스가산'입니다(신 34:1).

교훈 '건너편 지역'이라는 아바림의 뜻처럼, 아바림 산지의 건너편은 꿈에 그리던 가나안 땅입니다. 이곳에서 하나님께서는 모세에게 가나안 땅을 모두 보이셨습니다.

신명기 34:1-3 "모세가 모압 평지에서 느보산에 올라 여리고 맞은편 비스가산 꼭대기에 이르매 여호와께서 길르앗 온 땅을 단까지 보이시고 ²또 온 납달리와 에브라임과 므낫세의 땅과 서해까지의 유다 온 땅과 ³남방과 종려의 성읍 여리고 골짜기 평지를 소알까지 보이시고"

여기에서 ①'단'(Dan)은 가나안 최북단 헤르몬산 기슭을 가리키고, ②'온 납달리(Naphtali)와 에브라임(Ephraim)과 므낫세(Manasseh) 땅'은 요단 서편에 있는 땅들을 가리키며, ③'서해까지의 유다 온 땅'(all the land of Judah)은 가나안 서편에 있는 지중해까지의 땅을 가리키며, ④'소알'(Zoar)은 사해 남단 지역을 가리킵니다.

결국 모세는 가나안의 동서남북 사방 지역을 모두 본 것입니다.

그런데 비스가산에서 단까지는 직선 거리 약 164㎞로서, 아무리 모세의 시력이 좋았을지라도(신 34:7) 보통 사람의 눈으로는 볼 수 없는 거리입니다. 즉 모세는 자기의 시력으로 본 것이 아니라, 하나님께서 모세의 눈을 열어 그 먼 거리까지 보여 주신 것입니다.

신명기 34:1에 나오는 '보이시고'라는 히브리어 '바야르에후'(וַיַּרְאֵהוּ)의 기본형은 히브리어 '라아'(רָאָה)로서, 이것은 '자세히 살펴보다'라는 뜻을 가지고 있습니다. 이 동사의 형태는 히필(Hiphil)형에 3인칭 단수 주격과 목적격 접미어가 같이 붙어 있습니다. 이것은 '하나님께서 모세로 하여금 자세히 살펴보도록 시키셨다'라는 뜻입니다. 그리하여 건너편 땅 가나안의 동서남북 전체를 곳곳마다 망원경으로 보듯이 자세히 본 것입니다. 이것은 마치 여호와께서 게하시의 눈을 열어 불말과 불병거가 산에 가득한 것을 보게 하신 것과 같습니다(왕하 6:17).

오늘날 우리가 세상의 건너편에 있는 하나님의 나라를 볼 수 있는 것도 하나님께서 우리의 영안을 열어서 보여 주실 때만 가능한 일입니다. 우리 주 예수 그리스도의 하나님, 영광의 아버지께서 지혜와 계시의 정신을 주셔야 하는 것입니다(엡 1:17). 하나님께서 우리의 마음 눈을 밝혀 주셔야 그의 부르심의 소망이 무엇이며, 그 기업의 영광의 풍성이 무엇인지를 알게 됩니다(엡 1:18). 또한 영안을 열어 주실 때 세상과 육의 생각이 사라지고 비로소 하나님의 말씀의 세계를 볼 수 있고, 체험할 수 있습니다(시 119:18).

41 모압 평지

עֲרָבָה מוֹאָב /
The Plains of Moab / 민 33:48-49

모압 평지는 제41차로 진을 친 장소입니다.

뜻 모압은 '아비의 소생, 나의 아버지로부터'라는 뜻입니다.

위치 모압은 여리고 맞은편 요단 가에 있는 평지입니다(민 22:1). "진이 벧여시못에서부터 아벨싯딤에 미쳤었더라"(민 33:49)라고 하였는데, 벧여시못부터 아벨싯딤까지는 대략 8㎞ 거리이므로, 이것으로 이스라엘 진의 크기가 얼마나 컸는지 짐작할 수 있습니다.

내용 모압 평지로 오기 전에 이스라엘은 아모리 왕 시혼(Sihon)과 바산 왕 옥(Og)을 쳐서 그 땅을 정복하였습니다(민 21:21-35). 바산과의 전투에서는 멀리 '에드레이'까지 올라가 싸웠습니다(민 21:33).

모압 평지에서는 이스라엘 백성이 발람 선지자의 꾀에 빠져 이방 여인과 음행하는 사건이 있었으며(민 25장), 제2차 군인 계수가 실시되었고(민 26장), 미디안과의 전투에서 승리하였으며(민 31장), 요단 동편 땅을 분배하였습니다(민 32장). 또한 모세가 마지막으로 광야 제2세대에게 율법을 재강론한 곳이기도 합니다(신 1:5).

교훈 모압 족속은 롯이 큰딸을 통해서 낳은 아들로부터 시작되었습니다(창 19:33-37). 그래서 모압은 '아비의 소생, 나의 아버지로부터'라는 뜻을 가지고 있습니다.

이스라엘 백성은 시내산에서 약 1년 가까이 머물면서 하나님으로부터 율법을 받았습니다. 그것은 가나안 땅에 들어가기 위한 준비였습니다. 그러나 그들은 율법을 받고서도 하나님의 말씀에 불순종하고 가나안에 정탐꾼을 보내어, 결국 약 38년 동안 광야에서 유리하는 신세가 되고 말았습니다.

이제 가나안 입성을 눈앞에 둔 이스라엘 백성에게 다시 하나님으로부터 율법이 선포되었습니다. 신명기 1:5에서 "모세가 요단 저편 모압 땅에서 이 율법 설명하기를 시작하였더라 일렀으되"라고 말씀하고 있습니다. 여기 '설명하기를'은 히브리어로 '파다, 새기다'라는 뜻의 '바아르'(בָּאַר)로서, 여기에서는 동사의 피엘 완료형으로 사용되어 '상세하게 풀어서 설명하다, 명백히 새기다'라는 뜻이 됩니다. 즉 새로운 율법을 주신 것이 아니라, 이미 주신 율법의 의미를 밝히 설명하여 이스라엘 백성의 마음속에 새겨지도록 하였다는 것입니다.

이처럼 가나안 입성 직전에 마지막으로 진친 '모압 평지'에서는 하나님의 말씀을 가르치는 일에 큰 비중을 두고 있음을 각별히 주목해야 합니다.

은혜의 말씀, 복된 말씀은 오직 위에 계신 하나님으로부터 나오는 것입니다(약 1:17). 하나님께로부터 나온 말씀을 귀하게 여기고, 그 모든 길로 행하면 가나안 땅에서 복을 받아 번성하며 장수할 것입니다(신 30:16).

주의 날이 가까울수록 하나님의 말씀을 배우고 확신하는 일에 거해야 합니다(딤후 3:14). 자녀들에게 부지런히 말씀을 가르쳐야 합니다(창 18:18-19, 신 6:7, 11:19, 잠 22:6). 그것이 바로 '하나님께 부종(附從)'하고(신 30:20) '하나님께 친근(親近)'히 하는 생활입니다(신 10:20, 수 22:5, 23:8). '부종'과 '친근'은 모두 히브리어로 '다바크'(דָּבַק)입니다. 그 뜻은 '매달리다, 집착하다, 굳게 결합하다'입니다. 남녀가 한 몸이 되는 것처럼(창 2:24) 하나님을 가까이하고 하나님의 말씀과 하나가 되어 영적으로 완전 무장할 때, 비로소 하나님 나라에 당당히 입성할 수 있습니다.

42 길갈 גִּלְגָּל / Gilgal / 수 4:19

길갈은 제42차로 진을 친 장소입니다.

뜻 길갈은 "애굽의 수치를 너희에게서 굴러가게 하였다"(수 5:9)라는 뜻으로, 그 어원은 '구르다, 굴러 떨어지다'라는 뜻의 '갈랄'(גָּלַל)입니다.

위치 요단 서편 여리고 동쪽에 위치하며 요단강에서 8km정도 떨어진 곳으로, 이스라엘 백성이 가나안 땅에 들어와 처음 진을 친 곳입니다.

내용 이스라엘 백성이 요단강을 통과한 후 이곳에 열두 돌의 기념비를 세웠고(수 4:19-24), 할례를 행하였으며(수 5:2-9), 유월절을 지켰습니다(수 5:10-11). 유월절을 지킨 후에는 만나가 그쳤습니다(수 5:12). 길갈은 훗날 가나안 정복의 교두보(橋頭堡)가 된 곳이기도 합니다(수 9:6, 14:6).

교훈 가나안 입성을 앞두고 하나님께서는 광야 노중에서 난 자들에게 할례를 행하도록 명령하셨습니다(수 5:5). 그 이유는 그들이 가데스 바네아에서 38년 동안 광야를 방황하기 시작한 이후 할례를 시행하지 않았기 때문입니다. 이스라엘 백성은 할례를 통하여 다시 가나안을 소유할 수 있는 하나님의 언약된 백성으로 인정받게 되었습니다.

가나안 족속들이 공격해 올 수 있는 긴박한 상황에서 할례를 받은 것은 하나님께 대한 절대적인 순종과 믿음을 뜻합니다. 그들은 자신들이 할례를 받아 움직이지 못하는 상황이 되더라도 하나님께서 이스라엘을 지켜 주실 것이라는 확신 속에서 할례의 명령에 순종한 것입니다.

하나님께서는 길갈에서 할례를 행하시고, 여호수아 5:9에서 "내가 오늘날 애굽의 수치를 너희에게서 굴러가게 하였다"라고 말씀하셨습니다. 여기 '애굽의 수치'란 무엇을 뜻합니까? 이것은 이스라엘 백성이 애굽에서 종살이하면서 받았던 수치요, 광야 40년 동안 애굽의 속성을 버리지 못하고 하나님을 원망했던 죄악의 수치입니다. 긍휼이 한없으신 하나님께서는 할례와 함께 이 모든 수치를 다 해결하여 주셨던 것입니다.

오늘날 우리에게도 수치스러운 과거의 죄악들이 너무도 많습니다. 예수 그리스도께서는 죄악된 인생들이 당해야 할 수치를 걸머지시고 실오라기 하나 걸치지 않은 채로 십자가에 달리셨습니다(사 53:3-6, 히 12:2). 우리의 죄로 인한 부끄러운 수치들을 예수 그리스도께서 십자가에서 완전히 굴려 버리셨으므로 우리는 새로운 피조물이 된 것입니다(고후 5:17). 주께서 호령과 천사장의 소리와 하나님의 나팔로 친히 하늘로 좇아 강림하실 때, 성도들의 모든 죄악된 수치가 영영히 사라지고(욜 2:26-27) 마지막 나팔에 시공간을 초월하는 신령한 몸으로 변화하여, 천국에 들어가게 될 것입니다(살전 4:16-17, 고전 15:51-53, 빌 3:21, 요일 3:2).

3. 부족함이 없었던 광야의 노정

A wilderness journey without lack

신명기 2:7 "네 하나님 여호와가 너의 하는 모든 일에 네게 복을 주고 네가 이 큰 광야에 두루 행함을 알고 네 하나님 여호와가 이 사십 년 동안을 너와 함께하였으므로 네게 부족함이 없었느니라 하셨다 하라 하시기로"

‘광야’의 사전적인 의미는 ‘개간되지 않은 황량한 벌판’으로, 끝 없는 불모의 사막을 의미합니다(레 16:22, 렘 2:6). 광야는 언제나 죽음의 위협이 도사리고 있는 위험한 땅, 사람이 살 수 없는 땅입니다. 광야는 모든 민족이 포기해 버린 땅이요, 아무런 통로나 길도 없고, 휴식처도 없습니다(렘 2:6下).

또한 광야는, 모래로 뒤덮인 사막에서 간간이 나타나 사람과 짐승을 송두리째 삼켜 버리는 “구덩이 땅”(렘 2:6上)이 있는 곳입니다. 구덩이 땅은 히브리어로 ‘슈하’(שׁוּחָה)인데, ‘깊은 구덩이’라는 뜻으로, 한 번 빠지면 나올 수 없는 ‘모래 늪’을 가리킵니다. 이처럼 광야는 도저히 사람이 생존할 수 없는 절망의 땅이요, 사망의 그림자가 항상 드리워진 심각한 위험이 뒤따르는 곳입니다. 그래서 광야를 가리켜 “사망의 음침한 땅”(렘 2:6)이라 했고, 앞 길을 예측할 수 없는 “광대하고 위험한 광야 곧 불뱀과 전갈이 있고”(신 8:15)라고 하였습니다.

그럼에도 불구하고 하나님께서는 이스라엘 백성이 광야의 모든 위험 요소를 잘 통과하여, 가나안 목적지까지 들어갈 수 있도록 안전하게 인도해 주셨습니다.

하나님께서 이스라엘 백성을 광야에서 40년 동안 유리하게 하신 것은 그들을 낮추시고 시험하기 위한 것입니다. 신명기 8:2에서 “네 하나님 여호와께서 이 사십 년 동안에 너로 광야의 길을 걷게 하신 것을 기억하라 이는 너를 낮추시며 너를 시험하사 네 마음이 어떠한지 그 명령을 지키는지 아니 지키는지 알려 하심이라”라고 말씀하고 있습니다. 여기 ‘낮추시며’는 히브리어 ‘아나’(עָנָה)로, ‘천하게 하다, 괴롭히다, 훈련하다’라는 뜻입니다. 이스라엘 백성은 광야 40년 동안 하나님으로부터 괴롭힘을 당한 것처럼 보이지만, 실은 낮아지는 훈련을 받은 것입니다.

하나님께서는 이러한 낮추심을 통하여 마침내 복을 주시려고 하셨습니다.

신명기 8:16 "... 이는 다 너를 낮추시며 너를 시험하사 마침내 네게 복을 주려 하심이었느니라"

여기 '복을 주려'는 히브리어 '야타브'(יָטַב)로, '잘되게 하다, 기쁘게 하다'라는 뜻입니다. 하나님의 낮추심이, 결국은 하나님의 백성을 젖과 꿀이 흐르는 가나안 땅으로 인도하여 잘되게 하시려는 축복의 과정이었던 것입니다.

하나님께서는 이 죽음의 땅 광야에서도 그들의 의식주(衣食住)를 책임져 주셨고, 적군으로부터 보호하시며 아주 세밀하게 간섭하시고 역사하셨습니다. 40년 동안 임마누엘의 은혜가 변함없이 계속되었던 것입니다. 40년이라는 기나긴 시간 동안 죽음과 고통의 광야를 끝없이 행진하였으나 기갈과 굶주림으로 죽거나, 광야라는 환경 때문에 죽은 사람은 단 한 사람도 없었습니다. 이것은 언약 백성을 향한 하나님의 세심한 배려와 간섭이 있었기 때문입니다.

(1) 하늘 문을 열고 만나를 내려 양식이 끊이지 않게 하셨고, 메추라기로 배불리시고, 반석에서 생수를 공급하여 목마름이 없게 하셨습니다(출 16장, 17:1-7, 민 11:4-9, 20:11, 21:16, 신 8:3, 시 78:23-29, 105:40-41, 느 9:15, 20, 사 48:21).

만나는 출애굽 원년 2월 15일 후에 내리기 시작하였고(출 16:1-4), 가나안에 입성한 후 유월절(출애굽 41년 1월 14일) 이튿날에 가나안의 소산을 먹고, 그 다음날인 출애굽 41년 1월 16일에 그쳤습니다(수 5:10-12). 그러므로 만나는 약 39년 11개월 동안 내린 것입니다.

(2) 40년 동안 옷이 해어지지 않고, 발이 부릍지 않게 하셨으므로 아무런 결핍함이나 부족함이 없었습니다(신 8:4, 29:5, 느 9:21).

신명기 8:4 공동번역에서는 "지난 사십 년 동안 너희 몸에 걸친 옷이 떨어진 일이 없었고, 발이 부르튼 일도 없었다"라고 말씀하고 있습니다.

(3) 낮에는 구름기둥, 밤에는 불기둥으로 그들의 행군을 인도하시 어 더위와 추위로부터 상하지 않도록 지켜 주셨고, 불기둥이 환히 비추어 줌으로 죽음의 구덩이(렘 2:6)에 빠지지 않도록 보 호해 주셨습니다(출 13:20-22, 민 9:15-23, 시 105:39, 느 9:19).

40년 동안 변함 없이 구름기둥과 불기둥으로 이스라엘 백성을 인도하시고 보호해 주신 하나님의 은혜야말로 결코 잊을 수 없는 임마누엘 은총의 확실한 표징이었습니다(출 40:36-38).

(4) 왕벌을 보내어 적군들을 물리쳐 주셨습니다(출 23:28, 신 7:20, 수 24:12).

'왕벌'은 히브리어로 '치르아'(צִרְעָה)로서, 이들은 큰 몸집을 가지 고 있으며 떼를 지어 날아다니는 습관이 있는데, 간혹 사람이나 가 축을 습격하여 침을 쏘아 치명상을 입히기도 하였습니다. 하나님께 서 이런 왕벌들을 사용하시어 이스라엘의 대적들을 물리쳐 주셨던 것입니다. 아모리 왕 시혼과 바산 왕 옥을 칠 때에 왕벌을 보내어 지 켜 주셨습니다(수 24:12).

(5) 광야의 행로에서 사람이 자기 자식을 안음같이 안아서 인도하셨고(신 1:31), **자기 눈동자같이 지키셨습니다**(신 32:10).

이러한 하나님의 보호와 인도하심은 마치 독수리가 제 새끼를 두 날개로 업어 인도함과 같았습니다(출 19:4, 신 32:11-12).

(6) 하나님께서 이스라엘 백성 앞서 행하셨습니다.

여호와의 언약궤가 이스라엘 백성 앞서 행하시며 장막 칠 곳을 찾아 주셨습니다(민 10:33). 하나님께서 낮에는 구름기둥과 밤에는 불기둥으로 이스라엘 백성 앞에 행하시며 인도하셨습니다(출 13:21-22, 신 1:33). 또 여호와의 사자가 이스라엘 진 앞에서 앞서 행하였습니다(출 14:19).

이 모두가 하나님이 함께하신 역사입니다(신 2:7). 하나님께서는 만복의 근원이신 분이므로, 그분과 함께하고 그분이 이끄시는 대로 의지하고 순종하여 따라가기만 하면, 모든 좋은 것이 풍족하고 모든 일에 부족함이 없게 됩니다(시 23:1, 34:9, 잠 28:25).

4. 광야에서의 원망과 불평
Grumblings and complaints in the wilderness

광야 40년 동안 하나님께서는 놀라운 징표들을 수없이 보여 주시면서 임마누엘의 은총을 확인시켜 주셨으나, 이스라엘 백성 가운데는 원망과 불평이 끊어지지 않았습니다(출 14:10-12, 15:22-24, 16:1-3, 7-12, 17:1-3, 32:1, 민 11:1, 4-6, 13:31-14:4, 14:26-28, 16:1-14, 41, 20:2-5, 21:4-5, 느 9:15-21, 시 106:13-29).

그들의 끊임없이 지속되는 만성 질환적인 원망은, 단순히 지도자인 '사람'을 향한 것만이 아니라 궁극적으로는 그들을 세우신 '하나님'을 원망하는 무서운 죄악이었습니다.

이스라엘 온 회중이 신 광야에서 모세와 아론을 향해 원망했을 때(출 16:2-3), 모세는 "여호와께서 너희가 자기를 향하여 원망함을 들으셨음이라"라고 하셨습니다.

출애굽기 16:7 "아침에는 너희가 여호와의 영광을 보리니 이는 여호와께서 너희가 자기를 향하여 원망함을 들으셨음이라 우리가 누구관대 너희가 우리를 대하여 원망하느냐"

또한 신 광야를 지나 르비딤에서, 이스라엘 백성이 물이 없는 고로 모세를 원망하고 모세와 다투었을 때, 모세는 "너희가 어찌하여 나와 다투느냐 너희가 어찌하여 여호와를 시험하느냐"(출 17:1-3)라고 하였습니다.

바란 광야 가데스에서도 마찬가지였습니다. 40일 동안 가나안을 정탐하고 돌아온 열두 명의 정탐꾼 중에 열 명의 악평하는 소리에 온 회중이 소리를 높여 부르짖으며 밤새도록 곡하면서 모세와 아론을 원망하였을 때(민 14:1-3), 하나님께서는 "나를 원망하는 이 악한 회중을 내가 어느 때까지 참으랴 이스라엘 자손이 나를 향하여 원망하는바 그 원망하는 말을 내가 들었노라"(민 14:26-27)라고 말씀하셨습니다.

이러한 불신과 원망으로 이스라엘 백성은 40년 내내 하나님을 거역하고 배반하며 하나님의 마음을 근심케 하였습니다(신 9:7, 24).

시편 95:9-10 "그때에 너희 열조가 나를 시험하며 나를 탐지하고 나의 행사를 보았도다 ¹⁰ 내가 사십 년을 그 세대로 인하여 근심하여 이르기를 저희는 마음이 미혹된 백성이라 내 도를 알지 못한다 하였도다"

그들은 끊임없이 심중에 하나님을 시험하였고(시 78:17-18), 그뿐 아니라 하나님을 대적하였습니다(시 78:19). 약속하신 가나안 땅을 멸시하고, 하나님의 말씀을 믿지 않았습니다(시 106:24). 그래서 시편 기자는 광야에서 이스라엘 백성이 하나님의 마음을 너무나 반복적으로 슬프시게 하며 격동하였다고 탄식하였습니다.

시편 78:40-41 "저희가 광야에서 그를 반항하며 사막에서 그를 슬프시게 함이 몇 번인고 ⁴¹ 저희가 돌이켜 하나님을 재삼 시험하며 이스라엘의 거룩한 자를 격동하였도다"

그러나 하나님께서는 그들의 소행을 40년간 참으셨습니다.

사도행전 13:18 "광야에서 약 사십 년간 저희 소행을 참으시고"

오늘날 우리도 하나님의 놀라운 은혜를 받고도 마음이 무디어져 감사치 않고 '원망'하는 자들은 하나님의 근심이 되며(사 63:10, 엡 4:30), 결국은 망하게 되어 있습니다(고전 10:9-10).

정욕과 탐심으로 원망만 가득하던 광야 제1세대는 하나님의 징계를 받아, 여호수아와 갈렙을 제외하고는 603,548명이 가나안을 바로 눈앞에 두고도 모두 광야에 엎드러져 죽고 말았습니다(민 14:32-35, 신 2:13-16).

(1) 장막 중에서 은밀하게 원망하는 소리를 들으신 하나님

신명기 1:27 "장막 중에서 원망하여 이르기를 여호와께서 우리를 미워하시는 고로 아모리 족속의 손에 붙여 멸하시려고 우리를 애굽 땅에서 인도하여 내셨도다"

시편 106:25-26 "저희 장막에서 원망하며 여호와의 말씀을 청종치 아니하였도다 ²⁶ 이러므로 저가 맹세하시기를 저희로 광야에 엎더지게 하고"

시편 106:25-26의 공동번역에서는 "천막에 들어앉아 불평만 하고 야훼의 분부를 듣지 않았다. 이에 손을 드시고 맹세하셨다. '사막에서 이들을 없애리라'"라고 말씀하였습니다.

여기 나오는 '천막'은 하나님의 성막이 아니라 개인들의 거처를 가리킵니다. 이스라엘 백성은 개개인의 장막에 숨어서 은밀한 말로 속삭이면서 지도자 모세에 관하여 험담하였던 것입니다. 장막에서 행한 작은 원망들이 모이고 모여 결국 뜻을 거스르게 되고, 심지어 모세가 아닌 한 장관을 따로 세워 애굽으로 돌아가자고 시위를 하게 되었던 것입니다(민 14:4).

하나님께서는 부부가 이불 속에서 은밀히 속삭이는 말도 다 듣고 계시는 분입니다. 그러므로 우리는 좋은 날 보기를 원하거든 혀를 금하여 악한 말을 그치고, 입술로 궤휼(詭譎: 교묘한 속임수)을 말하지 말며, 무익한 말을 하지 말고 원망을 그쳐야 할 것입니다(마 12:36-37, 벧전 3:10).

(2) 원망의 결과

'원망'은 '남이 하는 일에 대해 못마땅하게 여기고, 잘되지 못하도록 투덜대고 불평불만을 늘어놓으며, 모든 것을 남의 탓으로 돌리는 행위'입니다. 그러므로 원망은 하나님의 때를 지연시킬 수밖에 없습니다.

죽음의 땅 광야에서 40년 동안 수없이 많은 임마누엘의 표징을 보여 주었으나, 백성의 원망이 그치지 않았던 이유는 그들에게 약속의 땅에 대한 믿음이 부족했기 때문입니다(신 1:32, 히 3:19). 시편 106:24에서는 "저희가 낙토를 멸시하며 그 말씀을 믿지 아니하고"라고 말씀하였습니다. 그들은 언제나 불신으로 인하여 광야라는 고통스러운 현실을 극복하지 못하고, 고통 너머의 젖과 꿀이 흐르는 가나안이라는 축복의 미래를 바로 보지 못하였던 것입니다.

그의 약속을 믿지 못하고 원망하는 모든 자를 하나님께서는 광야에 엎드러지게 하고, 약속의 땅 가나안을 밟지 못하게 하셨습니다.

민수기 14:28-30 "그들에게 이르기를 여호와의 말씀에 나의 삶을 가리켜 맹세하노라 너희 말이 내 귀에 들린 대로 내가 너희에게 행하리니 [29] 너희 시체가 이 광야에 엎드러질 것이라 너희 이십 세 이상으로 계수함을 받은 자 곧 나를 원망한 자의 전부가 [30] 여분네의 아들 갈렙과 눈의 아들 여호수아 외에는 내가 맹세하여 너희로 거하게 하리라 한 땅에 결단코 들어가지 못하리라"

실로, 약속의 땅은 오직 믿는 자들만이 들어갈 수 있다는 사실을 엄중히 교훈합니다. 대표적인 예로, 모세와 아론에 대해 반역한 고라, 다단과 아비람과 그들의 가족들은 땅이 갈라지면서 삼킴을 당하고 말았습니다(민 16:1-35). 그러나 이스라엘 백성은 이 무서운 하나님의 심판을 목격하고도 회개하기는커녕, 다음날 "너희가 여호와의 백성을 죽였도다" 하면서 모세와 아론을 크게 원망하므로 또다시 14,700명이 죽임을 당하게 됩니다(민 16:41-50). 이러한 어리석은 인생의 모습은 "사람은 자기가 미련해서 앞길을 망치고서도 마음으로는 하나님을 원망한다"(잠 19:3. 현대인의성경)라는 말씀 그대로입니다.

(3) 원망의 주동자 ─ 섞여 사는 무리(중다한 잡족)

민수기 11:4-6 "이스라엘 중에 섞여 사는 무리가 탐욕을 품으매 이스라엘 자손도 다시 울며 가로되 누가 우리에게 고기를 주어 먹게 할꼬 ⁵ 우리가 애굽에 있을 때에는 값없이 생선과 외와 수박과 부추와 파와 마늘들을 먹은 것이 생각나거늘 ⁶ 이제는 우리 정력이 쇠약하되 이 만나 외에는 보이는 것이 아무것도 없도다 하니"

이스라엘 백성의 원망과 불평의 바닥에는 문제를 일으키는 '섞여 사는 무리, 중다한 잡족'이 있었습니다(민 11:4, 출 12:38). 이들이 과거에 애굽의 안정된 생활을 과감히 청산하고 이스라엘을 따라 나선 것은 신앙에 근거한 행동이 아니었습니다. 이들은 약속의 땅에서 향유할 물질적 축복만을 꿈꾸던 자들로, 가나안 땅에 이를 때까지 겪게 될 고난과 시련에 대해서는 생각조차 없던 자들입니다.

그러므로 이들은 언제든지 불만이 고조되면 폭발할 수 있는 '위험 인물들'로, 틈만 나면 무리를 부추겨 원망과 불평을 하게 하고 모세를 대적하게 만들었습니다.

일찍이 이스라엘 백성은 민수기 11:4-6에서, 섞여 사는 무리의 선동을 따라, 만나만 먹고는 못 살겠다고 원망한 적이 있습니다. 민수기 11:6의 "정력이 쇠약하되"는 '모든 생활이 피곤해졌다'라는 뜻입니다. 시편 78:19-31 공동번역에서는 메추라기 사건 때 '기브롯 핫다아와'(민 11:4-6, 34)에서 섞여 사는 무리의 탐욕으로 인하여 원망하는 백성의 마음 상태를 아주 잘 보여 주고 있습니다.

시편 78:19-31 공동번역 "하느님을 비웃으며 한다는 소리, '아무리 하느님이지만 할 수 있으랴. 무슨 수로 이 사막에서 잔칫상을 차리랴? [20] 바위를 치자 물이 솟구쳤기로 물이 흘러서 강물이 되었기로 자기 백성에게 빵을 주실 수야, 고기를 마련하실 수야 있을까 보냐?'… [29] 배곯았던 그들인지라 마음껏 먹고 실컷 마셨다. [30] 그들은 입 안에 먹을 것을 넣으면서 아직도 배고프다 앙탈을 하니 [31] 하느님의 진노가 그들 위에 타올라 그들 중에 건장한 자들을 내리치시고 이스라엘의 젊은이들을 때려눕히셨다."

섞여 사는 무리는 약속의 땅에 대한 비전을 어리석은 것으로 만들었고, 임마누엘의 은총도 보잘것없는 것으로 전락시켜 버렸습니다. 그 결과로 점점 선민의 신앙을 오염시키고 병들게 했습니다. 더구나 애굽의 혼잡한 우상숭배에 젖어 있던 이 무리들은 광야 생활 내내 우상숭배와 음행으로 선민을 유혹하여 이스라엘 백성을 타락의 길로 몰아갔습니다.

약속의 땅이 가까워질수록 더욱 소망이 차고 넘치고 감사가 충만해야 함에도 불구하고, 이스라엘 백성의 원망의 깊이는 갈수록 심각해졌습니다. 그들의 마음은 돌처럼 굳어지고, 감사가 완전히 고갈되어 버리고, 모든 면에 불평만 가득하였습니다.

원망은 섞여 사는 무리의 것입니다. '섞여 사는 무리'는 오늘날 교회 안에도 있습니다. 교회에 나와서 신앙 생활은 하지만, 너무 교회에 가까이하면 뭔가 손해가 있을 것 같아 멀찍이 떨어져 눈치나 보면서, 주의 일에 정성과 마음을 기울이지 않는 그런 이들은 '섞여 사는 무리'입니다.

우리는 언제든지 예수님의 마음을 품고(빌 2:5), 성도의 교제로 뜨겁게 화목하고, 주의 몸 된 교회와 밀착된 생활을 해야지, 결코 '섞여 사는 무리' 속에 있어서는 안 됩니다. 그들은 '악한 자'요, 이러한 악인은 '평강이 없는 자들'입니다(사 48:22, 57:21).

5. 광야에서의 세 지도자의 죽음
Death of three leaders in the wilderness

성경을 볼 때, 광야 40여 년을 거의 마치기 전 가나안 땅이 가까웠을 때, 지도자에게 반기를 든 고라 일당 250인의 죽음, 미리암과 아론의 죽음, 세렛 시내를 건너기 전 여호수아와 갈렙을 제외하고 제1차로 계수된 603,550명 가운데 남아 있던 자들의 멸절, 싯딤에서 음행 사건으로 인한 24,000명의 죽음, 모세의 죽음 등 가나안에 들어가지 못하고 죽어 가는 자들에 대한 기록이 큰 비중을 차지하고 있음을 볼 수 있습니다.

그 가운데 가장 안타까운 사실은 미리암, 아론, 모세 세 지도자가 차례로 죽음을 맞은 일입니다. 그들은 백성에게 가나안에 대한 확신을 심어 주면서 백성의 광야 생활을 이끈 가장 대표되는 지도자들이었습니다. 그럼에도 불구하고 그들은 그토록 염원하던 가나안 땅에 들어가지 못하고 광야에서 생을 마감하였습니다.

광야 여정 말기에 가나안 땅을 지척에 두고 일어난 세 지도자의 죽음은 종말을 바라보는 성도들에게 엄숙한 교훈이 아닐 수 없습니다.

(1) 최초의 여선지자 미리암의 죽음(출애굽 40년 1월, 가나안 입성 1년 전)

민수기 20:1 "정월에 이스라엘 자손 곧 온 회중이 신 광야에 이르러서 백성이 가데스에 거하더니 미리암이 거기서 죽으매 거기 장사하니라"

'미리암'의 이름의 뜻은 '높다'이며, 성경에 나오는 최초의 여선지자입니다(출 15:20). 미리암은 모세와 아론의 누나로, 어린 모세를 구하려고 애를 썼고(출 2:4-8), 홍해를 건널 때는 승리의 노래를 부르며 춤을 추었던 자입니다(출 15:20-21). 그녀는 역경의 광야 생활 동안에 모세 밑에서 아론과 함께 활약한 충성스러운 지도자였습니다(미 6:4).

민수기 20:1에서는 미리암이 죽은 시기를 출애굽 40년 '정월'이라고 정확하게 기록하고 있습니다.

이때는 가나안 입성 1년 전, 광야 생활 40년째입니다. 또한 미리암이 죽은 장소는 '신(Zin) 광야 가데스'였으며, 민수기 20:1에서는 그 사실을 강조하고 있습니다. 미리암은 홍해를 건넌 후에 아름다운 찬양을 드리면서 약속의 땅에 대한 부푼 꿈으로 가득 차 있었지만, 아쉽게도 '신 광야! 가데스! 거기서! 거기!'(민 20:1)에서 최후를 맞았습니다. 하나님은 38년 동안 미리암을 살려 두셨으나, 가나안을 1년 앞둔 시점에서 '광야에서의 죽음'이라는, 죄에 대한 대가를 엄중히 치르게 하셨던 것입니다.

① 미리암이 가나안 땅에 입성하지 못하고 죽게 된 원인

광야 초기, 시내산에서 출발하여 하세롯에 진을 쳤을 때 모세가 구스 여인을 취하는 사건이 나옵니다(민 12:1, 16). 모세가 구스 여자를 취한 사건에 대하여 많은 신학자들은 여러 해석을 하고 있습니

다. 그러나 민수기 12장 본문에 의하면, 그것은 결코 사사로운 육신의 감정을 따라 여인에게 미혹된 것이 아니고, 모세가 하나님의 절대적인 명령에 따라 순종하여 취한 행동이었음이 분명합니다.

민수기 12:8 "그와는 내가 대면하여 명백히 말하고 은밀한 말로 아니하며 그는 또 여호와의 형상을 보겠거늘 너희가 어찌하여 내 종 모세비방하기를 두려워 아니하느냐"

그런데 모세를 비방하는 일에 아론과 미리암이 앞장섰습니다. '비방'은 한자로 '헐뜯을 비(誹), 헐뜯을 방(謗)'으로서, 그 뜻은 '악의에 찬 마음으로 남을 헐뜯어서 욕하거나 타인의 인격과 명예를 훼손시키는 비난과 조롱과 모욕'입니다.

모세는 구스 여인을 취하는 일에 대해, 미리암이나 아론과 사전에 의논하지 않았던 것으로 보입니다. 아론과 미리암이 뒤에서 비방할 때 아마도 모세는 하나님의 명령을 따라 한 것임을 설명하였을 것입니다. 그러나 미리암과 아론은 하나님으로부터 그러한 계시를 받은 적이 없다고 들으려 하지 않았던 것 같습니다. 민수기 12:2에서 아론과 미리암이 "여호와께서 모세와만 말씀하셨느냐 우리와도 말씀하지 아니하셨느냐"라고 강력하게 항의하는 모습이 이를 증명합니다.

아론은 최초의 대제사장으로서, 미리암은 최초의 여선지자로서, 백성 앞에 모세와 똑같이 하나님의 계시를 받고 있다고 자부하던 심리를 엿보게 됩니다.

이러한 아론과 미리암의 비방과 항의를 모두 들으신 하나님께서는 급히 삼 남매를 호출하셨고(민 12:4ᵃ), 구름 가운데 강림하셔서 장막 문에 서시고 아론과 미리암을 따로 세우셨습니다(민 12:5).

이때 하나님께서는 자신이 모세에게 친히 나타나 대면하면서 직접 지시하신 것임을 명백하게 밝히셨습니다. 그리고 모세가 얼마나 충성스러운가를 높이 칭찬하시면서, 모세에게만 신적 지도권이 허락되었음을 그들에게 다시 한 번 확인시켜 주셨습니다.

민수기 12:7-8 현대인의성경 "내 종 모세에게는 그렇게 하지 않는다. 그는 내 집에 충성스러운 종이므로 [8] 내가 그와 말할 때는 직접 대면하여 분명하게 말하고 모호한 말로 하지 않는다. 내 종 모세는 내 모습까지 보는 자인데 너희가 어떻게 두려운 줄 모르고 감히 그를 비난하느냐?"

하나님께서는 아론이나 미리암에게 모세와 동일한 지도권을 허락하지 않으셨습니다. 모세는 하나님과 백성 간의 유일한 중재자로서 아론과 미리암에게는 마치 하나님 같은 존재였습니다.

출애굽기 4:16 "그가 너를 대신하여 백성에게 말할 것이니 그는 네 입을 대신할 것이요 너는 그에게 하나님같이 되리라"

여기 '그가', '그는', '그에게'는 모두 아론을 가리킵니다. 모세가 아론 앞에 하나님같이 된다는 것입니다. 이 얼마나 엄격한 구분이고 큰 차이입니까? 또한 출애굽기 7:1에서도 "... 내가 너로 바로에게 신이 되게 하였은즉 네 형 아론은 네 대언자가 되리니"라고 하여, 모세는 바로에게 신(神) 같은 존재이지만, 아론은 그저 모세의 대언자일 뿐이라고 분명하게 선을 긋고 있습니다.

결국 미리암과 아론이 모세를 비방한 것은, 모세의 신적 지도권에 도전한 행동이었습니다. 모세를 비방한 것은 하나님께서 주신 그의 권위를 업신여긴 것이기 때문에 중한 죄가 되었습니다.

그들은 하나님께서 모세로 하여금 왜 구스 여인을 취하게 하셨는지 하나님의 구원 섭리를 물어야 했음에도 불구하고, 이 사건을 빌미로 오히려 모세의 권위를 실추시키려 했습니다. 공명심(功名心)에 사로잡혀서 하나님의 일은 생각하지 않고 사람의 일만 생각하였습니다. 그들은 자신들이 백성 앞에서 인간적으로 높아질 일만 생각하였던 것입니다.

② 미리암의 불신의 결과

하나님께서는 아론과 미리암을 향하여 진노하시고 떠나셨는데, 그때 그 자리에서 미리암은 문둥병에 걸려 온 몸이 눈과 같이 되었습니다(민 12:10下). 문둥병은 하나님의 징벌로, 무서운 심판의 상징입니다. 교만하던 웃시야왕(대하 26:19)과 물질을 탐하던 엘리사의 종 게하시(왕하 5:27)도 문둥병에 걸렸습니다. 문둥병에 걸리면 진 밖으로 쫓겨나야 합니다(레 13-14장).

문둥병에 걸려서 진 밖으로 쫓겨난 것이 미리암에게 얼마나 큰 위기였겠습니까? 아론은 이러한 위기 상황을 보고 즉시 뉘우쳐 다시 모세의 신적 지도권을 존중하고 인정하면서, 모세가 동생이었음에도 "슬프다, 내 주여"라고 다급하게 간청하였습니다.

민수기 12:11 "아론이 이에 모세에게 이르되 슬프다 내 주여 우리가 우매한 일을 하여 죄를 얻었으나 청컨대 그 허물을 우리에게 돌리지 마소서"

여기에서 아론이 모세를 향하여 부른 '주'라는 단어는 종이 주인을 부르는 경칭 곧 '아돈'(אָדוֹן)입니다. 또한 아론은 '주'라는 호칭 앞에 '부탁하오니 제발'의 뜻을 가진 히브리어 '비'(בִּי)를 추가함으로, 모세에게 눈물 어린 간청을 하였음을 알 수 있습니다. 아론은 비로소 모세만이 독보적인 영적 지도자임을 인정하고, 자신의 교만을 철저하게 회개한 것입니다.

모세는 미리암과 아론의 잘못을 한마디도 탓하지 않고, 문둥병에 걸린 미리암이 낫기를 하나님께 간절히 부르짖었습니다(민 12:13).

모세는 진정 온유한 사람이었습니다. 민수기 12:3에서 "이 사람 모세는 온유함이 지면의 모든 사람보다 승하더라"라고 말씀하고 있습니다.

여기 '온유'(溫柔)는 말 그대로 '따뜻하고 부드러운 성품'입니다.

히브리어로는 '아나브'(עָנָו)로서, '굽힌다, 굴복한다'라는 뜻입니다. 헬라어로는 '프라오테스'(πραότης)로서, 사납고 거친 야생마가 고삐로 조종되어 주인의 명령에 순종하게 된 상태를 뜻합니다.

미리암은 온유한 모세의 중보 기도로 말미암아 단 7일만 진 밖으로 쫓겨납니다(민 12:14). 그 7일의 기간 동안, 200만 명이 넘는 이스라엘 백성도 발이 묶여 행진하지 못하였습니다(민 12:15).

(2) 최초의 대제사장 아론의 죽음
(출애굽 40년 5월 1일, 가나안 입성 약 8개월 전)

민수기 33:38-39 "이스라엘 자손이 애굽 땅에서 나온 지 사십년 오월 일일에 제사장 아론이 여호와의 명으로 호르산에 올라가 거기서 죽었으니 [39] 아론이 호르산에서 죽던 때에 나이 일백 이십삼 세이었더라"

아론은 광야 40년 생활의 세 지도자 가운데 하나로, 거룩한 대제사장 계보의 시조입니다. 그의 직책에 맞게 그 이름의 뜻은 '고상'(高尙)[49]입니다. 아론은 미리암의 동생이며, 모세의 형입니다. 아론의 아내는 엘리세바요, 그의 네 아들은 나답, 아비후, 엘르아살, 이다말입니다(출 6:23). 나답과 아비후는 여호와 앞에 다른 불로 분향하다가 불이 여호와 앞에서 나와 삼켜 여호와 앞에서 죽고 무자하였으며, 엘르아살과 이다말이 제사장의 직분을 행하였고(레 10:1-2, 민 3:4, 26:60-61), 엘르아살이 아론을 이어 대제사장이 되었습니다(민 20:25-28).

아론은 83세에 부름 받아 여호와의 명령으로 모세의 대변인이 되었습니다(출 7:7). 그리고 40년이 지난 출애굽 40년 5월 1일, 가나안 입성 약 8개월 전, 123세의 나이로 호르산에서 그 생을 마쳤습니다.

① 아론이 가나안 땅에 입성하지 못하고 죽게 된 원인

성경에 나타난 아론의 죄는 크게 네 가지입니다.

첫째, 금송아지 우상숭배를 선동한 죄입니다(출 32:1-20).

둘째, 백성을 잘못 인도하여 방자하게 만든 죄입니다(출 32:21-25).

셋째, 지도자 모세를 비방한 죄입니다(민 12:1-16).

넷째, 가데스의 므리바 반석 사건에서 하나님의 말씀을 불신하고 거역한 죄입니다(민 20:7-13, 24).

아론의 **첫 번째 죄**는, 백성에게 금송아지 우상숭배를 선동한 것입니다(출 32:1-20). 일찍이 모세가 시내산에서 40주야 동안 떡을 먹지 않고 물도 마시지 않고 십계명을 받아 가지고 내려올 때, 산 아래 있던 백성은 모세가 행방불명 되었다고 생각하여, 아론에게 자기들을 인도할 신을 만들어 달라고 간청하였습니다(출 32:1). 그들은 그 마음이 애굽으로 향하여 모세가 오기를 기다리지 않고(행 7:39) '하나님을 속히 떠나'(출 32:8上), '급속히'(신 9:16) 타락하고 말았습니다.

온 세상의 주관자이신 하나님은 만물 위에 계시고(요 3:31, 롬 9:5, 엡 1:22, 4:10), 만물을 지으시고(요 1:3, 시 33:6, 히 11:3), 전 우주 가운데 충만하신 분이시므로(렘 23:24), 하나님 외에 결코 어떤 형상이든지 만들어 섬겨서는 안 됩니다(출 20:23). 아론은 이 명백한 말씀을 거역하였습니다. 백성이 신상을 만들어 달라고 아우성칠 때, 아론은 백성의 지도자로서 그들의 옳지 않은 요구를 적극적으로 막아 내지 못하고 백성에게 금고리를 가지고 오게 하고(출 32:2), 각도[50]로 새겨 송아지 형상을 만들었습니다(출 32:4ㅏ). 그러자 모두들 "이스라엘아 이는 너희를 애굽 땅에서 인도하여 낸 너희 신이로다"(출 32:4ㅏ)라고 환호하였습니다.

아론은 출애굽에서부터 광야 여정 동안 많은 일을 한 지도자였습니다. 그는 하나님께서도 인정한 달변(達辯)가로(출 4:10-16) 바로 앞에서도 이스라엘의 출애굽을 역설한 웅변가요, 모세의 대언자였습니다(출 7:1-2). 그러나 아론은 하나님의 말씀에 굳게 서지 못하였기 때문에 백성의 눈치를 살피고, 백성의 말에 좌지우지되고, 백성의 비위를 맞추기에 급급하였습니다.

금송아지 사건에 대하여 모세가 그 책임을 물었을 때, 아론은 백성에게 책임을 전가했을 뿐 아니라(출 32:21-22), 거짓말로 자신의 죄를 숨기고 죄 값을 가볍게 하려고 하였습니다. 분명히 "아론이 그들의 손에서 그 고리를 받아 부어서 각도로 새겨 송아지 형상을 만드니"(출 32:4)라고 하였는데, 아론은 '금을 불에 던졌더니 송아지가 저절로 나왔다'라고 거짓말을 늘어놓으면서(출 32:24), 책임을 회피하는 비겁함까지 보인 것입니다.

아론의 두 번째 죄는, 대제사장으로서 백성을 하나님의 말씀의 공도로 걷게 하지 않고 백성을 모두 방자하게 만든 것입니다. 그 결과로 원수에게 조롱거리가 되었다고 말씀하고 있습니다.

출애굽기 32:25 "모세가 본즉 백성이 방자하니 이는 아론이 그들로 방자하게 하여 원수에게 조롱거리가 되게 하였음이라"

여기 '방자'는 한자로 '놓을 방(放), 방자할 자(恣)'로, 그 뜻은 '삼가지 않고 제멋대로'입니다. 히브리어로는 '파라'(פָרַע)인데, 그 뜻은 '통제 불능, 벌거벗음'입니다. 방자한 자들은 사람들의 눈을 의식하지 않고, 누구도 두려워하지 않습니다. 백성은 아론이 만든 우상 앞에서 먹고 마시며 즐겁게 뛰놀면서 춤을 추었습니다.

출애굽기 32:6 "이튿날에 그들이 일찌기 일어나 번제를 드리며 화목제를 드리고 앉아서 먹고 마시며 일어나서 뛰놀더라"

여기 '뛰놀더라'라는 표현을 공동번역에서는 '정신없이 뛰놀았다', 표준새번역에서는 '흥청거리며 뛰놀았다', 현대인의성경에서는 '난잡하게 뛰놀았다'라고 하였습니다. 우상 앞에서 벌거벗은 채로 광란의 축제를 벌이다가 마침내 추잡한 성행위와 함께 온통 흥분의 도가니가 되었음을 말합니다.

이 사건에 대한 하나님의 진노는 성경에서 그 예를 다시 찾아보기 힘들 만큼 엄청난 것이었습니다.

먼저, 하나님께서는 백성을 모두 진멸하고 모세 한 사람만 데리고 다시 시작하겠다고 선언하셨습니다(출 32:10). 또한 모세는 하나님께서 친히 만들고 새기신 율법의 돌판을 산 아래로 던져 깨뜨리고 말았습니다(출 32:15-16, 19). 그것은 이스라엘 백성이 율법을 받을 만한 자격을 상실했기 때문입니다.

그리고 우상을 불살라 부수어 가루를 만들어, 물에 뿌려 이스라엘 자손에게 마시도록 하였습니다(출 32:20). 율법에서, 외간 남자와의 부정을 의심받은 여인은 조사를 받고 '저주의 물'을 마셔야 했는데(민 5:12-24), 이스라엘 역시 신령한 '남편'이신 하나님(사 54:5)께 대해 부정을 저질러 영적 간음을 행하였으므로, "저주가 되게 하는 쓴 물"(민 5:24)을 마시도록 한 것입니다.

하나님께서는 이렇게 하시고도 레위 자손을 통해 그 형제를, 그 친구를, 그 이웃을 도륙케 하여 3천 명이나 죽이셨습니다(출 32:27-28). '도륙'은 한자로 '죽일 도(屠), 죽일 륙(戮)'으로, 그 뜻은 '옳고 그름을 묻거나 가리지 않고 무조건 닥치는 대로 죽이는 것'을 말합니다. 레위 자손은 자기 형제를 죽였음에도 불구하고 이 일로 헌신하였다는 칭찬을 받고, 후에 제사장 지파가 되었습니다(출 32:29).

이날 아론의 불신과 범죄로 말미암아 3천 명의 생명이 형제의 손에 의해 무참하게 피를 흘리며 죽어 갔습니다. 이튿날 모세는 얼마나 다급했던지 백성의 죄를 속하기 위해 차라리 자신의 이름을 생명책에서 지워 달라고 기도했습니다(출 32:30-33).

수많은 백성을 죽음으로 내몬 아론의 죄는 너무도 중하여, 신명기 9:20에서는 하나님께서 아론을 당장에 죽이려 하셨다고, 출애굽기에서는 언급하지 않은 사실을 말씀하고 있습니다. 이때도 아론은 모세의 중보 기도로 겨우 생명을 구제 받았습니다(신 9:20下).

아론의 세 번째 죄는, 미리암과 함께 모세를 비방한 것입니다(민 12:1-16). 앞에서 살펴본 대로 이때 모세의 신적 권위를 떨어뜨리려 했던 그들의 불순한 의도가, 하나님께서 급히 개입하시어 말씀하심으로써 드러나고 말았습니다. 그 자리에서 아론은 동생 모세에게 "슬프다 내 주여!"라고 하면서 모세의 권위를 철저하게 인정하게 되었습니다.

아론의 네 번째 죄는, 가데스에서 있었던 므리바 반석의 생수 사건 때 모세와 더불어 하나님의 말씀을 믿지 못하고, 그 말씀을 거역하여 하나님의 거룩함을 나타내지 않은 것입니다(민 20:7-13). 아론은 이 사건을 통하여 가나안에 들어가지 못한다는 하나님의 결정적인 선고를 받고 말았습니다(민 20:24).

민수기 20:12 "여호와께서 모세와 아론에게 이르시되 너희가 나를 믿지 아니하고 이스라엘 자손의 목전에 나의 거룩함을 나타내지 아니한 고로 너희는 이 총회를 내가 그들에게 준 땅으로 인도하여 들이지 못하리라 하시니라"

② 아론의 불신의 결과

가데스에서 므리바 반석 사건 후에 하나님께서 말씀하신 대로(민 20:12) 대제사장 아론은 123세에 호르산 꼭대기에서 죽어 열조에게로 돌아갔습니다(민 20:22-29, 신 10:6, 32:50).

민수기 33:38-39 "이스라엘 자손이 애굽 땅에서 나온 지 사십년 오월 일일에 제사장 아론이 여호와의 명으로 호르산에 올라가 거기서 죽었으니 [39] 아론이 호르산에서 죽던 때에 나이 일백 이십삼 세이었더라"

아론은 가나안을 지척에 두고 가나안 입성 약 8개월 전에 광야에서 그 생을 마감하고 말았습니다. 아론의 죽음은 늙어서 죽은 자연사(自然死)가 아니라, 하나님의 뜻을 거역한 대가로 집행된 하나님의 징벌이었습니다.

모세는 여호와의 명을 좇아 아론과 아론의 아들 엘르아살과 함께 호르산에 올라, 아론에게서 거룩한 대제사장의 의복(에봇)을 벗겨 아론의 아들 엘르아살에게 입혔습니다(민 20:26-28). 여기서 아론은 그 옷을 스스로 벗은 것이 아니라 모세로 말미암아 벗김을 당하였습니다. 아론은 하나님의 뜻에 따라 대제사장으로 위임받아 그 옷을 입게 되었으나, 불신의 결과로 대제사장의 신분을 박탈당하고 그 옷을 벗기운 것입니다.

아론의 죽은 것을 보고 온 회중이 30일간 애곡하였습니다(민 20:29). 길고 험난한 광야 40여 년 동안 온 백성이 추앙하고 받들던 대제사장 아론의 죽음은 이스라엘 온 백성이 하나님을 크게 두려워하는 계기가 되었을 것입니다.

(3) 모세의 죽음(출애굽 40년 11월, 가나안 입성 약 2개월 전)

이스라엘 백성을 이끌고 출애굽 하여 가나안에 입성하라는 위대한 사명을 받았던 모세는(출 3:9-10, 6:2-8, 10-13, 행 7:30-34) 어느덧 광야 40년을 이스라엘 백성과 함께 지내고 120세 노장이 되었습니다. 그리고 모세는 출애굽 40년 11월 1일(신 1:3) 긴 고별 설교를 끝으로 임종했습니다. 모세는 가나안 입성 약 2개월 전에, 아직 눈이 어둡지 않고 육체의 기력이 쇠하지 않았음에도 불구하고 죽음을 맞은 것입니다.

신명기 34:7 "모세의 죽을 때 나이 일백 이십 세이나 그 눈이 흐리지 아니하였고 기력이 쇠하지 아니하였더라"

오직 가나안만을 향해서 80년간 준비하고 험악한 40년의 광야를 온유함으로 달려온 수고를 본다면, 모세는 당연히 하나님께서 약속하신 땅에 앞장서서 개선 장군처럼 들어가야 했습니다. 그러나 모세는 그토록 사모하던 가나안 땅에 들어가지 못하고 광야에서 죽게 되었습니다. 그의 죽음은 정말 안타까운 일입니다.

① 모세가 가나안에 들어가지 못한 원인

민수기 20:1에 보면 '정월'에 이스라엘 백성이 신 광야에 이르러 '가데스'에 거하였다고 했는데, '정월'은 출애굽 한 후 40년째가 되는 해의 첫 달인 1월(아빕월)을 가리킵니다(민 33:38).

여기 가데스의 므리바 반석 사건에서 모세는 지팡이를 손에 잡고 반석을 향해 명하여 물을 내라고 하신 말씀을 거역하고, 반석을 두 번 친 일로 인하여 가나안 입성을 금지당하였습니다. 이때 하나님께서는 모세에게 "나의 거룩함을 나타내지 않았다"라고 하셨습니다(민 20:12, 27:14, 신 32:51). 이것이 모세가 가나안 땅에 들어가지 못한 이유였습니다. 하나님께서 주신 말씀을 믿든지 안 믿든지 모두 정확하게 이스라엘 총회에 전달해야 했는데, 전달하지 않은 것입니다. 그것이 바로 "나의 거룩함을 나타내지 않았다"의 일차 내용입니다.

그렇다면 모세가 하나님의 거룩함을 나타내지 않았다는 구체적인 내용은 무엇입니까? 성경은 이에 대하여 네 가지로 말씀하고 있습니다.

첫째, 하나님을 믿지 않았습니다(민 20:12).

모세가 반석을 두 번 내리치는 순간에 엄청난 물이 솟구쳤으나,

하나님께서는 모세에게 "나를 믿지 않았다" 하고 진노하셨습니다. 아무리 모세의 믿음이 지금까지 좋았을지라도, 하나님께서는 "나를 믿지 아니하고"(민 20:12)라고 말씀하셨습니다. 모세는 분명히 이 사건에서 하나님을 믿지 않은 것입니다.

하나님께서는 반석에게 명하면 물이 나온다고 말씀하셨습니다(민 20:8). 여기 '물'은 히브리어의 '쌍수'로, 200만 명의 백성과 짐승까지 충분히 먹고도 남는 막대한 양의 물입니다. '강같이 흐를' 정도이고(시 105:41), '시내가 넘칠' 정도입니다(시 78:20). 그런데 모세는 이 순간에 반석에서 막대한 양의 물을 내시는 하나님의 능력을 온전히 믿지 못했던 것입니다. 모세의 이러한 불신에도 불구하고, 하나님께서는 물을 내어 목마른 백성과 짐승에게까지 충분히 마시게 해 주셨습니다. 진노 가운데서도 긍휼을 베풀어 주시는 하나님의 크신 사랑과 자비입니다.

둘째, 하나님의 말씀을 '거역'했습니다(민 27:14).

민수기 27:14에 "... 너희가 내 명을 거역하고 그 물가에서 나의 거룩함을 그들의 목전에 나타내지 아니하였음이니라"라고 기록되어 있습니다. 아론과 모세가 하나님의 말씀을 거역했다고 말씀하신 것입니다. "거역하고"는 히브리어로 '마라'(מָרָה)인데, '... 에 대하여 고집이 세다'(민 20:10, 왕상 13:21, 26), '강퍅하게 행동하다'(신 9:7, 삼상 12:14, 욥 17:2)라는 뜻으로, 민수기 27:14을 직역하면 '왜냐하면 너희가 고집이 세고 강퍅하여...'라고 할 수 있습니다. 자기 고집이 세고 마음이 강퍅하다는 것은 어떤 지시를 전혀 따르려 하지 않는 태도입니다.

하나님께서는 분명히 반석을 명하여 물을 내게 하라고 명령하셨음에도 불구하고, 모세는 자기 고집 속에서 반석을 두 번이나 침으로 하나님의 말씀에 불순종하고 말았던 것입니다. 마음이 강퍅한 자는 절대로 하나님의 말씀에 순종할 수 없습니다. 하나님의 말씀을 거역하는 것은 사술의 죄와 같다고 하였습니다(삼상 15:23).

하나님께서는 말씀을 가감하지 않고 그대로 믿고 실천하는 순종, 온전한 순종을 요구하십니다. 내 생각을 내려놓고 하나님의 생각을 속히 가져오는 것, 그것이 겸손이요 하나님이 기뻐하시는 올바른 순종입니다.

나아만 장군은 처음에 자기 생각 때문에 요단강에 몸을 일곱 번 씻으라는 엘리사의 명령을 듣지 않았습니다(왕하 5:11). 그러나 후에 자기 생각을 버리고 요단강에 들어가서 문둥병을 고침 받았습니다. 사람의 생각은 사망이요, 하나님의 일에 아무런 보탬이 되지 않고 오히려 뜻을 무너뜨립니다(마 16:23, 롬 8:6).

셋째, '범죄'하였습니다(민 20:8-13, 27:14, 신 32:51).

신명기 32:51에서 "이는 너희가 신 광야 가데스의 므리바 물가에서 이스라엘 자손 중 내게 범죄하여 나의 거룩함을 이스라엘 자손 중에서 나타내지 아니한 연고라"라고 말씀하고 있습니다.

여기 '범죄하여'는 히브리어로 '마알'(מָעַל)인데, 뜻은 '덮어 가리다, 은밀하게 행동하다'입니다. 이것은 모세가 하나님께서 물을 내신다고 말함으로 하나님의 영광을 나타내어야 함에도 불구하고, 자신이 물을 내는 것처럼 은밀하게 자기를 드러내었던 것을 가리킵니다.

실제로 민수기 20:10에서 모세와 아론은 "우리가 너희를 위하여 이 반석에서 물을 내랴"라고 말함으로써 하나님의 거룩함을 나타내지 않고, 하나님의 주권을 훼손하는 교만한 행악을 저질렀습니다. 백성 앞에서는 모세가 자신의 불신과 이 엄청난 실수를 은밀하게 가릴 수 있었을지 몰라도, 중심을 보시는 하나님께서는 곧바로 모세가 지은 죄악의 진원지를 파헤치시고 그 죄의 대가를 엄중히 치르도록 하셨습니다(잠 21:2-4).

우리에게도 혹 은밀한 가운데서 저지르고 있는 죄악이 있지 않습니까? 하나님께서는 천지에 충만하신 분이므로 아무라도 은밀한 것을 가릴 수 없습니다(시 90:8, 렘 23:24).

넷째, **입술로 망령되이 말하였습니다**(시 106:32-33).

시편 106:32-33에서 "저희가 또 므리바 물에서 여호와를 노하시게 하였으므로 저희로 인하여 얼이 모세에게 미쳤나니 이는 저희가 그 심령을 거역함을 인하여 모세가 그 입술로 망령되이 말하였음이로다"라고 말씀하고 있습니다.

여기 "망령되이 말하였음이로다"는 히브리어로 '바타'(בָּטָא)인데, 그 뜻은 '화나서 고함지르다, 분별 없이 성급하게 함부로 말하다'입니다. 그렇다면 '온유함이 지면의 모든 사람보다 승하다'(민 12:3)라고 칭찬 받았던 모세가 왜 이렇게 망령되이 말한 것입니까?

가데스에서 물이 없자 백성은 자발적으로 모여서 모세와 아론을 공박하였습니다(민 20:2). '공박하니라'는 한자로 '칠 공(攻), 논박할 박(駁)'으로, '남의 잘못을 몹시 따지고 캐내어 공격한다'라는 뜻입니다. 이렇게 마음에 결심하고 달려들면, 누구도 당할 자가 없습니다.

또한 민수기 20:3에는 백성이 모세와 다투었다고 하였습니다. '다투다'에 해당하는 히브리어 '루브'(רִיב)는 본래 '뒤흔들다'라는 뜻입니다. 이것은 백성이 모세와 아론을 붙잡고 대항하면서 싸운 것을 말하는데, 당시에 백성의 공격이 아주 심각한 수준이었음을 엿볼 수 있습니다. 자기 형제들이 여호와의 재앙을 받아 죽을 때 왜 같이 죽지 못했을까 원망하고(민 20:3), 도저히 사람이 살 수 없는 '악한 곳'으로 인도했다고 불평하면서(민 20:5) 거세게 공격해 왔습니다.

패역한 백성의 거센 항변과 원망 소리에 40년 동안 잘 순종해 왔던 모세도 순간 그들의 얼이 미쳐 분노하게 되었습니다(시 106:32-33). 그래서 여호와 앞에서 지팡이를 취한 후에 "패역한 너희여 들으라 우리가 너희를 위하여 이 반석에서 물을 내랴"(민 20:10) 하고 반석을 두 번 치는 큰 실수를 범한 것입니다. 모세가 반석을 한 번만 치고 기다리지 못하고 계속적으로 두 번 친 것은 그가 성급하게 분노하고 있었음을 나타냅니다. 야고보서 1:20에서는 "사람의 성내는 것이 하나님의 의를 이루지 못함이니라"라고 말씀하고 있습니다.

언어에 조급하고 성급하게 분노하는 자는 어리석은 자입니다(잠 14:29, 16:32, 29:20). 죽고 사는 것이 혀의 권세에 달려 있습니다(잠 18:21, 12:13, 13:3, 21:23). 잘못된 입술은 사람을 죽이는 칼이요 독이며(시 59:7, 64:3, 약 3:8), 인생을 송두리째 망칠 수 있는 거센 불길입니다(잠 16:27, 약 3:6).

예수님께서도 마태복음 12:36-37에서 "내가 너희에게 이르노니 사람이 무슨 무익한 말을 하든지 심판 날에 이에 대하여 심문을 받으리니 네 말로 의롭다 함을 받고 네 말로 정죄함을 받으리라"라고 말씀하셨습니다. 그러므로 우리가 생명을 사랑하고 좋은 날 보기를 원한다면, 혀를 금하고 악한 말을 그치며 입술로 궤휼을 말하지 말고 무슨 말을 하든지 주 예수 그리스도의 이름으로 해야 합니다(시 34:12-13, 벧전 3:10-11, 골 3:17). 말에 실수가 없어야 온전한 사람입니다(약 3:2).

　　가나안 입성 약 1년 전, 모세가 가나안 입성을 금지당한 일은 종말에 사는 오늘날 성도들에게 대단히 큰 교훈을 줍니다. 평소 잘 순종했던 사람도, 오랜 신앙의 연륜이 있는 사람도, 꾸준히 말없이 봉사했던 사람도, 일순간 불신의 얼이 미치면 자신도 모르는 사이에 말을 함부로 내뱉고 성을 내면서 자신의 의를 드러낼 뿐만 아니라, 결국에는 하나님의 의로운 뜻을 가로막는 악의 도구가 될 수 있다는 엄중한 교훈입니다. 끝날이 가까울수록 수많은 불신의 얼이 우리 주변을 맴돌 것입니다. 그때마다 하나님의 말씀을 중심에 굳게 붙잡고 넉넉히 이길 수 있는 큰 믿음의 사람이 되어야 하겠습니다.

***유구한 역사 속에서 세계 최초로 체계적 정리**
② 반석에서 물이 나온 사건에 나타난 하나님의 구속사적 경륜
　　모든 성경은 예수님 한 분을 증거하는 구속사적 경륜으로 가득 차 있습니다(요 5:39, 눅 24:27). 광야 노정 반석에서 물이 나온 사건 속에도 장차 메시아를 통해 이루실 하나님의 구속사적 경륜이 담겨 있습니다. 사도 바울은 고린도전서 10:4에서 광야에서 물을 낸 반석이 바로 '예수 그리스도'를 예표한다고 말씀합니다.

　　출애굽기 17:6의 르비딤에서의 반석과, 민수기 20:8의 가데스에서의 반석은 그 모양이 달랐습니다. 원어에서 두 반석은 확연한 차이를 보입니다. 호렙산 반석은 히브리어로 '츄르'(צוּר)인데, '거대한 바위덩어리'를 말합니다. 항상 제자리에 우뚝 서 있는 하나님의 견고성(시 19:14)과 영원성(사 26:4)을 상징합니다. 그런데 가데스에서의 반석은 히브리어로 '셀라'(סֶלַע)입니다. 이는 '절벽이나 암벽 같은 가파르고 높다란 바위, 혹은 틈 있는 바위'를 말합니다. '츄르'와

는 대조적으로, '셀라'는 '갈라지다'(split)라는 뜻의 아라비아어에서 파생되어 갈라진 틈이 있는 뾰족한 바위(욥 39:28)를 가리킵니다. 주로 '셀라'는 '바위 사이'(잠 30:26), 혹은 '바위틈'(삼상 13:6)으로 번역됩니다. 바위틈은 외부의 침입으로부터 안전한 은신처와 피난처(시 18:2, 71:3), 전쟁 시에 요새(삼하 22:2, 아 2:14)가 되었습니다.

출애굽기 17:6에서 "내가 거기서 호렙산 반석 위에 너를 대하여 서리니 너는 반석을 치라 그것에서 물이 나리니 백성이 마시리라 모세가 이스라엘 장로들의 목전에서 그대로 행하니라"라고 말씀하고 있습니다.

여기에서 하나님께서는 "내가 거기서 호렙산 반석 위에 너를 대하여 서리니"라고 말씀하셨습니다. 그러므로 모세는 하나님이 앞에 서 계신 바위를 쳐서 물이 나오게 했던 것입니다.

이러한 역사는, 장차 생명의 근원이신 예수께서 십자가 상에서 매를 맞고 창에 찔려 피를 쏟아 돌아가심으로써 온 인류에게 영생수를 공급하신 십자가 사역을 예표합니다(L. Wood). 훗날 사도 바울은 "반석은 곧 그리스도시라"라고 말씀하였습니다(고전 10:4).

그러나 민수기 20:8에서는 "너희는 반석에게 명하여 물을 내라"라고 말씀하셨습니다. 출애굽기 17:6에서 반석을 치라고 하신 것과는 달리, 이 사건에서 하나님께서는 반석을 명하여 물을 내라고 하셨습니다. 그 이유는 무엇입니까? 민수기 20:8의 반석은 히브리어로 '셀라'(סֶלַע)로서, 이미 틈이 있는 반석이기 때문에 지팡이로 칠 필요가 없어, 명령만 하면 되었던 것입니다.

이 틈은, 예수님께서 십자가를 지시기까지 모든 과정 속에서 찢기고 터지고 처참하게 고난 당하신 일을 생각나게 합니다.

극악무도한 로마 군인들은 머리에 가시 면류관을 씌웠습니다(마 27:29, 막 15:17, 요 19:2, 5). 손가락보다 더 굵은 가시를 예수님의 머리에 힘껏 씌울 때 그 가시가 주님의 머리를 뚫어 선혈이 낭자하게 흘러내렸습니다. 머리에서 흘러내리는 피로 말미암아 예수님께서는 눈을 뜰 수도 없을 정도였습니다. 주님의 얼굴은 온통 피로 물들었습니다.

예수님의 온 몸은 빌라도의 지시로 로마 군인들의 채찍에 맞아 성한 곳이 하나도 없었습니다(마 27:26, 막 15:15, 요 19:1). 채찍에 맞으실 때마다 채찍 끝에 있는 쇠 때문에 예수님의 살점이 떨어지고 뼈가 드러날 정도였습니다(시 22:14, 17, 38:3). 채찍에 맞은 등은 심하게 부어오르고 갈갈이 찢기어서 갈라진 틈 사이로 길게 고랑이 날 정도였습니다(시 129:3). 채찍이 한 번 가해질 때마다 예수님께서는 부들부들 떠시면서 몸서리를 치셨을 것입니다. 온 몸이 피투성이가 되어서 차마 눈으로 볼 수 없을 정도가 되었습니다.

로마 군병들은 예수님의 양손과 양발을 십자가에 못 박았습니다(마 27:35, 막 15:24, 눅 23:33, 요 19:18, 20:25). 예수님의 손을 붙잡고 굵은 대못을 박는 순간 주님은 그 고통에 아찔하여 정신을 잃을 정도였을 것입니다. 굵은 대못은 주님의 은혜와 축복의 손과 발을 관통하여 십자가 밑으로 깊이 박혔습니다.

못 박힌 주님의 상처들은 십자가 상에서 체중에 못 이겨 살이 찢기는 고통을 받아야 했습니다. 온 몸은 과다 출혈로 인하여 견디기 어려운 오한이 엄습하므로 사시나무처럼 떨렸을 것입니다.

마침내 예수님께서는 운명하신 후에 창으로 옆구리를 찔리시고 남아 있는 피와 물을 다 쏟으셨습니다(요 19:34).

참으로 도저히 상상할 수 없는 참혹하고 끔찍한 십자가의 죽음이 었습니다. 아무 죄도 없으신 주님께서 우리의 죄 때문에 당하신 고난을 생각할 때(사 53:4-6) 너무도 가슴이 미어지고 아프지 않을 수 없습니다. 우리가 아무리 이 땅에서 자살 직전의 절망 가운데 있다고 할지라도 주님께서 당하신 이러한 고통과 비교할 수 있겠습니까?

실로, 예수님의 온 몸에는 성한 곳이 하나도 없었습니다. 바로 각자 나의 죄 때문에 깨지고, 틈이 생기고, 상처투성이가 되었다는 것을, 믿는 성도라면 기억해야 합니다. 참으로, 우리 죄를 대속하신 거룩한 흔적이요, 영원히 지울 수 없는 사랑의 흔적입니다.

예수님께서는 부활하신 후 못 박히고 창에 찔리신 상흔을 도마에게 보여 주셨습니다. 의심 많은 제자 도마를 찾아오시어, "네 손가락을 이리 내밀어 내 손을 보고 네 손을 내밀어 내 옆구리에 넣어 보라 그리하고 믿음 없는 자가 되지 말고 믿는 자가 되라"(요 20:27) 이렇게 말씀하시는 순간, 도마의 태산 같던 의심은 순식간에 사라져 버렸습니다.

하나님의 구속사적 섭리 가운데 예수님께서 다시 십자가에 못 박히는 일은 없습니다. 예수님께서는 십자가를 지심으로 단번에 영원한 속죄를 이루셨습니다(요 19:30, 롬 6:6-10, 히 7:27, 9:12, 26, 10:2, 10).

예수님이 달리신 십자가는 인류 구속을 위한 절대 예정이었고(마 26:20-24, 54-56, 막 9:12, 눅 18:31, 22:22, 24:25-27, 행 26:22-23, 고전 15:3, 벧전 1:10-11), 절대 승리였습니다(골 2:13-15). 주님이 재림하실 때에는 '영광의 주'로 오실 것입니다(살전 4:16-17). 부활하신 후 승천하시고 장차 영광 가운데 다시 오실 주님은(행 1:9-11), 십자가에서 고난을 받으셨던 바로 그 주님이십니다(계 5:6).

③ 모세의 죽음

모세와 아론은 레위 지파였으므로(출 2:1-2) 이스라엘 군대의 제1차 계수에 들지 않았습니다(민 1:47, 49). 가데스 반석에 대한 죄만 아니었다면 가나안 땅에 넉넉히 들어갈 사람들입니다. 모세와 아론은 가데스에서 반석을 명하여 물을 내게 해야 했는데 반석을 두 번 침으로 말미암아, 하나님을 믿지 않고 이스라엘 자손의 목전에 하나님의 거룩함을 나타내지 않았습니다(민 20:8-13, 27:14, 신 32:50-51). 그 결과로, 아론과 함께 가나안 입성 약 1년 전에 금지령을 받고 말았습니다(민 20:12).

모세는 약속의 땅을 얼마나 직접 밟아 보고 싶었겠습니까? 출애굽 40년 5월 1일, 아론이 호르산에서 하나님의 말씀대로 죽는 것을 보고도 그 미련을 버리지 못하고, 자기만은 가나안에 들어가게 해 달라고 혼신의 힘을 다해 간구하였습니다. 이에 하나님께서는 "그만해도 족하니 이 일로 다시 내게 말하지 말라"라고 단호하게 금하셨습니다(신 3:23-27). '네 형 아론이 죽은 것같이 너도 죽을 것이라'라고 말씀하셨습니다(민 27:13, 신 32:50). 약속의 땅에 들어가고자 하는 간절한 탄원도 하나님의 말씀을 바꿀 수는 없었습니다.

모세는 죽을 때 아직 눈이 어둡지 않고 육체의 기력이 쇠하지 않았습니다(신 34:7). 그러므로 모세의 죽음을 나이가 많아서 죽은 자연사로 오해해서는 안 됩니다. 모세의 죽음은 정확하게 '말씀이 명한 죽음'이었습니다. 그것을 신명기 34:5에서는 "이에 여호와의 종 모세가 여호와의 말씀대로 모압 땅에서 죽어"라고 하였습니다.

결국 모세는 모압 땅에서 120세에 죽어 벧브올 맞은편 모압 땅에 있는 골짜기에 장사되었고, 오늘날까지 그 묘를 아는 자가 없다고 성경은 말씀하고 있습니다(신 34:6, 유 1:9).

6. 제1차 계수된 군인 가운데 603,548명의 죽음
Death of 603,548 soldiers among those numbered in the first census

출애굽 할 때 이스라엘은 20세 이상 남자 장정만 603,550명이었습니다(민 1:46, 2:32). 물론 이때 레위 지파는 군대 계수에서 제외되었습니다(민 26:62). 광야 1세대가 모두 진중에서 멸절된 것은 세렛 시내를 건너기까지였는데(신 2:13-16), 이 세렛 시내를 건넌 시점은 민수기 20:28에서 아론이 죽은 후입니다(민 21:12). 그러므로 광야 1세대의 군인들이 마지막으로 죽은 때는 아론이 죽은 출애굽 40년 5월 1일 후가 되는 것입니다. 즉 가나안 입성 약 8개월을 남겨 놓은 시점까지 여호수아와 갈렙 두 사람을 제외한 나머지 603,548명 가운데 남아 있던 자들이 모두 하나님의 말씀대로 죽은 것입니다(신 1:34-38, 2:13-16, 민 14:22-24, 29-30, 38, 26:63-65, 32:11-13).

(1) 제1차 계수된 군인들이 죽은 원인

제1차 계수된 군인들이 모두 죽은 이유는 열 정탐꾼의 불신의 말을 듣고 모세와 아론을 원망하였기 때문입니다(민 14:1-3, 26-30).

40일 동안 정탐한 결과는 어떠했습니까? "당신이 우리를 보낸 땅에 간즉 과연 젖과 꿀이 그 땅에 흐르고 이것은 그 땅의 실과니이다"(민 13:27)라고 하면서, 그 증거로 가나안 땅의 실과를 가지고 와서 보였습니다. 그것은 "포도 한 송이 달린 가지"였는데, 두 장정이 막대기에 꿰어 메고 올 정도로 컸습니다(민 13:23). 과연 가나안이 젖과 꿀이 흐르는 땅이라는 사실이 확실히 확인된 것입니다.

그런데도 열 정탐꾼은 가나안 땅의 거대한 아낙 자손을 떠올리며 "우리는 스스로 보기에도 메뚜기 같으니 그들의 보기에도 그와 같았을 것이니라"(민 13:32-33)라고 하면서 공포에 질려 있었고, 이러한 그들의 불신앙적인 보고는 백성의 마음을 순식간에 뒤흔들어 버렸습니다.

가나안 땅에 대해 악평하는 보고를 들은 회중은 그날 밤 '일제히' 집집마다 소리를 높여 밤새도록 울었습니다(민 14:1). '차라리 애굽에서 죽었더면... 광야에서 죽었더면... 한 장관을 세워 애굽으로 돌아가자'라고 하면서, 걷잡을 수 없는 원망 속에서 반역자의 모습으로 돌변했습니다(민 14:2-4).

여호수아, 갈렙은 이러한 상황을 한탄하여 옷을 찢으면서 "우리가 두루 다니며 탐지한 땅은 심히 아름다운 땅이라 여호와께서 우리를 기뻐하시면 우리를 그 땅으로 인도하여 들이시고 그 땅을 우리에게 주시리라 이는 과연 젖과 꿀이 흐르는 땅이니라"라고 하였습니다(민 14:6-8). 여호수아와 갈렙도 동일한 시간에 동일한 장소에서 견고한 성읍, 아낙 자손 대장부들을 다 보았습니다. 그러나 그들은 하나님의 말씀을 더 크게 보고 확신하였던 것입니다.

두 사람은 울며 원망하는 군중들 앞에 서서 담대히 외쳤습니다.

민수기 14:9 "오직 여호와를 거역하지 말라 또 그 땅 백성을 두려워하지 말라 그들은 우리 밥이라 그들의 보호자는 그들에게서 떠났고 여호와는 우리와 함께하시느니라 그들을 두려워 말라 하나"

이미 열 정탐꾼의 불신앙적인 말이 온 백성의 마음을 점령하고 있었으므로 그들은 도무지 믿을 수 없다는 듯, 여호수아와 갈렙을 돌로 쳐서 죽이려 하였습니다(민 14:10上). 이토록 위급한 순간, 하나님의 영광이 이스라엘 모든 자손에게 나타나 백성을 진압하셨습니다(민 14:10下).

(2) 불신의 결과로 선고된 광야 40년

① 광야에서 40년 동안 방황하게 하신 이유

하나님께서는 백성의 원망하는 소리를 다 들으시고 여호수아와 갈렙 외에는 결코 가나안 땅에 들어오지 못하며, 광야에서 40년 동안 방황하게 될 것이라고 선언하셨습니다(민 14:26-35).

하나님께서는 열두 정탐꾼이 가나안 땅을 탐지한 날 수 40일의 하루를 일 년으로 환산하여, 40년 동안 죄악을 지게 하셨습니다(민 14:34).

우리말 (개역)성경에는 "하루를 일 년으로 환산하여"라고 되어 있으나, 민수기 14:34의 히브리어 원문에서는 같은 표현이 두 번 반복되어 '하루를 일 년으로! 하루를 일 년으로!'라고 그 뜻이 강조되어 있습니다.

"하루를 일 년으로 환산하여"의 히브리어 원문은 다음과 같습니다.

랏샤나　욤　랏샤나　욤
יוֹם לְשָׁנָה יוֹם לְשָׁנָה

에스겔 선지자에게도 이스라엘 백성이 지은 죄에 대한 내사를 치르는 기간을 계산하시면서 "일 일이 일 년이니라"(겔 4:6)라고 말씀하신 적이 있습니다.

② 악평한 열 정탐꾼의 죽음

603,550명 가운데 뽑힌 열두 명의 정탐꾼은 각 지파의 수만 명 가운데 뽑힌 사람들로서, 민수기 13:2에서는 '족장'(נָשִׂיא, 나시: 장관, 지도

자), 민수기 13:3에서는 '두령'(רֹאשׁ, 로쉬: 머리, 꼭대기)이라고 호칭하고 있습니다. 한마디로 백성에게 대단한 영향력을 가진 자들이었습니다. 그들의 악평은 온 회중으로 하여금 단숨에 모세를 원망케 했고(민 13:30-33, 14:1-3), 온 백성을 낙심케 하며 울부짖게 했습니다(신 1:28).

그 결과로 악평한 열 정탐꾼은 보고한 이튿날(민 14:25, 39-40), "여호와 앞에서" 재앙으로 한꺼번에 죽고 말았습니다(민 14:36-38).

성경에서 "여호와 앞에서" 죽은 자들은 하나님의 뜻과 충돌하여 죽은 '웃사'(대상 13:10, 삼하 6:8)와, 여호와 앞에 다른 불을 드리다가 죽은 아론의 두 아들 '나답과 아비후'(민 3:4, 26:61) 등이 있습니다. 모두가 하나님께 즉각적인 심판을 받아 죽은 자들입니다.

③ 여호수아와 갈렙의 온전한 신앙

여호수아, 갈렙 단 두 사람만 죽지 않고 살아 가나안 땅에 입성함으로써 그들은 하나님의 말씀에 대한 산 증인이 되었습니다. 여호수아, 갈렙이 이처럼 확실하게 가나안 땅 입성을 보장받은 이유에 대하여, 성경은 '온전한 순종'에 대한 보상이라고 말씀합니다(민 14:24, 수 14:8-9).

민수기 32:12 "다만 그나스 사람 여분네의 아들 갈렙과 눈의 아들 여호수아는 볼 것은 여호와를 온전히 순종하였음이니라 하시고"

신명기 1:36 "오직 여분네의 아들 갈렙은 온전히 여호와를 순종하였은즉 그는 그것을 볼 것이요 그가 밟은 땅을 내가 그와 그의 자손에게 주리라 하시고"

여기서 '온전히'에 해당하는 히브리어 '밀레우'는 '가득 채우다, 만족시키다, 흘러 넘치다'라는 뜻의 '말레'(מָלֵא)에서 유래하였습니다. 가득 채운 순종이요, 충만한 순종이요, 주도면밀한 순종이요, 하나님의 마음을 흡족케 한 순종이었습니다. 마치 예수님께서 '아버지의 명령이 영생인 줄 안다'(요 12:50)라고 하신 것과 같은 철두철미한 순종이었습니다.

여호수아와 갈렙은 하나님의 말씀에 사로잡힌 자들로서, 그 말씀에 순종하기만 하면, 어떤 악조건과 불가능한 현실 속에서도 능히 승리할 수 있다는 강력한 믿음이 그들 삶 속에 뿌리내려 있었습니다. 그들은 가족과 친척들이 불평하고 원망할 때에도 거기 동조하거나 요동하지 않았습니다.

온전한 순종의 결과로 그들은 하나님의 말씀 그대로 가나안 땅에 입성하는 감격과 영광을 맛보게 되었습니다. 그러나 온전히 순종하지 않은 자들은 언약의 땅을 결코 밟을 수 없었습니다.

민수기 32:11 "애굽에서 나온 자들의 이십 세 이상으로는 한 사람도 내가 아브라함과 이삭과 야곱에게 맹세한 땅을 정녕히 보지 못하리니 이는 그들이 나를 온전히 순종치 아니하였음이니라"

온전하지 못한 순종은 다른 사람들까지 믿지 못하게 하고, 시험들게 만들어, 결국은 비참한 죽음을 가져오게 했습니다. 하나님께서는 온전한 순종이라야 기뻐하시고, 온전한 순종을 통해서 큰 영광을 받으십니다.

④ 필경은 광야에 엎드러진 603,548명

하나님께서는 열 정탐꾼의 불신적인 보고를 듣고 밤새도록 통곡하는 자들, 모세가 우리를 속이고 광야에서 죽이려 한다고 수군대는 자들, 한 장관을 세워 애굽으로 돌아가자고 선동하는 자들의 원망하는 소리를 다 들으셨고, 그들의 말이 하나님의 귀에 들린 대로 심판하셨습니다(민 14:27-28).

하나님께서는 여호수아와 갈렙 두 사람 외에는 절대로 가나안 땅에 들어가지 못한다고 선언하셨고(민 14:29-30), 원망하던 자들은 그들의 시체가 광야에 모두 엎드러지기까지 계속 광야를 유리해야만 하는 비참한 신세가 되었던 것입니다(민 14:32-35).

하나님의 말씀은 일점 일획도 땅에 떨어지지 않고 그대로 이루어져, 단 두 사람 여호수아와 갈렙을 제외하고 '필경'(畢竟)[51] 광야에서 그 시체가 모두 엎드러지고 말았습니다(민 26:63-65, 32:12-13, 신 2:14-16, 히 3:17).

7. 가나안 입성 직전의 전쟁들
Battles immediately prior to entry into Canaan

이스라엘 백성은 아르논 강을 건널 때까지는 전쟁을 피해서 걸어왔습니다. 그러나 아르논 강을 건넌 후에 아모리 왕 시혼과 부딪치기 시작하면서 전쟁을 겪어야 했습니다. 이 전쟁들은 요단강을 건널 때까지 계속되었습니다.

(1) 야하스 전쟁(민 21:21-32, 수 12:2-3)

이스라엘은 아르논 강을 건넌 후 디본(갓)에 진을 쳤을 때, 아모리 왕 시혼에게 사자를 보내어 왕의 대로로 통행할 수 있게 해 달라고 요청하였으나 시혼은 허락하지 않았습니다. 그는 오히려 야하스에서 이스라엘을 공격하였습니다(민 21:23). 야하스는 아르논 강 상류 북쪽에 인접한 성읍이었습니다. 그러나 이스라엘은 아모리 족속과의 전쟁에서 대승을 거두고 그들의 땅을 아르논부터 시작하여 멀리 얍복까지 점령하고, 헤스본을 비롯한 아모리 인들의 성읍에 거하게 되었습니다(민 21:24-26). 이 전쟁에서 승리한 것은 그들의 칼이나 활로써가 아니라 하나님께서 왕벌을 보내 주신 결과였습니다(수 24:12).

(2) 에드레이 전쟁(민 21:33-35, 수 12:4-5)

이스라엘은 아모리 왕 시혼과의 전쟁에서 승리한 후 그들의 수도인 헤스본에서 아바림 산지로 바로 갈 수 있었습니다. 그러나 이스라엘 군사들은 아바림 산지로 올라가지 않고 돌이켜 바산 길로 올라가서 바산 왕과 에드레이까지 가서 싸웠습니다(민 21:33). 에드레이는 길르앗의 북동쪽, 왕의 대로변에 위치한 바산 왕 옥의 성읍이었습니다. 이스라엘 군사들은 이 전쟁에서도 바산 군대를 한 사람도 남기지 않고 다 죽이고 성읍을 차지하는 대승을 거두었습니다(민 21:35).

(3) 미디안과의 전쟁(민 31:1-24)

이스라엘 백성은 아모리 족속과 전쟁을 하면서 디본(갓)에서 발행하여 알몬 디블라다임에 진을 쳤고, 알몬 디블라다임에서 발행하여 아바림산에 진을 쳤고, 다시 아바림산에서 발행하여 모압 평지에 진을 쳤습니다(민 33:46-49). 모압 평지에서 이스라엘 백성의 진은 벧여시못에서 아벨싯딤까지 미쳤습니다.

그런데 이스라엘 백성은 가나안 입성을 바로 눈앞에 두고 진을 친 싯딤에서 모압 여자들과 음행하고 우상을 섬기므로 하나님의 크신 진노를 받았습니다. 염병으로 죽은 사람이 24,000명이나 되었고, 아론의 손자 엘르아살의 아들 비느하스는 음행한 시므온 족장 시므리와 미디안 여인 고스비의 배를 창으로 꿰뚫어 죽임으로 하나님의 노를 돌이키고 염병을 그치게 했습니다(민 25:1-18).

이 사건으로 인하여 이스라엘과 미디안 사이에 전쟁이 벌어졌으며, 이스라엘은 매 지파에서 1,000명씩 12,000명을 뽑아서 전쟁에 나가 미디안 남자를 다 죽이고, 그 죽인 자 외에 미디안의 다섯 왕(에위, 레겜, 수르, 후르, 레바)을 죽이는 놀라운 대승을 거두었습니다(민 31:1-8). 이스라엘 백성이 미디안 족속에게 취한 전리품은 양 675,000, 소 72,000, 나귀 61,000, 처녀 32,000명이었습니다(민 31:32-35). 전리품 가운데 금 패물은 모세가 여호와께 드려 여호와 앞에 이스라엘 자손의 기념을 삼았습니다(민 31:50-54). 군대의 장관들(천부장, 백부장)이 영솔한 군인을 계수한즉 12,000명 가운데 한 사람도 죽지 않았으니, 놀랍고도 완전한 대승리였습니다(민 31:48-49).

(4) 길르앗 전쟁(민 32:39-42)

미디안과의 전쟁이 끝나고, 민수기 32장에서 요단강 동편 땅이 르우벤과 갓, 므낫세 반(半) 지파에게 분배되었습니다. 그 후에 므낫세의 아들 마길의 자손은 길르앗을 공격하여 거기에 거하는 아모리 사람들을 쫓아내었고, 모세는 길르앗을 므낫세의 아들 마길에게 주었습니다(민 32:40). 길르앗은 요단 동편 왕의 대로변에 위치한 성읍이었습니다.

이상의 전쟁에서 이스라엘이 승리할 수 있었던 것은, 하나님께서 대적들을 이스라엘 백성의 손에 붙이셨기 때문입니다. 민수기 21:34에서는 "여호와께서 모세에게 이르시되 그를 두려워 말라 내가 그와 그 백성과 그 땅을 네 손에 붙였나니 너는 헤스본에 거하던 아모리인의 왕 시혼에게 행한 것같이 그에게도 행할지니라”라고 말씀하고 있습니다.

여기 ‘붙였나니’는 히브리어로 ‘나탄’(נָתַן)으로서, 이것의 기본적인 뜻은 ‘주다’입니다. 하나님께서는 모든 대적을 이스라엘 백성의 손에 주셨던 것입니다. 가나안 입성 직전 크고 작은 전쟁에서의 승리는 향후 가나안 정복 전쟁의 승리도 하나님의 손에 달려 있음을 알려 줍니다. 작은 전쟁에서의 승리는 곧 큰 전쟁에서의 승리로 이어져서 마침내 가나안을 정복할 수 있었습니다.

8. 모압 싯딤에서 2만 4천 명의 죽음(민 25:1-9)
Death of 24,000 people in Shittim of Moab (Num 25:1-9)

‘싯딤’은 사해 북동쪽 ‘모압 평지’의 한 지역으로, ‘아카시아 나무’란 뜻입니다. 이곳은 이스라엘 백성이 가나안 땅으로 진군하기 전에 마지막으로 진을 친 곳으로(민 33:48-49), 이곳에 머무르는 동안 이스라엘 백성에게 중요한 일들이 많이 일어났습니다. 이곳에서 모압 여인들과 음행한 결과로 24,000명이라는 많은 생명이 죽었습니다.

민수기 25:3에 “바알브올에게 부속된지라”에서 ‘부속’(צָמַד, 차마드)은 원어 의미상 ‘강하게 결합되어 고정되었다’라는 뜻으로, 바알 신을 향해 그들의 영혼과 생각이 고정되어 뜻을 돌이킬 생각이 전혀 없었다는 것입니다. 극도로 타락해 버린 상태였음을 말해 줍니다.

이 사건의 근본적인 원인은 선지자 발람이 발락에게 불의의 삯을 받고(벧후 2:15, 유 1:11), 이스라엘 남자들을 유혹하는 올무를 놓아 우상의 제물을 먹고 행음하게 하였기 때문입니다(민 31:16, 계 2:14).

우상숭배에는 자주 음란한 행위가 동반되며, 그래서 성경에는 '우상을 음란히 섬긴다'라고 하는 말씀이 자주 등장합니다(출 34:15-17, 레 17:7, 20:5, 신 31:16, 삿 2:17, 8:33, 렘 3:9, 23:10, 겔 6:9). 사도 바울은 그의 서신을 통해, 피조물을 섬기는 우상숭배로 말미암아 음란한 행위에 빠진 사실을 적나라하게 기록하였습니다(롬 1:23-27).

모세와 여호수아는 가나안의 우상을 섬길 경우, 그것이 결국 '선민의 올무'가 될 것이라고 누차 경고했습니다(출 23:33, 34:12, 신 7:16, 25, 12:30, 수 23:13). 민수기 25장에 나타난 바알브올의 사건은 바로 이러한 우상의 올무에 걸려 일어난 사건으로, 선민이 이방의 제의(祭儀)에서나 볼 수 있는 음행을 똑같이 저질렀습니다. 오직 하나님만을 섬겨야 할 그들이 가증한 우상들을 섬기는 행위를 통해 영적·육체적 순결을 더럽히고 말았던 것입니다(출 34:12-16, 신 7:1-4, 수 23:12-13).

우리는 24,000명이라는 어마어마한 숫자가 죽은 바알브올의 사건 속에서 단순히 '우상숭배와 행음한 자들의 죽음'이라는 사실 이외에 꼭 유념해야 할 점이 있습니다.

제2차 군대 계수는 '염병 사건 후에' 이루어졌습니다.

대부분의 주석가들은 염병으로 죽은 24,000명을, 제1차 군대 계수한 603,550명 가운데 죽은 603,548명의 숫자에 포함하고 있습니다. 그러나 민수기 25장 사건은 분명히 세렛 시내를 건넌 후(민 21:12), 제1차 계수된 모든 군인들이 사망한 후에 일어난 것입니다(신 2:13-16). 그러므로 염병에 걸린 24,000명은 분명 광야 2세대로서, 가나안을 눈앞에 두고 제2차 군대 계수 전에 죽은 것입니다(시 106:28-30, 고전 10:8).

광야 2세대는 수많은 광야 1세대가 하나님께서 말씀하신 그대로 '광야에서의 죽음'으로 그 불신의 대가를 치르는 것을 자주 목격하였습니다. 그런데 그들은 또다시 선조들과 같이 음행과 우상숭배를 되풀이하여(출 34:14-16), 약속의 땅을 밟아 보지도 못하고 죽었습니다. 비록 가나안 기업을 약속 받은 세대일지라도 하나님의 말씀에 순종하지 않고 죄를 지으면 가나안에 들어갈 수 없는 것입니다.

모압 싯딤에서의 24,000명의 죽음은, 성도들이 자신의 몸이 성령의 전인 것을 깨달아 혼인을 귀히 여기며, 침소를 더럽히지 않고, 몸의 순결을 지키는 것이 얼마나 중요한가를 교훈하고 있습니다(고전 6:18-19, 히 13:4).

9. 제2차 군대 계수 실시(민 26:1-51)
Second census of soldiers (Num 26:1-51)

민수기 26:1-2 "염병 후에 여호와께서 모세와 제사장 아론의 아들 엘르아살에게 일러 가라사대 ² 이스라엘 자손의 온 회중의 총수를 그 조상의 집을 따라 조사하되 이스라엘 중에 무릇 이십 세 이상으로 능히 싸움에 나갈 만한 자를 계수하라 하시니"

민수기 26:51 "이스라엘 자손의 계수함을 입은 자가 육 십만 일천 칠백 삼십 명이었더라"

민수기 26장은 광야 2세대를 중심으로 제2차 군대 계수를 한 내용입니다. 여기 인구조사를 실시한 시기를 "염병 후에"(민 26:1)라고 소개하고 있습니다. '염병'은 모압 싯딤에서 음행한 결과로 주어진 징벌이었습니다. 이스라엘이 도덕적·신앙적으로 정화된 후에야 비로소 제2차 군대 계수 명령이 내려졌다는 사실에 주목해야 합니다. 약속하신 땅, 하나님의 나라에는 순결한 자만이 들어갈 수 있습니다(시 24:3-4, 고후 7:1).

제2차 군대 계수의 목적은 구체적으로 무엇입니까?

(1) 언약을 성취할 언약 백성을 계수하는 것입니다.

제2차 군대 계수에서는 제1차 군대 계수 때와는 달리, 각 지파의 기본 계보와 세밀한 가족의 목록까지 모두 기록하고 있습니다. 그 이유는 확실히 제2차 군대 계수의 의의가 언약 성취와 관련되어 있기 때문입니다.

① 큰 민족을 이루시겠다는 언약의 성취를 보여 줍니다.

하나님께서는 수차에 걸쳐서 '큰 민족'을 이루시겠다고 약속하셨으며, 이제 그 약속대로 이스라엘을 큰 민족으로 만드셔서 가나안에 입성시키셨습니다(창 12:2, 15:5, 17:2-6, 16, 18:18, 26:4, 35:11, 46:3, 행 3:25, 갈 3:8).

② 가나안 땅을 영원한 기업으로 주시겠다는 언약(창 15:8, 18-21)의 성취를 보여 줍니다.

왜냐하면 하나님께서는 제2차 군대 계수를 하시고 그것에 근거하여 가나안 땅의 기업 분배를 하셨기 때문입니다(민 26:52-56).

③ 하나님을 원망하던 자들이 결코 가나안 땅에 들어가지 못하리라고 하신 말씀의 성취를 보여 줍니다(민 14:26-38, 26:63-65, 시 106:24-26, 고전 10:5, 히 3:15-19, 유 15).

'여호수아, 갈렙을 제외하고는 한 사람도 제2차 군대에 계수된 자 중에 들지 않았다'라고 선포하심으로, 38년 전에 하신 그 말씀대로 성취되었음을 분명하게 밝히고 있습니다(민 26:63-65).

이스라엘 광야 2세대는 갑자기 죽어 가는 주위 어른들의 시체를 목격하면서, 불신의 대가가 얼마나 무서운가를 뼈저리게 깨달았을 것입니다. 결정적으로 제2차로 군인을 계수한 결과에서, 여호수아와 갈렙을 제외하고는 제1차 계수된 군인 가운데 한 사람도 없는 것을 보고, 말씀대로 이루시는 하나님의 역사 앞에 크게 놀랐을 것입니다.

제1세대의 군인들이 한 날 한 시에 다 사라진 것은 우연이나 자연적인 죽음이 아니라 확실히 하나님께서 손으로 치신 결과였습니다(신 2:15). 하나님께서는 큰 팔과 권능의 손, 심판의 손으로 쳐서 죽이심으로써 의도적인 진노의 심판을 행하셨습니다(룻 1:13, 삼상 5:9, 11, 대상 21:17, 욥 19:21, 시 39:10).

신명기 2:14-15 "가데스 바네아에서 떠나 세렛 시내를 건너기까지 삼십팔 년 동안이라 이때에는 그 시대의 모든 군인들이 여호와께서 그들에게 맹세하신 대로 진중에서 다 멸절되었나니 ¹⁵ 여호와께서 손으로 그들을 치사 진중에서 멸하신 고로 필경은 다 멸절되었느니라"

그 심판이 얼마나 결정적이며, 정확하고 엄중하였는지, "필경은 다 멸절되었느니라"(신 2:15), "그 세대가 필경은 다 소멸하였느니라"(민 32:13)라고 말씀하고 있습니다. 1차 계수된 20세 이상 군인 가운데 603,548명은 38년이 지나는 동안에 다 죽고 말았습니다. 그리하여 여호수아와 갈렙을 제외한 58세 이상의 군인들은 전부 멸절되어 텅 빈 세대, 사라진 세대가 되었던 것입니다.

이처럼 가나안 땅을 앞두고 실시된 제2차 인구조사는 하나님의 언약이 신실하게 성취되었음을 확실히 증거할 뿐만 아니라, 앞으로도 온전히 성취될 것을 보증하였다는 점에서 큰 의의를 지닙니다.

(2) 약속의 땅에 들어가서 싸울 자들을 계수하기 위함입니다.

지금 이스라엘은 가나안을 바로 목전에 두고 모압 평지에 진치고 가나안에 들어갈 준비를 하고 있었습니다. 여기에서 실시된 인구조사는 이제 곧 가나안에서 벌어질 전쟁들을 대비하기 위한 것이었습니다. 그래서 20세 이상의 남자들, 즉 앞으로 가나안에 들어가 싸울 병사들이 얼마나 되는가를 파악하려는 것이 두 번째 인구조사의 목적이었습니다.

전쟁에 나가 싸울 수 있는 20세 이상의 남자의 수는 총 601,730명이었습니다(민 26:51). 이는 광야 생활 초기 첫 번째 인구조사에 비해 1,820명이 줄어든 숫자입니다(민 1:46). 광야 40년이라는 한 세대의 세월이 흘렀음에도 오히려 인구가 줄어든 것은 분명히 불신과 범죄의 결과입니다.

(3) 각 지파에게 기업을 공평하게 분배하기 위함입니다.

제2차 인구조사는 전쟁에 나갈 수 있는 군인들을 계수하는 동시에, 가나안에 들어간 후 땅을 분배하기 위한 목적으로 실시되었습니다.

민수기 26:53-55 "이 명수대로 땅을 나눠주어 기업을 삼게 하라 [54] 수가 많은 자에게는 기업을 많이 줄 것이요 수가 적은 자에게는 기업을 적게 줄 것이니 그들의 계수함을 입은 수대로 각기 기업을 주되 ⁵⁵오직 그 땅을 제비 뽑아 나누어 그들의 조상 지파의 이름을 따라 얻게 할지니라"

이것은 가나안 땅을 주시겠다는 약속의 성취를 바라보고, 그 땅이 반드시 자신들의 소유가 될 것을 보고 행한 믿음의 행위였다고 할 수 있습니다.

므낫세 지파 가운데 그의 현손(玄孫) 슬로브핫은 그의 뒤를 이을 후사가 없이 다섯 명의 딸만 남겨 두고 죽었습니다. 다섯 딸의 이름은 말라, 노아, 호글라, 밀가, 디르사입니다(민 27:1, 36:11, 수 17:3). 그런데 그 딸들의 이름이 제2차 군대 계수에서 거론되고 있습니다(민 26:33).

이 딸들은 자기 아버지의 가족이 여호와를 거스려 반역한 일이 없는데도, 다만 아들이 없다는 이유로 기업을 받지 못하여 이스라엘의 언약 공동체에서 영원히 사라지는 것을 불합리하게 생각하고, 회막문 앞에서 모세와 제사장 엘르아살과 그리고 온 회중 앞에 서서 담대히 기업을 요청하였습니다(민 27:2-4). 모세는 여인들의 탄원을 남성 중심의 관례를 따라 판단치 않고 여호와께 품(稟)하였고, 여호와께서는 이 딸들의 말이 옳으며 반드시 기업을 분배하도록 응답하셨습니다(민 27:5-7). 이것은 이스라엘 자손에게 토지 상속에 대한 새로운 판결의 율례가 되었습니다(민 27:8-11).

그리고 모세는 땅을 상속 받은 여인은 자기 아비의 지파 내에서만 결혼해야 한다는 새로운 규정을 여호와의 말씀을 따라 추가하였습니다(민 36:6-9). 이에 슬로브핫의 딸들은 여호와께서 모세에게 명하신 대로 므낫세 지파 내에서만 결혼함으로 자기 지파에게 주어진 그 기업을 끝까지 보존하여 지켰습니다.

민수기 36:10-12 "슬로브핫의 딸들이 여호와께서 모세에게 명하신 대로 행하니라 ¹¹ 슬로브핫의 딸 말라와 디르사와 호글라와 밀가와 노아가 다 그 아비 형제의 아들들에게로 시집가되 ¹² 그들이 요셉의 아들 므낫세 자손의 가족에게로 시집간 고로 그 기업이 그 아비 가족의 지파에 여전히 있었더라"

이와 같이 조상들의 기업을 소중하게 여긴 슬로브핫의 딸들은 여호와의 명을 따라 모세가 정한 규정을 기억하고, 가나안 정복 전쟁을 마친 후 열두 지파에게 그 땅을 분배할 때에, 여호수아와 방백들 앞에 담대히 나아와서 조상들의 유업을 요구하였습니다(수 17:3-4). 이에 따라 여호수아는 서편 므낫세 반 지파에게 처음에는 여섯 분깃을 주었다가(아비에셀, 헬렉, 아스리엘, 세겜, 헤벨, 스미다 - 수 17:2.), 헤벨의 아들 슬로브핫의 다섯 딸에게 각각 한 분깃씩 더 추가하여 열 분깃으로 재조정하여 분배하였습니다(수 17:5-6).

슬로브핫의 다섯 딸은 하나님께서 그 약속에 따라 주신 조상의 기업을 소중히 생각하고 그것을 사모하였던 고로 이스라엘 백성에게 약속의 유업에 대한 소중함을 일깨워 주었으며, 아울러 그 후손들이 이방인들과의 잡혼으로 인한 타락이 심각해질 때(스 9:1-2, 11-15) 혼인에 관한 훌륭한 귀감이 되었을 것입니다.

20세 이상의 남자만 계수하는 제2차 군대 계수에서 므낫세 지파 중에 슬로브핫의 다섯 딸이 거론된 것은, 계수의 목적 중의 하나가 가나안 땅의 기업을 각 지파별로 공평하게 분배하는 것이었음을 보여 주는 것이라 할 수 있습니다.

하나님께서는 제2차 인구조사를 마치고, 군대로 계수된 각 지파의 명수대로 각기 땅을 나누어 기업을 삼게 하셨습니다(민 26:52-56).

IV
가나안 도착과 정복의 역사
ARRIVAL AND CONQUEST OF CANAAN

약속의 땅 가나안 입성과 그 땅의 정복
주전 1406-1390년, 횃불 언약 후 676-692년
Entry and conquest of Canaan, the Promised Land

요셉의 해골을 메고 애굽을 탈출한 이스라엘 백성은 출애굽 41년 1월 10일(수 4:19), 요셉이 죽은 지 400년 만에 약속의 땅 가나안에 도착하였습니다. 횃불 언약을 체결한 지 676년 만에 이스라엘 백성은 마침내 가나안 땅에 입성한 것입니다.

가나안의 정복과 기업의 분배는 주로 여호수아와 갈렙에 의해 주도되었으며, 약 16년간에 걸친 정복 전쟁과 분배의 과정을 통해서 완성되었습니다.

가나안 정복은 횃불 언약의 내용을 성취하는 최종적인 단계입니다.

언약의 땅 가나안을 밟고 입성한 것은 창세기 15:18에서 아브라함에게 하신 '횃불 언약'이 신실하게 성취되는 순간입니다. "내가 이 땅을 애굽 하수에서 큰 강 유브라데까지 네 자손에게 주노니"라고 약속하신 것이 이루어진 것입니다.

이 땅은 일찍이 하나님께서 75세 된 아브라함을 부르실 때(창 12:7, 13:15), 84세에 횃불 언약을 체결하실 때(창 15:18), 99세에 할례 언약을 주실 때(창 17:7-8) 약속하셨고, 또한 이삭과(창 26:2-4) 야곱에게도(창 28:13-15) 약속하셨던 것입니다.

1. 가나안 정복의 새로운 지도자 여호수아
Joshua, a new leader for the conquest of Canaan

여호수아서(書)는 모세를 위한 애곡 기간 30일이 끝난 후(신 34:8), 1장에서 "내 종 모세가 죽었으니 이제 너는…"(수 1:2)으로 시작하고 있습니다. 하나님께서는 지도자 모세가 죽은 후에 지체하지 않으시고 언약 성취를 위해 여호수아를 후계자로 세우셨습니다. 모세는 죽기 전에 하나님께서 자기에게 명하신 대로 제사장 엘르아살과 회중 앞에서 직접 여호수아에게 안수하고 사명을 위탁하였습니다(민 27:18-23, 수 1:1-2). 모세가 안수할 때 여호수아는 지혜의 신이 충만해졌습니다.

> **신명기 34:9** "모세가 눈의 아들 여호수아에게 안수하였으므로 그에게 지혜의 신이 충만하니 이스라엘 자손이 여호와께서 모세에게 명하신 대로 여호수아의 말을 순종하였더라"

(1) 언약 성취를 위한 하나님의 준비

민족의 위대한 지도자 모세가 사라진 것은 이스라엘에게 지도력의 공백과 아울러 여러 가지 혼란을 가져올 수도 있었습니다. 그러나 하나님께서는 미리 여호수아를 준비하시어, 가나안 땅을 주시기 위한 언약을 이루는 일에 조금도 차질이 없게 하셨습니다.

모세의 지도권을 이어받은 여호수아는 요셉의 해골을 메고 약속의 땅에 들어갔습니다. 모세는 레위 지파 출신이요(출 2:1-2), 여호수아는 에브라임 지파 출신으로(대상 7:20-27), 사실상 모세와 그의 후계자 여호수아는 혈연상 아무 관계가 없습니다. 그러므로 여호수아가 모세의 후계자가 된 것은 '혈연적인 족보'를 따른 것이 아니라, 오직 하나님의 구속사적 경륜 속에서 가나안 정복의 거사를 반드시 이루기 위한 '신앙의 족보'를 따른 것이었습니다.

이스라엘 백성은 홍해를 건너는 기적을 체험한 후에 모세를 하나님이 함께하시는 지도자로 알았던 것처럼(출 14:31), 넘실거리는 요단을 건너는 기적을 체험한 그날, 여호수아를 하나님께서 함께하시는 지도자로 정확히 깨달았습니다.

요단강을 건넜던 기적의 그날, "오늘부터 시작하여" 여호수아는 이스라엘 백성의 목전에 크게 보였다고 말씀하고 있습니다. 그때부터 백성은 모세를 두려워하였던 것같이 여호수아를 두려워하기 시작하였습니다.

여호수아 3:7 "여호와께서 여호수아에게 이르시되 내가 오늘부터 시작하여 너를 온 이스라엘의 목전에서 크게 하여 내가 모세와 함께 있던 것같이 너와 함께 있는 것을 그들로 알게 하리라"

여호수아 4:14 "그날에 여호와께서 모든 이스라엘의 목전에서 여호수아를 크게 하시매 그의 생존한 날 동안에 백성이 두려워하기를 모세를 두려워하던 것같이 하였더라"

(2) 모세의 후계자 여호수아

① 부름 받을 때 여호수아의 나이

모세는 자신이 죽기 직전인 출애굽 40년(주전 1407년)에 여호수아에게 안수하였으며, 이때 여호수아에게 지혜의 신이 충만하게 임하였습니다(신 34:9). 이 후에 여호수아는 110세에 죽는데(수 24:29), 이때는 주전 1390년으로 알려져 있습니다.[52]

여호수아가 모세에게 안수를 받은 것은 출애굽 40년 주전 1407년이므로, 여호수아는 93세에 민족의 지도자로 부름을 받은 것입니다. 실로, 여호수아는 노령에도 불구하고 모세의 뒤를 이어 가나안 정복 사명을 맡아 그것을 끝까지 성취한 위대한 지도자였습니다.

여호수아가 부름 받았을 때가 93세라면, 가데스 바네아에서 정탐꾼으로 선택된 출애굽 2년(주전 1445년)에는 55세였을 것입니다. 정탐꾼으로 뽑힐 당시 갈렙의 나이가 40세인 것을 감안하면(수 14:7), 여호수아는 갈렙보다 약 열다섯 살이나 연장자였습니다.

② 모세의 수종자였던 여호수아

제1, 2차 군대 계수에서 보는 바와 같이 싸움에 나갈 수 있는 20세 이상의 장정은 육십만이 넘었으므로, 각 지파마다 학자, 지식인, 용맹스러운 자 등 여호수아보다 뛰어난 자들이 많았을 것입니다. 그럼에도 불구하고 하나님께서는 조수에 지나지 않는 모세의 수종자 여호수아를 한 민족의 지도자로 세우셨습니다(출 24:13, 33:11). 하나님께서는 여호수아에게 담대함과 용기와 지혜를 불어넣어 주셨습니다(수 1:1-9).

모세가 민족의 지도자로서 하나님의 산(시내산)에서 40주야를 금식하며 하나님께 기도할 때, 그 종자(조수, 보좌관) 여호수아도 함께 하였다고 성경은 말씀하고 있습니다.

출애굽기 24:13 "모세가 그 종자 여호수아와 함께 일어나 하나님의 산으로 올라가며"

여호수아는 회막 안에서 모세가 하나님과 대화할 때도 끝까지 모세를 지켰으며, 모세가 진으로 돌아간 후에도 회막을 떠나지 않았습니다.

출애굽기 33:11 "사람이 그 친구와 이야기함같이 여호와께서는 모세와 대면하여 말씀하시며 모세는 진으로 돌아오나 그 수종자 눈의 아들 청년 여호수아는 회막을 떠나지 아니하니라"

여호수아는 가나안 땅의 네피림 후손 아낙 자손 대장부들을 비롯한 외적인 환경을 개의치 않고, 언약에 신실하신 하나님만을 바라보았습니다. 그리하여 이스라엘 백성이 불신과 원망으로 가득 차 돌로 쳐 죽이려는 험악한 분위기 속에서도, 담대히 "그 땅 백성을 두려워하지 말라 그들은 우리 밥이라"라고 외치며 언약에 대한 믿음이 결코 흔들리지 않았습니다(민 14:8-10). 이러한 확고한 언약 신앙을 가졌던 여호수아는 최후에 죽음 앞에서도 "오직 나와 내 집은 여호와를 섬기겠노라"라는 위대한 신앙 고백을 남겼습니다(수 24:15).

(3) 하나님의 명령을 온전히 순종함으로 가나안 정복을 완수한 여호수아

가나안 정복 전쟁은 하나님께서 이미 모세에게 내리신 명령이었습니다(신 7:2, 20:16-17). 그러므로 여호수아는 정복 전쟁의 과정에서 결코 자기 의견대로 하지 않고, 모세를 통해 지시받았던 명령들을 어김없이 그대로 순종하여 나아갔습니다(수 8:31, 33, 35, 11:12).

여호수아 11:15 "여호와께서 그 종 모세에게 명하신 것을 모세는 여호수아에게 명하였고 여호수아는 그대로 행하여 여호와께서 무릇 모세에게 명하신 것을 하나도 행치 아니한 것이 없었더라"

가나안 정복 전쟁의 특징은 하나님께서 직접 개입하심으로 승리하게 하신 전쟁이었다는 것입니다. 하나님께서는 정복 전쟁을 시작하기 직전에 여호와의 군대장관으로 여호수아에게 나타나시어 "네 발에서 신을 벗으라 네가 선 곳은 거룩하니라"(수 5:15)라고 하시면서, 모세에게 소명을 주실 때와 똑같은 말씀을 하셨습니다(출 3:5). 이는 하나님께서 가나안 정복 전쟁에서 보이지 않는 군대장관으로서 직접 진두지휘하실 것에 대한 약속이었던 것입니다.

실제로 하나님께서는 모든 전쟁을 시작하기에 앞서 매번 여호수아에게 나타나셔서 승리를 약속하셨고(수 6:2, 8:1, 10:8, 11:6), 여호수아는 그 하나님의 음성을 듣자마자 조금도 지체하지 않고 행동에 옮김으로, 그때마다 전쟁을 승리로 이끌었습니다(수 6:2-6, 8:1-3, 10:8-9, 11:6-7). 거대한 몸집을 가진 아낙 자손도 물리쳤습니다(수 11:21-22).

이처럼 가나안 정복 전쟁이 그 시작부터 끝까지 기적적으로 승리할 수 있었던 비결은, 여호수아의 용맹이나 이스라엘의 전략에 있지 않았습니다. 그것은 680여 년 전 아브라함의 자손들에게 가나안 땅을 주시기로 약속하신 그 하나님께서 직접 싸워 주셨기 때문이었습니다(수 10:14, 23:10).

여호수아 10:42 "이스라엘의 하나님 여호와께서 이스라엘을 위하여 싸우신 고로 여호수아가 이 모든 왕과 그 땅을 단번에 취하니라"

여호수아 23:3 "너희 하나님 여호와께서 너희를 위하여 이 모든 나라에 행하신 일을 너희가 다 보았거니와 너희 하나님 여호와 그는 너희를 위하여 싸우신 자시니라"

2. 모세와 여호수아를 도운 신앙의 사람 '갈렙'
Caleb, the man of faith who helped Moses and Joshua

갈렙은 여호수아와 함께 모세 후의 시대를 이끈 주요 인물입니다. 그 이름은 원어로 '칼레브'(כָּלֵב)이며, '개'를 뜻하는 '켈레브'(כֶּלֶב)와 어원이 동일합니다. 그래서 갈렙은 '개같이 부르짖다, 공격자'라는 뜻입니다. '개같이 부르짖다'라는 그 이름의 뜻대로 갈렙은 늘 조력자로서, 약속의 땅에 대한 간절한 열망을 가지고 온전히 여호와 하나님을 좇은 믿음의 사람이었습니다(민 14:24, 수 14:8-9).

그는 가데스 바네아 후에 성경에 그 모습을 드러내지 않고 있다가, 가나안 땅의 주요 거점 정복을 마치고 기업을 분배하는 과정에서 45년 만에 85세의 노령으로 다시 나타났지만 변함없는 모습으로 믿음의 위력을 보여 주었습니다(수 14장).

(1) 갈렙의 소속

① 그는 그나스(또는 그니스) 사람이었습니다.[53]

민수기 32:12, 여호수아 14:6, 14을 보면 "그나스(그니스) 사람 여분네의 아들 갈렙"이라고 표현되어 있습니다. '그나스(그니스)'는 에서의 아들인 엘리바스의 다섯째 아들로서, 일찍부터 팔레스틴 주변에 거주하며 에돔 족속의 하나로 성장했습니다(창 36:11, 15, 40-42, 대상 1:36). 따라서 '그나스 사람 갈렙'은 본래 이방 족속인 에돔 출신의 인물임을 알 수 있습니다.

② 그는 유다 지파에 소속되었습니다.

갈렙에 대해 처음 언급한 민수기 13:6에서는 '유다 지파 갈렙'이라고 그의 신분을 밝히고 있습니다. 역대상 4:1과 4:13-15을 보면,

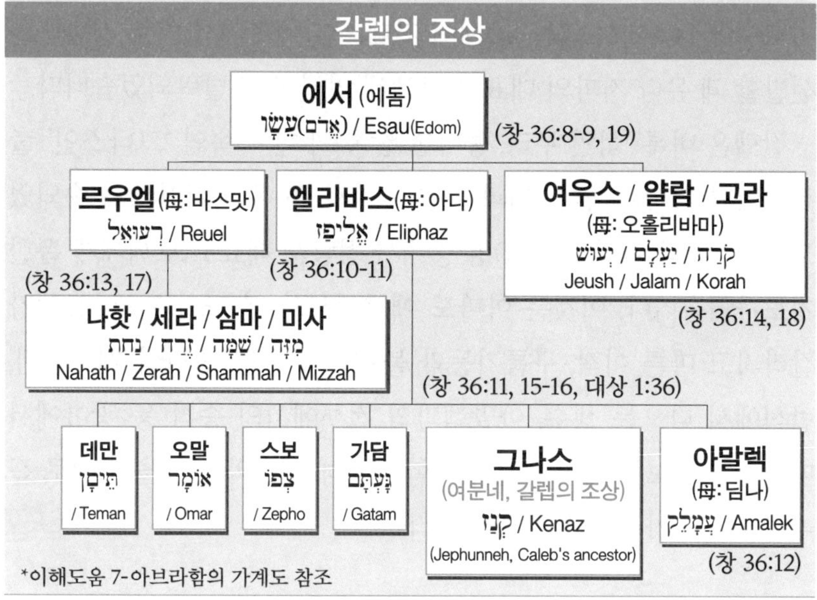

유다 지파의 족보를 언급하고 있는데, 갈렙과 그 조카 옷니엘(수 15:17, 삿 1:13, 3:9)에 대해서만은 유다 지파의 어느 소속의 자손인지 그 뿌리를 언급하지 않았으며, 단지 그들이 유다 지파의 소속이라는 것과 어떤 자손을 두었는지만 기록하고 있습니다.

이것은 갈렙의 가계(家系)가 처음부터 히브리인이 아니었으며 후에 유다 지파에 편입된 것임을 알려 줍니다. 갈렙 가계의 뿌리는 과거에 전쟁을 통해 애굽의 포로가 된 이방인들이 출애굽 할 내 함께 합류하여 나온 무리 중 하나였던 것으로 추측됩니다.

이들은 출애굽 당시에 이스라엘에 동참했던 '중다한 잡족'(출 12:38), '섞여 사는 무리'(민 11:4)로, '여호와의 신앙'을 받아들이고 각 지파에 소속되었습니다. 갈렙이 출애굽 초기에 이미 정탐꾼으로 뽑혀 활동하였던 사실로 보아, 그의 가족 역시 이미 이스라엘에 편입되어 '여호와의 신앙'을 가지고 있었음이 분명합니다. 그래서 여호수아 14:7에서 그는 40세에 가데스 바네아에서 열두 정탐꾼을 선발할 때 유다 지파의 대표로 모세에 의해 직접 발탁되었습니다.

갈렙은 비록 '섞인 무리, 중다한 잡족'의 한 족속인 '그나스인' 출신이었지만, 후에 열두 지파 가운데 가장 큰 유다 지파에 소속되었고, 당시 유다 지파 74,600명 중에서 정탐꾼 대표로 모세에게 뽑힌 지도자였습니다. 이것은 아마도 애굽에서의 열 가지 기사, 홍해가 갈라지고 마른 이적, 구름기둥과 불기둥의 인도, 만나와 메추라기, 반석에서 나오는 생수, 아말렉과의 전투에서의 승리 등 광야에서 매일같이 맛보는 임마누엘의 체험을 통해 여호와 신앙을 그대로 흡수함으로써 가능했던 것 같습니다.

그는 열두 정탐꾼 가운데 한 명으로 가나안 정탐을 하고 돌아온 다음에, 여호수아와 함께 온 백성 앞에서 하나님께서 가나안 땅을 반드시 주실 것이라고 선포하였습니다(민 14:6-10). 이때 하나님께서는 민수기 14:24에서 "오직 내 종 갈렙은 그 마음이 그들과 달라서 나를 온전히 좇았은즉 그의 갔던 땅으로 내가 그를 인도하여 들이리니 그 자손이 그 땅을 차지하리라"라고 축복해 주셨습니다.

갈렙은 광야 1세대 가운데 40년의 광야 생활 동안 죽지 않고 살아서 가나안에 들어간다는 하나님의 특별한 약속을 받고, 그 약속대로 살아서 가나안 땅에 들어간 위대한 신앙의 인물이었습니다.

(2) 갈렙의 철저한 언약 신앙

여호수아 14장에서는 갈렙 개인에게 땅이 주어지는 과정을 무게 있게 다루고 있는데, 그의 신앙은 동일한 언약을 받았던 이스라엘 전체에게 귀감이 되고 있습니다. 그는 하나님께서 가나안 땅을 이스라엘에게 주겠다고 하신 말씀의 성취를 변함없이 철저하게 믿었던 자입니다.

갈렙이 '나는 그때나 이제나 싸움과 출입을 감당할 수 있습니다'(수 14:11)라고 말하며 싸움의 의지를 밝힌 것은 언약의 땅의 소중함을 누구보다 잘 알고 있었기 때문입니다. 그리하여 갈렙은 "그가 밟은 땅을 내가 그와 그의 자손에게 주리라"(신 1:36) 하신 하나님의 말씀을 확신하며, 도전적인 신앙으로 헤브론 정복에 나섰던 것입니다.

갈렙은 가데스 바네아에서 부름 받고 45년이라는 오랜 세월 동안 변함없이 그 약속을 붙잡고 있었습니다. 아브라함에게 하셨던 횃불 언약이 약 682년이 되도록 완전히 이루어지지 않고 있었지만 반드시 성취될 것을 믿었기에, 정복하기 어려운 험한 산지 헤브론 땅을 자신의 기업으로 요구하였고 마침내 그것을 차지했던 것입니다. 그는 먼저 하나님의 언약을 앞세우고(신 1:34-36) 그 성취를 온전히 믿는 믿음(민 14:7-9)과 삶(수 14:10-12)으로, 마침내 언약의 산지 헤브론을 기업으로 차지하였습니다(수 14:14).

불신앙의 세대를 살아가는 나약한 우리는 오늘도 가데스의 광야가 쩌렁쩌렁 울리도록 외치는 갈렙의 위대한 믿음의 음성을 들어야 하겠습니다.

"올라가서 그 땅을 취하자! 능히 이기리라!"(민 13:30)

"이 산지를 내게 주소서! 내가 필경 여호와의 말씀하신 대로 그들을 쫓아내리이다!"(수 14:12)

3. 가나안 정복 기간
Duration of the conquest of Canaan

'갈렙'은 가나안 정복이 어느 정도 마무리되고 자기 땅을 분배받을 때 자신의 나이를 언급하였는데(수 14:7, 10), 갈렙의 나이를 통해서 가나안 입성 후 '정복 기간 약 16년'을 추정해 보면 다음과 같습니다.

(1) 가나안 정탐할 때(주전 1445년), 갈렙의 나이는 40세입니다.

이스라엘 백성은 출애굽 후 시내산에서 약 1년 동안 머무른 후 다시 출발하였습니다. 이때가 주전 1445년 출애굽 2년 2월 20일이었습니다. 민수기 10:11에서 "제 이년 이월 이십일에 구름이 증거막에서 떠오르매..."라고 말씀하고 있습니다.

그리고 얼마 후에 갈렙은 가데스 바네아에서 유다 지파의 대표자로서 열두 명의 가나안 정탐꾼 중 하나로 뽑혔습니다. 이때 갈렙의 나이는 40세였습니다.

여호수아 14:7 "내 나이 사십 세에 여호와의 종 모세가 가데스 바네아에서 나를 보내어 이 땅을 정탐케 하므로..."

민수기 13:6 "유다 지파에서는 여분네의 아들 갈렙이요"

(2) 가나안 땅에 입성할 때(주전 1406년), 갈렙의 나이는 79세입니다.

갈렙은 주전 1445년 40세에 열두 정탐꾼 중 하나로 부름 받았습니다. 그러므로 약 38년간 광야를 유리하는 기간이 끝나고 가나안에 입성한 때인 주전 1406년에, 갈렙은 79세입니다.

신명기 2:14 "가데스 바네아에서 떠나 세렛 시내를 건너기까지 삼십 팔 년 동안이라 이때에는 그 시대의 모든 군인들이 여호와께서 그들에게 맹세하신 대로 진중에서 다 멸절되었나니"

(3) 주요 거점 정복을 마친 후 지파별로 기업을 분배받을 때(주전 1400년), 갈렙의 나이는 85세입니다.

여호수아 14:10 "이제 보소서 여호와께서 이 말씀을 모세에게 이르신 때로부터 이스라엘이 광야에 행한 이 사십오 년 동안을 여호와께서 말씀하신 대로 나를 생존케 하셨나이다 오늘날 내가 팔십오 세로되"

갈렙이 헤브론 땅을 분배받을 때의 나이는 85세이고 주전 1400년입니다. 그는 40세(주전 1445년)에 가나안 정탐꾼으로 선택을 받은 후 45년이 지났음에도 강건함을 과시하며 하나님이 약속하신 산지 헤브론을 달라고 요청합니다(수 14:10-13).

그러므로 가나안 주요 거점 정복 기간은, 가나안에 들어간 주전 1406년부터 가나안 땅 분배가 시작된 주전 1400년까지(갈렙의 나이 85세) 약 6년 동안 진행되었습니다. 여호수아 11:18에서는 "여호수아가 그 모든 왕과 싸운 지는 여러 날이라"라고 말씀하고 있습니다. 이 "여러 날"이 약 6년으로 추산되는 것입니다.

(4) 여호수아서(書)의 구성

이러한 가나안 정복 기간에 따라 여호수아서는 크게 세 부분으로 구성되어 있습니다.

① 첫 번째 부분(수 1:1-12:24)

주전 1406년부터 주전 1400년까지 약 6년간 가나안 땅 정복 준비와 주요 거점 정복을 마친 것에 대하여 기록하고 있습니다.

② 두 번째 부분(수 13:1-21:45)

주전 1400년부터 주전 1390년까지 약 10년간 열두 지파에게 기업의 땅을 분배하고 정착하는 과정을 기록하고 있습니다.

③ 세 번째 부분(수 22:1-24:33)

요단 동편 르우벤 지파, 갓 지파, 므낫세 반(半) 지파의 귀환 및 가나안 영구 정착을 위한 여호수아의 유훈(遺訓)과 죽음(주전 1390년, 110세), 그 후 요셉의 뼈를 세겜에 장사한 것에 대해 기록하고 있습니다.

(5) 가나안 주요 거점 정복을 위한 전쟁 — 약 6년간

출애굽 한 이스라엘 민족은 광야에서 40년을 유리한 끝에 마침내 그들이 영구히 정착할 땅에 도착하였습니다. 그러나 그 땅은 비어 있는 땅이 아니고 이미 토착 세력들이 자리잡고 있었을 뿐만 아니라 많은 주변국들의 각축장이 되고 있는 곳이었습니다. 이러한 가나안 땅을 정복하여 그곳에 정착한다는 것은 단숨에 이루어질 수 있는 일이 아니었습니다.

여호수아 11:18에서도 “여호수아가 그 모든 왕과 싸운 지는 여러 날이라”라고 말씀하고 있으며, 여호수아 11:23, 14:15에서도 “그 땅에 전쟁이 그쳤더라”라고 말씀하고 있습니다. 이러한 말씀을 볼 때, 여호수아 6-11장까지 가나안 땅의 주요 거점 정복을 위한 큰 전쟁들이 거의 매일같이 계속되었음을 알 수 있습니다.

중부의 여리고 성을 점령하고(수 6장), 계속해서 아이 성을 정복한 후(수 8장), 남부의 아모리 연합군을 격파하고(수 10:1-27), 막게다, 립나, 라기스, 에글론, 헤브론, 드빌 지역의 모든 사람을 진멸하였습니다(수 10:28-39). 이어서 여호수아는 북부 동맹군과의 메롬물가 전투를 승리로 이끌었습니다(수 11:1-15).

여호수아와 백성은 약 6년간 주요 거점을 정복해 나갔고, 그 후 열두 지파에게 영토를 분할하여 각 지파마다 미(未)정복지를 스스로 개척하도록 하였습니다.

하나님은 이스라엘 백성이 약 6년간의 주요 거점 정복을 마친 후, 힘을 합쳐 한꺼번에 남은 가나안 지역을 모두 정복하게 하실 수도 있었지만 미정복지를 그대로 남겨 둔 채 기업 분배를 명령하셨습니다. 이것은 하나님의 언약이 반드시 이루어질 것을 믿고 그 주권적인 능력을 의지하면, 온 이스라엘이 지파별로 그곳들을 완전히 정복할 수 있다는 것을 보여 주시기 위함이었습니다.

(6) 열두 지파의 기업 분배와 정착 — 약 10년간

가나안 땅의 주요 거점 정복으로 전쟁에 지친 이스라엘 백성은 남은 정복에 대한 두려움이 가득했습니다. 게다가 비교적 강성한 지파들이 이미 가나안 땅의 중심부를 차지했기 때문에 지파 간의 갈등이 심화되기 시작하였습니다. 이러한 두 가지 이유로 기업의 땅을 분배하는 일은 지체될 수밖에 없었습니다. 이에 여호수아는 서둘러 회막 건립을 추진하였는데, 이는 가나안 땅에 관한 하나님의 언약을 재확인시켜 백성의 신앙을 정립하기 위함이었습니다(수 18:1).

이후 주전 1390년, 여호수아가 110세로 운명하기 전까지(수 24:29) 약 10년 동안 정착을 위한 작은 전쟁들은 계속되었습니다.

가나안 땅에 대한 기업의 분배는 하나님께서 아브라함에게 약속하신 횃불 언약을 이루는 과정이었습니다. 이스라엘 백성은 출애굽 직전에는 민족 말살의 위기에 놓였었고, 광야 40년과 가나안 정복 과정에서는 수많은 전쟁과 고난이 있었지만, 하나님께서는 약속하신 대로 마침내 가나안을 이스라엘에게 기업으로 주셨습니다.

가나안 땅을 분배할 때 하나님께서는 사방 경계를 정하시고 그 안에서 제비를 뽑아 분배하셨습니다. 그러므로 땅을 분배할 때 인간적인 방법은 전혀 개입할 수 없었으며, 모든 것이 하나님의 섭리 가운데 진행되었습니다.

이스라엘 백성이 가나안 정복 전쟁에서 승리할 수 있었던 것은 전적으로 하나님의 주권 역사였습니다. 여호수아는 마지막으로 백성을 권면하면서 "여호와께서 또 모든 백성 곧 이 땅에 거하던 아모리 사람을 우리 앞에서 쫓아내셨음이라"(수 24:18上)라고 선포하고 있습니다. 이처럼 여호수아는 하나님께서 가나안 정복 전쟁을 승리로 이끌어 주셨음을 강력하게 선포하였습니다(수 24:8下, 11下, 12).

이 땅에 살아가는 성도들이 만나는 모든 전쟁의 승패도 전적으로 하나님의 손에 달려 있습니다(삼상 17:47, 잠 21:31).

그러므로 성도가 천국 기업을 소유하는 것도, 인간적인 방법에 의하여 얻는 것이 아니라 오직 하나님의 주권적인 섭리에 의하여 얻을 수 있습니다. 세상의 모든 민족 가운데 가장 작은 민족을 택하셔서(신 7:6-7) 마침내 가나안 땅에 들어가게 만드신 하나님께서는 오늘날도 성도들에게 그 주권 섭리대로 반드시 천국을 소유하게 하실 것입니다. 그러나 이스라엘 백성이 실제로 가나안을 차지할 때까지는 수많은 전쟁들을 겪어야 했듯이, 오늘날 성도들도 천국을 소유할 때까지 "정사와 권세와 이 어두움의 세상 주관자들과 하늘에 있는 악한 영들"과의 전쟁을 계속해야만 합니다(엡 6:10-12).

제 5 장

횃불 언약의 최종 성취

The Final Fulfillment of the Covenant of the Torch

지금까지 우리는 하나님께서 아브라함과 횃불 언약을 체결하신 때부터, 야곱의 시대에 그의 가족 70명이 애굽에 들어가서 430년 동안 머물렀던 과정, 그리고 모세를 통한 출애굽과 광야 40년 여정, 마침내 여호수아를 통한 가나안 땅 입성과 그 땅을 정복하여 정착하기까지의 전(全) 역사의 과정을 연대기적으로 살펴보았습니다. 실로, 이 모든 역사는 하나님께서 아브라함과 맺으신 횃불 언약을 그의 주권 속에서 어김없이 이룩하신 것이었고, 또한 그 역사의 배후에는 장차 이루어질 하나님의 구속사적 섭리가 담겨 있었습니다.

이제 우리는 횃불 언약의 내용이 역사 속에서 성취된 사실을 구체적으로 살펴보고자 합니다. 여기서 하나님의 말씀은 일점 일획도 빠짐없이 반드시 성취된다는 것을 다시 한 번 확인하게 됩니다(마 5:18). 나아가, 하나님께서 친히 약속하신 언약을 성취시키기 위하여 믿음의 사람들을 어떻게 사용하셨고, 또 그들은 어떤 믿음과 헌신으로 그 뜻을 받들어 드렸는가를 배우게 될 것입니다.

오직 믿음으로 구원을 받고 영생을 얻습니다(요 1:12, 3:15-16, 롬 10:9). 히브리서 11:6에서 "믿음이 없이는 기쁘시게 못 하나니"라고 말씀하신 것처럼, 횃불 언약의 성취도 '오직 믿음으로만' 가능했던 것입니다.

I
아브라함과 그 자손에 대한 성취
The Fulfillment of the Prophecy Regarding Abraham and His Descendants

1. 아브라함 개인에 대한 성취
The fulfillment of the prophecy regarding Abraham

(1) 아브라함의 대를 이을 후사(창 15:1-5)

아브라함은 처음에 그의 후사로 자신의 종이었던 다메섹 사람 엘리에셀을 생각하였는데, 그때 하나님께서는 창세기 15:4에서 "... 그 사람은 너의 후사가 아니라 네 몸에서 날 자가 네 후사가 되리라"라고 말씀하셨습니다. 그리고 아브라함을 이끌고 밖으로 나가서 하늘의 뭇 별을 보여 주시면서 "네 자손이 이와 같으리라"라고 약속하셨습니다(창 15:5).

하나님의 이 약속대로, 아브라함이 100세 되었을 때에 사라의 몸에서 이삭이 출생함으로써 일차적으로 이 약속은 성취되었습니다(창 21:1-7). 그리고 그 후에 아브라함의 자손, 야곱의 가족 70명이 애굽에 들어가 '생육이 번성하고 심히 강대해지는 은혜'를 받아서(출 1:7, 20), 애굽에서 나올 때는 200만 명이 넘는 큰 민족으로 성장하였습니다. 이것은 아브라함의 자손이 하늘의 뭇 별과 같으리라는 말씀이 정확히 성취된 것입니다.

(2) 아브라함의 장수(창 15:15)

창세기 15:15에서 하나님께서는 "너는 장수하다가 평안히 조상에게로 돌아가 장사될 것이요"라고 예언하셨습니다. 이 예언대로 아브라함은 175세를 향수하고 평안히 막벨라 굴에 장사되었습니다(창 25:7-10). 이때 이삭은 75세, 야곱은 15세였습니다(창 21:5, 25:26).

특별히 창세기 25:8에서 "그가 수가 높고 나이 많아 기운이 진하여 죽어 자기 열조에게로 돌아가매"라고 말씀하고 있습니다. 여기 "수(壽)가 높고 나이 많아"에 해당하는 히브리어 'בְּשֵׂיבָה טוֹבָה זָקֵן וְשָׂבֵעַ'(베세바 토바 자켄 베샤베아)는, 단순히 오래 살기만 했다는 뜻이 아니고, 매우 만족스럽고 후회 없이 살았다는 뜻입니다. 또한 "기운이 진하여 죽어"에 해당하는 히브리어 'וַיִּגְוַע וַיָּמָת'(바이그바 바야모트)는 '숨이 다하여 생명이 끊어진 것'으로, 하나님께서 아브라함에게 허락하신 년수를 모두 채우고 만족스럽게 생을 마쳤음을 의미합니다.

아브라함의 생애는 "내가 장수함으로 저를 만족케 하며 나의 구원으로 보이리라 하시도다"(시 91:16) 하신 말씀 그대로였습니다. 그래서 창세기 25:8을 표준새번역은 "아브라함은 자기가 받은 목숨대로 다 살고, 아주 늙은 나이에 기운이 다하여서 숨을 거두고 세상을 떠나, 조상들이 간 길로 갔다"라고 하였습니다. 실로, 하나님께서 약속하신 장수의 축복이 그대로 성취된 것입니다.

2. 아브라함 자손에 대한 성취
The fulfillment of the prophecy regarding Abraham's descendants

(1) 이방에서 객이 되어 400년간 노예 생활(창 15:13)

창세기 15:13에서 "여호와께서 아브람에게 이르시되 너는 정녕히 알라 네 자손이 이방에서 객이 되어 그들을 섬기겠고 그들은 사백 년 동안 네 자손을 괴롭게 하리니"라고 말씀하고 있습니다.

이 말씀은 이스라엘 백성이 애굽에서 400년간 종살이함으로써 성취되었습니다(출 12:40-41, 갈 3:17).

(2) 하나님께서 그 섬기는 나라를 징치하심(창 15:14)

창세기 15:14 상반절에서 "그 섬기는 나라를 내가 징치할지며"라고 약속하고 있습니다. '징치'는 한자로 '징계할 징(懲), 다스릴 치(治)'인데 그 뜻은 '징계하여 다스림'으로, 죄인을 징벌하시는 하나님의 심판 사역을 나타냅니다. 하나님께서 이스라엘의 부르짖는 소리를 듣고 아브라함과의 언약을 기억하사 직접 내려오셔서 애굽을 징치하심으로 이 예언은 성취되었습니다(출 2:23-25, 4:31, 6:5-6, 행 7:34).

애굽에 자그마치 열 가지 재앙을 일으키시고, 홍해가 갈라지는 기적을 통해서 이스라엘을 괴롭힌 애굽에 대한 심판을 행하셨습니다. 이 심판으로 인하여 바로와 애굽 군대는 모두 홍해에 수장되고 말았습니다(출 14:26-31, 15:4-5, 10, 19, 시 78:53, 106:11, 136:15). 하나님께서 아브라함에게 '그 섬기는 나라를 징치하시겠다' 하신 말씀이 정확히 성취된 것입니다.

(3) 그 섬기던 나라에서 큰 재물을 이끌고 나옴(창 15:14ᵀ)

창세기 15:14 하반절에서 "... 그 후에 네 자손이 큰 재물을 이끌고 나오리라"라고 말씀하고 있습니다.

하나님께서 이스라엘 백성으로 하여금 출애굽 할 때 많은 재물을 가지고 나오게 하심으로, 횃불 언약 636년째에 이 약속도 성취되었습니다.

하나님께서는 출애굽에 앞서 모세에게 "백성에게 말하여 남녀로 각기 이웃들에게 은금 패물을 구하게 하라"(출 11:2)라고 지시하셨습니다. 여기 "백성에게 말하여"는 히브리어로 다음과 같습니다.

하암 베오즈네 나 다베르
דַּבֶּר־נָא בְּאָזְנֵי הָעָם

히브리 원문에는 한글 개역성경에 나오지 않은 두 단어가 나와 있습니다.

먼저, '나'(נָא)라는 단어는 상황의 중대성을 알리는 감탄사입니다.

다음으로, '베오즈네'(בְּאָזְנֵי)는 '귀에'(in the ears: KJV)라는 뜻으로, 절대적인 순종을 요구할 때 사용되는 관용어입니다. 그러므로 하나님께서는 이스라엘 백성이 애굽 사람에게 은금 패물 구하는 것을 절대 순종하도록 강조하셨던 것입니다.

400년 동안 애굽 사람을 섬기며 노예에 지나지 않았던 이스라엘 백성이 은금 패물을 요구하는 일은 쉽지 않았을 것입니다. 그러나 이 말씀에 순종했을 때, 하나님께서 애굽인들에게 은혜를 입혀 주시므로 이스라엘 백성은 애굽 사람의 눈에 크고 두려운 존재로 여겨졌습니다. 그래서 애굽 사람은 이스라엘 백성이 어떻게 해서든지 애굽 땅에서 빨리 나가 주기를 소원했으며, 그들은 이스라엘 백성이 요구하는 대로 순순히 큰 재물을 주어 내보냈던 것입니다(출 3:21-22, 11:2-3, 12:35-36).

출애굽기 12:35-36 현대인의성경 "이스라엘 자손들은 모세가 지시한 대로 이집트 사람들에게 금은 패물과 의복을 요구하였다. [36] 여호와께서는 이집트 사람들이 이스라엘 사람들에 대하여 호감을 갖게 하셔서 그들이 요구한 대로 주게 하셨으므로 이스라엘 사람들은 이집트 사람들의 물건을 거의 빼앗다시피 하였다.”

시편 105:37에서는 “그들을 인도하여 은금을 가지고 나오게 하시니 그 지파 중에 약한 자가 하나도 없었도다”라고 말씀하고 있습니다.

시편 105:37의 히브리 원문은 다음과 같습니다.

코셀　비쉬바타이브　베엔　베자하브　베케세프　바이요치엠

וַיּוֹצִיאֵם בְּכֶסֶף וְזָהָב וְאֵין בִּשְׁבָטָיו כּוֹשֵׁל

이 표현은 큰 재물을 가지고 나오는 이스라엘 백성의 당당한 모습을 나타냅니다. 여기 ‘약한 자’에 해당하는 ‘코셀’(כּוֹשֵׁל)은 ‘비틀거리다, 휘청거리다’라는 뜻입니다. 그래서 개역성경에서 ‘약한 자’라고 한 것을 표준새번역은 ‘비틀거리는 이’라고 하였고, 현대인의성경은 ‘병든 자’라고 하였습니다.

애굽이 열 가지 재앙을 받아 거의 망할 지경에 이르는 동안, 신기하게도 이스라엘 백성 가운데는 한 사람도 어떤 피해를 당하여 비틀거리거나 휘청거리는 자가 없었다는 것입니다.

이스라엘 백성 남녀노소가 자유를 만끽하면서 은과 금과 온갖 귀한 패물들을 가득 싣고 걸어 나오는 그 당당한 모습을 상상해 보십시오. 참으로 큰 전쟁에서 승리하여 개선하는 장군처럼 의기양양하고 보무당당한 걸음이었습니다.

① 큰 재물의 성격

이스라엘 백성이 얻은 큰 재물은 하나님께서 이스라엘을 위하여 쌓아 두셨던 품삯이었습니다. 이스라엘이 애굽을 나올 때에 “은혜를 입히게 하사 그들의 구하는 대로 주게 하시므로 그들이 애굽 사람의 물품을 취하였더라"(출 12:36)라고 말씀하고 있습니다.

하나님께서는 이스라엘 백성이 400년간 애굽인들을 위해서 일한 모든 대가를 다 계산하고 계셨습니다. 물론 애굽 사람들은 생각지도 못한 것입니다. 출애굽 할 때 이스라엘은 그들이 고역을 치른 대가를 모두 받아 가지고 나온 것입니다. 이는 636년 전에 횃불 언약에서 약속하신 것이었습니다(창 15:14).

오늘날에도 하나님께서는 의인들을 위하여 사람들이 미처 생각지 못한 방법으로 공의로운 역사를 계속하고 계십니다(잠 13:22, 28:8).

욥기 27:16-17 "그가 비록 은을 티끌같이 쌓고 의복을 진흙같이 예비할지라도 ¹⁷ 그 예비한 것을 의인이 입을 것이요 그 은은 무죄자가 나눌 것이며"

② 큰 재물의 양

창세기 15:14 하반절 "큰 재물을 이끌고 나오리라"에서 '큰'에 해당하는 '가돌'(גָּדוֹל)은 '양, 수효, 중요성, 순서 등에 있어서 가장 앞서고 높은 상태, 혹은 매우 크거나 많은 상태'를 가리킵니다.

큰 재물의 양이 실제 어느 정도였는지, 모세가 시내 광야에서 지었던 성소의 건축 비용을 통해 대략 계산해 볼 수 있습니다.

출애굽기 38:24-26 "성소 건축 비용으로 드린 금은 성소의 세겔대로 이십구 달란트와 칠백 삼십 세겔이며 ²⁵ 조사를 받은 회중의 드린 은은 성소의 세겔대로 일백 달란트와 일천 칠백 칠십오 세겔이니 ²⁶ 조사를 받은 자가 이십 세 이상으로 육십만 삼천 오백 오십 명인즉 성소의 세겔대로 매인에게 은 한 베가 곧 반 세겔씩이라"

바친 양	세겔	당시 노동자의 일당 기준
금 29 달란트 730 세겔	1,305,730 세겔	261,146,000,000 원
은 100 달란트 1,775 세겔	301,775 세겔	60,355,000,000 원
총 3천 215억 100만 원		

· 은 1 달란트 = 3,000세겔
· 금 1 달란트 = 45,000세겔 (은의 15배)
· 은 1 세겔(4 데나리온) = 일반 노동자의 4일간 급여 (1 데나리온은 일반 노동자의 1일 급여)
 (하루 일당을 오늘날의 5만 원으로 계산할 경우, 은 1세겔은 20만 원 정도)

이스라엘 백성이 애굽에서 가지고 나온 큰 재물은 광야에서 성소를 건축하는 데 사용되었습니다. 이스라엘의 성소 건설 비용은 오늘날의 우리나라 돈으로 대략 '3천 215억 100만 원'이었습니다. 실로 '큰 재물'(창 15:14)을 가지고 나오리라는 말씀이 완전히 성취된 것입니다.

(4) 이스라엘이 거주할 기업의 땅 가나안의 약속(창 15:18-21)

창세기 15:18-21에서 하나님께서는 이스라엘 백성이 차지할 가나안 땅의 경계를 정해 주셨습니다. 그 말씀대로 이스라엘 백성은 하나님의 은혜로 언약하신 '가나안 땅의 경계'를 모두 정복하여 차지하였다고 기록하고 있습니다.

여호수아 21:43-45 "여호와께서 이스라엘의 열조에게 맹세하사 주마 하신 온 땅을 이와 같이 이스라엘에게 다 주셨으므로 그들이 그것을 얻어 거기 거하였으며 44 여호와께서 그들의 사방에 안식을 주셨으되 그 열조에게 맹세하신 대로 하셨으므로 그 모든 대적이 그들을 당한 자가 하나도 없었으니 이는 여호와께서 그들의 모든 대적을 그들의 손에 붙이셨음이라 45 여호와께서 이스라엘 족속에게 말씀하신 선한 일이 하나도 남음이 없이 다 응하였더라"

물론 땅의 일부가 미정복지로 남아 있었지만, 이것은 다윗과 솔로몬의 왕정 시대를 거치면서 완전히 차지하게 되었습니다(왕상 4:21, 대하 9:26).

약속하신 기업의 땅에 대한 횃불 언약의 완전 성취는 여호수아의 유언을 통해 다시 확인됩니다.

여호수아 23:14 "보라 나는 오늘날 온 세상이 가는 길로 가려니와 너희 하나님 여호와께서 너희에게 대하여 말씀하신 모든 선한 일이 하나도 틀리지 아니하고 다 너희에게 응하여 그 중에 하나도 어김이 없음을 너희 모든 사람의 마음과 뜻에 아는 바라"

이것은 여호수아가 하나님께서 믿음의 조상 아브라함에게 하신 횃불 언약이 다 응하였음을 선포하는 순간입니다. 하나님께서는 횃불 언약 이후 가나안의 정복까지 692여 년의 장구한 세월 동안 역사를 주권적으로 섭리하셨고, 때가 되어 약속하신 것을 하나도 빠짐없이 이루셨던 것입니다(시 105:42-44).

II
'4대 만에 돌아온다'(창 15:16)는 예언의 성취
THE FULFILLMENT OF "IN THE FOURTH GENERATION THEY WILL RETURN HERE" (GEN 15:16)

창세기 15:16에서 "네 자손은 사대 만에 이 땅으로 돌아오리니"라고 말씀하셨습니다. 이 '사대'는 아브라함부터 시작됩니다.

이 약속이 과연 어떻게 성취되었는지 살펴보도록 하겠습니다.

1. 족보상으로 몇 대 만에 가나안 땅으로 돌아왔는가?
According to the genealogies, after how many generations did they return to Canaan?

(1) 모세의 족보를 기준으로 할 때

아브라함으로부터 시작하여 그의 후손 이스라엘 백성이 가나안 땅으로 돌아오기까지는 얼핏 보기에는 8대 만에 이루어진 것처럼 보입니다. 출애굽 할 때, 이스라엘 백성의 영도자 모세는 아브라함의 7대손이었습니다. 아브라함이 이삭을 낳고, 이삭은 야곱을 낳고, 야곱이 열두 아들 가운데 레위를 낳았습니다. 또 레위는 고핫을 낳고, 고핫은 아므람을 낳고, 아므람이 모세를 낳았습니다(출 6:16-20).

그리고 모세는 역사적인 가나안 땅 입성을 약 두 달 남겨 둔 출애굽 40년 11월 1일(신 1:3), 모압 평지에서 느보산에 올라 여리고 맞은편 비스가산 꼭대기에서 가나안 땅을 바라보기만 하고 죽었습니다(신 34:1-6). 모세가 죽고 새로운 지도자 여호수아의 지휘 아래 가나안에 들어갈 때 모세의 아들 게르솜도 들어갔으므로(출 2:22, 18:3), 모세의 족보로 본다면 횃불 언약이 체결된 이후 8대 만에 가나안 땅에 돌아온 것처럼 보입니다.

¹아브라함　　²이삭　　³야곱　　⁴레위　　⁵고핫　　…
⁶아므람　　⁷모세　　⁸게르솜　　　(출 6:16-20, 민 26:57-59)

그러나 앞서 제2장에서 살펴보았듯이, 430년 동안 레위부터 시작하여 모세까지 4대밖에 출생하지 않았다고 보는 것은 부자연스럽습니다. 고대 근동의 족보 기술의 방법과 마찬가지로, 이들 4대 사이에 여러 대(代)가 생략되었다고 보는 것이 자연스럽습니다. 그러므로 가나안에 들어간 것은 아브라함부터 시작하여 8대가 훨씬 넘게 됩니다.

(2) 여호수아의 족보를 기준으로 할 때

생략된 대수가 없는 여호수아의 족보를 기준으로 보면, 정확히 14대 만에 가나안에 들어간 것으로 성경에 기록되어 있습니다.

아브라함부터 에브라임 지파 여호수아까지의 혈통은 다음과 같습니다.

¹아브라함　　²이삭　　³야곱　　⁴요셉　　⁵에브라임
⁶브리아　　⁷레셉　　⁸델라　　⁹다한　　¹⁰라단
¹¹암미훗　　¹²엘리사마　　¹³눈　　¹⁴여호수아　　(대상 7:20-27)

앞에서 본 바와 같이, 여호수아의 족보상으로는 아브라함부터 14대 만에 가나안에 입성한 것을 알 수 있습니다. 요셉의 뼈를 메고 가나안에 들어간 여호수아가 실제로 '요셉의 자손' 에브라임 지파이므로 이것은 정확한 실제 대수입니다(민 13:8).

이상에서 볼 때, 창세기 15:16의 '4대 만에 돌아오리라'라는 예언은 여호수아 혈통의 실제 족보상으로도 전혀 맞지 않습니다. 그렇다면 과연 '4대 만에 돌아온다'라는 하나님의 말씀은 어떻게 성취가 되었을까요?

2. 4대의 인물은 누구입니까?

Who was the fourth generation?

우리는 앞서 횃불 언약 가운데 4대 만에 돌아온다는 말씀 중의 '4대'는 분명히 아브라함이 그 출발점인 것을 규명하여 보았습니다. 그렇다면 아브라함 후에 그 언약을 계승한 나머지 3대는 누구이며, 누구를 '4대 만에'라는 예언에 해당하는 인물로 볼 것입니까?

(1) 아브라함 후 믿음의 대(דוֹר) ─ 이삭

우리가 잘 아는 대로, 아브라함 후에 그의 신앙과 언약의 뜻을 정확히 인수하여 믿음의 대를 잇는 인물은 이삭이 틀림없습니다. 그것은 모리아 땅의 산상에서 아버지 아브라함과 그가 믿는 하나님을 온전히 신뢰하여 묵묵히 순종한 아들 이삭의 모습을 통해서 확증되었습니다. 이삭이 아버지 아브라함의 신앙을 전수하지 않았다면 자신이 처참하게 죽어 제물이 되는 상황에서 순종할 수 없었을 것입니다. 당시 번제 나무를 지고 갈 정도로 힘이 왕성하였을 이삭이 자신을 결박하는 아버지의 갑작스런 행동을 순순히 이해하고 받아들인 것은 믿음이 아니면 불가능한 행동이었습니다(창 22:9).

또한 이삭은 하나님께서 인정하신 아브라함의 후사입니다. 창세기 15:4에서 하나님께서는 "... 네 몸에서 날 자가 네 후사가 되리라"라고 분명하게 말씀하셨습니다. 창세기 17:21에서도 "내 언약은 내가 명년 이 기한에 사라가 네게 낳을 이삭과 세우리라"라고 말씀하셨습니다. 로마서 9:7-9에서도 "또한 아브라함의 씨가 다 그 자녀가 아니라 오직 이삭으로부터 난 자라야 네 씨라 칭하리라 곧 육신의 자녀가 하나님의 자녀가 아니라 오직 약속의 자녀가 씨로 여기심을 받느니라 약속의 말씀은 이것이라 명년 이때에 내가 이르리니 사라에게 아들이 있으리라 하시니라"라고 말씀하고 있습니다. 오직 이삭으로부터 난 자만이 아브라함의 씨가 된다는 말씀은, 이삭이 아브라함을 잇는 참믿음의 대(代)가 된다는 말씀인 것입니다.

(2) 이삭 후 믿음의 대(הדור) — 야곱

이삭 다음으로 믿음의 대를 이은 사람은 그의 차자 야곱이었습니다. 그 이유는 이삭의 아들 에서와 야곱 가운데, 야곱이 장자의 명분과 축복을 얻었기 때문입니다(창 25:22-34, 27:5-40, 말 1:2-3).

로마서 9:10-13 "이뿐 아니라 또한 리브가가 우리 조상 이삭 한 사람으로 말미암아 잉태하였는데 [11] 그 자식들이 아직 나지도 아니하고 무슨 선이나 악을 행하지 아니한 때에 택하심을 따라 되는 하나님의 뜻이 행위로 말미암지 않고 오직 부르시는 이에게로 말미암아 서게 하려 하사 [12] 리브가에게 이르시되 큰 자가 어린 자를 섬기리라 하셨나니 [13] 기록된 바 내가 야곱은 사랑하고 에서는 미워하였다 하심과 같으니라"

에서는 혈통상 장자였음에도 불구하고 장자의 명분을 경홀히 여기고(창 25:34) 장자의 축복을 받지 못하여(창 27:23, 35-36), 결국 장자권이 야곱에게 넘어갔습니다. 야곱이 아브라함과 이삭을 잇는 믿음의 대가 된 것입니다.

이것은 하나님의 주권 속에서 어머니 리브가가 태중에 받은 계시의 성취였습니다(창 25:23). 그리고 장막에 거하기를 좋아했던 야곱이 할아버지 아브라함과 장막에 15년간 함께 거하면서(히 11:9, 창 25:27), 아브라함과 이삭을 통해 언약 신앙을 전수한 결과입니다.

야곱은 이삭을 잇는 제3대 족장으로서 횃불 언약에 대한 확고한 믿음을 가지고 그 성취를 위해 생을 불태운 믿음의 사람이었습니다. 그래서 하나님께서는 "나는 아브라함의 하나님이요 이삭의 하나님이요 야곱의 하나님이로다"라고 선언하셨습니다(창 28:13, 출 3:6, 4:5, 왕상 18:36, 마 22:32, 막 12:26, 눅 20:37, 행 3:13). 곧 아브라함과 이삭과 야곱이 하나님께서 인정하시는 언약의 3대임을 보여 줍니다.

(3) 야곱 후 믿음의 대(דור)

'이스라엘'로 개명한 야곱에게는 열두 아들이 있었고, 이 아들들이 이스라엘의 열두 지파가 됩니다(창 49:1, 28). 열두 아들의 이름을 태어난 순서대로 살펴보면, '르우벤-시므온-레위-유다-단-납달리-갓-아셀-잇사갈-스불론-요셉-베냐민'입니다(창 29:31-30:24, 35:18, 23-26). 그렇다면 야곱의 열두 아들 중에서 야곱 후의 믿음의 대를 이은 인물, 곧 4대에 해당하는 인물은 누구일까요?

3. 르우벤과 믿음의 대
Reuben and the inheritance of faith

성경은 르우벤을 기록할 때마다 '이스라엘의 장자 르우벤'이라고 기록하고 있습니다(출 6:14, 민 1:20, 26:5, 대상 5:1, 3). 또한 야곱은 그의 장자 르우벤에 대하여 그 장래를 예언하여 줄 때, 창세기 49:3 한 구절 안에서만 르우벤이 '장자'라는 사실을 다섯 번이나 강조하였습니다. '내 장자', '나의 능력', '나의 기력의 시작', '위광(威光)이 초등(超等)하고', '권능(權能)이 탁월(卓越)하도다'라고 하였습니다.

여기 '위광'은 '높은 지위에 있어 감히 범할 수 없는 권위(authority)'를 말하며, '초등'이라는 말은 히브리어로 '예테르'(יֶתֶר)인데, 이것은 '탁월하다'라는 의미입니다. 족장 시대에는 장자가 그 가족의 제사장직을 물려받았는데(출 29:9), '위광이 초등하다'라는 것은 장자의 제사장직 수행과 관계된 말입니다.

또한 '권능이 탁월하다'라는 말은 가족들을 통솔하는 능력을 의미하는데, 장자가 전시(戰時)에 가족을 대표하는 지휘권을 갖게 되는 것을 말합니다. 위광이 초등하고 권능이 탁월했던 르우벤, 그는 누가 뭐라 해도 분명히 야곱의 첫아들, 장자였습니다.

(1) 르우벤이 가졌던 장자의 면모

실제로 성경 곳곳에서는 르우벤의 장자다운 면모가 자주 나타납니다. 살기등등하고 난폭해진 형제들이 요셉을 죽이려 할 때, 르우벤은 장자로서 아버지 야곱을 먼저 생각하였습니다. 그는 요셉의 피를 흘리지 말고 광야에 있는 구덩이에 던지자고 제안하여, 요셉의 생명을 살렸습니다(창 37:21-22, 29-30).

창세기 37:21-22 "르우벤이 듣고 요셉을 그들의 손에서 구원하려 하여 가로되 우리가 그 생명은 상하지 말자 ²²르우벤이 또 그들에게 이르되 피를 흘리지 말라 그를 광야 그 구덩이에 던지고 손을 그에게 대지 말라 하니 이는 그가 요셉을 그들의 손에서 구원하여 그 아비에게로 돌리려 함이었더라"

후에 야곱의 아들들이 흉년 때에 애굽에 양식을 구하러 갔을 때, 첩자로 오해 받고 곤란한 상황에 처하게 되자, 르우벤은 과거에 형제들이 요셉을 죽이려 했던 사건을 회상하며 '지금 그 피 값을 치르게 되었노라'라고 한탄하는 모습을 보이기도 하였습니다(창 42:22).

또한 가나안에 기근이 들어 아버지 야곱의 지시를 따라 처음으로 양식을 구하러 애굽에 갔을 때, 총리 요셉이 '막내 베냐민을 데리고 오지 않으면 안 된다'라는 조건으로 시므온을 볼모로 가두었습니다. 요셉의 형제들이 가나안 땅에 돌아와 이러한 내용을 아버지 야곱에게 보고할 때 야곱은 베냐민마저 잃을까 봐 슬퍼하였습니다. 이때 르우벤은 장자로서 자기 희생적인 모습을 보였습니다. 만약 베냐민을 데려간다면 자기의 두 아들을 희생시키는 한이 있더라도 아버지가 생명처럼 아끼는 베냐민을 반드시 데리고 오겠노라며, 큰 슬픔에 잠긴 아버지의 마음을 안돈하는 성숙한 태도를 보인 것입니다.

창세기 42:36-37 "그 아비 야곱이 그들에게 이르되 너희가 나로 나의 자식들을 잃게 하도다 요셉도 없어졌고 시므온도 없어졌거늘 베냐민을 또 빼앗아 가고자 하니 이는 다 나를 해롭게 함이로다 ³⁷르우벤이 아비에게 고하여 가로되 내가 그를 아버지께로 데리고 오지 아니하거든 나의 두 아들을 죽이소서 그를 내 손에 맡기소서 내가 그를 아버지께로 데리고 돌아오리이다"

참으로 르우벤의 장자로서의 위풍이 느껴지는 장면이 아닐 수 없습니다. 그는 장자로서의 책임 의식, 그리고 형제들을 대표하는 희생 정신, 형제 중 누구보다 아버지를 극진히 위하고 아끼는 든든한 맏아들의 모습을 가졌던 것입니다.

(2) 르우벤의 장자의 권리 상실

이렇게 르우벤은 확실한 장자의 자질을 가졌음에도 불구하고 왜 장자의 권리를 상실하고 믿음의 대를 잇지 못하였을까요? 야곱이 그의 장자 르우벤에게 그 장래에 될 일에 관하여 예언하였던 데서 그 원인을 찾아볼 수 있습니다.

창세기 49:4 "물의 끓음 같았은즉 너는 탁월치 못하리니 네가 아비의 침상에 올라 더럽혔음이로다 그가 내 침상에 올랐었도다"

공동번역 "터져 나오는 물줄기 같아, 걷잡을 수 없는 홍수 같아, 끝내 맏아들 구실을 하지 못하리라 제 아비의 침상에 기어들어 그 소실마저 범한 녀석"

한글 개역성경에는 '탁월치 못했다'라고 했고, 공동번역에서는 이를 '맏아들 구실을 하지 못했다'라고 좀더 풀어서 번역하였습니다. 그의 외적인 조건은 '극상품 포도나무'에 비길 만한 탁월한 존재였지만, 그가 맺은 열매는 '들포도나무 열매'가 되고 말았던 것입니다(사 5:2).

창세기 49:4에서는 그가 장자권을 박탈당한 이유를 자세히 설명하고 있습니다. 즉 "아비의 침상에 올라 더럽혔음이로다"라고 하였습니다. '침상을 더럽혔다'는 것은 히브리적 완곡 어법으로, 적법하지 못한 동침을 가리킵니다. 르우벤이 그의 서모 빌하와 통간한 사실을 말합니다(창 35:22).

왜 르우벤은 이러한 범죄를 저지르게 되었습니까?

창세기 49:4에서는 "물의 끓음 같았은즉"이라고 표현하고 있습니다. 이것을 표준새번역에서는 "거친 파도와 같으므로", 현대인의성경에서는 "물이 소용돌이치는 것 같아서"라고 번역하고 있습니다.

'끓음'은 히브리어로 '파하즈'(פַּחַז)로서 '분별없음, 방종함, 억제되지 않음(uncontrolled), 음탕함'이라는 뜻입니다. 즉 르우벤은 들끓는 육신의 정욕을 억제하지 못하고 근친상간의 죄를 저지르고 말았던 것입니다.[54]

역대상 5:1에서는 "르우벤은 장자라도 그 아비의 침상을 더럽게 하였으므로 장자의 명분이 이스라엘의 아들 요셉의 자손에게로 돌아갔으나 족보에는 장자의 명분대로 기록할 것이 아니니라"라고 말씀하면서, 르우벤이 장자권을 상실한 명확한 이유를 아비의 침상을 더럽힌 것과 연결하고 있습니다. 그는 야곱의 육적 장자였지만, 흉측한 범죄를 저지름으로 말미암아 장자권을 빼앗긴 것입니다.[55]

르우벤은 야곱의 장자였습니다. 따라서 그가 죄를 범하지 않았다면 형제들 가운데 두 몫을 차지하는 장자의 상속권은 응당 그에게 돌아갔을 것입니다(신 21:15-17). 그러나 르우벤은 그 아비의 침상을 더럽히는 죄악을 범하여 장자의 상속권을 박탈당하고 말았습니다.[56]

율법에는 아비의 아내와 관계하는 것은 아비의 하체를 범하는 것이므로, 사형에 해당한다고 규정하고 있습니다(레 18:6-8, 신 22:30, 27:20).

레위기 20:11 "누구든지 그 계모와 동침하는 자는 그 아비의 하체를 범하였은즉 둘 다 반드시 죽일지니 그 피가 자기에게로 돌아가리라"

모세는 이스라엘 백성에게, 요단강을 건너 가나안에 입성하면 그리심산과 에발산에서 축복과 저주를 선포하는 의식을 가지라고 명령했습니다. '축복의 선포'를 위해 시므온, 레위, 유다, 잇사갈, 요셉, 베냐민 지파를 그리심산에 세우고, '저주의 선포'를 위해 르우벤, 갓, 아셀, 스불론, 단, 납달리 지파는 에발산에 세우라고 명령했습니다(신 27:11-26). 축복의 산에 올라간 여섯 지파는 야곱의 본처 레아와 라헬의 후손들이었습니다. 그러나 르우벤 지파는 정실 레아의 첫아들임에도 불구하고 저주를 선포한 에발산에 올랐습니다. 실제로 에발산에 올라가서 낭송하라고 명령한 저주문 가운데는 르우벤과 같은 죄를 지은 자가 받을 저주에 대한 다음과 같은 내용이 있습니다.

신명기 27:20 "계모와 구합하는 자는 그 아비의 하체를 드러내었으니 저주를 받을 것이라 할 것이요 모든 백성은 아멘 할지니라"

아비의 침상은 아비의 권위이므로 르우벤은 단순히 간음죄를 지은 것이 아니라, 아비의 침상을 더럽힘으로 나아가 '아버지의 권위에 도전'하는 심각한 죄를 저지른 것입니다.

다윗의 아들 압살롬도 아버지의 후궁들을 욕보이는 죄를 범하였으며(삼하 12:11-12, 16:21-22), 그 말로는 매우 비참했습니다. 압살롬은 노새를 타고 도망가던 중 상수리나무에 자신의 자랑거리였던 긴 머리카락이 걸려, 요압의 창에 찔리고, 요압의 병기를 맡은 소년 열 명이 에워싸고 그를 치므로 죽임 당하였습니다(삼하 18:9-15).

우리는 야곱의 장자였던 르우벤이 장자권을 상실하는 과정을 통해, 아무리 세상에서 권능이 탁월하고 최고의 권세를 가진 사람일지라도 '간음'이라는 한순간의 범죄로 자신에게 주어진 하나님의 축복과 복된 권리들을 송두리째 상실할 수 있음을 깊이 되새겨야 하겠습니다.

(3) 르우벤의 최후

르우벤은 레아가 기쁨과 감격 속에 낳은 첫아들로서 사랑을 받고 태어난 아들이요(창 29:31-32), 야곱의 기대를 한 몸에 받고 있던 장자였습니다. 야곱은 열두 아들이 '후일에 당할 일'(창 49:1)을 '각인의 분량대로'(창 49:28) 예언할 때, 그렇게 자랑스럽고 늠름하기만 하던 르우벤에게 '장자 구실을 못 한 녀석(탁월치 못함)'이라며 장자의 자격을 박탈하였습니다(창 49:3-4).

야곱이 죽기 전에 열두 아들에게 예언한 것처럼, 하나님의 사람 모세는 200만 명이 넘는 이스라엘 백성을 모아 놓고 각 지파별로 축복하였습니다(신 33장). 열두 지파에 대한 야곱의 예언과 모세의 축복은 신기하리만큼 일맥상통하는 면이 있습니다.

그렇다면 모세의 축복 가운데, 장자였던 르우벤은 어디쯤에 있을까요? 신명기 33장을 보면, 모세가 유다 지파를 축복하기 이전에 르우벤에 대한 모세의 기도가 나오고 있는 것을 볼 수 있습니다. 그것은 르우벤 지파에 대한 축복이라기보다, 점점 쇠퇴해 가는 그들이 아주 사라질 것을 염려한 나머지 그 종족을 보존시켜 달라는 마지막 긍휼을 호소하는 탄원이었습니다.

신명기 33:6 "르우벤은 살고 죽지 아니하고 그 인수(人數)가 적지 않기를 원하도다"

표준새번역 "르우벤은 비록 그 수는 적으나, 잘 살게 하여 주십시오. 절대로 망하지 않게 하여 주십시오"

광야 생활 말미에 모세와 아론의 지도권에 대한 시기로 발생한 고라 당의 반역 때, 고라와 함께 반역을 일으킨 주동자 '다단과 아비람'은 바로 르우벤 지파 사람이었습니다(민 16:1, 26-33, 신 11:6). 그 반역에 대한 대가로, 작당을 했던 두 사람만이 아니라 그들과 그 가족들, 고라에 속한 사람, 그 물건까지 땅이 입을 벌려 삼켰습니다(민 16:32). 그리고 분향하던 250인은 불에 소멸되었습니다(민 16:35). 고라 당이 그 죄에 대한 대가로 처참하게 저주를 받아 죽는 상황에서, 철없는 백성은 이를 보고 통회하기는커녕 오히려 그 책임을 모세와 아론에게 돌리면서 원망하다가 14,700명이 염병에 걸려 죽는 심각한 참상이 연달아 발생하였습니다(민 16:41-50). 이 사건은 르우벤 지파가 제2차 군인 계수에서 제1차 군인 계수 때보다 2,770명이나 감소한 것에 큰 영향을 미쳤을 것으로 추정됩니다(민 1:21, 26:7).

그래서 모세는 르우벤 지파가 소멸되지 않고 다만 얼마만이라도 남겨져 현재보다 더 적어지는 일이 없도록 안타깝게 기도한 것입니다.

가나안 땅에 들어간 후에 기업을 분배하는 과정에서도 르우벤 지파의 육신적이고 이기적인 성향이 드러났습니다. 요단강 도하를 앞두고 풍부한 목초지를 발견한 두 지파(갓, 르우벤)는 유난히 가축 떼가 많았는데(민 32:1), 가나안 땅 정복은 뒷전이고 다른 지파가 좋은 땅을 차지하기 전에 얻으려고 모세에게 그 땅을 먼저 요청하였습니다.

기업은 엄연히 제비를 뽑아 공평하게 나누어야 함에도 불구하고(민 33:54, 34:13, 수 14:1-2), 아직 정복 전쟁이 끝나지 않은 상황에서 자기들만 눈에 좋은 땅을 요청한 것(민 32:1-5)은 모세의 노를 격발하고 말았습니다. 모세는 여기 두 지파의 완악한 요청을 38년 전 가데스에서 악평했던 열 명의 가나안 정탐꾼들에 비기면서, 두 지파의 불순종 때문에 이스라엘 전체가 다시 광야에 내버려지게 되어 멸망할 것이라고 경고하였습니다(민 32:6-15).

민수기 32:13-15 "여호와께서 이스라엘에게 진노하사 그들로 사십 년 동안 광야에 유리하게 하심으로 여호와의 목전에 악을 행한 그 세대가 필경은 다 소멸하였느니라 ¹⁴ 보라 너희는 너희의 열조를 계대하여 일어난 죄인의 종류로서 이스라엘을 향하신 여호와의 노를 더욱 심하게 하는도다 ¹⁵ 너희가 만일 돌이켜 여호와를 떠나면 여호와께서 또 이 백성을 광야에 버리시리니 그리하면 너희가 이 모든 백성을 멸망시키리라"

이렇게 르우벤의 후손들도 그 조상 르우벤과 같이 영적인 축복에는 무관심하고 물질적인 축복에만 앞다투어 첫째가 되려 하였습니다.

오늘날에도 교회에 출석하고 있으나 육신의 쾌락과 극도의 이기주의에 사로잡혀, 자기 일에만 몰두하여 하나님의 일에 게으르고 무관심한 자들은 르우벤처럼 하나님의 장자가 되는 축복의 자리에서 제외될 것입니다(마 7:21-23, 롬 8:5-8).

4. 요셉과 믿음의 대

Joseph and the inheritance of faith

역대상 5:1-2 "이스라엘의 장자 르우벤의 아들들은 이러하니라 (르우벤은 장자라도 그 아비의 침상을 더럽게 하였으므로 장자의 명분이 이스라엘의 아들 요셉의 자손에게로 돌아갔으나 족보에는 장자의 명분대로 기록할 것이 아니니라 ² 유다는 형제보다 뛰어나고 주권자가 유다로 말미암아 났을지라도 장자의 명분은 요셉에게 있으니라)"

여기 '장자의 명분'은 히브리어로 '베코라'(בְּכֹרָה)로서, 이것은 '장자권, 장자의 상속권, 장자의 권리'라는 뜻입니다(창 25:31-34, 27:36).

곧 아브라함과 이삭과 야곱으로 이어지는 장자권이 요셉에게 있다는 것을 확실히 증거하는 말씀입니다.

성경의 여러 가지 증거를 통해, 요셉이 횃불 언약을 성취하는 '믿음의 4대'에 해당하는 인물임을 알 수 있습니다.

(1) 요셉이 믿음의 대를 잇는 장자의 명분을 가진 자라는 증거들
① 요셉은 하나님께서 생각하여 주신 아들이기 때문입니다.

라헬이 야곱과 결혼한 지 7년이 가까워도 자식이 없을 때, 하나님께서 라헬을 특별히 생각하사 그 태를 열어 주시므로 낳은 아들이 바로 요셉입니다(창 30:22-24). 요셉은 라헬이 아이를 낳을 수 없을 때 하나님께서 생각하여 주셔서 그녀의 기도를 들으시고 주신 아들입니다. 또한 라헬은 야곱이 특별히 사랑한 아내였습니다. 그녀를 사랑한 까닭에 힘겨웠던 "칠 년을 수일같이" 여길 정도였습니다(창 29:20). 야곱은 라헬만을 "내 아내"라고 하였고(창 29:21, 44:27), 그녀에게서 낳은 아들들에게 특별한 애착을 가졌습니다.

창세기 44:27-28 "주의 종 우리 아비가 우리에게 이르되 너희도 알거니와 내 아내가 내게 두 아들을 낳았으나 ²⁸ 하나는 내게서 나간 고로 내가 말하기를 정녕 찢겨 죽었다 하고 내가 지금까지 그를 보지 못하거늘"

그것은 야곱이 요셉을 '깊이 사랑하여' 그에게 채색옷을 지어 입혔던 것에서 다시 확인됩니다(창 37:3). 여기 '사랑하여'는 히브리어 '아하브'(אָהַב)로, 무조건적인 선택에 의한 사랑을 의미하기도 합니다. 또한 완료 시제로 쓰여, 한 번만이 아니라 한동안 계속해서 이루어진 것임을 뜻합니다. 그 당시의 풍습으로, 집안에서 아버지와 아버지의 뒤를 이을 장자만이 채색옷을 입었습니다.

② '사브낫바네아'[57)]라는 이름 때문입니다.

창세기 41:45 "그가 요셉의 이름을 사브낫바네아라 하고 또 온 제사장 보디베라의 딸 아스낫을 그에게 주어 아내를 삼게 하니라 요셉이 나가 애굽 온 땅을 순찰하니라"

'사브낫바네아'(צָפְנַת פַּעְנֵחַ, Zaphenath-paneah)는 요셉의 애굽식 이름으로, 일반적인 의미는 '하나님께서 말씀하심, 그리고 그 이름의 소유자가 살리라'입니다. 후대에 유대인들은 그 의미를 '세상의 구원자'(savior of the world: Vulgate, Gesenius), '생명의 땅의 통치자'(governor of the district of the place of life: Brugsch)라고 생각했습니다. 바로가 지어 준 이 이름은 그가 요셉을 얼마나 절대적으로 신뢰하였는가를 잘 보여 주고 있습니다.

한편, 요셉을 가리켜 "하나님의 신에 감동한 사람"(창 41:38), "하나님이 이 모든 것을 네게 보이셨으니..."(창 41:39)라고 하여, 요셉에 대한 바로의 신뢰가 요셉 자신에게 있지 않고 요셉의 배후에 하나님이 함께하고 계시다는 사실 때문임을 분명히 하였습니다. 아마도 애굽 왕 바로는 요셉에 대하여, 분명히 세상을 구원하라고 하나님께서 보내 주신 인물이요, 또한 하나님이 하시고자 하는 비밀이 그를 통해 공개된다고 생각하였던 것 같습니다.

그래서 바로는 자기의 인장 반지를 빼어 요셉의 손에 끼우고, 세마포 옷을 입히고 금사슬을 목에 걸어 주었습니다. 왕의 버금 수레에 요셉을 태워 애굽의 온 백성이 엎드려 절하도록 하였습니다. 또한 당시 권력층에 속하는 애굽 온 지방의 제사장(priest of On) 보디베라(뜻: 애굽의 태양신이 보내 주신 자)의 딸을 아내로 주어, 요셉의 입지를 든든하게 하였습니다(창 41:45). 이렇게 바로는 요셉에게 최고의 자리를 서슴없이 내주었던 것입니다.

창세기 41:44 "바로가 요셉에게 이르되 나는 바로라 애굽 온 땅에서 네 허락 없이는 수족을 놀릴 자가 없으리라 하고"

바로가 요셉을 애굽으로 귀화시키려는 의도를 가지고 지은 이름 '사브낫바네아'! 생명을 부양한다는 뜻을 가진 그 이름에는 하나님께서 요셉에게 위탁하신 중대한 구속사적인 섭리가 담겨 있습니다.

장자의 가장 기본적인 의무가 가족 부양에 있듯이, 요셉은 야곱 가족의 부양을 넘어(창 45:11) 국경을 초월한 생명의 부양자(창 41:54-57)로서 만민 중의 장자가 된 것입니다.

창세기 50:20 "당신들은 나를 해하려 하였으나 하나님은 그것을 선으로 바꾸사 오늘과 같이 만민의 생명을 구원하게 하시려 하셨나니"

당시 세상 사람들은 기근이 점점 심해질수록 요셉에게로 가야만 죽지 않고 살 수 있었습니다. 마찬가지로, 오직 예수님만이 기근에서 세상 사람들을 구원할 유일한 분이며(행 4:12), 인류가 걸어가야 할 유일한 길이요, 세상의 생명을 위한 유일한 양식이십니다(요 14:6, 6:51). 기근 때에 요셉에게로 나와야만 살 수 있었듯이(창 41:56-57), 세상 끝날에도 '오직 예수'께로 더욱더 가까이 나와야만 살 수 있습니다. 그것이 마지막 종말에 일어날 처참한 기근의 때에(암 8:11), 자기 생명을 부양하고 영육간에 살 수 있는 비결입니다.

③ 히브리서 11장의 기록 때문입니다.

히브리서 11장은 '믿음의 장'으로 불리고 있습니다. 히브리서 11:1-3은 서론으로서 믿음의 본질에 대하여 말씀하고 있으며, 4절부터는 하나님의 구속사 속에서 선진들이 담당했던 믿음의 행적을 기록하고 있습니다. 그들이 살아가는 시대와 환경은 비록 달랐을지라도, 하나님을 향한 온전한 믿음 하나로 승리하는 삶을 살았습니다. 8절부터 21절까지는 아브라함부터 시작하여 이삭과 야곱으로 연결되는 믿음의 3대를 기록하고 있습니다. 야곱을 이어서 그 다음에 등장하는 믿음의 사람은 바로 '요셉'입니다.

히브리서 11:22 "믿음으로 요셉은 임종 시에 이스라엘 자손들의 떠날 것을 말하고 또 자기 해골을 위하여 명하였으며"

야곱의 열두 아들 가운데 히브리서 11장의 믿음의 장에 등장하는 인물은 '요셉' 외에는 없습니다. 이것도 요셉이 아브라함과 이삭과 야곱을 잇는 믿음의 제4대에 해당하는 신앙의 인물이라는 성경적 증거라고 할 수 있습니다.

이것은 창세기 전체의 구조에서도 나타납니다. 창세기는 크게 두 부분으로 나누어지는데 1-11장은 세계와 인간의 기원에 대하여 말씀하고 있으며, 12-50장은 아브라함-이삭-야곱-요셉으로 이어지는 이스라엘의 족장들의 삶에 대하여 말씀하고 있습니다. 이러한 구조는 요셉이 믿음의 4대째에 해당하는 인물임을 뒷받침하는 증거입니다.

④ 야곱과 모세가 축복한 내용에서 분명히 드러납니다.

야곱은 죽기 전에 요셉을 불러서 자신의 시신을 반드시 가나안에 묻어 달라고 부탁하고 맹세시키면서, "이제 내가 네게 은혜를 입었거든"이라고 말을 했습니다(창 47:29). 이 부분을 영어 성경 KJV에서는 "If now I have found grace in thy sight"(내가 너의 눈 속에서 은혜를 발견했으면)라고 표현하고 있습니다.

야곱은 요셉에게 하나님의 은혜가 머물러 있는 것을 발견하고 그에게 자기 시신을 가나안에 묻어 달라고 부탁하고 맹세까지 시켰습니다. 이것은 야곱이 요셉을 자신의 믿음의 대를 이을 장자로 생각했다는 것을 보여 주는 것입니다.

또한 야곱은 열두 아들에게 각인의 분량대로 예언할 때(창 49:28) 요셉에 관하여 예언하면서, 창세기 49:26에서 "네 아비의 축복이 내 부여조의 축복보다 나아서 영원한 산이 한없음같이 이 축복이 요셉의 머리로 돌아오며 그 형제 중 뛰어난 자의 정수리로 돌아오리로다"라고 축복하였습니다. 모세도 열두 지파를 축복할 때 요셉 지파에 대하여, 야곱과 비슷한 내용으로 "... 복이 요셉의 머리에 그 형제 중 구별한 자의 정수리에 임할지로다"(신 33:16)라고 축복하였습니다. 요셉에 대하여 야곱은 "그 형제 중 뛰어난 자"라고 했고, 모세는 "그 형제 중 구별한 자"라고 축복하였습니다. 여기 '뛰어난 자'(창 49:26)와 '구별한 자'(신 33:16)는 동일한 히브리어 '나지르'(נָזִיר)로서, 특수한 목적을 위하여 '성별된 자, 구별된 자'를 뜻합니다. 구약 시대의 나실인을 가리킬 때에도 이 단어가 사용되었습니다(민 6:1-21).

영어 성경 NLT에서는 '뛰어난 자'(나지르)를 'prince'(왕자)라고 하였고, 70인경에서는 '다스리는 자'(지도자)라고 하였습니다. 그러므로 요셉이 그 형제 중에 '뛰어난 자, 구별된 자'라고 함은, 그가 형제들보다 훌륭하고 탁월하여, 장자로서 그들을 다스리는 자가 될 것을 뜻합니다. 야곱과 모세의 이러한 축복은 실제 역사에서도 성취되어 훗날 여호수아가 각 지파별로 기업의 땅을 분배하던 때에, 요셉의 후손(에브라임, 므낫세 지파)들은 하나님의 축복을 받아 외적으로도 다른 지파들과 구별될 정도로 "큰 민족"(수 17:14, 17)과 "큰 권능"(수 17:17)이 있는 지파로 성장하였습니다.

⑤ 요셉이 섬기는 자(겸손한 자)였기 때문입니다.

제자들이 "천국에서는 누가 가장 큰 사람입니까?"(마 18:1)라고 물었을 때, 예수님께서는 "아무든지 첫째가 되고자 하면 뭇 사람의 끝이 되며 뭇 사람을 섬기는 자가 되어야 하리라"(막 9:35)라고 말씀하셨습니다. 마태복음 20:26에서도 "너희 중에 누구든지 크고자 하는 자는 너희를 섬기는 자가 되고"라고 말씀하셨고, 청함을 받았을 때 차라리 말석(맨 끝자리)에 앉으라고 가르치셨습니다(눅 14:10). 이 말씀은 높은 자리에서 섬김을 받으려는 욕망에 사로잡힌 제자들에게 큰 깨우침을 주었을 것입니다.

이어서 예수님께서는 마태복음 20:28에서 "인자가 온 것은 섬김을 받으려 함이 아니라 도리어 섬기려 하고 자기 목숨을 많은 사람의 대속물로 주려 함이니라"라고 말씀하셨습니다. 그리고 잡히시던 날 저녁 최후의 만찬석에서 배반자 가룟 유다의 발까지도 무릎을 꿇고 정성스럽게 씻어 주심으로, 섬기는 자의 모본을 보여 주셨습니다(요 13:4-11).

장자는 큰 자입니다. 남을 섬기는 자가 제일 큰 자입니다(마 20:26). 그렇다면 참장자는 바로 '섬기는 자'요, '겸손한 자'가 되어야 합니다.

야곱의 열두 아들 가운데 섬기는 삶을 산 자는 바로 요셉입니다. 요셉은 어려서부터 아버지 야곱에게 효도를 하였습니다. 아버지가 형들이 양을 치고 있는, 현재 거주지인 헤브론(창 35:27)에서 약 77km 정도 멀리 떨어진 세겜까지 심부름을 보낼 때에도 어린 나이에 기꺼이 순종했습니다(창 37:13).

요셉은 후에 애굽의 총리가 되어서 아버지 야곱을 극진히 봉양했으며(창 45:11), 자기를 애굽에 팔아 넘겼던 형들을 모두 용서하고, 그들과 그 자손들까지도 풍성한 재산을 주어서 끝까지 섬겼습니다(창 45:5-8, 50:19-23). 요셉은 이러한 섬김을 통하여 참장자의 면모를 보여 주었습니다.

(2) 족보에는 장자의 명분대로 기록할 것이 아니니라(대상 5:1下)

역대상 기자는 다윗으로 말미암은 통일 왕국이 이루어지기까지 하나님께서 이스라엘에게 행하신 구속 역사의 과정을 압축하여 족보로 기록하였습니다. 1장은 아담부터 노아, 아브라함을 거쳐 야곱까지의 족보이고, 2장은 야곱에서 다윗까지의 족보이며, 3장은 다윗에서 포로기까지의 족보입니다. 그리고 4장부터는 야곱의 열두 아들로 말미암은 열두 지파의 족보를 기록하였습니다. 4장에서 유다와 시므온 지파의 족보를 먼저 소개한 후에, 5-8장부터는 르우벤을 시작으로 그 남은 지파들의 족보를 다루었습니다.

그런데 르우벤의 족보를 시작하기 전에 다음과 같은 놀라운 말씀을 먼저 기록하고 있습니다.

역대상 5:1-2 "이스라엘의 장자 르우벤의 아들들은 이러하니라 (르우벤은 장자라도 그 아비의 침상을 더럽게 하였으므로 장자의 명분이 이스라엘의 아들 요셉의 자손에게로 돌아갔으나 족보에는 장자의 명분대로 기록할 것이 아니니라 [2] 유다는 형제보다 뛰어나고 주권자가 유다로 말미암아 났을지라도 장자의 명분은 요셉에게 있으니라)"

장자권이 요셉에게 넘어갔다는 것을 확실하게 증거하는 말씀입니다. 이 말씀에서 유의하여 볼 것은, 야곱의 아들들의 족보를 기록할 때 장자의 명분대로 기록하지 않았다는 사실입니다. 역대상 5:1에서 "... 족보에는 장자의 명분대로 기록할 것이 아니니라"라고 말씀하고 있습니다. 그렇다면 요셉에게 장자권이 넘어갔음에도 불구하고, 왜 족보에는 요셉을 장자로 기록하지 않았을까요?

① 장자의 명분대로 기록하지 않는다는 의미

요셉이 르우벤이 받지 못한 장자권을 얻었다면, 족보에도 요셉이 장자로 올라가고 요셉 지파를 통하여 메시아가 오시는 것이 정상일 것입니다. 그러나 예수 그리스도의 족보에는 유다가 장자로 올라가고, 예수님은 유다 지파의 다윗왕의 혈통을 통해서 오셨습니다(사 11:1, 미 5:2, 마 1:1-3, 눅 3:33, 히 7:14, 계 5:5-6).

이처럼 장자의 명분(장자권)이 르우벤에게서 요셉에게 넘어갔으나, 족보에는 요셉이 아니라 유다가 장자로 기록되고 있는 것입니다.[58]

② 장자의 명분대로 기록되지 않은 이유

야곱이 노쇠하고 병들어 죽을 때가 다가오고 있다는 소식을 듣고, 요셉은 자기의 두 아들을 야곱에게 데리고 갔습니다(창 48:1). 요셉은 자기의 아들들이 언약의 족장인 아버지 야곱을 통해 축복 받기를 원하였던 것입니다. 이때 야곱은 "힘을 내어" 침상에 앉았는데(창 48:2), 그것은 언약의 전수자로서 마지막 사명을 수행하기 위해서였습니다.

그는 여기에서 놀라운 일을 행합니다. 요셉의 두 아들, '자기의 손자'인 에브라임과 므낫세를 아들로 삼고, 가나안 땅에서의 산업

(분깃, 기업)을 에브라임과 므낫세의 이름으로 주었던 것입니다.

창세기 48:5-6 "내가 애굽으로 와서 네게 이르기 전에 애굽에서 네게 낳은 두 아들 에브라임과 므낫세는 내 것이라 르우벤과 시므온처럼 내 것이 될 것이요 ⁶ 이들 후의 네 소생이 네 것이 될 것이며 그 산업은 그 형의 명의하에서 함께하리라"

야곱은 에브라임과 므낫세를 '내 것이라'라고 표현하고 있습니다. 이것은 에브라임과 므낫세를 더 이상 손자가 아니라 야곱의 다른 자식들처럼 자신의 친자식으로 취급하겠다는 의미입니다. 이러한 일은 요셉이 족보에 장자의 명분대로 기록되지 않은 것과 밀접한 연관성을 가지고 있습니다(대상 5:1).

그렇다면 야곱이 요셉의 두 아들을 자기의 친아들로 삼은 이유는 무엇입니까?

첫째, 두 손자에게 아브라함의 자손이라는 언약적 뿌리를 알려 주기 위해서입니다.

에브라임과 므낫세는 가나안 땅이 아닌 애굽 나라에서, 애굽 여인(애굽 나라 온 제사장 보디베라의 딸 '아스낫'-창 41:45-50)을 통하여 난 애굽 태생입니다. 그러므로 아브라함의 후손으로서의 언약적 뿌리를 잃어버릴 가능성이 많았습니다. 왜냐하면 애굽은 당시로서는 최강대국이었고, 더욱이 그들은 당시 애굽의 둘째 치리자인 총리의 아들이었기 때문입니다.

그러나 야곱은 그들이 애굽 총리의 후계자가 아니라, 아브라함의 자손으로 살아가기를 원했던 것입니다. 그래서 창세기 48:16에서는 "... 이들로 내 이름과 내 조부 아브라함과 아버지 이삭의 이름으로 칭하게 하시오며…"라고 말씀하고 있습니다.

이렇게 야곱이 손자인 에브라임과 므낫세를 아들의 반열에 올려 놓은 이래로, 에브라임과 므낫세는 독립적인 두 지파로 이스라엘의 열두 지파를 형성하게 되었습니다.

둘째, 요셉의 장자권을 인정하고 그에게 두 배의 축복을 주시기 위함입니다.

신명기 21:15-17을 보면 장자에게는 두 배의 축복이 주어지게 되어 있습니다. 야곱은 죽기 전에 요셉의 두 아들 에브라임과 므낫세를 자신의 아들로 삼아 각각 독립된 지파를 형성하도록 하였습니다. 그리하여 원래 요셉은 한 지파로서 한 분깃을 받아야 하는데도, 자신의 자리에 두 아들이 대신 들어가서 두 지파의 분깃을 받게 되었습니다. 이 후에는 요셉 지파라는 이름 대신에 에브라임 지파, 므낫세 지파라는 이름이 사용되었습니다.

그 속에는 하나님께서 요셉을 참장자로 인정하시고, 그에게 두 배의 축복을 주신 깊은 섭리가 깃들여 있습니다.

그랜드 종합 주석에서는 "요셉이 두 분깃을 얻은 것은 야곱의 장자권이 그에게 승계되었음을 의미한다(신 21:17, 대상 5:2). 장자권은 본래 장자가 계승하는 것이 원칙이었으나 실제 장자인 르우벤은 서모 빌하와의 간통 사건으로(창 35:22, 대상 5:1), 또한 차남 시므온과 삼남 레위는 세겜 학살 사건(창 34:25-31)으로 그 자격이 상실되었다. 때문에 더 이상 장유(長幼)의 서열에 의해 장자권을 계승하는 것은 의미가 없었"[59]다고 해석하고 있습니다.

이처럼 야곱은 요셉의 두 아들을 르우벤과 시므온처럼 자신의 친아들로 삼아 요셉에게 두 몫을 줌으로, 요셉의 장자권을 인정한

것입니다.[60)]

셋째, 하나님의 구속사적 경륜 속에서 예수 그리스도의 오시는 길을 예언한 것입니다.

야곱은 죽기 전에 열두 아들을 모아 후일에 당할 일을, 각인의 분량대로 축복하였는데(창 49:1, 28), 특별히 넷째 아들 유다와 열한 번째 아들 요셉을 축복할 때 장차 메시아가 오실 일에 관하여 예언하였습니다. 그것은 곧 메시아가 두 가지 길을 통해서 오실 것을 예언한 것입니다.

먼저 창세기 49:10에서 "홀이 유다를 떠나지 아니하며 치리자의 지팡이가 그 발 사이에서 떠나지 아니하시기를 실로가 오시기까지 미치리니 그에게 모든 백성이 복종하리로다"라고 말씀하고 있습니다.

여기에 나오는 '실로'(Shiloh)는 히브리어 '샬라'(שִׁלֹה)에서 유래했으며, '안식을 주는 자, 평화를 만드는 자'라는 뜻으로서, 예수 그리스도를 예표합니다. 실로는 장차 유다 지파를 통해 오실 메시아를 의미합니다.[61)]

그런데 또 한 가지 메시아가 오시는 길이 제시되어 있는데, 바로 '요셉 지파'를 통한 길입니다. 야곱은 그의 사랑하는 아들 요셉에게 축복하면서 창세기 49:24에서 "요셉의 활이 도리어 건강하며 그의 팔이 힘이 있으니 야곱의 전능자의 손을 힘입음이라 그로부터 이스라엘의 반석인 목자가 나도다"라고 예언하였습니다.

여기에서 "그로부터 이스라엘의 반석인 목자가 나도다"라는 표현은 번역상 많은 논란이 있는 부분입니다.

'그로부터'는 히브리어로 '미샴'(מִשָּׁם)입니다. 이것은 '… 로부터'를 뜻하는 '민'(מִן)과 '거기, 그때'를 뜻하는 '샴'(שָׁם)이 합성된 것으로, '거기로부터'(from there)라는 뜻입니다. 바로 여기 '그(거기)'를 어떻게 해석하느냐가 논란이 되고 있는 것입니다.

영어 성경 KJV, NASB, 그리고 한글 개역성경에서는 '그'를 요셉으로 보고, 요셉으로부터 이스라엘의 반석인 목자가 나오게 된다고 해석하고 있습니다(고전 10:4, 요 10:11).[62] 그러나 개역개정, 공동번역, 영어 성경 NIV에서는 '그'를 이스라엘의 반석인 목자와 동격으로 해석하고 있습니다. 후자처럼 해석하는 것에 대하여 이광호 교수는 "후자의 번역을 따른다면 요셉 지파를 통해서 태어날 이스라엘의 반석이신 목자와 유다 지파를 통해 오시게 될 홀을 가진 치리자 사이에서 생겨나는 문제를 피할 수 있게 된다. 그러나 양쪽 모두 히브리어 번역을 기초로 하고 있음을 간과해서는 안 된다. 우리는 문장에 얽혀진 복잡한 문제를 해결하기 위하여, 기록된 성경 본문을 상식적인 의도에 맞추어 번역하려는 시도를 피해야 한다"[63]라고 말하였습니다.

실제로 '그'를 요셉으로 해석할 때, 장차 오실 메시아가 창세기 49:10의 예언대로 유다 지파를 통해서 오시고, 또 요셉 지파를 통해서도 와야 한다는 복잡하고 모순되게 보이는 문제가 발생합니다. 그래서 많은 사람들은 이러한 복잡해 보이는 문제를 피하기 위하여 '그'를 요셉으로 해석하지 않는 것 같습니다.

그러나 성경을 구속사적 경륜의 관점에서 볼 때, 이것은 전혀 복잡할 것이 없는 아주 명료한 예언입니다.

유다의 후손으로 메시아가 오신다는 예언은 장차 메시아가 유다 지파의 혈통을 통해서 오실 것을 의미한 것입니다(히 7:14). 실제로 예수님이 유다 지파의 다윗 혈통을 통해 오심으로 야곱의 예언은 정확하게 성취가 되었습니다(마 1:2-3). 로마서 1:3에서 "육신으로는 다윗의 혈통에서 나셨고"라고 말씀하고 있습니다.

또한 요셉('그')으로부터 장차 메시아가 오신다는 예언은, 메시아가 육신으로는 유다 지파의 혈통을 통해서 오시지만 동시에 혈통을 초월하는 반차(班次)로 오실 것을 예언한 것입니다.

이와 관련하여 강성두 목사는 그의 저서 「구약 성경 인물해석(상권)」에서 「야곱이 유다에게 "홀이 유다를 떠나지 아니하며 치리자의 지팡이가 그 발 사이에서 떠나지 아니하시기를 실로가 오시기까지 미치리니 그에게 모든 백성이 복종하리로다"(창 49:10)라고 메시아 예언을 한 바 있는데, 무슨 이유로 다시 요셉에게 "이스라엘의 반석인 목자가 나도다"(창 49:24下) 하고 메시아 예언을 중복했을까? 유다에 대한 예언은 혈통(血統)에 관한 예언으로서 그(유다)에게 이스라엘의 치리권을 부여한다는 뜻이며, 요셉에 대한 예언은 그의 생애가 곧 메시아의 생애와 같기에 그 믿음의 계통(계보)에서 메시아가 등장한다는 뜻이다.」[64]라고 기록하였습니다.

과연 예수님은 남자 없이 성령으로 말미암아 동정녀에게 잉태되신 분입니다(사 7:14, 마 1:18, 20). 이는 인간의 상상을 초월한 하나님의 놀라운 섭리입니다. 예수님께서는 겉으로 볼 때 유다 지파의 자손으로 오셨지만, 실제로는 족보와 상관없이 성령으로 잉태되어 멜기세덱의 반차를 좇아 오신 분입니다(눅 3:23, 요 1:14, 18, 17:5, 골 1:15-19, 2:9, 딤전 6:14, 16, 히 5:10, 6:20, 7:11, 17, 시 110:4). 멜기세덱은 실제로 역사적 인물이면서도(창 14장, 히 7:1-2) 동시에 족보가 없는 신비한 인물인데(히 7:3), 예수님께서 바로 이 멜기세덱의 반차를 좇아 족보 없이 오셨던 것입니다.

그리하여 로마서 1:3에서는 "육신으로는 다윗의 혈통에서 나셨고"라고 하여 예수 그리스도의 완전한 사람 되심(인성)을 말씀하였고, 이어서 로마서 1:4에서는 부활하심으로 사망 권세를 이기신 예수 그리스도 자신의 완전한 하나님 되심(신성)을 확증하시고 선포하셨습니다.

로마서 1:3-4 "이 아들로 말하면 육신으로는 다윗의 혈통에서 나셨고 ⁴ 성결의 영으로는 죽은 가운데서 부활하여 능력으로 하나님의 아들로 인정되셨으니 곧 우리 주 예수 그리스도시니라"

이처럼 예수 그리스도는 인성과 신성의 인격적 연합을 이루신, 완전한 사람이자 완전한 하나님이십니다(요 1:14, 18). 이것은 예수 그리스도가 부활하시기 전에는 하나님의 아들이 아니었다는 의미가 아니라, 부활하시기 전에도 하나님의 아들이었으나 십자가의 대속과 부활하심으로 하나님의 아들이신 것을 더욱 확실하게 증명하셨다는 의미입니다.

야곱은 장차 이루어질 구속사적 경륜 속에서 메시아가 오실 두 가지의 길을 유다와 요셉을 통해 예언하였고, 과연 예수 그리스도께서 이 땅에 오실 때 그 예언들은 모두 성취되었습니다.

***유구한 역사 속에서 세계 최초로 체계적 정리 발표**

5. 요셉을 통한 '4대'의 성취

The fulfillment of the "fourth generation" through Joseph

지금까지 우리는 횃불 언약을 통해 약속하신 믿음의 제4대에 해당하는 장자가 요셉이라는 것을 살펴보았습니다.

횃불 언약 가운데 '4대 만에 가나안으로 돌아온다'(창 15:16)라는 약속은 아브라함-이삭-야곱을 거쳐서 제4대인 요셉을 통하여 성취된 것입니다. 그런데 요셉은 110세에 애굽에서 죽고 말았는데(창 50:26), 4대 만에 가나안에 돌아온다는 예언이 어떻게 성취된 것일까요?

(1) 요셉의 믿음의 유언을 통한 성취

요셉이 죽은 해는(주전 1806년) 횃불 언약을 받은 지 무려 276년이나 되었을 때입니다. 요셉은 아브라함과 이삭과 야곱에게 맹세하신 그 언약을 굳게 붙잡고, 하나님께서 이스라엘 백성을 권고하사 반드시 아브라함과 이삭과 야곱에게 맹세하신 그 땅에 들어가게 하실 것이라고 유언하였습니다(창 50:24).

이 유언의 내용은 요셉이 아버지 야곱의 유언을 통해서 들은 것이기도 합니다. 야곱은 죽을 기한이 가까웠을 때 열두 아들 중에 '그 아들 요셉'을 불러 자신의 환도뼈 아래에 손을 넣게 하여 선영(先塋)인 가나안 땅에 장사해 줄 것을 명령하고 맹세시킨 후에(창 47:28-31), '나는 죽으나 너희는 너희 조상의 땅으로 돌아가리라'라는 확신에 찬 말씀을 선포하였습니다(창 48:21). 요셉은 이러한 야곱의 유언을 결코 잊지 않았으며, 자신의 죽음을 앞둔 순간에도 가나안 땅에 대한 소망으로 충만했습니다. 그래서 요셉은 그 후손에게 하나님께서 권고하시는 그날 자신의 해골을 메고 가나안으로 함께 떠날 것을 맹세시켰습니다(창 50:25). 히브리서 기자는 요셉의 수많은 믿음의 업적 중에서 그가 임종할 때, 이스라엘 자손이 애굽에서 떠날 것과 자기 해골을 위하여 유언한 것만을 기록하고 있습니다(히 11:22).

아브라함과 이삭과 야곱이 육신적으로는 죽은 자이지만, 하나님은 그들의 살아 있는 믿음을 인정하셔서 '산 자'라고 불러 주셨습니다(마 22:32, 막 12:26-27, 눅 20:37-38). 마찬가지로 요셉도 육신적으로는 죽었으나, 믿음으로 산 자입니다. 그러므로 아브라함부터 시작하여 4대 만에 가나안 땅에 돌아간다는 하나님의 약속은 산 믿음을 가졌던 '아브라함-이삭-야곱-요셉'에 이르는 믿음의 4대를 통하여 이루어진 것입니다. 마치 아벨이 죽었으나 그 믿음으로 말하듯이(히 11:4, 창 4:10-11), 아브라함과 이삭과 야곱과 요셉, 4대의 믿음이 지금도 살아서 믿음 없는 이 패역한 세대를 향해 외치고 있습니다.

누가복음 20:38 "... 하나님에게는 모든 사람이 살았느니라"

(2) 요셉의 해골을 통한 성취

죽자마자 즉시 가나안 땅으로 돌아가 묻힌 야곱과는 달리, 요셉은 그의 해골을 장사하지 않고 입관만 한 채로 애굽에서 이스라엘 자손과 함께 있도록 요청하였습니다(창 50:24-25). 요셉은 "네 자손이 이방에서 객이 되며 그들을 섬기겠고 그들은 400년 동안 네 자손을 괴롭게 하리니"(창 15:13)라고 하신 예언을 기억하고, 그 말씀이 그대로 이루어질 것을 의심 없이 믿었으므로, 그때가 이르기까지 자신의 해골을 애굽에 남겨 놓는 지혜를 발휘했던 것입니다. 요셉의 해골은 그의 확고부동한 언약 신앙을 입증하는 상징물로서 이스라엘 백성에게는 신앙의 큰 표적이 되었을 것입니다. 애굽의 학정 아래 신음하던 이스라엘 자손들에게 요셉의 해골이 함께 있다는 사실만으로도 매일매일 지속되는 고역 속에서도 약속의 날을 기다리는 소망이 되었을 것입니다.

확실히 요셉의 해골은 어두운 현실을 넘어 멀리 가나안 땅까지 환히 비추어 주는 꺼질 줄 모르는 횃불이었습니다. 마침내 이스라엘 백성을 약속의 땅 가나안으로 이끌어 준 큰 동력이 되었던 것입니다. 그래서 세일해머(John H. Sailhamer)는 그의 저서에서 에스겔 37:11 말씀을 토대로 "신실한 자의 뼈는 그 땅의 약속이 아직도 성취를 기다리고 있음에 대한 표적의 역할을 하는 것이다."라고 하였습니다.[65]

① 요셉의 해골을 취하는 모세

요셉의 유언 이후 360년의 긴 시간이 흐른 뒤, 이스라엘 백성은 출애굽 하게 되었습니다. 모세는 출애굽 하여 나오는 날, 애굽 탈출이라는 힘겨운 상황 속에서도 요셉이 그 자손들에게 권고하고 부탁했던 일을 기억하여(창 50:24-25), 미라가 된 요셉의 관을 취하는 것을 잊지 않았습니다(출 13:19). 모세의 이 행동은, 출애굽이 갑작스럽게 이루어진 단순한 민족 해방이 아니라 하나님께서 오래 전에 계획하신 횃불 언약을 그 섭리대로 성취하신 사건임을 공포하는 표징이 되었던 것입니다.

② 세겜에 묻히는 요셉의 해골

출애굽 할 때 모세가 취한 요셉의 해골은 광야 40년과 가나안 정복 기간 약 16년을 거쳐서, 주전 1390년 여호수아가 110세로 죽은 후에 마침내 가나안의 세겜 땅에 묻히게 됩니다(수 24:29-32). 과연 하나님의 말씀에 기초했던 그의 믿음대로 된 것입니다. 그의 시신이 방부 처리되어 미라로 썩지 않았듯이, 그의 산 믿음은 수백 년 동안 결코 썩지 않았습니다. 이렇게 요셉은 믿음의 제4대로 하나님의 언약을 완성하며 가나안에 입성하였던 것입니다.

***유구한 역사 속에서 세계 최초로 밝힌 횃불 언약의 성취 기간 692년**

해골을 메고 가는 사람은 바뀌고 세월은 변해 갔지만 하나님의 약속과 이스라엘 백성의 자랑스런 믿음의 행진은 지속되었고, '4대 만에 돌아온다'라는 언약은 결국 정한 시기에 오묘한 섭리를 통해 정확하게 성취되었습니다.

일찍이 하나님께서는 야곱을 애굽으로 끌어내리시면서 야곱을 반드시 가나안 땅으로 다시 인도하실 것이라고 약속하셨습니다(창 46:4). 그러나 야곱은 애굽에서 죽었고, 그는 가나안 땅에 갈 수 없었습니다. 그렇다고 하나님의 약속이 성취되지 않았습니까? 아닙니다. 비록 야곱은 죽었지만 요셉이 그의 시신을 가나안의 막벨라 굴에 장사함으로써, 하나님의 약속은 성취된 것입니다(창 50:12-13). 마찬가지로, 비록 요셉은 애굽에서 죽었지만 그의 뼈가 가나안 땅 세겜에 묻힘으로 말미암아 아브라함-이삭-야곱을 잇는 4대째 요셉에 의해 하나님의 횃불 언약은 성취가 되었던 것입니다.

아, 4대 만에 돌아온다는 약속의 말씀이여! 참으로 오묘한 하나님의 구속사적 경륜이여! 요셉이 죽기 전에 이스라엘 백성에게 단단히 맹세시킨 대로, 장자권을 소유한 요셉의 해골이 가나안 땅에 묻혔으니, 결국 '4대' 만에 돌아온다는 창세기 15:16의 횃불 언약은 신실하게 이루어진 것입니다.

주전 2082년에 횃불 언약이 체결된 이후 무려 692년 만에 이루어졌습니다. 살아 계신 하나님의 말씀은 세월이 아무리 지나도 반드시 성취된다는 사실을 만천하에 선포하였습니다. 692년이라는 장구한 세월 동안 하나님께서는 역사를 주권적으로 섭리하셨고, 때가 되어 마침내 약속하신 것을 하나도 남김 없이 정확하게 이루셨던 것입니다. 할렐루야!

요셉의 해골! 그것은 죽어서 말라 비틀어진 뼈 조각이 아니었고, 영원토록 살아 계신 하나님의 미쁘심과 언약에 신실하심을 확증한 결정적 표징이었습니다. 왜냐하면 이 후로는 요셉의 무덤을 보는 자들마다 가나안에 4대 만에 돌아오게 하시겠다고 약속하신(창 15:16), 하나님의 그 약속의 성취를 확인하게 될 것이기 때문입니다 (시 105:9-11, 42-44).

***유구한 역사 속에서 세계 최초로 세겜에 대한 모순된 두 기록의 체계적 정리 발표**
6. 횃불 언약 성취의 장소 '세겜'
Shechem, the location of the fulfillment of the Covenant of the Torch

세겜은 에브라임 산지 에발산(해발 919.5m)과 그리심산(해발 854.7m) 사이의 한 성읍으로, 요단강과 지중해의 중간에 위치한 교통의 요지이며, 팔레스틴의 다른 지역과는 달리 물이 풍부한 땅이었습니다. 예루살렘에서 북쪽으로 65㎞ 지점에 위치해 있습니다.

가나안에 입성한 후, 여호수아는 모세가 명령하였던 대로(신 27:1-26) 세겜에서 이스라엘 사람들과 더불어 언약을 세우고 율례와 법도를 베풀었으며(수 8:30-35), 또한 백성은 세겜에서 하나님의 선민으로서 하나님께 대한 헌신을 새롭게 결단하였습니다(수 24:1-28).

그리고 요셉의 뼈는 바로 이 세겜에 장사되었습니다.

여호수아 24:32 "이스라엘 자손이 애굽에서 이끌어낸 요셉의 뼈를 세겜에 장사하였으니 이곳은 야곱이 세겜의 아비 하몰의 자손에게 금 일백 개를 주고 산 땅이라 그것이 요셉 자손의 기업이 되었더라"

요셉은 자신의 뼈를 가나안에 묻어 달라고 유언한 이후 약 416년 만에 세겜 땅에 장사되었습니다. 요셉의 해골이 세겜 땅에 묻힘으로 말미암아 마침내 하나님의 횃불 언약은 성취가 된 것입니다.

성경에 나타난 세겜 땅은 과연 어떤 곳이기에 그토록 긴 세월 먼 여정을 달려온 요셉의 해골을 매장하는 장소로 선택되었을까요? 요셉의 매장지였던 '세겜'은 구속사적으로 중요한 의미가 담긴 장소였습니다.

(1) 세겜 땅과 야곱

① 세겜 땅을 구입한 야곱

아브라함은 소명을 받은 후 마침내 가나안을 통과하여 '세겜' 땅 모레 상수리나무에 도착하였습니다. 이곳에서 아브라함은 '이 땅을 네 자손에게 주리라'라는 언약을 받았습니다. 그리고 아브라함은 언약을 주신 여호와를 위하여 그곳에서 단을 쌓았습니다(창 12:5-7). 가나안에 들어온 후 첫 언약을 받은 세겜 땅은 아브라함이나 그 자손들에게 잊을 수 없는 특별한 장소였을 것입니다.

그 후에 아브라함의 손자 야곱은 밧단아람에서 돌아와 세겜 성에 이르러 장막을 치고, 그 장막을 친 밭을 세겜의 아비 하몰의 아들들에게서 은 100개를 주고 사서, 그곳에 단을 쌓아 정결케 하였습니다(창 33:18-20). 야곱은 이곳에서 하나님 앞에 예배 드린 제단을 '엘엘로헤이스라엘'이라고 명하였는데, 이는 '하나님, 이스라엘의 하나님'이라는 뜻입니다.

> **창세기 33:18-20** "야곱이 밧단아람에서부터 평안히 가나안 땅 세겜 성에 이르러 성 앞에 그 장막을 치고 19 그 장막 친 밭을 세겜의 아비 하몰의 아들들의 손에서 은 일백 개로 사고 20 거기 단을 쌓고 그 이름을 엘엘로헤이스라엘이라 하였더라"

또한 세겜은 야곱이 ‘벧엘로 올라가서 거기 거하며, 거기서 단을 쌓으라’라는 하나님의 계시를 받고 자신은 물론 자기집 사람과 자기와 함께한 모든 자로 더불어(창 35:1-2), 이방 신들을 모조리 묻은 기념적 장소였습니다(세겜 근처 상수리 나무 아래-창 35:4).

② 세겜 땅에 대한 야곱의 유언

야곱은 특별히 요셉을 불러 마지막 유언을 할 때, 자신은 죽지만 하나님께서 반드시 요셉을 비롯한 이스라엘 백성을 가나안 땅으로 인도하시며, 요셉이 세겜 땅을 차지하게 된다고 하였습니다. 창세기 48:21-22에서 “이스라엘이 요셉에게 또 이르되 나는 죽으나 하나님이 너희와 함께 계시사 너희를 인도하여 너희 조상의 땅으로 돌아가게 하시려니와 내가 네게 네 형제보다 ‘일부분’을 더 주었나니 이는 내가 내 칼과 활로 아모리 족속의 손에서 빼앗은 것이니라”라고 말씀하고 있습니다. 여기 ‘일부분’의 히브리어가 ‘세겜’입니다.

여기에서 야곱은 자신이 마치 가나안 정복 전쟁에 참여하여 세겜 땅을 얻은 것처럼 묘사하고 있습니다. 야곱은 자신의 후손들에 의해서 이루어질 일을 마치 자신이 이룩한 것처럼, 후손들과 자신을 동일시함으로써 횃불 언약이 반드시 성취된다는 것을 확증한 것입니다.

여기 창세기 48:22의 히브리 원문은 다음과 같습니다.

아쉐르 아헤카 알 아하드 쉐켐 레카 나타티 바아니
וַאֲנִי נָתַתִּי לְךָ שְׁכֶם אַחַד עַל־ אַחֶיךָ אֲשֶׁר

부베카쉬티 베하르비 하에모리 미야드 라카흐티
לָקַחְתִּי מִיַּד הָאֱמֹרִי בְּחַרְבִּי וּבְקַשְׁתִּי

여기에서 야곱은 가나안에 들어갈 대상 속에 요셉을 포함하여 "너희"라고 말하였고, 특히 22절에서는 세겜 땅을 "네게"(단수) 준다고 함으로써 요셉이 반드시 세겜 땅에 들어가 그 땅을 소유하게 될 것을 확실하게 했던 것입니다. 이 유언대로 후에 세겜 땅에는 요셉의 해골이 묻히고, 요셉 자손들이 그 땅을 차지하게 되었습니다.

야곱이 믿음으로 한 마지막 유언은 요셉의 남은 생애 가운데 항상 가슴속에서 소리쳤을 것입니다. 요셉은 반드시 자신을 통하여 횃불 언약이 성취될 것을 믿고 그것을 바라보았을 것입니다.

(2) 세겜 땅에 대한 두 가지 다른 기록

창세기 50:13, 33:18-20과 사도행전 7:14-16을 비교해 보면, 요셉의 해골이 묻힌 세겜 땅에 대해 서로 모순되게 기록하고 있습니다. 이러한 문제들은 오직 하나님의 구속사적 경륜 속에서만 해결될 수 있습니다.

① 야곱의 매장지에 대한 문제

창세기 50:13을 볼 때 야곱의 매장지는 '막벨라 굴'이며, 이 막벨라 굴은 "아브라함이 헷 족속 에브론에게 밭과 함께 사서 소유 매장지를 삼은 곳"이라고 기록하고 있습니다.

야곱은 죽기 전에 자신을 '헷 사람 에브론의 밭에 있는 굴'에 장사 지내 달라고 요청했으며(창 49:29), 그의 유언대로 야곱의 아들들은 부명(父命)을 좇아 에브론의 밭에 있는 막벨라 굴에 장사 지내었습니다(창 50:12-13). 이 굴은 아브라함이 헷 족속에게 은 400세겔을 주고 구입한 땅이었습니다(창 23:15-20).

그런데 스데반은 야곱의 매장지를 '세겜'이라고 하였습니다.

사도행전 7:15-16 "야곱이 애굽으로 내려가 자기와 우리 조상들이 거기서 죽고 [16] 세겜으로 옮기워 아브라함이 세겜 하몰의 자손에게서 은으로 값 주고 산 무덤에 장사되니라"

그렇다면 야곱은 실제로 어디에 매장된 것입니까?

스데반은 성령과 지혜가 충만한 일곱 집사 중 하나였으며(행 6:3), 은혜와 권능이 충만하였고(행 6:8), 그의 지혜와 성령으로 말함을 사람들이 능히 당치 못하였다(행 6:10)고 할 만큼, 영적인 통찰력이 매우 뛰어난 대설교가였습니다. 사도행전 7장의 설교는 사도행전에 기록되어 있는 설교 가운데 가장 긴 것으로, 구약의 역사를 구속사적인 입장에서 해석하여 '예수 그리스도'를 훌륭하게 변호하고 있습니다. 이러한 스데반이 착각하여 야곱의 매장지를 세겜이라고 말한 것은 아닙니다.

요셉은 자신이 야곱 앞에서 했던 맹세대로 아버지 야곱의 유해를 메고 가나안으로 가서, 분명히 막벨라 굴에 장사하였습니다(창 50:12-13).

왜 스데반은 야곱이 막벨라 굴이 아니라 세겜에 장사되었다고 설교하였을까요(행 7:15-16)?

실제로 세겜 땅에 장사된 족장은 요셉 한 사람입니다. 그러나 하나님께서는 요셉이 세겜 땅에 묻히게 된 배후에 야곱의 믿음이 있었기 때문에, 그 믿음을 높이 평가하셔서 야곱이 요셉처럼 세겜에 장사된 것으로 스데반을 통해 말씀하신 것입니다.

야곱의 믿음은 어떤 식으로 요셉에게 영향을 주었습니까?

첫째, 야곱은 요셉에게 유언을 통해 가나안에 들어간다는 하나
님의 언약을 전수하였습니다.

창세기 48:21에서 야곱은 '나는 죽지만 하나님께서 너희를 가나
안 땅으로 인도하신다'라는 유언을 요셉에게 하였고, 요셉도 야곱
의 그 유언대로 '나는 죽지만 하나님께서 너희를 가나안 땅으로 인
도하신다'라는 유언을 이스라엘 백성에게 남겼습니다(창 50:24).

둘째, 야곱은 장차 요셉이 묻힐 세겜 땅을 구입하고
그 땅을 요셉에게 물려주었습니다.

야곱은 비록 자신은 애굽 땅에서 죽지만, 하나님의 약속대로 반
드시 가나안 땅을 유업으로 얻을 것을 확신하고, 세겜 땅을 미리 요
셉에게 주었습니다(창 48:22).[66]

요셉이 묻힌 세겜 땅은 야곱이 직접 산 땅이었습니다(창 33:18-20).

결과적으로 야곱은 장차 요셉의 해골이 묻힐 땅을 미리 구입
함으로써 횃불 언약이 성취되는 길을 준비한 셈입니다. 여호수아
24:32에서는 분명하게 요셉의 해골이 묻힌 땅은, 과거에 야곱이 세
겜의 아비 하몰의 자손에게 산 땅이라고 증거하고 있습니다.[67]

이상에서 볼 때, 요셉이 세겜에 묻히게 된 배후에는 야곱의 믿음
이 바탕이 되었음을 알 수 있습니다. 실제로는 요셉만 세겜 땅에 묻
혔지만, 야곱이 믿음의 안목에서 세겜 땅을 구입하여 요셉에게 주
었으므로, 스데반은 야곱도 세겜에 묻힌 것으로 설교한 것입니다.

이러한 '대표의 원리'는 성경에서 가버나움 백부장의 하인이 고
침을 받는 과정에서도 드러납니다. 마태복음 8:5-13에서는 백부장
이 직접 예수님께 나아왔다고 하였으나(5절), 누가복음 7:2-9에서는
예수의 소문을 듣고 유대인의 장로 몇을 보내었다고 기록하고 있

습니다(3절). 백부장이 실제로 오지 않고 유대인의 장로 몇을 보내었던 것인데, 마태복음에서는 장로들을 보낸 백부장의 믿음을 높이 평가하여 마치 백부장이 직접 온 것과 동일한 것으로 취급하여 기록한 것입니다.

② 세겜 땅의 구입자에 대한 문제

세겜에 있는 땅을 산 사람은 야곱입니다. 창세기 33:18-20에서는 분명 야곱이 세겜 성 앞에 장막 친 밭을 하몰의 아들들의 손에서 은 일백 개를 주고 샀다고 기록하고 있습니다. 야곱은 세겜 성을 하몰의 아들들에게 사서 그곳에 단을 쌓고 그 이름을 '하나님, 이스라엘의 하나님'이란 뜻인 '엘엘로헤이스라엘'이라고 지었습니다(창 33:18-20).

그러나 신약 시대에 이르러, 스데반은 순교하기 직전에 설교를 하면서 사도행전 7:14-16에서 아브라함이 세겜의 땅을 하몰의 자손에게서 샀다고 말하였습니다. 그렇다면 실제로 세겜 땅은 아브라함과 야곱 둘 중에 누가 산 것입니까?

사도행전 7:14-16 "요셉이 보내어 그 부친 야곱과 온 친족 일흔 다섯 사람을 청하였더니 ¹⁵ 야곱이 애굽으로 내려가 자기와 우리 조상들이 거기서 죽고 ¹⁶ 세겜으로 옮기워 아브라함이 세겜 하몰의 자손에게서 은으로 값 주고 산 무덤에 장사되니라"

사도행전 7:14-16을 표준새번역에서는 "요셉이 사람을 보내서, 그의 아버지 야곱과 모든 친족 일흔 다섯 사람을 청하여 오게 하였습니다. 야곱이 이집트로 내려가서 그도 거기에서 살다가 죽고, 우리 조상들도 살다가 죽었습니다. 그리고 그들의 유해는 나중에 세겜으로 옮겨서 전에 아브라함이 세겜의 하몰 자손에게서 은을 주고 산 무덤에 묻었습니다"라고 번역하였습니다.

그렇다면 왜 스데반은 분명 야곱이 구입한 세겜 땅을 마치 아브라함이 산 것처럼 설교하였을까요?

스데반의 설교에서 가나안 땅은 어디까지나 하나님께서 아브라함에게 약속한 땅입니다(행 7:3-5). 비록 야곱이 가나안 땅의 일부인 세겜 매장지를 샀다고 할지라도, 언약적 관점에서 볼 때 아브라함이 산 것이나 마찬가지라는 이해가 가능합니다.

야곱은 조부 아브라함과 한 장막에서 15년 동안이나 함께 살았던 자로서(히 11:9), 아브라함이 가지고 있던 언약 신앙을 고스란히 전수받은 인물입니다. 야곱이 가나안에서 땅을 산 것은 아브라함에게 물려받은 믿음을 가지고, 가나안을 유업으로 주신다는 하나님의 확실한 약속을 믿고 산 것입니다.

특별히 아브라함이 하나님의 명령을 따라 하란을 떠나 가나안 땅에 들어왔을 때 '이 땅을 네 자손에게 주겠다'라는 첫 언약을 받은 곳이 바로 '세겜' 땅입니다. 그곳에서 아브라함은 언약을 주신 여호와를 위하여 단을 쌓았습니다(창 12:5-7). 박윤선 박사는 그의 사도행전 주석에서 "아브라함이 세겜을 샀다는 기록은 없으나, 그가 그때에 그 땅을 사지 않고 남의 땅에서 예배하였을 리가 없다. … 아브라함이 그 땅을 샀었는데 그 후에 하몰 사람들이 그곳을 점령하였다고 생각된다. 야곱이 그 땅에 이르렀을 때에는 아브라함 시대부터 100여 년 후이니, 그가 그 땅을 새로이 샀을 것이다"라고 했습니다.[68]

아브라함이 실제로 세겜 땅을 샀다는 것을 명백하게 지지하는 성경 구절은 없지만, 세겜에서 '아브라함이 제단을 쌓았다'라는 것은 그가 믿음으로써 하나님께서 약속하신 땅을 이미 소유했다는 신앙의 증표입니다.

후대에 야곱을 비롯한 이스라엘 백성은 세겜의 제단을 보면서 믿음의 조상 아브라함을 생각함과 동시에 그와 그 자손들에게 주신 언약을 확고히 믿기에 이르렀을 것입니다.

이러한 관점에서 스데반은 아브라함이 세겜 땅을 샀다고 설교하였던 것입니다. 실제의 구입자는 야곱이지만, 언약적 관점에서 근원적인 구입은 아브라함으로부터 시작되었다고 볼 수도 있습니다. 야곱이 샀지만 야곱이 그 땅을 사는 데 결정적인 영향을 끼친 사람이 아브라함이기 때문에, '아브라함'이 샀다고 말씀한 것입니다. 이처럼 세겜 땅의 구입 문제는 구속사적 경륜 속에서 믿음으로써만 이해할 수 있는 신비한 문제인 것입니다.

(3) 세겜의 구속사적 의미

요셉의 해골이 묻힌 세겜은 그 어원을 살펴보면 구속사적 의미가 명확해집니다.

첫째, '세겜'은 히브리어로 '어깨, 짐을 진'이라는 뜻을 가지고 있습니다.

'세겜'은 동사 '샤캄'(שָׁכַם)에서 유래하였는데, 본래 의미는 어깨에 짐을 지기 위해 '굽히다', 사람이나 짐승의 등에 '적재하다'란 뜻입니다. 예수님께서는 '세겜' 그 이름의 뜻대로 이 땅에 오셔서 전 인류를 대신해 무거운 십자가를 어깨에 짊어지셨습니다. 마태복음 11:28에서 "수고하고 무거운 짐 진 자들아 다 내게로 오라 내가 너희를 쉬게 하리라"라고 말씀하셨습니다. 예수님께서는 십자가를 지시고 골고다에 오르는 길에서 그 무게에 짓눌려 여러 번 쓰러지셨고,

결국 처참하게 십자가에 못 박히셨지만, 그것으로 인생의 모든 짐을 해결해 주셨던 것입니다.

시편 55:22 "네 짐을 여호와께 맡겨 버리라 너를 붙드시고 의인의 요동함을 영영히 허락지 아니하시리로다"

시편 68:19 "날마다 우리 짐을 지시는 주 곧 우리의 구원이신 하나님을 찬송할지로다"

둘째, 세겜의 어원 '샤캄'은 '아침 일찍 깨어나다, 일찍 시작하다'라는 뜻을 가지고 있습니다.

예수님께서는 우리의 짐을 대신 지시고 십자가에 죽으셨을 뿐만 아니라, 3일 만에 새벽 미명에 부활하심으로 인류에게 새 소망의 아침을 열어 주셨습니다(마 28:1-6). 십자가로 우리의 모든 짐을 해결하시고(사 14:25) 부활하신 예수님은 광명한 새벽별(계 22:16)로 장차 다시 오실 것입니다. 이처럼 요셉이 묻혔던 '세겜'의 어원 속에는 구속사적으로 십자가와 부활 사건까지 함축적인 의미가 담겨 있습니다. 오늘날도 예수 그리스도의 십자가와 부활에 대한 확실한 믿음을 가진 성도들은 하나님의 횃불 언약을 완전히 성취하는 산 자의 신앙을 가진 자들이 될 것입니다.

Ⅲ
횃불 언약의 축복
THE BLESSING OF THE COVENANT OF THE TORCH

횃불 언약의 주인공은 요셉입니다. 요셉은 죽기 전에 마지막 유언을 통해, 자기는 죽더라도 하나님이 이스라엘 백성을 권고하시어 정녕코 가나안 땅으로 이르게 하실 것이라고 예언하였습니다(창 50:24). 요셉은 유언으로 그치지 않고, 하나님께서 권고하시는 그날 자기 해골을 메고 나가도록 이스라엘 자손에게 맹세시켰습니다(창 50:25, 히 11:22). 횃불 언약이 있은 지 276년이 지났는데 그 언약이 단절되지 않고 후손들에게 영원히 계승되어 반드시 성취될 것을 확신한 것입니다. 그리하여 요셉은 자신이 죽은 후에 야곱과 같은 정식 장사 절차를 모두 생략하고 향 재료를 넣어 방부 처리하게 하였습니다(창 50:26).

마침내 주전 1446년, 요셉이 죽은 지 360년 만에 하나님께서 이스라엘을 권고하사 출애굽 시키셨으며, 이때 모세가 요셉의 해골을 취하여 가지고 나왔습니다(출 13:19). 요셉의 해골은 광야 40년과 가나안 땅의 정복과 정착 기간 16년을 지나 주전 1390년(횃불 언약 692년째) 비로소 가나안 땅의 중심부인 세겜 땅에 장사되었습니다(수 24:32). 요셉의 해골은 언약 성취의 확실한 표징이었으며, 요셉은 횃불 언약을 성취한 마지막 주인공이 된 것입니다.

이처럼 하나님의 약속을 추호도 의심 없이 믿은 요셉의 생애는 하나님의 각별한 보호와 절대적인 사랑 속에서 놀라운 축복을 향유한 인생이었습니다. 오직 가나안 땅만을 바라본 요셉의 확고한 신앙은 오늘날 하나님의 나라를 사모하는 성도들에게 크나큰 귀감이 아닐 수 없습니다. 그와 동시에 요셉이 받아 누린 축복은 오늘날 하나님의 말씀을 믿고 따르는 성도들에게 동일하게 허락된 축복인 줄로 믿습니다.

1. 요셉이 받은 축복
The blessing that Joseph received

야곱은 요셉이 받은 축복에 대하여, 창세기 49:22에서 "요셉은 무성한 가지 곧 샘 곁의 무성한 가지라 그 가지가 담을 넘었도다"라고 말씀하고 있습니다.

(1) 무성한 가지의 축복

공동번역에서는 "요셉은 열매가 주렁주렁한 가지, 샘 가에 늘어진, 열매가 주렁주렁한 가지, 담장 너머 뻗어 가는 가지라"라고 그 뜻을 살려 시적으로 번역을 하고 있습니다. 여기 '무성한 가지'는 한자로 '우거질 무(茂)(혹은 왕성할 무), 성할 성(盛)'으로서 그 뜻은 '초목이 많이 나서 우거지다'이며, 히브리어로는 '파라'(פָּרָה)인데 '열매가 풍부하게 맺히다'라는 뜻입니다. 요셉은 그 가지가 무성하되 이파리만 무성한 것이 아니라, 가지마다 열매가 셀 수 없을 만큼 가득하게 되는 축복을 받았습니다.

아브라함이 믿음의 조상으로서 '뿌리'라고 한다면, 이삭은 '싹'이고, 야곱은 '줄기'입니다. 그 줄기에 열두 '가지'가 생겼는데, 그 열두 가지 중에 가장 무성한 가지가 요셉이라 할 수 있습니다.

요셉의 삶은 마치 시편 1:3의 "시냇가에 심은 나무가 시절을 좇아 (때마다 시마다) 과실을 맺으며 그 잎사귀가 마르지 아니함" 같았고, 그 행사가 다 형통하였습니다(창 39:2-3, 23). 또한 예레미야 17:8에서 "그는 물가에 심기운 나무가 그 뿌리를 강변에 뻗치고 더위가 올지라도 두려워 아니하며 그 잎이 청청하며 가무는 해에도 걱정이 없고 결실이 그치지 아니함 같으리라" 한 그런 축복된 삶을 살았습니다.

과연 요셉의 후손인 에브라임과 므낫세 지파는 두 지파를 합하여 제1차 인구조사에서는 72,700명, 제2차 인구조사에서는 85,200명으로 어느 지파도 그 숫자를 따라오지 못할 정도로 무성해졌습니다(민 2:18-21, 26:34-37). 이것은 창세기 49:25의 말씀대로 "젖 먹이는 복과 태의 복"을 받아서 자손들이 번성하게 되는 축복을 받은 증거입니다. 또한 요셉의 후손은 가나안 땅의 중앙에 가장 토질이 좋은 곳을 기업으로 받아 물산이 풍부했습니다(수 16:1-4). 창세기 49:25의 말씀대로 "위로 하늘의 복과 아래로 원천의 복"을 받은 결과입니다. 그리하여 알맞은 우로(雨露)와 풍부한 수원(水源)으로 인하여 다산(多産)의 축복을 받게 된 것입니다.

(2) 담을 넘는 축복

요셉의 생애는 그 열매가 담을 넘어 남에게 풍성한 유익을 끼치는 생애였습니다. 요셉으로 인하여 하나님의 복이 보디발의 집과 밭에 있는 소유에까지 미쳤습니다. 보디발은 여호와께서 요셉과 함께하시는 것과 그의 범사를 형통케 하시는 것을 눈으로 보았습니다

(창 39:3). 그리하여 가정 총무를 삼기에 이르렀는데, "... 여호와께서 요셉을 위하여 그 애굽 사람의 집에 복을 내리시므로 여호와의 복이 그의 집과 밭에 있는 모든 소유에 미친지라"(창 39:5)라고 말씀하고 있습니다. 요셉에게 임한 형통의 복을 보디발의 집안이 함께 누린 것입니다.

또 요셉이 옥에 있을 때에는 전옥과 옥중의 죄수들이 복을 받았습니다. 요셉에게 맡기면 무엇이든지 다 형통하므로, 그의 손에 맡긴 것은 무엇이든지 돌아보지 않았습니다(창 39:20-23). 전옥과 옥중의 죄수들이 요셉과 함께 형통의 복을 누린 것입니다.

더 나아가, 요셉이 총리로 치리하는 동안 바로와 애굽 전 백성과 근방의 족속들이 복을 받았습니다. "그들이 가로되 주께서 우리를 살리셨사오니 우리가 주께 은혜를 입고 바로의 종이 되겠나이다"(창 47:25)라고 하였습니다. 극심한 가뭄 속에서 요셉 때문에 양식을 공급 받아 살았으니 종이 되어도 고맙기 그지없다는 말입니다.

또한 요셉의 지혜로운 치리로 말미암아 애굽 나라는 강성하게 되었고, 바로의 왕권은 강화되었습니다. 모두 나라의 땅을 경작하게 함으로써 나라 안에 백성의 삶이 풍요롭게 되고, 안정적인 사회 질서를 확립하게 되었습니다. 요셉 한 사람으로 말미암아 나라 전체가 놀라운 복을 누린 것입니다.

요셉으로 인하여 요셉의 형제와 아버지, 형제들의 가족들이 복을 받았습니다. 바로가 야곱과 그의 가족들에게 '애굽의 좋은 땅 고센'을 기업으로 주라 명하였고(창 47:6, 11), '온 애굽 땅의 좋은 것'을 아끼지 않았으며, '기름진 것'을 먹도록 하였습니다(창 45:18). 창세기

47:12에서 "또 그 아비와 형들과 아비의 온 집에 그 식구를 따라 식물을 주어 공궤하였더라"라고 말씀하고 있습니다.

창세기 50:21에서는 아버지 야곱이 죽은 후에도 요셉이 열한 형제와 그 형제들의 자녀까지 모두 길렀다고 말씀하고 있습니다. 요셉 한 사람이 가족 전체를 살렸으니, 요셉은 야곱이 예언한 대로 열한 형제 가운데 뛰어난 장자요, 실로 정상에 우뚝 서 있는, 머리의 '정수리'였던 것입니다(창 49:26).

(3) 지속적으로 뻗어 나가는 축복

창세기 49:22에서 "그 가지가 담을 넘었도다"라고 하였는데, 여기 '넘었도다'는 히브리어로 '차아드'(צָעַד)로서 그 뜻은 '(높이) 올라가다, 뻗어 가다, 행진하다'입니다. 이것은 그 무성한 가지가 집 안에만 있지 않고 담을 넘어 집 바깥으로 지속적으로 뻗어 나가는 모습을 나타냅니다. 열매가 주렁주렁 매달린 가지가 계속해서 뻗어 나가 담을 넘어서 옆집까지 혜택을 준다는 것입니다. 지나가는 길손들도 마음껏 따먹을 수 있습니다. 열매가 주렁주렁한 모습은 바라보는 이의 눈을 즐겁게 하고, 또 그것을 먹는 이들의 입을 즐겁게 하고, 그것을 배불리 먹는 이들의 마음을 풍요롭게 합니다.

이러한 축복을 야곱은 창세기 49:26에서 '영원까지 한없이 이어지는 축복'이라고 하였습니다.

창세기 49:26 "네 아비의 축복이 내 부여조의 축복보다 나아서 영원한 산이 한없음같이 이 축복이 요셉의 머리로 돌아오며 그 형제 중 뛰어난 자의 정수리로 돌아오리로다"

여기 '영원한 산의 한없음같이'라는 말씀에서 '한'(限)은 히브리어로 '타아바'(תַּאֲוַה)로서 '경계'라는 뜻이며, '없음같이'는 히브리어로 '아드'(עַד)로서 '... 까지'라는 뜻입니다. 곧 "영원한 산의 한없음같이"는 '영원한 산의 경계까지'라는 뜻으로서, 요셉에게 주어진 축복이 영원하고 끝이 없음을 나타냅니다. 영원한 산은 경계가 없기 때문입니다. 이러한 모든 복의 출처는 바로 하나님이십니다(시 16:2, 133:3). 창세기 49:25에서 "네 아비의 하나님께로 말미암나니 그가 너를 도우실 것이요 전능자로 말미암나니 그가 네게 복을 주실 것이라..."라고 말씀하고 있습니다. 만복의 근원자이신 하나님을 온전히 의지하는 자에게 하나님께서는 요셉과 같은 복으로 채워 주실 것입니다(시 84:12).

2. 요셉의 신앙
Joseph's faith

횃불 언약의 주인공으로서 요셉은 실로 엄청난 축복을 받았습니다. 이 축복의 뿌리에는 하나님을 향한 요셉의 위대한 신앙이 있었습니다.

(1) 고난을 이기는 신앙

창세기 49:22에서 "... 그 가지가 담을 넘었도다"라고 말씀하고 있습니다. 여기 '넘었도다'라는 단어는 저절로 담을 넘어가는 것이 아니라, 높은 담을 올라가는 수고를 동반합니다. 즉 담을 넘는 요셉의 생애가 그다지 평탄하지 않았음을 암시하고 있습니다. 이러한 요셉의 삶을 야곱은 창세기 49:23-24에서 "활 쏘는 자가 그를 학대하며 그를 쏘며 그를 군박하였으나, 요셉의 활이 도리어 견강하며 그의 팔이 힘이 있으니 야곱의 전능자의 손을 힘입음이라"라고 예언하였습니다.

여기 '군박'은 막힐 '군(窘), 핍박할 박(迫)'으로서 '어려운 고비에 막혀 일의 형세가 급함, 적에게 공격을 당하여 괴로움을 받음'이라는 뜻입니다. 히브리어로는 '사탐'(שָׂטַם)으로, '함정에 빠뜨리다'라는 뜻입니다. 요셉의 삶이 많은 대적들을 통하여 핍박과 고난을 받았음을 의미합니다. 그러나 요셉은 야곱의 전능자의 손(창 49:25)을 힘입어 모든 핍박을 이기고 승리하였습니다.

요셉이 형들의 미움을 받아 노예로 팔렸을 때, 그는 눈앞이 캄캄하고 깊은 절망 가운데 빠졌을 것입니다. 설상가상으로 억울한 누명으로 차디찬 옥에 갇혀 발이 착고에 상하고 그 몸이 쇠사슬에 매였을 때(시 105:17-18), 그는 완전히 인생의 밑바닥으로 떨어졌습니다. 누가 그 초라한 요셉을 알아주고, 위경에서 건져 주겠습니까?

그러나 요셉은 이러한 고통 중에서도 하나님을 원망하거나 불평하지 않고, 오직 전능하신 하나님의 손을 의지하면서 하나님의 약속이 이루어질 때를 기다렸습니다.

하나님의 나라를 사모하는 성도로서 구원의 완성을 이루기까지 우리에게 필요한 것도 전능하신 하나님을 의지하면서, 하나님의 시간을 기다리며, 고난을 이기며, 끝까지 견디는 인내입니다(마 10:22, 24:13). 누가복음 21:19에서 "너희의 인내로 너희 영혼을 얻으리라"라고 말씀하고 있으며, 야고보서 5:7-8에서도 "그러므로 형제들아 주의 강림하시기까지 길이 참으라 보라 농부가 땅에서 나는 귀한 열매를 바라고 길이 참아 이른 비와 늦은 비를 기다리나니 ⁸너희도 길이 참고 마음을 굳게 하라 주의 강림이 가까우니라"라고 말씀하고 있습니다.

(2) 샘 곁의 신앙(하나님 제일주의 신앙)

요셉이 횃불 언약의 주인공으로서 횃불 언약을 성취하는 축복을 받게 된 비결이 무엇입니까? 그것에 대하여 성경은 "샘 곁"의 신앙 때문이라고 말씀하고 있습니다.

창세기 49:22에서 "요셉은 무성한 가지 곧 샘 곁의 무성한 가지라 그 가지가 담을 넘었도다"라고 말씀하고 있습니다. 여기 '샘 곁의'는 히브리어로 '알레 아인'(עֲלֵי־עָיִן)으로, 그 뜻은 '샘 바로 위쪽에, 샘에 붙어서'입니다. 만일 뿌리가 샘 곁에 심기지 않은 나무라면, 일시적으로는 무성할 수 있어도 조금만 지나면 쉬 시들어 버리고 열매도 무르익지 못합니다. 그러나 요셉의 일생은 물이 모자라 헐떡이지 않고 늘 샘 곁에서 항상 풍성하고 새로운 생수를 공급받는 생애였습니다. 왜 그렇습니까? 생수의 근원이신(렘 2:13, 17:13, 사 49:10, 요 4:14) 하나님 속에 뿌리를 깊이 내렸기 때문입니다(렘 17:7-8).

"샘 곁에" 사는 요셉의 신앙 특성은 그의 생애를 통해 여러 번 증거되었습니다. 그는 보디발의 아내가 유혹할 때, "내가 어찌 이 큰 악을 행하여 하나님께 득죄하리이까"라고 거절함으로 그가 늘 하나님 중심으로 살았음을 보여 주고 있습니다(창 39:9). 또 요셉은 감옥에 갇혔을 때 술 맡은 자, 떡 굽는 자의 꿈을 해석해 줄 때에도, "해석은 하나님께 있지 아니하니이까"(창 40:8)라고 함으로 오직 하나님만 나타내고 자신은 조금도 드러내지 않았습니다. 그는 바로의 꿈을 해석할 때에도 "하나님이 바로에게 평안한 대답을 하시리이다"(창 41:16), "하나님이 그 하실 일을 바로에게 보이심이니이다"(창 41:25)라고 대답함으로써 모든 일이 오직 하나님의 주권 속에 있다는, 그의 신앙을 잘 보여 주고 있습니다.

그는 둘째 아들의 이름을 "하나님이 나로 나의 수고한 땅에서 창성하게 하셨다"라는 뜻을 가진 '에브라임'이라고 지음으로, 지금 받고 누리는 축복이 자신의 노력에 의한 것이 아니라 하나님이 주신 것임을 신앙으로 고백하였습니다(창 41:52).

애굽의 둘째 치리자로서 큰 재물을 손에 쥐고 있을 때에도 속임수를 쓰지 않고, 모든 재물을 바로 왕궁으로 돌렸습니다(창 47:14, 20, 23). 샘 곁에 깊이 뿌리 내린 요셉의 신앙 양심은 맑고 깨끗하였으며, 하나님 앞에서 정직하고 성실하였습니다.

심지어는 형들이 자기를 죽이기까지 미워했던 사실도 하나님의 주권 섭리로 받아들여(창 45:5, 7), '당신들은 나를 해하려 하였으나 하나님은 그것을 선으로 바꾸셨다'(창 50:20)라고 말하였습니다. 이것은 인간이 모든 일을 계획하고 전략을 세울지라도 하나님께서 구원 섭리를 성취하시기 위해 그 배후에서 역사하신다는 절대 주권에 대한 신앙 고백이었습니다(잠 16:9, 33, 19:21, 20:24).

요셉은 마지막 임종의 자리에서도 "나는 죽으나 하나님이 너희를 권고하시고 너희를 이 땅에서 인도하여 내사 아브라함과 이삭과 야곱에게 맹세하신 땅에 이르게 하시리라"(창 50:24)라고 하면서, 하나님의 언약이 끝까지 이루어지기를 소원하는 하나님 제일주의 신앙을 가졌습니다.

한마디로 요셉은 하나님 곁을 떠나지 않고 바짝 붙어 살았습니다. 하나님을 중심에 모시고, 하나님과 교제하면서, 하나님이 인도하시는 대로, 하나님께서 주신 지혜로 살았던 것입니다. 시편 73:28에서는 "하나님께 가까이함이 내게 복이라"라고 하였고, 야고보서 4:8에서는 우리가 하나님을 가까이할 때 하나님도 우리를 가까이해 주신다고 약속하고 있습니다.

하나님을 가까이할 수 있는 가장 큰 비결은 '기도'입니다. 시편 145:18과 신명기 4:7에서는 '우리가 기도할 때에 하나님께서 가까이 오신다'라고 말씀하고 있습니다. 또한 하나님의 말씀을 들을 때 하나님과 가까이할 수 있습니다(눅 10:39). 태초의 말씀이 하나님과 함께 계셨으며 이 말씀은 곧 하나님이시기 때문입니다(요 1:1, 계 19:13).

하나님 앞에 늘 깨어 기도하며, 하나님께서 주시는 마르지 않는 말씀의 샘에 신앙의 뿌리를 내릴 때, 요셉에게 허락하셨던 '샘 곁에 무성한 가지의 축복'이 우리 모두에게 있을 줄로 확신합니다(렘 31:12).

 **이해도움 5**

Simeon, Levi and Judah
시므온(שִׁמְעוֹן)과 레위(לֵוִי) 그리고 유다(יְהוּדָה)

시므온과 레위 그리고 유다는 같은 어머니 레아의 둘째, 셋째, 넷째 아들입니다(창 29:33-35). 시므온과 레위는 '단짝 형제'(창 49:5 표준새번역)라고 불릴 만큼 남달리 친한 사이였습니다. 그들은 큰 살인죄를 짓는 공범이 되어 야곱으로부터 저주를 받았습니다. 그러나 그들의 마지막은 확연히 차이가 났습니다. 또한 넷째 아들 유다는 다른 아들들에 비해 많은 축복을 받았습니다.

1. 세겜 성에서의 디나의 강간 사건(창 34장)
Rape of Dinah at Shechem (Gen 34)

야곱은 밧단아람에서 20년 생활을 마치고 숙곳을 지나 가나안 땅 세겜 성에 평안히 이르러 거하였습니다(창 33:18). 야곱은 어느 날 그의 딸 디나가 그 땅 여자를 보러 나갔다가 하몰의 아들 추장 세겜에게 강간당했다는 충격적인 소식을 듣습니다(창 34:2-5). 이 사건은 창세기 34장 전체를 통해 길게 다루어지는 내용입니다.

디나는 레아가 잇사갈과 스불론 다음으로 낳은 딸이었는데, 세겜의 여자들을 보러 가족 몰래 혼자 나갔던 것 같습니다(창 34:1). '보러'의 히브리어는 '라아'(רָאָה)로, 직접적인 경험이나 교제를 하기 위해 자세히 관찰하고 주의를 기울여 살필 때 쓰는 단어입니다. 디나는 단지 구경차 한 번만 나간 것이 아니라 즐기기 위해, 그리고 자세히 살펴 배우고 싶은 충동에서 여러 번 나갔던 것 같습니다. 그래서 영어 성경(NIV, NASB)이나 현대인의성경에서 그 땅의 딸들을 '방문'(to visit)하기 위해 나간 것으로 번역하고 있습니다.

디나의 잦은 외출은 히위 족속 추장인 세겜의 마음을 끌게 되었고, 그는 디나를 범한 후 그녀를 연련(戀戀)하여(창 34:3, 8), 아비 하몰에게 청하여 야곱 가족 측에 통혼하기를 요구하였습니다(창 34:4-12). 이에 야곱의 아들들은 히위 족속의 남자가 모두 할례를 행하면 통혼하겠다고 속여 대답하였고(창 34:13-17), 이에 히위 족속은 지체하지 않고 성문으로 출입하는 모든 남자가 할례를 받았습니다(창 34:18-24). 그러나 할례 후 제3일에, 상처가 아물지 않아 극심한 고통 중에 있을 때 시므온과 레위가 약속을 어기고 하몰과 세겜을 비롯한 할례 받은 모든 남자를 칼로 죽이고 디나를 데려왔습니다(창 34:25-26).

2. 시므온과 레위에 대한 야곱의 예언
Jacob's prophecy regarding Simeon and Levi

시므온과 레위의 살인극은 딸 디나의 사건으로 큰 슬픔에 잠겨 있던 아버지의 마음에 이중 삼중의 큰 근심을 끼쳤습니다. 야곱은 훗날 창세기 49:5-7에서 시므온과 레위에게 '잔해하는 기계', '폭력의 도구'(현대인의성경), '난폭한 무기'(표준새번역)라고 부르면서 아주 심각한 화를 선포했습니다.

창세기 49:5-7 "시므온과 레위는 형제요 그들의 칼은 잔해하는 기계로다 ⁶ 내 혼아 그들의 모의에 상관하지 말지어다 내 영광아 그들의 집회에 참예하지 말지어다 그들이 그 분노대로 사람을 죽이고 그 혈기대로 소의 발목 힘줄을 끊었음이로다 ⁷ 그 노염이 혹독하니 저주를 받을 것이요 분기가 맹렬하니 저주를 받을 것이라 내가 그들을 야곱 중에서 나누며 이스라엘 중에서 흩으리로다"

이는 하나님께서 선포하신 화라고 할 수 있습니다. 그렇다면 왜 시므온과 레위가 이렇게 큰 화를 받게 되었습니까?

(1) 잔인한 살인죄를 저질렀기 때문입니다.

창세기 34:25-26 "제 삼일에 미쳐 그들이 고통할 때에 야곱의 두 아들 디나의 오라비 시므온과 레위가 각기 칼을 가지고 가서 부지중에 성을 엄습하여 그 모든 남자를 죽이고 ²⁶칼로 하몰과 그 아들 세겜을 죽이고 디나를 세겜의 집에서 데려오고"

26절의 "칼로"의 히브리어는 '레피 하레브'(לְפִי־חָרֶב)로서, 칼날이 살을 먹고 피를 삼키듯이 무자비하게 학살했음을 묘사하는 말입니다. 시므온과 레위는 사람들을 닥치는 대로 도륙(屠戮)하여, 대량 살육을 저지른 것입니다. 또한 그들은 거기에서 그치지 않고 야곱의 여러 아들을 선동하여(창 34:27上) 성 안에 있는 가축과 들에 있는 가축을 약탈하고, 여자들과 아이들을 포로로 잡고, 집안의 물건들을 노략하였습니다.

이렇듯 세겜에 대한 잔인한 보복 살육 사건에서 시므온과 레위는 잔인 무도한 살인죄 외에도 가증스러운 속임수와 거짓말, 도적질을 더했습니다. 그들은 또한 잘못을 책망하는 아버지에게 도전적으로 대들고 항변하는 지경까지 이르렀습니다(창 34:31). 미움과 증오와 분노가 타오르자 죄에 죄를 더하여, 죄가 점점 증폭된 것입니다.

(2) 분노를 조절하지 못한 결과, 잔해하는 기계가 되었기 때문입니다.

디나의 수욕 사건을 들었을 때 야곱의 아들들은 격분하였습니다. "야곱의 아들들은… 사람 사람이 근심하고 심히 노하였으니"(창 34:7上)라고 하였습니다. 저들은 마음에 깊이 근심하였을 뿐 아니라 주체하기 어려울 정도로 맹렬한 분노가 터져서, 드러나도록 심하게 분통을 터뜨렸던 것 같습니다.

또한 창세기 49:5-7에서는 시므온과 레위가 분노한 사실을 '그 분노대로', '그 혈기대로', '그 노염이 혹독하니', '그 분기가 맹렬하니'라고 네 번에 걸쳐 거듭 강조하였습니다. 그들은 그 분노대로 사람들을 죽인 결과로 "잔해하는 기계"가 되고 말았습니다.

야곱은 이 끔찍한 살상의 배후에, 평소 시므온과 레위가 지니고 있던 '분노'의 기질을 폭로하려 했던 것 같습니다. 그야말로 '피를 흘리게 하며 속이는 자'(시 55:23)요, '피 흘리는 데 발이 빠른 자'(롬 3:15)들이었습니다.

야곱은 시므온과 레위가 자신을 속이고 은밀하게 진행한 이 사건에 대해 심하게 꾸짖었습니다. 당시 야곱 가족은 이방에서 소수 민족이었기 때문에 시므온과 레위가 저지른 세겜 성의 학살 사건으로 화를 당하는 위기에 처할 수 있었기 때문입니다.

창세기 34:30 "야곱이 시므온과 레위에게 이르되 너희가 내게 화를 끼쳐 나로 이 땅 사람 곧 가나안 족속과 브리스 족속에게 냄새를 내게 하였도다 나는 수가 적은즉 그들이 모여 나를 치고 나를 죽이리니 그리하면 나와 내 집이 멸망하리라"

디나의 수욕 사건을 들었으나 야곱은 '잠잠하였고'라고 창세기 34:5에서 말씀하고 있습니다. 여기에 해당하는 히브리어 '베헤헤리

쉬'(וַיֶּחֱרַשׁ)를 직역하면 '귀머거리같이 처신하였고'라는 뜻이 됩니다. 디나 수욕 사건에 대해서 아버지로서 말할 수 없는 슬픔과 충격이 밀려왔지만 침묵하고 보복 조치를 취하지 않은 것을 말합니다. 야곱은 자신의 가정을 통해서 순수하고 거룩한 민족을 일으키시려는 하나님의 구속사적 섭리가 행여라도 한순간에 무너질까 하여 신중하게 대처하였던 것입니다.

결국 시므온과 레위는 분노를 조절하지 못하고 잔인한 살인을 저지른 결과로, 야곱을 잇는 '믿음의 대'가 되지 못하였습니다.

3. 시므온 지파의 최후
The fate of the tribe of Simeon

(1) 인구가 가장 적은 지파로 전락

시편 55:23에서는 피 흘리기를 좋아하는 자는 그 생명이 반으로 줄어들 것이라고 하였는데, 이 말씀대로 시므온 지파는 광야 40년 후에 실시한 제2차 군인 계수에서 제1차 때에 비해 무려 63%나 감소하였습니다. 제1차 때 59,300명으로 열두 지파 가운데 세 번째로 강성한 지파였는데, 제2차 때는 22,200명으로 인구수가 가장 적은 지파가 되었습니다(민 1:23, 26:14). 40년의 시간이 지났으면 당연히 인구는 늘어나는 것이 정상인데도, '40년 광야 생활의 열매'라고 할 수 있는 지파별 군인 계수에서 그들은 가장 미약한 지파로 전락한 것입니다.

(2) 바알브올 사건의 주동자는 시므온 지파의 두령

광야 생활 말미에 모압 지방의 싯딤에서 우상숭배와 음란이 뒤섞여 나타난 바알브올 사건의 내막을 자세히 살펴보면 그 주동자는 바로 평민이 아닌 두령(족장급) '시므리'였는데, 그는 시므온 지파 사람이었습니다(민 25:6-14). 그러므로 바알브올 사건은 시므온 지파가 많이 관여했을 것으로 추정됩니다.

(3) 모세의 축복에서 제외된 시므온 지파

신명기 33장은 모세가 운명 직전에 이스라엘 각 지파별로 축복하는 장면입니다. 야곱이 열두 아들에 대하여 일일이 예언한 것처럼, 모세 역시 자녀를 축복하듯 각 지파들에게 예언했습니다. 그런데 놀라운 사실은 모세가 유일하게 시므온 지파만을 거론조차 하지 않았다는 사실입니다. 이것은 그 지파 구성원들로서는 대단한 수치요, 비극이었을 것입니다.

모세의 축복에서 제외된 시므온 지파! 그들은 야곱의 예언대로(창 49:7) 흩어진 지파요, 소멸하여 잊혀진 지파가 되었습니다. 더욱 비참한 것은 시므온 지파 후손들은 기업 분배를 받을 때 그 분깃도 없었다는 사실입니다. 그들은 가장 넓은 지역을 차지했던 유다 지파 땅의 일부를 겨우 얻었는데, 그것도 가장 척박한 '네게브 사막'의 땅에서 빌붙어 지내는 처지가 되고 말았습니다(수 19:1).

4. 레위 지파의 최후(전화위복한 지파)

The fate of the tribe of Levi (tribe restored)

레위 지파 역시 야곱으로부터 시므온과 똑같은 죄로 같은 내용의 화를 받았습니다. 그런데 레위의 후손은 시므온 지파와 달리, 다행스럽게도 그 저주를 씻어 내었습니다. 야곱은 레위에게 분명히 화를 예언하였으나, 450여 년이 지난 뒤 가나안 땅에 들어가기 직전에 모세는 레위 지파에 대하여 축복을 선언하였습니다.

모세가 레위 지파에 대해 축복한 내용은 다른 지파에 비해서 훨씬 많은 분량을 차지하였습니다(신 33:8-11). 특별히 신명기 33:9에서는 "그는 그 부모에게 대하여 이르기를 내가 그들을 보지 못하였다 하며 그 형제들을 인정치 아니하며 그 자녀를 알지 아니한 것은 주의 말씀을 준행하고 주의 언약을 지킴을 인함이로다"라고 말씀하고 있습니다. 이것은 모세가 십계명을 받기 위해 산에 올라간 사이에 우상숭배로 모든 이스라엘이 멸망의 위기에 있을 때, 레위 지파만 홀로 하나님 편에 서서 부모나 형제, 친구, 이웃을 막론하고 하나님의 뜻을 거역하는 모든 자를 제거하는 일에 앞장서서 헌신한 사실을 가리킵니다(출 32장).

이 일로 인하여 레위 지파는 야곱을 통하여 받았던 모든 화에서 해방되고, 모세를 통하여 오히려 복을 받았습니다(출 32:29). 실로 주 앞에 헌신하려는 각오와 결단은 잃어버린 복을 회복하고 화를 씻는 통로가 됩니다. 과연 레위 지파는 여호와를 영원한 기업으로 받는 최고의 축복을 받음으로써, '전화위복(轉禍爲福)'한 살아 있는 실례가 되었습니다.

레위 지파는 광야 생활 말엽에 발생한 바알브올의 사건에서도 두각을 나타내었습니다. 이스라엘이 우상숭배와 음란으로 범죄할 때 하나님 편에 서서 하나님의 질투심을 느낀 사람은 단 한 사람, 레위의 자손 중에 아론의 손자였던 비느하스였습니다(출 6:16-25). 그는 시므온 족장 시므리(Zimri)와 미디안 여인 고스비(Cozbi)를 창으로 찔러 죽임으로써 하나님의 노를 돌이키고 이스라엘을 속죄하였습니다(민 25:7-13). 이 사건에서는 공교롭게도 단짝 지파였던 시므온 지파가 레위 지파와 원수 관계로 등장하고 있습니다.

이처럼 두 지파의 최후는 너무나도 극명하게 대조되고 있습니다. 분명히 두 지파의 조상은 잔해하는 기계가 되어 세겜 족속을 몰살했던 장본인들입니다. 레위 지파는 비록 시작은 미약하였으나 나중이 창대하게 되어, 영원한 제사장 지파로 그 이름이 '빛나는 지파'가 되었습니다. 반면에 시므온은 어머니 레아의 기도 응답으로 낳은 '들으심'의 아들이요, 광야 초기에는 세 번째로 강성한 지파였으나 하나님으로부터 화를 받아 점점 세력을 잃고, 후에는 소멸되어 '잊혀진 지파'가 되었던 것입니다.

'레위 지파가 이스라엘 가운데 흩어지리라'라고 야곱이 예언한 대로(창 49:7), 레위 지파는 전국 48개 성읍을 할당받아 흩어져 살았습니다. 또한 모세의 예언대로 각 지역에서 제사장으로서 하나님의 통치를 대행하는 귀중한 사명을 감당하게 되었습니다. 전국적으로 흩어진 레위 지파는 이스라엘 백성 전체가 범죄하여 하나님을 떠나는 일이 없도록 하는 귀중한 사명을 담당하였습니다.

시므온 지파와 레위 지파의 최후를 통해, 하나님의 예언은 반드시 성취가 된다는 것을 알 수 있습니다. 레위 지파는 그것을 긍정적으로 성취하였으며, 시므온 지파는 부정적으로 성취하였습니다. 우리의 삶은 하나님의 예언을 긍정적으로 성취하는 삶이 되어야 할 것입니다.

5. 유다가 받은 축복
The blessing that Judah received

예수님의 족보를 볼 때 아브라함이 이삭을 낳고, 이삭은 야곱을 낳고, 야곱은 유다와 그의 형제를 낳았다고 말씀하고 있습니다(마

1:2). 유다는 자신의 후손으로 예수님이 오시는 놀라운 축복을 받은 것입니다(마 1:1-3, 히 7:14). 유다는 비록 넷째 아들이었지만, 열두 지파의 지도자가 되었습니다.

야곱은 메시아가 '유다 지파'를 통해서 올 것을 누차 강조하고, 유다가 혈통적인 메시아의 조상이 될 것을 부각시키는 등 여타의 아들에 비해 매우 많은 내용을 예언하였습니다.

그렇다면 유다가 아비 야곱으로부터 받은 축복은 무엇입니까?

(1) 형제 가운데 찬송이 된다(창 49:8).

야곱이 유다에게 예언한 내용 중에서 가장 먼저 축복한 내용입니다. 물론 야곱은 유다를 통해 메시아가 날 것을 염두에 두고 이런 축복을 한 것입니다. 아버지 야곱은 유다의 생애를 내다보면서 "과연 너는 형제들의 찬송이 된다"라고 선언한 것입니다. 실제로 그는 결정적인 순간마다 희생적이고 헌신적인 태도로 가족들을 위기에서 구하고, 하나님의 구속사에 있어서 중요한 역할을 수행하였습니다.

유다는 요셉을 죽이려는 형제들을 향하여 "우리가 우리 동생을 죽이고 그의 피를 은닉[숨을 은(隱), 숨을 익(匿): 숨기어 감춤, 비밀로 함]한들 무엇이 유익할까"라고 말하였습니다(창 37:26). 형제들을 설득하여 요셉을 죽음의 위협에서 건져냈습니다.

또한 형제들의 제2차 애굽 방문 때에는 기근으로 가족들이 굶어 죽게 되었는데도 야곱이 베냐민을 데리고 애굽으로 가는 것을 허락지 않자, 자신의 생명을 베냐민의 담보로 내놓고 아버지 야곱의 마음을 감동시켜 허락을 얻어 내기도 하였습니다(창 43:8-10).

그 후에 요셉의 은잔 시험으로 베냐민이 평생 애굽의 노예가 될 위험에 처했을 때, 유다는 자신이 베냐민을 대신하여 애굽의 종이 되기를 간청함으로써, 요셉과 형제들 간의 대(大)화해를 이루는 결정적 역할을 하였습니다(창 44:18-34, 45:1-15). 이때 뜨거운 형제애와 극진한 효성에서 우러나온 유다의 탄원은 요셉의 마음에 한없는 감동을 주어 마침내 요셉의 마음을 움직이고 말았습니다. 요셉이 창세기에서 일곱 번 눈물을 흘리는 장면 가운데(창 42:24, 43:30, 45:2, 14-15, 46:29, 50:1, 17), 유다의 탄원 후에 흘린 요셉의 눈물은 '방성대곡'이었으며, 그 울음 소리가 애굽 사람과 바로의 궁중에까지 들릴 정도였습니다(창 45:1-2).

야곱이 그 가족들을 이끌고 애굽으로 이주하기에 앞서 넷째 아들 유다를 요셉에게 먼저 보냈던 것만 보아도, 유다가 가정 전체의 대표격으로 야곱의 두터운 신임을 받았음을 알 수 있습니다(창 46:28).

(2) 네 손이 네 원수의 목을 잡는다(창 49:8).

'형제의 찬송이 될 것이라'라는 예언 후에 '네 손이 네 원수의 목을 잡을 것이요'(창 49:8)라고 하였는데, '원수의 목을 잡는다'라는 것은 대적을 잡아 굴복시키거나 전쟁에서 승리하는 정복자의 모습입니다(욥 16:12). 이는 유다의 후손인 다윗과 솔로몬에 의해 이스라엘이 강력한 나라가 됨으로 성취되었는데, 궁극적으로는 유다 지파 다윗의 후손으로 오실 예수님께서 원수 사단의 머리를 상하게 할 것을 말씀한 것입니다(창 3:15).

(3) 아비의 아들들이 네 앞에 절한다(창 49:8).

'아비의 아들들이 네 앞에 절한다'라는 말씀은 유다가 지도자가 될 것을 의미합니다. 역대상 5:2에서는 "유다는 형제보다 뛰어나고..."라고 말씀하였습니다.

이 말씀은 유다가 형제들의 지도자가 된다는 의미를 넘어, 유다 자손에게서 왕권을 잇는 자손이 나옴으로 유다 지파가 으뜸이 될 것을 말씀한 것입니다. 실제로 유다의 자손 가운데 다윗왕이 나왔으며, 다윗은 자신을 왕으로 인정해 주는 유다 지파를 헤브론에서 7년 반 동안 다스렸고(삼하 2:4-11), 이후 다시 통일 이스라엘의 왕으로 추대되어 예루살렘에서 33년을 다스렸습니다(삼하 5:5). 이 말씀은 궁극적으로는 유다 지파의 후손이요, 다윗의 자손으로 오신 예수 그리스도께서 하늘과 땅의 모든 권세로 온 세상을 통치할 것을 가리킨 예언입니다(마 28:18, 빌 2:9-11).

(4) 수사자 같고 암사자 같다(창 49:9).

야곱은 유다 지파가 강력한 권위와 힘을 가진 '왕의 지파'라는 이미지를 강조하기 위해 그를 숲 속의 제왕인 수사자, 암사자 등에 비유하였습니다(창 49:9). '사자'에 비유한 것은 유다를 이긴다는 것이 사자를 정복하는 것만큼이나 어렵고, 그와 겨루는 것은 사자를 성나게 하는 것과 같다는 것입니다. 유다의 이런 성품은 오실 메시아에 대한 표상으로, 신앙의 정절을 포기하지 않고 사단과 끝까지 싸워 승리하는 정복자의 모습을 담고 있습니다.

(5) 홀이 유다를 떠나지 않고 치리자의 지팡이가 떠나지 않는다 (창 49:10).

'홀'은 왕의 통치적 주권과 능력을 상징하는 막대기입니다(민 24:17, 에 4:11, 히 1:8). 유다의 후손이 끊이지 않고 왕권을 계승할 것을 의미합니다. 실제로 다윗왕, 솔로몬왕 그리고 그 후에 나온 남 유다 왕조의 왕들은 모두 유다 지파 출신이었으며, 나아가 만왕의 왕이 되시는 예수 그리스도도 족보상으로는 유다 지파였던 것입니다(마 1:2-3, 히 7:14).

(6) 실로(Shiloh)가 유다 지파에서 나온다(창 49:10).

'실로'는 '평화를 가져오는 자'라는 뜻으로, 바로 '평강의 왕', '평화의 왕'으로 오실 메시아이신 예수님을 예표합니다(사 9:6, 눅 1:79, 19:42). 과연 유다 지파를 통해서 이스라엘의 주권자 곧 예수 그리스도가 나셨습니다(시 78:68-70, 히 7:14, 계 5:5). 역대상 5:2에서도 "... 주권자가 유다로 말미암아 났을지라도"라고 기록하고 있습니다.

(7) 평화롭고 풍성한 삶을 누리게 된다(창 49:11-12).

포도나무가 너무도 흔하여 나귀를 거기에 맬 정도이며, 포도즙 틀을 밟을 때 그 소출의 풍성함으로 옷이 흠뻑 젖을 정도입니다. 또한 눈은 풍부한 포도주로 인하여 붉고(חַכְלִילִי, 하크릴: 생기가 도는, 번쩍이는, 빛나는), 살진 가축으로부터 젖을 끊이지 않고 먹어 이가 희게 될 것이라는 큰 풍요의 축복을 받았습니다. 나귀는 평화의 상징이요(슥 9:9), 포도나무는 풍요의 상징입니다(시 4:7). 이는 유다 지파의 자손과 그 땅이 평안할 뿐 아니라 물질적으로 풍성할 것을 예언한 것입니다. 더 나아가, 메시아를 통하여 모든 성도들이 누리게 될 평화와 풍요를 가리킨 예언입니다(요 10:10).

실제로 유다 지파는 그의 후손인 다윗과 솔로몬 시대에 평화와 최고의 번영을 누렸습니다(삼하 7:11-12, 왕상 4:24-25, 5:4, 15:4). 유다는 다윗의 조상으로서 메시아가 다윗의 후손을 통하여 오셨으니, 유다로부터 시작되는 왕국은 메시아의 탄생에 이르러 그 축복의 정점을 이루었습니다.

이해도움 6   Jacob's Twelve Sons who Became the Twelve Tribes of Israel

이스라엘의 열두 지파가 된 야곱의 열두 아들

창세기 49:28   "이들은 이스라엘의 십이 지파라 이와 같이 그 아비가 그들에게 말하고 그들에게 축복하였으되 곧 그들 각인의 분량대로 축복하였더라"

성경에 보면 열두 지파에 대한 다양한 기록들이 등장하고 있습니다. 창세기 49장에서 야곱은 죽기 전(주전 1859년)에, 그의 열두 아들의 "후일에 당할 일"(창 49:1)을 "각인의 분량대로"(창 49:28) 예언하였습니다. 그것은 야곱의 자의적 행동이 아니라, 아브라함과 이삭으로부터 열두 아들에게 계승되는 하나님의 구원 역사를 미리 바라보고 언약의 계승자로서 축복을 전수한 것입니다.

이러한 야곱의 예언이 있은 지 452년 만인 주전 1407년에, '하나님의 사람' 모세도 신명기 33장에서 열두 지파에게 축복하였습니다(신 33:1). 그는 임종을 맞기 위해 느보산에 오르기 전에, 무려 200만 명이 넘는 수많은 사람들을 앞에 두고 축복하였습니다. 모세가 지파별로 축복한 내용은 야곱의 예언과 마찬가지로 모세 개인의 생각이 아니라, 하나님께로부터 비롯된 것이었습니다(신 33:1-5). 야곱이 예언한 때는 이스라엘 민족이 형성되기 전이었으나, 모세가 축복한 때는 이스라엘 민족이 열두 지파로 나누어지고 민족의 정체성이 확립된 후로서, 야곱의 예언보다는 모세의 축복이 계시의 점진성에 의하여 좀더 발전된 내용을 담고 있습니다. 또한 요한계시록

7장을 보면, 각 지파에서 12,000명씩 뽑힌 144,000명이 하나님의 인치심을 받게 됩니다.

흥미로운 사실은 열두 아들이 출생한 순서, 야곱이 각 아들에게 예언한 순서, 모세가 열두 지파를 축복한 순서, 인 맞은 지파에 나오는 지파별 순서가 서로 다르며, 그 명단에서 제외된 지파도 있다는 점입니다.

출생 순서 (창 29:31-35, 30:1-24, 35:16-18)	야곱이 예언한 순서 (창 49장)	모세가 축복한 순서 (신 33장)	지파별로 인 맞은 순서 (계 7:4-8)
르우벤	르우벤	르우벤	유다
시므온	시므온 · 레위	유다	르우벤
레위	유다	레위	갓
유다	스불론	베냐민	아셀
단	잇사갈	요셉(에브라임, 므낫세)	납달리
납달리	단	스불론 · 잇사갈	므낫세
갓	갓	갓	시므온
아셀	아셀	단	레위
잇사갈	납달리	납달리	잇사갈
스불론	요셉	아셀	스불론
디나(딸)	베냐민	(시므온 지파 제외)	요셉
요셉			베냐민
베냐민			(단과 에브라임 지파 제외)

훗날 열두 지파의 구성에서 레위는 제사장 지파이므로 제외되었고, 요셉도 제외되고 그의 두 아들 에브라임과 므낫세가 두 지파로 승격되어 열두 지파가 완성되었습니다. 이것은 창세기 48:5-6에서 야곱이 축복한 말씀대로 이루어진 것입니다(수 14:4-5, 17:17-18).

다음은 출생 순서를 기준으로 살펴본 야곱의 열두 아들과 열두 지파의 요람(要覽)입니다.

첫째 아들 **르우벤** רְאוּבֵן Reuben	① **뜻 : 보라! 아들이라**(레아의 첫째 아들) ② **출생할 때의 고백**(창 29:32) 레아는 르우벤이 출생하자 "여호와께서 나의 괴로움을 권고하셨으니 이제는 내 남편이 나를 사랑하리로다"라고 고백하였습니다. ③ **야곱의 예언**(창 49:3-4) 예언의 상징은 '끓는 물'(창 49:4)입니다. 르우벤은 장자의 명분을 가지고 태어났으나, 서모 빌하와 통간함으로 말미암아 장자권을 상실하였습니다(창 35:22, 대상 5:1). 계모의 하체를 범하는 것은 율법에서 절대 금하는 일입니다(레 18:8, 20:11, 신 22:30, 27:20). ④ **모세의 축복**(신 33:6) 르우벤 지파가 점점 미약해지자, 모세는 지파 자체가 소멸되지 않도록 인구의 증가를 기원하였습니다. ⑤ **군대 계수** - 1차 46,500명(민 1:21)에서 2차 43,730명(민 26:7)으로 2,770명이 감소하였습니다.
둘째 아들 **시므온** שִׁמְעוֹן Simeon	① **뜻 : 들으심**(레아의 둘째 아들) ② **출생할 때의 고백**(창 29:33) 레아는 시므온이 출생하자 "여호와께서 나의 총이 없음을 들으셨으므로 내게 이도 주셨도다"라고 고백하였습니다. ③ **야곱의 예언**(창 49:5-7) 예언의 상징은 '잔해하는 기계'(창 49:5)입니다. 레위와 함께 세겜 성을 엄습하여 모든 남자를 죽인 끔찍하고 잔혹한 범죄(창 34:18-27)에 대한 대가로, 이스라엘 가운데 흩어지리라는 서주를 받았습니다. ④ **모세의 축복**(제외됨) 가나안 입성 후에 땅을 분배할 때 열두 지파 가운데 유독 기업 분배에서 제외된 지파로, 땅을 가장 넓게 차지했던 유다 지파의 한쪽을 얻어서 거하였습니다(수 19:1-9). 그러나 히스기야 시대에 번성하여 아말렉을 진멸하고 거기 거하는 축복을 받았습니다(대상 4:41-43). ⑤ **군대 계수** - 1차 59,300명(민 1:23)에서 2차 22,200명(민 26:14)으로 37,100명이 감소하였습니다.

셋째 아들 **레위** לֵוִי Levi	① **뜻 : 연합함**(레아의 셋째 아들) ② **출생할 때의 고백**(창 29:34) 레아는 레위가 출생하자 "내가 그에게 세 아들을 낳았으니 내 남편이 지금부터 나와 연합하리로다"라고 고백하였습니다. ③ **야곱의 예언**(창 49:5-7) 예언의 상징은 '잔해하는 기계'(창 49:5)입니다. 시므온과 함께 세겜 성에서 저지른 끔찍하고 잔혹한 범죄(창 34:18-27)에 대한 대가로, 이스라엘 가운데 흩어지리라는 저주를 받았습니다. ④ **모세의 축복**(신 33:8-11) 이스라엘이 금송아지 우상을 만들었을 때 하나님의 명령에 따라 의로운 분노로 자기 동족(형제, 친구, 이웃)을 도륙(屠戮)하는 일에 헌신한 지파입니다(출 32:25-29). 야곱으로부터 저주를 받은 레위 지파는 이 일 후에 이스라엘 각 지파의 48개 성읍에 흩어져 백성에게 율례와 법도를 가르치며, '우림과 둠밈'을 소유하고 제사 직무를 담당하는 거룩한 제사장 지파가 되었습니다(민 35:2-8). 그 결과로 하나님 자신이 기업이 되어 주시는 큰 영예와 축복을 받았습니다(신 10:9, 18:1-2, 수 13:33, 18:7). ⑤ **인구 계수** 레위 지파는 제사장 지파이므로 군대 계수에 들지 않았으며(민 1:47-49, 2:33, 26:62), 다만 '일 개월 이상의 남자'를 계수하였습니다(민 3:15, 39, 26:62). 제1차 인구 계수에서는 22,000명(민 3:39)이었고, 제2차 인구 계수에서는 23,000명(민 26:62)으로 1,000명이 증가하였습니다.
넷째 아들 **유다** יְהוּדָה Judah	① **뜻 : 찬송함**(레아의 넷째 아들) ② **출생할 때의 고백**(창 29:35) 레아는 유다가 출생하자 "내가 이제는 여호와를 찬송하리로다"라고 고백하였습니다. ③ **야곱의 예언**(창 49:8-12) 예언의 상징은 '사자'(창 49:9)입니다. 왕의 통치적 주권과 능력을 상징하는 '홀'의 축복(창 49:10), 평화와 안식을 주는 '실로'(Shiloh)로 상징된 메시아

(평강의 왕)가 오시는 축복을 받았습니다(창 49:10). 실제로 예수 그리스도는 유다 지파를 통해서 오셨습니다(마 1:3-16, 히 7:14).

④ **모세의 축복**(신 33:7)
하나님께서 유다의 음성을 들으시고, 이스라엘을 지도하는 왕권의 축복과 승리의 축복 주시기를 기원했습니다. 유다 지파를 통하여 다윗왕과 나아가 만왕의 왕이신 예수 그리스도가 오셨습니다(마 1:1-3, 눅 3:33).

⑤ **군대 계수**
1차 74,600명(민 1:27)에서 2차 76,500명(민 26:22)으로 1,900명이 증가하였습니다.

다섯째 아들

단

יָן

Dan

① **뜻 : 억울함을 푸심**(라헬의 여종인 빌하의 첫째 아들)

② **출생할 때의 고백**(창 30:6)
라헬은 단이 출생하자 "하나님이 내 억울함을 푸시려고 내 소리를 들으사 내게 아들을 주셨다"라고 고백하였습니다.

③ **야곱의 예언**(창 49:16-18)
예언의 상징은 '뱀과 독사'(창 49:17)입니다.
야곱은 '단은 길의 뱀이요, 첩경의 독사리로다'라고 예언했는데, 뱀과 독사는 사단의 특성을 나타냅니다(창 3:1, 욥 20:16, 시 140:3, 렘 8:17, 롬 3:13, 계 12:9). 예수님께서는 당시 외식주의와 형식주의에 치우친 종교 지도자들을 향해 "뱀들아 독사의 새끼들아 너희가 어떻게 지옥의 판결을 피하겠느냐"라고 질책하셨습니다(마 23:33). 야곱의 예언대로 훗날 사사 시대에 단 지파의 성읍은 우상숭배의 중심지가 되어 이스라엘 전체에게 사단의 통로가 되었습니다(삿 18:1-31).

④ **모세의 축복**(신 33:22)
모세는 "단은 바산에서 뛰어나오는 사자의 새끼로다"라고 했습니다. 사자는 숲 속의 정의를 세우는 늠름한 동물이나, 사자 새끼는 날뛰기만 하여 남을 해치고 일을 망칩니다.
단 지파는 여호수아 생전에 약속의 땅을 분배받았으나(수 19:40-46), 그것을 아모리 족속에게 빼앗기자(삿 1:34), 거기서 뛰어나와서 하나님의 언약과 상관없는 라

이스(레센) 땅으로 이주합니다(수 19:47-48, 삿 18:7, 27-29). 후일에 단 지파의 땅은 우상숭배의 중심지가 되고 말았습니다(삿 18:30, 왕상 12:25-30, 왕하 10:29). 단 지파가 요한계시록 7장에 나오는 인 맞은 지파의 수에서 제외되는 것도 우연은 아닙니다(계 7:4-8).

⑤ **군대 계수**
1차 62,700명(민 1:39)에서 2차 64,400명(민 26:42-43)으로 1,700명이 증가하였습니다.

여섯째 아들

납달리
נַפְתָּלִי
Naphtali

① **뜻** : 경쟁함(라헬의 여종인 빌하의 둘째 아들)

② **출생할 때의 고백**(창 30:8)
라헬은 납달리가 출생하자 "내가 형과 크게 경쟁하여 이기었다"라고 고백하였습니다.

③ **야곱의 예언**(창 49:21)
예언의 상징은 '놓인 암사슴'(창 49:21)입니다.
'놓인 암사슴'은 사람들의 발길이 닿지 않는 높은 곳까지 날렵하게 뛰어오르는 민첩성의 상징으로, 납달리 지파는 민첩함과 날쌘 용기로 전쟁 때마다 이스라엘의 적군을 쳐부수는 데에 지대한 공헌을 하였습니다(삿 4:10, 5:18, 7:23).
또한 사람들이 흠모하는 아름다운 소리를 발하는 축복을 받았는데, 이는 장차 납달리 지역 내에 있는 갈릴리에서 사역하실(사 9:1-2) 메시아가 아름답고 복된 소식을 전할 것에 대한 예표로 볼 수 있습니다(사 40:9, 52:7, 61:1, 시 40:9).

④ **모세의 축복**(신 33:23)
은혜가 풍족하고, 여호와의 복이 가득한 축복을 받았으며, 서편(갈릴리 바다의 서쪽 해안)과 남편(갈릴리 바다의 남쪽 해안)을 얻는 축복을 받았습니다(수 19:32-39). 훗날 예수님께서는 주로 이곳에 머물면서 하나님의 은혜와 복스러운 구원의 소식을 전파하셨습니다(마 4:12-16).

⑤ **군대 계수**
1차 53,400명(민 1:43)에서 2차 45,400명(민 26:50)으로 8,000명이 감소하였습니다.

| 일곱째 아들

갓
גָּד
Gad | ① **뜻 : 복됨**(레아의 여종인 실바의 첫째 아들)

② **출생할 때의 고백**(창 30:11)
　레아는 갓이 출생하자 "복되도다"라고 고백하였습니다.

③ **야곱의 예언**(창 49:19)
　예언의 상징은 '전사'(창 49:19)입니다.
　외세의 침입에도 추격하여 승리를 쟁취하는 군사적 용맹성을 예언하였습니다. 다윗왕에게 충성하였던 용사들의 기록에는 특별히 갓 지파의 용맹성과 민첩성이 두드러집니다(대상 12:8-15). 갓 지파의 유명한 사사 입다도 '큰 용사'였습니다(삿 11:1).

④ **모세의 축복**(신 33:20-21)
　갓을 광대케 하시는 하나님께 찬송을 드리는 축복, 갓이 암사자같이 용감하여 대적들의 팔과 정수리를 찢고 승리하는 축복, 그리고 공의와 법도를 행하는 축복을 받았습니다.

⑤ **군대 계수**
　1차 45,650명(민 1:25)에서 2차 40,500명(민 26:18)으로 5,150명이 감소하였습니다. |
| 여덟째 아들

아셀
אָשֵׁר
Asher | ① **뜻 : 기쁨**(레아의 여종인 실바의 둘째 아들)

② **출생할 때의 고백**(창 30:13)
　레아는 아셀이 출생하자 "기쁘도다 모든 딸들이 나를 기쁜 자라 하리로다"라고 고백하였습니다.

③ **야곱의 예언**(창 49:20)
　예언의 상징은 '기름진 식물'(창 49:20)입니다.
　아셀은 먹을 것이 풍성하고 넉넉하여 기름진 식물을 왕의 식탁에 바치는 귀한 축복을 받았습니다. 훗날 이곳에서 나오는 식량은 왕궁의 식량으로 조달되었습니다.

④ **모세의 축복**(신 33:24-25)
　자손이 번성하여 다자(多子)한 축복, 형제에게 기쁨이 되는 축복, 그 발이 기름에 잠기는 축복을 받았습니다. 모세의 예언대로 아셀 지파는 므낫세 지파 다음으로 인구가 많이 증가했습니다. 또한 아셀 지파는 견고한 성읍을 얻어 능력 있는 지파가 될 것이라는 축복을 받았습니다. |

⑤ **군대 계수**
1차 41,500명(민 1:41)에서 2차 53,400명(민 26:47)으로 11,900명이 증가하였습니다.

아홉째 아들

잇사갈
יִשָּׂשכָר
Issachar

① **뜻** : 값(레아의 다섯째 아들)

② **출생할 때의 고백**(창 30:18)
레아는 잇사갈이 출생하자 "내가 내 시녀를 남편에게 주었으므로 하나님이 내게 그 값을 주셨다"라고 고백하였습니다.

③ **야곱의 예언**(창 49:14-15)
예언의 상징은 '건장한 나귀'(창 49:14)입니다.
나귀는 무거운 짐을 나르거나 농사를 지을 때 밭갈이에 사용하는 등 힘과 노동력을 상징하는 동물입니다. 야곱은 "잇사갈은 양의 우리 사이에 꿇어앉은 건장한 나귀로다"라고 예언하였습니다. 잇사갈 지파는 나귀처럼 힘이 좋아 '큰 용사'를 배출하기도 하지만(대상 7:1-5), 너무나 낙천적이고 순종적이었기 때문에 남을 섬기는 자로 전락할 것을 예언한 것입니다.

④ **모세의 축복**(신 33:18-19)
모세는 잇사갈 지파가 장막에 있으면서 많은 열국 백성을 불러 모을 것을 축복하였습니다. 훗날 잇사갈 지파는 목축과 농사일에 많은 축복을 받아 부유함을 얻고, 많은 사람들이 그곳으로 양식을 구하러 왔습니다.

⑤ **군대 계수**
1차 54,400명(민 1:29)에서 2차 64,300명(민 26:25)으로 9,900명이 증가하였습니다.

열번째아들

스불론
זְבוּלֻן
Zebulun

① **뜻** : 거함(레아의 여섯째 아들)

② **출생할 때의 고백**(창 30:20)
레아는 스불론이 출생하자 "하나님이 내게 후한 선물을 주시도다 내가 남편에게 여섯 아들을 낳았으니 이제는 그가 나와 함께 거하리라"라고 고백하였습니다.

③ **야곱의 예언**(창 49:13)
예언의 상징은 '배 매는 해변'(창 49:13)입니다.
스불론 지파는 배 매는 해변에 거하게 될 것이라고 예언하였습니다. 실제로 스불론 지파는 지중해와 갈릴리 사이에 거주하면서 상업 및 무역업에 종사하였습니다(수 19:10-16).

④ 모세의 축복(신 33:18-19)

"나감을 기뻐하라"라는 축복대로 바다로 나가 활동하면서 해상무역을 통해 많은 보화를 거두어 들였습니다. 또한 "그들이 열국 백성을 불러 산에 이르게 하고 거기서 의로운 제사를 드릴 것이며"라는 축복대로, 훗날 스불론과 잇사갈 두 지파가 거주했던 갈릴리 지역에서 예수 그리스도께서 전도를 통하여 많은 천국 백성을 불러 모으셨습니다. 최초로 이방 선교를 수행한 요나 선지자는 스불론 지파 사람입니다(왕하 14:25, 수 19:10-13).

⑤ 군대 계수

1차 57,400명(민 1:31)에서 2차 60,500명(민 26:27)으로 3,100명이 증가하였습니다.

열한 번째 아들

요셉

יוֹסֵף

Joseph

① 뜻 : 더함(라헬의 첫째 아들)

② 출생할 때의 고백(창 30:23-24)

라헬은 요셉이 출생하자 "하나님이 나의 부끄러움을 씻으셨다... 여호와는 다시 다른 아들을 내게 더하시기를 원하노라"라고 고백하였습니다.

③ 야곱의 예언(창 48:15-16, 49:22-26)

예언의 상징은 '샘 곁의 무성한 가지'(창 49:22)입니다. 요셉의 삶은 생수의 근원이신 하나님 제일주의로 살았으므로, 그 가지가 항상 무성하고 담을 넘는 축복을 받았습니다(창 49:22). 또한 '그 형제 중 뛰어난 자의 정수리'라고 하는 가장 탁월한 장자의 축복을 받았습니다(창 49:26, 대상 5:1-2).

④ 모세의 축복(신 33:13-17)

야곱의 예언처럼 '형제 중 구별된 자' 곧 장자의 축복을 받은 결과로 물질의 큰 풍요를 누릴 것이라고 축복하였습니다(하늘의 보물, 태양과 태음의 보물, 영원한 작은 산의 보물). 더불어 '첫 수송아지와 같은 위엄과 들소의 뿔로 열방을 받아 땅끝까지 이르는 축복'을 받았습니다. 모세는 야곱과 마찬가지로(창 48:5-6), 므낫세와 에브라임에 대한 축복을 따로 말하지 않고, 요셉이라는 이름 아래 묶어서 한꺼번에 언급하였습니다(신 33:16-17). 에브라임과 므낫세가 각각 자기 몫을 받음으로써 결국 요셉은 장자가 받는 두 배의 축복(신 21:17)을 받은 것입니다.

⑤ 군대 계수

요셉에 대한 군대 계수의 기록은 성경에 없으며, 두 아들 에브라임과 므낫세에 대한 군대 계수의 기록만 나올 뿐입니다.

열두 번째 아들

베냐민
בִּנְיָמִין
Benjamin

① 뜻 : 오른손의 아들 (라헬의 둘째 아들)

② 출생할 때의 고백(창 35:18)

라헬은 죽음에 임박하여 그 혼이 떠나려 할 때에 아들의 이름을 "베노니(슬픔의 아들)"라고 불렀습니다. 그러나 그 아비 야곱은 그를 "베냐민(오른손의 아들)"이라고 고쳐 불렀습니다.

③ 야곱의 예언(창 49:27)

예언의 상징은 '물어뜯는 이리'(창 49:27)입니다.

이것은 목표한 바는 반드시 이루고야 마는 공격적인 기질을 말합니다(삿 3:15-30, 20:12-16, 19-25).

또한 야곱은 베냐민이 아침에는 빼앗은 것을 먹고 저녁에는 나누어 준다고 예언했습니다. 이것은 훗날 베냐민 지파에서 나온 인물들이 이스라엘 역사에서 놀랄 만한 공헌을 많이 남길 것을 예언한 것입니다(예: 왼손잡이 사사 에훗-삿 3:15, 초대 사울왕-삼상 9:1-2, 21, 에스더와 모르드개-에 2:5-7, 사도 바울-빌 3:5).

④ 모세의 축복(신 33:12)

하나님의 사랑을 입고 하나님의 어깨 사이에서 안전하게 보호받을 것이라고 축복하였습니다. 역사적으로 베냐민 지파는 성전이 세워질 예루살렘 땅을 분배받음으로 하나님의 보호를 받게 됩니다(수 18:28).

⑤ 군대 계수

1차 35,400명(민 1:37)에서 2차 45,600명(민 26:41)으로 10,200명이 증가하였습니다.

① 뜻 : 잊어버림(요셉의 부인 아스낫의 첫째 아들)

② 출생할 때의 고백(창 41:51)

요셉은 므낫세가 출생하자 "하나님이 나로 나의 모든 고난과 나의 아비의 온 집 일을 잊어버리게 하셨다"라

요셉의 첫째 아들 **므낫세** מְנַשֶּׁה Manasseh	고 고백하였습니다. ③ **야곱의 예언**(창 48:8-20) 예언의 상징은 '수송아지와 들소의 뿔'(신 33:17)입니다. 므낫세는 장자였는데도 야곱의 왼손, 곧 차자의 축복을 받았습니다. 이것은 하나님의 주권적 섭리의 역사로 이루어진 것입니다. ④ **모세의 축복**(신 33:16-17) 모세는 "므낫세의 천천이리로다"라고 축복했습니다. 므낫세는 비록 차자의 축복을 받았으나 자신이 좀 덜 받은 것에 대하여 섭섭해 하지 않고, 받은 축복에 만족하였던 것 같습니다. 그리하여 세월이 흐를수록 지속적으로 발전해 갔습니다. 야곱이 "그도 크게 되려니와"(창 48:19)라고 축복하고, 또한 모세가 "천천이리로다"(신 33:17)라고 축복한 대로 므낫세 지파는 열두 지파 중에 가장 큰 인구 증가율을 보였습니다(1차 때보다 20,500명 증가). 제2차 군대 계수에서 거론되었던 슬로브핫의 다섯 딸은 므낫세 지파 소속이었습니다(민 26:28-34). ⑤ **군대 계수** 1차 32,200명(민 1:35)에서 2차 52,700명(민 26:34)으로 20,500명이 증가하였습니다.
요셉의 둘째 아들 **에브라임** אֶפְרַיִם Ephraim	① **뜻 : 창성함**(요셉의 부인 아스낫의 둘째 아들) ② **출생할 때의 고백**(창 41:52) 요셉은 에브라임이 출생하자 "하나님이 나로 나의 수고한 땅에서 창성하게 하셨다"라고 고백하였습니다. ③ **야곱의 예언**(창 48:8-20) 예언의 상징은 역시 '수송아지와 들소의 뿔'(신 33:17)입니다. 에브라임은 므낫세의 동생이었으나, 야곱이 어긋놓은 오른손에 의해 장자의 축복을 받았습니다. 에브라임이 장자가 된 것은 어떠한 공로에 의한 것이 아니고, 하나님의 주권적 섭리의 역사로 정하신 뜻이었습니다.

④ **모세의 축복**(신 33:16-17)
모세는 "에브라임의 만만이요"라고 축복하였습니다. 에브라임 지파는 장자의 축복과 만만의 축복을 받은 지파답게 많은 지도자들을 배출하였습니다. 그 예로, 모세의 후계자이자 가나안 땅 점령의 지도자 여호수아(민 13:8), 여선지 드보라(삿 4:4-5), 북 이스라엘의 초대 왕 여로보암(왕상 11:26) 등을 들 수 있습니다. 에브라임은 큰 지파로서 북 이스라엘을 대표하는 지파입니다. 성경은 북 이스라엘을 '에브라임'이라 불렀습니다(겔 37:16, 슥 9:10).

⑤ **군대 계수**
1차 40,500명(민 1:33)에서 2차 32,500명(민 26:37)으로 8,000명이 감소하였습니다.

| 참고 | **광야 노정에서 이스라엘의 제1, 2차 군대 계수**

제1차 군대 계수

애굽 땅에서 나온 후 제2년 2월 1일(민 1:1), 시내 광야에서 시행되었습니다(민 10:11-12). 계수함을 입은 자의 총계는 603,550명이었습니다(출 38:26, 민 1:46, 2:32).

제2차 군대 계수

제1차 군대 계수가 있은 지 약 39년 만에, 가나안 입성 직전 마지막으로 진쳤던 여리고 맞은편, 요단 가 모압 평지에서 시행되었습니다(민 26:2-4). 계수함을 입은 자의 총계는 601,730명이었습니다(민 26:51).

횃불 언약의 미래적 완성

The Covenant of the Torch to be Fulfilled in the Future

횃불 언약의 미래적 완성

THE COVENANT OF THE TORCH TO BE FULFILLED IN THE FUTURE

1. 남아 있는 횃불 언약

The Covenant of the Torch yet to be fulfilled

우리는 지금까지 횃불 언약이 성취되기까지의 역사를 하나님의 구속사적 경륜 속에서 살펴보았습니다. 횃불 언약은 이스라엘 백성이 가나안 땅에 들어가고, 요셉의 뼈가 아브라함부터 4대 만에 가나안의 세겜 땅에 묻힘으로 마침내 성취되었지만, 앞으로 여전히 완전 성취되어야 할 긴장 관계에 있는 언약입니다.

그렇다면 횃불 언약은 왜 아직 그 성취가 남아 있는 언약입니까?

(1) 횃불 언약의 영원성 때문입니다.

시편 105:8-45은 선민 이스라엘의 민족 형성사를 회고하는 역사시로서, 아브라함과 언약을 맺은 때로부터 여호수아서에서 이 언약이 이루어질 때까지의 과정을 다루고 있습니다. 여기에서는 특히 횃불 언약에 대하여 자세히 말씀하고 있습니다. 시편 105:9에서 "이것은 아브라함에게 하신 언약이며..."라고 말씀하고 있습니다. 여기 '언약'에 해당하는 히브리어는 '카라트'(כָּרַת)로서 '자르다, (언약을) 체결하다, 세우다'라는 뜻입니다(창 15:18). 이것은 쪼갠 제물 사이로 언약의 당사자가 지나간 고대의 언약 체결식을 반영한 것으로서(렘 34:19), 구체적으로는 창세기 15장에 나타난 횃불 언약을 가리킵니다(창 15:17).

시편 105편에는 아브라함과 맺은 언약(특히 횃불 언약)의 영원성을 나타내는 표현들이 많이 등장하고 있습니다.

시편 105:8 "그는 그 언약 곧 천대에 명하신 말씀을 영원히 기억하셨으니"

도르　레엘레프　치바　다바르　베리토　레올람　자카르

זָכַר לְעוֹלָם בְּרִיתוֹ דָּבָר צִוָּה לְאֶלֶף דּוֹר

'그 언약'은 히브리어로 '베리토'(בְּרִיתוֹ, his covenant: 여호와의 언약)로서, 여호와께서 아브라함과 맺은 언약이 일방적이고 주권적으로 맺어졌기에 그 책임을 영원까지 보증하신다는 뜻을 내포합니다.

그리고 '천대'는 히브리어로 '레엘레프 도르'(לְאֶלֶף דּוֹר)인데, 이는 문자적인 1,000대를 가리키는 것이 아니라, 한계가 없는 무한의 기간 곧 영원까지를 나타내는 상징적 표현입니다(출 20:6, 신 7:9, 대상 16:15). 또한 '영원히'라는 단어 역시 히브리어로 '올람'(עוֹלָם)으로서 시간적인 무한성(영원성)을 나타내는 표현입니다.

이처럼 '그 언약', '천대', '영원히'는 모두 여호와께서 영원까지 그의 언약을 잊지 않는다는 사실을 강조한 것입니다. 그래서 시편 105:10에서는 횃불 언약에 대하여 '영영한 언약'이라고 말씀하고 있습니다(대상 16:17). 따라서 횃불 언약은 결코 아브라함과 그의 육신적 자손들만을 위한 과거에 지나가 버린 언약이 아니라, 아브라함의 믿음의 자손들(롬 4:16, 갈 3:7-9, 26-29)인 오늘날의 성도들에게도 유효한, 앞으로 성취되어야 할 남아 있는 언약입니다. 이 언약은 반드시 이루어질 것입니다. 왜냐하면 한번 말씀하신 것은 식언(食言)치 않으시고(민 23:19) 반드시 이루시는 '그(하나님)'가 명하신 말씀이며, '그'가 기억하시는 언약이기 때문입니다(시 105:8).

(2) 횃불 언약에서 약속한 가나안 땅을 온전히 얻지 못했기 때문입니다.

하나님께서는 아브라함의 후손인 이스라엘 백성에게 가나안을 기업의 지경으로 주셨습니다. 시편 105:11에서 "이르시기를 내가 가나안 땅을 네게 주어 너희 기업의 지경이 되게 하리라 하셨도다"라고 말씀하고 있습니다. 창세기 15:18에서도 "그날에 여호와께서 아브람으로 더불어 언약을 세워 가라사대 내가 이 땅을 애굽 강에서부터 그 큰 강 유브라데까지 네 자손에게 주노니"라고 말씀하고 있습니다. 이것은 이스라엘 백성이 차지할 가나안 땅의 경계를 정해 주신 것입니다. 그런데 여호수아를 지도자로 하여 이스라엘 백성이 가나안 땅을 정복할 당시에는 이 모든 지역을 차지하지 못하였습니다(민 34:3-5).

하나님께서 횃불 언약에서 약속하신 가나안의 경계는 다윗왕과 솔로몬왕의 치하에 이르러 비로소 소유하게 됩니다(왕상 4:21, 대하 9:26). 그러나 이스라엘 백성은 하나님께 범죄함으로 말미암아 솔로몬왕 후에는 계속하여 하나님께서 약속하신 가나안 땅 전체를 소유하지 못하였습니다. 하나님께서 가나안을 주시고 요구하시는 것은 하나님의 율례를 지키며 그 법을 온전히 좇아 순종하는 것이었습니다(시 105:44-45). 그러나 이스라엘 백성은 가나안에 들어간 후에 하나님의 율례와 법을 무시하여서, 다시 가나안에서 쫓겨나 바벨론으로 끌려가는 역사의 질곡을 겪게 되는 것입니다.

이 가나안 땅은 장차 예수 그리스도를 믿는 아브라함의 자손들(롬 4:16, 갈 3:7-9, 26-29)이 소유해야 할 천국의 그림자입니다. 가나안 땅이 하나님께서 아브라함의 후손에게 주신 기업이듯이(시 105:11), 천국도 하나님께서 성도들에게 주신 기업입니다. 그 기업은 "자기를 사랑하는 자들에게 약속하신 나라"(약 2:5)요, "주의 나라"(시 106:5)요, "하나님의 나라"(고전 6:9-10, 15:50, 갈 5:21)요, "썩지 않고 더럽지 않고 쇠하지 아니하는 기업"(벧전 1:4)입니다.

그러므로 오늘날 하나님의 백성에게 있어서 횃불 언약은 이 땅에 하나님의 나라가 도래할 때까지 계속적으로 성취되어야 할, 남아 있는 언약이라 할 수도 있는 것입니다.

2. 횃불 언약의 미래적 완성에 요구되는 신앙
Faith needed for the future fulfillment of the Covenant of the Torch

예수 그리스도를 믿음으로 아브라함의 자손이 된 성도들(갈 3:7, 29)이 횃불 언약을 최종적으로 완성하는 그날까지 지녀야 할 신앙은 어떤 신앙일까요? 바로 '산 자의 신앙'입니다. 하나님은 죽은 자의 하나님이 아니고 '산 자'의 하나님이시기 때문에(마 22:31-32, 눅 20:37-38) 오직 '산 자'를 통하여 일하십니다.

예수님은 지상에서의 생애 마지막 주간인 고난주간 셋째 날 '변론의 날'에 '산 자'의 실상을 밝혀 주셨습니다. 사두개인들은 부활, 내세, 영, 천사 등을 인정하지 않는데(행 23:8), 그들이 예수님을 올무에 빠뜨리기 위해 계대결혼법(신 25:5-10)을 이용하여 억지스러운 가정을 내세워 부활이 없다고 주장했습니다. 그들은 한 사람이 후손을 보지 못하고 죽었는데, 계대결혼법에 의하여 그의 동생들이 차례로 죽으면서 모두 형수를 취하였다면, 사후에 그 형수가 누구의 아내가 되겠느냐고 물었던 것입니다. 이에 대하여 예수님께서는 "너희가 성경도, 하나님의 능력도 알지 못하는 고로 오해하였도다"(마 22:29, 막 12:24)라고 말씀하시고, 이어서 "부활 때에는 장가도 아니 가고 시집도 아니 가고 하늘에 있는 천사들과 같으니라"라고 답변하셨습니다(마 22:30, 막 12:25, 눅 20:34-36).

그리고 예수님께서는 사두개인들의 잘못된 부활관을 고쳐 주시기 위하여, 옛날 모세에게 선포하신 '아브라함의 하나님, 이삭의 하나님, 야곱의 하나님, 곧 산 자의 하나님'에 대하여 말씀하셨던 것입니다. "죽은 자의 살아난다는 것을 의논할진대 너희가 모세의 책 중 가시나무 떨기에 관한 글에 하나님께서 모세에게 이르시되 나는 아브라함의 하나님이요 이삭의 하나님이요 야곱의 하나님이로라 하신 말씀을 읽어 보지 못하였느냐"라고 말씀하신 것을 볼 때(막 12:26), 예수님께서는 분명히 출애굽기 3:6의 "나는 네 조상의 하나님이니 아브라함의 하나님, 이삭의 하나님, 야곱의 하나님이니라"라는 말씀을 인용하신 것입니다.

그런데 병행구절인 마태복음 22:32을 보면, "나는 아브라함의 하나님이요 이삭의 하나님이요 야곱의 하나님이로라 하신 것을 읽어 보시 못하었느냐 하나님은 죽은 자의 하나님이 아니요 산 자의 하나님이시니라"라고 말씀하실 때, '나는… 이로다'라는 표현에서 확실하게 현재를 나타내는 '에이미'(εἰμί)라는 동사를 사용하고 있습니다. 이것은 모세가 당시 이 말씀을 듣고 있을 때 아브라함과 이삭과 야곱은 이미 죽은 상태이지만, 하나님께서는 그들이 살아 있는 사람인 것처럼 말씀하셨다는 사실입니다. 사람들은 죽었다고 하지만 하나님 안에서는 지금까지도 살아 있다는 말씀인 것입니다. 그래서 누가복음 20:38에서 "하나님에게는 모든 사람이 살았느니라"라고 말씀하고 있는 것입니다. 모세는 호렙산에서 아브라함의 하나님, 이삭의 하나님, 야곱의 하나님, 곧 산 자의 하나님을 만났으므로(출 3:6, 15-16), 하나님의 부르심에 아멘으로 응답하고, 애굽 왕 바로 앞에 담대하게 설 수 있었으며, 출애굽의 사명까지 넉넉히 감당할 수 있었습니다. 사두개인들은 부인하였지만 구약성경에는 부활에 대해 분명히 증거하고 있습니다(사 26:19, 단 12:2, 참고-호 6:2).

그렇다면 '산 자의 신앙'은 구체적으로 어떤 신앙입니까?

(1) 살아 있는 믿음을 가진 신앙입니다.

세상에는 육신적으로 죽은 자가 있는가 하면, 영적으로 살았다 하는 이름은 있으나 실상은 죽은 자도 있습니다(계 3:1, 참고-시 49:12, 20, 마 8:21-22, 눅 9:59-60). 예수님을 믿지 않으면 누구나 죄 가운데 죽을 수밖에 없습니다. 요한복음 8:24에서 "이러므로 내가 너희에게 말하기를 너희가 너희 죄 가운데서 죽으리라 하였노라 너희가 만일 내가 그인 줄 믿지 아니하면 너희 죄 가운데서 죽으리라"라고 말씀하고 있습니다. 그러나 예수님을 믿으면 누구나 '산 자'가 됩니다. 예수님께서는 "나를 믿는 자는 죽어도 살겠고 무릇 살아서 나를 믿는 자는 영원히 죽지 아니하리니 이것을 네가 믿느냐"(요 11:25-26)라고 말씀하셨습니다. 혈과 육은 하나님의 나라를 유업으로 받을 수 없고(고전 15:50), 오직 '산 자'의 하나님을 믿는 자만이 산 자가 되어서 죽음의 자리에서 능히 일어나는 부활과 변화의 역사를 체험할 수 있습니다(고전 15:51-52).

예수님께서, 모세가 부름 받은 때(주전 1447년)로부터 약 544년 전에 죽은 아브라함(창 25:7-8), 약 439년 전에 죽은 이삭(창 35:28-

29), 약 413년 전에 죽은 야곱(창 47:28, 49:33)을 가리켜 '산 자'라고 말씀하신 것은, 그들이 바로 '산 자'의 하나님을 믿는 '살아 있는 믿음'의 소유자였기 때문입니다(히 11:4, 8, 20-21).

① 믿음으로 '산 자'가 된 아브라함

하나님의 말씀을 저버린 첫 사람 아담의 후예는 실상은 다 죽은 자(마 8:22, 롬 5:12)이고, 아브라함, 이삭, 야곱도 아담의 후예로 죽은 자였습니다. 그러나 아브라함은 믿음으로 하나님의 부르심을 받고 순종하여 장래 기업으로 받을 땅에 나갈 때 갈 바를 알지 못하고 나갔습니다(히 11:8). 시편 110:4에서 "여호와는 맹세하고 변치 아니하시리라 이르시기를 너는 멜기세덱의 반차를 좇아 영원한 제사장이라 하셨도다"라고 말씀하고 있는데, 여기에서 멜기세덱은 영원성을 가진 자로 묘사되고 있습니다. 그래서 히브리서 7:3에서도 멜기세덱을 가리켜 "생명의 끝도 없어 하나님 아들과 방불하여 항상 제사장으로 있느니라"라고 말씀하고 있습니다. 특히 히브리서 7:8에서 멜기세덱을 가리켜 '산다고 증거를 얻은 자, 곧 산 자'라고 표현하고 있습니다. 그런데 '산 자'인 멜기세덱은 떡과 포도주를 가지고 나와서 아브라함에게 축복하였습니다(창 14:17-20, 히 7:6-7). 아브라함은 '산 자'인 멜기세덱에게 십일조를 바치고(창 14:20, 히 7:4, 6) 복 빎을 받음으로(히 7:7) '산 자'의 맥에 연결되었던 것입니다.

아브라함은 84세에 그의 종 다메섹 엘리에셀을 그의 상속자로 생각하였습니다(창 15:2-3). 그러나 하나님께서는 "그 사람은 너의 후사가 아니라 네 몸에서 날 자가 네 후사가 되리라"라고 말씀하시면서(창 15:4), 아브라함을 데리고 밖으로 나가서 "하늘을 우러러 뭇 별을 셀 수 있나 보라 또 그에게 이르시되 네 자손이 이와 같으리라”라고 말씀하셨습니다(창 15:5). 아브라함은 도저히 믿을 수 없는 상황에서 이 말씀을 믿었으며, 하나님께서는 이것을 아브라함의 의로 여겨 주셨습니다(창 15:6).

또한 아브라함 나이 99세가 되었을 때, 아내 사라의 경수가 끊어지고 도저히 애를 낳을 수 없는 상태였습니다(창 18:11). 사라가 속으로 웃고 “내가 노쇠하였고 내 주인도 늙었으니 내게 어찌 낙이 있으리요”(창 18:12)라고 말할 수밖에 없는 상태였습니다. 그러나 아브라함이 하나님의 말씀을 믿음으로 산 자가 된 것입니다. 로마서 4:17에서 “기록된 바 내가 너를 많은 민족의 조상으로 세웠다 하심과 같으니 그의 믿은바 하나님은 죽은 자를 살리시며 없는 것을 있는 것같이 부르시는 이시니라”라고 말씀하고 있습니다. 로마서 4:19-21에서 “그가 백 세나 되어 자기 몸의 죽은 것 같음과 사라의 태의 죽은 것 같음을 알고도 믿음이 약하여지지 아니하고 [20] 믿음이 없어 하나님의 약속을 의심치 않고 믿음에 견고하여져서 하나님께 영광을 돌리며 [21] 약속하신 그것을 또한 능히 이루실 줄을 확신하였으니”라고 말씀하고 있습니다. 이처럼 아브라함은 마치 죽음에 이른 것과 같은 처지에서도 하나님의 약속을 믿음으로 산 자의 자리로 올라갔습니다.

아브라함은 마침내 독자 이삭을 번제로 바치라는 하나님의 명령을 받았을 때 능히 이삭을 다시 살리실 줄 믿고(히 11:17-19) 하나님께 드림으로, 하나님께 “이제야 네가 하나님을 경외하는 줄을 아노라”라고 ‘산 자의 신앙’을 인정받았습니다(창 22:1-19, 참고-약 2:21-23).

② 믿음으로 '산 자'가 된 이삭

이삭은 40세가 되어 리브가를 취하여 아내를 삼았으나(창 25:20) 20년 동안 아이가 생기지 않았습니다(창 25:26下). 그러나 이삭은 살아 있는 믿음으로 리브가를 위하여 기도하였으니, 하나님께서 그 기도를 들으시고 에서와 야곱이라는 쌍둥이를 주신 것입니다. 창세기 25:21에서 "이삭이 그 아내가 잉태하지 못하므로 그를 위하여 여호와께 간구하매 여호와께서 그 간구를 들으셨으므로 그 아내 리브가가 잉태하였더니"라고 말씀하고 있습니다.

또한 흉년이 들어서 애굽으로 내려가야만 하는 처지에서(창 26:1), 하나님은 이삭에게 "애굽으로 내려가지 말고 내가 네게 지시하는 땅에 거하라 이 땅에 유하면 내가 너와 함께 있어 네게 복을 주고 내가 이 모든 땅을 너와 네 자손에게 주리라 내가 네 아비 아브라함에게 맹세한 것을 이루어 네 자손을 하늘의 별과 같이 번성케 하며 이 모든 땅을 네 자손에게 주리니 네 자손을 인하여 천하 만민이 복을 받으리라"라고 약속하셨습니다(창 26:2-4). 이삭은 살아 있는 믿음으로 이 약속을 믿고 그랄에 거하였으며(창 26:6), 마침내 그 땅에서 농사하여 백 배나 얻는 복을 받고 거부가 되었습니다(창 26:12-14).

이삭은 두 아들 에서와 야곱 중에 에서를 더 사랑했지만(창 25:28), 차자인 야곱이 장자의 축복을 받게 되었을 때, 하나님의 말씀대로(창 25:23) 이루어진 주권 섭리임을 깨닫고 온전히 하나님의 뜻에 따랐는데(창 27:1-40), 이에 대해 히브리서 11:20에서는 "믿음으로 이삭은 장차 오는 일에 대하여 야곱과 에서에게 축복하였으며"라고 그 믿음을 증거하고 있습니다. 하나님은 이삭 또한 '산 자'로 인정하셨습니다(마 22:31-32, 눅 20:37-38).

③ 믿음으로 '산 자'가 된 야곱

야곱은 20년 동안 외삼촌 라반의 집에서 낮에는 더위를 무릅쓰고 밤에는 추위를 당하며 눈 붙일 겨를도 없이 지내었습니다(창 31:40-41). 야곱은 꿈에 하나님의 역사를 보고(창 31:10-12), 살아 있는 믿음으로 버드나무와 살구나무와 신풍나무의 푸른 가지를 취하여 그것들의 껍질을 벗겨서 흰 무늬를 내어 양떼가 와서 먹는 개천의 물구유에 세워서 양떼를 향하게 하였습니다. 그러자 신기하게도 그것을 본 하얀 색의 양들마다 얼룩얼룩한 것과 점이 있고 아롱진 것을 낳았습니다(창 30:37-39). 하나님께서 섭리하신 결과로 야곱은 풍부한 소유를 가지고 라반의 집에서 탈출할 수 있었던 것입니다(창 30:43, 31:1).

또한 야곱은 형 에서가 400인을 거느리고 온다는 소식을 듣고 살아 있는 믿음으로 얍복 나루에서 목숨을 건 기도를 했으며, 환도뼈가 부러지는 가운데 하나님의 응답을 받았습니다. 하나님께서는 진심으로 회개한 야곱에게 이스라엘이라는 새 이름을 주시고 브니엘의 아침을 맞게 하시면서 에서와도 눈물로 화해하게 만들어 주셨습니다(창 32:22-33:4).

요셉을 따라 애굽에 내려가 노년을 보낸 야곱은 죽기 직전에 하나님의 언약을 굳게 믿고 그 후손들에게 자신을 가나안 땅에 묻어 줄 것을 맹세케 하였으며, 그 마지막 순간까지 하나님의 언약을 전수한 신앙의 사람이었습니다(창 47:29-48:22, 49:29-33). 특별히 히브리서 11:21에는 "믿음으로 야곱은 죽을 때에 요셉의 각 아들에게 축복하고 그 지팡이 머리에 의지하여 경배하였으며"라고 야곱의 믿음을 총정리하고 있는데(창 48:8-20, 49:33), 이는 야곱의 삶이 끝까지 언약 성취를 위한 하나님의 섭리에 집중되어 있었음을 보여 줍니다.

야곱은 행함이 있는 산 믿음으로 하나님을 경외하여 하나님께 '산 자'로 인정받았습니다(마 22:31-32, 막 12:26-27, 눅 20:37-38).

④ 믿음으로 '산 자'가 된 요셉

요셉은 아브라함과 이삭과 야곱의 살아 있는 신앙을 그대로 이어받았습니다. 요셉은 아버지 야곱의 특별한 사랑(창 37:3)과 하나님이 주신 꿈(창 37:5-11) 때문에, 형들의 미움을 받아 애굽으로 팔려가서 갖은 고생을 다 했어도, 그것이 모두 하나님의 구속사적 경륜을 이루시는 과정임을 깨닫고, 큰 믿음으로 형들을 용서하고 품은 살아 있는 믿음의 사람이었습니다(창 45:5-8, 50:19-21).

요셉은 죽는 순간에도 하나님께서 아브라함에게 약속하신 횃불 언약이 반드시 성취될 것을 굳게 믿었습니다. 먼 훗날 이루어질 언약의 성취를 바로 눈앞에서 이루어지는 것처럼 확실하게 믿은 것입니다. 그래서 그는 임종 시에 이스라엘 백성이 반드시 애굽에서 떠나 가나안 땅에 들어갈 것을 말하였고, 그때에 자기의 해골을 메고 가라고 부탁한 것입니다(창 50:24-25). 요셉의 유언은 하나님의 말씀에 대한 절대적인 믿음의 행동이요(히 11:22), 자신의 유한한 생명을 넘어서 '말씀의 성취를 확신하고 소망'하는 살아 있는 믿음 그 자체였습니다. 육신은 죽었지만 그의 믿음은 계속 살아서 역사하고 있었습니다. 해골이 되어서도 기필코 가나안에 들어가고자 했던 요셉의 신앙은 죽지 않고 살아서, 마침내 그의 해골이 약속의 땅 세겜에 묻혀 안식함으로, 믿음의 4대의 마침표를 찍으며 횃불 언약을 성취하였던 것입니다(수 24:32). 아브라함과 이삭과 야곱 곧 '산 자'의 신앙은 요셉에게로 이어져 요셉 또한 '산 자'가 되었고, "그로부터 이스라엘의 반석인 목자가 나도다"(창 49:24)라는 메시아의 복을 받았습니다.

요셉은 "그 형제 중 뛰어난 자의 정수리"(창 49:26下), "그 형제 중 구별한 자의 정수리"(신 33:16下)라는 특별히 구별된 장자의 축복을 받았는데, 이 복을 가리켜 모세는 "가시떨기 나무 가운데 거하시던 자의 은혜"(신 33:16上)라고 하였습니다. 모세는 가시떨기 나무 가운데서 부름을 받을 때 산 자의 하나님에 관한 특별한 은혜를 경험한 자였습니다(출 3:1-6, ^{참고-}막 12:26-27, 눅 20:37-38). 모세는 그 하나님께서 요셉에게도 특별한 은혜 주시기를 섭리 가운데 예언한 것입니다.

⑤ 산 자의 신앙을 이어받은 후손들의 헌신

이스라엘 백성은 광야 40년의 노정과 가나안 정복 기간 약 16년을 포함한 약 56년 동안 요셉의 해골을 메고 다녔습니다(출 13:19). 그들은 무거운 요셉의 관을 메고 온통 사막과 바위덩어리로 가득 찬 크고 무서운 광야를 걸으면서도, 요셉의 관을 신중하게 관리하고 보호하면서 무거운 관을 직접 메고 가는 수고를 끝까지 감당하였습니다(수 24:32). 요셉의 해골은 방부 처리를 한 후 나무관에 입관하였을 뿐 아니라, 또다시 그것의 바깥쪽에 무거운 석관을 입혔습니다.[69] 석관을 제외하더라도 그 무게가 상당했으므로, 여기저기 진을 이동할 때마다 그것을 관리하는 것은 결코 쉽지 않았을 것입니다.

게다가 가나안 땅에 들어가서 매일 지속되는 험한 정복 전쟁 속에서 요셉의 관을 메고 관리하는 것 또한 목숨을 건 사투였을 것입니다. 그러나 요셉의 관을 메는 사람들은 그 일을 귀찮게 생각하지 않았고, 도중에 그 해골을 매장하거나 화장(火葬)하지도 않고 언약의 백성답게 오직 산 자의 신앙으로 헌신하였습니다.

왜냐하면 이스라엘 백성에게는 요셉의 해골을 메고 간다는 그 자체가 바로 '요셉에게 함께하셨던 하나님'이 '지금도 우리와 함께

하신다'라는 '임마누엘'의 큰 표징이었기 때문입니다. 그들은 요셉의 해골을 통하여 이스라엘을 위기에서 구원한 요셉의 체취를 느꼈을 것입니다. 그들은 360년이나 지나 버린 오랜 조상의 유언을 그때까지도 생생하게 기억하고, 요셉의 해골을 메고 가는 헌신의 수고를 하였던 것입니다. 그것은 미쁘신 하나님의 말씀을 따라 순종하는 산 자들의 행진이었습니다. 오늘날 천국을 향해 날마다 전진하는 우리들도 하나님의 언약을 성취하기 위하여 신령한 해골을 메고 '산 자'들의 행진을 해야 할 것입니다(마 10:38, 16:24, 막 8:34, 눅 9:23, 14:27).

마치 아벨이 죽었으나 그 믿음으로 말하듯이(히 11:4, 참고-창 4:10-11), 아브라함과 이삭과 야곱과 요셉, 4대의 살아 있는 믿음이 지금도 믿음 없는 이 패역한 세대를 향해 외치고 있습니다. 산 자의 신앙은 먼 옛날 이스라엘 백성만의 전유물이 아니고, 오늘날 성도들에게도 필수적입니다. 하나님께서는 4대의 믿음, 곧 아브라함의 믿음, 이삭의 믿음, 야곱의 믿음, 요셉의 믿음을 가지고 헌신하는 '산 자'들을 찾고 계십니다. 하나님께서는 그분의 말씀이 일점 일획도 땅에 떨어지는 법이 없이 모두 성취된다는 이 금언(金言)을 의심 없이 믿고 순종하는 '산 자'들을 찾고 계십니다. 이러한 살아 있는 믿음의 소유자를 통하여 하나님의 영원불멸하신 뜻과 언약을 반드시 이루실 것입니다.

(2) 죽음을 초월하여 영원히 살아 계신 하나님을 믿는 신앙입니다.

하나님께서는 영원토록 살아 계시는 분이십니다. 특히 오늘 우리 삶의 현장 한가운데 살아서 역사하는 분이십니다. 그러므로 그분 안에 있는 자는 결코 죽은 자가 아니라 산 자입니다. 누가복음 20:38에서 "하나님은 죽은 자의 하나님이 아니요 산 자의 하나님이시라 하나님에게는 모든 사람이 살았느니라"라고 말씀하고 있습니다. 성경에서는 하나님에 대해 일관되게, '살아 있는'이라는 뜻의 히브리어 '하이'(חַי)와 헬라어 '자오'($\zeta\acute{\alpha}\omega$)를 사용하여 '살아 계시는 하나님'이라고 증거하고 있습니다. 하나님은 "사시는 하나님"(신 5:26, 수 3:10, 렘 10:10), "생존하시는 하나님"(시 42:2), "사신 하나님"(호 1:10), "살아 계신 하나님"(고후 3:3, 딤전 4:10, 히 3:12)이십니다.

그러므로 결코 하나님께는 죽음이 아무런 장애물이 되지 않습니다. 성자 하나님이신 예수님은 말씀이 육신이 되어 이 땅에 오셨고(요 1:14), 십자가에서 죽으셨습니다(마 27:50). 그러나 그 죽음이 예수님의 사역을 막을 수 없었습니다. 육신은 분명히 아리마대 요셉의 새 무덤 속에 계셨지만, 예수님은 육체로는 죽임을 당하시고 영으로는 살리심을 받으셨습니다(벧전 3:18). 베드로전서 3:19-20에서는 "저가 또한 영으로 옥에 있는 영들에게 전파하시니라 그들은 전에 노아의 날 방주 예비할 동안 하나님이 오래 참고 기다리실 때에 순종치 아니하던 자들이라"라고 말씀하고 있습니다.

예수님은 결코 사망에 매여 있을 수 없는 분이십니다(행 2:24). 그래서 사망 권세를 깨뜨리시고 3일 만에 부활하셨습니다. 사도행전 2:31-32에서 "미리 보는 고로 그리스도의 부활하심을 말하되 저가 음부에 버림이 되지 않고 육신이 썩음을 당하지 아니하시리라 하더니 [32] 이 예수를 하나님이 살리신지라 우리가 다 이 일에 증인이로다"라고 말씀하고 있습니다. 예수님은 그 죽음조차도 하나님의 구속사를 성취하는 방편일 뿐이지, 그것이 하나님의 구속사를 결코 중단시킬 수 없는 것입니다.

타락하고 유한한 인간들은 '살았다 죽었다, 영원하다 임시적이다, 내세다 금세다'라고 구별하면서, 시간과 공간의 제한 그리고 인간이 만든 사고 체계에 갇혀 살고 있습니다. 그러나 하나님에게는 그러한 구별이 아무런 의미가 없습니다. 그분은 영원토록 여전하여 연대가 다함이 없으십니다(히 1:12). 예수 그리스도는 멜기세덱의 반차를 좇는 영원한 대제사장으로서(히 5:6, 6:20, 7:15-17, 20-21), 항상 살아 계시며(히 7:25下) 영원토록 동일하십니다(히 13:8).

사단은 요셉이 죽었을 때 하나님의 언약이 성취되지 못하고 제가 승리하였다고 기뻐했을 것입니다. 그러나 요셉은 비록 그 육신은 죽었어도, 영원히 믿음으로 그는 결코 죽지 않았습니다. 그는 살아 계시는 하나님 안에서 여전히 살아서, 마침내 주전 1390년에 가나안 땅에 입성하였습니다.

예수님은 "나는 부활이요 생명이니 나를 믿는 자는 죽어도 살겠고 무릇 살아서 나를 믿는 자는 영원히 죽지 아니하리니 이것을 네가 믿느냐"라고 말씀하셨습니다(요 11:25-26). 예수님 안에서는 죽은 자와 살아 있는 자 모두가 '산 자'가 될 수 있습니다. 육신적으로 죽은 자도 부활 자체이신 예수님 안에서 산 자가 되고, 육신적으로 예수님 안에서 살아 있는 자는 재림 때에 변화 받아 영원히 산 자가 됩니다. 고린도전서 15:52에서 "나팔 소리가 나매 죽은 자들이 썩지 아니할 것으로 다시 살고 우리도 변화하리라"라고 말씀하고 있으며, 데살로니가전서 4:16-17에서 "주께서 호령과 천사장의 소리와 하나님의 나팔로 친히 하늘로 좇아 강림하시리니 그리스도 안에서 죽은 자들이 먼저 일어나고 [17] 그 후에 우리 살아남은 자도 저희와 함께 구름 속으로 끌어올려 공중에서 주를 영접하게 하시리니 그리하여 우리가 항상 주와 함께 있으리라"라고 말씀하고 있습니다.

성도가 영원토록 살아 계시는 하나님을 믿으면, 믿는 그에게도 죽음은 아무런 장애물이 되지 않습니다. 인간의 죽음이 사람의 눈에는 종말인 것처럼 보이지만, 예수님 안에서는 그 죽음이 결코 하나님과 인간 사이를 영원히 끊지 못합니다. 사망이나 그 어떤 것도 우리를 하나님의 사랑에서 끊을 수는 없습니다.

로마서 8:38-39 "내가 확신하노니 사망이나 생명이나 천사들이나 권세자들이나 현재 일이나 장래 일이나 능력이나 ³⁹ 높음이나 깊음이나 다른 아무 피조물이라도 우리를 우리 주 그리스도 예수 안에 있는 하나님의 사랑에서 끊을 수 없으리라"

지금까지 우리가 알게 모르게 하나님을 죽은 자의 하나님으로 믿은 결과 죽은 자처럼 살아왔다면, 이 후로는 산 자의 하나님을 바르게 신앙하고 오직 산 자로 살아야 합니다. 사도 바울은 이것을 깨달았기에 "우리가 살아도 주를 위하여 살고 죽어도 주를 위하여 죽나니 그러므로 사나 죽으나 우리가 주의 것이로라 ⁹ 이를 위하여 그리스도께서 죽었다가 다시 살으셨으니 곧 죽은 자와 산 자의 주가 되려 하심이라"(롬 14:8-9)라고 고백하였습니다. 살아 있는 믿음을 가지고 영존하시는 하나님을 믿는 성도는 그 육신이 죽어도 살아도 예수 그리스도 안에서 다 '산 자'인 것입니다. 그러므로 그런 성도는 결코 죽음을 두려워하지 않으며, 자신의 생명을 조금도 귀한 것으로 여기지 않고 예수 그리스도의 복음을 증거하는 일에 일사각오 순교 정신으로 전심전력합니다(행 20:22-24, 히 11:35-38).

오직 예수 그리스도 한 분을 마음 중심에 모시고, 예수 그리스도의 십자가 복음을 의심 없이 믿는 살아 있는 믿음을 가진 자, 죽음을 초월하시고 영원히 살아 계시는 하나님을 믿는 자, 그가 아브라함의 자손이고, 하나님께서 약속하신 유업을 이을 경건한 자손입니다(갈 3:7, 29). 그가 바로 '산 자'입니다. 전도서 9:4에서는 "모든 산 자 중에 참예한 자가 소망이 있음은 산 개가 죽은 사자보다 나음이니라"라고 말씀하고 있습니다. 아무리 사자와 같은 위대한 영웅, 호걸, 열사라도 죽은 신앙을 가지고 하나님을 오해하여 죽은 자의 하나님으로 믿는다면, 그는 가장 비천한 자요, 죽은 자에 불과합니다. 아무리 연약하고 부족하여도 오직 산 자의 신앙을 가진 성도에게는 소망이 넘치고(전 9:4), "내가 산 자의 땅에 있음이여 여호와의 은혜 볼 것을 믿었도다"라고 고백할 수 있습니다(시 27:13).

이제 우리는 산 자의 신앙으로 세상과 죄에 대하여는 '죽은 자'요, 오직 그리스도 예수 안에서 하나님을 대하여는 '산 자'입니다(롬 6:4, 11). 우리는 십자가에서 성체(聖體)를 버리시고 우리를 죄와 죽음의 세력에서 벗어나 자유케 하신 예수 그리스도를 믿는 믿음 안에서(갈 2:20), 횃불 언약을 최종적으로 완성해야 할 구속사의 주역입니다.

하나님의 구속사적 경륜이 성취되기까지 오직 믿음으로 말하고, 믿음으로 생각하며, 믿음으로 선한 일에 열심해야 합니다(엡 2:10, 딛 2:14). "천지는 없어지겠으나 내 말은 없어지지 아니하리라" 하신 말씀대로(마 24:34-35) 하나님의 말씀은 어김없이 이루어집니다. 그 날 신구약성경에 약속된 마지막 은혜(벧전 1:13)가 천국을 소망하면서 길이 참고 기다린 자들에게 반드시 임할 줄로 확신합니다.

오늘도 살아 있는 믿음을 가지고 영원히 살아 계시는 하나님을 믿는 산 자의 신앙으로, 괴롭고 답답하고 눈물겨운 생활, 죽음보다 힘겨운 고난과 핍박 속에서라도 믿음을 배반하지 말고 끝까지 구속사의 말씀을 붙드시기 바랍니다. 사망 앞에서도 결코 두려움이 없는 '산 자의 신앙'을 가지고 나아갈 때, 우리도 "사망아 너의 이기는 것이 어디 있느냐 사망아 너의 쏘는 것이 어디 있느냐?"(고전 15:55)라고 사망을 향해 호령하는 자가 되어서, 마침내 사망을 이기는 변화의 주인공들이 될 것입니다. 부디 '산 자의 신앙'을 가지고, 맡겨 주신 사명에 일사각오 순교 정신으로 충성함으로, 반드시 횃불 언약의 최종 성취자가 되시기를 주님의 이름으로 축원합니다.

3. 횃불 언약을 이루시는 하나님의 열심
God's zeal for the fulfillment of the Covenant of the Torch

아브라함, 이삭, 야곱 그리고 4대의 마침이 된 요셉, 또한 위대한 광야의 영도자 모세와 여호수아, 그 밖에 갈렙과 같은 기라성 같은 지도자들, 무거운 요셉의 해골을 메고 세겜에 도착할 때까지 행진한 사람들... 이들은 모두 횃불 언약 성취의 주인공들이었습니다.

400년 동안 애굽의 학정 속에서 연기 나는 풀무와 같은 극심한 고통과 시련을 겪으면서도(신 4:20, 왕상 8:51, 렘 11:4), 그들의 가슴속에는 한결같이 언약의 횃불이 꺼질 줄 모르고 타오르고 있었습니다.

이 꺼지지 않는 횃불, 타오르는 횃불은 바로 하나님의 열심이요(고후 11:2), 자기 백성을 구원코자 하시는 하나님의 뜨거운 사랑의 불길이었습니다. 그러므로 횃불 언약의 진정한 주인공은 바로 구속 사적 경륜을 친히 이루어 가시는 하나님 자신입니다.

(1) 꿈을 통해 이루시는 하나님의 열심
요셉은 두 가지의 꿈을 꾸었습니다(창 37:5-11). 첫 번째 꿈은 열한 단이 요셉에게 절하는 꿈이요, 두 번째 꿈은 해와 달, 열한 별이 요셉에게 절하는 꿈입니다.

곡식을 묶는 단이나 해와 달 그리고 별은 사람처럼 자기 스스로 일어나거나 절할 수 있는 존재가 아닙니다. 그런데 이들이 일어나거나 절을 했다는 것은 누군가가 그렇게 하도록 시킨 것인데, 이 꿈을 주신 분이 바로 하나님이심을 나타내는 것입니다. 요셉의 꿈은 실로, 장차 이루어질 햇불 언약의 모든 내용을 담고 있는 위대한 하나님의 계시였습니다.

① 요셉의 꿈과 애굽으로 들어가는 길의 준비

햇불 언약을 성취하시려는 하나님의 뜨거운 열심은 벌써 요셉의 꿈을 통하여 이스라엘 백성이 애굽으로 들어가는 길을 준비하셨습니다. 이 꿈 때문에 요셉은 형들에게 미움과 시기를 받았습니다(창 37:8, 11). 요셉이 도단에서 양을 치는 형들에게 찾아왔을 때, 요셉의 형들은 "요셉을 멀리서 보고 죽이기를 꾀하여 서로 이르되 꿈꾸는 자가 오는도다"(창 37:18-19)라고 말하였습니다. 이것은 요셉을 애굽으로 팔아 넘긴 직접적인 계기가 바로 꿈 때문이었음을 보여 줍니다. 요셉의 형들이 요셉을 애굽에 팔아 넘긴 사건의 표면적 이유는 형들의 미움과 시기 때문이었지만, 하나님께서는 형들의 악을 이용하여 요셉을 애굽으로 미리 보내셔서 장차 야곱의 가문이 애굽으로 들어가는 통로를 마련하신 것입니다(창 45:5, 50:20). 이것은 창세기 15:13의 "너는 정녕히 알라 네 자손이 이방에서 객이 되어 그들을 섬기겠고 그들은 사백 년 동안 네 자손을 괴롭게 하리니"라는 햇불 언약의 예언을 성취하시기 위하여, 구속사적 경륜 속에서 하나님의 섭리와 열심이 이루신 것이었습니다.

② 요셉의 꿈과 이스라엘 백성이 이방의 객이 되어 섬김

요셉이 꾸었던 두 가지 꿈의 공통점은 '요셉이 절을 받는 꿈'입니다. 절은 존경을 뜻합니다. 사람들은 위대한 것을 보면 그 앞에 자연히 무릎을 꿇고 절을 하게 됩니다. 이것은 열한 단과 해와 달, 그리고 열한 별이 앞으로 요셉을 존경하게 된다는 계시입니다. 여기 열한 단과 열한 별은 요셉의 열한 형제를 나타내고, 해와 달은 요셉의 부모를 나타냅니다(창 37:8, 10). 그러므로 이것은 장차 요셉이 이스라엘 가문 전체에게 자발적인 존경을 받으며 그들을 구원하게 될 것이라는 계시였던 것입니다.

그러나 애굽에 노예로 팔려 간 요셉은 인생의 밑바닥까지 내려가는 시련을 겪어야 했습니다. 그는 보디발 집의 노예로 일하다가, 보디발의 아내를 겁탈하려 했다는 누명을 쓰고 죄수로 감옥에 갇히게 됩니다. 감옥에서 요셉은 바로의 술 맡은 관원장과 떡 굽는 관원장을 만나서 그들의 꿈을 해석하였고, 이 사건은 후에 바로의 꿈을 해석하는 계기를 마련합니다. 요셉은 캄캄한 감옥 속에서 그 발이 착고에 상하며 그 몸이 쇠사슬에 매이는 고통을 당하였지만(시 105:18), 이것은 하나님의 말씀대로 요셉의 꿈을 이루기 위한 과정으로, 마침내 그를 애굽의 총리가 되게 하시려는 하나님의 섭리였습니다.

마침내 하나님의 말씀이 응할 때가 되자(시 105:19), 하나님께서는 요셉을 감옥에서 이끌어내시고 바로의 꿈을 해석하게 하심으로, 애굽의 총리가 되게 하셨습니다(시 105:20-22). 그리고 온 땅에 기근이 들어 식량을 떨어지게 하셔서, 열한 형제와 야곱이 온 가족을 이끌고 애굽에 들어오게끔 섭리하셨습니다(시 105:23). 그리하여 창세기 15:13의 "여호와께서 아브람에게 이르시되 너는 정녕히 알라 네 자손이 이방에서 객이 되어 그들을 섬기겠고 그들은 사백 년 동안 네 자손을 괴롭게 하리니”라고 말씀하신 횃불 언약이 하나님께서 주신 요셉의 꿈대로 요셉을 통하여 성취되기 시작하였던 것입니다.

③ 요셉의 꿈과 요셉에게 허락하신 정수리의 축복

그러나 요셉의 꿈은 여기에서 끝나지 않았습니다. 해와 달과 별은 단순히 요셉의 부모와 형제만을 상징하는 것이 아닙니다. 이것들은 더 나아가 전 우주를 상징합니다. 요셉은 실로 전 우주적인 축복을 받은 것입니다. 그가 받은 축복의 내용은 창세기 49:26과 신명기 33:16에서도 나타나고 있습니다.

| 야곱의 예언 |

창세기 49:26 “네 아비의 축복이 내 부여조의 축복보다 나아서 영원한 산이 한없음같이 이 축복이 요셉의 머리로 돌아오며 그 형제 중 뛰어난 자의 정수리로 돌아오리로다”

영어성경 NASB “The blessings of your father have surpassed the blessings of my ancestors up to the utmost bound of the everlasting hills; May they be on the head of Joseph, and on the crown of the head of the one distinguished among his brothers.”

| 모세의 축복 |

신명기 33:16 “땅의 보물과 기기 충만한 것과 가시떨기 나무 가운데 거하시던 자의 은혜로 인하여 복이 요셉의 머리에, 그 형제 중 구별한 자의 정수리에 임할지로다”

영어성경 NASB “And with the choice things of the earth and its fulness, and the favor of Him who dwelt in the bush. Let it come to the head of Joseph, and to the crown of the head of the one distinguished among his brothers.”

창세기 49:26과 신명기 33:16에서는 두 구절 모두 "요셉의 머리"와 "그 형제 중 뛰어난(구별된) 자의 정수리"가 대구(對句)되고 있습니다. 즉 '머리'와 대칭되는 단어는 '정수리'입니다. 이것은 형제들 가운데 요셉의 위치가 '머리' 중에서도 '정수리'임을 암시합니다. 정수리(top of the head)는 머리 위의 숫구멍이 있는 자리로서, '정상' 중에서도 '제일 높은 꼭대기 부분'을 비유하는 말입니다. 그래서 보통 우리 인체의 맨 밑에서부터 가장 꼭대기까지를 '발바닥부터 정수리'라고 부릅니다(신 28:35, 삼하 14:25, 욥 2:7).

요셉이 받은 전 우주적인 축복은 바로 정수리의 축복으로서 가장 최고의 복을 의미합니다. 창세기 49:25에서는 그 복을 '위로 하늘의 복, 아래로 땅의 원천의 복'이라고 설명하고 있습니다.

또 창세기 49:26에서는 요셉이 받은 정수리의 축복을 '부여조(父與祖)의 축복보다 더 나은 축복'이라고 말씀하고 있습니다. 여기 '부여조'는 히브리어로 '하라'(הָרַי)인데, 이는 '조상'을 뜻하며, 이것은 요셉이 아비 야곱으로부터 받고 있는 축복이 '조상'들의 축복보다 더 나은 축복이라는 의미입니다. 이 '조상'들 속에는 아브라함, 이삭도 포함되어 있으므로 요셉이 받은 복은 아브라함과 이삭과 야곱이 받은 축복보다 월등하다는 것입니다. 실로, 요셉이 받은 축복은 평지에 우뚝 솟은 산들 가운데 가장 높은 산과 같은 것입니다.

요셉이 받은 축복이 부여조의 축복보다 더 나은 이유는 무엇입니까?

그것은 아브라함으로부터 시작된 하나님의 횃불 언약이 마침내 요셉을 통하여 성취가 될 것이기 때문입니다. 횃불 언약은 아브라함 때에 뿌리를 내리고, 이삭 때에 줄기가 나서 야곱 때에 잎이 생기고, 마침내 요셉 때에 아름다운 꽃을 피우고 가장 풍성한 열매를 맺어 성취가 된 것입니다. 실로, 요셉은 아브라함과 이삭과 야곱의 축복을 집대성한 사람이었습니다.

이러한 놀라운 말씀은 시편 105편에서도 명확하게 드러납니다.

시편 105편은 아브라함과 그의 후손들에게 가나안 땅을 유업으로 주리라는 위대한 약속을 재확인시켜 주고 있습니다(대상 16:7-36). 이것은 장차 예수 그리스도를 믿는 아브라함의 영적 후손들이 하나님 나라 천국을 소유할 것에 대한 예표적 역할을 하기도 합니다.

여기에서 하나님께서는 아브라함과 맺으신 언약이 이삭과 야곱을 통하여 더욱 견고하게 확증되었음을 밝히고 있습니다.

시편 105:8-10 "그는 그 언약 곧 천대에 명하신 말씀을 영원히 기억하셨으니 9 이것은 아브라함에게 하신 언약이며 이삭에게 하신 맹세며 10 야곱에게 세우신 율례 곧 이스라엘에게 하신 영영한 언약이라"

여기에서 하나님께서 아브라함과 맺으신 '언약'은 이삭에게는 확실성을 완전하게 보증하는 '맹세'로, 야곱에게는 변치 않는 객관적인 법규의 효력을 가진 '율례(영영한 언약)'로 각각 표현됨으로써 점점 강하고 확실하게 선포되었습니다. 그런데 시편 105편에서는, 아브라함과 이삭과 야곱을 언급한 다음에 곧바로 이어서, 시편 105:17에서 "한 사람을 앞서 보내셨음이여 요셉이 종으로 팔렸도다"라고 하면서, 요셉에 대해 말씀하고 있습니다. 이것은 아브라함과 이삭과 야곱을 잇는 '믿음의 제4대'가 바로 요셉이며, 횃불 언약이 요셉에 의해 성취되었음을 확실하게 만천하에 선포하고 있는 것입니다.

④ 요셉의 꿈과 예수 그리스도

창세기 49:26의 "정수리"를 대부분의 영어 성경은 '머리 왕관'

(the crown of head - KJV, NKJV, NASB, ASV)으로 번역하고 있습니다. 여기 'crown'은 '왕관'에서부터 '꼭대기, 정상, 최고부' 곧 머리의 정상부인 정수리를 뜻하는 단어입니다. '왕관'은 왕의 머리에 쓰는 관으로서, 요셉이 받은 정수리의 축복은 '왕의 축복'을 의미합니다.

예수님은 우리의 만왕의 왕이신 분입니다(계 17:14, 19:16). 그러므로 요셉은 우리 주 예수 그리스도의 예표입니다. 우리는 예수 그리스도 안에 들어갈 때 '정수리의 축복'을 받을 수 있습니다.

해와 달과 별이 전 우주를 상징한다면, 실제로 전 우주가 고개를 숙일 분은 단 한 분뿐입니다. 바로 예수 그리스도이십니다. 여기에 놀라운 구속사적 섭리가 있습니다. 요셉은 바로 예수 그리스도의 예표입니다. 많은 사람들에게 절을 받을 수밖에 없는 요셉의 삶과 인격을 보면서 우리는 예수 그리스도의 모습을 발견하게 됩니다. 요셉의 고난과 인내, 지혜와 사랑, 죄와 허물이 없는 완전함, 풍성한 생명의 역사 그리고 마침내 모든 사람들이 그 앞에 무릎을 꿇는 모습은 바로 예수님의 모습을 보는 듯합니다.

아브라함에게 주신 횃불 언약을 성취한 마지막 인물이 바로 요셉이었다면, 천국을 우리에게 주시는 영원한 횃불 언약을 성취해 주실 마지막 인물은 바로 주 예수 그리스도이십니다. 주님께서는 재림하심으로 모든 어둠의 권세를 물리치시고, 아브라함의 믿음의 후손들인 그의 성도들에게 새 하늘과 새 땅을 주심으로써 횃불 언약을 완전히 그리고 영원히 성취하실 것입니다.

(2) 구속사적 경륜을 이루어 가시는 하나님의 열심

지금까지 우리는 하나님의 구속사적 경륜 속에서 횃불 언약이 어떻게 성취되어 왔는지를 구체적으로 살펴보았습니다. 그 모든 역사적 성취의 배후에는 택한 백성을 끝까지 구원코자 하시는 하나님의 사랑과 자비로 말미암은 열심의 불이 타오르고 있었습니다. 그 어떤 어둠의 세력과 장애물도 하나님의 열심의 불을 끌 수는 없었습니다.

애굽 땅에서 종살이하는 자기 백성을 구원하여 가나안 땅으로 인도하시고자 하는 하나님의 뜨거운 열심의 불을 끌 수 있는 것은 이 세상에 아무것도 없었습니다. 애굽의 막강한 군사력과 바로의 강퍅한 마음도 자기 백성을 구원하시려는 하나님의 열심을 꺾지 못했습니다. 거센 파도를 몰아치며 하나님의 백성을 삼키려고 달려드는 무서운 홍해의 물결도 하나님의 열심 앞에는 갈라지고 말았습니다. 매서운 사막의 바람과 광야의 먼지, 작열하는 태양과 살을 에는 듯한 한밤의 추위, 오직 걸어서 가야 하는 거친 광야와 험난한 바위뿐인 산도 하나님의 열심을 가로막지 못했습니다. 계속되는 원망과 배신으로 하나님의 가슴에 대못을 박았던 이스라엘 백성의 반복되는 의심도, 자기 백성을 향한 하나님의 열심의 불을 끌 수는 없었습니다. 아모리 왕 시혼과 바산 왕 옥을 비롯한 수많은 대적들의 무시무시한 칼날과 위협적인 공격도 하나님의 열심 앞에 추풍 낙엽처럼 떨어지고 말았습니다.

횃불 언약을 체결하신 분도 하나님이시요, 그것을 마침내 이루신 분도 살아 계신 하나님이신 것입니다(사 55:11, 렘 33:2). 횃불 언약의 주인공들의 가슴속에는 바로 이 하나님의 열심이 꺼질 줄 모르고 활활 타오르고 있었던 것입니다.

이제 횃불 언약의 최종적인 완성은 바로 예수 그리스도를 믿고 따르는 성도들에게 사명으로 남아 있습니다.

지금은 바야흐로 밤이 깊고 낮이 가까운 때입니다(롬 13:12). 어디를 가나 불법이 성(盛)하고 많은 사람의 사랑이 식어지는 때입니다(마 24:12). 만물의 마지막이 가까운 때요(벧전 4:7), 피조물이 탄식하며 고통하는 때입니다(롬 8:22). 영계(靈界)가 칠흑같이 어두워져 가는 이때에, 각자의 심령을 하나님의 말씀과 쉬지 않는 기도로 밝혀야 합니다. 하나님의 열심이 우리 각자의 마음속에 활활 타올라 주의 선한 일에 열심하는 하나님의 일꾼들이 되어야 하겠습니다(딛 2:14, 엡 2:10).

하나님께서 우리를 교회의 일꾼으로 세우신 이유는 무엇입니까? 그것은 바로 구속사적 경륜에 따라 하나님의 열심을 품고 하나님의 말씀을 이루는 자가 되게 하기 위함입니다.

골로새서 1:25-27 "내가 교회 일꾼 된 것은 하나님이 너희를 위하여 내게 주신 경륜을 따라 하나님의 말씀을 이루려 함이니라 [26] 이 비밀은 만세와 만대로부터 옴으로 감취었던 것인데 이제는 그의 성도들에게 나타났고 [27] 하나님이 그들로 하여금 이 비밀의 영광이 이방인 가운데 어떻게 풍성한 것을 알게 하려 하심이라 이 비밀은 너희 안에 계신 그리스도시니 곧 영광의 소망이니라"

예수 그리스도는 하나님의 비밀입니다(엡 3:4, 골 1:27, 2:2).

우리의 할 일이 있다면 하나님의 비밀인 예수 그리스도의 영광의 풍성함을 온 세상에 전파하는 것뿐입니다. 때를 얻든지 못 얻든지 항상 말씀 전파에 힘을 다해야 합니다(엡 6:19, 딤후 4:2).

이 땅에서 주의 몸 된 교회들이 하나님의 말씀을 증거할 때 많은 환난과 핍박을 받게 될 것입니다. 그러나 그것이 아무리 커도 십자가의 고통과 비교할 때 아무것도 아닌 것입니다. 부디 우리의 남은 생애가 사도 바울의 고백대로, 그리스도의 남은 고난을 그의 몸 된 교회를 위하여 우리의 육체에 채우는 역사가 있기를 바랍니다(골 1:24). 그리하여 우리가 오직 예수 그리스도와 그의 복음을 위하여 온갖 고난을 끝까지 참고 견디면서, 오히려 그리스도의 고난에 참 예하는 것으로 즐거워할 때 하나님의 영광의 영이 우리 위에 함께 하실 것입니다(벧전 4:13-14).

애굽에서 자기 백성을 구원하시기 위한 하나님의 열심을 그 어떤 불의의 세력도 막을 수 없었듯이, 마지막 때 죄악의 세상에서 자기 백성을 구원하시려는 하나님의 뜨거운 열심을 막을 자는 이 세상에 아무도 없습니다(롬 8:35-39).

이 하나님의 열심이 우리 속에서 꺼지지 않고 활활 타오르는 동안 우리에게는 소망이 있습니다. 그 소망은 복스러운 소망이요(딛 2:13), 부끄럽지 않은 소망이요(빌 1:20, 시 119:116), 끊어짐이 없는 소망입니다(잠 23:18, 24:14). 그 소망은 살 소망이 끊어지는 극도의 환난 가운데서도 더욱더 견고해지는 소망이요(고후 1:7-8), 영원히 흔들리지 않는 복음의 소망입니다(골 1:23). 마침내 유일한 구원의 주이신 예수 그리스도를 통하여 썩지 않고, 더럽지 않고, 쇠하지 아니하는 천국의 기업을 잇게 하시는 산 소망인 것입니다(벧전 1:3-4).

부디 우리의 남은 생애를 통해 하나님의 뜨거운 열심과 언약의 횃불이 활활 타오르며, 예수 그리스도의 구속 은총으로 말미암은 뜨거운 만남이 영원히 지속되기를 간절히 소원합니다. 할렐루야!

각 장에 대한 주(註)

제1장 구속사적 경륜과 횃불 언약

1) · 제자원 기획·편집, 옥스퍼드 원어성경 대전 시리즈 111 (제자원, 2002), 392-393.

· 군대는 헬라어로 '스페이라'(σπείρα)로 로마의 보병 중대를 가리킵니다.

2) Erich Sauer, 「세계 구속의 여명」, 권혁봉 옮김 (생명의 말씀사, 2005), 156.

제2장 횃불 언약과 '4대'

3) "사사 시대는 가나안 정복이 끝난 주전 1390년부터 사울이 통치를 시작한 주전 1050년 사이의 약 340년 기간입니다" [그랜드 종합 주석 시리즈 1 (성서 아카데미, 2000), 80-81.]

4) G. Von Rad, 「창세기」, 국제성서 주석 시리즈 (한국신학연구소, 1990), 204.

5) · James Montgomery Boice, *Genesis: An Expositional Commentary*, Vol. 1 (Grand Rapids: Baker Books, 1982), 565.

· George Bush, *Notes on Genesis*, Vol. 1 (Minneapolis: Klock & Klock Publishers, Inc., 1981), 250-251.

6) 이상근, 「창세기 주해」 (대한예수교장로회 총회교육부, 1966), 168.

7) Peter S. Ruckman, 「창세기 1」, 편집부 옮김 (말씀보존학회, 2002), 381.

8) H. L. Willmington, 「윌밍턴 종합 성경 연구 시리즈 1」, 박광철 역 (생명의 말씀사, 1990), 136.

9) S. R. Driver, *The Book of Genesis* (London: Methuen & Co., 1904), 177.

10) C. F. Keil & F. Delitzsch, 「출애굽기」, 카일·델리취 주석 구약 시리즈 2, 고영민 역 (기독교문화사, 1994), 81.

제 3 장 횃불 언약 성취의 역사 (1)

11) 사라는 달신(moon-god)인 '신'(Sin)의 아내 '사라투', 밀가는 그의 딸 '밀카투'라는 이름과 비슷하며, 데라는 어원학적으로 '달'을 뜻하는 '야레아흐'와 관련이 있습니다.

12) 박윤식, 「하나님의 구속사적 경륜으로 본 창세기의 족보」 (도서출판 휘선, 2007), 116, 121.

13) 톰슨 성경 편찬 위원회, 「톰슨 II 주석 성경」 (기독지혜사, 1990), 26.

14) 「성경 관용어 사전」(생명의 말씀사, 2005), 838.

15) John Calvin, 「칼빈 성경주석 구약 시리즈 1」, 존·칼빈성경주석출판위원회 (성서교재간행사, 1995), 207, 213.

16) H.C. Leupold, 「창세기(下)」, 반즈 노트/신구약성경주석 시리즈, 최종태 역 (크리스챤 서적, 1991), 786.

17) H.C. Leupold, 반즈 노트 : 「창세기(下)」, 1011.

18) 카일·델리취 주석 구약 시리즈 1: 「창세기」, 350.

19) 카일·델리취 주석 구약 시리즈 1: 「창세기」, 355.

20) James M. Freeman, 「성경 속의 생활풍속 따라잡기」(구약편), 김일우·이세구 옮김 (아가페출판사, 1998), 35.

21) 풀핏 주석번역위원회, 「창세기(하)」, 풀핏 성경주석 구약 시리즈 2 (보문출판사, 1994), 326.

22) John Calvin, 「칼빈 성경 주석 구약 시리즈 1」, 218.

23) 카일·델리취 주석 구약 시리즈 1: 「창세기」, 360.

24) 풀핏 성경주석 구약 시리즈 2: 「창세기(하)」, 328.

25) J. P. Lange, 「창세기(下)」, 랑게 주석 시리즈 2 (로고스, 1999), 526.

26) Henry M. Morris, 「창세기 연구(하)」, 정병은 역 (전도출판사, 2000), 321.

27) "우리는 야곱이 침상 머리에서 절하는 것은 씨족의 리더십을 요셉에게 성공적으로 이양하게 하신 하나님의 돌봄을 인정하는 것이라고 결론지을 수 있다."[John H. Walton, 「NIV 적용 주석 창세기」 (한국성서유니온선교회, 2007), 966.]

28) 마가복음 6:8과 병행구절인 마태복음 10:10, 누가복음 9:3에서는 지팡이(ῥάβδος, 랍도스)를 가지는 것이 절대적으로 금지되어 있습니다. 이것은 서로 모순되는 것이 아니라 지팡이의 기능에 따라 다르게 말씀하신 것입니다. 당시 '랍도스'는 외부의 공격으로부터 보호하는 무기용 막대기나 장거리 여행 시 피로를 덜어 주는 막대기로 사용되었습니다. 주님께서는 마태복음과 누가복음에서는 '랍도스'가 무기용으로 사용되는 것을 금지하셨고, 마가복음에서는 여행용으로 사용되는 것은 허용하셨던 것입니다. '랍도스'가 무기용으로 사용되는 것을 금지하신 것은, 주님께서 전도자들을 대신 지키시고 보호하시겠다는 강한 의지를 나타내신 것입니다.

29) 성경에서 미라(mummy)로 시체가 보존된 사람은 야곱과 요셉뿐입니다(창 50:2-3, 26).

30) William H. Shea, "Burial of Jacob: a New Correlation of Genesis 50 and an Egyptian Inscription," *Bible and Spade*, vol. 5, no. 2 (Ephrata, PA: Associates for Biblical Research, 1992), 34-36.

31) 히브리어 '에베르'가 '건너다, 지나가다'라는 의미의 단어에서 파생되었지만 '옆', '편'이라고 사용될 수도 있습니다. 성경 여러 곳에서 '이편'으로 사용되었습니다(민 32:32, 35:14, 신 3:8, 4:41, 47, 수 1:14). 또 여

호수아 22:11에서는 "이스라엘 자손에게 속한 편"에서 "편"으로 번역
되었습니다. 그러므로 창세기 50:10에서도 아닷 타작마당이 꼭 요단
건너편이라기보다 '요단강가' 또는 '요단강 주변'이라고 번역하는 것
이 더 자연스러울 것입니다(B. Gemser, "Be'eber hajjarden: in Jordan's
Borderland," *Vetus Testamentum 2*, 1952, 349-55.).

32) "나그네 생활의 시기는 430년이다. 30년은 계산하지 않으니 이는
　　압제가 당장에 시작되지 않았기 때문이므로 압제의 기간은 400년
　　이다."(J. P. Lange, 랑게 주석시리즈 3 : 「출애굽기」, 26-27.)

33) 프랑수아즈 뒤낭, 로제르 리슈탕베르, 「미라」 이종인 옮김 (시공사,
　　1996), 63-64.

34) Thomas H. Leale, 「창세기(하)」, 베이커 성경주석 시리즈 2 (기독교
　　문사, 1984), 773.

제 4 장 횃불 언약 성취의 역사 (2)

35) 옥스퍼드 원어성경 대전 시리즈 112, 598.

36) 옥스퍼드 원어성경 대전 시리즈 112, 598.

37) 옥스퍼드 원어성경 대전 시리즈 3, 697.

38) 프랑수아즈 뒤낭, 로제르 리슈탕베르, 「미라」, 63-64.

39) *Encyclopaedia Judaica*, Vol. 10 (Jerusalem: Keter Publishing House,
　　1972), 212.

40) 왕의 대로(King's Highway): 요단강과 사해의 동편을 남북으로 길
　　게 관통하는 국제 도로 가운데 하나로, 북으로는 요단 동북편 '다메
　　섹'에서부터 '암몬-모압-에돔' 등 여러 국가를 거쳐 남으로는 아카
　　바 만의 '에시온게벨'까지 이르며, 거기서 '이집트(애굽)'에 이르는
　　길과 연결되어 있습니다. 모세가 에돔 왕에게 그 길 통과하기를 요
　　청하였을 때 그들이 거절하자, 이스라엘은 에돔을 피하여 돌이켰고

(민 20:17-21, [참고-]신 2:5), 또한 아모리 왕 시혼에게 그 길 통과하기를 요청하였을 때는 그들이 거절하자, 칼날로 그 나라를 모두 쳐서 멸하였습니다(민 21:21-26, [참고-]신 2:24-25). 그리하여 왕의 대로를 따라 가다가 모압 평지에 진을 쳤던 것입니다(민 22:1). 이해도움 1-출애굽과 광야 노정
(路程) 지도 참조

41) "애굽 역사에 의하면 바로 아멘호텝 2세의 사적이 주전 1446년으로부터 약 20년이나 더 기록되어 있고, A.D. 1898년 성서 고고학자 로렛(Loret)에 의하여 그의 미라가 애굽의 '왕묘 골짜기'에서 발굴되었다. 그렇다면 홍해에 수장된 아멘호텝 2세의 시신이 어떻게 지금까지 남아 있게 된 것일까? 그 일차적인 해답은 출애굽기 14:30에서 찾을 수도 있다. "바닷가에서 애굽 사람의 시체를 보았더라"라는 말씀에 근거해 볼 때, 아멘호텝 2세가 홍해 속에 수장되어 죽었지만 애굽 사람들이 물 위로 떠오른 그의 시체를 찾아서 미라로 남긴 것으로 추정해 볼 수 있다. 그리고 고고학 자료에 의하면 아멘호텝 2세는 재위 초기(주전 1450, 1446년)에 큰 규모의 전쟁 외에 군대 활동에 대한 기록이 없다는 사실이다. 군사 영역에서 자신의 능력을 표현할 수 있는 원정이 일찍 끝나 버린 것은 성경 출애굽기에 기록된 말씀이 아니고는 거의 이해할 수 없는 것이다"[김의원, 「구약 역사」 (개혁주의신행협회, 1998), 140.]

42) 바로가 이스라엘을 추격하여 "비하히롯 곁 해변 그 장막 친 데"(출 14:9) 도착한 때는 정확히 언제였는지 알 수 없습니다. 다만, 바로가 장자 재앙을 치른 후 공식적으로 이스라엘 백성이 제사를 위해 3일 간만 나가도록 허락했던 일과(출 12:31-32, [참고-]출 3:18, 5:3), 3일이 지난 시점에도 계속 광야로 진행한다는 소식을 듣고, 그들을 보낸 것을 후회하였다고 한 것(출 14:5)을 볼 때, 다시 강퍅해진 바로가 출애굽 4일째 광야로 나간 이스라엘을 잡기 위해 출발했고, 이스라엘이 장막 친 곳까지는 적어도 이틀이 걸렸을 것이므로, 홍해의 사건은 대략 출애굽 6일 만에 일어난 것으로 추정할 수 있습니다. 또한 실제

유대 전승을 따르면 이스라엘 백성이 홍해를 건넌 것은 출애굽 한 지 6일째 되는 아빕월 21일 밤이라고 전합니다. [풀핏 주석번역위원회, 「출애굽기(상)」, 749.]

43) 국고성 [나라 국(國), 창고 고(庫), 성 성(城)]: 주로 군사적 요충지나 국경 지역에 위치, 나라가 위경에 처했을 때를 대비하여 곡물과 병기를 저장해 두는 요새화된 대규모 창고가 있는 성읍(병참 기지).

　　참고-창 41:35, 출 1:11, 왕상 9:19, 대하 17:12, 32:27-28

44) 라암셋에서 숙곳까지는 약 52㎞로서, 200만 명이 넘는 사람들이 이동한 것을 고려하면 적어도 이틀 이상 걸렸을 것이며, 원래 하룻길이었던 숙곳에서 에담까지도 하루 이상 걸렸을 것입니다. 그러므로 라암셋에서 에담까지는 약 4일 정도 걸렸을 것으로 추정됩니다.

45) 카일·델리취 주석 구약 시리즈 4: 「민수기」, 304-305.

46) 천자 [멋대로 천(擅), 방자할 자(恣)]: 버릇과 예의 없이 제 마음대로 함부로 날뛰는 일.

47) 옥스퍼드 원어성경 대전 시리즈 12, 434.

48) 카일·델리취 주석 구약 시리즈 4: 「민수기」, 182.

49) 인품이나 학문, 예술 등이 품위가 있고 훌륭하다.

50) 각도 [새길 각(刻), 칼 도(刀)]: 나무, 돌, 쇠붙이 따위에 글자나 그림 등을 새기는 데 쓰는 칼.

51) 필경 [다힐 필(畢), 낱날 경(竟)]: '마침내는, 결국에는'이라는 뜻.

52) 옥스퍼드 원어성경 대전 시리즈 16, 28.

53) 성경에 에서의 손자 '그니스'와 동명 이인(同名異人)인 사람이 있는데, 여호수아 15:17, 사사기 1:13, 3:9에 나오는 그나스입니다. 그는 갈렙의 형제이자, 사사 옷니엘의 아비인데, 에서의 손자 '그니스'와는 다른 사람입니다.

제 5 장 횃불 언약의 최종 성취

54) · 옥스퍼드 원어성경 대전 시리즈 32, 311.
   · 반즈 노트/신구약성경주석 시리즈:「창세기(下)」, 1030.

55) · Roddy Braun, 「역대상」, WBC 주석 시리즈 14, 김의원 옮김 (도서
   출판 솔로몬, 2001), 175.
   · 옥스퍼드 원어성경 대전 시리즈 32, 311.

56) · 그랜드 종합주석 시리즈 1, 810.
   · Eugene H. Merrill, 「역대상·하」, BKC 강해주석 시리즈 7, 문동학·
   이종록 옮김 (두란노서원, 2006), 30.
   · 그랜드 종합주석 시리즈 7, 72.

57) 애굽의 고대 문서들은 요셉 설화의 역사성을 증명한다. 한 문서에서
   애굽의 고관 중에 사브낫바네아란 이름이 있었음이 발견되었다. [선
   린신학연구소, 성서 고고학편, DTP교리강해연구 시리즈 19 (선린출
   판사, 1994) 196.]

58) · 그랜드 종합주석 시리즈 1, 799.
   · 그랜드 종합주석 시리즈 7, 72.

59) 그랜드 종합 주석 시리즈 1, 799.

60) 박윤선, 「창세기」, 박윤선 성경 주석 시리즈 (영음사, 1994), 397.

61) 「톰슨 II 주석 성경」, 79.

62) [창 49:24 KJV] But his bow abode in strength, and the arms of his
   hands were made strong by the hands of the mighty [God] of Jacob;
   (from there [is] the shepherd, the stone of Israel)
   [창 49:24 NASB] But his bow remained firm, And his arms were
   agile, From the hands of the Mighty One of Jacob (From there is the
   Shepherd, the Stone of Israel)

[창 49:24 NIV] But his bow remained steady, his strong arms stayed limber, because of the hand of the Mighty One of Jacob, because of the Shepherd, the Rock of Israel

[창 49:24 공동번역] 활은 꺾어지고 팔마다 힘줄도 끊어졌다. 이것은 야곱의 강하신 이의 팔이 하신 일, 이스라엘 목자의 이름으로 이룩된 일이다.

63) 이광호, 「창세기」, CNB 시리즈 505 (도서출판 깔뱅, 2007), 483.

64) 강성두, 「구약성경 인물해석 (상권)」 (패스터스 하우스, 2005), 217-218.

65) John H. Sailhamer, 「서술로서의 모세 오경(하권)」, 정충하 역 (새순출판사, 1995), 85.

66) 요한복음 4:5에서 '수가'라고 하는 곳은 '야곱이 그 아들 요셉에게 준 땅이 가깝다'고 언급되어 있습니다. 곧 야곱이 바로 이곳 세겜(때때로 '수가'라고 불리었음)에서 우물을 팠을 것이며, 그래서 수가 성의 이 우물을 '야곱의 우물'(요 4:6)이라고 불렀던 것입니다. 우리는 여기서 창세기 48장에서 야곱이 요셉에게 더하여 준 땅이 곧 '세겜'을 가리키고 있음을 알 수 있습니다.

67) 창세기 33:19에서는 '은 일백 개', 여호수아 24:32에서는 '금 일백 개'를 주고 샀다고 되어 있습니다. 우리말 성경에는 '은'과 '금'으로 다르게 번역되어 있지만, 히브리어로는 '케시타(קְשִׂיטָה)'라는 같은 단어입니다. 야곱의 시내에 '은' 일백 개의 가치와 여호수아 시대의 '금' 일백 개의 가치가 같기 때문에 서로 다르게 표현한 것으로 보입니다.

68) 박윤선 성경 주석 시리즈 : 「사도행전」, 167-168.

결론 횃불 언약의 미래적 완성

69) James M. Freeman, 「성경 속의 생활풍속 따라잡기」 (구약편), 80.

주요 단어

ㄱ

수정증보판

하나님의 구속사적 경륜으로 본 횃불 언약과 그 성취

잊어버렸던 만남

초판 1쇄   2008년 5월 17일
12쇄   2024년 1월 1일

저 자   박윤식

발행처   휘선
주 소   08345 서울시 구로구 오류로 8라길 50
전 화   02-2684-6082
팩 스   02-2614-6082
이메일   Huisun@pyungkang.com

ⓒ 저자와의 협약 아래 인지는 생략되었습니다.
이 책은 저작권법에 의해 보호를 받는 저작물이므로 저작권자의 허락 없이
이 책의 일부 또는 전체를 무단 복제, 전재, 발췌하면 저작권법에 의해 처벌을 받습니다.
저작권 등록번호: 제 C-2009-003793호

등록   제 25100-2007-000041호
책값   25,000원

Printed in Korea
ISBN 979-11-89611-02-6
ISBN 979-11-964006-3-7 04230 (세트)

※ 낙장·파본은 교환해 드립니다.
이 도서의 국립중앙도서관 출판예정도서목록(CIP)은 서지정보유통지원시스템 홈페이지(http://seoji.
nl.go.kr)와 국가자료공동목록시스템(http://www.nl.go.kr/kolisnet)에서 이용하실 수 있습니다.
(CIP제어번호: CIP2018039308)

휘선은 '사단법인 성경보수구속사운동센터'의 브랜드명입니다.

휘선(暉宣)은 예수 그리스도의 복음의 참빛이 전 세계 속에 흩어져 있는 수많은 영혼들에게 널리 알려
지고 전파되기를 소원하는 이름입니다.